欧亚备要

# 《欧亚备要》学术顾问委员会和主编

主办：中国社会科学院历史研究所内陆欧亚研究中心

总顾问：陈高华

顾问（按音序）：

| | | | | | |
|---|---|---|---|---|---|
| 定宜庄 | 韩 昇 | 华 涛 | 蓝 琪 | 李勤璞 | 厉 声 |
| 林梅村 | 林悟殊 | 刘欣如 | 刘迎胜 | 卢向前 | 罗 丰 |
| 马小鹤 | 梅维恒 | 牛汝极 | 潘志平 | 荣新江 | 芮传明 |
| 沈卫荣 | 汪受宽 | 王邦维 | 王冀青 | 王 颋 | 王 欣 |
| 王希隆 | 魏存成 | 徐文堪 | 许序雅 | 杨 军 | 于志勇 |
| 郑炳林 | | | | | |

主编：余太山　李锦绣

# 唐宋元间西北史地丛稿

汤开建 著

商务印书馆
The Commercial Press

2018年·北京

图书在版编目(CIP)数据

唐宋元间西北史地丛稿 / 汤开建著. —北京：商务印书馆，2013（2018.10重印）
（欧亚备要）
ISBN 978-7-100-10461-6

Ⅰ.①唐… Ⅱ.①汤… Ⅲ.①西北地区—地方史—唐宋时期—文集 Ⅳ.①K294-53

中国版本图书馆CIP数据核字（2013）第280343号

权利保留，侵权必究。

## 唐宋元间西北史地丛稿
汤开建 著

商 务 印 书 馆 出 版
（北京王府井大街36号 邮政编码 100710）
商 务 印 书 馆 发 行
三河市尚艺印装有限公司印刷
ISBN 978-7-100-10461-6

2013年12月第1版　　开本 710×1000　1/16
2018年10月第2次印刷　印张 31 1/4
定价：105.00元

# 自序

此为余第三部西北史研究论集，第一部为《党项西夏史探微》，2005年由台湾允晨文化出版公司出版；第二部《宋金时期安多吐蕃部落史研究》，2007年由上海古籍出版社出版；第三部即是本书，《唐宋元间西北史地丛稿》。三书研究内容、主旨虽然均不相同，但贯通阅读，却彼此相连，构成一个较大的体系，第一部为党项，第二部为吐蕃，第三部主体内容则是突厥、回纥，宏观透视三书，即唐宋元间西北民族史研究，当然宋（含辽夏金）为其主干，唐为引首，元为殿后，大致可以反映余二十余年来研究西北史的整体水准。

这部集子收录的二十余篇学术论文，多为二十余年前的作品，原以为会过时，故在此次整理成集过程中，特查阅了此领域最新成果，发现这其中绝大部分作品仍不失自有的学术价值。何也？余以为原因有二：一曰史料，二曰选题。言史料者，即无新史料不作文，不竭尽全力收集史料不作文，余早年发表文字大多是新史料的发掘与发现，故能在较多的研究区间谈出新问题；言选题者，余作文之原则是不老生常谈，不大而无当，不人云亦云，不盲目崇信权威，无新见解不作文。故余所成之文大体为二类：一是别人从来没有研究过的文章，二是与学界通行观点完全不同的文章。于是乎，可能会给许多较为传统的学者留下如下印象：特立独行，剑走偏锋，文如芒刺，得理不饶人。其实余并非一喜与人争长较短之人，只不过做文章过于较真，埋头考据，低眉辨误，一旦结集出版，自己也胆吓心惊，竟然挑战的尽是"名家"、"权威"。余读多位学者论著，为名家"让"，为权威"讳"，一幅完全的"温良恭俭让"。于是，巨擘撑之，大家颂之，青云扶摇直上九霄。余不愿如此，笃信唯实唯真，文章从来是对"史"不对"人"。

这一部集子，余欲向读者重点介绍三篇文章。第一篇《唐李筌〈太白阴经·关塞四夷篇〉西北诸道部族地理考证》，这篇文章初稿完成在二十余年前，是从一本传统史学界从来不使用的兵家书中找出了一篇与贾耽《皇华四达记》类似的唐代边疆地理的文章，由于作者身份晦暗不明，由于内中文字舛讹错夺，见过此书者，可能都不敢予以信任，更谈不上花精力研究。余凭多年浸润唐宋文献之知识，再借对西北史地的熟悉与掌握，直感示余，这是一份极为原始真实的唐代文献，一经整理深入，则发现其价值不菲：（一）出现了一批其他唐代文献中从来未见过的北方族名和地名，族名有"浑匐焦"、"节子"、"匐利羽"、"黑霫"，地名有"北庭山"、"真檀山"、"诺真山"、"彰濠"、"大非海"、"小非海"、"万海"、"泊悦海"、"鱼海"、"白亭海"、"弥娥山"、"三川口"、"三山母谷"、"长海"、"关海"、"曲地"、"黑海"等。（二）出现了一批与其他唐代文献不同或比其他文献更为详细的记录，如"以浑邪部落为皋兰都督府"、"斛律部落为高阙州"、"浑匐焦部落为浚稽州"、"鲁丽塞下置……党项十四州"、"道入十姓部落三窟故居地"、"党项杂羌置崌、丛、鳞、可等十四州"、"以突厥处密部落为瑶池都督府"、"以杂种处月部落为庭州"、"回纥部落分为五州"等。（三）即使是出现过的部族和地名，由于唐代文献记录西北民族的资料十分珍贵，多一条原始资料的验证，亦于深入研究西北民族史有益，如"以颉利左渠地置定襄都督府，以右渠地置云中都督府"，此处与其他唐代文献不同的是，他处言"左"，此处言"左渠地"，他处言"右"，此处言"右渠地"；又如文中出现的"斛律"，他处作"斛薛"。其中有许多问题是借助李筌书的记载而解决唐代文献中的千年悬疑。如关于霫部的记录，《新唐书》列《白霫传》而无《霫传》，《旧唐书》列《霫传》而无《白霫传》，《通典》则既列《白霫传》又列《霫传》，文献又大量出现"白霫"与"霫"的记录，白霫与霫是何关系，中外学者猜测考据，言之甚多，但无一中的者。然李筌书"白霫"与"黑霫"记录一出现，两者关系，一目了然。千年悬案，尘埃落定。李筌书价值之珍贵，难道还有疑义吗？余心中一直十分郁闷，此文发表已二十余年，但唐史界似无任何反映，为何？令人不解。此文发表后，余曾寄文至香港新亚研究所严耕望先生，亦曾兢兢焉往香港九龙拜谒求教。之后，余与先生还有好几封书信往返。先生学林耆宿，史界泰斗，虽对拙作多加赞赏，但余隐隐感到，先生并不完全认同使用这种非正史或非常用文献之偏僻资料来研治学问。余不佞，在余心中，李筌书之《关塞四夷篇》犹如千唐墓志，犹如敦煌文书，其史料之神圣性毋庸置疑，只是今人如何整理研究、利用这一遗产。于是，余在二十余年前旧文的基础上，对此文进行了重新整理研究，而且参考了此后一些学者的研究成果，扩充了其中部分内容。希望通过此文的再次出版，能引起治唐史学者对这一问题的关注。

余要谈的第二篇文章是《宋代的于阗——兼论于阗政权与喀喇汗王朝的关系》。说老实话，余对此文始终有些忐忑，因为余不掌握穆斯林史料及西方学者对这一问题研究的全貌，余获得这一方面的资讯全靠现已完成的各种译著与译文。但是，由于对于阗中文资料的深挖，发现一个最根本的问题：如果按照穆斯林史料或西方学者的说法，从公元1009年开始，于阗即为喀喇汗王朝攻占，并隶属于喀喇汗王朝。中国学者则更进一步推演，宋代的于阗亦即喀喇汗王朝，所以，中文文献中出现的于阗活动均被当今主流学者视之为喀喇汗王朝的活动。余发现这一观点与中文文献记录的于阗史实完全不相契符。余遍寻中文文献于阗史料详尽地证明了三点：（一）从五代到宋末，于阗政权一直是一个承继着漠北回鹘可汗传统的回鹘政权，其间并无根本性的转变，并证明了宋代出现的于阗可汗名字与王号不是同一时期喀喇汗王朝可汗的名字与王号；（二）从五代到宋末，于阗国内的宗教信仰始终是以佛教信仰为主体，从国家层面来说并未完全改宗伊斯兰教，中文文献的确切记录比穆斯林史料的含混模糊更能说明问题；（三）从五代到宋末，于阗政权始终是一个独立的政权，而成为辽宋王朝"藩属"进贡国，于阗绝不是喀喇汗，于阗黑汗王即是于阗可汗王。这个问题不是一般学术研究中的细节考据，而是关系到中国历史上民族政权归属及民族关系的政治性大事，决不能据穆斯林史料的含混记录及欧洲学者的研究成果就将中国文献中明确记录的于阗政权的属性而一笔抹杀，特别是中国学者采用舍此取彼利用中文史料的方法而附和西方学者的观点更不可取。余将此文重新整理，并进一步强调余二十余年前的观点，再次证明，宋代的于阗仍是我国境内独立的民族政权，并不属于伊斯兰教的喀喇汗王朝，而为宋辽王朝的藩属国。

第三篇文章是《〈梦溪笔谈〉中"回回"一词再释——兼论辽宋夏金时代的"回回"》，此文为研究中国回族史不可回避的文章，也是与研究回族史主流学者意见完全不同的文章。旧文发表二十余年中，仅杨志玖老先生作过正面的回应，当然是不同意余之观点，仍坚持"回回即回鹘之音转"旧说。余原本亦感觉旧文有证据链上的衔接问题，故此次又重新对这一问题展开全面研究，并对辽、南宋、金及元初时期出现的"回回"诸词进行了深入考证，还修正了部分原有观点，重新提出：《梦溪笔谈》中的"回回"应是来自唐末五代北宋时期进入中国境内而留滞于西夏和西北地区的信仰伊斯兰教的大食商人，其与回鹘人貌似，但宗教信仰、风俗习惯则完全不同，西北或西夏人为了与回鹘人区别，即以当时的"市井俚语"称之为"回回"。此词传至辽，辽称大食为"回回大食"；此词传至南宋，南宋人则将与契丹双陆一样而流行于西北地区的双陆称之为"回回双陆"；此词传至金，金人即称大食人在西北地区的聚居处为"回回寨"；此词传至早期的蒙古，蒙古人遂称早已伊斯兰化的龟兹回鹘为"回回国"，故至元初，元朝廷仍然在"西夏回回"人中签军。这一切全部存在的"回回"证据链均指向我国的西北地区，"回回"应即是指五代、宋以来居住在西夏境内或西北地区信仰伊斯兰教的大食人。余不敢言，此结论即是"最后的真理"，但余相信，这一结论大概离史实亦不远矣。

当然，其余文章亦有可读之处，如阎立本《西域图》之还原，韩昱《壶关录》记录的李密族属，解读西夏"秃发令"的本意，今本《元史》尚有两传散逸在外，等等，均为本人的发明与发现。这些文章就不再在此赘述，留待关心者书中披阅。

人生倏忽，转眼已过花甲之年。"遥想公瑾当年"，金城治史，朔方读碑，寻蕃部踪迹于河湟之外，觅党羌诸种于贺兰山间，蒐三百万文字于行箧，揽五千卷史集于胸臆。① 不计锱铢，不惧威权，矻矻治史，唯求史真。少年英发，何其坦荡慷慨！俱往矣！故余每扶曳歌之，而亦莫知老之将至也。老不可怕，史家贵老，而可畏者，网络之弥漫，"E考据"之腾达，驯斯以往，人文其有兴乎？"抱残守缺"之吾侪将迎来如何命运，被淘汰？抑或"苟存"？吾人惶恐徘徊。

汤开建<br>壬辰年季春于澳门氹仔

---

① 至1986年，余收集整理西北民族史资料已达300余万字，同时个人收藏史学专业书籍已逾5000余册，至今则十倍矣。

# 目　录

阎立本《西域图》在宋元著作中的著录及其史料价值 …… 1

唐《王会图》杂考 …… 24

唐李筌《太白阴经·关塞四夷篇》西北诸道部族地理考证 …… 41

唐韩昱《壶关录》所载李密族属及其他 …… 115

辽韩橁出使敦煌考 …… 138

河西回鹘、河西党项与河西杂虏诸问题考释 …… 149

"庞特勤居甘州"辨 …… 165

甘州回鹘史二札 …… 177

甘州回鹘余部的迁徙及与西州回鹘之关系 …… 186

西州回鹘、龟兹回鹘与黄头回纥 …… 204

宋代的于阗——兼论于阗政权与喀剌汗王朝的关系 …… 213

《梦溪笔谈》中"回回"一词再释——兼论辽宋夏金时代的"回回" …… 240

隋唐五代宋初党项拓跋部世次嬗递考 …… 264

西夏"秃发"考 …… 291

穆桂英人物原型出于党项考 …… 306

熙丰时期宋夏横山之争的三份重要文献 ...... 317

北宋西北御边名将曹玮 ...... 335

北宋与西北各族的马贸易 ...... 364

今本《元史》散逸在外的两个列传 ...... 405

元代赛典赤家族对云南地区的开发和经营 ...... 418

王先谦与《蒙古通鉴长编》 ...... 443

征引文献版本 ...... 451

地名族名索引 ...... 468

# 阎立本《西域图》在宋元著作中的著录及其史料价值

一

隋唐画家喜以异域之事为图，《西域图》见于载籍有裴矩、阎立本、柳经、范长寿、何长寿五家。① 裴矩《西域图》，前人多有介绍，范、柳、何三图，文献无一字涉及内容，其详已不可考。

阎立本《西域图》今已不传。然而，在其历世的千百年中，历代文人雅士耳闻目见，或为加题跋，或为作颂赞，留下了不少关于该图的文字著录，给我们保存了极为宝贵的资料。下面先把有关阎立本《西域图》的主要资料依时间顺序排列于下：

（一）《唐画断》载：

  唐太宗朝……立德创《职贡图》，异方人物，诡怪之状，立本画国王粉本在人间。②

---

① 裴矩《西域图》，据《隋书·经籍志》及《隋书·裴矩传》，共3卷，记录了44个国家。柳经《西域图》，载（元）鲜于枢《困学斋杂录》。范长寿《西域图》，（宋）周密《云烟过眼录》称"胡存斋咏所藏范长寿《西域图》，长三丈余，徽宗御题签，后归张子有"。何长寿《西域图》，（宋）贾似道家藏，载《悦生所藏书画别录》。柳、范、何三图他人均无著录，内容亦无考。《新唐书·艺文志》中有"《西域图》六十卷，高宗遣使分往康国、吐火罗，访其风俗物产，画图以闻"云云，是又一《西域图》也。此图很可能就是《通典》卷193《边防》9中所载，龙朔元年王名远所进的《西域图记》。
② （宋）李昉：《太平广记》卷211《阎立本》引《唐画断》。

(二)《历代名画记》载:

时天下初定,异国来朝,诏立本画外国图……元和十三年,彦远大父相国镇太原,诏取之。《西域图》,王之慎亦拓之。①

(三)《能改斋漫录》载:

博陵阎公,总章右丞相,终于中书令,艺兼后素,时谓丹青神化,此其迹也。唐人张彦远,出鸣珂三相家,风流博雅,著书记历代画,第阎上品,而《西域图》在所录。又言王知慎亦拓之,则传世者非一本。此弊剌诸马多阙,而剪发二人全失之,比见摹本自高丽来,采笔殊恶,而马之沥乳者与人之剪发者皆全,信外国自有唐时摹完本,今取其全者备见之。且以浚都世臣大家,秘藏图史,以奇胜相高者极众,至于阎迹乃少遇。其惟吕申公家有《唐太宗步辇图》,引禄东赞对请公主事,皆传写一时容貌,赞皇李卫公小篆,其语采色神韵,与此同出一手。而张记亦曰:"时天下初定,外国入贡,诏立本写外国图。"而注指西域,则奉诏所为者,即谓是耶?信真迹果不足疑。……元祐六年辛未九月龙眠山人李公麟伯时题。右伯时跋阎立本《西域图》。②

(四)《画史》载:

王球夔玉收《西域图》,谓之阎令画,褚遂良书,与冯京家同,假名耳。③

(五)《宣和画谱》载:

"今御府所藏(阎立本画)四十有二",其中有"《西域图》二"。④

---

① (唐)张彦远:《历代名画记》卷9《唐朝》上。
② (宋)吴曾:《能改斋漫录》卷12《阎立本画》。
③ (宋)米芾:《画史》之《唐画》。
④ (宋)佚名:《宣和画谱》卷1《道释》1。

(六)《学斋占毕》载：

所谓《贡职图》者，见于秘府群玉帖中，李公麟所述云：梁元帝时，萧绎镇荆时作《贡职图》，状其形而识其土俗，首房而后蛮，凡三十余国。唐阎令作《西域图》，兼彼土山川，而绝色伽梨凡九国，中有狗头、大耳、鬼国为可骇，皆所以盛会而奢远览，亦贡职之流也。元祐元年六月望日，李公麟书于奏邸竹轩。①

(七)《通志》载：

阎立本《西域诸国风物图》。②

(八)《存复斋文集》载：

惟王建国，辨正方位，内抚中夏，外妥四裔。在唐贞观，房、杜迭用，远夷来庭，西域效贡，乃命材臣肖其形，记彼风土方物攸呈，自兹迄今八百余祀，宏矣。③

(九)《古今画鉴》载：

王芝子庆家收阎令画《西域图》，为唐画第一。赵集贤子昂题其后云：画惟人物最难，器物举止，又古人所特留意者，此一一备尽其妙。至于发采生动，有欲语状，盖在虚无之间，真神品也。④

(十)《困学斋杂录》载：

杭士王子庆收《西域图》，阎中令画，褚河南书，丹青翰墨，信为

---

① (宋) 史绳祖：《学斋占毕》卷2《王会、贡职两图之异》。
② (宋) 郑樵：《通志》卷72《图谱略》1。
③ (元) 朱德润：《存复斋文集》卷7《贞观西域图赞》。
④ (元) 汤垕：《古今画鉴》，第3页，学海类编本。

精绝,意当时所画甚多,今止存四国,前史皆逸而不书,今录于此:附国者,蜀郡西北二千余里,即汉之西南夷也。有嘉良夷,即其东部所居,种姓自相率领,土俗与附国同,言语少殊,不相统一,其人并无姓氏。附国王子宜僧,其国南北八百里,东西千五百里,无城栅,近川谷,傍山险。俗好复仇,故垒石为巢而居,以避其患。其巢高至十丈,每级丈余,以木隔之,基方三四步,巢上方二三步,状似浮屠,于下级开小门,从内上通,夜必闭关,以防盗贼。国有二万余家,号令自王出。嘉良夷政令系之酋帅。重者死,轻罚牛。人皆轻捷,便击剑、用矛,漆皮为甲,弓长六尺,以竹为弦。妻其群母及嫂,儿弟死,父兄亦纳其妻。好歌舞,鼓簧,吹长笛。有死者,无服制,置尸高床之上,沐浴衣服,被以牟甲,覆以兽皮,子孙不哭,带甲舞剑而呼云:"我父为鬼所取,我欲报怨杀鬼。"其余亲属以猪酒相遗共饮,啖而瘗之,死后十年而大葬。①

(十一)《剡源文集》载:

唐画《西域图》一卷,卷凡四则,每则各先书其国号,风土不同,而同为羌种。画者又特举其概,每国画一王,而一二奴于后挟持之,王皆藉皮坐于地,侍者皆立。一王掀掌倨语,员皮头帽如钵,项组铁下垂至藉皮,服衣裘,牛脚靴,胸悬一员金花。一奴小员皮帽,敛袂受事;一奴曳幕罗,手上下奉酒壶,若俟而进,裘靴与王同者。蜀郡西北两千余里附国(嘉)良夷也。一王皮韬小髻,余发垂双辫如缕,皮裘玄靴解袿交手按膝。一奴布韬,发余垂独辫,朱裘玄靴者。吐国(谷)浑之南,白兰之北,弥罗国也。一王乌毡冠如首经,上标白犛牛尾,旁韝二雕翎,皮裘朱带,玄履绿袜。二奴,一冠饰裘带屦袜与王同而绀韠,一绀带素袜而朱韠者。又西于白兰数千里,佇贬欲归国也。一王二奴皆垂髻,王白皮裘,黄毛靴,坐而偻指数曲。奴青襦黄屦者,拍手为节而歌,面有酒色,丹襦,皮束项者,与王同,目右注而盼,衣皆及项者。又党项之

---

① (元)鲜于枢:《困学斋杂录》卷上。

西，千磵国也。所藉皮或毛或不毛，色或淡或素或淡紫或绚焰或红波，人物肤肉溢生纸面，顾揖向背，动止迟速，诸态观之，奕然如生，余器藻镂精润，功参神鬼，不可探度。余考《唐史》，诸国名俱不经见，当由史官追书，不能谙知当时事。而当时来朝，此嵬琐者混居羌中，亦无特出名字，故若是泯泯不著。此可以见唐治之盛而国大体正，不必当然也。……然余见儒者谈职方，抱传纪，尤不信世外无穷极之辞，以为与幅员常数不合。姑幸兹图出于唐人目睹手写，其国名因土音载之，不皆有义而当于实。其语疏，其事广，其居处、服食、嗜好，去人不远，可以补轶闻，资博识，有《輶轩方言》、《番尔雅》之余意。画复精绝，非后世可及，欣玩之不释。遂为采记，仿佛存诸箧衍，有好事者，与之共焉。①

（十二）《九灵山房集》载：

此吴兴钱舜举所临唐阎中令《西域图》，中令艺绝古今，张彦远记历代画，第为上品，而《西域图》实在所录也。盖当时天下已定，而外国初入贡，故诏中令写外国图，而于西域则奉诏。其真迹有李伯时识者，旧藏庐陵王侍郎家。大观间，诏取上进，庐陵令张达淳辈窃取摹之，于是有摹本。彦远又云：当时王知慎亦尝一摹拓，而海外高丽等国往往有唐摹本，则此图之传世非特一本矣。第不知舜举所临者，果自真迹中来邪？亦摹本之所出耳？因茅元礼携至求题，姑志所闻如是，博雅君子，必有能诊之者。②

（十三）《真迹日录》载：

阎立本《西域图》藏吴廷所，虽旧而未必真，然海滨逐臭之夫亦颇有称赏者，观之，喷饭满几。③

---

① （元）戴表元：《剡源文集》卷4《唐画〈西域图〉记》。
② （元）戴良：《九灵山房集》卷22《跋钱舜举临阎立本〈西域图〉》。
③ （明）张丑：《真迹日录》卷2。

明清以来，著录阎立本《西域图》的文献为数不少，如《清河书画舫》、《铁网珊瑚》、《珊瑚网》、《式古堂书画汇考》、《佩文斋书画谱》等。但均系抄录前述资料而成，有的还将《西域图》记为《诸夷图》，以致与《职贡图》相混①，兹不赘述。

## 二

根据上述材料，余以为基本上可以明确三个问题：(一)《西域图》的作者；(二)《西域图》的流传本末；(三)《西域图》的形式和内容。

先谈第一个问题。

关于《西域图》的作者本来不成其问题，因为几乎所有的记载都认为《西域图》是阎立本所作。但是，北宋著名书画家和鉴赏家米芾的《画史》却否定了这一说法，称他所见的阎立本《西域图》是"假名"。②既然是米芾这样权威的书画鉴赏家不承认《西域图》为阎立本所作，那就有必要对此问题进行辨证。

据《画史》，米芾所见《西域图》乃庐陵王球家所藏，米氏又见冯京家藏《西域图》与王球家相同，据此，米芾即言《西域图》非阎中令所作，但并没有举出什么证据。但庐陵王家收藏的这一幅《西域图》，亦为米芾同一时代的另一位著名画家李公麟所见，而且见过两次，一次在"元祐元年六月"（见前引史料六），一次在"元祐六年九月"（见前引史料三），两次李氏都为此画作了题跋。李公麟见《西域图》时，并不是像米芾那样轻而易举否定或肯定，他作了三项考证工作：一是与文献对照，认为《历代名画记》中记录的"诏立本写外国图而注指西域"，就是他所见的这幅《西域图》。二是以高丽的《西域图》摹完本与所见残图对照，看出摹本"采笔殊恶"，质量远远低于真迹。三是取吕申公家所藏阎立本另一幅名画《唐太宗步辇图》与《西域图》对照，经过反复鉴定，认为《步辇图》的"采色神韵"与《西域图》是"同出一手"，故称庐陵王家收藏的《西域图》是阎立本的真迹，"果不足疑"。比较米、李二家之言，当然是李公麟所言更为可信。

---

① （明）汪砢玉：《珊瑚网》卷25《唐阎立本诸夷图》。
② （宋）米芾：《画史》之《唐画》。

唐阎立本之《步辇图》

第二个问题，《西域图》的流传本末。

关于《西域图》完成的时间，文献中并无确切的记载，仅张彦远《历代名画记》称："时天下初定，异国来朝，诏立本画外国图。""天下初定"，当指隋末之乱后，各地割据势力的平定。《唐画断》称阎立本画《西域图》在唐太宗朝，《存复斋文集》称"在唐贞观"，可以推断，阎立本作《西域图》当在贞观初年。按常理，阎立本既是奉朝廷命所作，则此图当时应藏于秘府。但是，唐王朝由于经过多次宫廷变乱及安史之乱、吐蕃入京等一系列兵灾人祸，阎立本《西域图》流落到了民间。唐宪宗元和十五年，宪宗下诏从太原张家取《西域图》，可见阎立本《西域图》当时流落在太原张家。在取图的过程中，王知慎又拓了《西域图》，这是所知最早的《西域图》拓本。据李公麟言，他还见到唐时高丽的"摹完本"，所以，在唐代《西域图》真迹及拓本、摹本至少有三种传世。米芾所见庐陵王家所藏为阎之真迹，而冯京家所藏就不知是谁人的摹本了。宋徽宗大观中，阎令真迹被收进国家秘府，《宣和画谱》著录《西域图》二，其一当为阎令真迹，另一图余怀疑即冯京家所藏。在进《西域图》时，庐陵令张达淳辈又利用转呈之机，"窃取摹之"，可见，宋代也有摹本。据吴曾言，似乎当时窃摹《西域图》者还不止张达淳一人，至少吴祖源也"窃摹"了阎图。元代又有钱舜举的临摹本。这样，宋元之时，阎立本《西域图》摹本至少不下三本。阎令真迹在宋时已残缺,李公麟见庐陵王家藏本时说:"此弊剌诸马多阙,而剪发二人全失之。"但残缺部分似乎还不太多。到元代,阎图残缺更甚,只剩一卷四则,就连李公麟所见到的"绝色伽梨、狗头、大耳、鬼国"及残缺的"弊剌"部分也不存在了。

元时,见过阎令真迹者不少,有鲜于枢、朱德润、赵孟頫、汤垕、戴表元等,所见均是杭州王子庆家所藏。这可能是,宋经过靖康之乱,宣和秘府中的《西域图》几经辗转,到元代,又落到杭州王子庆家。明以后,杭州王家所藏的《西域图》就不知去向了,阎令这一真迹大约亡佚在元明之际。明代以后,不仅无人见过阎令《西域图》的真迹,就是摹本也罕为人见。张丑曾见一《西域图》,藏吴廷家。张丑为著名书画鉴赏家,他一见图,竟致"喷饭满几",可见此图是一十分蹩脚的赝品。

第三个问题,《西域图》的形式和内容。

由于《西域图》早已失传,因此,今人已不能亲见这一著名唐画的形式和内容。但据第一节所介绍的史料,我们可以知道如下几点:

其一,《西域图》原画是"粉本",即古人之绢画稿。

其二,《西域图》画的是进贡诸国国王及侍从像,亦涉及该国的山川风土和物产,今南京博物院藏梁《职贡图》与此图大致相近[①],只是《职贡图》每国只画贡使一人,而《西域图》每国不仅画国王像,还画侍从像。李公麟称《西域图》"亦贡职之流也",看来是不完全准确的,以致明清时有人将阎立本的《西域图》与《职贡图》相混淆,而郑樵称此图为《西域风物图》却是比较合适的。

其三,该图所画的每一个国家的人物都有褚遂良书写的引首。古人题画,多书于引首,近世题画,则多书于画首,宋人裱褙书画则用黄绢为引首,唐画不知何物为引首。据鲜于枢所录的附国引首上的文字看,每则引首都详细介绍了各国的种族、地理、风俗、方物等,与今藏南京博物院梁《职贡图》上所书文字内容性质相近。

其四,据李公麟所见,《西域图》记录了"绝色伽梨凡九国",宋元文献所提到的国家恰好也是九国。李公麟第一次提到绝色伽梨、狗头、大耳、鬼

---

① 金维诺:《〈职贡图〉的时代与作者》,载《文物》1960年第7期。

国，第二次提到弊剌国，鲜于枢提到的只有附国，戴表元提到有附国、弥罗国、伫贬欲归国、千碉国等。至元时，残画仅存一卷四则，即附国、弥罗、伫贬欲归、千碉四国，而引首文字仅存附国一则。这里就有一个问题，究竟是原画总共只有九国，还是李公麟所见是只剩九国的残画？当然，李公麟当时所见的《西域图》真迹肯定是残画，但李公麟称《西域图》为"绝色伽梨凡九国"之所以可信，因为他见过唐代高丽的"摹完本"，并以"摹完本"与阎令之真迹进行过比较。李公麟既见过全画，因此大致可以肯定《西域图》全画一共记录了九个国家。如一国分为一则，则应为九则，釐为几卷，便不可得而知，至元代残画仅剩"一卷四则"。

也许会有人问，既题为《西域图》，而当时西域最著名的一些国家为何不见著录？裴矩《西域图》记录了西域四十四个国家的情况，为什么阎立本《西域图》只记录了九个国家，而且都是偏西南的小国？余以为，这可能恰恰反映了当时的外交事实，而没有将那不曾出现过的"八方会同、九夷宾将"的盛会再进行一次虚夸。贞观初年，唐太宗刚即位，国内稍稍安定，异域刚刚开始向新建不久的唐王朝进贡，唐王朝的势力和影响还不能播及远域，因此，来进贡的国家不可能太多。还有，当时的唐王朝还同西域强国突厥处于战争状态，《资治通鉴》载："（西突厥乱）于是西域诸国及敕勒先役属西突厥者皆叛之。"[①] 时为贞观二年，西域诸国皆随西突厥叛唐，而漠北诸部却大都控制在东突厥手中，所以当时来进贡的主要是西南部落及小国。

其五，《西域图》乃"出于唐人目睹手写，其国名因其土音载之，不皆有义而当实"。这就告诉我们，《西域图》完全是一组写实的风俗人物画。

《西域图》作者阎立本是我国古代享有盛名的画家，累仕唐太宗、高宗二朝，官至右丞相，与其兄立德同为一代宗匠。阎画题材十分广泛，宗教画、山水画、人物画、风俗画均有涉及，而且能"皆极其妙"。张彦远称他的风俗画《田舍屏风》"位置经略，冠绝古今"[②]。阎立本最擅长的还是政治题材的历史画，如今存《唐太宗步辇图》。《步辇图》是唐太宗时期与吐蕃友好关系的真实写照，而《西域图》则应是阎立本绘画中反映唐朝与周边民族关

---

① （宋）司马光：《资治通鉴》卷193《唐纪》9 贞观二年十二月条。
② （唐）张彦远：《历代名画记》卷9。

系的又一重要作品。李公麟称《西域图》的"采色神韵"与《步辇图》同出一手。赵孟𬉼称《西域图》：

> 画惟人物最难，器物举止又古人所特留意者，此一一备其妙，至于发采生动，有欲语状，盖在虚无之间，真神品也。①

戴表元则称《西域图》：

> 色或素或淡紫或绚焰或红波，人物肤肉溢生纸面，顾揖向背，动止迟速，诸态观之，娈然如生，余器藻镂精润，功参神鬼，不可探度。……画复精绝，非后世可及。②

从上引历代名家对《西域图》艺术手法上的种种评价，完全可以断定，阎立本《西域图》不仅是一组生动、真实地记录了当时历史的人物风俗画，而且是我国古代艺术宝库中的一件具有极强艺术魅力的稀世珍品。张彦远将《西域图》"第为上品"，赵孟𬉼称之为"神品"，汤垕则称之为"唐画第一"，看来是不过分的。

## 三

前引史料中，戴表元对《西域图》的评价是最值得注意的，他说：

> 兹图出于唐人目睹手写，其国名因土音载之，不皆有义而当于实。其语疏，其事广，其居处、服食、嗜好，去人不远，可以补轶闻，资博识，有《輶轩方言》、《番尔雅》之余意。③

戴氏以一位史学家的眼光看出了《西域图》的史料价值，并指出这些

---

① （元）汤垕：《古今画鉴》，第3页，学海类编本。
② （元）戴表元：《剡源文集》卷4《唐画〈西域图〉记》。
③ （元）戴表元：《剡源文集》卷4《唐画〈西域图〉记》。

国家都是唐代史官所漏记，这些事情都为唐代史官所"不能谙知"。我们今天虽然已不能对《西域图》进行全面详细的了解，但从残存在宋元人著作中关于《西域图》一鳞半爪的记录中，仍可看出它具有极高的史料价值。它可以帮助我们解决一些隋唐文献中遗留下来的疑难问题，如果从民俗史和民族学的角度上看，这些有关《西域图》的文字著录则具有更为重要的意义。

（一）附国

我们先来看鲜于枢《困学斋杂录》中保留的关于附国的文字。

《西域图》中的附国文字共二百八十余字，与《隋书·附国传》、《北史·附国传》的前半部分比较，我们发现三处记载文字大约相同，但也有互异之处：

| | 《西域图》 | 《隋书》 | 《北史》 |
| --- | --- | --- | --- |
| 1 | 子宜僧 | 字宜缯 | 同《隋书》 |
| 2 | 东西 | 东南 | 同《图》 |
| 3 | 高至十丈 | 高至十余丈 | 同《隋书》 |
| 4 | 夜必闭关 | 夜必关闭 | 同《隋书》 |
| 5 | 重者死 | 重罪者死 | 国有重罪者罚牛 |
| 6 | 轻罚牛 | 轻刑罚牛 | 无 |
| 7 | 便击剑 | 便于击剑 | 同《图》 |
| 8 | 用矛 | 无 | 无 |
| 9 | 漆皮为甲 | 漆皮为牟甲 | 同《隋书》 |
| 10 | 其余亲属以猪酒相遗共饮 | 自余亲戚哭三声而止，妇人哭，以两手掩面。死家杀牛，亲属以猪酒相遗共饮 | 同《隋书》 |
| 11 | 死后十年而大葬 | 死后十年而大葬 | 死后一年，方始大葬 |

如上表所示，除第十处《西域图》少二十字外，其他各处很可能是互相抄录之脱误。很明显，或三者源出一处，或《西域图》抄《隋书》(《北史》较《隋书》晚出），二者必居其一。问题在于《西域图》成画于贞观初，而

《隋书》列传的完成至少在贞观十年以后。①《西域图》乃奉太宗御命而作，故画成必留内府。唐制，"凡蕃客至鸿胪，讯其国山川风土为图，奏之御前，上于职方，殊俗入朝者，图其容状衣服以闻"②。阎立本之画及褚遂良的文字当在附国来贡时所作，后魏征、颜师古、孔颖达等修《隋书》，可能就是据褚遂良的附国记录而成《附国传》，此与《梁书·外国传》取材于梁《职贡图》之事相似。如果说《隋书·附国传》抄自《西域图》中的附国记录，那么为什么《隋书·附国传》前半部分比《西域图》多出二十余字，而后半部分《西域图》全无呢？个别字的增删是不奇怪的，至于多出二十余字及后半部分全缺，可以作两种解释，一是因为《西域图》传至元时已为残画，《西域图》中关于附国的文字可能漫漶不清且有部分残缺。二是鲜于枢抄录褚遂良文时或有脱误。如有可能，则《西域图》所书附国文字实际上应多于鲜于枢所录，或许即今所见《隋书·附国传》全文。值得注意的是《西域图》的三处记载：

其一，《西域图》称"附国王子宜僧"，而《隋书·附国传》作"附国王字宜缯"。"僧"、"缯"之异不必计较，然附国王一不称姓，二不称名，单以其"字"称，于情理不通。何况附国乃龙荒之外的鬼琐小国，是十分落后的地区，"其人并无姓氏"，何以有"字"呢？《西域图》称"附国王子宜僧"就比较合理。又《附国传》后云："又遣其弟子（《通典·附国传》作'子弟'）宜林"，附国王的弟弟的儿子名"宜林"，附国王自己的儿子名"宜僧"这是很自然的事。附国为"羌种"，羌人有父子兄弟取名同一字的习惯，如《后汉书·西羌传》中滇良的两个儿子名为"滇吾"和"滇岸"，而"滇吾"的三个儿子名"东吾"、"迷吾"和"号吾"。③"宜林"和"宜僧"为从兄弟，采用同一"宜"字，这正是羌人的习惯。《隋书》、《北史》称"附国王字宜缯"很可能是抄《西域图》时误"子"为"字"。《通典》在转录《隋书·附国传》这一段文字时，发现了"附国王字宜缯"不通，干脆删去了这句话。

其二，《西域图》称"其国南北八百里，东西千五百里"，《附国传》却作"其国南北八百里，东南千五百里"。很明显，"东南"为"东西"之误，

---

① 《隋书》帝纪、列传完成于贞观十年，而志到显庆元年才完成，见中华书局《隋书》出版说明。
② 清高宗敕编：《石渠宝笈》卷32《唐阎立本王会图》。按：此阎立本当为阎立德之误。
③ （南朝）范晔：《后汉书》卷87《西羌传》。

故《北史》改为"东西"。《通典》则误作"东西四千五百里"①。此亦可证，《隋书·附国传》之"东南"很可能是抄《西域传》时造成的错误。

其三，《西域图》称"人皆轻捷，便击剑、用矛"。《隋书》、《北史》均无"用矛"二字，《通典》亦无。《西域图》较《隋书》多出二字，且并非无关紧要的虚词，也正反映《西域图》所录附国文字早于《隋书》，而《隋书》在抄录时可能遗脱"用矛"二字。

如果我们再将《剡源文集》中保留的《西域图》中关于附国人服饰的描述与《隋书·附国传》中关于附国人服饰的文字进行比较，就更能看出问题来。《西域图》记录附国王及侍从服饰：

> 员皮头帽如钵，项组铁下垂至藉皮，服皮裘，牛脚靴，胸悬一员金花。一奴小员皮帽……一奴曳幕罗（当为羃罗之讹）。②

《隋书·附国传》载附国人的服饰：

> 其俗以皮为帽，形圆如钵，或带羃罗，衣多毼皮裘，全剥牛脚为靴。项系铁索，手贯铁钏。王与酋帅，金为首饰，胸前悬一金花，径三寸。③

很显然，《附国传》中这一段或是根据《西域图》原有的附国文字改写而成，或是依据《西域图》中附国人物的形象作了如上的描述。《隋书·附国传》的材料是源于阎立本的《西域图》和褚遂良关于西域各国的文字介绍，这是没有疑问的。

还有一个问题可以佐证前说。《隋书》列《西域传》，首起吐谷浑、党项，中为高昌、康居、龟兹，末为波斯诸国。以叙述排列的次序来看，是先近后远，先北后南，独附国不同，依地理方位，附国与吐谷浑、党项紧紧相连，如依序介绍，附国应在吐谷浑、党项之后，而《隋书》却把这个羌人之

---

① （唐）杜佑：《通典》卷187《边防》3。
② （元）戴表元：《剡源文集》卷4《唐画〈西域图〉记》。
③ （唐）魏征：《隋书》卷83《附国传》。

国列在波斯、漕国之后，成为《西域传》中的最后一个国家。这是什么原因呢？余疑，刚开始撰写《西域传》时，由于没有材料（附国的材料仅见于本传，本纪及其他志传竟不涉附国），并无修《附国传》的意图。后见《西域图》中有关于附国的文字记录，才在《西域传》尾补了《附国传》，后修之《北史》发现《隋书》安排不当，故又作了重修排列，将附国置于吐谷浑、党项之后，以正《隋书》之误。

阎立本《西域图》有关于附国的记录，这说明出现于隋代的附国，至唐贞观年间还存在，并与唐朝有着朝贡关系，后来附国从历史上消失，很可能是在吐蕃强大以后，即被吐蕃吞灭。《通典》只指出附国在隋代与中原王朝有往来，而不提唐代①，可见杜佑未见阎图。《旧唐书》不立《附国传》其原因也在于此。《新唐书》博采野史笔记，很可能欧阳修、宋祁等人曾见过《西域图》，因此而增修了《附国传》，只是文字删损过甚，使人不明其意。

（二）弥罗国

《西域图》关于弥罗国的记载，是有关西夏先祖的一条极为重要的史料。

弥罗国名，首见于《西域图》，前史未载。如果我们仅从对音上考察，樊绰《蛮书》中的"弥诺国"②与"弥罗国"是极为音近的。但"弥诺国"是今缅甸境内靠近海边的国家。伯希和认为"弥诺国"在弥诺江与伊洛瓦底江汇流处；岑仲勉认为在今曼尼普尔城之故地；陈序经认为在缅甸西境阿腊干一带。③三说均与《西域图》中所载"弥罗国"方位相距太远，可以断言，《西域图》中的"弥罗国"非《蛮书》中的"弥诺国"。

《西域图》称"弥罗国"的方位在"吐国（谷）浑之南，白兰之北"。吐谷浑之地虽东西绵延数千里，但其主要驻牧地区在"甘松山之阳，洮水之西"④，这一点是明确的。白兰的方位就比较麻烦，有《华阳国志》中汶山郡的"白兰"⑤，有《后汉书》莋都夷中的"白狼"⑥，又有《魏书》、《周书》中

---

① （唐）杜佑：《通典》卷187《边防》3。
② （唐）樊绰：《蛮书》卷10《南蛮疆界接连诸番夷国名》。
③ （法）伯希和著，冯承钧译：《交广印度两道考》，商务印书馆，1933年，第34页；岑仲勉：《南海昆仑与昆仑山之最初译名及其附近诸国》，载该氏：《中外史地考证》上册，第136页；陈序经：《骠国考》，载余定邦、牛军凯编：《陈序经文集》，中山大学出版社，2004年，第316—325页。
④ （宋）欧阳修、宋祁：《新唐书》卷221《吐谷浑传》。
⑤ （晋）常璩：《华阳国志》卷3《汶山郡》。
⑥ （南朝）范晔：《后汉书》卷86《西南夷传》。

吐谷浑西南之"白兰"①。这个问题国内外许多学者都作过详细论证，但没有得出一致的意见。余倾向于周伟洲、黄颢二先生的观点②，白兰应分为青海湖西南和四川西北两大部分，即《新唐书·党项传》中所载："左属党项，右与多弥接。"③十六国，南北朝、隋时的"白兰"应主要指青海湖西南之白兰，而这一部分白兰被吐谷浑控制；到唐初，文献中所出现的"白兰"则是指四川西北之白兰，亦即属于党项的"左部白兰"。《新唐书·党项传》还载"以其（白兰）地为维、恭二州"④。维、恭二州即唐初白兰之居地，在今四川汶川、理县之西北。弥罗国的方位大约就在洮水、西倾山之南，维、恭二州之北，即今四川阿坝州与若尔盖之间。求证了弥罗国的方位，再比较"弥罗"二字的译音，余疑"弥罗"即《新唐书·党项传》中的"弭药"⑤（或作弥药），亦即《隋书·附国传》中的"婢药"⑥。"弭药"、"婢药"、"弥罗"不仅音近互转，而且"弥罗国"地望与"弭药"、"婢药"地亦相近，"弥罗"即"弭药"、"婢药"的可能性极大。

关于"弥药"一族，汉藏文献记载甚多。弥药人与吐蕃很早就有联系，而且关系密切，据藏文文献记载，松赞干布的妃子洁莫尊即弥药王之女⑦，可见，至少在唐初还有一个"弥药国"的存在。多数藏文著作都认为"弥药"之地在青海的北方，还说"弥药王的王宫"在甘州与额济纳之间，因此有"北方弥药"之说。⑧这一点汉文材料也可印证，汉文文献中出现的"弥娥山"⑨、"弥鹅泊"⑩、"弥娥城"⑪、"弥娥州"⑫等，都在碛南居延海与贺兰山近侧。这一带应是"弥药"人的发源地。由于漠北部落（柔然、突厥等）的势

---

① （北齐）魏收：《魏书》卷101《吐谷浑传》；（唐）令狐德棻：《周书》卷50《吐谷浑传》。
② 周伟洲、黄颢：《白兰考》，载《青海民族学院学报》1983年第2期。
③ （宋）欧阳修、宋祁：《新唐书》卷221《党项传》上。
④ （宋）欧阳修、宋祁：《新唐书》卷221《党项传》上。
⑤ （宋）欧阳修、宋祁：《新唐书》卷221《党项传》上。
⑥ （唐）魏征：《隋书》卷83《附国传》。
⑦ （宋）欧阳修、宋祁：《新唐书》卷221《党项传》上。
⑧ 松巴堪布：《如意宝树史》，转引自（法）石泰安著，方浚川译：《弥药与西夏：历史地理与远古传说》，原文载《法国远东学院院刊》第44卷。班钦·索南查巴著，黄颢译：《新红史》称西夏斯呼王生于凉州和弥药嘎之间，西藏人民出版社，1984年，第47页。
⑨ （唐）李筌：《太白阴经》卷3《关塞四夷篇》。
⑩ （宋）欧阳修、宋祁：《新唐书》卷43《地理》7。
⑪ （宋）欧阳修、宋祁：《新唐书》卷217《浑传》。
⑫ 今苏州文庙文管会藏南宋《地理图》，在居延海与贺兰山左下注明"碛南弥娥州"。

力不断南逼，可能有一部分弥药人南下，越过青海湖，来到了四川西北部的深山大谷中定居下来，建立了"弥罗国"，藏文称之为"密纳克（minak）"。后来，由于党项的强大，"弥药"人像宕昌、白兰人一样也加入了党项部落联盟。这一支从北南下的弥药是什么人呢？余以为，即是党项族内的拓跋部。党项拓跋部出自河西鲜卑的秃发氏①，他们都知道自己是从河西来的，因此又有许多地方将党项拓跋氏称之为"河西人"，明代《华夷译语》就将"密纳克（弥药）"译作"河西"。②过去，有些学者将《旧唐书·党项传》中的"弥药"理解为留居在原地而被吐蕃役属的党项人，这是对原文理解不细而产生的误会。我们看看《党项传》原文：

其后，吐蕃强盛，拓跋部渐为所逼，遂请内徙，始移其（指拓跋氏）部落于庆州，置静边等州以处之；其（指拓跋氏）故地陷于吐蕃，其（指拓跋氏）处者为其（指吐蕃）役属，吐蕃谓之弭药。③

整个句子，主语是"拓跋部"，后面的"其"字都是人称代词，丝毫不涉及党项。很明显，"弥药"不是指整个党项族，"弥药"只是党项族内的一个部落，亦即党项拓跋部。这个问题笔者将另撰文详细讨论。总之，《西域图》中的"弥罗国"的出现，可以为解开"弥药"之谜给我们以新的启示。

《西域图》还给我们提供了"弥药（弥罗）"人的发式、服饰等珍贵资料。据《西域图》文字记录，弥药王的发式是"小髻，余发垂双辫如缕"，侍从的发式是"发余垂独辫"。这对于我们理解西夏的"秃发"有很大的帮助。西夏元昊时推行的"秃发令"④，意在发扬鲜卑旧俗，"秃发"即"髡发"，即将周围的头发剃光、留顶发之大部分，垂辫于后，这是鲜卑人发式的特点（乌桓、契丹、女真皆如此），故文献中又称拓跋鲜卑为"索头"、"索虏"⑤，"索"即辫发。这里"余发垂双辫"和"垂独辫"恐怕就是"髡发"的写真，与羌人的"披发"相距甚远。弥药人的服饰是，王衣"皮裘"，着"玄靴"，

---

① 参见拙稿《关于西夏拓跋氏族源的几个问题》，载《中国史研究》1986 年第 4 期。
② （明）火原洁：《华夷译语》，涵芬楼秘笈本。
③ （后晋）刘昫：《旧唐书》卷 198《党项传》。
④ （宋）李焘：《续资治通鉴长编》卷 115 景祐元年冬十月丁卯条。
⑤ （梁）沈约：《宋书》卷 95《索虏》。

"解袇"，侍从则"朱裘玄靴"。"解袇"是东胡族与西羌族共有的特点，如契丹、霫、奚、渤海等族都是"髡发左衽"[①]，与弥药人相同。

（三）伫贬欲归国

《西域图》中的"伫贬欲归国"在文献中是第一次出现。要考证这一国名是很困难的，不仅文献无征，就是从对音上求索，也毫无相近之名，唯一的线索还是见于《西域图》。《西域图》告诉我们，"伫贬欲归国"的方位是"西于白兰数千里"。唐初白兰在四川西北部，白兰之西数千里，无法确定其具体方位。但据《西域图》所载，伫贬欲归国的国王"乌毡冠"上"标白氂牛尾"。"氂牛"是我国青藏高原上的特产，唐时，党项、宕昌、吐蕃、女国等都产氂牛，因氂牛尾上的毛又细又长，党项、宕昌等族都用氂牛尾盖屋顶[②]，但"白氂牛"却是极为稀罕，故取其尾作冠饰。戴表元录《西域图》文字时还说"此鬼琐混居羌中"。据此三条，羌中之国，西于白兰数千里，产白氂牛，大致可以确定，伫贬欲归国在附国西面及女国一线的青藏高原上。

《西域图》提供的"伫贬欲归国"人的服饰是古代青藏高原居住民族极好的民俗学材料。伫贬欲归国王，"乌毡冠如首经，上标白氂牛尾，旁鞸二雕翎，皮裘朱带，玄履绿袜"，而国王侍从"冠式、裘带、履袜与王同"，或者"绀带、素袜而朱靴"。这些服饰材料将有助于我们进一步考证"伫贬欲归国"的情况。

（四）千碉国

《西域图》中有关千碉国的记录弥补了隋唐文献之不足。

千碉，仅见于《隋书·崔仲方传》及《隋书·附国传》中（《册府元龟》中两处记载与《隋书》同），两传虽有千碉之名，但并没有介绍千碉的详细情况，只是笼统地说，千碉与白兰、迷桑、当迷、涉题诸羌杂居在吐谷浑、党项、附国之间的深山大谷中，无大君长，风俗与党项略同。《西域图》却告诉我们："一王二奴皆垂髻，王白皮裘，黄毛靴，坐而偻指数曲，奴青襦黄履者拍手为节而歌，面有酒色，丹襦皮束项者与王同，目右注而盼，衣皆及项。又党项之西，千碉国也。"千碉方位，在《附国传》及《崔仲方传》中是不清楚的，《西域图》明载在"党项之西"。党项，据《新唐书·党项

---

[①] （清）徐松辑：《宋会要辑稿》第186册《蕃夷》1。
[②] （唐）魏征：《隋书》卷83《党项传》；（后晋）刘昫：《旧唐书》卷198《党项传》。

传》:"东距松州,西叶护,南春桑、迷桑等羌,北吐谷浑。"西接叶护应是吐谷浑,不是党项。党项居地,初唐之时,主要应在今四川西北部及甘肃南部,即甘南及阿坝、甘孜等地,而《金史·西夏传》称西夏拓跋氏"元魏衰微,居松州"①,则党项的中心居地应在今四川松潘一带。千碉,当是以其地多碉而得名,《后汉书·西南夷传》:"冉駹夷,其聚落皆依山居止,累石为室,高者至十余丈,为邛笼。"李贤注:"今彼土夷人呼为雕也。"②《西藏见闻录》引《九州记》载:

  邛州沈黎县,即武侯征羌之路,每十里作一楼,令鼓声响应,今诸蛮效之,所居悉以石为楼,此碉房之始也。③

  碉房最多之地就在大小金川、马尔康、丹巴、道孚一带,地在松潘、阿坝之西南,余以为,此地即唐代的千碉国。邓廷良先生通过对这一地区实地考察后给千碉国确立了更具体的位置,他说:"《隋书·附国传》记西山诸羌中有'千碉'之国,名列'小铁围山'之前(建按:小铁围山见《隋书·崔仲方传》),当相距不远。小铁围山即今宝兴木坪的董卜韩胡宣慰司,其地与鱼通、明正土司地分别在夹金山东西,紧相连接。而丹东之白山(今丹巴县城后)、杨正千户之格宗、杨副千户之陆终及梭坡等地皆碉楼如林,仅陆终一寨,现有碉楼及残碉就达一百余座。古代的'千碉国'非此莫属。"④

  《西域图》载千碉人的发式和服饰值得注意。千碉国王和侍从的发式为"垂髻",当作"椎髻"⑤,即挽发于头顶,形状如椎,此为西南夷普遍流行之发式。《史记·西南夷列传》:"自滇以北,君长以什数,邛都最大,此皆魋结,耕田,有聚落。"⑥"魋结"即"椎髻"。从昆明向北,直至四川中部,皆为"椎髻"之民族。千碉为羌人之国,一般说来,羌、戎之族,皆为"被发"⑦,

---

① (元)脱脱:《金史》卷134《西夏传》。
② (南朝)范晔:《后汉书》卷86《西南夷传》。
③ 《西藏见闻录》引《九州记》,清抄本。
④ 邓廷良:《石碉文化初探》,载《重庆师范学院学报》1985年第2期。
⑤ "垂髻",按原意即垂发,古为儿童之发式,西羌及西南夷均无此发式,故疑为"椎髻"。
⑥ (汉)司马迁:《史记》卷116《西南夷传》。
⑦ (南朝)范晔:《后汉书》卷87《西羌传》。

但也有"椎发"的。刘向《说苑·善说》即云"西戎左衽而椎结"①。但这应是指接近西南夷的那一部分"羌、戎",如汶山地区的"六夷、羌胡、羌虏、白兰峒、九种之戎"②,他们长期与西南夷杂居,有可能改易其俗。吐谷浑可汗夸吕亦"椎髻"③当是独喜这种发式而仿效之。千碉国之"垂髻",恐怕也是因为长期生活在西南夷之中,因而受其影响。

《西域图》还告诉我们,千碉羌人,国王衣着是"白皮裘、黄毛靴",而侍从是"青襦黄履,丹襦皮束项",即穿青色或红色的短袄,着黄毛靴,用皮毛围脖。还说千碉国"衣皆及项",即所穿衣均为高领。《淮南子·齐俗篇》言:"羌人括领。"④括,束也。似是将衣领紧束,乃高原地寒之故。千碉国之"皮束项","衣皆及项",可能就是羌人的"括领"。羌人、吐谷浑人、吐蕃人、苏毗人均着长皮袍,而千碉人则为短袄。千碉居地多为山谷森林,长袍于生活不便,故着短袄。千碉王"坐而偻指数曲",奴"拍手为节而歌",且"面有酒色",可以反映,千碉人是一个喜好歌舞和饮酒的民族,与党项风俗相近。⑤

(五)弊剌国

《西域图》记录的"弊剌"正好与唐代文献互为证补。弊剌即驳马,为突厥属部。《通典》载:

> 拔悉弥,一名弊剌国,隋时闻焉。⑥

《新唐书·驳马传》载:

> 驳马,或曰弊剌,曰遏罗支。直突厥之北,距京师万四千里。随水草,然喜居山,胜兵三万,地常积雪,木不凋,以马耕田,马色皆驳,因以名国云。北极于海,虽畜马而不乘,资湩酪以食。好与结骨战,人

---

① (汉)刘向:《说苑》卷11《善说》。
② (晋)常璩:《华阳国志》卷3《汶山郡》。
③ (唐)魏征:《隋书》卷8《吐谷浑传》。
④ (汉)刘安:《淮南子》卷11《齐俗训》。
⑤ (宋)薛居正:《旧五代史》卷138《党项传》:"既醉,连袂歌呼,道其土风以为乐"。
⑥ (唐)杜佑:《通典》卷200《边防》16。

貌多似结骨而语不通，皆剸发，桦皮帽，构木类井，……自贞观逮永徽一再入朝。①

《通典》又载：

驳马国，……马色并驳。故以为名，其马不乘，但取其乳酪充飨而已。②

《太平寰宇记》载：

突厥谓驳马为曷剌，亦名曷剌国。③

吴曾录李公麟《阎立本西域图跋》云："此弊剌，诸马多缺，而剪发二人全失之，比见摹本自高丽来，采笔殊恶，而马之沥乳者与人之剪发者皆全。"李公麟所言之"弊剌"就是"驳马国"，"弊剌"是"驳马"的突厥语 Basmil 译音④，又作"曷剌"，又作"拔悉弥"，地在今俄罗斯境内里海一带。从李公麟所见《西域图》记录的文字中我们可以得知四点：一、弊剌在唐太宗贞观初曾入贡于唐；二、弊剌为"剪发"；三、画面画有许多马，则弊剌当为产马之国；四、画面之马"沥乳"，则弊剌之马多产奶。以上四点与《新唐书·驳马传》完全相合，《传》言，驳马等国自贞观逮永徽一再入朝；《传》言，弊剌人"皆剸发"，剸发同剪发；《传》言，以马名国，故知其国产马；《传》言，畜马不乘，资湩酪为食，与《图》中"马沥乳"相合。

(六) 其他四国

关于绝色伽梨、狗头、大耳、鬼国等四国，由于这四国只在李公麟的题跋中提到名字，而无任何关于这四国的其他记载，因此，不可能对这四个国家进行较为深入的探讨，今仅就其国名及地理位置作一点考证。

---

① (宋)欧阳修、宋祁：《新唐书》卷270《回鹘》下。
② (唐)杜佑：《通典》卷200《边防》16。
③ (宋)乐史：《太平寰宇记》卷200《四夷》29《驳马》。
④ 岑仲勉：《突厥集史》下册附录，第1132页。

绝色伽梨国，文献无征。从对音上考察，"绝色伽梨"可能就是《北史》、《魏书》之《西域传》中的"伽色尼"。此国地在"悉万斤国南，去代一万二千九百里"①。《大唐西域记》作"鹤悉那"②，《岭外代答》及《诸蕃志》作"吉慈尼"③，即今阿富汗境内的加兹尼（Ghazhi）。

狗头国，余疑即狗国。狗国有二，一在东北，《异域志》载："狗国，其国在女真之北。"④《岭表录异》载："尝有人自青社泛海归闽，为恶风所飘五日夜，不知其几千里也。经一处，同船有新罗人云是狗国，逡巡果如人髁形抱狗而出，见船惊走。"⑤《通典》载东夷诸国中有一岛国，称其国"男则人身狗头，其声如犬吠"⑥，大概也是指的这一狗国。另一狗国在西北，《山海经》载："犬封国曰犬戎国，状如犬。"郭璞云："黄帝之后卞明生白犬二头，自相牝牡，遂此为国，言狗国也。"又引《伊尹四方令》云："正西昆仑狗国。"⑦可见，这一狗国在西北。《梁四公记》则记载更为具体："女国之东，蚕崖之西，狗国之南，羌夷之别种也。"又"昔狗国之南有女国"⑧。蚕崖，即蚕崖关，在四川彭州导江县西北（今四川灌县西北），女国当为西山八国之东女国。据此可知，《西域图》中的狗国应当是唐代的"白狗羌"。《太平寰宇记》载："白狗国，亦西羌之别名，与会州连接。"⑨《新唐书·党项传》称"白狗与东会州接"⑩。又据《新唐书·地理志》，笮州、维州、保州都是白狗羌的居地，笮、维、保及东会州均是隋汶山郡地⑪，《西域图》中的"狗头国"当即"白狗羌"之狗国。

大耳国，两《唐书》不见此名。《南夷志》云："小婆罗门国出具齿、白

---

① （北齐）魏收：《魏书》卷102《西域传》；（唐）李延寿：《北史》卷97《西域传》。
② （唐）玄奘、辩机原著，季羡林等校注：《大唐西域记校注》卷12《漕矩吒国》。
③ （宋）周去非著，杨武泉校注：《岭外代答校注》卷3《外国门下》；（宋）赵汝适：《诸蕃志》卷上《志国·吉慈尼国》。
④ （元）周致中：《异域志》卷下《狗国》。
⑤ （宋）李昉：《太平御览》卷905《兽部》17。
⑥ （唐）杜佑：《通典》卷186《边防》2。
⑦ （晋）郭璞著，袁珂校注：《山海经校注》之《海经新释》卷7《海内北经·犬封国》。
⑧ （宋）李昉：《太平广记》卷81《梁四公》。
⑨ （宋）乐史：《太平寰宇记》卷184《四夷》13《白狗国》。
⑩ （宋）欧阳修、宋祁：《新唐书》卷221《党项传》。
⑪ （宋）欧阳修、宋祁：《新唐书》卷42《地理志》6、卷43《地理志》7。

蜡、越诺，共大耳国来往。"① 又《蛮书》称："小婆罗门，与骠国及弥臣国接界，在永昌北七十四日程，……共大耳国往来。"② 小婆罗门国应在骠国西北，即今印度之曼尼普尔一带。那么，大耳国在何处呢？李家瑞先生认为"大耳"是大食之误③，笔者不敢苟同。《山海经》有"聂耳之国"，其人两耳长大④，《独异志》云："《山海经》有大耳国，其人寝，常以一耳为席，一耳为衾。"⑤ 这就过分夸张了，但并非完全荒诞。余以为，这"大耳国"就是"木耳夷"。《水经注》载："温水出牂牁夜郎县……又经味县（今曲靖）……水侧皆是高山，山水之间，悉是木耳夷居，语言不同，嗜欲亦异。"⑥《酉阳杂俎》亦称："木耳夷，旧牢（贵州石阡西）西，以鹿角为器，其死则屈而烧之，埋其骨。" 又"木耳夷，人黑如漆，小寒则掊沙自处，但出其面"⑦。《三才图会》称："木直（当为耳之讹）夷，在獦獠（即今仡佬族）西。"⑧《玉芝堂谈荟》则称"木耳国"。⑨ 木耳夷即今彝族，彝族男子喜戴大耳环，古时用木制，故称之为木耳夷。很可能由于所戴耳环特大，故又有"大耳"之称，"大耳"、"木耳"分布在今云南、贵州一带，故亦可同印度东北部的小婆罗门国往来。

鬼国，最早见于《山海经》："鬼国，在贰负之尸北，为物人面而一目。"⑩ 此为北荒之鬼国。又《三国志·东夷传》："女王国……次有鬼国"⑪，此为东北面之鬼国。《通典》亦有"鬼国"，在"驳马国西六十日行程"⑫，驳马地在今叶尼塞河中游一带，则此鬼国应在俄罗斯之里海一线。上述三个鬼国从地理方位上看，似乎都不是《西域图》中的"鬼国"，宋元时期的"罗

---

① （宋）李昉：《太平御览》卷789引《南夷志》。
② （唐）樊绰：《蛮书》卷10《南蛮疆界接连诸蕃夷国名》。
③ 李家瑞：《石宝山石窟的外国人》，赵吕甫先生亦同此说，参见（唐）樊绰著，赵吕甫校释：《云南志校释》，中国社会科学出版社，1985年，第324页。
④ （晋）郭璞著，袁珂校注：《山海经校注》之《海经新释》卷3《海外北经·聂耳国》。
⑤ （唐）李亢著，张永钦等点校：《独异志》卷上。
⑥ （北魏）郦道元：《水经注》卷36《温水》。
⑦ （唐）段成式：《酉阳杂俎》卷4《境异篇》。
⑧ （明）王圻：《三才图会》卷13《人物门·木直夷》。
⑨ （明）徐应秋：《玉芝堂谈荟》卷10《黄金易五脏》。
⑩ （晋）郭璞著，袁珂校注：《山海经校注》之《海经新释》卷7《海内北经·鬼国》。
⑪ （晋）陈寿：《三国志》卷30《东夷传》。
⑫ （唐）杜佑：《通典》卷200《边防》16。

氏鬼国"应是《西域图》中的"鬼国"。《宋史·理宗纪》:"罗氏鬼国遣报思、播言:大元兵屯大理国。取道西南,将大入边。"①《元史·世祖纪》:"命昔撒昔总制鬼国、大理两路。"②《经世大典·招捕总录》:"罗氏国主阿察初已纳款后与鬼国结婚。"③《元史·兀良合台传》:"鬼蛮,即赤秃哥国。"④《华夷译语》:"鬼曰赤惕科儿。"⑤鬼国名称甚多,有称"罗氏鬼国",有称"罗甸鬼国",有称"罗鬼",有称"鬼蛮"。《宋史·黎州诸蛮传》:"夷俗尚鬼,谓主祭者鬼主。"⑥"鬼国"之名,概出于此,地应在今贵州普定、安顺一带。《西域图》中出现"鬼国"之名,这是贵州之"鬼国"最早的记载。

以上四国从国名上看似乎荒诞无稽,然征诸文献,一一可得落实。可证《西域图》所载,李公麟、鲜于枢、戴表元所见均无一毫虚妄,由于这些真实可靠的材料,才使这些被当时史官漏载的"鬼琐者混居羌中"的小国得以为世人所知。

原载《文史》第 31 辑,1988 年

---

① (元)脱脱:《宋史》卷 44《理宗纪》4。
② (明)宋濂:《元史》卷 5《世祖纪》2。
③ (元)佚名:《招捕总录》,第 11 页,丛书集成初编本。
④ (明)宋濂:《元史》卷 121《兀良合台传》。
⑤ (明)火原洁:《华夷译语》,第 15 页,涵芬楼秘笈本。
⑥ (元)脱脱:《宋史》卷 496《蛮夷》4。

# 唐《王会图》杂考

贞观以降,至开元、天宝之际,名匠辈出,炳若列星,奇卉异葩,毕罗瑶圃,蔚为一时之大观。然经安史之乱后,唐朝名迹多散佚流落,再经历朝之人祸兵灾,唐人真迹之传世者已寥寥矣。本文所要探讨的《王会图》,就是一幅名噪于当时而又失传于今的唐朝名画。这幅名画的作者、创作时间及流传情况均是不清晰的,甚至颇多讹误,而对这幅画的史料价值,更无人置喙。因为记录的不清晰和可佐证的史料不多,致使人们无法断其真伪。但由《王会图》而引出的唐代黠戛斯问题,应是对此图考证的额外收获。

一

关于唐《王会图》的创作首先必须要解决的是作者问题。

最早记录《王会图》的是明张丑《清河书画舫》卷3所引《唐画录》,称:

阎立德为《王会图》。①

但是《柳宗元集》却称:

颜师古奏言,乃命尚书阎立本图之。②

---

① （明）张丑:《清河书画舫》卷3《唐画录》。《唐画录》为何人作,未见著录。
② （唐）柳宗元:《柳宗元集》卷1《唐铙歌鼓吹曲十二篇》韩注引《谭宾录》。

第三种说法是《新唐书·艺文志》，称：

> 颜师古《王会图》一卷，卷亡。①

可见，就是在唐代，这幅有名的唐画作者是谁，至少有三种说法。

余首先想否定的是颜师古作《王会图》说。因为我们知道，颜师古作为一位学者、经学家，那是当之无愧，他为太子承乾注班孟坚之《汉书》对后世影响极大。然作为一位画家，他却名不见谱录，这样一幅有名的画决不可能出于颜籀之手。李德裕《会昌一品集》载：

> 臣伏以贞观初中书侍郎颜师古上言，昔周武王天下太平，远国归款，周史乃集其事为王会篇。今万国来朝，蛮夷率服，实可图写，请撰为《王会图》，有诏从之。②

可见，颜师古只不过是创作《王会图》的建议者，而并非作者。很可能是欧阳修撰《新唐书·艺文志》时，他也弄不清《王会图》作者是谁，就姑且冠以"颜师古"之名。

那么，这幅名画究竟出自谁之手呢？是阎立德？抑或阎立本？这就很难断定了。兄弟二人都是唐朝前期的著名画家，而且都是画外国人物的高手。李嗣真称：

> 博陵（立本）、大安（立德），难兄难弟。……万国来庭，奉涂山之玉帛；百蛮朝贡，接应门之位序。折旋矩度，端簪奉笏之仪；魁诡谲怪，鼻饮头飞立俗，尽该毫末，备得人情，二阎同在上品。③

阎立本之《步辇图》，阎立德之《文成公主降蕃图》都是名噪一时的异

---

① （宋）欧阳修、宋祁：《新唐书》卷58《艺文志》2。
② （唐）李德裕：《会昌一品集》卷2《黠戛斯朝贡图传序》。（宋）周必大：《周益国文忠公集》卷18《又题款塞图》亦认为阎立本作《王会图》。
③ （唐）张彦远：《历代名画记》卷9《唐朝》上《立德弟立本》。

国人物画，而且兄弟二人还常常在一起同创作一幅画。① 因此，如以画索人，不要说后人难以识辨，就是唐宋时代的著名鉴赏家也经常弄混。比如《职贡图》，《宣和画谱》和苏东坡均认为是立本之笔，而朱景玄却断之为立德之迹②，他们兄弟二人作品在明清人的著录中经常被人混淆。但是，根据文献记载所反映的情况来看，《王会图》应该是阎立德之丹青，主要理由有以下四点：

其一，记载阎立本作《王会图》的仅胡璩《谭宾录》一处，而记为阎立德所作者则不仅是《唐朝名画录》，宋郭若虚之《图画见闻志》，宋御府最权威亦即收藏唐画最富的《宣和画谱》均认为《王会图》为阎立德所作。《谭宾录》虽为唐人胡璩所作，但毕竟是小说家言，而《唐画录》、《图画见闻志》、《宣和画谱》则均是唐宋时代图画专著，作者均是唐宋时代著名书画家、鉴赏家或收藏家，特别是《宣和画谱》中所收之画，均是经北宋御府之书画鉴赏名家一一鉴定后而入府的，他们的记载应是比较可信的。

其二，唐胡璩之《谭宾录》原书有十卷，但已散佚，现在所见都是节选的几条，如曾慥《类说》选九条，《绀珠录》选八条，还有其他诸书亦有选者。《柳宗元集》注释中引了《谭宾录》一条，称《王会图》为阎立本作，苏东坡《阎立本职贡图诗注》中所引《谭宾录》亦称《王会图》为阎立本作。但余查今本《太平广记》亦引了《谭宾录》的这一条，其文为：

贞观三年，东蛮谢元深入朝，……乃命立德等图画之。③

《太平广记》所引《谭宾录》为立德作《王会图》，因此，《柳宗元集》与苏轼所引之文很可能是将立德误作立本。

其三，张彦远《历代名画记》称：

时天下初定，异国来朝，诏立本画外国人物图。④

---

① （唐）朱景玄：《唐朝名画录》之《神品》下。
② （明）都穆：《铁网珊瑚》卷4《职贡图》。
③ （宋）李昉：《太平广记》卷211《画》2。
④ （唐）张彦远：《历代名画记》卷9《唐朝》上《立德弟立本》。

这幅外国人物图即《西域图》①，"天下初定"，也是指贞观初年，可知，阎立本被诏所画的是《西域图》而不是《王会图》。再者，《柳宗元集》韩注引《谭宾录》称"乃命尚书阎立本图画之"。查《新唐书》之二阎传，阎立本"显庆中以将作大匠代立德为工部尚书"②，那就是阎立德死后，立本才继其兄为尚书，则贞观中之"尚书"只能是立德而非立本。

其四，宋代最著名的图画总谱《宣和画谱》卷1称：

> 唐贞观中，东蛮谢元深入朝，颜师古奏言：昔周武时远国归款，乃集其事为《王会图》。今卉服鸟章，俱集蛮邸，实可图写。乃命立德等图之。③

非常明确地标明，阎立德绘《王会图》。

综上所证，我们完全可以证明，《王会图》的实际创作者是唐朝前期著名画家阎立德。

## 二

关于《王会图》的具体创作时间也存在一些问题。

董逌《广川画跋》这样记载：

> 尝考之贞观十七年，其制如是。颜籀请比周之王会作图，以叙传后世，使著事得以考焉。又为《王会篇》上之，今其书具存，可以察也。其藏在王府，其副留职方，以时参考，尽得四夷服章、物采、名号、姓氏、官爵、谥命，此其所传也。④

按道理说，董逌的记载应是可信的，因为董逌当时身在北宋秘阁任编

---

① 参见拙稿《阎立本〈西域图〉在宋元著作的著录及其史料价值》，载《文史》第31辑，1988年。
② (宋)欧阳修、宋祁：《新唐书》卷100《阎立德传》。
③ (宋)佚名：《宣和画谱》卷1《道释》1。
④ (宋)董逌：《广川画跋》卷2《上〈王会图〉叙录》。

校，北宋御府所藏图画必经其鉴定而决定收录，他又是亲眼见过《王会图》真迹的人，其言应是可信的。然而，董逌"贞观十七年"说与目前所见文献的记录有着较大的差距，《新唐书》载：

> 贞观三年，其（东谢蛮）首元深入朝，冠乌熊皮若注旄，以金银络额，被毛帔，韦行縢，著履。中书侍郎颜师古因是上言："昔周武王是，远国入朝，太史次为《王会篇》，今蛮夷入朝，如元深冠服不同，可写为《王会图》。"诏可。①

《资治通鉴》载：

> 是时（贞观三年），远方诸国来朝贡者甚众，服装诡异，中书侍郎颜师古请图写以示后，作《王会图》，从之。②

其他《柳宗元集》韩注、《图画见闻志》、《宣和画谱》均将此事记于"贞观三年"，前引《会昌一品集》卷 2 记此事为"贞观初"。不论是正史还是笔记，其图绘专书均称《王会图》作于贞观三年或贞观初，董逌之"尝考之，贞观十七年，其制如是"语是无法理解的，不知道他是否还见过更为有力的材料。据目前的情况而言，我们还只能认为，《王会图》的具体创作时间是唐太宗贞观三年，即公元 629 年。

## 三

《王会图》完成以后，关于该图的流传情况是不清楚的，它究竟散佚在何时，这在文献的著录也存在许多问题，有必要进行澄清。

阎立德的《王会图》完成于贞观三年，这应是初唐时期影响较大的作品。但是，除了《唐画录》中提了一句"阎立德为《王会图》"之外，唐代的其他书画著作如裴孝宣《贞观公私画史》、朱景玄《唐画断》中均未提及

---

① （宋）欧阳修、宋祁：《新唐书》卷 222《南蛮传》。
② （宋）司马光：《资治通鉴》卷 193《唐纪》9 贞观三年十二月条。

此画。《唐画断·神品下》有专条列阎立德的画，并称他的《职贡图》画"异方人物诡怪之质，自梁、魏以来名手，不可过也"①，但却没有提他的《王会图》。《新唐书·艺文志》称《王会图》卷亡，那就可以说，在北宋中期欧阳修撰《新唐书》时，《王会图》早已散落在民间，故欧阳修不得见。但北宋初年修《太平寰宇记》的乐史似乎见过《王会图》，乐史称黠戛斯，"《王会图》云：其国每有天雨铁……"②这还可以说明，《王会图》有文字说明，余怀疑即董逌所言之《王会篇》，说明《王会图》的文字另成篇。北宋著名画家李公麟所见名画甚多，《职贡图》、《西域图》都曾见过，但从未提及《王会图》。③有宋一代，真正见过《王会图》而又加以文字著录者仅董逌一人。《广川画跋》卷2《上〈王会图〉叙录》：

> 秘阁《王会图》帐录，总幅二十四，亡者十有二矣，其传制度，犹可慨见。……谨整此补缀，完其图像，序见本略，条列上之，崇宁五年七月五日，编校臣某上。④

可见，董逌见到《王会图》是在北宋末年，而且所见之图，图幅已散佚一半了，这一半很可能是宋徽宗时广泛征集民间藏画，而《王会图》就在这时被收进国家秘府（阎立本《西域图》也是这时被收进秘府的），此后，在南宋和元人的书画题跋中均不见此图的著录。直到明张丑的著作中才出现《王会图》之名。《清河书画舫》载：

> 阎令以画显，太宗时所制《职贡图》，前元时在齐斋赵与勲家，或云即《王会图》也。其画宋世藏尚方。按董逌《广川画跋》第二卷有《上〈王会图〉叙录》一篇，寻文索画，想其真迹神妙，殆胜《西域图》矣。⑤

在张丑的另一著作《真迹日录》载：

---

① （唐）朱景玄：《唐朝名画录》之《神品》下。
② （宋）乐史：《太平寰宇记》卷199《黠戛斯》。
③ （宋）史绳祖：《学斋占毕》卷2《王会、职贡两图之异》。
④ （宋）董逌：《广川画跋》卷2《上〈王会图〉叙录》。
⑤ （明）张丑：《清河书画舫》卷3《唐画录》。

阎立本《王会图》，绢本，大著色，前后凡二十四国，每国标题字颇拙朴，不入真赏，后有康里子山等三跋。①

又《真迹日录》载：

阎立德《王会图》：

虞□□、芮芮国、波斯国、百济国、胡密丹、白题国、靺国、中天竺、狮子国、北天竺、渴槃陀②、武兴国、龟兹国、倭国、高丽国、于阗国、新罗国、宕昌国、狼牙修、邓至国、周古柯、阿跋檀、建平蛮、女蛮国。余观阎立德《王会图》，本诸唐贞观间太宗事。……子山记。僧兰谷得故画蛮夷二十四国以示众，傅色沉实而笔力能各尽其态，……金华王余庆。③

在清高宗敕编《石渠宝笈》中又是这样记载：

唐阎立德《职贡图》一卷。

索绢本，著色，画凡二十五段，每段节录职方志一则，无款姓氏。后有原赞，苏子蓉题记，康里子山题记，王余庆题记。④

又载：

唐阎立本《王会图》一卷。

索绢本，著色，画凡二十四段，每段楷书国名于上，卷后漫漶不可识。有王肯堂赞。……按此卷无款识，而内府所藏阎立本《职贡图》与此正相类。⑤

---

① （明）张丑：《真迹日录》卷2《阎立本王会图》。
② 原文缺一字，当为"渴"。（唐）李延寿：《南史》卷79《夷貊》下："渴盤陀国，于阗西小国也。"
③ （明）张丑：《真迹日录》卷3《阎立德王会图》。
④ 清高宗敕编：《石渠宝笈》卷32《唐阎立德职贡图》。
⑤ 清高宗敕编：《石渠宝笈》卷32《唐阎立本王会图》。

上面五则引文是明清时期有关《王会图》的详细记载,我们再回过头来看北宋董逌《广川画跋》卷2《上〈王会图〉叙录》一文中关于《王会图》的记载:

> 今按图得者,五辂时陈,百僚夜具,乐备肆夏,礼陈百物,鸾旂凤节,犇逌兽铎,飞旐容逌,缀缀央央,则庭具而充矣。其外则青龙旗左,白虎旗右,清游队前,白泽旗后,朱雀玄武,铜鼓金钲。篝箛之具,二十四列,横吹之序,百二十具,班剑仪刀,分行十二,黄麾紫仗,列部十八,五牛旗兴,百兽队车。旗自辟邪,逮金中者二十四等,橦自凤凰,逮豹饰者十有二番。诸位,平巾帻,紫袖裲裆,锦胜地,金隐起,弓箭横刀;中郎果毅,平巾帻,绯裲裆,锦胜起地,银梁金雀起,似飞三卫;武弁,绯裲裆;供奉武弁,朱衣队,甲鍪铠弓,刀楯五色,庭外之制严矣。有司告办,鸿胪导客,次序而列,凡国之异,各依其方。东首以三韩、百济、日本、渤海,而扶桑、勿吉、流球、女国、挹娄、沃沮次之;西首以吐蕃、高昌、月氏、车师、党项,而轩渠、嚈哒、叠伏罗、丁令、师子、短人、掸国次之;其南首以交趾、沅溪、哀牢、夜郎,而板楯、尾濮、西爨、附国、莋都等次之;北首以突厥、匈奴、铁勒、靺鞨,而大汉①、白霫、室韦、结骨后次之。夷琛蛮贶,瑰奇怪谲,璀琛错落,为一时伟观。②

这是董逌将北宋秘阁所藏《王会图》的情况作了一次详细的描绘,也是唐《王会图》最权威的反映,所载内容应是可信的。但若以董逌所记《王会图》内容与前面五则有关《王会图》的记载进行比较,就会发现,两者反映的不是一个内容。

我们先看看《真迹日录》记录的所谓"阎立德《王会图》"。原画共记录了二十四个国家与民族,有芮芮、武兴、宕昌、邓至、狼牙修等。稍具民族

---

① 原文为"漠",当为"汉"之误,史无大漠国,而有大汉国。(唐)李延寿:《南史》卷79《夷貊》下:"大汉国在文身国东五千余里。"
② (宋)董逌:《广川画跋》卷2《上〈王会图〉叙录》。

常识的人一看就知道，这二十四个国家与民族不是唐代的周边诸族，而应属于南北朝时代，与今存残卷的梁《职贡图》①进贡诸族基本相同。很明显，这绝不是阎立德的《王会图》，而应是梁元帝的《职贡图》。

《石渠宝笈》的编者似乎是发现了这个错误，在著录此画时，该题为"阎立德《职贡图》"。《大观录》的作者吴升对这幅画则有比较清醒的认识，仅题名为"《职贡图》"。②可是，就在这幅画上，元康里巎和王余庆均称之为"阎立德《王会图》"，康里巎与王余庆都只是艺术家而非史学家，出现这样的错误是不奇怪的。王余庆还引唐李德裕请作《续王会图》、宋张复作《四夷述职图》之事为证。这样，就造成了明张丑将梁《职贡图》认作"阎立德《王会图》"的错误，以致后人因循其误。③

再看《真迹日录》卷 2 中著录的所谓"阎立本《王会图》"。文称"前后凡二十四国"、"后有康里子山等三跋"。与卷 3 所谓"阎立德《王会图》"一样，也是二十四国，也是康里子山等三跋。可见，此画与卷 3 应是同一内容的两幅画。郁逢庆《续书画题跋》与汪砢玉《珊瑚网》俱载：

> 阎立本《诸夷图》。右起武兴止狼牙修，计国二十六，人二十八，具列国状貌。④

这阎立本《诸夷图》应该就是《真迹日录》中"阎立本《王会图》"，郁逢庆称二十六国，张丑称二十四国，因为此图在明时已经残缺，有些地方存文字无人物，有些地方存人物缺文字，故算法不一。如今存南京博物院的梁《职贡图》中，倭国后有宕昌，但文字中未具国名，如以使者计国，今残

---

① 金维诺《〈职贡图〉的时代与作者》附《职贡图》全部照片，载《文物》1960 年第 7 期。
② （清）吴升：《大观录》卷 11《阎立本职贡图卷》。
③ 以职贡之名图者甚多，《唐画断》中有阎立德《职贡图》，《宣和画谱》中有阎立本《职贡图》二和《职贡狮子图》一，还有陆晃《职贡图》二，这就很容易与前代《职贡图》混淆，故康里子山、王余庆等将梁元帝之《职贡图》误作阎立德之《职贡图》，史绳祖在《学斋占毕》卷 2 中对此就有较准确的认识。至于将《职贡图》误作《王会图》，这就首推张丑了，今人温肇桐注《唐朝名画录》时亦称"《职贡图》又名《王会图》，现藏北京历史博物馆，为描写贞观时各国使者来我国朝贡的图画。"温先生很可能没有注意董逌《广川画跋》中的《上〈王会图〉叙录》一文。如见过，就决不会将现存的所谓《职贡图》说成《王会图》了。
④ （明）郁逢庆：《续书画题跋》卷 1《阎立本诸夷图》；（明）汪砢玉：《珊瑚网》卷 25《名画题跋》1。

存梁《职贡图》则为十二，如将残缺之宕昌也计入其中，则计国十三。郁逢庆和张丑所载二图差异即在于此，所见实为一图。《石渠宝笈》收录此图时亦称"画凡二十四段，每段楷书署国名于上"。后又称："按此卷无款识，而内府所藏阎立本《职贡图》与此正相类。"① 所不同的是《石渠宝笈》中所谓阎立本《王会图》只剩下王肯堂一人之赞，康里巙和王余庆的题跋不存，与张丑所记"后有康里子山等三跋"异。但《石渠宝笈》称，在原画卷后有一段文字皆"漫漶不可识"。余以为，此漫漶处当即康里子山和王余庆的跋。据此，我们可以知道，《真迹日录》和《石渠宝笈》中所谓"阎立本《王会图》"实即郁逢庆、汪砢玉等所言"阎立本《诸夷图》"，而所谓"阎立本《诸夷图》"却又是梁元帝《职贡图》，与前署名阎立德的《职贡图》同出一源，可能是由于两卷残损情况不一，后人装裱情况不尽一致，故录文时载起止国名亦不相同，立德卷起为"虞□□"，止于"女蜑国"；而立本卷起为"武兴国"，止于"狼牙修"。而董逌所记的却是三韩、百济、吐蕃、高昌、突厥、鞑靼、交趾、附国等三十几个国家与民族，所录国名与前述之所谓《王会图》几无一相同者。这样，就可以清楚地看出，明清时代著录的所谓《王会图》乃是后人的误会，两种《王会图》，实际上都是梁元帝《职贡图》。

阎立德之《帝王图》

---

① 清高宗敕编：《石渠宝笈》卷32《唐阎立本王会图》。

《真迹日录》与《石渠宝笈》中的所谓《王会图》问题搞清以后，我们就可以断定，阎立德《王会图》在明清之时已不复存。从董逌所记"崇宁五年"见唐《王会图》外，南宋金元之时均无人见过真正的唐《王会图》。因此，余推定唐阎立德《王会图》大约亡于北宋末年。靖康之乱，金人入宣和殿，《王会图》也同晋人真迹的命运一样，毁于兵燹之中。

## 四

搞清了上述几个问题以后，就需要对《广川画跋》所保存的《王会图》有关内容进行审视与认识，并指出其价值所在。

董逌根据他所见到的残画记录的唐《王会图》所表现的远夷归款、万国来朝的盛大场面：

> 东首以三韩、百济、日本、渤海，而扶桑、勿吉、流球、女国、挹娄、沃沮次之；西首以吐蕃、高昌、月氏、车师、党项，而轩渠、嚈哒、叠伏罗、丁令、师子、短人、掸国次之；其南首以交趾、沅溪、哀牢、夜郎，而板楯、尾濮、西爨、附国、莋都等次之；北首以突厥、匈奴、铁勒、鞑靼，而大汉、白霫、室韦、结骨后次之。夷琛蛮贻，瑰奇怪谲，璀琛错落，为一时伟观。①

这里一共记录了三十九个国家和部族向唐王朝进贡的局面。这里必须指出的是，《王会图》与《职贡图》是记载异国人物的两种完全不同的图画。《职贡图》是每一个外国使节来朝时，命画工"写其衣服形貌为职贡图"，并要记其山川、地理、土俗、物产等，《职贡图》是纪实性的图画。《王会图》却不是根据当时"万国来朝"的真实场面进行现场描绘，而是比附周武王时代的《王会图》并结合当时情况进行想象性地描绘，其中既有历史的真实，恐怕也有不少不实之夸张。《新唐书》及其他诸书都记载，《王会图》是贞观三年，东谢蛮朝贡时，颜师古请以图写作《王会图》，当时并没有上述

---

① （宋）董逌：《广川画跋》卷2《上〈王会图〉叙录》。

三十九个国家来朝贡之事，而图中所记又恰恰没有"东谢蛮"，所以，余以为，《王会图》并不完全是记当时历史真实的艺术作品，颜师古之所以要画出一副"远夷归款、万国来朝"的空前盛况，主观上是为了满足当时上层统治者在建立新王朝后那种踌躇满志的心理，以艺术的夸张来粉饰天下太平、国家强盛。其实，历史事实并非完全如此。贞观三年以前的唐王朝确实对内是扫平了战乱，出现了初步稳定的局面；对外由于军事力量的强大，也建立了自己在国际上的初步权威。贞观三年前（含贞观三年），向唐朝表示过归服和进贡者先后有：新罗、龟兹、突厥、高丽、百济、党项、靺鞨、契丹、西突厥、高昌、回纥（铁勒）、东谢蛮等等，但是，贞观初年唐王朝的势力和影响还不可能播及远域，有很多民族和国家与当时的唐王朝还处于战争或隔绝状态。就以上述三十九个国家和民族来说，日本是贞观五年才开始遣使入唐①，室韦也是贞观五年才开始向唐王朝进贡②，而吐蕃则是在贞观八年才与唐交通③。因此，上述三国不应该出现在贞观三年完成的《王会图》中。还有《王会图》中还出现了很多前代的国名，如扶桑、勿吉、流球、女国（海东女国）、挹娄、沃沮、月氏、车师、轩渠、嚈哒、丁令、叠伏罗、师子、短人、掸国、沅溪、哀牢、夜郎、板楯、尾濮、西爨、莋都、匈奴、大汉等，而这些国名一般在唐代均未曾出现过。当然，这里面很可能有两种情况，一是《王会图》作者喜借用古名来称当时的国名或部落名，如尾濮就是指云南地区的民族，夜郎就是指贵州地区的民族，勿吉即指靺鞨；二是可能在南北朝时期与中国交通过的国家至唐初期仍保持着正常往来，而唐史官未曾记录，或后修之两唐文献未予记录，这两种可能性都有。但是，又有三点肯定是《王会图》现存内容之误，一是挹娄、勿吉是一地而先后称之，但《王会图》两者均记；二是掸国是南蛮之国却记为西，大汉是东夷之国却记为北；三是渤海国之名出现于唐中期，靺鞨族名出现在唐末期，贞观三年出现这两个名字是绝对不可能的。为什么会出现这么多的错误呢？除了《王会图》的作者本身的想象之错误外，其中很大的责任看来应由董逌来负。他告诉我们，他所见到的《王会图》明明是散佚过半的残画，然而，在他描述

---

① （宋）欧阳修、宋祁：《新唐书》卷220《东夷传》。
② （宋）欧阳修、宋祁：《新唐书》卷220《东夷传》。
③ （宋）欧阳修、宋祁：《新唐书》卷216《吐蕃传》上。

的内容中，却给我们呈现了一幅《王会图》完整的画面，这一完整的画面由何而来？这就是董逌"整此补罅，完其图像"而达到的"艺术效果"。图像是完整了，艺术效果也达到了，但此画的历史真实就被大大地破坏，将"渤海"、"鞑靼"补进《王会图》中，将"挹娄"、"勿吉"排列在同一个画面，将"掸国"、"大汉"方位倒置，如果这种修补工作真出自于以考据与鉴赏擅名的董逌之手，岂不令人遗憾。

当然，还有一种可能，那就是后来抄录之误。据《广川画跋提要》：

> 董逌在宣和中与黄伯思均以考据、赏鉴擅名，毛晋尝刊其书跋十卷，而画跋则世罕传本，此本为元至正乙巳华亭孙道明所抄，云从宋末书生写本录出，则尔时已无锓本矣。纸墨岁久剥蚀，然仅第六卷末有阙字，余尚完整也。①

这就告诉我们，《广川画跋》收四库以前未见刊本，宋末书生是从哪里抄来的不可得知，而元人孙道明又从宋末书生处抄来，这种辗转抄录，如所抄又是"纸墨岁久剥蚀"的本子，这些抄书匠们凭自己的认识对原文进行增补。如此，那稀奇古怪的国名、族名出现如此之多的错误也就不足为怪了。

那么，就在董逌《上〈王会图〉叙录》中所保存的《王会图》内容还有些什么样的价值？首先，关于宾会四夷的礼仪就较两《唐书·礼乐志》中更具体。其次，那就是《王会图》毕竟是唐人所作，也就必然会部分地反映当时的历史真实。如图中的三韩、百济、高昌、党项、突厥、铁勒、附国、白霫的确都是在贞观三年前朝贡的国家和民族，而且有些国家如扶桑、琉球、女国、轩渠、嚈哒、师子、短人、掸国，虽是南北朝时代的国家，其名未出现于唐代史册，但完全有可能，他们在唐初仍与中国保持着联系，因为，当时与中国有外交往来的国家而漏载于史册者是不乏其例的，余在对阎立本《西域图》的研究中就发现了这一问题。如这一点能成立，仅此，那《王会图》现存内容的意义就不可低估了。第三，董逌《上〈王会图〉叙录》还保存了十分重要的关于黠戛斯国的史料：

---

① 《四库全书总目》卷112《子部》22《广川画跋六卷》。

以图察者，坚昆其人长大，赤发，白面，绿睛。而唐后得其国人，形质不长，面赤色，耳贯金银小环，王及国人露首卷发，衣服同于突厥，貂鼠为帽，而又金装帽顶卷其末，与今图所见异。又《王会篇》：黠戛斯，本回纥所号，本名居勿。初属薛延陀，在隋谓结骨，在唐谓坚昆，贾耽以其说为证。然坚昆自秦汉有之，《史记》所谓高昆，《汉书》所谓隔昆，其国一也。今阿啜谓本国不知有坚昆名，相承以黠戛斯为国，自此以上八十年矣。尝经朝贡，后为回鹘所破，阻隔不通中国。然则乾元二年，回鹘奏破坚昆，此其可验也。是则黠戛斯是其本号，非回鹘所命也。至于木马则异制，雨①铁则异俗，与图皆不同。盖百余年间，容有改制殊礼，故衣服冠冕不可必尽同，至面赤白则异见，发朱黑则异传，雨铁不应遂绝，自应图误，可以论也。②

这里要提出的一个问题是，为什么《王会图》中绘数十个国家之人物，而董逌就单单将黠戛斯一国拿出来进行评说呢？余以为其中最重要的原因是，董逌还看到了唐人所绘的一幅黠戛斯的画，即《黠戛斯朝贡图传》。唐武宗会昌时，漠北回鹘汗国遭受天灾，黠戛斯则"乘彼（回鹘）荐饥，于是，破龙庭，焚罽幕，萧条万里，地无种落，始得出重泉而见白日，披氛雾而睹青天"③，朝贡于唐。由于黠戛斯来贡"乃诏太子詹事韦宗卿、秘书少监吕述往莅宾馆，以展私觌。稽合同异，观缵阙遗。传胡貊兜离之音，载山川曲折之状，条贯周备，文理洽通"，对黠戛斯国情进行了详细的了解和记录。遂由"韦宗卿、吕述所纪异闻，饰以绘事"，"敢叙率服"④，而上《黠戛斯朝贡图传》。《新唐书·艺文志》则作"吕述《黠戛斯朝贡图传》一卷。吕述，字修业，会昌秘书少监，商州刺史"⑤。因此仅录作者一人，而漏记了一人，《黠戛斯朝贡图传》一卷实际作者应是两人，一为太子詹事韦宗卿，一为秘书少监吕述。此图及传至宋时尚存，为董逌所见。故董逌即以所见《黠戛斯

---

① 原文作"两"，当为"雨"之误，详见后证。
② （宋）董逌：《广川画跋》卷2《上〈王会图〉叙录》。
③ （唐）李德裕：《会昌一品集》卷2《黠戛斯朝贡图传序》。
④ （唐）柳宗元：《柳宗元集》卷1《唐铙歌鼓吹曲十二篇》韩注引《谭宾录》。
⑤ （宋）欧阳修、宋祁：《新唐书》卷58《艺文志》。

朝贡图传》之图像和文字对唐《王会图》和《王会篇》所记之黠戛斯事迹进行考证。这一段史料分为两部分，一部分是《王会图》或《王会篇》所记录的黠戛斯，一部分是董迪以其所见史料《黠戛斯朝贡图传》考证黠戛斯。《王会图》记录的黠戛斯人形象为"坚昆其人长大，赤发，白面，绿睛"，此记录与《新唐书·黠戛斯传》"人皆长大，赤发，皙面，绿瞳"相同。①《太平寰宇记》亦称："其人身悉长大，赤发，绿睛。"②但董迪所见《黠戛斯朝贡图传》则与《王会图》相异："而唐后得其国人，形质不长，面赤色，耳贯金银小环，王及国人露首卷发，衣服同于突厥，貂鼠为帽，而又金装帽顶卷其末。"董迪所见黠戛斯人"形质不长，面赤色"，与《王会图》及《新唐书》、《太平寰宇记》等书记载均不相同，并称"唐后得其国人"。此语作何解？应理解为董迪所见的《黠戛斯朝贡图传》中有关于黠戛斯人外貌描写的资料。余以为董迪所见会昌时所绘《黠戛斯朝贡图传》，其中应有黠戛斯人物形象并有"韦卿、吕述所记异闻"。但董迪所记"耳贯金银小环，王及国人露首卷发，衣服同于突厥，貂鼠为帽，而又金装帽顶只卷其末"则与《太平寰宇记》和《新唐书》所记相同。《太平寰宇记》载："其王及国人皆露首卷发，衣服同于突厥，冬则以貂鼠为帽，夏则以金装帽，锐顶而卷其末。"③《新唐书·黠戛斯传》："男少女多，以环贯耳。"④故知董迪所见唐代黠戛斯史料记录十分真实，亦知黠戛斯人并非身材高大与白皙面孔的人，这为研究黠戛斯人之人种学提供了十分有价值的今日不见而又属于当时记录的原始史料。

　　董迪根据《黠戛斯朝贡图传》的资料否定了《王会篇》关于黠戛斯之名来源的说法。《王会篇》称："黠戛斯，本回纥所号，本名居勿。初属薛延陀，在隋谓结骨，在唐谓坚昆。"而董迪不同意《王会图》的说法，称："然坚昆自秦汉有之，《史记》所谓高昆，《汉书》所谓隔昆，其国一也。今阿啜谓本国不知有坚昆名，相承以黠戛斯为国，自此以上八十年矣。尝经朝贡，后为回鹘所破，阻隔不通中国。然则乾元二年，回鹘奏破坚昆，此其

---

① （宋）欧阳修、宋祁：《新唐书》卷217《黠戛斯传》。
② （宋）乐史：《太平寰宇记》卷199《北狄》11《黠戛斯传》。
③ （宋）乐史：《太平寰宇记》卷199《北狄》11《黠戛斯传》。
④ （宋）欧阳修、宋祁：《新唐书》卷217《黠戛斯传》。

可验也。是则黠戛斯是其本号,非回鹘所命也。"这一段资料很明显也应是来自《黠戛斯朝贡图传》,其中的"阿啜"即应是《新唐书·黠戛斯传》中的"阿热":"其君曰'阿热',遂姓阿热氏。"①岑仲勉考定"阿热"为古突厥文之az。②"阿啜"、"阿热"当为一词,译音之异。"阿啜"即为黠戛斯君长之名。今"阿啜",应当是指会昌时朝贡之黠戛斯君长。黠戛斯君长说"本国不知有坚昆名,相承以黠戛斯为国,自此以上八十年矣"。这就非常清楚地说明,唐人将坚昆视为黠戛斯之祖源并称"黠戛斯"是回纥给予的名字,这些都被当时黠戛斯的君长阿啜否定,并称"黠戛斯"之名传承已有八十年时间。会昌元年,上推八十年,即唐肃宗上元年间,乾元时回鹘破坚昆,坚昆遂不与中国通。所以会昌时黠戛斯君长阿啜不知有坚昆名是完全可以理解的。但唐人直至开元时仍认为"黠戛斯者,本坚昆国也"(贾耽《古今四夷述》),是否可以理解,黠戛斯只是古坚昆国内的一部落,原名不显。由于回鹘攻破坚昆国后,原作为古坚昆国一部落的黠戛斯逐渐强大起来,特别是到唐武宗由于回鹘败亡,黠戛斯才名显于中国。而唐代史家以其居地范围及习俗与坚昆相近,故认为黠戛斯即古坚昆。值得注意的是董逌所见《黠戛斯朝贡图》称黠戛斯人"形质不长,面赤色",与唐前期所载坚昆国人完全不同,亦可证之,黠戛斯很可能并不是坚昆。

董逌又称:"至木马则异制,雨铁则异俗,与图皆不同"。木马,当即《太平寰宇记》所记之"人将猎兽,皆乘木马,升降山阴,追赴若飞"③。《新唐书·黠戛斯传》作:"俗乘木马驰冰上,以板藉足。"④《唐会要·黠戛斯》作:"其国猎兽,皆乘木马,升降山隥,追赴若飞。"⑤木马,应为一种冰雪之地行走的交通工具,为黠戛斯人所用。雨铁,当即《太平寰宇记》之:"其国每有天雨铁,收之以为刀剑,异于常铁。曾问使者,隐而答,但云铁甚坚利,工亦精巧。盖是其地中产铁,因暴雨淙树而出,既久经土蚀,故精利尔。若每从天而雨,则人畜必遭击杀,理固不通。贾耽云:'俗出好铁,号

---

① (宋)欧阳修、宋祁:《新唐书》卷217《黠戛斯传》。
② 岑仲勉:《突厥集史》下册卷14《突厥属部传校注》,第780页。
③ (宋)乐史:《太平寰宇记》卷199《北狄》11《黠戛斯传》。
④ (宋)欧阳修、宋祁:《新唐书》卷217《黠戛斯传》。
⑤ (宋)王溥:《唐会要》卷100《黠戛斯》。

曰迦沙,每输之于突厥,此其实也。'"①《新唐书·黠戛斯传》大概认为"雨铁"之说不可信,则折衷言之:"每有雨,俗必得铁,号迦沙,为兵绝犀利,常输以突厥。"②《通典》卷200《结骨》作:"天每雨铁,收而用之,号曰迦沙,以为刀剑,甚铦利。"③其实这很可能是指黠戛斯地产一种可铸利剑之铁矿,多经雨水浇淋,则质地优良而已。不管是"木马"还是"雨铁",都应是董逌所见《黠戛斯朝贡图传》中的记载,其与《王会图》所载坚昆之物产、习俗不同,故董逌云:"与图(《王会图》)皆不同。"董逌最后总结称:"盖百余年间,容有改制殊礼,故衣服冠冕不可必尽相同,至面赤白则异见,发朱黑则异传,雨铁不应遂绝,自应图误,可以论也。"这段话的意思就是坚昆之国名在唐初,黠戛斯国在中唐,其间有一百余年,其制度风俗均可能会发生改变,坚昆人和黠戛斯人的"衣服冠冕"可以不必相同,坚昆人面白,黠戛斯人面赤,很可能是分别所见不同的人,坚昆人发赤,黠戛斯人发黑,也可能记载的是不同的人,但"雨铁"这样的事实不应该在《王会图》中没有记载,因此可以下结论,《王会图》的记录是错误的。同时也间接地否认了坚昆即黠戛斯之说。

原载《民族研究》2011 年第 1 期

---

① (宋)乐史:《太平寰宇记》卷 199《北狄》11《黠戛斯传》。
② (宋)欧阳修、宋祁:《新唐书》卷 217《黠戛斯传》。
③ (唐)杜佑:《通典》卷 200《边防》16《结骨》。

# 唐李筌《太白阴经·关塞四夷篇》西北诸道部族地理考证

《太白阴经》，又称《神机制敌太白阴经》，唐河东少室山人李筌撰。关于李筌的生平，两《唐书》无传。据《骊山母传阴符玄义一卷》之小注称："（李）筌，号少室山达观子，于嵩山虎口岩石壁得《黄帝阴符》本，题云：'魏道士寇谦之传诸山名。'筌至骊山，老母传其说。"① 少室山，在登封境内，可知，李筌为河南登封人。又据敦煌石室遗书 P.2688 号唐抄本《阃外春秋》残本有李筌进书表，末置"天宝二年六月十三日，少室山布衣臣李筌上表"②，就是说至天宝二年（743），李筌尚为"布衣"。据李筌《北岳恒山封安天王铭》之小传称："筌官左羽林兵曹参军直翰林学士内供奉上柱国。"③ 据《云溪友议》称："李筌郎中为荆南节度判官"，"后为邓州刺史"④；《集仙传》又称他"仕为荆南节度副使仙州刺史"⑤；《神仙感遇传》则称："时为李林甫所排，位不显。竟入山访道，不知所终。"⑥ 但据今传本《太白阴经》前有李筌自序及进书表。序末作"唐永泰四年秋河东节度使都虞侯臣李筌撰"，表末署"乾元二年四月二十八日"，结衔为"正议大夫持节幽州刺史并本州防御使上柱国"。⑦ 据以上各种资料，李筌应是中唐时人，生活在玄、肃、代三朝，但各种资料言其担任过荆南节度判官、邓州刺史、仙州刺史、幽州刺史及河东节

---

① 《骊山母传阴符玄义一卷》小注，转引自王重民：《敦煌古籍叙录》卷 2《史部》，中华书局，2010 年，第 100 页。
② 王重民：《敦煌古籍叙录》卷 2《史部》之《阃外春秋》，第 100 页。
③ （清）董诰编：《全唐文》卷 364 李筌《北岳恒山封安天王铭》。
④ （唐）范摅：《云溪友议》卷上《南阳录》。
⑤ （宋）李昉：《太平广记》卷 63《骊山姥》。
⑥ （宋）李昉：《太平广记》卷 14《李筌》。
⑦ （唐）李筌：《神机制敌太白阴经》附录《神机制敌太白阴经序》及《太白阴经表》，守山阁本。

度使等职，此应有失实之处。①李筌著作甚多，仅《新唐书·艺文志》就著录有六种：《阃外春秋》10 卷、《中台志》10 卷、《孙子注》2 卷、《骊山母传阴符玄义》1 卷、《太白阴经》10 卷、《六壬大玉帐歌》10 卷。②李筌书有儒家、道家及兵家多种，《太白阴经》当为兵家类，为唐代一部十分重要的兵书，郑樵《通志》兵类通论唐代仅取《李卫公问答》和《太白阴经》③，足以反映是书之重要性。据《序》、《表》，《太白阴经》成于肃、代之间④，应是一部记载唐前期历史的重要文献。过去，许多研究者都认为，《太白阴经》仅只是一部著名兵书，是一部行师用兵的兵家要典，很少有人注意这部书对于研究唐代历史所具有的重要价值，更没有人注意到，在这部书中蕴藏着极为珍贵的唐代少数民族、边疆史地的资料，其中最为重要的就是保存在该书卷 3 的《关塞四夷篇》。

《太白阴经·关塞四夷篇》虽然篇幅不大，全文总共只有 1400 余字，但是，此文与成书稍晚的贾耽《皇华四达记》具有同样重要的史料价值，贾耽之书，今存残帙于《新唐书·地理志》中⑤，而李筌之文，基本完整，其中介绍了从京城至唐周边各族各国的交通路线，并涉及到数十个唐代少数民族和部落、数十个唐代山川和地名，有许多材料仅见于此书，为唐代其他文献所不载，为治唐代民族史及唐代边疆地理的绝好材料。唐代西北民族史地新资料，多一字，则多一义，多一名，则多一新史也。但是，由于该书"宋时已残阙舛讹"⑥，再加上流传过程中出现的错漏衍夺、倒置无序之处甚多，故前人治史者均不将其纳入信史资料的证据之中。但余以为，李筌之文虽然有上述诸多缺憾，但经过认真整理研究之后，可以发现，这是一篇相当原始的唐代民族地理文献，其中记录很多部族人名、地名，如浑匐焦、三窟、节子、万海、黑霫可以反映其记录的原始性，同时还保存"以浑邪为皋兰都督府"、"斛律为高阙州"、"党项十四州"、"回纥五部落分为五州"等不同于其他唐代文献的记录，这些史实绝大部分均可与唐代文献相互印证。并能以此而破译许多西北民族史中难以解决的问题。而且，这些记录应是从成书于肃、代

---

① 罗振玉：《雪堂校刊群书叙录》卷下，第 24—25 页；王重民：《敦煌古籍叙录》卷 2《史部》，第 100 页。
② （宋）欧阳修、宋祁：《新唐书》卷 58《艺文志》2、卷 59《艺文志》3。
③ （宋）郑樵：《通志》卷 68《艺文》6。
④ （唐）李筌著，盛冬玲译注：《神机制敌太白阴经》之前言，河北人民出版社，1991 年，第 2 页。
⑤ （宋）欧阳修、宋祁：《新唐书》卷 43《地理志》7《羁縻州》。
⑥ 《四库全书总目》卷 99《子部》9《太白阴经八卷》。

之前的唐代文献中摘抄而来，而这些文献今又不传，这应就是这一资料的珍贵之处。因此，余以为，通过这一研究，希望能引起学界对这部长期湮没不彰的重要文献的注意，并继续加深其研究。

本文拟将《太白阴经·关塞四夷篇》关内道、黄河北道、河东、陇右、河西、北庭、安西、范阳道中①所反映的边疆部族、地理等问题加以考证诠释，复取他史籍之可相证明者，本系于下，可考证的确者，均明附以本末，个别无考之部族名、地名，皆录之存疑。下面，凡顶格黑体字为正文，均出原文，校勘之文作楷体字、考释之文均作宋体字，以示区别。

## 一、关内道

**关内道**

> 按：此处之关内道并非唐代行政区之"道"，而是指从关内通往塞北的交通道。贾耽《皇华四达记》中有夏州至灵夏以北蕃落居地之交通道里，是从夏州直北而达黄河北岸，与李筌所书路线迥异。

**自西京北出塞门镇，**

> 按：守山阁本②原作"自京西出塞门镇"，文渊阁本作"自京西北出关镇"，此据墨海金壶本改。

西京，即长安，又称上都，《新唐书·地理志》："上都，初曰京城。天宝元年曰西京，至德二载曰中京，上元二年复曰西京，肃宗元年曰上都。"③

塞门镇，即宋之塞门砦，在延州之西北境，《元和郡县图志》卷3："塞

---

① 《太白阴经·关塞四夷篇》共介绍了十二条通四夷之道，为关内、黄河北、河东、陇右、河西、北庭、安西、剑南、范阳、平卢、岭南、河南道，其中八道同西北史地有关，即本文所述之八道。
② 《太白阴经》今存较好版本为守山阁本、墨海金壶本、文渊阁本三种，其中守山阁本是以宋内府钞本为底本，据文渊阁本校补，又增墨海之后二卷，故以守山阁本为最。本文主要从守山阁本原文，另据墨海本及文渊阁四库全书本校。
③ （宋）欧阳修、宋祁：《新唐书》卷37《地理志》1。

门镇，在（延昌）县西北二十里。"又"延昌县，南至（延）州一百七十六里"①。塞门镇在长安直北，故言"北出"。

**经朔方节度，去西京一千三百五十里，去东京二千里。**

  按：文渊阁本作"去西京一千八百五十里，去东京二千里"，今从守山阁及墨海本。

  朔方节度，即指灵州。《元和郡县图志》卷4："灵州常为朔方节度使理所。"又"（灵州）东南至上都（西京）一千二百五十里；东南至东都二千二百七十里。"②西京至灵州里程，李筌书较《元和郡县图志》多一百里，东京至灵州里程，李筌书较《元和郡县图志》少二百七十里，盖道里曲直不一耳。

  由关中延州塞门镇至灵州道程，在他处还有记载。《武经总要前集》卷18："盐夏路自（延）州北过塞门砦，度卢子关，由屏风谷入夏州界，石堡、乌延、马岭入平夏，至灵州约六百里。其路自塞门至石堡、乌延并山谷中行，最为险狭；乌延至盐州地平。"③《续资治通鉴长编》卷39张洎上疏也言及此道："自长安出鄜畤，度塞门，经盐州，抵回乐东坂，入灵武东门。"④可见，李筌所记从长安出塞门至灵武道是唐宋时期一条较重要的交通道。

**五原塞表，匈奴之故地。**

  按：守山阁本作"五原塞表"，墨海本无"表"字。

  五原，秦称九原郡，汉武帝元朔年更名五原。《水经注》卷3："河水又东，迳稠阳城南，又迳河阴县故城北；又东，迳九原县故城南，秦始皇置九原郡，治此；汉武帝元朔二年，更名五原也。西北接对一城，盖五原县之故

---

① （唐）李吉甫：《元和郡县图志》卷3《关内道》3《延州》。
② （唐）李吉甫：《元和郡县图志》卷4《关内道》4《灵州》。
③ （宋）曾公亮：《武经总要前集》卷18《鄜延丹坊保安军路》。
④ （宋）李焘：《续资治通鉴长编》卷39至道二年五月壬子条。

城也。"又载："魏襄王十七年，邯郸命吏大夫奴迁于九原。其城南面长河，北背连山，秦始皇逐匈奴，并河以东，属之阴山，筑亭障，为河上塞。"① 秦以前，五原之地为匈奴居地，后汉时，呼韩邪单于归汉，五原亦为南匈奴居地，故云"匈奴之故地"。五原故城，应在今内蒙古包头市昆独仑河之西，乌拉山之东，唐中受降城亦在其地。唐又有五原郡、五原县，《元和郡县图志》卷4："贞观二年讨平梁师都置盐州，天宝元年改为五原郡。"② 《新唐书·地理志》："盐州，五原郡。……天宝元年更郡曰五原。"③ 即今陕西省定边县一带，然李筌所记之"五原塞表"，当不是指唐五原郡，而应是指五原塞外之地，且应是泛指黄河河套北面的边塞之地。

**以浑邪部落为皋兰都督府，**

   按：文渊阁本"浑邪"作"浑"。

  关于这一问题岑仲勉先生虽在《突厥集史》中予以关注，但由于未见李筌资料，并未对回纥浑部进行深探。这里有三个问题：

  （一）诸书各传中均称为"浑"，仅《旧唐书·铁勒传》作"浑部"④，《旧唐书·回纥传》作"浑都"⑤，而李筌书作"浑邪"。铁勒浑部源出何族，争议尚多。Bailey 氏认为，浑或即吐谷浑之浑，乃吐谷浑的省称。Schlegel 氏认为，浑即《魏略》中"浑窳"之浑，为曹魏时之回纥部族。⑥ 此二说似嫌证据不足。唐代文献均称"浑"，李筌书作"浑邪"，《旧唐书·回纥传》作"浑都"，"都"似为"邪"之讹，则《旧唐书》亦当为"浑邪"，"浑邪"之轻读或省译均可作"浑"。余疑铁勒之浑部当出自匈奴，匈奴右贤王之地有休屠部、浑邪部⑦，休屠王死后，休屠各匈奴还活跃了几百年，浑邪王归汉后，

---

① （北魏）郦道元：《水经注》卷3《河水》。
② （唐）李吉甫：《元和郡县图志》卷4《关内道》4《廓州》。
③ （宋）欧阳修、宋祁：《新唐书》卷37《地理志》1。
④ （后晋）刘昫：《旧唐书》卷199《铁勒传》。
⑤ （后晋）刘昫：《旧唐书》卷195《回纥传》。
⑥ 岑仲勉：《突厥集史》下册卷14，第664—665页。
⑦ （汉）班固：《汉书》卷96《西域传》上："骠骑将军击破匈奴右地，降浑邪休屠王。"

浑邪匈奴不可能绝迹。宋人邓名世言："浑氏，出自匈奴浑邪王，随拓跋氏徙河南，因以为氏。"①《文苑英华》之《浑侃碑》称浑侃为"后汉郡浑邪王之裔"②，《浑瑊碑》则称浑瑊"汉刘三代为浑耶"③，而《旧唐书·浑瑊传》则称："浑瑊，皋兰州人，本铁勒九姓部落之浑部。"④又突厥部落有匈奴遗种是无疑的，因此，李筌书之"浑邪部落"，而铁勒之浑部或即加入东突厥联盟的匈奴人。李筌书仅一字之异录，保存史之原貌，解决浑部之族源问题。

（二）据《资治通鉴》等书的确切系年，浑部置羁縻州应在贞观二十一年正月，而唐朝将浑部应是先置州后改府，抑是先置府后分州，这在文献中尚多纠纷。《旧唐书·铁勒传》、《旧唐书·回纥传》、《旧唐书·地理志》、《新唐书·回鹘传》、《资治通鉴》卷198均统言以浑部置皋兰州⑤，而不言置都督府之事。《新唐书·地理志》："东皋兰州，以浑部置，初为都督府，并以延陀余众置祁连州，后罢都督，又分东、西州，永徽三年皆废，后复置东皋兰州，侨治鸣沙。"⑥《新唐书·浑传》亦为先府后州说："薛延陀之灭，大俟利发浑汪举部内向，以其地为皋兰都督府，后分东、西州。"⑦《新唐书》之《地理志》及《浑传》认为先置府，后分州，然与《新唐书·回鹘传》"以浑为皋兰州"⑧抵牾。《唐会要》卷73："（贞观二十一年）正月九日，铁勒及回纥等十三部内附，置大都督府、七州（其中含浑部之皋兰州）。"又："永徽元年三月三日，以皋兰州为都督府。"⑨《唐会要》明确记载是先州后府。余意以为，应以《唐会要》为是，因为《新唐书》杂采诸书，很可能为杂糅之误。《新唐书·浑传》既云"以其地为皋兰都督府"⑩，而又以归附首领阿贪支为皋兰州刺史，浑汪为副，可见是置州而不是置府。如果是归附时置

---

① （宋）邓名世：《古今姓氏书辩证》卷7《二十三魂》。
② （宋）李昉：《文苑英华》卷916《义昌军节度使浑公神道碑》。
③ （宋）李昉：《文苑英华》卷134《太师忠武浑公神道碑》。
④ （后晋）刘昫：《旧唐书》卷134《浑瑊传》。
⑤ （后晋）刘昫：《旧唐书》卷38《地理志》1《关内道》、卷195《回纥传》、卷199《铁勒传》；（宋）欧阳修、宋祁：《新唐书》卷217《回鹘传》；（宋）司马光：《资治通鉴》卷198《唐纪》14贞观二十一年正月丙申条。
⑥ （宋）欧阳修、宋祁：《新唐书》卷43《地理志》7。
⑦ （宋）欧阳修、宋祁：《新唐书》卷217《浑传》。
⑧ （宋）欧阳修、宋祁：《新唐书》卷217《回鹘传》。
⑨ （宋）王溥：《唐会要》卷73《安西都护府》。
⑩ （宋）欧阳修、宋祁：《新唐书》卷217《浑传》。

府，后改为州，李筌书成于肃、代之间，那他所知就应是皋兰州而不是皋兰府。还有，《资治通鉴》卷217天宝十三载有"皋兰府都督浑惟明"①的记载，如先为府，后分州，至天宝十三载又怎么还有"皋兰府都督"。可见《新唐书·地理志》、《新唐书·浑传》记载有误，李筌所书与《唐会要》合，成书于肃、代，而记开元、天宝之事，故所见为"皋兰都督府"。

（三）皋兰州设置地点问题。首先要搞清楚有两个皋兰州，一是浑部之皋兰州，二是阿史德特鞬部之皋兰州。《唐会要》卷73："贞观二十三年二月四日，西蕃沙钵罗叶护率众归附，以阿史德特鞬俟斤部落置皋兰、祁连二州，隶灵州都督府。"②《新唐书·地理志》："皋兰州，贞观二十二年，以阿史德特健部置，初隶燕然都护，后来属（指凉州都督府）。"③此"燕然都护"恐怕是《新唐书》之误，据《唐会要》，应是"灵州都督府"。④这是阿史德部之皋兰州，先隶灵州，后属凉州，与浑部之皋兰州有东、西之别。浑部之皋兰州是否如《新唐书·地理志》载，归附时就在灵州界置皋兰州呢？⑤余不以为然，因灵州侧近无皋兰山，何以初在灵州置羁縻州而以"皋兰"为名呢？又《唐会要》卷72："浑马与斛薛马同类，今皋兰都督又分部落在皋兰山西南浚鸡山。"⑥又"斛薛马与碛南突厥同类，今在故金门城⑦北阴山安置，今皋兰州"⑧。细察《唐会要》之言，可知皋兰州都督、皋兰山、皋兰州都应在阴山一带，与《新唐书·浑传》"浑在诸部最南者"⑨相合。余以为，皋兰州初置时即在漠南浑部的居地——皋兰山（与兰州南面之皋兰山无涉），而皋兰山即在阴山之西段。后突厥复叛时，才侨治灵州。如若初期就设置在灵州，那

---

① （宋）司马光：《资治通鉴》卷217《唐纪》33天宝十三载三月丁酉条。
② （宋）王溥：《唐会要》卷73《灵州都督府》。
③ （宋）欧阳修、宋祁：《新唐书》卷43《地理志》7。
④ （宋）王溥：《唐会要》卷73《灵州都督府》。
⑤ （宋）欧阳修、宋祁：《新唐书》卷43《地理志》7《羁縻州》。
⑥ （宋）王溥：《唐会要》卷72《诸蕃马印》。按：此条"西南"二字，原文作"买"，岑仲勉先生认为是"西南"二字误合，当是。岑仲勉：《突厥集史》下册卷13，第656页。
⑦ 阴山之南无金门城，此处金门城，疑为金河城之误。顾祖禹《读史方舆纪要》卷61《陕西》10："金河城，在故胜州黄河东岸。《隋志》：'开皇三年置阳寿县及油云县，又置榆关总管，五年改为云州，十八年改阳寿曰金河。二十年突厥启民可汗来降，因移云州于河东大利城，遣将赵仲卿为突厥启民可汗筑金门城。"可知，金河城在隋云州之境，阴山以南，故疑此金门城当即金河城。
⑧ （宋）王溥：《唐会要》卷72《诸蕃马印》。按：此处"皋兰州"原文作"皋兰门"，岑仲勉先生认为"门"当为"州"，当是。岑仲勉：《突厥集史》下册卷13，第655页。
⑨ （宋）欧阳修、宋祁：《新唐书》卷217《浑传》。

贞观二十三年，置燕然都护府时，皋兰州就不会隶燕然都护府了，因为地隔遥远，基本不合唐置羁縻州府之规。李筌书上言"五原塞表"，下言"以浑邪部落为皋兰都督府"，意即皋兰府就在"五原塞"外。李筌书载，则初置皋兰州府之地望较诸书明矣。至开元初，复置东皋兰州，寄灵州界之鸣沙，属灵州都督府。①

**斛律部落为高阙州，**

> 按：诸书均作"高关州"，当为"高阙州"之误，唐无"高关州"之名，据改。

《旧唐书·铁勒传》、《旧唐书·回纥传》、《新唐书·回鹘传》、《资治通鉴》卷198均作以"斛薛部为高阙州"②。《新唐书·执失思力传》斛薛作"斛萨"③，《隋书·长孙晟传》斛薛作"斜萨"④。李筌书作"斛律"。《通典》卷199称斛薛为"铁勒之别部"⑤。可见，斛薛与铁勒还应有所区别。丁谦云"斛薛即《高车传》斛律"，岑仲勉认为，"薛"、"律"两音不可相通，对丁说持反对意见。⑥丁说固然没提出多少证据，而岑说亦没有多少理由加以否定。余意以为，既不可断言，斛薛即高车之斛律，但斛律部落进入铁勒部落之中的可能性是完全存在的。高车斛律部居鄂尔浑、土拉河流域，铁勒斛薛据《隋书·铁勒传》居"独牙河（土拉河）北"，地望亦不相侔。况铁勒本即是元魏时之高车⑦，又有李筌书"斛律部落为高阙州"之记载，余以为丁谦氏之假说，似又多了一条证据。

高阙州，当即古高阙戍地。《水经注》卷3："（河水）东迳高阙南，《史

---

① （宋）欧阳修、宋祁：《新唐书》卷43《地理志》7《羁縻州》；（宋）乐史：《太平寰宇记》卷36《关西道》12《灵州》。
② （后晋）刘昫：《旧唐书》卷195《回纥传》、卷199《铁勒传》；（宋）欧阳修、宋祁：《新唐书》卷217《回鹘传》；（宋）司马光：《资治通鉴》卷198《唐纪》14贞观二十一年正月丙申条。
③ （宋）欧阳修、宋祁：《新唐书》卷110《执失思力传》。
④ （唐）魏征：《隋书》卷51《长孙晟传》。
⑤ （唐）杜佑：《通典》卷199《边防》15《斛薛》。
⑥ 岑仲勉：《突厥集史》下册卷14，第665页。
⑦ （宋）欧阳修、宋祁：《新唐书》卷217《回鹘传》："回纥，元魏时亦称高车部，或曰敕勒，讹为铁勒。"

记》赵武灵王既袭胡服，自代并阴山下至高阙为塞。"① 汉卫青与匈奴右贤王战于高阙。阙口有城，跨山结关，自古以来，常置重捍，以卫塞道。北魏置高阙戍，唐于此地置西受降城。《旧唐书·回纥传》："西城（西受降城）即汉之高阙塞。"②《蒙古游牧记》称"高阙州在阴山西"③。即今内蒙古杭锦后旗东北，乌拉特中后联合旗西南。斛薛部虽居"独乐河北"，然亦有居漠南者，《唐会要》卷72："斛薛马与碛南突厥同类，今在故金门（河）城北阴山安置，今皋兰州。"④ 前证皋兰州在阴山一带，可知，斛薛部亦居漠南者，且与浑部居地相近，则可证漠南斛薛部居于高阙戍一带，故以其旧居地命名高阙州；亦可反证唐皋兰州与高阙相近，当亦在今内蒙古杭锦后旗与乌拉特中后联合旗之间。故李筌书中俱录在"五原塞表"。《新唐书·地理志》又云：永徽元年废高阙州，更置稽落州。⑤ 李筌书未及改置之事，当仅知旧州而不知改置。

**浑蔔焦部落为浚稽州。**

按：文渊阁本浑蔔焦作"浑匐焦"。

这条记载十分重要，浚稽州之名仅见于《新唐书·地理志》中，为回纥十八羁縻州之一，隶安北都护府。⑥ 然《新唐书·地理志》没有说明浚稽州为何时何部落所置，可见关于浚稽州的设置，至宋已不可考。李筌言"浑蔔焦部落为浚稽州"，可补《新唐书·地理志》中关于浚稽州设置部落的空白，"浑蔔焦部落"也仅见于李筌书，其他唐代文献似不见载，疑为浑部落的一支。

浚稽州，当是以浑蔔焦部落居浚稽山而得名。浚稽山，汉魏时屡见史册，汉有东、西浚稽山之分，《资治通鉴》卷21载，汉太初二年，遣赵破奴

---

① （北魏）郦道元：《水经注》卷3《河水》。
② （后晋）刘昫：《旧唐书》卷195《回纥传》。
③ （清）张穆：《蒙古游牧记》卷5《乌喇特部》。
④ （宋）王溥：《唐会要》卷72《诸蕃马印》。
⑤ （宋）欧阳修、宋祁：《新唐书》卷43《地理志》7《羁縻州》。
⑥ （宋）欧阳修、宋祁：《新唐书》卷43《地理志》7《羁縻州》。

出朔方西北二千余里期至浚稽山①；《汉书·李陵传》载，陵出居延北行三十日至浚稽山②；胡三省注《资治通鉴》云："浚稽山在武威塞北。"③ 约在今蒙古人民共和国境内阿尔泰山山脉之东面地段，此为漠北之浚稽山。前引《唐会要》卷72浑马条有"浑马与斛薛马同类，今皋兰都督又分部落在皋兰山西南浚鸡山"，"鸡"当为'稽'之异译，浚鸡山，当即"浚稽山"，唐浚稽州亦当设此。又载"斛薛马与碛南突厥同类，今在故金门城北阴山安置，今皋兰州"。可知，此皋兰山应在阴山一带，则知此浚稽山在阴山西南。此漠南之浚稽山也。《新唐书·地理志》将浚稽州与瀚海、金微、幽陵等府同属安北都护府，并称浚稽州"初隶瀚海都护，后来属"④。据《旧唐书·地理志》："开元十年，分丰、胜二州界置瀚海都督府，总章中，改为安北大都护府，北至阴山七十里，至回纥界七百里。"⑤旧书时间有误。《玉海》卷133称："安北大都护府，本燕然都护府，贞观二十一年置，龙朔三年，曰瀚海都护府，总章二年更名，开元二年治中受降城。十年徙丰、胜二州境。"⑥可知，唐高宗时，安北都护府置于阴山之南、丰胜二州之北的中受降城。据浚稽州之地望，当在漠南，李筌书言浚稽州在"五原塞表"，则可定为碛南蕃州也。

**鲁丽塞下置六胡州、党项十四州，**

  按：守山阁本"党项十四"后无"州"字，据墨海本补。文渊阁本作"鲁严塞下胡州，党项十四州"。

置六胡州事，文献记载比较清楚。《新唐书·地理志》："宥州，宁朔郡，上。调露元年，于灵、夏南境以降突厥置鲁州、丽州、含州、塞州、依州、契州，以唐人为刺史，谓之六胡州。长安四年，并为匡、长二州，神

---

① （宋）司马光：《资治通鉴》卷21《汉纪》13太初二年五月条。
② （汉）班固：《汉书》卷54《李陵传》。
③ （宋）司马光：《资治通鉴》卷21《汉纪》13太初二年条、天汉二年条。
④ （宋）欧阳修、宋祁：《新唐书》卷43《地理志》7《羁縻州》。
⑤ （后晋）刘昫：《旧唐书》卷38《地理志》2。
⑥ （宋）王应麟：《玉海》卷133《唐安北大都护府》。

龙三年，置兰池都督府，分六州为县，开元十年复置鲁州、丽州、契州、塞州。"①《元和郡县图志》卷4："新宥州，本在盐州北三百里。初，调露元年于灵州南界置鲁、丽、含、塞、依、契等六州，以处突厥降户，时人谓之'六胡州'。"②《旧唐书》、《唐会要》所载大致相同。据新、旧《唐书》及《元和郡县图志》，六胡州应在灵州或灵、夏州之南，而《资治通鉴》卷212考异："宋白曰：六胡州在夏州德静县北。"③德静县在夏州东北，则六胡州当在夏州北。宋白此说不可取，六胡州绝不可能只在夏州德静县北这么一小片地方，开元十年（722）平"康愿子之乱"移六州胡后"始空河南朔方千里之地"。④故六胡州应在灵、夏二州之南境。⑤

鲁丽塞下置党项十四州，两《唐书》及其他唐代文献都没有这一记载。贞观初，党项内附，皆列其地为羁縻州，太宗至玄宗之间，共置羁縻州一百二十四、府十六，但大多在陇右道。《旧唐书·党项传》："天授三年（692）内附，凡二十万口，分其地置朝、吴、归、浮等十州，仍散居灵、夏等界内。"⑥《新唐书·地理志》："禄山之乱，河、陇陷吐蕃，乃徙党项州所存者于灵、庆、银、夏之境。"⑦鲁丽塞下设置的"党项十四州"，就是散居和迁徙于灵、夏境内的党项部落所置。这十四州应为：灵州都督府下的清塞、归德、兰池、芳池、相兴、永平、旭定、清宁、忠顺、宁保、静塞、万吉、乐容、静边等十四州。⑧"鲁丽塞下"即唐之新宥州，《旧唐书·党项传》："元和九年（814）五月，复置宥州，以护党项。"⑨可见，至元和时，新宥州已完全成了党项部落的居地。

---

① （宋）欧阳修、宋祁：《新唐书》卷37《地理志》1。按：此处称突厥，实为昭武九姓之粟特胡。
② （唐）李吉甫：《元和郡县图志》卷4《关内道》4《新宥州》。
③ （宋）司马光：《资治通鉴》卷212考异。
④ （后晋）刘昫：《旧唐书》卷8《玄宗纪》上。
⑤ 艾冲：《唐代河曲粟特人"六胡州"治城的探索》（载《民族研究》2005年第6期）一文根据实地调查及考古资料认为：六胡州分为南北两部分，南部为鲁、丽、塞三州，此三州应在鄂托克前旗东半部、宁夏盐池县与陕西定边县北缘地带；北部为含、依、契三州，此三州分别在鄂托克旗查布苏木东境、鄂托克旗驻地乌兰镇西南及乌审旗嘎鲁图苏木西北部。
⑥ （后晋）刘昫：《旧唐书》卷198《党项传》。
⑦ （宋）欧阳修、宋祁：《新唐书》卷43《地理志》7《羁縻州》。
⑧ （宋）欧阳修、宋祁：《新唐书》卷43《地理志》7《羁縻州》。其中静边州都督府又领州二十五，乐容州都督府领州一。
⑨ （后晋）刘昫：《旧唐书》卷198《党项传》。

拓跋、舍利、仆固、野利、桑乾、节子等部落牧其原野。

按：文渊阁本舍利作"舍刹"，守山阁本、文渊阁本野利作"野刺"，据墨海本改；墨海本仆固作"仆团"，文渊阁本作"仆国"，从守山阁本原文；文渊阁本牧其原野作"救其原野"，今从守山阁本。

李筌所述拓跋等部落均为鲁丽塞下居住之部落，其中拓跋、野利为党项部落，当即前言之"党项十四州"之部落，《新五代史·党项传》："其大姓，有细封氏、费听氏、折氏、野利氏、拓跋氏为最强。"① 二部虽同谓党项，其实还是有所不同。宋人宋琪言："党项界东自河西银、夏，西至灵、盐，南距鄜、延，北连丰、会，厥土多荒隙，是前汉呼韩邪所处河南之地，幅员千里。从银、夏洎青、白两池，地惟砂碛，俗谓平夏拓跋，盖蕃姓也。自鄜、延以北，地多土山柏林，谓之南山野利。"② 可知，拓跋部居地靠河套东部一些，而野利部则在河套南部横山一带。

舍利、桑乾为突厥部落，《新唐书·地理志》突厥羁縻州单于都护府有"桑乾都督府"和以舍利部置的"舍利州"③，《新唐书·王方翼传》："阿史那元珍入寇，被诏进击，因降桑乾、舍利二部。"④《张说之文集》卷16亦称："桑乾、舍利两部来降"。⑤《唐会要》卷73："贞观二十三年（649）十月三日，诸突厥归化，以舍利吐利部置舍利州。"又称："永徽元年（650）九月八日，右骁卫中郎将高偘执车鼻可汗，献于武德殿，处其余众于郁督军山，分其地置单于、瀚海二都护府。单于领狼山、云中、桑乾三都督府，苏农等十四州，瀚海领金微、新黎七都督，仙萼、贺兰等八州。"⑥ 则可知舍利州置于贞观二十三年，桑乾都督府置于永徽元年。桑乾部，当以居山西桑乾河而得名，桑乾部落归附即在原地置桑乾都督府，《太平寰宇记》卷49："（云州）

---

① （宋）欧阳修：《新五代史》卷74《四夷附录》3《党项传》。
② （宋）李焘：《续资治通鉴长编》卷35淳化五年正月癸酉条。
③ （宋）欧阳修、宋祁：《新唐书》卷43《地理志》7《羁縻州》。
④ （宋）欧阳修、宋祁：《新唐书》卷111《王方翼传》。
⑤ （唐）张说：《张说之文集》卷16《唐故夏州都督太原王公神道碑》。
⑥ （宋）王溥：《唐会要》卷73《单于都护府》。

东至桑乾都督帐一百五十里。"①即东至桑乾河之里数。顾祖禹称:"桑乾城,在朔州东。"②《新唐书·地理志》:"桑乾都督府,龙朔三年(663)分定襄置,侨治朔方。"③舍利州原属云中都督府,地在古云中一带,后也同侨治朔方。④侨治朔方的原因是调露元年(679),"单于管内突厥首领阿史德温博、奉职二部落相率反叛,立泥孰匐为可汗,二十四州并叛应之"⑤。正因为单于府下的突厥州叛乱,所以被唐朝迁往朔方。《宋朝事实类苑》还载:环庆路军官进攻西夏后桥寨,"破荡却吴家、外藏、土金、舍利、遇家等族帐"。西夏后桥寨有舍利族,当是突厥舍利部侨治朔方而留下的部落。⑥故鲁丽塞下有桑乾、舍利部落。

仆固,先为铁勒部落,后为回纥部落,《通典》卷199:"仆骨,铁勒之别部。"⑦《新唐书·地理志》回纥羁縻州府中有"仆固州都督府",并言"侨治朔方"。⑧《新唐书·仆骨传》言薛延陀灭,仆固内属,"以其地置金微州",仆固原居地在"多览葛之东"⑨,在漠北。查薛延陀灭在贞观二十年(646)。但《唐会要》卷73则称贞观二十一年"仆骨部置金微都督府"⑩,《旧唐书·回纥传》作"金微府"⑪,《新唐书·回鹘传》亦作"金微都督府"⑫。《新唐书·仆骨传》当误,初置即为府非州。置金微府时隶燕然都护府,在古单于台,而单于台又在云中县西北四十余里,后侨治朔方之"仆固州都督府"可能就是"金微都督府"侨治朔方而后改之名,隶"夏州都督府"。⑬故鲁丽塞下有仆固部落。《旧唐书·玄宗纪》称开元四年(716)有仆固部归唐,"于大武军北安置"⑭。此仆固部当即侨治朔方、隶属夏州的仆固州都督府。

---

① (宋)乐史:《太平寰宇记》卷49《河东道》10《云州》。
② (清)顾祖禹:《读史方舆纪要》卷44《山西》6《桑乾城》。
③ (宋)欧阳修、宋祁:《新唐书》卷43《地理志》7《羁縻州》。
④ (后晋)刘昫:《旧唐书》卷38《地理志》1,但《旧唐书》称舍利等州为党项部落,当误。
⑤ (后晋)刘昫:《旧唐书》卷194《突厥传》上。
⑥ (宋)江少虞:《宋朝事实类苑》卷75《安边御寇西夏》。
⑦ (唐)杜佑:《通典》卷199《边防》15《仆骨》。
⑧ (宋)欧阳修、宋祁:《新唐书》卷43《地理志》7《羁縻州》。
⑨ (宋)欧阳修、宋祁:《新唐书》卷217《仆骨传》。
⑩ (宋)王溥:《唐会要》卷73《安北都护府》。
⑪ (后晋)刘昫:《旧唐书》卷195《回纥传》。
⑫ (宋)欧阳修、宋祁:《新唐书》卷217《回鹘传》。
⑬ (唐)李吉甫:《元和郡县图志》卷14《河东道》3《云州·云中县》。
⑭ (后晋)刘昫:《旧唐书》卷8《玄宗纪》上。

节子部落，这也是独此一处的记载，为何部族，原居何地，均不可考。余疑即铁勒十五种之"诃咥"之另译，诃咥之突厥语作 Ädiz[①]，又译作阿咥、阿跌、跌跌，与仆固部同时归属唐。李筌所记尚有六胡州，可见此处应是开元十年（722）之前之状，故在灵夏二州之南境还有粟特、党项、突厥、回鹘部落游牧。

## 二、黄河北道

**黄河北道**

按：此处之黄河北，盖指河套之北。这一节主要记述河套北岸至漠北突厥部落居地之交通线。贾耽《皇华四达记》由中受降城北行入碛至回鹘衙帐之交通线，起点一致，但方向稍异，道里完全不同。李筌详于碛南道里，略于入碛，而贾耽之道里则主要介绍了漠北各地之行程。

**安北旧去西京五千二百里，东京六千六百里，**

按：文渊阁本作"安北去旧西京五千二百里"。

安北，即指安北都护府；旧，当指安北都护府在漠北之事，《唐会要》卷73："安北都护府，本燕然都护府，龙朔三年二月十五日，移燕然都护府于回纥部落，仍改名瀚海都护府，……总章二年八月二十八日，改瀚海都护府为安北都护府。"[②]《元和郡县图志》卷4称："安北都护，贞观二十一年，于今西受降城东北四十里置燕然都护，以瀚海等六部都督、皋兰等七州并隶焉。龙朔三年移于回纥本部，仍改名瀚海都护，总章三年，又改名安北都护。"[③]可知，安北都护府在回纥本部。《旧唐书·回纥传》："（回纥）在薛延

---

① 岑仲勉：《突厥集史》下册附录，第1125页。
② （宋）王溥：《唐会要》卷73《安北都护府》。
③ （唐）李吉甫：《元和郡县图志》卷4《关内道》4《天德军》。

陀北境，居娑陵水侧，去长安六千九百里。"①较李筌书多出一千七百里，又《新唐书·地理志》："回鹘衙帐，东有平野，西据乌德鞬山，南依嗢昆水"②，乌德鞬山，据《旧唐书·铁勒传》则"在京师西北六千里"，又云"在京师北三千三百里"。③安北都护府应在回鹘衙帐之处，而不应在回鹘居地，里数差距，盖所取道路有曲直之异耳。

**今移在永清，去西京二千七百里，去东京三千四百里。**

  按：墨海本"永清"作"永济"，今从守山阁本。

  安北都护府原名燕然都护府，后改名瀚海都护府，先在漠南西受降城，后移回纥本部，总章二年，改名安北都护府，《元和郡县图志》卷4："寻移于甘州东北一千一十八里隋故大同城镇。……乾元后改为天德军，缘居人稀少，遂西南移三里，权居永清栅，其理所又移在西受降城。"④《新唐书·地理志》作"乾元后，徙屯永济栅，故大同城也"⑤。《唐会要》卷73作："（天宝）八载……移安北大都护府于永清栅。"⑥《资治通鉴》卷216考异："永清栅，亦曰永济栅，在中受降城西二百里之大同城。"⑦《元和郡县图志》卷4："（中受降城）城南至上都一千八百六十里，城东南至东都取单于路二千一百二十里。"⑧加中受降城至大同城的距离二百里，则李筌书所记永清栅至西京里数要多七百，至东京里数要多一千余里。《元和郡县图志》之里数当为贾耽由永清栅过河套直南经夏州至西京之里程，而李筌所书，则是永清沿河套下灵州转夏州至西京之里程，故相差较远。

---

① （后晋）刘昫：《旧唐书》卷195《回纥传》。
② （宋）欧阳修、宋祁：《新唐书》卷43《地理志》7《羁縻州》。
③ （后晋）刘昫：《旧唐书》卷199《铁勒传》。
④ （唐）李吉甫：《元和郡县图志》卷4《关内道》4《天德军》。
⑤ （宋）欧阳修、宋祁：《新唐书》卷37《地理志》1。
⑥ （宋）王溥：《唐会要》卷73《安北都护府》。
⑦ （宋）司马光：《资治通鉴》卷216《唐纪》32天宝十一载八月乙丑条考异。
⑧ （唐）李吉甫：《元和郡县图志》卷4《关内道》4《中受降城》。

**大漠以北，回纥部落为瀚海都督府，**

> 按：守山阁本、文渊阁本"大漠"前有一"关"字，疑衍，据墨海本删。

李筌书明载回纥瀚海都督府及以下诸回纥别部之都督府均在"大漠以北"，下面龟林、幽陵等府亦都在漠北，与关内道"五原塞表"之三州明显分开，可见，李筌记载铁勒、回纥诸羁縻州府较其他史籍清楚。《旧唐书·仆固怀恩传》："贞观二十年，铁勒九姓大首领率其部落来降，分置瀚海、燕然、金微、幽陵九都督府于夏州。"① 诸书均不载回纥瀚海等都督府置于夏州，《旧唐书》此载有误。《唐会要》卷73："贞观二十一年，唐以回纥部置瀚海都督府。"② 并隶燕然都护府，后燕然都护迁往回纥本部，与李筌书"大漠以北"相合。唐以瀚海之名为回纥之羁縻府，必与回纥中心居地有关。《新唐书·地理志》中："回鹘衙帐，东有平野，西据乌德鞬山，南依嗢昆水，北六七百里至仙娥河。"③ 嗢昆水即指今鄂尔浑河下游，与大漠接。瀚海，唐以后均为大漠之另称，因回鹘衙帐近瀚海，故以瀚海之名为回纥之羁縻府。《册府元龟》卷985："薛延陀余众二万人渡鲜崿河，侵澣（瀚）海、金微、幽陵三郡。"④ 薛延陀原居回纥南，此言"余众"，当指唐灭薛延陀后逃往色楞格河以北的部众，故从北面渡过鲜崿河（仙娥河），即今之色楞格（Selellga）河。可见，瀚海、金微、幽陵三府均在色楞格河南面，瀚海都督府即今蒙古人民共和国哈拉和林一带。

**多览部落为燕然都督府，**

> 按：文渊阁本都督作"督都"。

《旧唐书·回纥传》、《册府元龟》均作"多览"，《旧唐书·铁勒传》、

---

① （后晋）刘昫：《旧唐书》卷121《仆固怀恩传》。
② （宋）王溥：《唐会要》卷73《安北都护府》。
③ （宋）欧阳修、宋祁：《新唐书》卷43《地理志》7《羁縻州》。
④ （宋）王钦若：《册府元龟》卷985《外臣部·征讨》。

《新唐书》、《通典》、《太平寰宇记》、《唐会要》均称"多览葛"。多览葛为铁勒十五种之一。《新唐书·多览葛传》："延陀已灭，其酋俟斤多滥葛末与回纥皆朝，以其地为燕然都督府。"①这里明确指出即以多览葛部原居地为燕然都督府。又据《通典》卷199、《太平寰宇记》卷198、《新唐书·多滥葛传》："多滥葛在薛延陀东，滨同罗水。"②同罗，《阙特勤碑》突厥文作 Toŋra③ 与"独乐"、"土拉"音近，疑同罗水即唐之独乐河，即今之土拉河。既近土拉河，又在延陀东界，则多滥葛部在土拉河之西。唐以燕然名多览葛部，则多览葛当与燕然二字有关。燕然，古山名，在匈奴境内有"燕然山"④，即今蒙古国境内之杭爱山，杭爱山西起札萨克左翼，东至土拉河，与多览葛居地合。《册府元龟》卷986有"多腊（滥）葛等部落先保天山"⑤之记载，天山即杭爱山，故唐以燕然命名多览葛部。《武经总要前集》卷22："振武军单于府，阴山之阴，黄河之北，燕然山、李陵台、窦宪铭在焉。"⑥又顾祖禹称《唐志》：'云中都护府有燕然山，山有李陵台'。所谓燕然山即阴山耳"。其另处又称燕然山在漠外，引《匈奴传》："燕然山在匈奴中连邪乌地。"⑦即称"燕然山"有两处，阴山之一部分称燕然山，漠北之杭爱山亦称燕然山。《新唐书·地理志》又载："燕然州，以多滥葛部地置，初为都督府，及鸡鹿、鸡田、烛龙三州，隶燕然都护，开元元年来属，侨治回乐。"⑧据此，则知燕然都督府因开元初废六胡州后，从漠北迁至灵州，且改府为州。开元八年又迁至振武军一带，为振武军下的羁縻州之一。⑨

**思结部落为庐山都督府，**

　　按：文渊阁本作"思结部"，无"落"字。

---

① （宋）欧阳修、宋祁：《新唐书》卷217《多览葛传》。
② （唐）杜佑：《通典》卷199《边防》15《多滥葛》；（宋）乐史：《太平寰宇记》卷198《四夷》27《多滥葛》；（宋）欧阳修、宋祁：《新唐书》卷217《多览葛传》。
③ 岑仲勉：《突厥集史》下册卷14，第664页。
④ （宋）乐史：《太平寰宇记》卷191《四夷》20《匈奴》下。
⑤ （宋）王钦若：《册府元龟》卷986《外臣部·征讨》。
⑥ （宋）曾公亮：《武经总要前集》卷22《北蕃地理》。
⑦ （清）顾祖禹：《读史方舆纪要》卷44《山西》6《单于台》、卷45《山西》7《燕然山》。
⑧ （宋）欧阳修、宋祁：《新唐书》卷43《地理志》7《羁縻州》。
⑨ （宋）乐史：《太平寰宇记》卷38《关西道》14《振武军》。

思结部落居地不明。《新唐书·回鹘传》有"思结在延陀故牙"①语,据《旧唐书·铁勒传》,延陀牙在"大漠之北,郁督军山下"。又《新唐书·薛仁贵传》:"铁勒有思结、多览葛等部,先保天山。"②此天山当即郁督军山,亦即杭爱山,则思结居地当在今杭爱山一带。《新唐书·地理志》称:"卢山都督府,以思结置,初隶燕然都护府。"③此"卢山"当即"庐山"。此燕然都护府龙朔三年迁往回纥本部,在漠北。《太平寰宇记·匈奴传》载,匈奴境内之山有"庐山"。④《读史方舆纪要》卷45称寘颜山:"或曰庐山,卫青薨,武帝命起冢象庐山。孟康曰:'庐山,单于南亭。'"又称:"寘颜山在漠外,下有赵信城。"⑤《汉书·赵充国传》载:"匈奴大发十余万骑,南旁塞,至符奚庐山。"⑥"塞",当指边塞,则知匈奴境内之庐山在漠北。庐山都督府,当以北境庐山得名。燕然都护府在碛北。而《唐会要》72云:"恩(思之误)结马,碛南突厥马也,煴漫山西南,阎洪达井东南,于贵摩施山。今庐山都督。"⑦ 既言思结马为碛南突厥马,则思结部当居碛南。余意以思结部落有居漠北者,亦有居碛南者,漠北、碛南思结部同时归唐后,命名庐山都督府。但值得注意的是这一次随回纥内附置思结部为庐山都督府是在贞观二十一年(647),而据《通鉴》卷193,思结部早在贞观四年(630)三月即由首领俟斤率部众四万降唐⑧,据《旧唐书·张俭传》,思结部最初应被安置在朔州⑨,而据《新唐书·地理志》,到贞观五年时,唐以忻州秀容县(今山西忻县)侨治思结部落,"以思结部于县境置怀化县,隶顺州"⑩。但后又移至代州。⑪到贞观十五年(641)时薛延陀叛,这一思结部落又叛唐,《通鉴》

---

① (宋)欧阳修、宋祁:《新唐书》卷217《回鹘传》。
② (宋)欧阳修、宋祁:《新唐书》卷111《薛仁贵传》。
③ (宋)欧阳修、宋祁:《新唐书》卷43《地理志》7《羁縻州》。
④ (宋)乐史:《太平寰宇记》卷190《四夷》19《匈奴》下。
⑤ (清)顾祖禹:《读史方舆纪要》卷45《山西》7。
⑥ (汉)班固:《汉书》卷69《赵充国传》。
⑦ (宋)王溥:《唐会要》72《诸蕃马印》。按:此条"贵摩施山,今庐山都督",原文作"贵摩施岑庐山都督"。岑仲勉先生认为"岑"字为"山"、"今"二字误合,当是。岑仲勉:《突厥集史》下册卷13,第654页。
⑧ (宋)司马光:《资治通鉴》卷193《唐纪》9。
⑨ (后晋)刘昫:《旧唐书》卷83《张俭传》。
⑩ (宋)欧阳修、宋祁:《新唐书》卷39《地理志》3。
⑪ (后晋)刘昫:《旧唐书》卷39《地理志》:"(贞观)十二年,省顺州,以怀化县来属(代州)。"

卷 196："李世勣还军定襄，突厥思结部落居五台者叛走，州兵追之，会世勣军还，夹击，悉诛之。"①李世勣诛灭的思结肯定只是"四万降唐"之一部分，其他应均叛归薛延陀。故到贞观二十年薛延陀灭后再次降唐，而于碛北置庐山都督府。《新唐书·回鹘传》："武后时，突厥默啜方强，取铁勒故地，故回纥与契苾、思结、浑三部度碛，居甘、凉间。"②《新唐书·地理志》又载卢山都督府，"初隶燕然都护府，总章元年（668），隶凉州都督府"③。据此可知，至唐高宗时，庐山都督府从漠北迁至凉州。

**拔曳古部落为幽陵都督府，**

  按：原文为同罗、拔曳古两部落为幽陵府，下又云同罗部落为龟林都督府，诸书均载以拔曳古一部置幽陵，"同罗"二字疑衍，今删。又墨海本拔曳古误作"板拽石"，文渊阁本作"受按一口"，今从守山阁本。

《新唐书·拔野古传》："（贞观）二十一年，大俟利发屈利失举部内属，置幽陵都督府。"④隶漠北之燕然都护府。前引《册府元龟》卷985称延陀余众渡鲜崿河侵幽陵郡，又证延陀余众是由北而南渡河，则幽陵府也应在色楞格河以南。《新唐书·拔野古传》："（其地）漫散碛北。地千里，直仆固东，邻于靺鞨"⑤，《隋书·铁勒传》又云拔也古在"独洛河北"⑥，则西起土拉河北，东至靺鞨，均有拔野古部落散处，而《唐会要》卷72："拔（原文作"杖"）曳固马，与骨利干马相类，种多黑点骢，如豹文，在瀚海南，幽陵山东拔曳固川"；又"同罗马……在洪诺河东南，曲越山北，幽陵山东"；又"仆骨

---

① （宋）司马光：《资治通鉴》卷196《唐纪》12贞观十二年十二月戊子条。
② （宋）欧阳修、宋祁：《新唐书》卷217《回鹘传》。
③ （宋）欧阳修、宋祁：《新唐书》卷43《地理志》7《羁縻州》。
④ （宋）欧阳修、宋祁：《新唐书》卷217《拔野古传》。
⑤ （宋）欧阳修、宋祁：《新唐书》卷217《拔野古传》。
⑥ （唐）魏征：《隋书》卷84《铁勒传》。

马……在幽陵山南"。① 此处"瀚海"当指瀚海都护府，前言延陀余众渡鲜崿河侵瀚海、金微、幽陵三府，也证幽陵距瀚海不远，《唐会要》称"拔曳固川"在瀚海府南面的幽陵山，金微为仆骨部置，仆固亦幽陵山南，可见，仆骨部、拔也古部都在幽陵山一带居住，故以幽陵命名拔野古部，属于安北都护府下的漠北蕃州。《葭州志》则考幽陵都督府在神木县西九十里，并称开元中置。② 开元四年（716），拔曳固等五部内附，"于大武军北部安置"③。《通鉴》卷212开元八年六月，"拔曳固、同罗诸部在大同、横野军之侧"④。大武军即大同军。⑤ 横野军在今山西蔚县南。可知开元八年左右拔曳固部被安置在山西大同至蔚县一带。《太平寰宇记》则称开元八年后，幽陵都督改为幽陵州，隶振武军为羁縻州⑥，《葭州志》所考当是指此。

**同罗部落为龟林都督府，**

《新唐书·同罗传》："同罗在薛延陀北，多览葛之东，距京师七千里而赢，胜兵三万。贞观二年，遣使者入朝。久之，请内属，置龟林都督府。"⑦ 隶燕然都护府。《资治通鉴》、《旧唐书》、《唐会要》、《册府元龟》均言置龟林府在贞观二十一年正月。⑧《新唐书·地理志》称龟林都督府置于贞观二年⑨，显是将二年入朝误作置府。置都督府应是在贞观二十一年正月。其居地在"薛延陀北，多览葛之东"。薛延陀牙帐在郁督军山下，多览葛之居地在土拉河西、郁督军山之东，《隋书·铁勒传》称同罗居"独乐河北"，实际同罗即应在"同罗水"上，同罗水应即是以同罗居此而命名。同罗水即土拉河，土拉

---

① （宋）王溥：《唐会要》卷72《诸蕃马印》。
② （清）硕色：《（雍正）陕西通志》卷73《古迹》2引《葭州志》。是否幽陵都督府在开元之时又迁至夏州一带呢？俟考。
③ （后晋）刘昫：《旧唐书》卷8《玄宗纪》上。
④ （宋）司马光：《资治通鉴》卷212《唐纪》28开元八年六月条。
⑤ （宋）王溥：《唐会要》卷78《诸使节·节度使》。
⑥ （宋）乐史：《太平寰宇记》卷38《关西道》14《振武军》。
⑦ （宋）欧阳修、宋祁：《新唐书》卷217《同罗传》。
⑧ （后晋）刘昫：《旧唐书》卷199《铁勒传》；（宋）司马光：《资治通鉴》卷198《唐纪》14贞观二十一年正月丙申条；（宋）王溥：《唐会要》卷72；（宋）王钦若：《册府元龟》卷170《帝王部·来远》。
⑨ （宋）欧阳修、宋祁：《新唐书》卷43《地理志》7《羁縻州》。

河在郁督军山之东北，与《新唐书》中同罗居地相合。《唐会要》卷72称同罗马在"幽陵山东"①，幽陵山在瀚海都护府南，而瀚海府在独乐河西，地望又基本相合，只不过同罗部落分布应在土拉河南北两岸。都督府以龟林命名，是取地处北方边远之义。《庾子山集》卷13所谓"山连鸟道，地尽龟林"②，即此意也。上引《通鉴》卷212，同罗与拔曳固同在大同、横野军之侧。开元八年后，龟林府亦改为州，隶振武军为羁縻州。③

**匐利羽部落为蹛林州，阿跌部落为鸡田州，**

> 按：守山阁本原文作"匐利羽为鸡田州"，《新唐书·地理志》与《回纥传》、《阿跌传》，《旧唐书·回纥传》、《资治通鉴》卷198均载，以阿跌部置鸡田州④，而李筌书却云："匐利羽为鸡田州。"李筌书明显有误，此处疑有脱文，当脱"部落为蹛林州阿跌部落"十一字，今补。墨海本匐利羽作"匐利林"，文渊阁本作"甸剎羽"，今从守山阁本；守山阁本鸡田州作"稽田州"，今从墨海本改。

"匐利羽"一族在《唐会要》卷72中两见："蹛林州，匐利羽马"，又"匐利羽马，碛南突厥马，刚摩利施山北，今蹛林州"。⑤蹛林州，《旧唐书·回纥传》及《新唐书·回鹘传》，均言以思结部置；《唐会要》卷73、《新唐书·地理志》、《资治通鉴》卷198均言以思结别部置，前已言思结部置庐山府，又言思结部置蹛林州，且出一时一事，《旧唐书·回纥传》及《新唐书·回鹘传》显然有误，当是以思结别部置蹛林州，而匐利羽当即为思结别部之名。又《旧唐书·回纥传》作"阿布思为归（蹛）林州"⑥。但据《通鉴释文辨误》卷10史炤释文称："盖同罗者，阿布思之部落也。阿布思败死，

---

① （宋）王溥：《唐会要》卷72《诸蕃马印》。
② （北周）庾信：《庾子山集》卷13《周上柱国齐王宪神道碑》。
③ （宋）乐史：《太平寰宇记》卷38《关西道》14《振武军》。
④ （后晋）刘昫：《旧唐书》卷195《回纥传》；（宋）欧阳修、宋祁：《新唐书》卷43《地理志》7《羁縻州》、卷217《回鹘传》、217《阿跌传》；（宋）司马光：《资治通鉴》卷198《唐纪》14贞观二十一年正月丙申条。
⑤ （宋）王溥：《唐会要》卷72《诸蕃马印》。
⑥ （后晋）刘昫：《旧唐书》卷195《回纥传》。

其部落归禄山。"① 可知,阿布思为同罗部落,非思结别部。蹛林州,原在碛南,隶燕然都护府,总章元年(668)迁至凉州境。②

阿跌部为鸡田州,见《旧唐书·回纥传》与《新唐书·回鹘传》。鸡田州,先在碛南,隶燕然都护府,开元初迁至灵州,侨回乐,开元八年,又改为振武军,为属下羁縻州。

**奚结部落为鸡鹿州。**

  按:墨海本奚结作"奚浩",今从守山阁本。

奚结,《旧唐书·回纥传》作"跌结"③,《新唐书·回鹘传》、《册府元龟》卷109、《唐会要》卷73均作"奚结"。《新唐书·回鹘传》称贞观二十一年

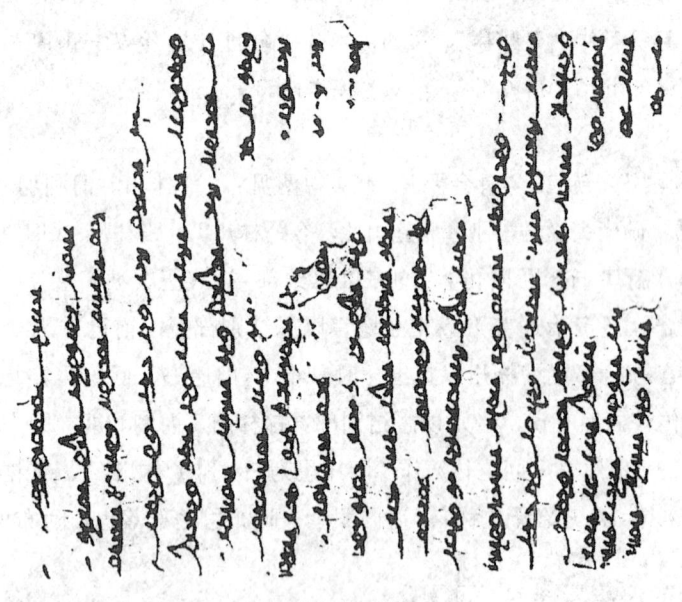

回鹘文摩尼教文书

---

① (宋)胡三省:《通鉴释文辨误》卷10《通鉴二百一十八》。
② (宋)欧阳修、宋祁:《新唐书》卷43《地理志》7《羁縻州》。
③ (后晋)刘昫:《旧唐书》卷195《回纥传》。

唐朝以"奚结为鸡鹿州"①，隶燕然都护府。《新唐书·奚结传》称奚结居地在"同罗北"②，《唐会要》卷72："奚结马，与碛南突厥马相类，在鸡服山南，赫连枝川北住，今鸡禄（鹿）州。"③疑鸡服山即鸡鹿山之误。据《新唐书》，奚结地在同罗北，则应在今土拉河之北。振武军在碛南。又据《唐会要》，鸡鹿山、鸡鹿州应在碛南，且鸡鹿州应以古鸡鹿塞得名，据《太平寰宇记》，鸡鹿塞在丰州九原县境④，即今内蒙古磴口东北。可见，奚结部有居漠北者，亦有居漠南者，而以漠南奚结居地鸡鹿山命名，羁縻州应置漠南。李筌言"大漠以北"，概指奚结部落云。据《新唐书·地理志》，鸡鹿州开元初侨治灵州回乐县界。⑤据《太平寰宇记》卷38称振武军领羁縻州八，鸡鹿州即为其中之一。⑥则是开元八年后，又从灵州移至振武军。

**道历阴山、牟那山、龙门山、牛头山、铁勒山、北庭山、真檀山、木剌山、诺真山、涉黑沙，道入十姓部落三窟故居地。**

    按：守山阁本牟那山作"羊那山"，据墨海本改；墨海本及文渊阁本无"真檀山"，今从守山阁本；文渊阁本木剌山作"大剌山"，今从守山阁本；墨海本诺真山作"洛真山"，今从守山阁本；墨海本无"涉黑沙"，今从守山阁本；墨海本道入十姓部落故居地作"三窟故地"，文渊阁本作"道入十姓部牧居地"，今将墨海本"三窟"二字补入。

  这是一条不见载于其他文献的通往漠北的交通线。

  阴山，俗呼大青山。西汉侯应曰："北塞至辽东外，有阴山，东西千余里，草木茂盛，多禽兽。本冒顿单于依阻其中，周隋间突厥复治焉。"⑦唐初，阴山为突厥地，贞观四年，李靖破突厥颉利可汗于阴山⑧，景龙二年，张仁愿

---

① （宋）欧阳修、宋祁：《新唐书》卷217《回鹘传》。
② （宋）欧阳修、宋祁：《新唐书》卷217《奚结传》。
③ （宋）王溥：《唐会要》卷72《诸蕃马印》。
④ （宋）乐史：《太平寰宇记》卷39《关西道》15《丰州》。
⑤ （宋）欧阳修、宋祁：《新唐书》卷43《地理志》7《羁縻州》。
⑥ （宋）乐史：《太平寰宇记》卷38《关西道》14《振武军》。
⑦ （宋）曾公亮：《武经总要前集》卷22《北蕃地理》。
⑧ （宋）司马光：《资治通鉴》卷193《唐纪》9贞观四年二月甲辰条。

筑三受降城，大漠以南之阴山山脉俱为塞内。《旧唐书·地理志》："安北大都护府（治中受降城）北至阴山七十里。"①李筌书从阴山至漠北突厥之道，可能即从中受降城北行入阴山，《资治通鉴》卷193："云州云中县有阴山道，皆出兵路。"②盖指此。故曰"道历阴山"。

牟那山，属阴山山脉。《元和郡县图志》卷4："（北城）居大同川中，当北戎大道，南接牟那山、钳耳嘴。"③《资治通鉴》卷216考异："中受降城之西二百里大同川。"④故知从中受降城入阴山后，西北一百余里即牟那山。《大同志》称："牟那山在朔州城北三百里，隋大同旧墟在此山。"⑤《辽史·地理志》："天德军，本中受降城。有黄河、黑山峪、庐城、威塞军、秦长城、唐长城，又有牟那山，钳耳觜城在其北。"⑥即今内蒙古乌梁素海东南。

龙门山，《辽史·地理志》奉圣州龙门县有龙门山。⑦《明一统志》又称："龙门山在云州堡东北五里，两山对峙高数百尺，望之若门，塞外诸水出其下，故又名龙门峡，在万全右卫城北三十里。"⑧其地在今张家口之西北。

牛头山，又称牛头朝那山，有时又简称为朝那山，蒙语名吉兰陀罗海。《唐故广平郡太守恒王府长史上谷寇府君墓志铭》有"北逐獯虏，勒铭于牛头山"⑨之语，《旧唐书》卷5："丰州都督崔智辨率师出朝那山掩击之。"⑩唐丰州在中受降城西三百余里，从丰州东北出即牛头朝那山。《元和郡县图志》卷4："以拂云祠为中城（中受降城），以东西两城相去各四百余里，遥相接应。北拓三百余里，于牛头牟（当为'朝'之误，《旧唐书》、《太平寰宇记》均作'朝'）那山北置烽堠一千八百所。"⑪可见牛头朝那山应在中受降城北面三百里的地方，《蒙古游牧记》卷5称牛头朝那山在乌拉特旗东九十里⑫，与

---

① （后晋）刘昫：《旧唐书》卷38《地理志》1《关内道》。
② （宋）司马光：《资治通鉴》卷193《唐纪》9考异。
③ （唐）李吉甫：《元和郡县图志》卷4《关内道》4《天德军》。
④ （宋）司马光：《资治通鉴》卷216《唐纪》32考异。
⑤ （清）厉鹗：《辽史拾遗》卷15引《大同志》。
⑥ （元）脱脱：《辽史》卷41《地理志》5《西京道》。
⑦ （元）脱脱：《辽史》卷41《地理志》5《西京道》。
⑧ （明）李贤：《明一统志》卷5《万全都指挥司》。
⑨ 周良霄主编：《唐代墓志汇编》下册《天宝》136，上海古籍出版社，1992年，第1627页。
⑩ （后晋）刘昫：《旧唐书》卷5《高宗本纪》下。
⑪ （唐）李吉甫：《元和郡县图志》卷4《关内道》4《中受降城》。
⑫ （清）张穆：《蒙古游牧记》卷5《乌喇特部》。

《元和郡县图志》所言相合，即今内蒙古巴音哈太稍东之地。

铁勒山，他处无载，疑"勒"字为后人以有"铁勒"之名而臆加，原文可能是"铁山"。《贞观政要》卷2："颉利可汗大惧，四年，退保铁山。"①《资治通鉴》卷193："先是，颉利既败，窜于铁山。"考异称："铁山，盖在阴山北。"②顾祖禹称："铁山在废丰州北。唐贞观四年，李靖破突厥，余众窜于铁山。"③《蒙古游牧记》卷5："（乌拉特旗北）二百里有麦垛山，产精铁，利五兵。"④突厥之铁山或即《游牧记》中的麦垛山，在内蒙古帷山之北二十里之地，即今乌拉特中后联合旗北面珠力格太一带。

北庭山，突厥有南庭、北庭之说。《旧唐书》卷194称："大赍金帛，送赴房庭。行至黑沙南庭，默啜谓知微等。"⑤《资治通鉴》卷202考异称："黑沙城，后突厥默啜以为南庭。"⑥北庭当是突厥建牙之处。《新唐书·突厥传》称："（突厥）可汗建廷都斤山。"⑦都斤山，即郁督军山，即天山，即今之杭爱山。北庭山当即指都斤山，为突厥建牙之处，亦为回纥建牙之处。西突厥亦有南、北庭之分，但西突厥南北庭在今新疆境内，匈奴亦有南、北单于庭之分。

真檀山，无考。

木剌山，《旧唐书·郭子仪传》："天宝八载，于木剌山置横塞军及安北都护府。"⑧《唐会要》卷73："八载，于木剌山置横塞军。"⑨《资治通鉴》卷216："朔方节度使张齐丘于中受降城西北五百余里木剌山筑横塞军。"⑩知木剌山在中受降城西北五百余里。《蒙古游牧记》卷5称乌拉特旗西有"木纳山"⑪，当即唐之"木剌山"，在今内蒙古乌拉特中后联合旗西北苏计一带。

---

① （唐）吴兢：《贞观政要》卷2《任贤》第3《李靖》。
② （宋）司马光：《资治通鉴》卷193《唐纪》9贞观四年二月己亥条。
③ （清）顾祖禹：《读史方舆纪要》卷61《陕西》10《铁山》。
④ （清）张穆：《蒙古游牧记》卷5《乌喇特部》。
⑤ （后晋）刘昫：《旧唐书》卷194《突厥传》上。
⑥ （宋）司马光：《资治通鉴》卷202考异。
⑦ （宋）欧阳修、宋祁：《新唐书》卷215《突厥传》上。
⑧ （后晋）刘昫：《旧唐书》卷210《郭子仪传》。
⑨ （宋）王溥：《唐会要》卷73《安北都护府》。
⑩ （宋）司马光：《资治通鉴》卷216天宝八载三月条。
⑪ （清）张穆：《蒙古游牧记》卷5《乌喇特部》。

《明史·鞑靼传》中阿鲁台与其子失捏干徙居之"母纳山"①、《明史·瓦剌传》也先逼徙朵颜部于"黄河母纳地"②及《西夏地形图》③中宁夏北部之"木内（内读纳音）"均应指此地。

诺真山，文献中无此名，但有"诺真水"。《旧唐书·铁勒传》："（李勣等）逾白道川，至青山，与大度设相及，追之累月，至诺真水。"④《张说之文集》卷17《论弓仁碑》："韩公之建三城也，公洗兵诺真之水，刷马草心之山，以为外斥，而版徒安堵。"⑤《新唐书·论弓仁传》："时，张仁愿筑三受降城，弓仁以兵出诺真水、草心山为逻卫。"⑥上述诺真水之地望概无确指，唯贾耽《皇华四达记》谓"东北至诺真水汊，又东南百八十七里经古可汗城至咸泽，又东南经乌呬谷二百七里至古云中城"⑦。据此可知，诺真水汊在古云中城（今内蒙古托克托一带）西北四百余里之地；又《资治通鉴》卷209考异："中受降城西二百里至大同川，北行二百四十余里至步越多山，又东北三百余里至帝割达城，又东北至诺真水。"⑧同书卷196亦称："出云中古城，西北行四百许里至诺真水。"⑨据此可知，诺真水在中受降城（今内蒙古包头市内）正北稍东三四百里的地方，与两处记载相合者，即今内蒙古境内的艾不盖河，《蒙古游牧记》作爱布哈河，《水道提纲》作爱必合河，即唐之诺真水。诺真山当即在诺真水近侧。《蒙古游牧记》卷5亦云："爱布哈河源出（茂明安）旗西北刻勒峰。"⑩疑诺真山即今内蒙古达尔罕茂明安旗西北之刻勒峰。

黑沙，古入碛之道。《魏书·蠕蠕传》中有白漠、黑漠之分。⑪黑漠当即黑沙。突厥有黑沙城，《资治通鉴》卷203："阿史德元珍等招集亡散，据黑

---

① （清）张廷玉：《明史》卷327《外国》8《鞑靼传》。
② （清）张廷玉：《明史》卷328《外国》9《瓦剌传》。
③ 现存张鉴《西夏纪事本末》卷首，苏联列宁格勒藏西夏地图册中亦有此图。传为范仲淹作，似不可信。
④ （后晋）刘昫：《旧唐书》卷199《铁勒传》。
⑤ （唐）张说：《张说之文集》卷17《拨川郡王碑》。
⑥ （宋）欧阳修、宋祁：《新唐书》卷110《论弓仁传》。
⑦ （宋）欧阳修、宋祁：《新唐书》卷43《地理志》7《羁縻州》。
⑧ （宋）司马光：《资治通鉴》卷209《唐纪》25考异。
⑨ （宋）司马光：《资治通鉴》卷196《唐纪》12考异。
⑩ （清）张穆：《蒙古游牧记》卷5《茂明安部》。
⑪ （北齐）魏收：《魏书》卷103《蠕蠕传》。

沙城反。"①又《资治通鉴》卷202："（曹怀舜）留老弱于瓠芦泊，帅轻锐倍道进，至黑沙。"引考异："黑沙城，后突厥默啜以为南庭。"②《元和郡县图志》卷4："东受降城，……北至黑沙碛口七百里。"③东受降城去古云中城不远，至黑沙碛口七百里，至诺真水四百里，则诺真水北距黑沙碛口还有三百里，黑沙碛口即从黑沙入碛之通道，约在今内蒙古善丁呼拉尔一带。即为漠北之通道，突厥默啜南庭即建于黑漠之中的黑沙城。

十姓部落三窟故居地，《唐会要》94："西突厥分为十部，每部豪长各赐一箭，谓之十箭，……通谓之十姓。"④可见，十姓部落当指西突厥，然中唐时，西突厥居地在碎叶西，从河套入碛绝不是指通新疆之地。东、西突厥同源于阿史那部，所谓故居地应指阿史那部之故居地。《元和姓纂》卷5："阿史那，夏后氏后，居涓兜牟山，北人呼为突厥窟。"⑤岑仲勉先生考证，涓当作"汨"，牟当作"军"，汨兜军即郁督军，即乌德鞬山。⑥《周书·突厥传》亦载："（突厥）可汗恒处于都斤山。"⑦即郁督军山、乌德鞬山，为今蒙古国之杭爱山，即十姓部落故居地也。三窟，详见后解。

综上所述，这条河套入漠北的交通线应是从今包头西之中受降城出发，北入阴山，西北行经乌梁素海，北行过乌拉特中后联合旗，又西北至苏计一带然后折东行，至艾不盖河，沿河北行至刻勒峰，又北行涉黑沙入碛，然后西北行至杭爱山。

## 三、河东道

**河东道**

　　按：这是一条从长安经河东入北蕃与东胡部落之交通道，虽然十分简略，但也是仅见之记载，故十分珍贵。墨海本无这一道之记载，今全

---

① （宋）司马光：《资治通鉴》卷203《唐纪》19永淳元年十月丙寅条。
② （宋）司马光：《资治通鉴》卷202《唐纪》18开耀元年三月辛卯条。
③ （唐）李吉甫：《元和郡县图志》卷4《关内道》4《单于大都督府》。
④ （宋）王溥：《唐会要》卷94《突厥》下《西突厥》。
⑤ （唐）林宝：《元和姓纂》卷5《阿史那》。
⑥ 岑仲勉：《突厥集史》下册附录，第1082页。
⑦ （唐）令狐德棻：《周书》卷50《突厥传》。

文均从守山阁及文渊阁本。

**自京西东出蒲津关，**

  按：京西当为"西京"之倒误。文渊阁本蒲津作"蒲律"。

  蒲津关，《元和郡县图志》卷12："蒲坂关，一名蒲津关，在（河东）县西四里。"① 唐河东县属河中府，又称蒲州，在京师长安东北三百余里，故言"东出"。

**经太原抵河东节度，**

  唐河东节度治所就在太原，《元和郡县图志》卷13："河东节度理太原府。"②

**去西京二千七百里，去东京一千六百四十五里。**

  按：文渊阁本作"去西京二千七十五里，去东京一千六百四十五里"，今从守山阁本。

  《元和郡县图志》卷13："（太原府）西南至上都（西京）一千二百六十里，南至东都八百九十里"③，与李筌书里数相差太远，疑"抵河东节度"不是指节度理所，而是所辖之境，如依河东节度最北境之云州边界，其里数大约与李筌书合。

**开榆林塞北，**

  按：守山阁本开榆林塞北作"关榆林塞北"，今从文渊阁本。

---

① （唐）李吉甫：《元和郡县图志》卷12《河东道》1《河中府》。
② （唐）李吉甫：《元和郡县图志》卷13《河东道》2《太原府》。
③ （唐）李吉甫：《元和郡县图志》卷13《河东道》2《太原府》。

榆林，据《隋书·地理志》，隋开皇六年置榆林郡。①郡治在今陕西榆林县东三十里，属关内道之胜州。顾祖禹称：榆林城在大同府东北边外。②开榆林塞北，即指以下唐贞观时开榆林关塞北边之地安置突厥。

**以颉利左渠故地置定襄都督府，管苏农等六州，以右渠地置云中都督府，管阿史那等五州。**

　　按：文渊阁本作"以颉利左渠故地置云中都督府，管阿史那等五州"，缺"置定襄都督府管苏农等六州以右渠地"等十五字，今从守山阁本。原守山阁本缺"苏农"二字，盛冬玲译注本补为"阿德"，不妥，据《唐会要》卷73《安北都护府》定襄所辖六州以苏农州领头，《资治通鉴》卷199《唐纪》贞观二十三年九月乙卯条作"苏农等六州隶定襄都督府"，故应补为"苏农"为妥。

《唐会要》卷73："贞观四年三月三日，分颉利之地为六州，左置定襄都督，右置云中都督，以统降虏。"③《新唐书·突厥传》："剖颉利故地，左置定襄都督府，右置云中都督府。"④《通典》卷197："又分颉利之地六州，左置定襄都督府，右置云中都督府，以统其众。"⑤其他文献所载大体相同。李筌书与其他文献不同之处就是在"左"、"右"之后多了一"渠"字。渠者，渠帅也，首领也。左渠地应即左部渠帅地，右渠地应即右部渠帅地。李筌书多一"渠"字，更反映这一资料的原始性。

关于定襄、云中二都督府的设置，在文献中出现多处歧异。一是将"顺、祐、化、长四州"的设置与定襄、云中二都督府并列叙述，如《通典》卷197："于朔方之地，幽州至灵州，置顺、化四州都督府，又分颉利之地

---

① （唐）魏征：《隋书》卷29《地理志》上。
② （清）顾祖禹：《读史方舆纪要》卷44《山西》6《榆林城》。
③ （宋）王溥：《唐会要》卷73《安北都护府》。
④ （宋）欧阳修、宋祁：《新唐书》卷215《突厥传》上。
⑤ （唐）杜佑：《通典》卷197《边防》13《突厥》上。

六州，左置定襄都督府，右置云中都督府。"①《旧唐书·突厥传》略同："于朔方之地，自幽州至灵州，置顺、化、祐、长四州都督府，又分颉利之地六州，左置定襄都督府，右置云中都督府。"②又《新唐书·突厥传》及《通鉴》卷193除了个别字不同外，内容大体一致。③二是直接将定襄、云中都督府的设立置于贞观四年，而不提"顺、祐、化、长四州"的设立，如《唐会要》卷73："贞观四年三月三日，分颉利之地为六州，左置定襄都督，右置云中都督，以统降虏。"④三是不仅直接将定襄、云中二都督府的设立置于贞观四年，而且称定襄、云中都督府设立时即侨治朔方之地，如《新唐书·地理志》："定襄都督府，贞观四年析颉利部为二，以左部置，侨治宁朔；云中都督府，贞观四年析颉利右部置，侨治朔方境。"⑤正因为文献记录的歧异，再加上在上述记述之外还有一些原始记录与之矛盾，因此，唐史界在解决贞观四年突厥降户置羁縻州的问题上产生了极大的分歧，意见非常不统一。仅以最近20余年国内的研究成果而论，就有苏北海说（1987）⑥、樊文礼说（1990）⑦、薛宗正说（1992）⑧、刘统说（1998）⑨、吴玉贵说（1998）⑩、李鸿宾说（2000）⑪及艾冲说（2003）⑫等七种观点。为什么出现这么大的冲突？唐代文献关于此事记录过于混乱，各种文献记录此事，或有缺略脱漏，或有舛错讹误，而这些文献又多是治唐史之第一手资料，谁也不能舍弃或回避。余以为，《新唐书》杂糅各种史料，打破史料记录出现的原始状态，以致研究者无所适从。从这一点而言，《新唐书》应负很大的责任。所以说，时至今

---

① （唐）杜佑：《通典》卷197《边防》13《突厥》上。
② （后晋）刘昫：《旧唐书》卷194《突厥传》上。
③ （宋）欧阳修、宋祁：《新唐书》卷215《突厥传》上；（宋）司马光：《资治通鉴》卷193《唐纪》9贞观四年夏四月戊戌条。
④ （宋）王溥：《唐会要》卷73《安北都护府》。
⑤ （宋）欧阳修、宋祁：《新唐书》卷43《地理志》7《羁縻州》。
⑥ 苏北海：《唐朝在回纥、东突厥地区设立的府州考》，载《新疆大学学报》1987年第1期。
⑦ 樊文礼：《唐代灵、庆、银、夏等州界内的侨置府州》，载《民族研究》1990年第4期。
⑧ 薛宗正：《突厥史》第7章，中国社会科学出版社，1992年，第379—386页。
⑨ 刘统：《唐代羁縻府州研究》第2章，西北大学出版社，1998年，第11—17页。
⑩ 吴玉贵：《突厥汗国与隋唐关系史研究》第7章，中国社会科学出版社，1998年，第243—264页。
⑪ 李鸿宾：《唐朝朔方军研究——兼论唐廷与西北诸族的关系及其演变》第1章，吉林人民出版社，2000年，第24—31页。
⑫ 艾冲：《唐前期东突厥羁縻都督府的置废与因革》，载《中国历史地理论丛》第18卷第2辑，2003年。

日，无论进行何等缜密之考证，如无新资料的出现，要得出圆通各种记录的结论恐怕是很难的事情。

余综合诸种史料，再结合李筌书之记录，拟将贞观年间处理颉利突厥之部事件分为四个阶段：

（一）贞观四年（630）平突厥颉利部仅置四羁縻州，其中一州置河北，三州置河南。

（二）贞观十三年（639）阿史那思摩为可汗，命率河南突厥部渡河，于故定襄城建牙，始分突厥为左、右部，左部治定襄，右部治云中，共分六州。

（三）贞观二十三年（649），突厥车鼻可汗败亡后，突厥诸部归降，遂有定襄都督府管六州，云中都督府管五州之说。

（四）调露元年（679），单于大都护府管辖内的突厥首领阿史德温博等部落及管内二十四州同时叛唐，定襄、云中二都督府应是这时迁往夏州侨置。

以下逐条证之。

（一）贞观四年，李靖败颉利可汗于阴山。突厥部众或奔漠北，或投西域，"其降唐者尚十万口"。如何处理这批突厥降户，唐廷臣意见争论很大，一种意见是"朝士多言"将降户"徙于兖、豫之间"；第二种意见是中书侍郎颜师古提出："置之河北（黄河以北）"；第三种为礼部侍郎李百药提出，即"于定襄置都护府"，管辖突厥降户；第四种意见由中书令温彦博提出，即"准汉建武时置匈奴于五原塞下"，就是将突厥降户安置于河南朔方之地。① 最后，唐太宗基本上采用中书令温彦博的意见，将突厥降户的主体部落，即原属于颉利的突厥部众安置在河南地区②，而将主动归附的突利部安置在他的

---

① （宋）司马光：《资治通鉴》卷193《唐纪》9贞观四年三月丙子条。
② 突厥部落的安置只能说是主要安置在河南，即（唐）杜佑：《通典》卷197《突厥》上："时，降突厥多在朔方之地。"那就是说，也有不在朔方安置者，如《资治通鉴》卷201《唐纪》17麟德元年正月甲子条："初，李靖破突厥，迁三百帐于云中城，阿史德为之长。"此阿史德的三百帐安置就不在朔方而在云中。又（唐）李吉甫：《元和郡县图志》卷4《关内道》4《丰州》："贞观四年，突厥降附，又权于此置丰州都督府。"知当时确实还有一部突厥部不在河南朔方之地安置。薛宗正先生称，丰州都督府也是贞观四年安置突厥降户时置的突厥羁縻州。参薛宗正：《突厥史》第7章，第379—386页。但《元和郡县图志》的资料并无旁证，甚可疑。

"故地"幽州地区①。即《通鉴》卷193载:"上卒用彦博策,处突厥降众。东自幽州,西至灵州,分突利故所统之地,置顺、祐、化、长四州都督府。"②《旧唐书·突厥传》:"太宗遂用其计,于朔方之地,自幽州至灵州置顺、祐、化、长四州都督府。"③《贞观政要》卷9:"卒用彦博策,自幽州至灵州,置顺、祐、化、长四州都督府以处之。"④《新唐书·地理志》:"贞观四年,平突厥,以其部落置顺、祐、化、长四州都督府于幽、灵之境,又置北开、北宁、北抚、北安等四州都督府。"⑤

前三种说法都是称置四州,而后者则称置八州。这八州里面有一个典型的例子能给人以启迪,那就是前四州中的"化州"就是后四州的"北开州",这在《旧唐书·地理志》中就有明确的记录:"(贞观)八年,改北开州为化州。"又载:"德静,隋县。贞观七年,属北开州,八年,改北开州为化州。"⑥《旧唐书·突厥传》又称:"(阿史那)思摩者,颉利族人。太宗嘉其忠,除右武侯大将军、化州都督,令统颉利旧部落于河南之地。"⑦《通鉴》卷193称:"太宗嘉其忠,降右武侯大将军,寻以为北开州都督,使统颉利旧众。"⑧非常清楚,贞观四年置四州时,并没有"化州"之名,而是称"北开州",到贞观八年,北开州才改为化州。再检《旧唐书·地理志》尚可发现,"长州"也是在"贞观七年"才有其名者。⑨根据这两条证据,可以推断,前言之顺、祐、化、长四州之名均非贞观四年时置州之名。余认同艾冲先生的考证

---

① （后晋）刘昫:《旧唐书》卷194《突厥传》上:"突利可汗,牙直幽州之北。"（宋）欧阳修、宋祁:《新唐书》卷43《地理志》7《羁縻州》:"(贞观)六年,顺州侨治营州南之五柳戍。"后"侨治幽州城中"。又（唐）杜佑:《通典》卷197《突厥》上称:"以其（突利）下兵众置顺州都督府。"可知,突利的故地应在幽州。值得注意的是,吴玉贵先生对这一问题提出了自己的看法,称此处的"幽州"是"豳州"之讹,并举出唐代史料中以"幽"为"豳"之事多见。载该氏:《突厥汗国与隋唐关系史研究》第7章《唐朝对东突厥的措置》,第244—246页。吴说不可取,首先,如果不是幽州而是豳州,豳州在灵州南,如何应对文献中"东起幽州,西至灵州"之说;其次,豳州从未见有突厥或其他种族之羁縻州设置;其三,唐代史料中贞观四年突厥四州之设置确实是东起幽州,即指幽州都督府辖下的顺州,西至灵州,即指与灵州相近的化、长、祐三州,与文献记录相合。
② （宋）司马光:《资治通鉴》卷193《唐纪》9贞观四年三月丙子条。
③ （后晋）刘昫:《旧唐书》卷194《突厥传》上。（唐）杜佑:《通典》卷197《突厥传》上同。
④ （唐）吴兢:《贞观政要》卷9《安边》36。
⑤ （宋）欧阳修、宋祁:《新唐书》卷43《地理志》7《羁縻州》。
⑥ （后晋）刘昫:《旧唐书》卷38《地理志》1《关内道》。
⑦ （后晋）刘昫:《旧唐书》卷194《突厥传》上。
⑧ （宋）司马光:《资治通鉴》卷193《唐纪》9贞观四年五月壬申条。
⑨ （后晋）刘昫:《旧唐书》卷38《地理志》1《关内道》。

与推理，顺、祐、化、长四州之名实际上是"北开、北宁、北抚、北安"四州之名的变更①，而《新唐书·地理志》重出而复置，遂成八州之误。北开为化州之旧名，北宁为长州之旧名，北抚为祐州之旧名，北安为顺州之旧名。

如上说不误，则贞观四年设置的突厥四羁縻州为：北安州（顺州），在营州南五柳戍②；北开州（化州），在夏州德静县③；北宁州（长州），在夏州长泽县④；北抚州（祐州），在银州境内⑤。这与《通鉴》所言"东自幽州，西至灵州"⑥安置突厥部众相合。上述四州中，三州在银、夏州之间，一州在幽州，故知突厥降户的主体部落是安置在银、夏州之间。这与《旧唐书》之"于朔方之地"⑦亦相合。正因为这一次突厥降户的主体是安置在银、夏之间的"朔方之地"，故《唐会要》称："朝士多同彦博议，上遂用之，封阿史那苏尼失为怀德郡王，阿史那思摩为怀化郡王，处其部落于河南朔方之地。"⑧《通鉴》卷195录唐赐薛延陀玺书亦称："颉利既败，其部落咸来归化。……故置所降部落于河南。"⑨《旧唐书·窦静传》亦称："及擒颉利，处其部众于河南，以为不便。"⑩《隋唐嘉话》亦称："突厥之平，仆射温彦博请（徙）其种落于朔方，以实空虚之地。"⑪各种文献都十分明确地记录，贞观四年的突厥降户安置是采用的温彦博的建议，即将颉利部众安置在河南朔方之地，亦即前面所考证的北开（化）、北宁（长）、北抚（祐）三州，位于银、夏州之间。至于顺州，因为是安置突利，而突利部不是战败归降，故于本部安置。

（二）贞观十三年，突利可汗之弟结社率谋反事件爆发后，唐太宗担心在河南朔方之地大规模地集结突厥部落给国防安全带来的威胁，遂决意将居住在河南的突厥部落迁往河北。《通鉴》卷195："（贞观十三年）七月庚戌，诏右武侯大将军、化州都督、怀化郡王李思摩为乙弥泥孰俟利苾可汗。……

---

① 艾冲：《唐前期东突厥羁縻都督府的置废与因革》，载《中国历史地理论丛》第18卷第2辑，2003年。
② （宋）欧阳修、宋祁：《新唐书》卷43《地理志》7《羁縻州》。
③ （后晋）刘昫：《旧唐书》卷38《地理志》1《关内道》。
④ （后晋）刘昫：《旧唐书》卷38《地理志》1《关内道》。
⑤ （后晋）刘昫：《旧唐书》卷38《地理志》1《关内道》。
⑥ （宋）司马光：《资治通鉴》卷193《唐纪》9贞观四年三月丙子条。
⑦ （后晋）刘昫：《旧唐书》卷194《突厥传》上。
⑧ （宋）王溥：《唐会要》卷73《安北都护府》。
⑨ （宋）司马光：《资治通鉴》卷195《唐纪》11贞观十三年七月庚戌条。
⑩ （后晋）刘昫：《旧唐书》卷61《窦静传》。
⑪ （唐）刘悚：《隋唐嘉话》卷上《卫公既灭突厥》。

秋中将遣突厥渡河，复其故国。……于是，遣思摩帅其所部建牙于河北。……又以左屯卫将军阿史那忠为左贤王，右武卫将军阿史那泥熟为右贤王。"①《通鉴》卷196："（贞观十五年正月）乙亥，突厥俟利苾可汗帅部济河，建牙于故定襄城，有户三万，胜兵四万，马九万匹。"②《通鉴》卷197："俟利苾之北渡也，有众十万，胜兵四万人。"③

诸种文献明载，贞观四年颉利归降唐朝总共就是十万人，或称"尚十万口"④，或称"降者众近十万"⑤，而李思摩帅所部渡河的突厥就"有众十万"⑥，或称"有户三万"⑦，此可证者一是，颉利旧部降唐者绝大部分安置在河南之地；此可证者二是，贞观四年并没有在定襄、云中两地设置都督府安置降户⑧。原因很简单，总共投降十万人，而李思摩率部渡河者就已达十万人，还有什么部落可以另置定襄、云中二都督府呢？于此，亦可证明丰州都督府设置并非安置颉利突厥降户。《唐会要》卷73："贞观四年三月二日，分颉利之地为六州，左置定襄都督，右置云中都督，以统降房。"⑨《新唐书·地理志》亦称："定襄都督府，贞观四年，析颉利部为二，以左部置；云中都督府，贞观四年，析颉利右部置。"⑩虽然礼部侍郎李百药在贞观四年时曾提出过在定襄城设立都护以统突厥降众⑪，但他这一建议并未被采纳，而是采温彦博之议，将突厥降户十万众（指颉利之部）全部安置在河南朔方之地，并没有安置定襄、云中。故岑仲勉按："诸《突厥传》均只言平颉利后建顺、祐、化、长等州，无言置定襄、云中两都督府者。"⑫也就是说，贞观四年平颉利时只建四州，而定襄、云中二府应是另外年份之事。岑氏所言极是，故知《唐会

---

① （宋）司马光：《资治通鉴》卷195《唐纪》11 贞观十三年七月庚戌条。
② （宋）司马光：《资治通鉴》卷196《唐纪》12 贞观十五年正月乙亥条。
③ （宋）司马光：《资治通鉴》卷197《唐纪》13 贞观十八年十二月甲寅条。
④ （宋）司马光：《资治通鉴》卷193《唐纪》9 贞观四年三月丙子条。
⑤ （宋）司马光：《资治通鉴》卷193《唐纪》9 贞观四年三月丙子条。
⑥ （宋）司马光：《资治通鉴》卷197《唐纪》13 贞观十八年十二月甲寅条。
⑦ （宋）司马光：《资治通鉴》卷196《唐纪》12 贞观十五年正月乙亥条。
⑧ （唐）李吉甫：《元和郡县图志》卷4《关内道》4《东受降城》："东受降城，本汉定襄郡盛乐县也，武德四年平突厥，于此置云州。"此并非贞观四年平颉利，而是指高祖平刘武周之事。
⑨ （宋）王溥：《唐会要》卷73《安北都护府》。
⑩ （宋）欧阳修、宋祁：《新唐书》卷43《地理志》7《羁縻州》。
⑪ （宋）王溥：《唐会要》卷73《安北都护府》，礼部侍郎李百药上议曰："仍请于定襄城中置都护府，为其节度，此之一策，必不可不行。"
⑫ 岑仲勉：《突厥集史》上册卷5《编年》，第203页。

要》与《新唐书》在录定襄、云中二都督府事时必是误置了时间年份。

余以为定襄、云中二都督府的建立应在贞观十三年李思摩率河南部落渡河以后。唐朝"遣突厥过河,复其故国"①。于是,李思摩"建牙于故定襄城"②,又分颉利故地为左、右二部③,左部设定襄都督府,以左贤王阿史那忠统之,右部设云中都督府,以右贤王阿史那泥熟统之④。唐为建牙在定襄城的俟利苾可汗李思摩设左、右贤王,当即是因为颉利的旧部分为左、右两部,定襄都督府故址设在今内蒙古呼和浩特市东南45公里的美岱古城,云中都督府故址在内蒙古和林格尔县城北10公里的土城子。⑤李思摩帅部渡河恢复颉利故国时,即"又分颉利之地为六州"⑥,故定襄、云中都督府建立后,各领三州。《新唐书·地理志》:"定襄都督府,贞观二十三年分诸部置州三;云中都督府,贞观二十三年分诸部置州三。"⑦定襄都督府所领三州应为:阿(史)德州、执失州、苏农州;云中都督府所领三州应为:舍利州、阿史那州、绰州。⑧值得注意的是,唐朝在遣返突厥部落过黄河时,同时撤消了在河南设立

---

① (宋)司马光:《资治通鉴》卷195《唐纪》11贞观十三年七月庚戌条。
② (宋)司马光:《资治通鉴》卷196《唐纪》12贞观十五年正月乙亥条。
③ 吴玉贵先生极力否定"颉利故地"之说,参吴玉贵:《突厥汗国与隋唐关系史研究》第7章《唐朝对东突厥的措置》,第243—253页。其实如果将贞观四年为河南置突厥州之事与贞观十三年李思摩渡河在河北再分"颉利故地为六州"两件事分开来看,就可以看出,渡河以后,才"分颉利故地"置二府。李筌书则讲得更原始,"开榆林塞北,以颉利左渠置定襄都督府,管苏农等六州,以右渠地置云中都督府,管阿史那等五州"。
④ (宋)司马光:《资治通鉴》卷195《唐纪》11贞观十三年七月庚戌条。
⑤ 参见《美岱古城发掘简报》,载《文物》1961年第9期;《和林格尔土城子试掘纪要》,载《文物》1961年第1期。刘统先生称:云中、定襄"这两羁縻都督府应该设在汉定襄、云中故城附近"。这一点是对的。但另处又称:"安置被俘部落的最好办法是就地解决,而不是把他们赶到几百里外重新建立一个生活区。"(刘统:《唐代羁縻府州研究》第2章,第13—14页。)这一认识则是片面的。因为安置异族归附者一定是视当时的具体条件和环境而定,既有就地安置者,也有迁徙他处安置者,两种办法在中国历史上均为多见。贞观四年平颉利后其主要安置即为"驱赶到几百里外的"河南,重新建立一个生活区。
⑥ (后晋)刘昫:《旧唐书》卷194《突厥传》上。
⑦ (宋)欧阳修、宋祁:《新唐书》卷43《地理志》7《羁縻州》。疑《新唐书·地理志》在左部定襄府及右部之云中府各分诸部置三州,不应是贞观二十三年事,因为据(宋)王溥:《唐会要》卷73《安北都护府》,贞观二十三年,是以定襄都督府置六州,云中都督府置五州。余以为,定襄、云中诸部各分置三州之事应在贞观二十三年之前。此处"二十三年"当为"一十三年"之误。
⑧ (宋)欧阳修、宋祁:《新唐书》卷43《地理志》7《羁縻州》。

的突厥州县。①

（三）李思摩建牙定襄后，薛延陀真珠可汗命其子大度设率二十万军队击突厥，李思摩"不能御，帅部落入长城，保朔州"②。李思摩虽拥众十万，但"不能抚其众，皆不惬服"③。《旧唐书》称，贞观十七年，"相率叛之，南渡河，请分处于胜、夏二州之间，诏许之"④。《通鉴》置此事于贞观十八年十二月："戊午，悉弃俟利苾南渡河，请处胜、夏之间。上许之。"⑤这就是说，贞观十三年渡河北上的颉利旧部再一次回到了河南，被安置在胜、夏二州之间，时间是贞观十八年十二月。这一次安置更无资料详证，很可能并没有得到具体的安排而散处河南，主要是畏惧薛延陀，而不愿意北上。⑥贞观二十年，薛延陀败亡后，再加上居处漠北的突厥车鼻可汗亦被唐军击败。至贞观二十三年，"诸突厥归化"，才再一次重整突厥之羁縻州。《唐会要》卷73载："（贞观）二十三年十月三日，诸突厥归化，以舍利、吐利部置舍利州，阿史那部置阿史那州，绰部置绰州，贺鲁部置贺鲁州，逻禄、悒恒二部置葛逻州，并隶云中都督府。以苏农部落置苏农州，阿史德部落置阿史德州，执失部落置执失州，卑失部落置卑失州，郁射部置郁射州，多地艺失部置艺失州，并隶定襄都督府。"⑦这就是李筌书中所言"以颉利左渠故地置定襄都督府，管苏农等六州，以右渠地置云中都督府，管阿史那等五州"。《唐会要》之云中、定襄辖州之数与李筌书数相合。这就清楚告诉我们，唐朝正式设定襄都督府管苏农等六州，设云中都督府管舍利等五州的时间是在贞观二十三年，之前均只管三州。但关于定襄六州、云中五州的记录，诸书歧异甚大：

① （后晋）刘昫：《旧唐书》卷38《地理志》1《关内道》载：祐(柘)州、化州、长州均废于贞观十三年。（宋）司马光：《资治通鉴》卷195《唐纪》11贞观十三年七月庚戌条："突厥及胡在诸州安置者，并令渡河，还其旧部。"则应是河南安置突厥之州县尽废。吴玉贵先生亦提出贞观十三年后河南突厥州县尽废。参吴玉贵：《突厥汗国与隋唐关系史研究》第7章《唐朝对东突厥的措置》，第243—253页。
② （宋）司马光：《资治通鉴》卷196《唐纪》12贞观十五年十一月壬申条。
③ （后晋）刘昫：《旧唐书》卷194《突厥传》上。
④ （后晋）刘昫：《旧唐书》卷194《突厥传》上。
⑤ （宋）司马光：《资治通鉴》卷197《唐纪》13贞观十八年十二月甲寅条。
⑥ （后晋）刘昫：《旧唐书》卷194《突厥传》上："思摩等咸惮薛延陀，不肯出塞。"
⑦ （宋）王溥：《唐会要》卷73《安北都护府》。

| 云 中 | 定 襄 | 出 处 |
|---|---|---|
| 舍利、阿史那、绰、贺鲁、葛逻 | 苏农、阿史德、执失、卑失、郁射、艺失 | 《唐会要》卷73 |
| 舍利、思壁、阿史那、绰、白登 | 阿德、执失、苏农、拔延 | 《旧唐书·地理志》 |
| 舍利、阿史那、绰、思壁、白登 | 阿德、执失、苏农、拔延 | 《新唐书·地理志》 |
| 舍利、思壁、阿史那、绰、白登 | 苏农、阿德、执失、拔延，余二州逸 | 《通鉴》卷199胡注 |

比较上表，可以看出新、旧《唐书·地理志》及《通鉴》胡注所录州名州数是一致的，但与《唐会要》记录歧异。《唐会要》载定襄辖六州，其他资料亦称定襄六州，但上述三书定襄下仅四州，胡注称"余二州逸"。实际上并未逸。据《新唐书·地理志》，龙朔三年（663）置桑乾都督府时，从定襄都督府分出郁射、艺失、卑失三州来隶桑乾①，而三书定襄四州之"拔延州"是侨治宁朔时才隶定襄，原置六州时无"拔延州"②。故知贞观二十三年（649）时定襄六州为：苏农、阿史德（阿德）、执失、卑失、郁射、艺失等。《唐会要》载云中辖五州，其他三书亦是五州，但五州州名各不相同，五州中，《唐会要》为"贺鲁"和"葛逻"，其他三书则为"白登"和"思壁"。原因何在？据《新唐书·地理志》，贞观二十年置呼延都督府时，从云中都督府分出贺鲁、葛逻二州来隶呼延，而三书中云中五州之"思壁"、"白登"二州是"贞观末隶燕然都护，后复来属"的漠北羁縻州③，原置五州时并无"思壁"和"白登"二州。

---

① （宋）欧阳修、宋祁：《新唐书》卷43《地理志》7《羁縻州》。但《新唐书》称桑乾都督府是龙朔三年设置亦不准确。《唐会要》卷73《单于都护府》："永徽元年九月八日，右骁卫中郎将高偘执车鼻可汗献于武德殿，处其余众于郁督军山，分其地置单于、瀚海而都护府，单于领狼山、云中、桑乾三都督府，苏农等十四州。"《资治通鉴》卷199《唐纪》15永徽元年九月庚子记此事同，可知，桑乾都督府应是永徽元年置，而不是龙朔三年。

② （宋）王溥：《唐会要》卷72《诸蕃马印》有"拔延阿史德马"。知拔延州应为阿史德部置，但无置州之具体时间。

③ （宋）欧阳修、宋祁：《新唐书》卷43《地理志》7《羁縻州》。但此处称呼延州都督府置于贞观二十年，亦疑《新唐书》系年有误。其属下"贺鲁州"条："以贺鲁部置，初隶云中都督，后来属。"贺鲁部隶云中都督的时间是贞观二十三年，为何称贞观二十年呼延都督府时为"后来属"，故应呼延都督府设置的时间应晚于贞观二十三年。此处称"白登"与"思壁"二州贞观末隶燕然都护府，后复来属，意思十分明白，贞观二十三年置云中都督府时并无思壁、白登二州，因后来割贺鲁、葛逻二州入呼延都督府后，思壁、白登二州才从燕然都护府划归云中都督府。这个时间应该是"龙朔三年移燕然都护府于回纥部落"时，将思壁和白登二部留在原地而入云中都督府，但文献于二州始置时间无载。（宋）王钦若：《册府元龟》卷977载："（贞观二十一年）十月，奴剌啜匐侯友率其部兵千余、口一万内附。"又据《唐会要》卷72《诸蕃马印》："奴剌马，与碛南马相类，今白登州。"则白登州为奴剌部设，设置时间当在贞观二十一年。思壁州，无考。

故知贞观二十三年时云中五州为舍利、阿史那、绰、贺鲁、葛逻等。

（四）永徽元年（650），突厥车鼻可汗被擒后，突厥诸部均内附，于是，唐朝置单于、瀚海二都护府。据《旧唐书·突厥传》及《唐会要》卷73："车鼻既破之后，突厥尽为封疆之臣，于是分置单于、瀚海二都护府。单于都护领狼山、云中、桑乾三都督，苏农等十四州；瀚海都护领瀚海、金微、新黎等七都督，仙萼、贺兰等八州。"①据宋白称："振武军旧为单于都护府，即汉定襄郡之盛乐县也。在阴山之阳，黄河之北，西南至东受降城百二十里。"②正因为故定襄城就是定襄都督府的驻地，而单于都护府又设在故定襄城，所以单于都护府实际上是领狼山、云中、桑乾、定襄四都督府。到龙朔三年（663），唐朝又移燕然都护于回纥本部，并更名为瀚海都护府。永徽元年在漠北设立的瀚海都护府移置云中古城，改名为云中都护。③据胡三省注："云中都护府治金河，即秦、汉云中旧城，东北至朔州三百七十里。"④此云中旧城即是云中都督府的所在地。故知，到龙朔三年时，定襄、云中二都督府的原驻地均被单于、云中二都护府所占。到麟德元年（664），又"改云中都护府为单于大都护府"⑤。这就是说，到麟德元年时，在云中古城有一个"单于大都护府"，而在定襄古城还有一个"单于都护府"。因为，置单于大都护府时，并没有宣布撤销单于都护府，直至圣历元年（698）才改单于都护府为安北都护府。⑥此是后话，不在本文探讨范围之内。至调露元年（679），单于大都护府突厥阿史德温博、奉职二部反，所属二十四州突厥部落"皆叛应之，众数十万"⑦。这一场叛乱前后延续了两年时间，最终被裴行俭等唐朝将领于开耀元年（681）平息。调露元年的突厥叛乱，原属单于大都护府下的二十四州均参加，因此，叛乱平息后，原属单于大都护府下的突厥羁縻州府肯定要有所改变。余以为，唐朝的处理办法就是将这些参加叛乱的突厥羁縻州府全部迁走，侨置内郡。原定襄、云中、桑乾、呼延四都督府均于此时侨

---

① （后晋）刘昫：《旧唐书》卷194《突厥传》上；（宋）王溥：《唐会要》卷73《安北都护府》。
② （宋）司马光：《资治通鉴》卷199《唐纪》15 永徽元年九月庚子条胡三省注。
③ （宋）王溥：《唐会要》卷73《安北都护府》。
④ （宋）司马光：《资治通鉴》卷201《唐纪》17 龙朔三年二月条胡三省注。
⑤ （宋）司马光：《资治通鉴》卷201《唐纪》17 麟德元年正月甲子条。
⑥ （宋）王溥：《唐会要》卷73《安北都护府》。
⑦ （宋）司马光：《资治通鉴》卷202《唐纪》18 调露元年冬十月条。

置夏州朔方之地，即如《旧唐书·地理志》所言："云中都督府，寄在朔方县界；呼延州都督府，寄在朔方县界；桑乾都督府，寄朔方县界；定襄都督府，寄治宁朔县界。"①《旧唐书·地理志》应是史实的原生态记录，然《新唐书·地理志》则杂糅多种史料将这一事件记录为："定襄都督府，贞观四年析颉利为二，以左部置，侨治宁朔；云中都督府，贞观四年析颉利右部置，侨治朔方境。"②很明显，本来是两件事，两个时间，《新唐书》将其合二为一，遂致后来者误。如果说贞观四年设置定襄、云中都督府时就侨治在夏州的宁朔和朔方两地，那为什么要取名为"定襄"和"云中"呢？当时就应该定名为"宁朔都督府"和"朔方都督府"，之所以定名为"定襄"和"云中"，就一定有一个设在"定襄"和"云中"的过程，侨治他郡则是以后的事情。故余以为，《新唐书·地理志》这一段资料不足取，后人根据这一史料再展开的考证当然就离史实更远矣。③

**道历三川口，入三山母谷，道通室韦，大落泊，东入奚，西入默啜故地。**

　　按：文渊阁本奚作"溪"，今从守山阁本。

　　三川口，三山母谷，均无考。
　　室韦，室韦部落原均居契丹之北，《隋书·室韦传》："室韦，契丹之类也。其南者为契丹，在北者号室韦。"④唐代室韦分九部，《唐会要》卷96："今室韦最西与回鹘接界者有乌素固部落，常居俱轮泊之西南。"⑤俱伦泊即今呼伦湖，《新唐书·地理志》又称："俱伦泊，泊之四面皆回鹘。"⑥可见室韦最西南者都还在契丹、奚之北面。而《旧唐书·德宗纪》又载："奚、室韦

---

① （后晋）刘昫：《旧唐书》卷38《地理志》1《关内道》。
② （宋）欧阳修、宋祁：《新唐书》卷43《地理志》7《羁縻州》。
③ 李鸿宾：《唐朝朔方军研究——兼论唐廷与西北诸族的关系及其演变》第1章《朔方军的设置》，第25页。
④ （唐）魏征：《隋书》卷84《室韦传》。
⑤ （宋）王溥：《唐会要》卷96《室韦》。
⑥ （宋）欧阳修、宋祁：《新唐书》卷43《地理》7《羁縻州》。

寇振武军。"①《旧唐书·范希朝传》:"振武有党项、室韦交居川阜。"②《册府元龟》卷987:"又诏太原,起室韦、沙陀三部落,吐浑诸部。"③《稽古录》卷15:"河东将石雄大破乌介,乌介奔室韦。"④可见,室韦不仅有居契丹北者,还有居振武军地及振武军北及东北地区的。此处室韦即指散处在今山西、河北北面之室韦部落,他们与吐浑、党项、沙陀等族杂居在一起,故《辽史》中,室韦多与党项、吐浑、沙陀并言。

大落泊,即大洛泊,《新唐书·奚传》:"其国西抵大洛泊,距回纥牙三千里。"⑤则大洛泊即奚国之西界,在今内蒙古与辽宁交界的安固里淖,又称"达来诺尔"。疑大洛泊前脱"入"字。

奚,《新唐书·地理志》:"长城口北八百里有吐护真河,奚王牙帐也。"⑥吐护真河,又称饶乐水,又称土河,今称老哈河。在今内蒙古赤峰市以北。知奚族的中心居地在土河一线。《武经总要前集》则称:"奚,本匈奴别种,牙帐在东湖之地,酋长号王。唐制兼饶乐府都督,居阴凉川,东至营州五百里,西南至幽州九百里。后徙居琵琶川,在幽州东北数百里,古北口之北。天祐初,契丹渐盛,遂受制焉。或徙居于妫州,依山而居,有东、西奚之号。"⑦《旧唐书·奚传》则称:"自营州西北饶乐水以至其国。"⑧各书资料所载不同,但大体可以判断唐中期时应居饶乐水(老哈河)上。《辽史·地理志》又称:"五代时,奚王去诸以数千帐徙妫州,自别为西奚。"⑨唐妫州境在今河北省北部地区,也是奚族居地的最西部,在大洛泊附近。又《新唐书·奚传》:"(奚)居鲜卑故地,直京师东北四千里,其地东北接契丹、西突厥。"⑩《旧唐书·奚传》:"(奚国)西至突厥。"⑪与突厥分处东西,奚居东,故曰:"东入奚。"

---

① (后晋)刘昫:《旧唐书》卷13《德宗本纪》下。
② (后晋)刘昫:《旧唐书》卷151《范希朝传》。
③ (宋)王钦若:《册府元龟》卷987《外臣部·征讨》6。
④ (宋)司马光:《稽古录》卷15 会昌三年春。
⑤ (宋)欧阳修、宋祁:《新唐书》卷219《奚传》。
⑥ (宋)欧阳修、宋祁:《新唐书》卷39《地理志》3。
⑦ (宋)曾公亮:《武经总要前集》卷19《西蕃地理》。
⑧ (后晋)刘昫:《旧唐书》卷199《奚传》。
⑨ (元)脱脱:《辽史》卷41《地理志》5《西京道》。
⑩ (宋)欧阳修、宋祁:《新唐书》卷219《奚传》。
⑪ (后晋)刘昫:《旧唐书》卷199《奚传》。

默啜故地，默啜，东突厥可汗。默啜故地，本应该是指默啜的居地，即前已证之的突厥南庭"黑沙城"。但此处应该是指突厥建牙之北庭处，即郁督军山或都斤山。

综上所述，此道乃由太原出榆林关塞东北行至今安固里淖（达来诺尔）后，从东行，入奚国，从西走即入漠北突厥默啜之地。

## 四、陇右道

**陇右道**

> 按：此为唐代中期从长安经陇右地区入吐蕃的一条重要交通线。唐蕃交通，始于太宗之时，双方聘使往来，二百余年中（太宗—宣宗），未曾中断。《毗陵集》卷18《敕与吐蕃赞普书》称："金玉绮绣，问遗往来，道路相望，欢好不绝。"① 然而，至今还保存着这条唐蕃古交通道的记载却只有三处：一是释道宣的《释迦方志》，书中记载了最早记录下来的一条唐蕃古道，从河州过鄯州、青海，经吐谷浑、白兰、苏毗、敢国，然后入吐蕃，终点至北天竺尼婆罗国②；二是《新唐书·地理志》，其中在鄯州条下较为详细地记录了唐从青海入吐蕃的路线和行程③，余疑这是宋祁录自贾耽之《皇华四达记》；三是《新唐书·吐蕃传》中记录了刘元鼎出使吐蕃的路线④，但这只留下从河州到青海南及赞普牙帐的几个地名，极为简略。如果将《关塞四夷篇·陇右道》中保存的这条唐蕃古交通线与上述三处记载相比，余以为，从时间上看，李筌之述应晚于释道宣，但却早于贾耽和刘元鼎的记载，若以内容详略比较，则李筌之述应略于《新唐书·地理志》，但详于释道宣和刘元鼎的记载。日人佐藤长、国人任乃强二先生虽为治西藏历史地理之泰斗，然均不曾参阅和引用此书，余加以校注，寄望于海内外学者的重视。

---

① （唐）独孤及：《毗陵集》卷18《敕与吐蕃赞普书》。
② （唐）道宣：《释迦方志》卷上《遗迹篇》4。
③ （宋）欧阳修、宋祁：《新唐书》卷40《地理志》4。
④ （宋）欧阳修、宋祁：《新唐书》216《吐蕃传》下。

**自西京出大镇关，**

按：墨海本无"陇右道"一节，此出守山阁本，文渊阁四库本作"自京出震关"，当脱"西"和"大"字。

大镇关，即大震关，为长安西出之重要关隘。《太平寰宇记》卷32："大震关，在（汧源）县西六十一里。后周武帝天和元年置。今为陇山关，汉武帝至此遇雷震，因名。"①《元和郡县图志》卷2："大震关在（陇）州西六十一里，后周置。"②又卷39："小陇山……绝东去大震关五十里。"③大历初，唐将李晟出大震关破吐蕃于临洮，即此。大中六年，陇州防御使薛逵徙关于故关之东三十里，更名安戎。④《读史方舆纪要》卷59："大震关，（清水）县东五十里即陇关也，凭高据险，襟带华戎，自古为关中襟要。"⑤其地即今甘肃清水县东陇山之东坡。在唐京师正西，故曰"西出"。

**经陇西节度，去西京一千四百里，去东京二千二百七十五里。**

按：上文从文渊阁四库本，守山阁本作"一千二百七十五里"。

唐无"陇西节度"之称，"陇西"当为"陇右"之讹。唐陇右节度使治鄯州，《旧唐书·地理志》："陇右节度使，在鄯州界。"⑥《元和郡县图志》卷39："（鄯州）开元二十一年置陇右节度使。"⑦据《元和郡县图志》卷39，鄯州"东南至上都一千九百六十里，东南至东都二千七百六十里"⑧，与文渊阁本所载里数相近，亦证守山阁本有误。李筌所记之里数比《元和郡县图志》

---

① （宋）乐史：《太平寰宇记》卷32《陇西道》8《陇州》。
② （唐）李吉甫：《元和郡县图志》卷2《关内道》2《陇州》。
③ （唐）李吉甫：《元和郡县图志》卷39《陇右道》上《秦州》。
④ （清）硕色：《（雍正）陕西通志》卷16《关梁》1。
⑤ （清）顾祖禹：《读史方舆纪要》卷59《陕西》8《大震关》。
⑥ （后晋）刘昫：《旧唐书》卷38《地理志》1《关内道》。
⑦ （唐）李吉甫：《元和郡县图志》卷39《陇右道》上《鄯州》。
⑧ （唐）李吉甫：《元和郡县图志》卷39《陇右道》上《鄯州》。

少近五百里。

**南出关，党项杂羌置岷、丛、鳞、可等四十州，分隶沿边等诸州。**

  按：文渊阁本作"分利缘边诸府"，此从守山阁本。"等"字疑衍。

  南出关，此关即前大震关，由大震关南出即唐秦、渭、成、武、洮、河、岷、叠、宕州之地，唐宋时期，从关中经青海入吐蕃多从秦州出入，《新唐书·吐蕃传》载刘元鼎入吐蕃的东段行程即"逾成纪、武川，抵河广武梁"①，就是经过秦州之成纪县。宋代刘涣使青唐是经秦州西面的古渭寨至河州，《长编》卷128："（刘）涣出古渭州，循末邦山，至河州国门寺绝河踰廓州抵青唐。"②西夏占领河西以后，秦州成了吐蕃、西域与中原王朝交通的唯一孔道。

  党项杂羌，党项是魏、周之时兴起在今青海东南部、甘肃南部、四川西北部地区的一个新民族，由于组成党项民族的诸部落极为复杂，有东胡系统，有匈奴系统，有羌系统，因此唐人多称其为"杂羌"、"杂虏"、"杂种"。《樊川文集》卷15："伏以党羌杂种，本在河外。"③《会昌一品集》卷5："（李思摩）与退浑、党项微小杂种同为百姓。"④《旧唐书·石雄传》："（雄）兼契苾、拓拔杂虏三千骑。"⑤

  置岷、丛、鳞、可等四十州事与两《唐书》记载不同，《旧唐书·党项传》："贞观三年，（党项）酋长细封步赖举部内附，太宗降玺书慰抚之。步赖因来朝，宴赐甚厚，列其地为轨州，拜步赖为刺史，仍请率所部讨吐谷浑。其后，诸姓酋长相次率部落皆来内属，请同编户，太宗厚加抚慰，列其地为岷、奉、岩、远四州。"⑥《新唐书·党项传》："（赤辞）与思头俱内

---

① （宋）欧阳修、宋祁：《新唐书》卷216《吐蕃传》下。
② （宋）李焘：《续资治通鉴长编》卷128康定元年八月癸卯条。
③ （唐）杜牧：《樊川文集》卷15《贺平党项表》。
④ （唐）李德裕：《会昌一品集》卷5《赐回鹘可汗书》。
⑤ （后晋）刘昫：《旧唐书》卷161《石雄传》。
⑥ （后晋）刘昫：《旧唐书》卷198《党项传》。

属，以其地为懿、嵯、麟、可三十二州。"①《新唐书·地理志》松州都督府领丛、崌、奉、麟、可等有版之十四州及研、探那等无版之五十八州②，《旧唐书·地理志》称松州都督府旧督一百四州，惟崌、懿、麟、可等二十五州有额③，《太平寰宇记》卷 81 与旧志同："松州都督督一百四州，其二十五州有额，户口多羁縻逃散，余七十九州皆生羌部落，或臣或否，无州县户口，但羁縻统之。"④唐置党项羁縻州虽多，但无置党项四十州之记载，疑李筌书之"四十"为"十四"之倒误。如此，则可证《新唐书·地理志》松州都督府下辖之丛、崌、奉、岩、远、麟、可、阔、彭、直、肆、序、静、轨等十四有版州均为党项羁縻州。⑤

崌州，《新唐书·地理志》称："贞观元年以降户置，县二：江源、落稽。"⑥旧志称，贞观元年，招慰党项置州处也，领江源、落稽两县，领户一百五十五，至京师西南二千二百四十六里。⑦《元和郡县图志》卷 32 称，松州在长安西南一千九百里⑧，则崌州当在松州西南三百四十六里之地。又《武经总要前集》卷 19 称："居州，管部落五十户，去州（茂州）三十里"⑨，居当即崌，宋松州为吐蕃地，居州近茂州，故割属茂州，宋户口较唐户口少一百五户，盖逃散故耳。

丛州，《新唐书·地理志》："贞观三年置，县三：宁远、临泉、临河。"⑩旧志称："贞观五年，党项归附置也，领县五，与州同置。都流、厥调、凑般、匐器，迩率钟，并为诸羌部落，遥立，无县也。宁远、临泉、临河，无户口，至京师西南一千八百里。"⑪据松州距长安之里数，则丛州在松州东北一百里。

鳞州，当即两唐书中"麟州"，《新唐书·地理志》称："本西麟州，贞观

---

① （宋）欧阳修、宋祁：《新唐书》卷 221《党项传》。
② （宋）欧阳修、宋祁：《新唐书》卷 43《地理志》7《羁縻州》。
③ （后晋）刘昫：《旧唐书》卷 41《地理志》4《剑南道》。
④ （宋）乐史：《太平寰宇记》卷 81《剑南道》10《松州》。
⑤ （宋）欧阳修、宋祁：《新唐书》卷 43《地理志》7《羁縻州》。
⑥ （宋）欧阳修、宋祁：《新唐书》卷 43《地理志》7《羁縻州》。
⑦ （后晋）刘昫：《旧唐书》卷 41《地理志》4《剑南道》。
⑧ （唐）李吉甫：《元和郡县图志》卷 32《剑南道》中《松州》。
⑨ （宋）曾公亮：《武经总要前集》卷 19《边防·茂州》。
⑩ （宋）欧阳修、宋祁：《新唐书》卷 43《地理志》7《羁縻州》。
⑪ （后晋）刘昫：《旧唐书》卷 41《地理志》4《剑南道》。

五年置，八年更名，县七：峡川、和善、剑具、硖原、三交、利恭、东陵。"①旧志同，并称："无户口，至京师四千五百里"②，则应在松州西或西南二千余里之地。《中国历史地图集》第5册标麟州在松州稍北地与可州同一地，似不妥。可州与麟州一在松州北数百里，一在松州西或南二千余里。《武经总要》无麟州之名，可能为后来之内徙州，故宋无此州。

可州，《新唐书·地理志》："本西义州，贞观四年置，八年更名，县三：义诚、清化、静方。"③旧志同，又称："无户口，至京师西南一千四十里"④，则应在松州东北或正北七百余里之地，《武经总要前集》卷19："可州，管部落二百户，去州（茂州）五百里。"⑤则可州应在茂州北五百里之地。

以上党项羁縻州，贞观时均属陇右道，故李筌书于陇右道中，永徽后，才割属剑南道。

**西距吐蕃，去西京一万二千里。**

  按：文渊阁本距作"拒"，此从守山阁本。

《旧唐书·吐蕃传》、《唐会要》卷97均言：吐蕃"在长安西八千里"⑥，《新唐书·吐蕃传》称："（吐蕃）地直京师西八千里。"⑦《册府元龟》卷958亦云："长安之西八千里。"⑧李筌书言"去西京一万二千里"，较诸书多四千里。两《唐书》、《唐会要》、《册府元龟》所言里程盖指吐蕃牙帐至长安里数，而李筌书大概泛指吐蕃境地，《册府元龟》卷958称吐蕃"地方万余里"⑨，故吐蕃至长安里程有数千里之差。

---

① （宋）欧阳修、宋祁：《新唐书》卷43《地理志》7《羁縻州》。
② （后晋）刘昫：《旧唐书》卷41《地理志》4《剑南道》。
③ （宋）欧阳修、宋祁：《新唐书》卷43《地理志》7《羁縻州》。
④ （后晋）刘昫：《旧唐书》卷41《地理志》4《剑南道》。
⑤ （宋）曾公亮：《武经总要前集》卷19《边防·茂州》。
⑥ （后晋）刘昫：《旧唐书》卷196《吐蕃传》上；（宋）王溥：《唐会要》卷97《吐蕃》。
⑦ （宋）欧阳修、宋祁：《新唐书》卷216《吐蕃传》上。
⑧ （宋）王钦若：《册府元龟》卷958《外臣部·吐蕃》。
⑨ （宋）王钦若：《册府元龟》卷958《外臣部·吐蕃》。

**北去凤林关，渡黄河。**

> 按：守山阁本作"度"，此从文渊阁本。

凤林关，在河州境内。《元和郡县图志》卷39："凤林县，中下，东南至（河）州八十里。本汉白石县地，后魏大统十二年，刺史杨宽于河南凤林川置凤林县，因以为名。仪凤元年，于河州西移安乡县理此，又名安乡，天宝元年改名凤林。"又"凤林山在（枹罕）县北三十五里"[①]。《元和郡县图志》不言凤林关事。《旧唐书·地理志》："凤林：……天宝元年，改为凤林，取关名也。"[②]《新唐书·地理志》："凤林：……天宝元年更名，北有凤林关。"[③]《新唐书·吐蕃传》："（高）骈收凤林关。"[④]凤林关在河州凤林县北，在黄河南岸，《宋史·地理志》中的"安乡关"即凤林关。[⑤]从凤林关渡河即入河湟之地，唐宋人入吐蕃多经河州，经河州则必经凤林关（安乡关），《释迦方志》中所载之道经过河州，刘元鼎从吐蕃返回时也经过河州[⑥]，宋刘涣使青唐同样经过河州[⑦]。关于经河州至鄯州这一段里程，李远《青唐录》有详细记载："河州渡河至炳灵寺，即唐灵岩寺也。……三十里至墨城，……行三十里至湟州城，……西入青章峡，上峻岭二十余里至湟，……四十里出峡，屈曲下至大川城，……又四十里至宗奇（哥）城，……又二十里至青唐（西宁）城，……西行四十里至林金城，去青海善马三日可到。"[⑧]

**西南入郁标、柳谷、彰豪、清海、大非海、乌海、小非海、星海、泊悦海、万海、白海、鱼海，入吐蕃。**

> 按：彰豪，文渊阁本作"彰濠"，今从守山阁本；清海，文渊阁

---

[①] （唐）李吉甫：《元和郡县图志》卷39《陇右道》上《河州》。
[②] （后晋）刘昫：《旧唐书》卷40《地理志》3《陇右道》。
[③] （宋）欧阳修、宋祁：《新唐书》卷40《地理志》4。
[④] （宋）欧阳修、宋祁：《新唐书》卷216《吐蕃传》下。
[⑤] （元）脱脱：《宋史》卷87《地理志》3《陕西》。
[⑥] （后晋）刘昫：《旧唐书》卷196《吐蕃传》下。
[⑦] （元）脱脱：《宋史》卷492《吐蕃传》。
[⑧] （元）陶宗仪：《说郛》卷35《青唐录》。

本作"青海",今从守山阁本;乌海,文渊阁、守山阁本均作"鸟海",今改。

郁标,《新唐书·王忠嗣传》:"会赞普大酋阅武郁标川。"①郁标当即在郁标川一带。时为天宝初,吐蕃已入临洮之境,余疑郁标即为唐廓州之境,由廓州西北上可至唐鄯城。以下地名似无顺序,疑有倒误。

柳谷,《太平寰宇记》卷33:"废怀安县在(庆)州东北一百六十里,隋柳谷城也。居近党项,民无产税。"②此柳谷城虽为党项居地,但在庆州东北,与南出大震关、北去凤林关再向西南行之方向不合。《新唐书·地理志》鄯州条下三罗骨山、突录济驿后"又经柳谷、莽布支庄,有温汤涌高二丈,气如云烟"③。据佐藤长考证,突录济驿应在今八布隆附近,那柳谷、莽布支庄则应在八布隆之西南方向。李筌书称柳谷在清海之前,与《新唐书·地理志》不合,疑李筌书此处顺序有误,柳谷当在清海之后。

彰豪,无考。

清海,即青海,《释迦方志》称"清海","(鄯州)西减百里至鄯城镇,古州地也。又西南减百里至故承风戍,是隋互市地也。又西减二百里至清海,海中有小山,海周七百余里。海西南至吐谷浑衙帐"④。鄯城即今西宁,则清海至西宁为三百里。《元和郡县图志》卷39称:"(鄯州)西至青海三百七十里。"⑤《资治通鉴》卷194考异:"吐谷浑中有青海。阚骃曰:汉金城郡临羌县西有卑禾羌海,世谓之青海,东去西平二百五十里。西平,唐鄯州也。"⑥诸书载青海至鄯州里数虽不相同,但从河州过凤林关渡黄河入吐蕃地,鄯州、青海均是必经之地。

大非海,唐代其他文献均称"大非川"。佐藤长言,"海"即是平原⑦,余以为,塞外水少,故塞外人多呼水为海。《元和郡县图志》卷40言极是:

---

① (宋)欧阳修、宋祁:《新唐书》卷133《王忠嗣传》。
② (宋)乐史:《太平寰宇记》卷33《关西道》9《庆州》。
③ (宋)欧阳修、宋祁:《新唐书》卷40《地理志》4《陇右道》。
④ (唐)道宣:《释迦方志》卷上《遗迹篇》4。
⑤ (唐)李吉甫:《元和郡县图志》卷39《陇右道》上《鄯州》。
⑥ (宋)司马光:《资治通鉴》卷194考异。
⑦ (日)佐藤长著,梁今知译:《西藏历史地理研究》第1章《清代青海拉萨间的道程》,青海省博物馆印内部使用本。

"方俗之间,河北得水便名为河,塞外有水便名为海。"①大非川、大非海,即是"大非河"之意。又西北方言念水作非,疑大非川,即"大水川"之意。唐大非川位于何处,诸家所见不一。佐藤长认为是达普斯河,史泰安认为是惠云河②,沙畹认为是布喀河③,任乃强认为是今西宁至玉树公路所经过的苦海子大草原④,吴景敖认为是切吉旷原。据唐文献,载大非川的绝对方位有五处,一是《旧唐书》之《薛仁贵传》:"军至大非川,将发赴乌海"⑤,《新唐书·薛仁贵传》:"军次大非川,将趋乌海"⑥,此可曰,大非川在乌海之北;二是两《唐书》之《李靖传》:"军次伏俟城,吐谷浑……退保大非川。"⑦伏俟城在青海湖西,又《王君㚟传》及《吐蕃传》:"君㚟……入至青海之西……将士并乘冰而渡。会悉诺逻已渡大非川,辎重及疲兵尚在青海之侧,君㚟纵兵俘之而还。"⑧并言"悉诺逻屯大非川",又言:"君㚟率兵破吐蕃于青海之西。"可知,大非川在青海之西;三是《新唐书·地理志》:"自振武经尉迟川、苦拔海、王孝杰米(木之讹)栅九十里至莫离驿,又经公主佛堂、大非川,二百八十里至那录驿,吐浑界也。"⑨振武即石堡城,在今青海湟源县西南。可知,大非川在唐振武军西或西南三百余里之地;四是《资治通鉴》卷194考异引《十道图》:"大非川在青海南,乌海、星宿海、柏海并在其西。"⑩可知,大非川在青海南。五是《资治通鉴》卷201咸亨元年八月丁巳条胡注:"自鄯城西行三百余里至大非川。"⑪上述五处记载,看起来很矛盾,实际上只要我们不拘泥于"西"或"南"之方位(因为古人谓西南之方位是不准确的),统而言之,大非川在青海湖西南,今青海湖西南沙珠玉河的北支

---

① (唐)李吉甫:《元和郡县图志》卷40《陇右道》下《肃州》。
② (日)佐藤长著,梁今知译:《西藏历史地理研究》第2章《唐代青海拉萨间的道程》载佐藤长、史泰安二说。
③ (法)沙畹:《西突厥史料》采张穆《蒙古游牧记》卷12:"大非川在青海西,今布喀河。"(清)康敷镕:《青海地志略》卷2布喀河条亦同此说。
④ 任乃强等:《吐蕃地名考释(三)》,载《西藏研究》1982年第3期。
⑤ (后晋)刘昫:《旧唐书》卷83《薛仁贵传》。
⑥ (宋)欧阳修、宋祁:《新唐书》卷111《薛仁贵传》。
⑦ (后晋)刘昫:《旧唐书》卷67《李靖传》;(宋)欧阳修、宋祁:《新唐书》卷93《李靖传》。
⑧ (后晋)刘昫:《旧唐书》卷103《王君㚟传》、卷196《吐蕃传》上。
⑨ (宋)欧阳修、宋祁:《新唐书》卷40《地理志》4。
⑩ (宋)司马光:《资治通鉴》卷194考异引《十道图》。
⑪ (宋)司马光:《资治通鉴》卷201《唐纪》17咸亨元年八月丁巳条胡注。

大水河当即唐代的大非川，"大水"即"大非"，时人之土语耳，今其地还有大水桥。此距青海，既可称青海之西，又可称青海之南，与《新唐书·地理志》大非川至振武军三百余里相合（大水河至哈城即三百余里），胡注"从鄯城西行三百余里至大非川"应是据《新唐书·地理志》推算，但胡三省推算错了，《唐志》是记振武（石堡城）至大非川之里数，而胡三省误作鄯城，鄯城至石堡城还有一百八十七里。

乌海，《新唐书·薛仁贵传》："唐军次大非川，将趋乌海"①，后仁贵兵败又"退军大非川"②。前证大非川即青海湖西南的大水河，此则可知乌海应在大非川南面的方向，西南或东南尚不可定。又前引《通鉴考异》称乌海在大非川之西，则可知，实应在大非川西南，乃唐军前进的方向。《隋书·地理志》："河源郡……积石山所出，有七乌海。"③《资治通鉴》卷194胡注引《隋志》作："河源郡有乌海，在汉哭山西。"④又卷201胡注："乌海在汉哭山西，隋属河源郡界。杜佑曰：吐蕃国出鄯城五百里，过乌海，暮春之月，山有积雪，地有冷瘴。"⑤七乌海当即乌海。⑥又《白孔六帖》卷2："乌海之阴，盛夏积雪"⑦，古俗称山阴为北，水阴为南，"盛夏积雪"当指雪山，亦即指积石山，上载明言积石山在乌海之南。任乃强先生定乌海之今地为托索湖⑧，托索湖在积石山脉的南面，与上载不合，故不可取。余以为唐之乌海即今之苦海，前引杜佑语，鄯城至乌海五百里，引胡三省语，鄯城至大非川三百里，则知大非川至乌海应为二百里。今苦海至大水河里程约为二百里左右，且苦海正在今大积石山之北，与唐文献所载乌海方位合。《中国历史地图集》第5册《吐蕃》亦标乌海为苦海。⑨

小非海，名仅见于此，无考。以前理揆之，小非海当为小水河，与大水

---

① （宋）欧阳修、宋祁：《新唐书》卷111《薛仁贵传》。
② （宋）欧阳修、宋祁：《新唐书》卷111《薛仁贵传》。
③ （唐）魏征：《隋书》卷29《地理志》上。
④ （宋）司马光：《资治通鉴》卷194胡注引《隋志》。
⑤ （宋）司马光：《资治通鉴》卷201胡注。
⑥ 胡三省所引《隋志》称"乌海"，今之《隋志》称"七乌海"实为一也。
⑦ （唐）白居易撰，（宋）孔传续撰：《白孔六帖》卷2《雪》。
⑧ 任乃强等：《吐蕃地名考释（三）》，载《西藏研究》1982年第3期。
⑨ 中国历史地图集编辑组编辑：《中国历史地图集》第5册《吐蕃》，中国地图学社出版，1975年，第69—70页。

河对应，当在大水河近处之小河。

星海，应即星宿海之省称。星宿海，《元史·地理志》之《河源附录》："按河源在土蕃朵甘思西鄙，有泉百余泓，沮洳散涣，弗可逼视，方可七八十里，履高山下瞰，灿若列星，以故名火敦脑儿。火敦，译言星宿也。"①《宁夏府志》卷20录通智之《河源记》："厄屯他拉滩在西宁边外西南一千一百十五里，北有布虎吉鲁恳、乌兰得什、阿克他齐钦诸峰，南有都尔白晋、哈喇阿答尔罕、巴彦和硕等冈，匝绕三百余里，其间皆塔子草头大滩，约有万余泉，大小不等，参伍错综，流入阿尔坦河。登高眺望，犹如列宿，蒙古名厄屯他拉（蒙语称星为厄，称滩为他拉）番名噶尔马塘（番称星为噶尔，滩为马塘），书记所载黄河之源出于星宿海，正谓此也。"②《西宁府新志》卷38录《星宿海非黄河本源》："青海直南穿哈套峡，由碧流渡越灯楼泰岭，过牛葛渡，经热水泉至木户尔，千有余里，皆荒草泥淖，……过此即火敦脑儿，即星宿海。"③又《新唐书·吐谷浑传》："君集、道宗行空荒二千里，盛夏降霜，乏水草，士糜冰，马秣雪。阅月，次星宿川，达柏海上，望积石山，览观河源。"④唐之星宿川⑤，即元之星宿海，亦即李筌书中"星海"，即蒙语名之"厄屯他拉"，藏名"噶尔马圹"，即鄂陵湖、札陵湖以西的沮洳地，中有无数小泉，故名为"星滩"。望北可见大积石山，近则可观黄河之源（唐人之误），离西宁一千一百余里，距青海直南亦为千余里。

泊悦海，名仅见于此，无考。

万海，名仅见于此，无考。

白海，唐文献吐蕃地区无"白海"之名，疑李筌书将"柏"误为"白"，白海应即柏海，《旧唐书·吐蕃传》："弄赞率其部兵次柏海，亲迎于河源。"⑥《新唐书·吐谷浑传》："柏海近河源"，又"阅月，次星宿川，达柏海上"。⑦

---

① （明）宋濂：《元史》卷63《地理志》6《河源附录》。
② （清）张金城：《（乾隆）宁夏府志》卷20录通智之《河源记》。
③ （清）杨应琚：《西宁府新志》卷38录《星宿海非黄河本源》。
④ （宋）欧阳修、宋祁：《新唐书》卷221《吐谷浑传》。
⑤ 唐青海地区有两星宿川，河源其一，还有一星宿川在鄯州西二百四十里。（唐）李吉甫：《元和郡县图志》卷39《陇右道》上《鄯州》："河源军（在）鄯州西一百二十里，……河源军西一百二十里星宿川。"
⑥ （后晋）刘昫：《旧唐书》卷196《吐蕃传》上。
⑦ （宋）欧阳修、宋祁：《新唐书》卷221《吐谷浑传》。

柏海、河源、星宿川三地应相差不远。《青海地志略》卷2："《十三道图》：星宿海、柏海并在大非川西，柏海近河源，星宿川尚在其东，盖柏海，东河之别名，非今之鄂屯他拉，柏海似今之查灵、鄂灵泽。"① 前证星宿海在查灵、鄂灵（札陵、鄂陵）湖以西的沮洳地中，则柏海应即今之札陵、鄂陵二湖。《元史·地理志》之《河源附录》："（星宿海）群流奔凑，近五七里，汇二巨泽，曰阿剌脑儿。"② 此阿剌脑儿，即今札陵、鄂陵湖。任乃强先生言，鄂陵湖高寒无乔木，但生卷柏，故称为"柏海"。③ 此言当是。

鱼海，《资治通鉴》卷215天宝元年十二月庚子："河西节度使王倕奏破吐蕃渔海及游奕等军。"④ 又《新唐书·地理志》记入吐蕃行程有："乃渡大月河罗桥，经潭池、鱼池，五百三十里至悉诺罗驿。"⑤ 鱼海即渔海，鱼池当亦是鱼海之另称。佐藤长认为大月河是 Dza chu（扎曲），鱼池是扎曲北侧的小湖扎生吉尔湖⑥，鱼海应即此地。

入吐蕃，上述诸地多是隋、唐势力可染指之地，也是吐蕃进入青海前，吐谷浑及诸羌之故地，从鱼海后，正式进入吐蕃旧地，故李筌书称"入吐蕃"。上述唐入吐蕃行程很多地名都无法确考。但这一珍贵资料的保留，为我们研究唐代西藏历史地理及唐蕃交通提供了极为重要的资料。

## 五、河西道

### 河西道

　　按：这是一条从唐长安出发经兰州、武威，然后北上，经宁夏、内蒙古进入漠北的交通线。唐代其他文献尚未见这一交通线的记载，然北方游牧民族却常由此道入寇河西。《魏书·袁翻传》："（凉州）去高车所

---

① （清）康敷镕：《青海地志略》卷2《乌海》。
② （明）宋濂：《元史》卷63《地理志》6《河源附录》。
③ 任乃强等：《吐蕃地名考释（三）》，载《西藏研究》1982年第3期。
④ （宋）司马光：《资治通鉴》卷215《唐纪》31天宝元年十二月庚子条。
⑤ （宋）欧阳修、宋祁：《新唐书》卷40《地理志》4。
⑥ （日）佐藤长著，梁今知译：《西藏历史地理研究》第2章《唐代青海拉萨间的道程》。

住金山一千余里，正是北虏往来要冲，汉家行军之旧道。"① 突厥、回鹘、契丹、蒙古莫不如此。

**自京西西北出萧关、金城关。**

按：此出守山阁本，"京西"当为"西京"倒误，文渊阁本作"自西京北出萧关"。墨海本无"河西道"一节。

萧关，古关名，自秦汉以来，为华戎之大限。《汉书·文帝纪》："汉孝文皇帝十四年，匈奴单于十四万骑入朝那、萧关，杀北地都尉印。"② 唐时，《元和郡县图志》卷3称，古萧关在高平县东南三十里。③《史记正义》称："萧关，今名陇山关，在原州平凉县界"。④《旧唐书·地理志》："萧关，……高宗时，于萧关置他楗县，神龙元年废他楗县置萧关县，大中五年，置武州。"⑤ 据《元和郡县图志》卷3，神龙时置萧关县是"于故白草军城置"⑥，《新唐书·地理志》称"白草军在蔚茹水之西"⑦，与萧关县为二，与《元和郡县图志》异。此处萧关当指古萧关，在今甘肃平凉一带。其地在长安西北，故曰西北出萧关。

金城关，《元和郡县图志》卷39："金城关，在兰州城西。周武帝置金城津，隋开皇十八年改津为关。"⑧ 唐金城关应仍隋旧。宋绍圣年间，为了出击西夏又重修金城关。⑨

**自河西节度去西京二千一十里，去东京二千八百一十里。**

按：此出守山阁本，文渊阁本作："去东京二千八百一十一里。"

---

① （北齐）魏收：《魏书》卷69《袁翻传》。
② （汉）班固：《汉书》卷4《文帝纪》。
③ （唐）李吉甫：《元和郡县图志》卷3《关内道》3《原州》。
④ （唐）张守节：《史记正义》卷106。
⑤ （后晋）刘昫：《旧唐书》卷38《地理志》1。
⑥ （唐）李吉甫：《元和郡县图志》卷3《关内道》3《原州》。
⑦ （宋）欧阳修、宋祁：《新唐书》卷37《地理志》1。
⑧ （唐）李吉甫：《元和郡县图志》卷39《陇右道》上《兰州》。
⑨ （元）脱脱：《宋史》卷18《哲宗纪》2。

河西节度，治所凉州。《旧唐书·地理志》："河西节度使，治在凉州，管兵七万三千人，马万九千四百匹。"① 《元和郡县图志》卷40："武德二年讨平李轨，改为凉州，置河西节度使。"② 从古萧关经六盘关、会宁关、金城关至凉州，唐称皋兰路。《元和郡县图志》卷40："（凉州）东北至上都取秦州路二千里，取皋兰路一千六百里，东南至东都二千八百六十里。"③ 李筌书至东都里数与《元和郡县图志》相近，至西京里数差五百里，不知何故。

**北抵白亭海、弥娥山、独洛河，**

> 按：原文北后有一"海"字，凉州一带无"北海"一地，疑"海"字为衍。守山阁本、文渊阁本作"日亭海"，皆为"白亭海"之误，据改。

白亭海④，《五凉全志》卷2《镇番县志》："白亭海，县东北二百八十里，西南诸水皆流入此海，以水色洁白故名，一名小阔端海子。"⑤ 又《五凉全志》卷1《武威县志》："白亭水，县东北，号石羊河，其流注镇番，名小阔端海子。"⑥《元和郡县图志》卷40："白亭军，在（姑臧）县北三百里马城河东岸，旧置守捉，天宝十年，哥舒翰改置军，因白亭海为名。"又云："白亭军，凉州西北三千里。"⑦《旧唐书·地理志》："白亭守捉，在凉州西北五百里"⑧，《新唐书·地理志》亦称在凉州西北五百里。白亭海、白亭军、白亭守捉应在相近之地，两《唐书》与《镇番县志》所载相近，《元和郡县图志》称"西北三百里"恐误，当为"五百里"。《新五代史·于阗传》："自灵州过黄河三十里始涉沙入党项界，曰细腰沙、神树沙，至三公沙，宿月支都督牙帐，自此

---

① （后晋）刘昫：《旧唐书》卷38《地理志》1《关内道》。
② （唐）李吉甫：《元和郡县图志》卷40《陇右道》下《凉州》。
③ （唐）李吉甫：《元和郡县图志》卷40《陇右道》下《凉州》。
④ 唐河西有二白亭海，一在武威东北，即上文所述；一在酒泉东北。（唐）李吉甫：《元和郡县图志》卷40载："白亭海，在（酒泉）县东北一百四十里，一名会水……以北有白亭，故曰白亭海。"
⑤ （清）张玿美修，曾钧等纂：《五凉全志》卷2《镇番县志》之《山川》。
⑥ （清）张玿美修，曾钧等纂：《五凉全志》卷1《武威县志》之《山川》。
⑦ （唐）李吉甫：《元和郡县图志》卷40《陇右道》下《凉州》。
⑧ （后晋）刘昫：《旧唐书》卷38《地理志》1《关内道》。

沙行四百余里，至黑堡沙，沙尤广，遂登沙岭，沙岭，党项牙也，渡白亭海，乃至凉州。"① 灵州至凉州，漠北至灵州，白亭海为必经之地，拓跋夏时，鞑靼、蒙古屡犯灵州，即经白亭海东进击灵州。

弥娥山，此名不见他处有载。《新唐书·地理志》："夏州北渡乌水……百二十里至可朱浑水源，又……百余里至阿颓泉，又经大非苦盐池六十六里至贺兰驿，又经库也干泊、弥鹅泊、榆禄浑泊，百余里至地颓泽……"② 此处有"弥鹅泊"，在贺兰驿北，贺兰驿当以贺兰山得名，故"弥鹅泊"与贺兰山相近。又《太平寰宇记》卷37："（回乐县）北至碛岭弥娥川水一千里。"③ 顾祖禹《读史方舆纪要》卷61："《唐志》：夏州北又有弥娥城。"④ 南宋苏州文庙之《地理图》在贺兰山、居延海左近有碛南弥娥州。陈炳应从敦煌题记中又发现有"訔饿州监军司"⑤，弥娥、弥鹅、訔饿，为一音之转，综上所述，可见弥娥山、弥鹅泊、訔饿州、弥娥城应在碛南、夏州北，在居延海与贺兰山之间，即今宁夏吉兰泰盐池北面地境，弥娥山也应在此地。从白亭海东进至青铜峡西，然后沿贺兰山后北上即可至弥娥山，弥娥山再向东北行，即可至唐人入碛之道。

独洛河，又作独乐河、独逻河、毒乐河，即今蒙古国境内之土拉河，旧时为铁勒诸部之居地，《隋书·铁勒传》："独洛河北有仆骨、同罗、韦纥……"⑥《新唐书·回鹘传》至回纥菩萨时，"（回纥）树牙独乐水上"⑦。由弥娥山东北行入碛进漠北可至独洛河，而循独乐河西北上，即可至仙娥河，即今蒙古国境内之色楞格河。又刘义棠氏考斛律金诗中之"敕勒川"即土拉河（Tula Daria）⑧，敕勒是因古土拉河而得名，而魏晋之敕勒即隋唐之铁勒，铁勒亦即"独洛"、"土拉"之异译。

因上述三地均在凉州北面，故曰"北抵"。

---

① （宋）欧阳修：《新五代史》卷74《于阗传》。
② （宋）欧阳修、宋祁：《新唐书》卷43《地理志》7《羁縻州》。
③ （宋）乐史：《太平寰宇记》卷36《关内道》12《灵州》。
④ （清）顾祖禹：《读史方舆纪要》卷61《陕西》10《木城》。
⑤ 陈炳应：《西夏文物研究》第1章，宁夏人民出版社，1985年，第21页。
⑥ （唐）魏征：《隋书》卷84《铁勒传》。
⑦ （宋）欧阳修、宋祁：《新唐书》卷217《回鹘传》。
⑧ 刘义棠：《回纥先世考》，载《维吾尔研究》，台北正中书局，1986年，第79页。

**道入九姓、十箭、三窟故居地。**

> 按：守山阁本"三窟"作"三屈"，此从文渊阁本；文渊阁本"故居地"作"故居道"，此从守山阁本。

九姓，在汉文文献中一般是指回纥，故文献中多称"九姓回纥"，如《九姓回鹘可汗碑》。九姓回纥，即指回纥集团内的九个部落。《旧唐书·回纥传》称："九姓部落：一曰药罗葛，即可汗之姓，二曰胡咄葛，三曰咄罗勿，四曰貊歌息纥，五曰阿勿嘀，六曰葛萨，七曰斛嗢素，八曰药勿葛，九曰奚耶勿。"①

十箭，在汉文文献中一般是指西突厥。《新唐书·西突厥传》："可汗分其国为十部，部以一人统之，人授一箭，号十设，亦曰十箭，……其下称一箭曰十部落，号十姓部落云。"②《唐会要》卷94："西突厥分为十部，每部豪长各赐一箭，谓之十箭。"③刘义棠言："十部，即翻译突回语 Onoq 而来，本义为'十箭'，故中文之十箭、十姓部落，亦均为其异译"。④

三窟，李筌书两次记录"三窟"之名，第一次见于墨海本"黄河北道"，第二次即此。窟为突厥祖先居地之称，突厥有祭先窟之俗。《周书·突厥传》："可汗恒处于都斤山，牙帐东开，盖敬日之所出也。每岁率诸贵人，祭其先窟。"⑤然"三窟"之名，却始见于李筌书。余揣测三窟可能与突厥起源的三种传说有关。《周书·突厥传》："突厥之先出于索国，在匈奴之北。其部落大人曰阿谤步，兄弟十七人。其一曰伊质泥师都，狼所生也。谤步等性并愚凝，国遂被灭。泥师都既别感异气，能征召风雨。娶二妻，云是夏神、冬神之女也。一孕而生四男。其一变为白鸿；其一国于阿辅水、剑水之间，号为契骨；其一国于处折水；其一居践斯处折施山，即其大儿也。山上仍有阿谤步种类，并多寒露。大儿为出火温养之，咸得全济。遂共奉大儿为主，号

---

① （后晋）刘昫：《旧唐书》卷195《回纥传》。
② （宋）欧阳修、宋祁：《新唐书》卷215《突厥传》。
③ （宋）王溥：《唐会要》卷94《西突厥》。
④ 刘义棠：《新唐书西突厥传笺证》，载《政治大学边政研究所年报》第14期，1983年10月。
⑤ （唐）令狐德棻：《周书》卷50《突厥传》。

为突厥。"①《隋书·突厥传》："其先国于西海之上，为邻国所灭，至一儿，不忍杀，刖足断臂，弃于大泽中。宥一牝狼，每啣肉至其所，此儿因食之，得以不死，其后遂与狼交，狼有孕焉。彼邻国者，复令人杀此儿，而狼在其侧。使者将杀之，其狼若为神所凭，歘然至于海东，止于山上。其山在高昌西北，下有洞穴，狼入其中，遇得平壤茂草，地方二百余里。其后狼生十男，其一姓阿史那氏，最贤，遂为君长。"又云："突厥之先，平凉杂胡也，姓阿史那氏。后魏太武帝灭沮渠氏，阿史那以五百家奔茹茹，世居金山，工于铁作，金山状如兜鍪，俗呼兜鍪为突厥，因以为号。"②这三种突厥祖先起源传说，是否即突厥之"三窟"呢？高昌西北之山为一窟，践斯处折施山为一窟，金山为一窟。又《元和姓纂》卷5："阿史那，夏后氏后，居涓兜牟山，北人呼为突厥窟"③，涓兜牟山，岑仲勉氏认为即郁督军山④，《酉阳杂俎》卷4又载："突厥之先曰射摩舍利海神，神在阿史德窟西。"⑤此处称"阿史德窟"，是否还有"阿史那窟"及其他突厥姓之窟？究竟是哪三窟，还无法断定，但毫无疑问，在唐代文献中出现"三窟"之名，对于研究突厥之起源是会有很重要的作用。突厥其他部落之祖先传说亦与"窟"有关，《酉阳杂俎》卷4："坚昆部落非狼种，其先所生之窟在曲漫山北，自谓上代有神与牸牛交于此窟。"⑥总之，李筌书中的"三窟"应指突厥似无疑问。从独洛河西北行即九姓回纥牙帐地，再往西行即可至突厥故居地及西突厥驻地，故称"道入九姓、十箭、三窟故居地"。

## 六、北庭道

**北庭道**

按：这是一条由河东太原西北行经朔方、灵武、河西进入新疆北部，然后继续北上至剑河流域的一条交通线，也是其他唐代文献不曾明

---

① （唐）令狐德棻：《周书》卷50《突厥传》。
② （唐）魏征：《隋书》卷84《突厥传》。
③ （唐）林宝：《元和姓纂》卷5《阿史那》。
④ 岑仲勉：《突厥集史》下册附录，第1082页。
⑤ （唐）段成式：《酉阳杂俎》卷4《境异》。
⑥ （唐）段成式：《酉阳杂俎》卷4《境异》。

确记载的交通线,特别是从庭州北行至瀚海一段,更为诸书所缺,具有较高的史料价值。

**自北京西北出,**

按:此出墨海本,守山阁本作:"自北京西出",《文阁渊》本与墨海本同。

北京,即太原,《元和郡县图志》卷 13:"太原府,天授元年罢都督府,置北都,后改并州大都督府,开元十一年,又建北都,天宝元年,改北都为北京。"[①] 西北出,即从太原经岚州合河关渡黄河至夏州,经灵盐路西行入河西。

**经河西节度,**

按:墨海、守山阁本同,文渊阁本缺"西"字。

从太原经河西节度,即凉州,必从夏州、灵州,然后循高居诲之行程,过党项、月氏居地,过白亭海,而入凉州,详见河西道。

**出玉门关、沙河、蒲菖海,**

按:此出守山阁、文渊阁本,墨海本无"涉河关、菖蒲海"六字。沙河,原文作"涉河关",玉门关以西无"涉河关"或"河关"一地。疑"涉河"为"沙河"之讹,"关"为衍文。蒲菖海,原文为"菖蒲海",当为"蒲菖"之倒误。

玉门关,汉时置,由北道进西域即经玉门,由南道进西域则出阳关。玉门故关在沙州寿昌县西北一百一十七里。《元和郡县图志》卷 40 称玉门关

---

① (唐)李吉甫:《元和郡县图志》卷 13《河东道》2《太原府》。

"西趣车师前庭及疏勒,此西域之门户也"①。《太平寰宇记》:"玉门故关,在(寿昌)县西北一百一十八里。"②《武经总要前集》卷19:"玉门关东至沙州百二十里。"③这就是玉门关故地。《西天路竟》、《高居诲使于阗记》、《释迦方志》、《南宋舆地图》都将玉门关记在肃州与沙州行程之间,显然是将唐玉门县讹为玉门关。《汉书·张骞传》注云,玉门关在龙勒界④,《舆地广记》卷17称玉门关在寿昌县西北一百八十里。⑤《括地志》卷4称玉门关在寿昌县西北百一十八里。⑥

沙河,《大慈恩寺三藏法师传》卷1记玄奘西出约三百里处有"莫贺延碛,长八百余里,古曰沙河,上无飞鸟,下无走兽,复无水草。"⑦《宋史·高昌传》:"次历纳职城,城在大患鬼魅碛之东南,望玉门关甚近。"⑧大患鬼魅碛即莫贺延碛,古有沙河之名,李筌书中的"涉河"当即指位于玉门关西面的"沙河"。

蒲昌海,《汉书·西域传》:"蒲昌海,一名盐泽。"⑨《括地志》卷4:"蒲昌海,一名泑泽,一名盐泽,亦名辅日海,亦名牢兰海,亦名临海,在沙州西南。"⑩即今罗布泊。《新唐书·地理志》:"自沙州寿昌县西十里至阳关故城,又西至蒲昌海,南岸千里,自蒲昌海南岸西经七屯城,汉伊修城也,又西八十里至石城镇,汉楼兰国也,亦名鄯善,在蒲昌海南三百里。"⑪

**东出高昌故地为西州,**

> 按:此出守山阁本,文渊阁本、墨海本均作"置西州"。

---

① (唐)李吉甫:《元和郡县图志》卷40《陇右道》下《沙州》。
② (宋)乐史:《太平寰宇记》卷153《陇右道》4《沙州》。
③ (宋)曾公亮:《武经总要前集》卷19《西蕃地理·玉门关》。
④ (汉)班固:《汉书》卷61《张骞传》。
⑤ (宋)欧阳忞:《舆地广记》卷17《陕西路化外州》。
⑥ (唐)李泰撰,贺次君辑校:《括地志辑校》卷4。
⑦ (唐)慧立、彦悰:《大慈恩寺三藏法师传》卷1。
⑧ (元)脱脱:《宋史》卷490《高昌传》。
⑨ (汉)班固:《汉书》卷96《西域传》。
⑩ (唐)李泰撰,贺次君辑校:《括地志辑校》卷4。
⑪ (宋)欧阳修、宋祁:《新唐书》卷43《地理志》7《羁縻州》。

高昌故地，即今吐鲁番东南六十里之高昌故城。唐太宗时侯君集平高昌，以其地为西州。①蒲昌海在古楼兰之北，在高昌之南，此云"东出"，似不当，当为"北"。《元和郡县图志》卷40："西州，南至楼兰国一千二百里，并沙碛，难行。"②则从蒲昌海北岸至西州约有八百余里。

**以突厥处密部落为瑶池都督府，**

按：此出守山阁、文渊阁本，墨海本无"府"字。

关于瑶池都督府的废置情况，李筌书提供了新的材料。《资治通鉴》卷199："贞观二十三年二月丙戌，置瑶池都督府，戊子，以左卫将军阿史那贺鲁为瑶池都督。"③《唐会要》卷73同。《旧唐书·高宗纪》："（永徽元年）十二月，瑶池都督沙钵罗叶护阿史那贺鲁以府叛，自称可汗，总有西域之地。"④《唐会要》卷73："（永徽）四年三月十三日，废瑶池都督府。"⑤《新唐书·地理志》濛池都护府条下："贞观二十三年，以阿史那贺鲁部落置瑶池都督府，永徽四年废。显庆二年禽贺鲁，分其地置都护府二、都督府八，其役属诸胡皆为州。"⑥仅言"以阿史那贺鲁部落为瑶池都督府"，未言具体何部落。李筌书明载以"突厥处密部"为之。处密为贺鲁所统之五部落之一，《新唐书·契苾何力传》"永徽中，西突厥阿史那贺鲁以处月、处密、姑苏、歌逻禄、卑失五姓叛"⑦。李筌书可补两《唐书》之缺。

处密，《西域图志》卷21："处密部，居处月西，在今玛纳斯郭勒（Manas Gol）左右，当哈屯博克达鄂拉（Katun BoKdo Ola）之北。"⑧松田寿男氏亦以处密为今玛纳斯，岑仲勉氏非之，认为"其部当在今塔尔巴噶台

---

① （后晋）刘昫：《旧唐书》卷3《太宗纪》下。
② （唐）李吉甫：《元和郡县图志》卷40《陇右道》下《西州》。
③ （宋）司马光：《资治通鉴》卷199《唐纪》15贞观二十三年二月丙戌条。
④ （后晋）刘昫：《旧唐书》卷4《高宗纪》上。
⑤ （宋）王溥：《唐会要》卷73《安西都护府》。
⑥ （宋）欧阳修、宋祁：《新唐书》卷43《地理志》7。
⑦ （宋）欧阳修、宋祁：《新唐书》卷110《契苾何力传》。
⑧ （清）傅恒纂辑：《钦定皇舆西域图志》卷21《山》2《天山正干》。

之东南，额尔齐斯河之西南"①。刘义棠氏对岑氏所作考证又以为"不可征信"。②余以为，要求证处密部之具体地点，文献实无详载，大略推之，应在唐高昌之西北地区，李筌书先叙瑶池，后叙庭州，是否即可证处密就在西州与庭州之间呢？

**以杂种处月部落为庭州，为北庭都护。**

> 按：墨海本、守山阁本作"以杂种故胡部落为北庭都护"。"杂种故胡部落"文义不通，文渊阁本作"杂种故胡处部落"更不通，疑"故胡处"为"处月"二字之衍讹倒误，守山阁、墨海本"故胡"为"处月"之讹误，原文应为"以杂种处月部落为庭州"。

关于庭州及北庭都护的设置，《通典》卷191："初，西突厥遣其叶护屯兵于可汗浮图城与高昌为影响。至是惧而来降，以其地为庭州。"③《新唐书·地理志》："庭州，贞观十四年平高昌，以西突厥泥伏沙钵罗叶护阿史那贺鲁部落置。寻废，显庆二年复置，长安二年为北庭都护府。"④仅言以"贺鲁部落置"未明言何部落，《旧唐书·地理志》、《册府元龟》卷998均未言何部落。据《新唐书·沙陀传》及《资治通鉴》卷199，唐为瑶池都督府后，以处月地置金满州和沙陀州（《资治通鉴》只言金满）。⑤唐置庭州时，同时即在庭州置金满县、轮台县、蒲类县。《旧唐书·地理志》称金满县即车师王庭，俗号五城，并称"方五千里"⑥。实际上金满县就是庭州治所在地。《新唐书·地理志》："金满州都督府：永徽五年以处月部落置州，隶轮台，龙朔二年为府。"⑦据《元和郡县图志》卷40，轮台县在庭州西四十二里⑧，故金

---

① 岑仲勉：《西突厥史料补阙及考证》，中华书局，1958年，第194、199、201页。
② 刘义棠：《新唐书西突厥传笺证》，《政治大学边政研究所年报》第14期，1983年10月。
③ （唐）杜佑：《通典》卷191《边防》7《车师》。
④ （宋）欧阳修、宋祁：《新唐书》卷40《地理志》4。
⑤ （宋）欧阳修、宋祁：《新唐书》卷218《沙陀传》；（宋）司马光：《资治通鉴》卷199《唐纪》15永徽五年闰四月丙子条。
⑥ （后晋）刘昫：《旧唐书》卷40《地理志》3《河西道》。
⑦ （宋）欧阳修、宋祁：《新唐书》卷43《地理志》7。
⑧ （唐）李吉甫：《元和郡县图志》卷40《陇右道》下《庭州》。

满州之地即在轮台县与金满县之间，均在庭州之辖境内，金满州为西突厥羁縻州，后又升都督府，故唐又升庭州为北庭都护府统之。据上则可知庭州境内主要是处月部。《新五代史·唐本纪》："唐德宗时，有朱邪尽忠者，居于北庭之金满州。"① 朱邪为沙陀，沙陀为处月之种，可见，至唐德宗时，庭州仍为处月之居地。《新唐书·沙陀传》还载："贺鲁来降，……处月朱邪阙俟斤阿厥亦请内属。"② 处月为贺鲁所统"五姓"之一，故李筌书以"处月部落为庭州"与实际情况大致相合，与诸书所载"贺鲁部落"、"叶护部落"置庭州亦不相侔。

《新唐书·沙陀传》："沙陀，西突厥别部处月种也。"③ 耶律铸《双溪醉隐集·涿邪山》诗注："处月之言，碛卤地也。……处月部所居金娑山之阳，皆沙漠碛卤地也，……即今华夏犹呼沙漠为沙陀。突厥诸部遗俗至今亦呼其碛卤为朱邪，又声转为处月。"④ 岑仲勉氏力驳耶律氏之说，但并无重要依据。沙陀为处月种应可信，唐史中屡有文字可征，岑氏却一定证处月、沙陀为二，实无凭据。⑤ 但处月当如李筌书所言，为"杂种"也。《新唐书·沙陀传》称其为"西突厥别部"⑥，《新五代史·唐本纪》亦说朱邪"盖出于西突厥"⑦。而《旧五代史·唐武皇纪》："朱耶氏，其先陇右金城人也。"⑧《北梦琐言》卷17："河东李克用，其先回纥部人，世为蕃中大酋。"⑨《白孔六帖》卷57："（诸耶）其先塞上人，多以骑猎为业，羌人三十辈于大山中见飞鸟甚众，颉颃于一谷中，众羌就观之，见一小儿才二岁，以来，众鸟衔果实而饲之，众羌异之，遂收而遽养之，长求姓，众人共育得大，遂以诸耶为姓，朱耶者，讹也。"此文又见钱易《南部新书》。⑩《元文类》卷23、《牧庵集》卷

---

① （宋）欧阳修：《新五代史》卷4《庄宗纪》上。
② （宋）欧阳修、宋祁：《新唐书》卷218《沙陀传》。
③ （宋）欧阳修、宋祁：《新唐书》卷218《沙陀传》。
④ （元）耶律铸：《双溪醉隐集》卷2《涿邪山》诗注。
⑤ 岑仲勉：《西突厥史料补阙及考证》，第194—195页。
⑥ （宋）欧阳修、宋祁：《新唐书》卷218《沙陀传》。
⑦ （宋）欧阳修：《新五代史》卷4《庄宗纪》上。
⑧ （宋）薛居正：《旧五代史》卷25《武皇本纪》上。
⑨ （唐）孙光宪：《北梦琐言》卷17《朱邪先代》。
⑩ （唐）白居易撰，（宋）孔传续撰：《白孔六帖》卷57《狄戎》；（宋）钱易：《南部新书》卷10《朱耶赤心》。

26、《勤斋集》卷1又言汪古族系出沙陀①，而《元好问全集》卷27又言汪古马氏出于"花门（回纥）"②。马氏与巩昌之汪氏均应为陇右之汪古族人，《李土司族谱》称沙陀李克用为土族之先祖。③今人作了许多考证文章，大都是非此即彼，然未从通局考虑，即处月——沙陀——朱耶族本就是一个融合了突厥、回纥、羌人的"杂种"部落，故后之汪古、土族都或多或少与其有些牵连，简单地将历史上的一些少数民族复杂的族源关系统称之为"冒认"、"攀附"等都是不合适的，有许多问题还需要去认真料理。李筌书之"杂种处月部落为庭州"之语，对于复杂的民族族源问题会给以启迪。

**去西京五千七百五十里，去东京六千八百七十里**

  按：文渊阁本作"去西京一千七百五十六里，去东京六千七百七十六里。"今从墨海本、守山阁本。

《元和郡县图志》卷40称庭州"东南至上都五千二百七十里，东南至东都六千一百三十里。"④与墨海本里程相近，墨海本至西京里程较《元和郡县图志》多四百余里，至东京里程多七百余里。

**北抵播塞厥海、长海、关海、曲地，**

  按：此出守山阁、文渊阁本，墨海本缺"关海、曲地"四字。

播塞厥海，即蒲类海，《后汉书·窦固传》注："蒲类海，今名婆悉海。"⑤《通典》卷174："旧蒲类海，今名婆悉海。"《元和郡县图志》卷40："其蒲

---

① （元）苏天爵：《元文类》卷23《驸马高唐忠献王碑》；（元）姚燧：《牧庵集》卷26《河内李氏先德铭》；（元）萧㪺：《勤斋集》卷1《秦王妃祠堂记》。
② （金）元好问：《元好问全集》卷27《恒州刺史马君神道碑》。
③ 《土族族源讨论集》，青海民族学院民族研究所编印，1982年，第18—19页。
④ （唐）李吉甫：《元和郡县图志》卷40《陇右道》下《庭州》。
⑤ （南朝）范晔：《后汉书》卷23《窦固传》。

类海，……俗名婆悉厥海。"① 播塞厥、婆悉厥皆突厥语 Bars-köl 之译称②，一般指蒲类海，即在伊州纳职县北，即今之巴里坤湖，但蒲类为湖泊名、在天山北路似乎不止一处。《旧唐书·地理志》："蒲类，海名"③，而属庭州。《元和郡县图志》卷 40："蒲类县，南至州一十八里，贞观十四年置，因以蒲类海为名。"④ 以蒲类海为名的蒲类县在庭州的北面，庭州至伊州还有九百多里，此一蒲类海恐怕不是伊州境内的蒲类海。汉蒲类国，又有蒲类后国、小蒲类国、东蒲类国，故推蒲类海亦有多处。李筌书庭州后，言"北抵播塞厥海……"，则此播塞厥海（蒲类海）应在庭州北面，而不在巴里坤。

长海，文献无考，当在播塞厥海北。

关海，文献无考，当在长海之北。

曲地，文献无考，当在关海以北。

**以突厥结骨部落置坚昆都督府，**

> 按：诸本原文均作"突结骨"，疑脱一"厥"字，今补。

坚昆都督府：《新唐书·黠戛斯传》："黠戛斯，古坚昆国也，……或曰居勿，曰结骨，其种杂丁零，乃匈奴西鄙。……后世得其地者，讹为结骨。……贞观二十二年，……以其地为坚昆都督府。"⑤《册府元龟》卷 999："（贞观）二十二年二月，以结骨部置坚昆都督府。"⑥《新唐书·地理志》："坚昆都督府，以结骨部置。"又言："贞观二十三年，以沙钵罗叶护部落置。"⑦ 坚昆都督府，则结骨部亦属西突厥。结骨居地在剑河流域，即今叶尼塞河之上游，《元和郡县图志》卷 40 称坚昆衙帐在庭州北面四千里。⑧

---

① （唐）李吉甫：《元和郡县图志》卷 40《陇右道》下《沙州》。
② 岑仲勉：《突厥集史》下册附录，第 1132 页。
③ （后晋）刘昫：《旧唐书》卷 40《地理志》3《陇右道》。
④ （唐）李吉甫：《元和郡县图志》卷 40《陇右道》下《庭州》。
⑤ （宋）欧阳修、宋祁：《新唐书》卷 217《黠戛斯传》。
⑥ （宋）王钦若：《册府元龟》卷 999《外臣部·入觐》。
⑦ （宋）欧阳修、宋祁：《新唐书》卷 43《地理志》7《羁縻》。
⑧ （唐）李吉甫：《元和郡县图志》卷 40《陇右道》下《庭州》。

**管拘勃罗都督为烛龙州。**

按：此出文渊阁本，守山阁本作"管拘勃都督府为烛龙州"。墨海本仅有"为烛龙州"四字。

关于烛龙州的设置，《新唐书·地理志》："贞观二十三年析瀚海都督之掘罗勿部置，侨治温池。"①《旧唐书·地理志》："烛龙州，在温池界，亦九姓所处，户一百一十七，口三百五十二。"②《旧唐书·回纥传》及《新唐书·回鹘传》均言："（回纥）东北俱罗勃为烛龙州。"③《唐会要》卷73："（贞观二十三年三月九日）分瀚海都督府所统俱罗勃部置烛龙州。"④《资治通鉴》卷198："（贞观二十二年三月）己丑，分瀚海都督俱罗勃部置烛龙州。"⑤俱罗勃，在回纥族中既是一个人名又是一个部落名⑥，回纥九姓中的"掘罗勿"、"啒罗勿"、"咄罗勿"即为俱罗勃之异译，突厥语作Qara-Buluq⑦。回纥吐迷度时，俱罗勃为回纥之"俱陆莫贺达干"。李筌书之"拘勃罗"当为"拘罗勃"之倒误，"拘罗勃"即"俱罗勃"、"啒罗勿"等名之异译。又疑李筌书之"为"字为衍文，原文应为"管拘勃罗都督烛笼州"。回纥各部首领多称"都督"，俱罗勃部位于回纥东北。《唐会要》卷72又称："俱罗勃马与回纥相似，在铁勒山北。回纥马与仆骨相类，同在乌特勒山北安置。"⑧乌特勒即乌德键山，今蒙古国杭爱山，则知俱罗勃部居杭爱山北。回纥为瀚海都督府时，可能地隔遥远，不便辖管，故从瀚海都督府中分出另置烛龙州，其地大约与骨利干、结骨部毗连，故划归坚昆都督府管。李筌书上句和这一句连起来即为"以突厥结骨部落为坚昆都督府，管拘罗勃都督烛龙州"。据《新唐书·地理志》，骨利干之玄阙州亦从瀚海府中分出⑨，大概也属坚昆管

---

① （宋）欧阳修、宋祁：《新唐书》卷43《地理志》7《羁縻州》。
② （后晋）刘昫：《旧唐书》卷38《地理志》1《关内道》。
③ （后晋）刘昫：《旧唐书》卷195《回纥传》；（宋）欧阳修、宋祁：《新唐书》卷217《回鹘传》。
④ （宋）王溥：《唐会要》卷73《安北都护府》。
⑤ （宋）司马光等：《资治通鉴》卷198《唐纪》14贞观二十二年三月己丑条。
⑥ （后晋）刘昫：《旧唐书》卷195《回纥传》。
⑦ 岑仲勉：《突厥集史》下册附录，第1128页。
⑧ （宋）王溥：《唐会要》卷72《诸蕃马印》。
⑨ （宋）欧阳修、宋祁：《新唐书》卷43《地理志》7《羁縻州》。

辖，李筌书此处可能有脱文。如是，这就可解决烛龙州分出后的归属问题。至于侨治灵州温池界则是开元元年之事。①

**北抵瀚海，去西京二万余里。**

> 按：此出守山阁本，文渊阁本作"二万里"，墨海本作"三万里"。

此处瀚海，应指唐之瀚海军，而非回纥之瀚海都督府或漠北之瀚海都护府。《唐会要》卷78："（长安）三年（703）郭元振奏置瀚海军、天山军，并在碎叶城。"②但至开元中，盖嘉运又置瀚海、天山二军："瀚海军，在北庭府城内，天山军在西州城内。"③一在碎叶城，一在庭州，但不管是碎叶还是庭州，均去长安不足二万里。

## 七、安西道

**安西道**

> 按：这就是我们常讲的从长安出发至西域各国的丝绸之路之中道，长安至交河以东地名全略。贾耽《皇华四达记》有出安西至西域各国之道，所记较李筌书详细，但李筌书也有异于贾耽书之处。

**自西京出，涉交河，出铁门关，**

> 按：此出守山阁、文渊阁本、墨海本缺"涉交河出"四字。

自西京西出经河西走廊，出玉门关，进入吐鲁番地区。交河，《元和郡县图志》卷40，从交河县北面的天山下流出，水分流至城下，交河县又在唐

---

① （宋）欧阳修、宋祁：《新唐书》卷43《地理志》7《羁縻州》。
② （宋）王溥：《唐会要》卷78《诸使中·节度使》。
③ （后晋）刘昫：《旧唐书》卷38《地理志》1《关内道》。

西州之西北①，交河似即今之阿拉沟。铁门关，唐西域著名关隘，《岑嘉州诗》卷2有"银山峡口风似箭，铁门关西月如练"②之句。《新唐书·地理志》称："自焉耆西五十里过铁门关。"③则铁门关地望可知。据《西域图志》，唐铁门关在今车尔楚之东。④《大唐西域记》卷1"羯霜那国"西南五百余里亦有"铁门"⑤，是为葱岭外之铁门，不可混淆，《辞源》修订本即混而为一。

**至安西节度，去西京八千五十里，去东京八千八百五十里。**

　　按：此出守山阁本，墨海本去东京作"九千八百五十里"，东、西京之距离无一千八百里，不可取，文渊阁本缺"去东京八千八百五十里"十字。

安西节度，即安西都护府，初置高昌，显庆三年，才移安西府于龟兹国，建中二年名大都护兼领节度。《旧唐书·地理志》："安西节度使，抚宁西域，统龟兹、焉耆、于阗、疏勒四国，安西都护府治所在龟兹国，城内管戍兵二万四千人，马二千七百匹。"《新唐书·龟兹传》称："东距京师七千里而赢。"⑥较李筌书里数少。龟兹即今库车，故城在今库车西。

**入疏勒、鄢耆、碎叶、于阗、黑海、雪海、大宛、月支、康居、大夏、奄蔡、黎轩、条支、乌孙等国。**

　　按：此出守山阁本，文渊阁本"入"字前多一"疏"字，"奄"作"掩"，"条支"缺"条"字；墨海本作"路入疏勒、鄢耆、于阗、黑海、大宛、月支、康居、乌孙等国"。

---

① （唐）李吉甫：《元和郡县图志》卷40《陇右道·西州》。
② （唐）岑参著，陈铁民等校注：《岑参集校注》卷2《银山碛西馆》。
③ （宋）欧阳修、宋祁：《新唐书》卷43《地理志》7《羁縻州》。
④ （清）傅恒纂辑：《钦定皇舆西域图志》卷15《疆域》8。
⑤ （唐）玄奘：《大唐西域记》卷1《羯霜那国》。
⑥ （宋）欧阳修、宋祁：《新唐书》卷221《龟兹传》。

疏勒，汉时西域国。唐贞观中来朝贡，其王姓裴。天宝十年，嫁和义公主于疏勒。去长安九千三百里。①

鄢耆，又作焉耆，汉时西域国。唐时遣使朝贡，其王姓龙，为突骑施之后，去长安七千三百里。②

碎叶，唐时置碎叶镇，隶安西都护府。贾耽《皇华四达记》称从于阗往西北行近六百里至碎叶城，从热海西行二百八十里至碎叶城，城北有碎叶水，碎叶西面十里即米国。③

于阗，汉时西域国名。唐时遣使朝贡。去长安九千七百里。④

黑海，前代及唐代文献均无此地名。《新唐书·地理志》载，自庭州西行六百八十里左右"又渡黑水，七十里有黑水守捉"⑤。疑此"黑水"即"黑海"，盖西北地方以水为海。则此海应在今新疆之乌苏一带。

雪海，贾耽《皇华四达记》从于阗西北行二百六十里左右"渡雪海"⑥，此雪海应即李筌书中的"雪海"，唐代文献中仅此两见。其大致方位应在今新疆叶城稍西之地。

大宛，汉时西域国，唐时未见其国，去长安一万二千五百五十里，东至（安西）都护理所四千零三十一里。⑦

月支，应为大月氏，北魏时西域强国，未见唐时与中国往来。⑧

康居，汉时西域国，至隋时称康国，其王姓温。唐时遣使来贡，天宝中，封其王为钦化王。去长安一万二千三百里。⑨

大夏，汉时西域国，唐时未见与中国往来。⑩

奄蔡，汉时西域国，北周时尚遣使来华，唐时未见与中国通。⑪

黎轩，又名犁鞬，又名拂菻国，汉时西域国，后又称大秦国，唐贞观、

---

① （宋）乐史：《太平寰宇记》卷181《四夷·疏勒》。
② （宋）乐史：《太平寰宇记》卷181《四夷·焉耆》。
③ （宋）欧阳修、宋祁：《新唐书》卷43《地理志》7《羁縻州》。
④ （宋）乐史：《太平寰宇记》卷181《四夷·于阗》。
⑤ （宋）欧阳修、宋祁：《新唐书》卷40《地理志》4。
⑥ （宋）欧阳修、宋祁：《新唐书》卷43《地理志》7《羁縻州》。
⑦ （宋）乐史：《太平寰宇记》卷182《四夷·大宛》。
⑧ （宋）乐史：《太平寰宇记》卷184《四夷·大月氏》。
⑨ （宋）乐史：《太平寰宇记》卷183《四夷·康居》。
⑩ （宋）乐史：《太平寰宇记》卷184《四夷·大夏》。
⑪ （宋）乐史：《太平寰宇记》卷183《四夷·奄蔡》。

开元时遣使来贡。去长安约四万里。①

条支，汉时西域国，唐时未见与中国通。去阳关二万二千一百里。②

乌孙，汉时西域国，北魏时朝贡中国，后为蠕蠕所灭。去长安八千九百里。③

## 八、范阳道

**范阳道**

　　按：这是由长安至范阳出塞通往东胡地的一条交通线，出塞外应即贾耽《皇华四达记》中的"营州入安东道"。由于其中有关于回纥部及羁縻州的设置问题，故收入本篇。

自西京出潼关，至范阳节度，去西京二千五百二十里，去东京一千六百八十六里。

　　按：此出守山阁、文渊阁本，墨海本作"去西京二千五百里，去东京一千八百八十里"。

潼关，在长安东。《元和郡县图志》卷2：" 潼关，在（华阴）县东北三十九里。……关西一里有潼水，因以名关。"④

范阳节度，《旧唐书·地理志》："范阳节度使理幽州，管兵九万一千四百人，马六千五百匹。"⑤ 又："在京师东北二千五百二十里，至东都一千六百里。"⑥ 与李筌里数相合。即今北京。

---

① （宋）乐史：《太平寰宇记》卷184《四夷·大秦国》。
② （宋）乐史：《太平寰宇记》卷184《四夷·条支》。
③ （宋）乐史：《太平寰宇记》卷182《四夷·乌孙》。
④ （唐）李吉甫：《元和郡县图志》卷2《关内道·京兆府》。
⑤ （后晋）刘昫：《旧唐书》卷38《地理志》1《关内道》。
⑥ （后晋）刘昫：《旧唐书》卷39《地理志》2《河北道》。

**北去居庸关、卢龙关，塞外东胡故地。**

　　按：此出守山阁本，文渊阁本"卢龙关"作"卢龙门"，墨海本作："北去居庸关，卢龙塞外。"

　　居庸关，古关名。《新唐书·地理志》载，幽州昌平县下："望北十五里有军都陉，西北三十五里有纳款关，即居庸故关，亦谓之军都关。"①《记纂渊海》载："居庸关在（燕山）府北一百二十里。"②程大昌《北边备对》中有居庸关，在军都山上。军都山，又称居庸山，在今北京昌平县西北。③

　　卢龙关，无此关之名，平州西北有卢龙塞。《水经注释》卷14："濡水又东南迳卢龙塞，塞道自无终县东出。……卢龙之险，峻坂萦折，故有九崢之名矣。"④《读史方舆纪要》卷17引《一统志》称"（永平）府西一百九十里有卢龙镇，土色黑，山似龙形，即古卢龙塞。"⑤在今河北喜峰口附近。李筌书之"关"字当为衍文，应为"北去居庸关，卢龙塞外东胡故地"。卢龙塞外原为鲜卑、乌桓之地，故称"东胡故地"。

**以契丹蕃长置松漠都督府，以奚部蕃长置饶乐都督府，**

　　按：原文作"以契丹蕃长置饶乐都督府"，检唐代文献，故知李筌书有脱文，"契丹蕃长置"后当脱"松漠都督府，以奚部蕃长置"十一字。今补。此出文渊阁本，守山阁本"乐"作"察"，墨海本作"以契丹酋长置"。

　　《资治通鉴》卷199："（贞观二十二年）十一月庚子，以契丹部为松漠

---

① （宋）欧阳修、宋祁：《新唐书》卷39《地理志》3。
② （宋）潘自牧：《记纂渊海》卷22《燕山府路》。
③ （宋）程大昌：《北边备对》之《居庸关》；（宋）乐史：《太平寰宇记》卷69《河北道》18《昌平县》。
④ （宋）赵一清：《水经注释》卷14《濡水》。
⑤ （清）顾祖禹：《读史方舆纪要》卷17《北直》8《卢龙塞》。

府，以窟哥为都督，以奚部为饶乐府，以可度者为都督。"①《唐会要》卷73："以契丹部为松漠都督府，以奚部置饶乐都督府。"②他书均载契丹置松漠府，饶乐府为奚部置。

**回纥五部落分为五州，**

    按：此出守山阁、文渊阁本，墨海本无"五"字，"分"作"外"。

  回纥五部落不知所云。《新唐书·地理志》奚羁縻州府奉城都督府条下："本饶乐都督府，唐初置，后废，贞观二十二年（648）以内属奚可度者部落更置，并以别帅五部置弱水等五州。开元二十三年（735）更名。领州五：弱水州，以阿会部置；祁黎州，以处和部置；洛瓌州，以奥失部置；太鲁州，以度稽部置；渴野州，以元俟析部置。"③《唐会要》、《新唐书·奚传》同。余以为阿会五部及弱水五州就是李筌书之"回纥五部落分为五州"。奚虽为东胡种，但下属之五部却可能是回纥人。故《会要》、《唐书》均呼五部为"别帅"，可见，非奚也。又《新唐书·奚传》："奚，东胡种……与突厥同俗……兵有五部，部一俟斤主之。"④"俟斤"为回纥、突厥官号，亦可证五部可能是回纥人。值得注意的是《魏书》、《周书》、《隋书》、《新唐书》均称库莫奚（奚之古称）为东胡种，而《旧唐书》、《唐会要》、《新五代史》、《五代会要》均称奚为"匈奴别种"，这反映自唐以来（《新唐书》尚古说）奚长期受突厥、回纥的影响，致使奚族的内部成分发生了很大的变化，突厥、回纥人已大量进入奚族而成为奚族的主要成分，如《隋书·库莫奚传》中奚五部中有"莫贺弗部"，室韦酋领亦号"莫贺弗"⑤。莫贺弗，乃突厥语Baghatur音译，义为勇健者，突厥、回纥多以为人名、部落名。突骑施即有索葛莫

---

① （宋）司马光：《资治通鉴》卷199《唐纪》15 贞观十二年十一月庚子条。
② （宋）王溥：《唐会要》卷73《营州都督府》。
③ （宋）欧阳修、宋祁：《新唐书》卷43《地理志》7《羁縻州》。
④ （宋）欧阳修、宋祁：《新唐书》卷219《奚传》。
⑤ （后晋）刘昫：《旧唐书》卷199《室韦传》。

贺部①，索葛是人名，莫贺当为部名。又库莫奚五部有"木昆部"②，而突厥有"处木昆部"③。故诸书多言奚风俗"颇同突厥"④。《五代会要》卷28还说："（奚）人物风俗与突厥同"⑤，人物与突厥同，则证奚之主要成分已非东胡，而为突厥、回纥之人。西夏人亦称回鹘为"夷"、"貊"之人。《文海》63·161条："夷，九姓回鹘、契丹等之谓。"又10·272条："貊，回鹘之本根生出处也。"⑥李筌此处明言奚五部为"回纥"，与西夏人称回鹘为"夷"、"貊"，与契丹人同类大致也是一个意思。又《金史·奚王回离保传》："铁勒者，古部族之号，奚有其地，号称铁勒州，又书作铁骊州。奚有五王族，世与辽人为昏，因附姓述律氏中。"⑦《辽史·后妃传》："太祖淳钦皇后述律氏，讳平，小字月理朵。其先回鹘人糯思。"⑧《金史·太祖本纪》："奚王回离保"，又称铁骊王回离保或奚铁骊王回离保。⑨铁骊、铁勒一音之转，铁骊者，回鹘也。以此证奚族中多回鹘种提供了新的证据。唐末，契丹兴起，奚并入契丹。在辽与耶律氏平分秋色的回鹘糯思的后裔——述律氏即出奚族中的回纥人。

**以白霫部落为寘颜州，黑霫部落为居延州，**

> 按：原文作"以白霫部落为居延州，黑霫部落为寘颜州"，然而《新唐书·白霫传》、《新唐书·地理志》均称以白霫为寘颜州，别部为居延州。《旧唐书·回纥传》、《唐会要》卷73亦称"白霫部为寘颜州"，故知李筌将所置二州倒误，据改。

---

① （宋）欧阳修、宋祁：《新唐书》卷43《地理志》7《羁縻州》。
② （唐）杜佑：《通典》卷200《边防》16《库莫奚》。
③ （后晋）刘昫：《旧唐书》卷194《突厥传》上；（宋）欧阳修、宋祁：《新唐书》卷215《突厥传》上。
④ （唐）魏征：《隋书》卷84《奚传》；（唐）李延寿：《北史》卷94《奚传》；（宋）郑樵：《通志》卷200《四夷传·库莫奚》。
⑤ （宋）王溥：《五代会要》卷28《奚》。
⑥ 白滨：《〈文海〉所反映的西夏社会》，载史金波、白滨、黄振华：《文海研究》，中国社会科学出版社，1983年，第42页。
⑦ （元）脱脱：《金史》卷67《奚王回离保传》。
⑧ （元）脱脱：《辽史》卷71《后妃传》。
⑨ （元）脱脱：《金史》卷2《太祖纪》、卷67《奚王回离保传》。

白霫为铁勒十五种之一，《新唐书》有《白霫传》①，《旧唐书》则为《霫传》②，霫之名在《隋书·突厥传》中就曾出现③，当时役属突厥。《通典》卷199有《白霫传》："白霫，在拔野古东"，《通典》卷200又有《霫传》："霫，与靺鞨为邻，理黄水北。"④故知白霫与霫并非一部。《新唐书·白霫传》又称："白霫居鲜卑故地，避薛延陀，保奥支水、冷陉山，南契丹，北乌罗浑，东靺鞨，西拔野古。"⑤白霫在"拔野古东"应在今克鲁伦河之西北；霫理黄水北，黄水即潢水，即今西拉木伦河。余意以为，李筌书之"黑霫"即《通典》之"霫"，其文化可能较"白霫"落后，故汉人以"黑霫"名之。但以"黑霫"称"霫"，仅见于李筌书耳。岑仲勉先生考"白霫"与"霫"为二部甚详⑥，唯未见李筌书之"黑霫"耳。

关于寘颜州与居延州的设置，《新唐书·白霫传》："贞观中再来朝，以其（白霫）地为寘颜州，以别部为居延州。"《新唐书·地理志》："寘颜州，以白霫部置；居延州，以白霫别部置。"⑦他书均为白霫置寘颜州，别部置居延州。白霫之别部当即"黑霫"。然李筌书却反之，以黑霫为寘颜州，白霫为居延州，以诸书证之，当以李筌书为误。寘颜州，当以寘颜山得名。《史记·卫将军传》："遂至寘颜山赵信城。"⑧顾祖禹称："寘颜山，在漠外，其下有赵信城，汉武帝时匈奴所筑以居降将赵信者。"⑨约为今蒙古国境内杭爱山南面的一支。白霫部居地在克鲁伦河，为何置"寘颜"之名于白霫呢？《新唐书·薛延陀传》："回纥、拔野古、阿跌、同罗、仆骨、白霫在郁督军山者，东附始毕可汗"⑩，此语在贞观二年前，郁督军山即杭爱山，可知，唐列白霫地为寘颜州是指居郁督军山这一部白霫。《辽史·地理志》称："大定县，白

---

① （宋）欧阳修、宋祁：《新唐书》卷217《白霫传》。
② （后晋）刘昫：《旧唐书》卷199《霫传》。
③ （唐）魏征：《隋书》卷84《突厥传》。
④ （唐）杜佑：《通典》卷199《边防》15《白霫》、卷200《边防》16《霫》。
⑤ （宋）欧阳修、宋祁：《新唐书》卷217《白霫传》。
⑥ 岑仲勉：《突厥集史》下册卷14，第755—757页，并言："霫字不常见，唐代译人何故用霫字而冠于其上？考北荒言黑白，间为文野、正闰之表示（如哈喇契丹即契丹之一支），则意两霫字音必相同，若论种族关系，现时犹难以拟议也。"
⑦ （宋）欧阳修、宋祁：《新唐书》卷43《地理志》7。
⑧ （汉）司马迁：《史记》卷111《卫将军传》。
⑨ （清）顾祖禹：《读史方舆纪要》卷45《山西》7《寘颜山》。
⑩ （宋）欧阳修、宋祁：《新唐书》卷217《薛延陀传》。

霫故地。"①大定在今内蒙古哈喇沁旗东南。沈括《熙宁使虏图抄》亦称：中京其西南"有故霫之区"②。《贾师训墓志》则称："自松亭以北，距黄河，其间泽、利、潭、榆、松山、北安数州，千里之地，皆霫壤也。"③在中京大定府之西北、西南及东南之地与寘颜州的方位不合，岑仲勉先生证《辽史》误④，但余以为白霫之地"圆袤二千里"⑤，以郁督军山（杭爱山）东面之拔野古地到辽中京大定府西北、西南之地，均应是白霫部落的游牧地，唐时居地偏东，后来居地偏西。

居延州之名与张掖西北之居延海及朔州北面的居延川均无关⑥，《新唐书·白霫传》："其部有三：曰居延，曰无若没，曰潢水。"⑦居延州当是以居延部而得名。以此观之，黑霫当亦属于白霫，是为白霫三部之一。《金史·太祖纪》称，太祖天辅六年（1122）"八月己丑，次鸳鸯泺，癸巳上追辽主于大鱼泺。昱、宗望追及辽主于石辇铎，与战，败之，辽主遁。己亥，次居延北。"⑧此鸳鸯泺即鸳鸯泊，即今安固里淖，大鱼泺，即今达来诺尔，亦即大落泊、大水泊，居延应即在达来诺尔附近。此居延地在潢水上游之西北，与《通典》（黑）霫"理潢水之北相合"。据此可知，居延州应在潢水西北的内蒙古克什克腾旗一带。从白霫别部黑霫部置居延州亦应在贞观二十一年，隶于燕然都护府下，后改名为安北都护府，居延州恐怕应是安北都护府管辖最远的蕃州。《新唐书》列于白霫三部中，故他处称"白霫别部"。

**北至乌罗浑，去西京一万五千里。**

按：此出守山阁、《新唐书·白霫传》、墨海本，文渊阁本"西京"作"东京"。

---

① （元）脱脱：《辽史》卷39《地理志》3。
② 《永乐大典》卷10877 房字下《熙宁使虏图抄》。
③ 贾敬颜：《五代宋金元人边疆行记十三种疏证稿》引《贾师训墓志》，中华书局，2004年，第130页。
④ 岑仲勉：《突厥集史》下册卷14，第756—757页。
⑤ （宋）欧阳修、宋祁：《新唐书》卷217《白霫传》。
⑥ （清）顾祖禹：《读史方舆纪要》卷63《陕西》12《居延海》；（宋）潘自牧：《记纂渊海》卷24《朔州》。
⑦ （宋）欧阳修、宋祁：《新唐书》卷217《白霫传》。
⑧ （元）脱脱：《金史》卷2《太祖本纪》。

《新唐书·白霫传》:"白霫,居鲜卑故地,直京师东北五千里……北乌罗浑。"[1]《旧唐书·霫传》:"霫,匈奴之别种也,居于潢水北……北与乌罗浑接。"[2]《旧唐书·乌罗浑传》:"乌罗浑国,盖后魏之乌洛侯也,今亦谓之乌罗护,其国在京师东北六千三百里。"[3]《魏书·乌洛侯传》:"乌洛侯国,在地豆于之北,去代都四千五百余里。"[4]乌罗浑虽地处东北穷远之地,但无论如何也不会远至"一万五千里",李筌书里程多不实。

原载《青海社会科学》1986年第1期及第3期

---

[1] (宋)欧阳修、宋祁:《新唐书》卷217《白霫传》。
[2] (后晋)刘昫:《旧唐书》卷199《霫传》。
[3] (后晋)刘昫:《旧唐书》卷199《乌罗浑传》。
[4] (北齐)魏收:《魏书》卷100《乌洛侯传》。

# 唐韩昱《壶关录》所载李密族属及其他

早些年，农民战争是一热门课题，因此，对隋末农民起义的著名领袖李密的研究可谓不乏其人。虽然研究者不少，论文也可车载斗量，且有学者专门编纂了《隋末农民战争史料汇编》一书，然而，一份最为珍贵、最为详尽的关于李密始末的文献《壶关录》却在当前中国的研究者眼下悄然滑过。它并非什么秘籍孤本，更不是什么考古文物，仅仅是由于治史者的疏忽，这一重要文献长期隐匿在一部人尽皆知的类书——《说郛》中而未被人发现。①

《壶关录》，《说郛》本题为《壶关录》，称"唐韩太行山人撰"，未著其名。查《新唐书·艺文志》、《宋史·艺文志》、《崇文总目》及《通志·艺文略》，均著录有《壶关录》一书，称"韩昱撰"②，则知《说郛》之称"韩太行山人"当即"韩昱"，"昱"为其名，"太行山人"当为其号。既自称"太行山人"，又著书立说为《壶关录》，壶关是山西之县名，因其地"山形似壶，于此置关，故名壶关"。壶关地处太行山西。据此可知，韩昱可能是山西壶关县人。故《山西通志》将韩昱《壶关录》收入其中。③韩昱，两《唐书》无传，其人事迹始末不详。《通志·艺文略》称："《壶关录》三卷，韩昱撰。昱遭安史之乱，追述李密、王世充事。"④知韩昱应是唐玄宗时人。《宋史·艺文志》载，韩昱还有《江州事迹》一书，也是三卷，则知韩昱有可能在江州

---

① 后查阅有关论文,知在王仲荦先生遗著《鲜卑姓氏考（下）》（载《文史》第31辑,中华书局,1988年）一文征引《说郛》之《壶关录》,并称："是徒何氏亦有作屠何者,又其叙李密先世,与正史迥异,当有所据。"
② （宋）欧阳修、宋祁：《新唐书》卷58《艺文志》2；（元）脱脱：《宋史》卷203《艺文志》2；（宋）王尧臣：《崇文总目》；（宋）郑樵：《通志》卷65《艺文略》3。
③ （清）觉罗石麟等纂：《（雍正）山西通志》卷175《经籍》。
④ （宋）郑樵：《通志》卷65《艺文略》3。

当过官。① 《壶关录》原本三卷，但原本早佚，元陶宗仪编《说郛》时节录原文，约一卷，编在卷35中，保存原文6759字，后明末陶珽重编《说郛》系于卷38，文同于此，而颇有讹脱。下面拟分几个部分介绍一下这份资料，并就有关问题展开讨论。

> 說郛卷第三十五
> 
> 壺關錄 三卷　　　　　　　　　唐韓太行山人
> 
> 李密字玄邃遼西人也 又云遼東 本姓屠何胡人祖獯仕後魏為東
> 城令 河東城間 為讐人陳渾切齒 潭土相在永嘉 懼執改姓李氏南奔歸宋宋孝
> 文用之為直閤吏後出為安固令 安固縣 獯子道平累仕朝議郎宋
> 通直道人陳沈慶之出牧江揚道平子遇仙在任為司州鞏縣令
> 為魏所虜北歸魏為交城尉累入仕隨于戎虜轉副車掾入京後
> 轉征戎將軍遇仙子曜為周太保轉官至魏國公刑部尚書未幾
> 卒子弼年三十二歲轉資襲父爵范陽侯弼子寬上柱國蒲山公
> 知名當代寬卒而密起焉玄感將反密為畫三策用密之下
> 東據黎陽玄感敗走自殺盡獲李密等行至魏郡去後依翟讓
> 反自號魏國公令祖君彥作書布告天下書曰大魏永平元年四

《说郛》本《壶关录》首页影印件

---

① （元）脱脱：《宋史》卷204《艺文志》3。

一

《壶关录》第一部分叙述了李密的祖籍、族属及先世诸问题，其原文曰：

> 李密，字玄邃，辽西人也（原注：又云辽东襄平人）。本姓屠何，胡人。祖獯，仕后魏为东城令（原注：东城河间），为仇人陈浑切齿（原注：浑士丞相），惧执，改姓李氏，南奔归宋，宋孝文用之为直阁吏，后出为安固令（原注：安固县在永嘉）。獯子道平，累仕朝议郎。宋通直道人陈，沈庆之出牧江扬，道平子遇仙在任为司州巩县令，为魏所虏，北归魏，为交城尉。累入仕，随于戎虏，转副车椽，入京后，转征戎将军。遇仙子弼为周太保，转官至魏国公，刑部尚书，未几卒。子曜，年三十二岁，转资袭父爵范阳侯。曜子宽，上柱国，蒲山公，知名当代，宽卒而密起焉。①

上面资料介绍了三个问题。

（一）李密的祖籍是辽西。这与现在见于文献记载的两种说法均不同。《十六国春秋》②、《周书·李弼传》③、《旧唐书·李密传》及《李泌传》④、《新唐书·李密传》及《宰相世系表》⑤均称为"辽东襄平人"；《北史·李弼传》及《李密传》⑥、《文苑英华·李密墓志铭》⑦则为"陇右成纪人"。陈寅恪先生在《唐代政治史述论稿》中考辨李唐源流时曾以李密事为例，认为辽东为本贯，陇西为西魏时改。⑧而《壶关录》则云出于"辽西"，如李密之先世出于屠何。据考古调查，屠何为古东胡部落，在今辽西女儿河流域锦西县台集屯乡

---

① 本文所引用《壶关录》原文均为涵芬楼《说郛》本，以下不再注明出处。
② （北魏）崔鸿：《十六国春秋》卷65《李根传》。
③ （唐）令狐德棻：《周书》卷15《李弼传》。
④ （后晋）刘昫：《旧唐书》卷53《李密传》、卷130《李泌传》。
⑤ （宋）欧阳修、宋祁：《新唐书》卷84《李密传》、卷72《宰相世系表》。
⑥ （唐）李延寿：《北史》卷60《李弼传》、《密传》。
⑦ （宋）李昉：《文苑英华》卷948《职官》10《唐邢国公李密墓志铭》。
⑧ 陈寅恪：《唐代政治史述论稿》上篇《统治阶级之氏族及其升降》，上海古籍出版社，1997年，第16页。

一带①,则李密之祖籍为"辽西"更为准确。

（二）关于李密的先世,《壶关录》亦与正史记载有很大的不同。正史载李密先世,矛盾处甚多。《新唐书·宰相世系表》称李密的先世为李根②→李宣→李贵→李永→李弼→李曜→李宽→李密③；而《周书·李弼传》及《北史·李弼传》均称李弼六世祖为"根（振）",《新唐书·宰相世系表》李根下传至李弼仅"四世",与传文不合。一为六世,一为四世,考《周书·李弼传》以六十四岁卒于周闵帝元年（557）,则李弼生于魏孝文帝太和十七年（493）；其间与李弼出生时间相距九十五年,而仅传李宣、李贵、李永三代,古人多以二十年为一代人,时间差距太大。故应以《周书·李弼传》为准。《壶关录》却完全不同于正史的记载,其世系首为"獹",后魏时为东城令；獹子道平,仕朝议郎；道平子遇仙,魏为征戎将军；遇仙子曜,周为太保,魏国公；曜子弼,袭爵为范阳侯；弼子宽,为上柱国、蒲山公；宽子密。《壶关录》明显有一错误,即将李弼和李曜的父子关系颠倒误记,因为仕后周为太保转魏国公者为李弼而非李曜也。这很可能是陶宗仪转录此书时的抄误。《壶关录》关于李密先世之记载除了李弼与李曜之倒误外,其余均较正史之记载可信。这一段文字十分重要,是目前所见唯一一份民间记录李密家族先世的资料,且与现存官修史书记录的李密先世完全不同,为我们揭示李密家族先世的历史真相提供了重要依据。

李密的家世,应该说追至曾祖李弼是清楚的,也不会发生什么错误,因为从李弼开始,李弼家族即已成为周隋之间的名公巨卿家族,所传世谱不应存在问题。问题主要产生在李弼以上世次。官修史书第一次记录李密家族先世者为《周书·李弼传》：

> 李弼,字景和,辽东襄平人也。六世祖根,慕容垂黄门侍郎。祖贵丑,平州刺史。父永,太中大夫,赠凉州刺史。④

---

① 王绵厚：《关于锦西台集屯三座古城的历史考察——兼论先秦"屠何"与"汉徒河"》,载《社会科学战线》1990 年第 3 期。
② （唐）李延寿：《北史》卷 60《李弼传》中"根"作"振"。
③ （宋）欧阳修、宋祁：《新唐书》卷 72《宰相世系表》。
④ （唐）令狐德棻：《周书》卷 15《李弼传》。

《北史·李弼传》：

> 李弼，字景和，陇西成纪人。六世祖振，慕容垂黄门郎。父永，魏太中大夫，赠凉州刺史。①

《旧唐书·李密传》载：

> 李密，字玄邃，本辽东襄平人。魏司徒弼曾孙。②

《新唐书·宰相世系表》载：

> 辽东李氏，玑少子齐，赵相，初居中山，十三世孙宝，字君长，后汉玄菟都尉，徙襄平。……根，后燕中书令；宣，邺郡守，龙骧将军；贵，后魏征东将军，汝南公；永，太中大夫；弼，字景和，后周太师，陇西武公。③

从上述官修史书看李密家世，就已出现了许多矛盾的地方，一是《周书》及《北史》之《李弼传》均称李弼的六世祖为李根（振），但《新唐书·宰相世系表》录李弼先世为：李根→李宣→李贵→李永→李弼，从李根下传至李弼仅四世，与"六世"说不合；二是《周书·李弼传》、《旧唐书·李密传》及《李泌传》、《新唐书·李密传》及《宰相世系表》均称李氏为"辽东襄平人"，而《北史·李弼传》及《李密传》、《文苑英华·李密墓志铭》则称李氏为"陇西成纪人"。陈寅恪先生在《唐代政治述论稿》中考辨李唐源流时曾以李密事为例，认为李氏辽东为本贯，陇西为西魏时改。南北朝至隋唐，重郡望门第之风极盛，氏族冒认之事屡见不鲜。余以为，李弼先世出现如此混乱之记录，很可能也是"冒认"之由。李弼冒认自己是后燕李根之六世孙。李根，据《周书·李弼传》，慕容垂时任黄门侍郎，慕容垂

---

① （唐）李延寿：《北史》卷60《李弼传》。
② （后晋）刘昫：《旧唐书》卷53《李密传》。
③ （宋）欧阳修、宋祁：《新唐书》卷72《宰相世系表》。

于公元 383—396 年为后燕皇帝。又据《十六国春秋》载：

> 李根，辽东襄平人也，仕宝至中书监，与子后智等随德南徙渡河居青州，数世无名位，三齐豪门以此多轻之。①

此处"宝"指慕容垂之子慕容宝，慕容垂去世后，宝继位为后燕皇帝（396—398），"德"指慕容垂之弟慕容德，南燕皇帝，公元 398—405 在位。李根在慕容宝时任中书监，《新唐书·宰相世系表》作"中书令"；慕容德入据青州在晋隆安三年（399），即可知，李根及其子李后智徙居青州在晋安帝隆安三年（399）之后。据《周书·李弼传》称李弼以六十四岁卒于周闵帝元年（557），则李弼应生于魏孝文帝太和十七年（493）。以李根迁青州之公元 399 年到李弼出生的 493 年，其间有九十四年，但《新唐书·宰相世系表》则只有李宣、李贵、李永三代，古人多以十八到二十年为一代，《新唐书》记录时间不合。《十六国春秋》明载，李根之后"数世无名位"，而且正因为李根之后无名位，三齐豪门"多轻之"，而《新唐书·宰相世系表》中李宣以下或郡守，或将军，或太中大夫，个个高官，与《十六国春秋》所载史实不合，因此，余疑，李密之先世追认后燕李根为"祖"，很可能是"冒认"。韩昱《壶关录》的资料完全证明了这一点。

第一，李密之祖籍既非辽东襄平，更非陇西成纪，而是《壶关录》中所言："李密，字玄邃，辽西人也，本姓屠何，胡人。"屠何，为东胡之先，屠何部，居辽西，今考古工作者在辽西女儿河流域的锦西县台集屯乡及其附近发现屠何故城。②辽东襄平是李根之籍，李弼之先祖出自辽西之屠何鲜卑，自觉卑微，故冒认为与之相近的辽东襄平李根之后。

第二，李弼并非赐姓"徒河氏"，而是恢复旧姓。《周书·李弼传》称李弼："魏废帝元年，赐姓徒河氏。"《旧唐书·李密传》称李密："魏司徒弼曾孙，后周赐弼姓徒河氏。"正史均称李弼的徒何氏是赐姓，但《壶关录》则明确称："李密，字玄邃，辽西人也。本姓屠何，胡人。"本姓屠何，而且说

---

① （北魏）崔鸿：《十六国春秋》卷 65《李根传》。
② 王绵厚：《关于锦西台集屯三座古城的历史考察——兼论先秦"屠何"与"汉徒河"》，载《社会科学战线》1990 年第 3 期。

明是胡人，可见非赐姓也。关于李密的族属，史学界似乎无人提出过什么与正史不同的看法，但是王桐龄先生曾在《杨隋李唐先世系统考》一文中提出一种看法，即认为西魏恭帝时的赐蕃姓，实际上是恢复原来的姓氏①，此一说法当来源于洪迈。《容斋三笔》云：

> 是时，宇文泰专国，此事（指魏恭帝赐蕃姓之事）皆出其手，遂复国姓为拓跋，而九十九姓改为单者（指魏孝文改胡姓为汉姓），皆复其旧。②

可见，宋人洪迈也认为只是恢复旧姓。陈寅恪先生在《李唐氏族之推测》一文中否定了这种说法，并举隋周摇之事例证之。③寅恪先生的说法当然有一定道理，但是否存在有一部分是恢复原来的旧姓呢？我看不能排除这种可能。宋赵明诚跋《后周太学生拓拔府君墓志》称：

> 自魏孝文帝恶夷虏姓氏，尽易之，至后周一切复改从旧。④

如《周书》有元定、元伟传，但元定在《陈书》中则称"周长胡公拓跋定"，元伟在《隋书》中则称："周小司寇拓跋伟"，可知，元定和元伟都在后周反汉化运动中恢复了"拓跋"这一鲜卑旧姓，故知后周之李弼并非赐姓"徒何"，而是恢复"本姓屠何"。故《旧唐书·李泌传》干脆称李弼为"徒河弼"⑤。如果说法琳指出李唐王室是出自代北的"达阇（大野）"部落⑥还有一些隐晦的话，韩笁所载李密之族属就十分清楚了，辽西（或辽东）李氏本出"屠（徒）何鲜卑"。既然是"本姓屠何"，时间又在后魏之前，可证后周时赐李弼为"徒何氏"，当为恢复旧姓。

（三）《壶关录》明载李密的先祖为"獯"，即屠何獯，"仕后魏为东城

---

① 王桐龄：《杨隋李唐先世系统考》，载《女师大学术季刊》第 2 卷第 2 期，1932 年。
② （宋）洪迈：《容斋三笔》卷 3《元魏改功臣姓氏》。
③ 陈寅恪：《李唐氏族之推测》，载该氏：《金明馆丛稿二编》，上海古籍出版社，1980 年，第 288 页。
④ （宋）赵明诚：《金石录》卷 22《后周太学生拓拔府君墓志》。
⑤ （后晋）刘昫：《旧唐书》卷 130《李泌传》。
⑥ （唐）释彦琮：《唐护法沙门法琳别传》，载《大正新修大藏经》卷 50。

令,为仇人陈浑切齿,遂改姓李"。这个"陈浑"是谁?查《魏书·陈建传》:"陈建,代人也。祖浑,太祖末为右卫将军。"① 原来这位"陈浑"是北魏太祖拓跋珪(386—408)时的右卫将军(并非丞相)。李密家族之李姓到北魏太祖末年(约407—408)时才有的,显然李獯不是李根。李獯逃入刘宋后,在宋孝文帝时(424—453)最高职官为安固县令,其子道平亦仕为朝议郎。宋元嘉十一年(434),沈庆之北伐收复南兖、豫等州,道平的儿子遇仙被委任为司州巩县令但被北魏军俘虏,遂归降于魏。先为交城尉,后转副车掾,入京后,转征戎将军。遇仙为李弼之父。可见,到遇仙这一代,李家才开始在北魏王朝略有地位。很明显,李弼上溯只有三世,即獯、道平、遇仙,而獯、道平、遇仙恐怕均是屠何鲜卑的名字,而不是汉人名,他们的汉名恐怕就是《新唐书·宰相世系表》中的李宣、李贵、李永。李弼之先世上三代确无显赫门第和耀人事迹,而且南逃北叛之事频频,录入世谱实在难看,遂追后燕当过中书令的李根为其六世祖,因为李根在世的时间距李弼出生的时间正好"六世",然而《新唐书》为宰相李泌修世谱时虽也追至李根为祖,但找到名字的李弼先祖只有三人,即李獯(宣)、李道平(贵)、李遇仙(永),遂三人上续李根而成为李氏之先世,并将其先人的身份全部粉饰为世代公侯将相,以耀其门第。《壶关录》的发现,则李密先世之真相完全揭露,可以成为魏晋隋唐冒认门籍之典型事例。

## 二

《壶关录》第二部分公布了李密为瓦岗寨首领后向天下百姓发布的一份文书:

> 杨玄感将反,密为画三策,用密之下策,据黎阳反,玄感败走自杀,尽获李密等,行至魏郡,逃去,后依翟让反,自号魏国公。令祖君彦作书,布告天下,书曰:

---

① (北齐)魏收:《魏书》卷34《陈建传》。

大魏永泰元年四月二十七日，魏公府上国公（翟让也）、元帅府左长史郎元真、大将军左司马杨德芳等布告天下人伦衣冠士庶等：自元气肇辟，厥初生民，竖之帝王，以为司牧，是以羲农轩顼之后、尧舜禹汤之君，靡不祗畏其上玄，爱育黎庶，乾乾始终，翼翼小心，驭朽索而同危，履薄冰而焉惧，故一物失所，若纳沟而愧之，一夫有罪，遂下车而泣之。谦德轸于责躬，忧劳切于罪己。溥天之下，率土之滨，蟠木距于流沙，瀚海穷于丹穴，莫不鼓腹击壤，凿井耕田，致政升平，驱民仁寿。是以爱之如父母，敬之如神明，用能享国多年，祚延长叶，未有暴虐临人，克终天位者也。隋氏往因周末，豫奉襁衣，狐媚而图圣贤，胠箧以取神器，缵承负袞，狼虎其心，始曈明两之晖，便干少阳之位，先皇大渐，侍疾禁中，遂为枭獍，便行鸩毒，祸深于莒仆，衅酷于商臣。天帝之所不容，人神之所嗟愤，加以州吁安忍，阋伯寻仇，剑阁所以怀凶，晋阳于焉起甲。甸人为蘖，淫刑私逞。夫九族既睦，唐帝阐其钦明，百代本支，文王表其光大，况乃隳坏磐石，剿绝维城，唇亡齿寒，奚止虞虢，欲求长久，其可得乎？其罪一也。

禽兽之行，在于聚麀；人伦之礼，别于内外。而兰陵公主逼幸告终，谁谓戮手之贤？翻见齐襄之耻。逮于先皇嫔御，并进银镮，诸皇子女，咸贮金屋。牝鸡鸣于诘旦，雌雉恣其群飞。袒服戏陈侯之朝，穹庐同冒顿之寝。爵赏之出，女谒遂成，公卿宣淫，无复纲纪。其罪二也。

平章百姓，一日万几，未晓求衣，昃日方食。是以大禹不贵于尺璧，光武无隔于支体。以此殷忧，深虑幽枉，而荒腆于酒色，俾昼作夜，式号且呼，甘嗜声伎，常居窟室，每藉糟邱，朝廷罕见其身，群臣希睹其面，断决自迩不行，敷奏于焉停拥。中山千日之酒，酩酊无知；襄阳三雅之盃，留连讵比。又广召良家，充选宫掖，潜为九市，亲驾六驴，自比商人，见邀逆旅。殷纣之谴为小，汉灵之罪更轻。内外惊心，遐迩失望。其罪三也。

上栋下宇，著在易爻，茅茨采椽，陈诸史籍。圣人本意，唯避风雨，讵待金玉之华，何须锦绣之丽。故琼台崇构，商辛以之灭亡，阿房崛起，秦政以之倾覆，而不遵故典，不念前书，广立池台，都为宫观。金铺玉户，青琐丹墀，蔽亏日月，隔阂寒暑，穷生人之筋力，罄天下之资财，使鬼尚难为之，劳人固其不可。其罪四也。

公田所征不过十亩，人力所供才止三日。是以轻徭薄赋，不夺农时，宁积与人，无藏府库，而科税繁弊，不知纪极，猛火屡残，漏卮难满。头会箕敛，逆折十年之租，杼轴其空，日有万金之费。父母不保其赤子，夫妇相弃于康庄。万户则城郭空虚，千里则烟火断绝。西蜀王孙之室，翻为原宪之贫，东海麋竺之家，俄成邓通之鬼。其罪五也。

古先哲王，卜征巡狩，唐虞五载，周则一纪。本欲亲问疾苦，观省风谣，乃复广积薪蒭，多聚饔饩，年年历览，处处登临，革臣疲弊，供畜辛苦，而飘风冻雨，聊窃比于先驱，车辙马迹，遂周行于天下。秦皇之心未已，周穆之意难穷。宴西王母以歌云，浮东洋海而观日。家苦纳秸之勤，人阻来苏之望。且天子有道，守在海内，夷不乱华，在德非险。长城之役，战国所为，乃是狙诈之风，非关稽古之法，而乃追迹前代，版筑更兴，广立基址，延袤万里，骸骨蔽野，流血成川，积怨比于丘山，号哭动于天地。其罪六也。

辽水之东，朝鲜之地，禹贡以为荒服，周王弃而不臣，以羁縻达其声教，苟欲爱人，非求拓土。强弩射天，无穿于鲁缟，冲风余力，讵可动于鸿毛。石田得而无堪，鸡肋弃而有用。恃众怙强，穷兵黩武，唯在吞并，不思长策，兵犹火也，不戢自焚，遂使亿兆夷人只轮莫返。夫差丧国，实为黄池之盟，苻坚灭身，良由寿阳之役。捕鸣蝉于前，不知挟弹在后，复矢相顾，瑿弔成行。义夫切齿，壮士扼腕。其罪七也。

正言启沃，王臣匪躬，唯木从绳，若金须砺。唐尧进鼓，思闻献替之音，夏禹悬鞀，时听箴规之美。而愎谏违卜，妬贤嫉能，直士正人，皆由屠戮。左仆射上柱国齐国公萧颖达、上柱国宋国公贺若弼，或文昌上相，或细柳功臣，暂吐良药之言，翻加属镂之赐。龙逢无罪，乃遭夏桀之诛，王子何辜，遂被商辛之戮。遂令君子结舌，贤人钳口，指白日而比盛，射苍天而敢欺。不悟国之将亡，不知老之将至。其罪八也。

设官分职，责在铨衡，察狱问刑，无闻贩鬻。而钱神起论，铜臭为功，梁冀爱金屋之蛇，孟佗荐蒲萄之酒，遂使彝伦攸斁，政以贿成，君子在野，小人在位。积薪居上，同汲黯之言，囊钱不如，伤赵壹之赋。其罪九也。

宣尼有言，无信不立，用命赏祖，义岂食言。自昏主嗣位，每岁驾幸，南北巡游，东西征伐，至于浩亹，陪跸东郡，固守阌乡，野战雁门。解围自外，征夫不可胜纪。既立功勋，须酬官爵，而志怀翻覆，言行浮诡，临危则勋赏悬授，克定则丝纶不行。异商鞅之贵金，同项羽之刓印。芳饵之下，必有愚鱼。惜其重赏，求人死力，走丸逆坂，譬此非难。凡百骁雄，谁不仇怨？至于匹夫蕞尔，宿诺不亏，况在乘舆，二三其说。其罪十也。

有一于此，未或不亡，况四维不张，三灵总瘁？无小无大，共识殷亡，愚妇愚夫，咸知夏灭。磬南山之竹，书罪未穷；决东海之波，流恶难尽。是以穷奇灾于上国，狍鸮暴于中原。三河纵封豕之贪，四海被长蛇之毒。百姓残贼，殆无遗类，十分为计，才一而已，苍生懔懔，同忧杞国之崩，赤县嗷嗷，但愁历阳之陷。且国祚将改，必有常期，六百殷丧之辰，三十姬终之数，故谶纬皆云，隋氏三十六而灭。此则厌德之象，以彰代终之兆。先见皇天无亲，惟德是辅。况乃欃枪竟天，申缭谓之除旧，岁星入井，甘公以为义兴。兼朱雀门烧，正阳日蚀，狐鸣鬼哭，川竭山崩，并是宗庙丘墟之妖，荆棘板荡之事。夏氏则灾衅非多，殷人则咎征更少。牵牛入汉，方知大乱之期，王良策马，始验兵车之会。

今者顺人将革，先天勿违，大誓孟津，陈盟景亳，三千列国，七百诸侯，不谋以同词，不召而自至，轰轰隐隐，如霆如雷。雕虎啸而谷风生，应龙骧而景云起。我魏公聪明神武，齐圣广渊，总七德而在躬，包九功而挺秀，周太保魏国公之孙，上柱国蒲山公之子。家传盛德，武王承季历之基，地启元勋，世祖嗣萧王之业。禹生白水，月角之相便彰，载诞丹陵，大保之文斯著，加以姓符图箓，名协歌谣，六合所以归心，三灵所以改卜。文王厄于羑里，赤雀方来；高祖隐于砀山，彤云自起。兵诛不道，赤伏至自长安；锋刃难当，黄星出于梁宋。九五龙飞之始，大人豹变之秋，历试诸艰，大敌弥勇。上柱国司徒、东郡公翟让，功宣缔构，翼赞经纶，伊尹之佐成汤，萧何之辅高帝。上柱国总管历城公孟让，上柱国左武侯大将军单雄信，上柱国右武侯大将军徐勣，上柱国大将军郝元真，绛郡公裴行俨等并运筹千里，勇冠三军，击剑则截蛟断鳌，弯弧则吟猿落雁。韩彭绛灌，成沛公之基；冠贾吴冯，奉萧王之业。复有蒙轮挟辀之士，拔距投石之夫，冀马追风，吴戈照日。魏公属当斯运，救此亿兆，躬擐甲胄，跋踄山川，栉风沐雨，岂辞劳倦。遂兴西伯之师，将问南巢之罪。百万成旅，四七为名，呼吸则江河绝流，叱咤则嵩华自拔。以此攻城，何城不克；以此击阵，何阵不摧。譬犹泻沧海而灌残荧，举昆仑而压小阜。鼓行而进，百道俱前。以四月二十一日留于东都，而昏朝文武留守段达、韦津、皇甫无逸等，昆吾恶念，飞廉奸佞，尚迷天数，敢拒义师，驱率丑徒，众有十万，自回洛仓北，遂来举斧。于是熊黑角逐，貔豹争先，因其倒戈之心，乘我破竹之势，曾未旋踵，瓦解冰销。坑卒则长平未多，积甲则熊耳为小。达等助桀为虐，婴城自固。梯冲乱举，徒设九拒之谋；斗角将鸣，空凭百楼之险。燕巢卫幕，鱼游宋池，殄灭之期，匪伊朝夕。然兴洛、武牢，国家储积，并我先据，为日久矣。又得回洛，取黎阳，天下之仓种，尽非隋有。四海赴义，万里如云，足食足兵，无前无敌。裴光禄仁基，雄才上将，受脤专征，遐迩攸归，安危是托，识机知变，迁虞事夏。袁谦擒于蓝水，须陀获在荥阳，窦庆战没于淮南，郭询授首于河北，隋之亡没，可料知矣。清河公房彦藻，近持戒律，略地东南，师之所临，风行电激。安陆、汝南，随机荡定，淮安、济阳，俄能送欵。徐圆朗已平鲁郡，孟海公又破济阴。于是海内骁雄咸来响应，封人赡取长平之境，郝孝德据黎阳之仓，李士林虎视于民平，王湘仁鹰扬于上党，刘兴祖起于北朔，崔白驹在于颍川。各拥数万之兵，俱期牧野之会。沧溟之右，函谷之东，牛酒献于军前，壶浆盈于道左。诸公等并衣冠华胄，杞梓良材，神歆灵绎之秋，裂地封侯之始，豹变鹊起，今也其时。龟鸣鼍应，见机而作。宜加鸠率子弟，茹功名。耿弇之赴光武，萧何之奉高帝。当召金章紫绶、轩盖珠轮，富贵已重当年，珪组必传后叶，岂不盛哉！若隋代官人，同夫桀犬，尚知王莽之恩，仍怀蒯聩之禄。审配死于袁氏，不如张郃归曹；范增困于项王，未若陈平从汉。魏公推以赤心，当加好爵，择木而处，幸不自疑。猛虎犹豫，身中敌国，凤沙之人，共缚其主，彭宠之仆，自杀其君，高官上爵，即以相授。如暗于成事，守迷不返，昆山纵火，玉石俱焚，易义噬脐，悔将何及。黄河带地，明余旦旦之言；皦日丽天，知我勤勤之意。布告天下，咸使闻之。

祖君彦，范阳人，齐仆射孝征第六子，博学强记，下笔成文，赡速之甚，名驰海内。吏部侍郎薛道衡尝荐于隋文帝，帝曰："岂非欲杀之斛律明人者耶！"炀帝嗣位，尤忌知名，遂依常调东郡书佐校、宿城令，称为祖宿城。自负其才，尝郁郁思乱，及李密为元帅府将长史记室参军，恨被隋朝摈弃，所以纵笔直言。

《壶关录》叙李密身世全无，其在隋朝的活动及参入杨玄感反隋之事、归依翟让之事均极为简略，当为陶宗仪删削。但却全文引录由祖君彦"纵笔直言"的声讨隋炀帝十大罪状的檄文。这份檄文分别见于《旧唐书·李密传》、《文苑英华》卷646、《全唐文》卷132，后两处所载，除个别字稍异外，其余全部相同。然《壶关录》所保存的这篇檄文却与《旧唐书》所保存的檄文有百余处不同，其中较为重要的有如下几处：

（一）《旧唐书·李密传》中的檄文无布告人及时间，以行文看，"密复下回洛仓而据之，……仍作书以移郡县曰"，好像布告是以李密的名义所发，实际此布告是以翟让的名义发布。《壶关录》称"大魏永平元年四月二十七日，魏公府上国公（翟让）、元帅府左长史邴元真、大将军左司马杨德方等布告天下人伦衣冠士庶等"。李密起义反隋，称"大魏永平元年"之年号者，仅见于此。《新唐书·李密传》仅称"改元永平"，《资治通鉴》引《河洛记》也只称"改大业十二年为永平元年"①，这里不仅有年号，而且有国号"大魏"。《壶关录》记录檄文发布的时间是四月二十七日，这也是诸书所缺漏的。值得注意的是，这份文书是由"上国公翟让"等人的名义发布的，很明显，这与翟让等人推李密为主之事有关，因这份檄文中除声讨隋炀帝十大罪状之外，还有不少吹捧李密的颂词，以翟让之名来吹捧李密，更能抬高李密在瓦岗义军中的威信。《旧唐书·李密传》称李密继位时拜翟让的官是"司徒、东郡公"，邴元真的官是"右长史"，杨德方的官是"左司马"；《新唐书·李密传》称翟让为"司徒"，邴元真为"左长史"，杨德方为"左司马"；《资治通鉴》称翟让为"上柱国、司徒、东郡公"，邴元真为"右长史"，杨德方为"左司马"；而《壶关录》称翟让为"上国公"，邴元真为

---

① （宋）司马光：《资治通鉴》卷183《隋纪》7。

"左长史",杨德方为"大将军左司马",与诸书异。余疑《壶关录》之"上国公"当为"上柱国、司徒、东郡公"之脱文,《壶关录》所引檄文中后又称"上柱国、司徒、东郡公翟让"。

(二)《旧唐书·李密传》所引檄文中作"直士正人,皆由屠戮,左仆射齐国公高颎,上柱国宋国公贺若弼……",而《壶关录》作"直士正人,皆由屠戮,左仆射上柱国齐国公萧颎达,上柱国宋国公贺若弼……"。

(三)《旧唐书·李密传》所引檄文中称李密"世祖嗣元皇之业,笃生白水",《壶关录》作"世祖嗣萧王之业,禹生白水"。

(四)《旧唐书·李密传》所引檄文作"上柱国总管齐国公孟让,柱国历城公孟畅,柱国绛郡公裴行俨,大将军左长史邴元真"等;《壶关录》作"上柱国总管历城公孟让,上柱国左武侯大将军单雄信,上柱国右武侯大将军徐勣,上柱国大将军邴元真,绛郡公裴行俨"等。

(五)《旧唐书·李密传》所引檄文作"以今月二十一日届于东都,而昏朝文武留守段达等";《壶关录》作"以四月二十一日留于东都,而昏朝文武留守段达、韦津、皇甫无逸等"。即告之,李密军入洛阳的具体时间为大业十三年四月二十日,此为两《唐书》所缺。

(六)《旧唐书·李密传》所引檄文作"四方起义";《壶关录》作"四海赴义,万里如云",较《旧唐书》多四字。

(七)《旧唐书·李密传》所引檄文作"徐圆朗已平鲁郡,孟海公又破济阳,海内英雄,咸来响应,封民赡取平原之境,郝孝德据黎阳之仓,李士雄虎视于长平,王德仁鹰扬于上党,滑公李景、考功郎中房山基发自临榆,刘兴祖起于白朔,崔白驹在颍川起";《壶关录》"济阳"作"济阴","海内"前多"于是"二字,"英雄"作"骁雄","封民赡"作"封人赡","平原"作"长平","李士雄"作"李士林","王德仁"作"王湘仁",缺"滑公李景、考功郎中房山基发自临榆"一句,"白朔"作"北朔","在颍川起"作"在于颍川"。

其他歧异之处就不一一胪列,总之,《壶关录》所存翟让讨隋炀帝之檄文可与《旧唐书·李密传》所引檄文互为校勘,可以得出一份更接近原始记录的檄文来。

这一节所引文字中还详细介绍了檄文的作者祖君彦,这亦为他书所缺。

《隋书·祖君彦传》仅七十余字，此处载祖君彦事迹百余字，其事多为《隋书》不载，可以补《隋书》之缺。《新唐书·祖君彦传》似采《壶关录》文。

## 三

第三部分保存了一份李密给李渊的书信，这一封信不见于其他文献，现全文录于下：

高祖屯兵寿阳，众号十五万，遣仁则赍书至密，密负其强，自为盟主。密作书报曰："顷者皇纲失统，人神离扰，运穷阳九，数中百六。四海业业，常怀逐鹿之心；百姓嗷嗷，家有占乌之望。故炎帝衰则轩辕出，夏桀乱而成汤起，尚勤二十七位，终劳五十二战，大极横流，重安区域，及周之季世，七雄并据，汉之末年，三分鼎峙，虽由天时，亦由人事。自大业昏凶，年踰一纪，牝鸡司晨，飞虎择肉，游畋莫反，终伤五子之歌，宫室奢侈，宁止百金之费，加以巡幸靡极，役用无穷，筋力尽于征伐，赋税穷于箕敛，夫征妻寡，父出子孤，潜壑如乱麻之多，丘陵有积尸之气，况雄威早著，壮志远闻，白武安之用兵，张文成之运策，遂能见机而作，观衅而动，奋臂鹄起，拂衣豹变，是知一绳所系，宁为大树之颠，阿胶欲投，未止黄河之浊。昔项伯乱楚，微子去殷，非夫明哲，岂能及此。与兄派流虽异，根系本同，俱秉凤啄之风，共承龙德之后，实愿永作维城，长为磐石，自惟虚薄，幸藉时来，海内英雄，共推明主，锐师百万成旅，上将四七成群，牛马谷量，罗纨山积，开钜桥之粟，褊负攸归，发廒仓之米，人天斯赉，故能长淮之地，沧海之西，莫不篚厥玄黄，争献牛酒，轰轰隐隐，如霆如雷。灭周者九鼎之轻，亡秦者三户云众，况晋阳之城，表里山川，共为唇齿，天下谁敌？左提右挈，戮力同心，执子婴于咸阳，殪商辛于牧野，岂不盛哉！岂不休哉！愿追步骑数千，次于河内听待，至日即却令盟，当时面奉光仪，亲论进止，东都江口，消息来去，其知动静。今辰凉风已留，大火将流，戎略务殷，唯宜动息，脱蒙亲降玉趾，则侧听金声，云雾既披，适愿无已。"

《旧唐书·李密传》虽未录李密之信全文，但记录了这一件事：

> 及义旗建，密负其强盛，欲自为盟主，乃致书呼高祖为兄，请合从以灭隋。大略云：欲与高祖为盟津之会，殪商辛于牧野，执子婴于咸阳，其旨以弑后主代王为意。①

《资治通鉴》曾引录这封书信的几句话为：

> 与兄派流虽异，根系本同，自为虚薄，为四海英雄共推盟主。所望左提右挈，戮力同心，执子婴于咸阳，殪商辛于牧野，岂不盛哉！②

其中"所望"二字为原文所无，恐系节录之误。节文后还有"且欲使渊以步骑数千自至河内，面结盟约"两句，但对照《壶关录》原文，作"愿追步骑数千，次于河内听待，至日即却令盟"，文意似为李密本人愿意带领步骑数千到河内去等候李渊来结盟，但《通鉴》文意恰恰相反。《新唐书·李密传》作：

> 高祖起师太原，密自谓盟主，遣将军张仁则致书于帝，呼为兄，请以步骑会河内。③

文意与《通鉴》同。余疑，陶宗仪删削《壶关录》时，对此文有所改动，原文或为"请以步骑数千，次于河内听待，至日即令却盟"，这就与李密"自为盟主"的口气相合，且与下文李渊称："李密陆梁放肆"相合。值得注意的是，李密称他与李渊"派流虽异，根系本同"，乃暗指虽然我出自徒何，你出自大野，派系不同，但我们都是鲜卑一种，则是根本相同。

---

① （后晋）刘昫：《旧唐书》卷53《李密传》。
② （宋）司马光：《资治通鉴》卷184《隋纪》8 义宁元年七月癸丑条。
③ （宋）欧阳修、宋祁：《新唐书》卷84《李密传》。

## 四

第四部分保存了李渊回报李密的一封信：

唐公得书大笑曰：李密陆梁放肆，不可折简致之，吾方安辑西京，不遑东伐，即欲拒绝，便是更生一秦，宜优待之，使其迁善记室承指报密曰："顷者昆山火烈，海水群飞，赤县丘墟，黔黎涂炭。布衣戍卒，锄耰荆棘，争帝图王，狐鸣蜂起。翼翼京洛，强弩围城；膴膴周原，僵尸满路。昭王南巡，泛胶船而忘返；匈奴北盛，将放发于伊川。辇上无虞，群下结舌，大盗移国，莫之敢指。吾虽庸劣，幸承余绪，出为八使，入典八屯。虽云位未为高，立城非贱，素飧当职，俛偃叨荣。从容平勃之间，虽云不可，但颠而不扶，通贤所责。主忧臣辱，物议徒然，等袁安之流涕，极贾生之痛哭。所以仗旗投袂，大会义兵，绥抚河朔，亲和蕃兵，共匡天下，志在尊隋。以弟见机而作，一日千里，鸡鸣起舞，豹变先鞭，启宇当涂，聿来中土，兵临郏鄏，将观周鼎，屯营敖庚，酷似汉王。前遣简书，屈为唇齿，今来辱旨，莫我肯顾。天生蒸庶，必有司牧，当今为牧，非子而谁？老夫年逾知命，愿不及此，忻戴大弟，攀鳞附翼，早膺图箓，以宁亿兆。宗盟之长，属籍见容，复封于唐，斯荣足矣。殪商辛于牧野，所不忍言；执子婴于咸阳，非敢闻命。汾晋左右，尚须安辑；孟津之会，未暇卜期。今日銮舆南幸，恐同永嘉之势。顾此中原，鞠为茂草，兴言感叹，实疚予怀。未面虚襟，用增劳軫。名利之地，锋镝纵横。深慎垂堂，勉兹鸿业。"温大雅之词也。密得书大喜，自是言使频遣往来。

这一封信现存于《旧唐书·李密传》，然两处比较，共有十八互异之处。如《旧唐书·李密传》作"主上南巡"，《壶关录》作"昭王南巡"。《旧唐书》有"忽焉至此，自贻伊戚，七百之基，穷于二世。周齐以往，书契以还，邦国沦胥，未有如斯之酷者也"三十六字，《壶关录》无，《大唐创业起居注》亦有此三十六字。《壶关录》有"吾虽庸劣，幸承余绪，出为八使，入典八屯①，虽云位未为高，立城非贱，素餐当职，儡俛叨荣。从容平、勃之间，虽云不可，但颠而不扶，通贤所责，主忧臣辱，无义徒然。等袁安之流涕，极贾生之痛哭，所以仗旗投袂，大会义兵，绥抚河朔，亲和蕃兵，共匡天下，志在尊隋。以弟见机而作，一日千里，鸡鸣起舞，豹变先鞭，启宇当涂，聿来中土。兵临郏鄏，将观周鼎，屯营敖庚，酷似汉王。前遗简书，屈为唇齿，今来辱旨，莫愿肯顾"等36句157字，而《旧唐书·李密传》缺，《大唐创业起居注》保存了这一段文字，但仍有许多字与《壶关录》不同②，《通鉴》亦节录了这一段话，但略去甚多③。《旧唐书·李密传》有"脱知动静，数迟贻报"八字，《大唐创业起居注》卷2亦有此八字，而《壶关录》无。其他字句之差异尚多，兹不赘。总之，以《壶关录》所存李渊之书信与《起居注》和《旧唐书》相较，可以看出，略于《起居注》而详于《旧唐书》，实为校勘二书之重要资料。

## 五

第五部分介绍了李密与道士徐鸿客的往来，并引录了徐鸿客上进李密的"经天纬地策一篇"及李密回报徐鸿客的书信一封。徐鸿客所上之策为现存唐代文献所缺，李密之书，今虽见于《文苑英华》④，但较之《壶关录》所载，缺略太甚。兹引录如次：

有道士徐鸿客上经天纬地策一篇于密，军旅挥霍，失其本文，题其封曰，大众久聚，恐米尽人散，师老厌战，难以成功。劝密乘进取之机，因士马之锐，沿东流指，直诣江都，执取独夫，号令天下。密虽未遑远略，心异其言，以书招之曰："齐州长史至，所得上奇策一篇，理智优长，文采密丽，览而味之，佳玩无已。夫天地闭，贤人隐，少微光，处士见。故崆峒之上，轩辕问于广成；汾水之阳，唐帝从于啮缺。是

---

① （宋）司马光：《资治通鉴》卷184《隋纪》8义宁元年七月癸丑条记作"六屯"。
② （唐）温大雅：《大唐创业起居注》卷2。
③ （宋）司马光：《资治通鉴》卷184《隋纪》8义宁元年七月癸丑条。
④ （宋）李昉：《文苑英华》卷688《书》22《交友下·道释》之《与道士徐鸿客书》。

知肥遯为美，齐物幽归。雅度与兰桂俱芳，高风并云霞竞远。孤门承世胄，地籍余绪，平生大志，岂图富贵。只为时逢版荡，代属艰虞，厌海水之群飞，悯苍生之涂炭。便与二三人杰，百万武旅，欲受降于轵道，将问罪于商郊。未遇玄女，已思黄石，讵有启沃谋猷，弼成韬钤者也？百战百胜之奇，七纵七擒之略，每求筮仕，实劳梦想。仙师学究本源，术苞奇数，八风五星之候，玉台金匮之书，莫不洞识于心，若指诸掌。今龙战于野，鹤翔寥廓，或出或处，且变且更。濡足援手，始是仁人；除暴靖乱，方称君子。赞我兴运，今也其时。师宜蹑骄担簦，用虞卿之礼；披裘鞿辂，袭娄敬之风，引领瞻旺，拂席相待，迟听郦生之谈，方闻左车之说，桂树山幽，岁云暮矣，桃花源穴，想其人耶。冬首薄寒，比其宜也。想摄养有方，当无劳虑，庶不违千里，早赴六军。孤已敕彼州令，以礼相送，冀面非遥，此不多及。"书松鸿客，晦昧林野，莫知所之。

徐鸿客之上策不见于《旧唐书》，然《通鉴》中引录此文①，《通鉴》之引文与《壶关录》完全一致，可断《通鉴》引文很可能就是引自《壶关录》一书中。《通鉴》记徐鸿客为"徐洪客"。李密与徐鸿客书虽存于《文苑英华》，但以《壶关录》所载与《文苑英华》所载相较，其间互异处达二十余。其中《壶关录》较《文苑英华》多"孤门承世胄，地籍余绪，平生大志，岂图富贵，只为时逢版荡，代属艰虞，厌海水之群飞，悯苍生之涂炭，便与二三人杰，百万武旅，欲受降于轵道，将问罪于商郊"等12句61字，后文多"百战百胜之奇，七擒七纵之略，每求筮仕，实劳梦想，仙师学究本源，术苞"6句28字。可见，《文苑英华》所录李密与徐鸿客书亦有节略，而《壶关录》可补其缺。

## 六

第六部分记录了越王杨侗给李密的两封诏书，此诏为现存其他文献中所

---

① （宋）司马光：《资治通鉴》卷184《隋纪》8义宁元年八月甲寅条。

缺，是一段极为重要的资料，现全文引录：

宇文化及弑炀帝于江都，唐高祖始即位改元，江都凶问至东都，越王侗即位，李密使房彦藻诈云："密欲降隋，犹虑群臣异议者。"越王乃授密太尉、尚书令兼征讨诸校事。诏曰："大隋之有天下，于兹三十八载。高祖文皇帝圣略神功，载造区夏；世祖明皇帝则天法祖，浑一华戎。东暨蟠桃，西通细柳，前瑜丹徼，后越幽都。日月之所照，风雨之所至，圆首方足，禀气食毛，莫不尽入提封，皆为臣妾。加以宝贶毕集，祥瑞咸臻，作乐制礼，移风易俗。知周寰海，万物咸受其赐；道济天下，百姓用而不知。往因历试，统临南服，自居极顺，慰兹望幸。所以往岁省方，展礼肆觐，停銮驻跸，按驾清道，八屯如昔，七萃不移。岂意衅起非常，逼于轩陛，事生不意，延及冕旒，奉讳之日，五情殒溃，攀号荼毒，不能自胜。且闻之，自古哲帝王，有此迍剥，贼臣逆子，何代无之。且如宇文化及，世传庸器，其父述，往属时来，早霑厚遇，赐以婚媾，置之公辅，位于九命，禄重天下，礼极人臣，荣居世表，徒承出狱之恩，未有涓尘之益。化及以此下材，凤蒙顾盼，出入内外，奉望阶墀。昔陪藩国，统领禁卫，从升圣祚，位列九卿。但性本凶狠，恣其贪秽，或结交恶党，或侵掠货财，事重刑篇，状盈狱简，在上不遗簪履，恩加草莱，应至死辜，每蒙恕免，三经除解，寻获本职，再徙边裔，寻即追还生成之恩。昊天罔极，奖擢之义，人间稀有，化及枭獍，为心鸟兽，不若纵毒兴祸，倾覆行宫，诸王兄弟，一是残酷，暴于行路，口不忍言。有穷之在夏时，戎狄之于周代，痛辱之极，亦未之过。朕所以殒首崩心，饮胆食血，瞻天视地，无处容身。今公卿士庶，群僚百辟，咸以大宝鸿名，不可颠坠，元凶巨猾，须早夷芟，翼戴朕躬，嗣守宝位，顾性寡薄，志在复仇。今者离黼扆而秉旄钺，释衰麻而擐甲胄，衔冤誓众，忍泪兴兵，指日遄征，以平大盗。且化及伪立秦王之子，幽于北方，因抱其身，自称霸相，专权拟于九五，履践禁御，据有宫阙，昂首扬眉，初无惭色。衣冠朝士，外惧凶威，志士诚臣，内皆愤怨。以我义师，顺彼天道，枭夷丑族，匪夕伊朝。太尉、尚书令、魏国公丹诚内发，宏略外举，率勤王之师，讨违天之逆，貔虎争先，熊罴竞进，鼓鼙震謦，若火焚毛，锋刃纵横，似汤沃雪。魏公志在康济，投袂前驱，朕亲御六军，星言继轨，以此众战，遂期顺举，挚山可以破，射石可以穿。况贼拥此徒，皆有离德，京师侍卫，北忆家乡，江右淳黎，南思邦邑，比来表疏络绎，人信相寻，若王师一临，旧草暂睹，必卸甲倒戈，冰消叶散。且闻化及自恣，天夺其心，戮其不辜，挫辱人士，莫不道路以目，号天踢地。朕今复仇雪耻，枭斩者一人，拯溺救焚，所哀者士庶。凡因驾在贼所者，一切原免罪，悉不论。已诏魏公扫平之日，纵授贼官，明非本意，忍因请计非僭。若战前自拔赴官军者，量加爵赏，表其诚节。朕都即大位，克在进贤，比来擢引勋旧，皆縻好爵，其从驾朝士，虽未至东朝，皆遥授官职，不为异等。父兄子弟，咸亦引擢，内外朝一依官品禄廪赐物，准旧给之，务在哀矜，俾无困乏。难望天监孔殷，祐我宗社，亿兆感义，俱会朕心，枭戮元凶，策勋饮至，四海交泰，称朕意焉。其兵术戎机，总取魏公节度。"卢楚之词也。

越王仍别与密书以伸厚意："皇帝敢问太尉、尚书令、东道行军元帅、上柱国、魏国公，司农卿李俭等至，览表具知。公以厚地鸿材，冠冕当世，连城重价，领袖一时，加以博学令闻，雄才上略，缙绅攸而雅俗倾心。朕昔居藩邸，久相钦尚，眷言敬爱，载劳梦想。常恨以事涂之情，未遂神交之望，郁结何似！今属王室不造，贼臣构难，南征不反，苍梧未归。虽地承丕绪，应此明命泣血，冕旒之下，饮胆宫阙之中。公孝义为心，闻于遐迩，仁恕待物，形于内外，具卿相门，克昌日久，高祖抚运之年，明圣在藩之日，非为义合，实亦家通。今公智足匡时，咸足夷难，奋高世之略，举勤王之师，经纶国家，雪复仇耻，此是公之任也，更俟何人？前度公此怀必可暗寄，故驰遗一札，聊布腹心，忽得今表，事若符契，词高理至，义重情深，执对循环，以悲以慰。昔韩信之道合汉高，窦融之功成河右，以古譬今，万分非一，今日以前，咸共刷荡，使至以后，彼此通怀，七政之重，伫公匡弼，九伐之利，委公指麾，皇灵在上，幽祇在下，福谦祸盈，天地常数。公率义众，剪戮凶丑，朕与天下共赏之；宇文化及，滔天构逆，倾覆性宸，朕与天下共诛之。且闻元凶初谋，诳惑内外，及行大祸，残忍极理，久伪霸相，据有宫阙，文武官人，凡有所识，心痛鼻酸，声彻天埌。今公率有名之师，接无妄之众，颓山压卵复海，经营不俟终日，元功早建，朕亦委公。公以来素怀付朕，鱼水一合，金石不移，即是韩彭更生，伊周再出。公纵欲存拘谦以认古人，而古往今来，彼何人也？道高者，不以俗务为累，德厚者，不以名实为心，公运此谋猷，除彼丧乱，匪躬之节，出于世表，岂以名殊而挂雅怀。但功高茂实，义弘往策，屈己从务，亦达之心，故有今授，恩体之耳，既彼此义合，触类公家，所授官悉依前定，承制封拜，事有旧章，任公便宜，量加除授，必若须行诏敕，待报即俟送告身，务在机权，勿为形迹。知摧破凶徒，已大果意，于洪达是起衅之党，擒获送身，非直朕之甘心，亦甚表公深意。李才蠢命延晷刻，待公东行事毕，返旆西讨，克复山河，跷足可待。司农卿李俭等既将君意远来，非无劳止，所以并据授官，以答来贶。总戎之心，去此称遥，东望风烟，情深为剧。秋首犹热，戎略务殷，念保千金，慰兹延望，隐若敌非独往贤，今与公合图，亦是幽明注意，公其勉之，嗣天心也。故遣银青光禄大夫大理卿张权等指挥者。"密北面执臣位，拜受诏敕。

关于李密与越王杨侗之交通，诸书所载甚简，如《旧唐书·李密传》仅言："隋越王侗尊号，遣使授密太尉、尚书令、东南道大行台行军元帅、魏国公，令先平化及，然后入朝辅政"。《新唐书》、《通鉴》大体相同，而《壶关录》却对此事有详细记载，越王侗即位后，是李密主动派人去与杨侗联系，"诈云密欲降隋"，这一点是不见于其他任何文献的，虽然是"诈云"二字，但《壶关录》又记载了"密北面执臣位，拜受诏敕"，这又表明了李密是实实在在地投降了隋王朝，这又是诸书语焉不详处。其中特别是《壶关录》中所载杨侗的两封诏敕，更加表明了已临末日的隋王朝对李密所寄托的厚望，几乎将全部"复隋"的愿望全都重托在李密身上，这又是诸书之所无，且这两篇隋杨王朝的诏敕都在《壶关录》全文引载，足补今所见隋文之缺。

七

《壶关录》最后一部分介绍了李密归唐及李密之死，文字甚略，但亦有不同于两《唐书》之处，现全文引录：

> 密与王（世）充战，败归长安，皇朝拜上柱国、光禄卿、邢国公，以表妹独孤氏妻。献策，勒其旧兵归河东，高祖许之，乃行常倷敕。诏密归朝，回到桃林反叛，时史宝藏为熊州留守，遣将军刘善武讨之，密拜死。密妻独孤氏，为周宗所房。周宗，善武下，兵士问是表妹，却献善武。

李渊以表妹妻李密事不见于《旧唐书》，而《新唐书·李密传》著录，可见，《壶关录》所言有据。李密死于谁手，两《唐书》及《通鉴》都认为李密死于熊州留守史万宝（《壶关录》作"史宝藏"）派遣的副将盛彦师之手，而《壶关录》却记载死于熊州留守史万宝副将刘善武之手，并载善武得密之妻独孤氏，《通鉴》引《河洛记》亦云，李密死于刘善武之手。① 究竟死于谁手，尚待详考。

## 八

综上所述，可以看出，《壶关录》确实是一份记载隋末李密领导的瓦岗寨起义的重要文献。它虽然是一部被后人节录而保存下来的野史，但以其史料价值而言，比现存唐代正史中关于李密的记载可以说保存的更多，也更为丰富。它不仅可以为我们解决一些关于李密研究中的疑难问题；还可以让我们补充了解一些李密在隋末农民起义过程中的事迹；由于文献记载的歧义，还为我们研究李密这个人物提出了一些新的问题。总之，《壶关录》是一部具有较高史料价值的唐代文献，故司马文公修《通鉴》时曾多次引用此书，胡三省作《通鉴考异》亦大量征引此书。

原载《暨南学报（哲学社会科学）》1992 年第 3 期

---

① （宋）司马光：《资治通鉴》卷 186《唐纪》2 武德元年十二月壬辰条。

# 辽韩橁出使敦煌考

韩橁，字正声，辽名臣韩知古曾孙，晋王韩德让侄孙，为契丹显宦之裔。关于韩橁事迹，《辽史》无传，赖《韩橁墓志铭》得以详述，其中有韩橁出使敦煌一事尤引人兴趣。五代以来，沙州归义军政归曹氏主政后，势力日衰，为保其一隅之安，曹氏政权向辽、宋二方同时展开外交。辽与敦煌之交往，始于辽太宗天显十二年（937），终于辽圣宗开泰九年（1020），一共十次。

| | 时间 | 公元 | 出使 | 资料来源 |
|---|---|---|---|---|
| 辽太宗 | 天显十二年十月 | 937 | 燉煌国遣使来贡，庚辰至，丁亥还 | 《辽史》卷3《太宗纪》 |
| | 会同二年十一月 | 939 | 燉煌遣使来贡 | 《辽史》卷4《太宗纪》 |
| | 会同三年五月 | 940 | 沙州回鹘入贡，以端午宴群臣及诸国使，命回鹘、燉煌二使作本俗舞 | 《辽史》卷4《太宗纪》 |
| 辽圣宗 | 统和二十四年八月 | 1006 | 沙州、燉煌王曹寿遣使进大食国马及美玉，以对衣、银器等物赐之 | 《辽史》卷14《圣宗纪》 |
| | 开泰三年四月 | 1014 | 乙亥，沙州回鹘曹顺遣使来贡，回赐衣币 | 《辽史》卷15《圣宗纪》 |
| | 统和（开泰）六年六月 | 1017 | 乙酉，夷离堇阿鲁勃送沙州节度使曹恭顺还 | 《辽史》卷12《圣宗纪》 |
| | 开泰八年正月 | 1019 | 封沙州节度使曹顺为燉煌郡王使 | 《辽史》卷16《圣宗纪》 |
| | 开泰九年九月 | 1020 | 乙亥沙州回鹘燉煌王曹顺遣使来贡 | 《辽史》卷16《圣宗纪》 |
| | 开泰九年七月 | 1020 | 甲寅，遣使赐沙州回鹘敦煌王曹顺衣物 | 《辽史》卷16《圣宗纪》 |
| | 开泰九年十月 | 1020 | 戊寅，郎君老使沙州还，诏释宿累 | 《辽史》卷16《圣宗纪》 |

然而，关于韩橁出使敦煌一事却为《辽史》所缺。《韩橁墓志铭》云：

　　大契丹国故宣徽南院使、归义军节度、沙州管内观察处置等使、金紫崇禄大夫检校太尉使持节沙州诸军事沙州刺史□□□□□□□黎郡开国侯食邑一千五百户食实封一百五十户韩公墓志铭并序

　　公讳橁，字正声。其先曲沃桓叔之苗裔也。建功于冀，食采于韩。惟彼元昆，以邑命氏。若乃划分三晋，森峙六雄。烬余方绝于祖龙，基构特新于天汉。成既赐胙，卜宅颍川。信亦分茅，筑都代土。其后徙居昌黎，因为其郡人，则著姓之籍，不其盛欤。我圣元皇帝凤翔松漠，虎视蓟丘，获桑野之腾臣，建柳城之家社。威宣十乘，化被一隅。推忠契运，宣力功臣，彰武军节度东南路处置使、开府仪同三司、守尚书左仆射兼中书令讳知古，曾祖父也。魏之毕万，早称必复，鲁之僖伯，终谓有后。绍兴蕃衍，向用崇高。协谋守正翊卫忠勇功臣、燕京统军使、天雄军节度使、开府仪同三司赠守太师兼政事令，行魏州大都督府长史、上柱国邺王讳匡美，祖父也。抱船骥之宏用，膺带砺之宗盟。高揭将坛，始縻王爵。先娶秦国太夫人，生二男一女。长子列考，次子瑀，左监门卫将军，早亡。女适刘宋州侍中男而殂。又以寿昌恭顺昭简皇帝失爱之嫔妻之，封邺王妃，即圣元神睿真列皇后之犹女也。生二男一女，男幼亡。女适张侍中孙左监门卫大将军知檀州刺史事崇一，今夫人之父也。后娶魏国夫人邺妃之姪，皆出于萧氏矣。西南路招讨晋昌军节度使行京兆尹尚父秦王，讳匡嗣，伯祖父也。树鳌足之英标，传马眉之茂庆。列五鲭之鼎，峨七蝉之冕。生我大丞相守太傅晋国王谥文忠讳德让，赐名隆运。朕其御讳也，赐姓耶律氏，属籍于宗室，特加殊礼，丕显大勋。与夫剑履上殿几杖入朝者不侔矣，从世父也。四十万兵马都总管兼侍中南大王赠政事令陈王，讳遂贞，赐名直心，真柱石之雄，享钧轴之重，为周方邵，作舜皋夔，再从兄也，谱系于国姓。其余戚属族人，拜使相者七，任宣猷者九。持节旄，绾符印，宿卫交戟，入侍纳陛者，实倍百人，此不具书，略也。烈考讳瑜，内客省使检校太傅赠太尉，出征冀部，适次遂城，躬犯干戈，亲冒矢石，会前茅之崩沮，乘右校之退衄，奋不顾身，卒于由命。先娶兰陵萧氏，封本郡夫人，生九

子，所存者公最幼也。惟公禀弓嵩之贵精，蕴斗极之武干。体貌魁硕，宇量渊弘。袭世禄以不骄，修天爵以弥笃。尤工骑射，洞晓韬钤，甫及策名，克从筮仕。初授西头供奉官，迁御院通进。朔方分阃，河右称藩。九重曲降于玺书，一介载驰于册命。以公持节封李继迁为夏国王。洎星辕解鞅，驲鞯回镳。入奏乾元，颇愿兑悦，改领给库使。统和二十三年，运契戡囊，时丁归放。慕义广开于粟陆，含灵雅喝于葛天。赵宋氏致币结欢，歃牲修睦。将叶皇华之咏，简求专对之才。以公充贺正之副，达于汴都，三百万之宠锡也。回授引进使，转客省使。旋以辰下弑君，徉驹作梗。万乘恭行于讨击，六师毕集于征伐。考诗书而谋帅，无右郤縠，委车骑而命将，率先窦宪。即授公左第一骁骑部署。军还，加左监门卫大将军，知归化州军州事。密迩楼烦，切邻白霫。俗多犷狠，民苦侵渔。自公下车，咸服仁化。秩满，除章愍宫都部署。掌绾版图，抚绥生齿。陪四朝之羽卫，覆数郡之刑名。出充燕京留守衙内马步军都指挥使，改易州兵马都监。缮甲治兵，遏强抚弱。主持兰锜，清肃柳营。转弘义宫都部署，拜侍卫亲军步军指挥使、利州观察使，领禁旅也。夫物忌大盛，先哲炯诫，事久则变，前代良箴。忽生矗缫于私门，欻被累囚于制狱。虞书文命，宁杀不辜，孔记冶长，信知昨罪。遂以答刑断之，仍不削夺在身官告，念勋旧也。

明年奉使沙州，册主帅曹恭顺为燉煌王。路岐万里，砂碛百程，地之长河，野无丰草。过可敦之界，深入达妬。□囊告空，糗粮不继。诏赐食羊三百口，援兵百人，都护行李，直度大荒。指日望星，栉风沐雨。邮亭杳绝，萧条但听于鶏鸣。关塞莫分，块漭宁知于狼望。旧疹忽作，以马为舆。适及岩泉，立傅王命。在腹之瘕，倏然破堕，公亦仆地，至夕乃苏，其疾顿愈。议者谓公忠劳所感，神之祐也。东归之次，践历扰攘。僮仆宵征，曾无致寇，骖騑凤驾，殊不畏危。轶绝漠之阻修，越穷方之辽夐。肃将土贡，入奉宸严。孝宣皇帝敦谕久之，宠眷踰厚，赐白金二百两，氎布八十段，帛百足。寻授乾显宜锦建霸白川七州都巡检，再任章愍宫都部署，依前左监门卫大将军。太平五年，鸡种贡材，鸭流通栈，师停下濑，兵□渡辽。皇穹鞠育，大弓列王，赘陈于桴矢，乃命使高丽国，贺王询之诞辰也。其年冬，授□州观察使，知易州军州事，兼沿边安抚屯田使，充兵马钤辖。其地也，背□上谷，目眦中山。子侨不托于攻蒲，羊祜无猜于尝药。马牛不及，鸡犬相闻。未几，授长宁军节度，白川州管内观察处置。八年秋，逆贼大延琳，窃据襄平，盗屯肃慎。鲸鲵横海，怒张吞小之喉，虵豕凭江，暴启食中之吻。将以举泰山而压卵，登高屋以建瓴。本初围守于伯珪，文懿格张于仲达。假公押领控鹤、义勇、护圣、虎翼四军，充攻城副部署。贼平，就拜永清军节度易博冀等州观察处置，管押义勇军，驻泊于辽东。诏赐银盆百两，细衣一副，移镇沈州。然而虎夷效逆，鹤野雁灾。俘劫并间，剽掠烽戍。来如蚊蚋，肆毒噬人，去若虺蜴，蓄奸伏莽。公乃指画方略，奋发雄图。截玄菟之要冲，贯紫蒙之扼束。筑垒一十七所，宿兵捍贼，贼不西寇，公之力也。未遑受代，复南使于宋，亦三百万之赐也。张旃即次，飞盖出疆。依然郊劳之仪，宛若馆穀之数。荐盟君好，绅布宾荣。使回，迁宣徽北院使、归义军节度、沙州管内观察处置。在任二岁，进位南院使，加检校太尉。重熙五年，在燕京也。备清跸之来临，俟翠华之降幸。葺修宫掖，仰期饮镐，崇饰祠寺，企望问峒。举扬百司，支遣万计，勤恤夙夜，犯凌寒暑。遇疾潜惊于坏寝，求医不遂于针肓。穄嗣观书，善分科斗，郭文在疾，难辨金雌。以九月二十五日，榰告薨于宣徽衙之正室。天子缅怀尽瘁，轸悼奸良，赙赠之外，赐钱五十万，俾襄其事。非常例也。诏赠榰官，旌德表功，恩荣至矣。明年二月十七日，葬公于柳城白崖至山之朝阳，以先夫人萧氏合祔之，从祖考之宅兆，礼也。惟公远使鸣沙，必死之地。羁栖绝徼，流落遐湫。涉险获夷，履凶无咎。考终之日，遥镇其州，信其异也。凡三娶，先夫人生二女，长早亡，次适左□军将军萧乞得。继室萧氏生三女，一适护卫将军萧朱，一适左班殿直张玟，大同军节度特进检校太师筠之孙也，一适通事班祗候康德润，早亡。皆能事舅姑，益亲娣姒，芳如兰蕙，莹若琼瑶。今夫人张氏，左监门卫大将军知檀州军州事崇一之女。承太皇太后赐也。虔弘内则，靡人外言，贞庄雅讽于螽螽，令淑絜羞于苹藻。生三男，孟曰齐家奴，废疾居家，受浮屠之法，先公五稔而逝。仲曰贻孙，左丞郎阁门祗候。季曰贻训，冠而未仕，闻教导于鲤庭，绍雄豪于马坪。奄钟柴毁，益缠孺慕。哀罔极于旻天，勉尚凶于远目。惧迁岸谷，请纪音尘。青山白云，温博已谈于傅弈，蔓草拱木，丽道□委于江淹。聊采世家，粗镌寿域。其铭曰：

宗唐叔分系颛当，徙棘城分遇圣皇。四王锡美分七相耿光，节旄交影分玺绶成行。我公降迹分，恢磉藩昌。奚奄遘于斯疾分，固难谒于彼苍。衾铭旌于旅馆分，瘗志石于玄堂。筑马鬣之长隧分，凿龙耳之高岗。露泣青草分，风号白杨。陇泉悲咽分，山云惨伤。宅幽竟而享明祀，终古无疆。重熙六年二月 日 乡贡进士商隐书拓本。①

韩橁碑，治辽史者均十分重视，但关于他出使敦煌的记载却无人展开研究。碑文记录了他旅途的艰难。然而，关于韩橁出使的路线及时间，碑文所载却不甚明了。以下拟就此二问题略陈管见。

## 一、韩橁出使敦煌的路线

《韩橁墓志铭》云：

路岐万里，砂碛百程，地乏长河，野无丰草。过可敦之界，深入达妬。□橐告空，糇粮不继。诏赐食羊三百口，援兵百人，都护行李，直度大荒。指日望星，栉风沐雨。邮亭杳绝，萧条但听于鹍鸣，关塞莫分，块滱宁知于狼望。旧疹忽作，以马为舆。适及岩泉，立傅王命。

这一段文字叙述韩橁出使敦煌之行程。考韩橁从辽上京临潢府出发，西行至敦煌，称"路岐万里，沙碛百程，地乏长河，野无丰草"是完全吻合的。"过可敦之界"，当过"古可敦城"。关于可敦城，日本学者作了很多研究，大体有两种说法，一种称可敦城即《阙特勤碑》中的 Toro balia（都护城），大概相当于今土拉河的支流喀尔喀河畔的古城址之一，亦即下言之辽镇州可敦城；另一种是在沿张掖河（即今额济纳河）上相当于居延海的西南方。②但严

---

① 陈述辑校：《全辽文》卷 6《韩橁墓志铭》。以下所引此文俱出于此，不另标注。
② 安部健夫引岩佐精一郎《关于突厥的复兴》、羽田亨《西辽建国始末》、箭内亘《鞑靼考附可敦城考》、松井《契丹可敦城考》而总结。参阅（日）安部健夫著，宋肃瀛等译：《分裂后北庭王国的领域》（下），载《西回鹘国史的研究》，新疆人民出版社，1985 年，第 361 页。

格来说，称之为"可敦城"者只是前者，后者仅称"有合罗川，唐回鹘公主所居之地，城基尚在"。并没有明确称可敦城。明确称可敦城的有两处：

一是《辽史·圣宗纪》："（统和二十二年）以可敦城为镇州。"又《辽史·地理志》称："镇州，建安军节度，本古可敦城。"[1] 耶律大石西行，从上京"北行三日，过黑水，见白达达详稳床古儿。床古儿献马四百，驼二十，羊若干。西至可敦城，驻北庭（当为'安北'之误）都护府。"[2] 耶律大石所至之可敦城当即辽镇州。《辽史》还载："开泰元年正月，达旦国兵围镇州。"[3] 可知，镇州（可敦城）附近为达旦之居地。王国维称："据《阙特勤碑》侧之突厥文，两记三十姓鞑靼，皆在黠戛斯、骨利干之后，契丹、白霫之前。"[4] 此即镇州附近之鞑靼，即三十姓鞑靼，王国维称之东鞑靼，《辽史》中的"阻卜国（达旦）大王府"[5] 亦当在此一带。《中国历史地图集》将其标在今蒙古国境内乌兰巴托之稍西。[6] 然后从镇州深入三十姓鞑靼，再循耶律大石西路西南行至西州回鹘境内。

二是《元和郡县图志》卷5称可敦城在天德军西北二百里的横塞军处。[7]《辽史·地理志》亦称："云内州，本中受降城，有古可敦城。"[8] 应在今内蒙古乌梁素海西北五原一带。余以为韩橁从临潢府西行，如果走第一条路线，即西北行，至镇州，若是去高昌、北庭的话，此路线尚可，如果是去沙州的话，则无疑是一条较远的路线，应不可取。如果走第二条路线，即西南行，经西京道至辽天德军境，即过可敦城，注意，碑文称"可敦之界"，意即这可敦城是辽的边界，很明显，辽之镇州之古可敦城不是辽的边界，而位于天德军西北的可敦城正是辽宋的边界之地。故可知碑中所云"过可敦之界"是指过天德之可敦城。这是一条较近捷的路线，也是北方民族入中原的重要通道。

---

[1] （元）脱脱：《辽史》卷14《圣宗纪》5、卷37《地理志》1。
[2] （元）脱脱：《辽史》卷30《天祚皇帝纪》4。
[3] （元）脱脱：《辽史》卷15《圣宗纪》6。
[4] 王国维：《观堂集林》第3册卷14《鞑靼考》，第638—639页。
[5] （元）脱脱：《辽史》卷46《百官志》2。
[6] 中国历史地图集编辑组编辑：《中国历史地图集》第6册《上京道》。
[7] （唐）李吉甫：《元和郡县图志》卷5《关内道》5《天德军》："天宝八年，张齐丘又于可敦城置横塞军，又自中受降城移理横塞军"，又称天德军"西北至横塞军城二百里"。又（清）顾祖禹：《读史方舆纪要》卷61《陕西》10《天德城》："天宝八载，朔方节度使张齐丘在中（受降）城西二百余里之木剌山筑城，号横塞军，以郭子仪为军使，译语谓之可敦城。"
[8] （元）脱脱：《辽史》卷41《地理志》5。

碑文又云"深入达妒",余以为达妒即突厥语 Tatar 或 Tàtàr 达靼①之异译,此处达靼,当即《王延德历叙使高昌行程所见》中的"九族达靼",即:都啰啰族、茅女喝子族、茅女王子开道族、卧羊梁刼特族、太子大虫族、屋地因(目)族、大于于越王子族、拽利王子族、阿墩族。大于于越王子族,为"此九族达靼中尤尊者"②。这九族达靼游牧散处在贺兰山西北,马骔山(今称北山)以东之广大沙碛区③,亦即宋元丰四年拂菻使者及元丰六年于阗使者使宋途中所遇到的"达靼"或"草头达靼"④。还有阴山鞑靼⑤、贺兰山鞑靼⑥,这些近塞鞑靼均应是从可敦城西行而深入之"达妒"也。王国维称:"唐末五代以来,见于史籍者,只有近塞鞑靼,此族东起阴山,西踰黄河、额济纳河(合罗川)流域,至北宋中叶并散居于青海附近,今假名曰南鞑靼。欧阳公五代史所传王延德使高昌时之所经,李仁甫续通鉴长编所记,皆是族也。"⑦如是,则韩橁即从辽天德军境入西夏北境(此时西夏尚未建国,北部基本无政权管辖),然后西行深入九族达靼之居地。"直度大荒",应即是沿腾格里沙漠北缘,穿过巴丹吉林沙漠,"适及岩泉","岩泉"当即鸣沙山的月牙泉,抵达沙州。韩橁从可敦城入达靼抵沙州之路线正是李筌《太白阴经·关塞四夷篇》中所记录的"北庭道",即从北京(太原)西北出,经河西节度,出玉门关。⑧只不过韩橁不出玉门关而西南至沙州。

---

① 岑仲勉:《突厥集史》下册附录,第 1130 页。
② (宋)王明清:《挥麈录》前集卷 4《王延德历叙使高昌行程所见》。又(元)脱脱:《宋史》卷 490《高昌传》亦载这九族,但无"此九族达靼中尤尊者"数字。
③ 关于王延德西行高昌的路线,日本学者前田直典明确提出了完全不同的看法,他称:"王延德自夏州至伊州的行程,并不像历来所想象的那样经由额济纳河,而是从鄂尔多斯往北行,在唐代的丰州以南附近渡过黄河,更往西北,抵鄂尔浑河流域地区,于此渐次访问了鞑靼诸部族之后,越杭爱山而抵达现在的巴里坤一带,到达伊州。"(日)前田直典著,辛德勇译:《十世纪时的九族达靼》,载刘俊文主编:《日本学者研究中国史论著选译》第 9 卷《民族交通》。
④ (清)徐松辑:《宋会要辑稿》第 197 册《蕃夷》4《拂菻》;(宋)李焘:《续资治通鉴长编》卷 335 元丰六年五月丙子条。具体参见拙著《宋金时期安多部落史研究》关于"草头达靼"的考证,上海古籍出版社,2007 年,第 319—327 页。
⑤ (宋)徐梦莘:《三朝北盟会编》卷 21 引《亡辽录》称:"天祚于保大四年得大石林牙兵,又得阴山鞑靼,毛割石兵。"
⑥ (宋)李焘:《续资治通鉴长编》卷 471 元祐七年三月丙戌条称:"有塔坦国人马于八月内出来,打劫了西界贺兰山后面娄博贝监军司住坐人口孳畜。"王庸:《中国地图史纲》卷首附图说明介绍南宋苏州文庙《地理图》在灵州正北标"鞑靼界",这支鞑靼即贺兰山鞑靼。
⑦ 王国维:《观堂集林》第 3 册卷 14《鞑靼考》,第 640 页。
⑧ (唐)李筌:《太白阴经》卷 3《关塞四夷篇》。

## 二、韩橁出使敦煌的时间

碑文前述时间为"统和二十三年",而出使沙州的时间却冠以"明年"二字。按道理讲,这个"明年"应指统和二十四年。但是,《辽史·圣宗纪》和《辽史·属国表》均载:

> (统和二十四年)沙州敦煌王曹寿遣使进大食国马及美玉,以对衣,银器等物赐之。①

《续资治通鉴长编》卷56还载:

> (景德四年,即辽统和二十五年,五月)甲子,归义节度使曹宗寿遣使来贡。②

曹寿,即曹宗寿,《辽史》避兴宗耶律宗真之讳。曹宗寿为曹延禄族子,宋咸平五年(1003)发动兵变,围攻归义军府,曹延禄自尽,曹宗寿自称敦煌王,直到大中祥符七年(1014)去世,一直执掌沙洲政权。③统和二十四、二十五年,沙州节度使、敦煌王都是曹宗寿,而碑文韩橁出使,沙州主帅却是曹恭顺。可见,碑文之"明年"不应是统和二十四年。

再从碑文上述内容来看。统和二十三年至二十四年,仅一年时间,且《辽史·圣宗纪》载,韩橁使宋时间为统和二十三年十一月④,即《韩橁墓志铭》中"以公充贺正之副,达于汴都"。那么,从统和二十三年十一月到二十四年,仅一个月时间,而碑文所述,韩橁在这么短的时间内转官竟达五次之多这是很不可能的。又据《辽史·圣宗纪》载:

---

① (元)脱脱:《辽史》卷14《圣宗纪》5、卷70《属国表》。
② (宋)李焘:《续资治通鉴长编》卷56景德四年五月甲子条。
③ (清)徐松辑:《宋会要辑稿》第195册《蕃夷》5《瓜、沙二州》。
④ (元)脱脱:《辽史》卷14《圣宗纪》5:"(统和二十四年)十一月戊申,上遣太保合住、领给使韩橁,太后遣太师盆奴、政事舍人高正使宋贺正旦。"

> （统和二十八年五月）丙午，高丽西京留守康肇弑其主诵，擅立诵从兄询，诏诸道缮甲兵，以备东征。①

这就是《韩橁墓志铭》中记述的：

> 旋以辰下弑君，徬驹作梗，万乘恭行于讨击，六师毕集于征伐。

辽对高丽战争至统和二十八年十一月才结束。正如《韩橁墓志铭》载：

> 军还，加左监门卫大将军，知归化州军州事。

可见韩橁出使沙州绝不可能在统和二十四年，而应在统和二十八年之后。
《辽史·圣宗纪》和《辽史·属国表》还告诉了我们一条材料。

> （开泰三年四月）乙亥，沙州回鹘曹顺遣使来贡。②

敦煌榆林窟回鹘女供养人像

---

① （元）脱脱：《辽史》卷15《圣宗纪》6。
② （元）脱脱：《辽史》卷14《圣宗纪》5、卷70《属国表》。

曹顺，即曹贤顺，又作曹恭顺，均避辽景宗耶律贤之讳。曹贤顺为曹宗寿之子，宗寿1014年去世后，即由其子曹贤顺即位。上引材料告诉我们，韩橁出使沙州应在开泰三年之后。因为，如果韩橁出使在开泰三年之前的话，则这个"曹顺"的前面应有"敦煌王"之封号，这是《辽史》中进贡之通例。此处仅称"沙州回鹘曹顺"，可见，辽尚未册封其为燉煌王。同时，《续资治通鉴长编》卷82还告诉我们：

（大中祥符七年四月）甲子，以归义军留后曹贤顺为归义军节度使，弟贤惠知瓜州。于是，贤顺遣使入贡，言其父宗寿既卒，以其母及国人请求嗣位，诏予之。①

宋大中祥符七年正是辽开泰三年，即公元1014年。由此可见，1014年，沙州由于曹宗寿去世，其继位者曹贤顺分别遣使向辽、宋报告，以求册封。足见韩橁出使沙州，封曹恭顺为敦煌王在开泰三年之后。那么，韩橁出使究竟在哪一年呢？余以为应在辽圣宗开泰八年（1019）。《辽史·圣宗纪》载：

（开泰八年正月壬戌）封沙州节度使曹顺为燉煌郡王。②

"沙州节度使"当是曹贤顺开泰八年前辽国赐官号。《辽史·圣宗纪》载：

（统和六年六月）乙酉，夷离堇阿鲁勃送沙州节度使曹恭顺还，授于越。③

罗继祖先生认为，这条材料为开泰六年之事，《辽史》误系于统和六年之下。④此言极是，辽统和六年为宋端拱元年，此时沙州归义军节度使还是曹延禄，曹贤顺焉能称沙州节度使？以余意推之，开泰三年，即大中祥符七

---

① （宋）李焘：《续资治通鉴长编》卷82大中祥符七年四月甲子条。
② （元）脱脱：《辽史》卷16《圣宗纪》7。
③ （元）脱脱：《辽史》卷12《圣宗纪》3。
④ 罗继祖：《辽史校勘记》，上海人民出版社，1958年，第29页。

年，曹宗寿死后，曹贤顺分别遣使向辽、宋二国告哀，并请求册封。宋朝很快就有了反映，封曹贤顺为归义军节度使，而辽朝却没有及时表态。曹贤顺为了取得辽国的承认和支持，很可能在开泰六年六月前亲自去辽廷朝见辽圣宗，以求册封，所以，辽圣宗亦封其为沙州节度使，并派"阿鲁勃送曹恭顺还"。此时，辽锐意于西北经营，多次征伐阻卜、甘州回鹘、阿萨兰回鹘等。[①] 因此，进一步搞好与沙州的关系似乎很有必要。于是，开泰八年，遣韩橁"奉使沙州，册主帅曹恭顺为敦煌王"。《辽史》虽未指明开泰八年封曹贤顺的使者是谁，但经上面考证，史传所缺之使者为韩橁，碑文所缺乏出使时间为开泰八年，俱已显属无疑。

原载《甘肃社会科学》1983 年第 4 期

---

① （元）脱脱：《辽史》卷 2《太祖纪》下、卷 15《圣宗纪》6。

# 河西回鹘、河西党项与河西杂虏诸问题考释

早几年间，余做过一篇论及五代宋初河西民族之动向的文章[①]，这篇文章论及的"河西民族"实际上仅指凉、甘、肃、瓜、沙等几块小绿洲上的河西走廊之民族。其实，走廊东部以河套为中心居住地的民族在唐宋之时亦属河西民族的范畴，本文所要论及的河西回鹘、河西党项及河西杂虏诸问题也应属这个范畴。

一

这里首先要搞明白唐宋时期"河西"一词确切的地理含义是指什么。宋人章如愚《山堂考索》有这样的记载：

> 河西一名也，有雍州之河西，有凉州之河西。黄河源自昆岗，傍积石，北流余二千里，至于宋银、夏之郊，稍折东不盈千里，又折而南流；故宋永兴军路，鄜、坊、丹、延之间，而言在雍州之域也；西汉以来，所称河西地，即指河湟而言，古凉州之域也。[②]

用今天的话来说，黄河有两段地区是南北流向，一是从兰州一直到内蒙古省内的杭锦后旗；二是从内蒙古省内的托克托稍南一直到陕西潼关，这两段黄河流经区因是南北流向，故在这两段黄河流域的西面地区均可称作河西。而在唐宋时期，这两种河西的概念是混用的，有时甚至更泛，还包括河

---

[①] 拙稿《对五代宋初河西若干民族问题的研究》，载《敦煌学辑刊》1983年第4期。
[②] （宋）章如愚：《山堂考索》卷52《舆地门》。

套西部的某些地区。让我们来分析一些材料。

（一）《会昌一品集》载："回鹘犹在云州，颇扰边境，据二州踪迹。……今在云、朔等州，断天德、振武驿路。……望速令度支差使于河西路潜为准拟。"①要断天德、振武的驿路，又命军马在河西做准备。可以断言，这里的河西不是指河湟之域，而是指河套地区。

（二）《新唐书·沙陀传》："大中初，吐蕃合党项及回鹘残众寇河西，太原王宰统代北诸军进讨。"②《资治通鉴》载："（吐蕃）诱党项及回鹘余众寇河西，诏河东节度使王宰将代北诸军击之。代北诸军，谓陉岭以北诸军也。"③陉岭，一名西陉山，在今山西代县西北。很明显，统率河东的军队去讨伐河西，这河西不可能是指河湟之域，而应是河套地区。

（三）《新唐书·兵志》："银州水甘草美，请诏刺史刘源市马三千，河西置银川监。"④银川亦在河套地区。《古今姓氏书辩证》卷38："羌族有河西折氏。"⑤折氏先居云中，后居府州，则府州亦称河西。《元一统志》："夏人盗耕屈野川、兔毛川，皆河西地。"⑥二川均在麟州西，则麟州亦称河西。《宋会要辑稿·方域》21《丰州》："丰州，本河西藏才族都首领王甲居之。"⑦古丰州在黄河北，亦可称之为河西。由于西夏国张本于银、夏之地，故宋人称西夏为"河西"。银、夏、麟、府、丰等州均属于河套地区，因此，我们可以大体认为唐宋时期河西的地理概念主要是指河套地区。

但是，由于唐曾于凉州以西设河西道，又置河西节度，所以唐宋时期对于河西走廊地区亦仍以河西称之。《资治通鉴》卷278："张义潮在河西。"⑧我们知道，张议潮居地在瓜、沙，故这一河西当指河西走廊。《宋史·吐蕃传》："授孙超凉州刺史，充河西军节度留后。"⑨这一河西军是指凉州。《宋史·夏国传》："河西之州九：曰兴、曰定、曰怀、曰永、曰凉、曰甘、曰

---

① （唐）李德裕：《会昌一品集》卷14《条疏边上事宜状》。
② （宋）欧阳修、宋祁：《新唐书》卷218《沙陀传》。
③ （宋）司马光：《资治通鉴》卷248《唐纪》64大中元年五月条。
④ （宋）欧阳修、宋祁：《新唐书》卷50《兵志》。
⑤ （宋）邓名世：《古今姓氏书辩证》卷38。
⑥ （元）孛兰肹：《大元大一统志》卷550《武勘》。
⑦ （清）徐松辑：《宋会要辑稿》第195册《方域》21《丰州》。
⑧ （宋）司马光：《资治通鉴》卷278《后唐纪》7长兴四年二月戊申条。
⑨ （元）脱脱：《宋史》卷492《吐蕃传》。

肃、曰瓜、曰沙。"① 这里就将河套地区的兴、定、怀、永四州与河西走廊的凉、甘、肃、瓜、沙五州统称之为"河西"。

据此可知，唐宋时期的河西一地实际上有两种所指：一是指河西走廊，二是指河套地区。而前者大多是沿袭了唐河西节度的辖地这一概念，后者则是为一般所见。

## 二

河西回鹘，一般的论著都将这一概念同甘州回鹘这一概念等同起来，河西回鹘即甘州回鹘，甘州回鹘政权又可以称作河西回鹘政权。还有的学者甚至将甘、肃、瓜、沙、凉、兰、秦等州及贺兰山、合罗川等地都纳入了河西回鹘的统制范围。如《河西回鹘略论》一文说：

> 迁到河西走廊的回鹘人，牙帐设在甘州，故通常称这部分回鹘人为甘州回鹘或河西回鹘。②

在《中国历史辞典·河西回鹘》中释文为：

> 河西回鹘，迁至甘肃的回鹘。唐开成五年（840），回鹘汗国发生灾害和内乱，又遭黠戛斯袭击，被迫向西南迁徙。一支进入今甘肃，役属于吐蕃，被分处在沙州、甘州、凉州、合罗川、秦州等地。各部分立君长。其中以甘州回鹘最为强大，曾自为汗，所以河西回鹘也被称为甘州回鹘。③

还有其他学者均作过类似的表述。这是一种误解。之所以会产生这样的误会，主要是因为，从表面上看，上述各地的回鹘大都居住在河西地区，故以一个总体的名字"河西回鹘"来称呼处于甘肃各地的回鹘似乎是比较准确

---

① （元）脱脱：《宋史》卷486《夏国传》下。
② 林幹：《河西回鹘略论》，载《社会科学》1981年第3期。
③ 《中国历史辞典》"河西回鹘"词条，载《西北史地》1983年第1期。

的。而恰恰就错在这里,"河西回鹘"一词在当时的文献中是赋予了特定的地理含义的,是一个同"甘州回鹘"一样专指某一地区回鹘的专有名词。我们试证之。

公元 840 年,漠北回鹘汗国,在黠戛斯强大军事力量的打击下,部族纷纷逃散。有的随乌介可汗南下,有的随庞特勒西迁,余下的回鹘残众大都流散在阿尔泰山以东、阴山以西、祁连山以北的地区;就是随乌介可汗南下的部分后又被唐幽州节度使张仲武击破,余部也进入了这一地区。这些回鹘部落或居住在城镇周围,或游牧于山地草原,他们又逐渐形成了以居地为中心的部落集团。于是,出现了许多以居地为名的回鹘部落之名,见于文献记载的有:

西州回鹘,《宋史·回鹘传》:"西州回鹘可汗遣僧法渊献佛牙。"[1]

甘州回鹘,《新五代史·回鹘传》:"甘州回鹘数至。"[2]

沙州回鹘,《辽史·百官志》:"沙州回鹘敦煌郡王。"[3]

瓜州回鹘,《西夏书事》卷 11:"瓜州回鹘乃沙州分部。"[4]

秦州回鹘,《宋史·回鹘传》:"秦州回鹘安密献玉带于道左。"[5]

合罗川回鹘,《宋史·回鹘传》:"合罗川回鹘第四族首领遣使朝贡。"[6]

这些回鹘部落前面的地名既表示他们的居地,又成为他们的部落名。文献中出现的"河西回鹘"一词也同"甘州回鹘"、"西州回鹘"一样,仅表示一地之回鹘,并不涵括其他回鹘部落。河西回鹘之名在文献中仅见过两次,一见于《旧五代史·党项传》:

> 其(党项)在灵、庆之间者,数犯为边盗。自河西回鹘朝贡中国,道其部落,辄邀劫之。[7]

---

[1] (元)脱脱:《宋史》卷 490《回鹘传》。
[2] (宋)欧阳修:《新五代史》卷 74《回鹘传》。
[3] (元)脱脱:《辽史》卷 46《百官志》。
[4] (清)吴广成:《西夏书事》卷 11 天圣八年三月条。
[5] (元)脱脱:《宋史》卷 490《回鹘传》。又(宋)洪皓《松漠纪闻》卷 1 称回鹘:"本朝(宋朝)盛时,有入居秦川为熟户者,女真破陕,悉徙之燕山。"又称:"其(回鹘)居秦州时,女未嫁者,先与汉人通,有数子,年近三十,始能配其种类媒妁来议者,父母则曰:'吾女尝与某人某人昵',多以为胜,风俗皆然。"这就是秦州回鹘,而秦州回鹘多是河西回鹘朝贡而留居秦州者。
[6] (元)脱脱:《宋史》卷 490《回鹘传》。
[7] (宋)薛居正:《旧五代史》卷 138《党项传》。此条又载(宋)欧阳修:《新五代史》卷 74《党项传》。

二见于《续资治通鉴长编》卷111及《宋史·王博文传》中：

  （明道元年七月甲戌）王博文又言："河西回鹘多缘与市家秦、陇间，请悉遣出境。"①

那么，这仅见两次的"河西回鹘"之"河西"是指什么地方呢？余以为就是我们在第一节中所谈到的，唐宋时期的"河西"大体上是指河套地区，这个"河西回鹘"也是指河套地区的回鹘。《宋史·回鹘传》载：

  回鹘都督石仁政、么啰王子、逸掣王子越黜黄水州巡检四族并居贺兰山下，无所统属，诸部入贡多由其地。②

这居住在贺兰山下的回鹘四族即河套回鹘，也就是文献中所记载的"河西回鹘"。

那又有什么理由证明文献中出现的"河西回鹘"不是指甘州回鹘呢？可以罗列以下几点：

（一）在文献中提到的有关甘州回鹘的史实、诏令、敕制有数十处之多，但从未将甘州回鹘称之为"河西回鹘"。

（二）如果文献中的"河西回鹘"是散居各地回鹘总称的话，那"秦州回鹘"作何解释？秦州不在河西地区。

（三）甘州回鹘、沙州回鹘等部如果仅仅是河西回鹘的分支的话，那么，在他们数十次的进贡活动中，总要提到河西回鹘之名，然而，文献不载。

因此，我们应该得出这样的认识：

（一）河西回鹘同甘州回鹘、沙州回鹘一样，仅只是指一地之回鹘，即河套地区的回鹘，并不包括河西走廊的回鹘部落。

（二）河西回鹘只是一个较小的回鹘部落集团，它既不统率甘、沙、凉、秦等州的回鹘部，更不能称它为一个统一的回鹘政权。

---

① （宋）李焘：《续资治通鉴长编》卷111明道元年七月甲戌条；（元）脱脱：《宋史》卷291《王博文传》。
② （元）脱脱：《宋史》卷490《回鹘传》。

## 三

唐中后期，党项各部大规模内徙后，逐渐形成了六大部落集团，即平夏党项（居银夏以北）、东山党项（居庆州）、南山党项（居安、盐州以南）、渭北党项（居原、渭州）、河曲党项（居鄜、坊、麟、府以至太原）、河西党项（居河套地区）。因本文仅谈河西问题，故就"河西党项"一部加以论述。

党项部落进入河西大约是在武则天时期。《新唐书·党项传》：

> 在西北者，天授中内附，户凡二十万，以其为朝、吴、浮、归十州，散居灵、夏间。①

到圣历初年，就扩展到胜州一带。《新唐书·陆庆余传》：

> 圣历初，灵、胜二州党项诱北胡寇边。②

安史之乱后，郭子仪又将原迁居庆州的党项部落迁入河西地区。《新唐书·党项传》：

> 即表徙静边州都督、夏州、乐容等六府党项于银州之北、夏州之东。③

故《新唐书·地理志》称：

> 禄山之乱，河陇陷吐蕃，乃徙党项州所存者于灵、庆、银、夏之境。④

从一般意义上的"河西"来讲，党项部落大约在武则天、唐玄宗之时就

---

① （宋）欧阳修、宋祁：《新唐书》卷221《党项传》。
② （宋）欧阳修、宋祁：《新唐书》卷116《陆庆余传》。
③ （宋）欧阳修、宋祁：《新唐书》卷221《党项传》。
④ （宋）欧阳修、宋祁：《新唐书》卷43《地理志》7《羁縻州》。

已进入了河西地区。但这还不是我们要论及的作为一个独立行使其意义的党项部落集团——河西党项的内容。《新五代史·党项传》有这样的记载：

> 唐德宗时，党项诸部相率内附，居庆州者号东山部落，居夏州者号平夏部落。部有大姓而无君长，不相统一，散处邠宁、鄜延、灵武、河西，东至麟府之间。①

注意！这里的"河西"是具有独立意义的河西，因为上述在邠宁、鄜延、灵武、麟府等地均在广义的河西范围之内，而又以"河西"之名与之并列，即反映了这一地名的特定意义。余意以为，即为"河西党项"之"河西"。

"河西党项"一词最早见于唐太宗时。《旧唐书·刘师立传》："时河西党项破丑氏常为边患，又阻新附，师立总兵击之。军未至，破丑氏大惧，遁于山谷，师立追之，至刣于真山而还。"②据《旧唐书·刘师立传》，师立时为岐州都督，据《新唐书·党项传》，师立时为岷州都督。这个"河西党项"居地在什么地方呢？《新唐书·党项传》载："居雪山者曰破丑氏。"③这雪山实际就是指大积石山，即今阿尼玛卿山，在黄河九曲之西，故又称之为"河曲党项"。这被称作"河西党项"的破丑氏什么时候内迁，文献无载。但至安史之乱后，破丑部已迁至庆州是明显的。《新唐书·党项传》："先是，庆州有破丑氏族三，野利氏族五，把利氏族一，与吐蕃姻援，赞普悉王之，因是扰边凡十年。"④

到唐代宗永泰年间，又出现了"河西党项"的记载。《旧唐书·代宗纪》：

> （永泰元年二月）戊子，河西党项永、定等十二州部落内属，请置宜、芳等十五州。⑤

这个"河西党项"是否还是指迁居庆州的破丑部呢？史文无载。这个

---

① （宋）欧阳修：《新五代史》卷74《党项传》。
② （后晋）刘昫：《旧唐书》卷57《刘师立传》。
③ （宋）欧阳修、宋祁：《新唐书》卷221《党项传》。
④ （宋）欧阳修、宋祁：《新唐书》卷221《党项传》。
⑤ （后晋）刘昫：《旧唐书》卷11《代宗纪》。

"永定等十二州"在何处？史文亦无载。周伟洲先生《党项羁縻府州变迁表》称永定等十二州属陇右河西①，首先是概念模糊，到底是属陇右，还是属河西；其次不知据何而言。该表资料出处是《新唐书·地理志》，然《新唐书·地理志》并无表明永定等十二州的属处，在表明属处的"右"字下是一"阙"字，证明《新唐书·地理志》并无表明"永定等十二州"的属处。余作这样一种推测："永定等十二州"是否可断为"永、定等十二州"。《新唐书·地理志》是这样记载：

> 永定州：永泰元年以永、定等十二州部落内附，析置州十五。②

余以为，永、定本为两州名，而《新唐书·地理志》误将永、定二州名并为一州名。《宋史·夏国传》：

> （咸平四年）九月，（继迁）来攻破定州、怀远县及堡静、永州。③

又叙及西夏疆土时云：

> 河西之州九：曰兴、曰定、曰怀、曰永……④

《西夏地形图》中也标有永、定二州州名，均在灵州的西北面，并在黄河北岸。西夏以党项原羁縻州为州，这是完全可能的。如此说成立，则可知，这一支"河西党项"居地是在河套地区。我们想再引证一些材料来佐证这个问题。《旧唐书·刘沔传》：

> 太和末，河西党项羌叛，沔以天德之师屡诛其酋渠。⑤

---

① 周伟洲：《唐代党项》，广西师范大学出版社，2006年，第31页。
② （宋）欧阳修、宋祁：《新唐书》卷43《地理志》7《羁縻州》。
③ （元）脱脱：《宋史》卷485《夏国传》上。
④ （元）脱脱：《宋史》卷486《夏国传》下。
⑤ （后晋）刘昫：《旧唐书》卷161《刘沔传》。

《旧唐书·石雄传》：

> 太和中，河西党项扰边，选求武士，乃召还，隶振武刘沔为裨将，累立破羌之功。①

天德军在河套北岸，振武军在河套口，以两地之师去讨伐"河西党项"，这个"河西党项"居地亦可肯定在河套地区。还可引证，《旧唐书·武宗纪》载：

> （会昌二年）九月，以李思忠为河西党项都将，回纥西南面使招讨使。诏太原起室韦、沙陀三部落、吐浑诸部，委石雄为先锋。……李思忠率回鹘、党项之师屯保大栅。②

据《旧唐书·李德裕传》，保大栅在振武军③，可见这支河西党项亦应在振武一带。

党项在河套地区活动的材料还很多，下面再罗列几条。《旧唐书·范希朝传》：

> 振武有党项、室韦，交居川阜。④

《新唐书·陆庆余传》：

> 灵、胜二州党项引北胡寇边。⑤

《元和郡县图志》载：

---

① （后晋）刘昫：《旧唐书》卷161《石雄传》。
② （后晋）刘昫：《旧唐书》卷18《武宗纪》。
③ （后晋）刘昫：《旧唐书》卷174《李德裕传》。
④ （后晋）刘昫：《旧唐书》卷151《范希朝传》。
⑤ （宋）欧阳修、宋祁：《新唐书》卷116《陆庆余传》。

天德军：先是缘边居人，常苦室韦、党项之所侵掠，投窜山谷，不知所从。①

《册府元龟》载：

（太和五年）九月，丰州刺史李公政奏，党项于黑山劫掠归国回鹘。②

《辽史·地理志》：

太祖平党项，遂破天德。③

《宋会要辑稿》载：

丰州，本河西藏才族（党项的一支）都首领王甲居之。④

可见，振武、天德二军，胜、丰、灵三州等河套地区均是党项部落的居住地。由于他们居地在河套，而唐宋时期的河套地区又被称作"河西"，所以，文献上一般所指的"河西党项"即分布在河套地区的党项部落。

还要指出一点，这一时期的河西党项与唐前期九曲黄河之西的"河西党项"没有关系，并不是破丑部人。我们可以稍列几条材料来证明。《五代会要·党项羌传》：

天成二年二月，河西党项如连山等来朝贡，进马四十匹。⑤

《册府元龟》载：

---

① （唐）李吉甫：《元和郡县图志》卷4《关内道》4。
② （宋）王钦若：《册府元龟》卷995《外臣部》。
③ （元）脱脱：《辽史》卷41《地理志》。
④ （清）徐松辑：《宋会要辑稿》第195册《方域》21《丰州》。
⑤ （宋）王溥：《五代会要》卷29《党项羌传》。

> 长兴元年正月敕：河西党项蕃官来万德可怀化司戈。①

《册府元龟》载：

> （长兴）二年正月，河西党项折七移等进驰马。②

"如"姓、"来"姓、"折"姓都进入了河西党项部落，可见，河西党项不是一个简单的血缘氏族部落，而是许多部落组成的一个地方集团，在唐五代时势力不小，一时引导吐蕃入寇，一时向中原王朝朝贡不绝。

最后，我们再来看一看高居诲《使于阗记》中的记载：

> 自灵州过黄河，行三十里，始涉入党项界，曰细腰沙、神点沙，至三公沙，宿月支都督帐。自此沙行四百里，至黑堡沙，沙尤广，遂登沙岭。沙岭，党项牙也，其酋曰捻崖天子。③

这一条路线陈守忠先生作过实地考察，从灵州过黄河后，出贺兰山口不是向西行，而是折向西北，经现在的锡林高勒、和屯盐池至四度井，转向西南，到达今甘肃民勤县的五屯井。④所谓党项界即在灵州过黄河的西北地区，所谓沙岭即在甘肃省民勤县的五屯井附近。沙岭，作为党项牙帐所在地。《使于阗记》中的党项部落也应属河西党项部落，河西党项的牙帐有可能就设在沙岭。

辽王朝兴起后，河西党项归附辽朝，成为辽朝五十九属国中的一国。《辽史·圣宗纪》：

> （统和十五年正月）丙子，以河西党项叛，诏韩德威讨之。（二月）丙辰，韩德威奏破党项捷。（三月）甲申，河西党项乞内附。⑤

---

① （宋）王钦若：《册府元龟》卷976《外臣部》。
② （宋）王钦若：《册府元龟》卷972《外臣部》。
③ （宋）欧阳修：《新五代史》卷74《于阗传》。
④ 陈守忠：《河陇史地考述》，兰州大学出版社，1993年，第228页。
⑤ （元）脱脱：《辽史》卷13《圣宗纪》4。

据《辽史·韩德威传》：

> 未几，以山西城邑多陷，夺兵柄。李继迁受赂，潜怀二心，奉诏率军往谕，继迁诡以西征不出，德威至灵州俘掠而还。①

传、纪所载，当为同一事。亦可证，河西党项的基本居地是在灵州一带。河西党项附辽后，被辽王朝迁往东北。《辽史·营卫志》：

> 河西部，圣宗置。隶北府，节度使属东北路统军司。②

从此，河西党项集团离开了河西地区而在我国东北地区长期定居下来。

## 四

"河西杂虏"一词仅见于五代之时，一见于《资治通鉴》：

> （清泰元年秋七月丁巳）回鹘入贡者，多为河西杂虏所掠，诏将军牛知柔帅禁兵卫送，与邠州兵共讨之。③

二见于《册府元龟》：

> （清泰元年）七月，诏邠、泾、鄜、耀四州出兵应接回鹘。时回鹘朝贡，多为河西杂虏剽掠，故有是命。及回，又诏邠州节度使康福遣将军牛知柔率禁兵援送至灵武，虏之为患者，随使讨之。④

---

① （元）脱脱：《辽史》卷82《韩德威传》。
② （元）脱脱：《辽史》卷33《营卫志》。
③ （宋）司马光：《资治通鉴》卷279《后唐纪》8清泰元年七月丁巳条。
④ （宋）王钦若：《册府元龟》卷170《帝王部》。

这两条材料实际上记载的是同一事件,这里告诉我们有一支称之为"河西杂虏"的部落劫掠回鹘贡使,他们的居地应在灵州一带。周伟洲先生有一个解释:"此河西指河套西;杂虏,主要指西路党项。"①前半部的解释应说是准确的,后半部解释是否准确,我们先看看其他的材料。《资治通鉴》载:

> (会昌元年八月)辛酉,诏田牟约勒将士及杂虏,杂虏即吐谷浑、沙陀、党项等部落,毋得先犯回鹘。②

《沈下贤集》卷3《夏平》:

> 夏之属土长几千里,皆流沙,属民皆杂虏,属之多者曰党项。③

这两处对"杂虏"的解释是略有不同的,第一个"杂虏"指的是吐谷浑、沙陀、党项等部落,第二个"杂虏"是杂虏之中多数是党项。为什么两处"杂虏"所指不一样呢?余以为是地区不同,"杂虏"的成分亦不同。第一条材料的地区是指天德军一带,唐代天德军地区正是吐谷浑、沙陀、党项等部落聚居的地方,所以杂虏即为吐浑、沙陀、党项等部落。第二条材料是指夏州地区,而唐代的夏州地区主要是党项部落,故杂虏成分多为党项。那么,"河西杂虏"的主要成分应该是什么呢?这里面就较为复杂,灵州地区是唐代西北民族的重要聚居区,突厥、回纥、沙陀、吐浑、吐蕃、党项等都曾在这一地区定居。《旧唐书·地理志》记载,灵州回乐、鸣沙、温池三县寄居的突厥九姓部落共有2315户9114口④;《新唐书·地理志》记载有回纥十八个州,九个州侨置灵州之回乐、鸣沙、温池⑤,《宋史·回鹘传》记载,灵州西北贺兰山下居住着回鹘四族⑥;《新唐书·沙陀传》也载沙陀曾迁

---

① 周伟洲:《唐代党项》,第125页。
② (宋)司马光:《资治通鉴》卷246《唐纪》62会昌元年八月辛酉条。
③ (唐)沈亚之:《沈下贤集》卷3《夏平》。
④ (后晋)刘昫:《旧唐书》卷38《地理志》。
⑤ (宋)欧阳修、宋祁:《新唐书》卷43《地理志》7《羁縻州》。
⑥ (元)脱脱:《宋史》卷490《回鹘传》。

徙至灵州①，土族李土司称为沙陀李克用之后，又称五代时均葬于灵州②；据《新唐书·地理志》及《元和郡县图志》，知灵州曾安置吐谷浑部落两个羁縻州③；至于吐蕃，灵州原本就是吐蕃占领的州郡，必有相当的吐蕃部落残存。《新五代史·康福传》：

> 至青冈峡，遇雪，福登山望见谷川中烟火，有吐蕃数千帐。④

《资治通鉴》载：

> 至青刚峡，遇吐蕃野利、大虫二族数千帐，皆不觉唐兵至，福遣卫审峻掩击，大破之，查获殆尽。由是威声大振，遂进至灵州。⑤

一次所见灵州附近之吐蕃就是"数千帐"，可见，至五代时，灵州地区的吐蕃部落还是有相当规模的。周伟洲先生否认这是关于吐蕃的记载，因为"野利"是党项大姓。⑥余以为，问题也正在这里，"野利氏"明明是党项姓，为什么称之为"吐蕃"呢？余以为这正是解开"河西杂虏"这一名词的关键。野利部原为党项这是确切无疑的，但在唐中期迁居庆州的野利部族归顺了吐蕃。《新唐书·党项传》：

> 先是，庆州有破丑氏族三、野利氏族五、把利氏族一，与吐蕃姻援，赞普悉王之，因是扰边凡十年。⑦

《册府元龟》载：

---

① （宋）欧阳修、宋祁：《新唐书》卷218《沙陀传》。
② 卫聚贤：《李克用后裔的族谱》，载《西北文化》第3卷第10期，1941年。
③ （宋）欧阳修、宋祁：《新唐书》卷37《地理志》；（唐）李吉甫：《元和郡县图志》卷4《关内道》。
④ （宋）欧阳修：《新五代史》卷46《康福传》。
⑤ （宋）司马光：《资治通鉴》卷276《后唐纪》5天成四年十一月壬辰条。
⑥ 周伟洲：《唐代党项》，第120页注1。
⑦ （宋）欧阳修、宋祁：《新唐书》卷221《党项传》。

> 天福四年八月，西蕃寇边，泾州节度使张彦泽获其大首领野离王子罗暇独。①

唐宋之"西蕃"多指吐蕃，又称"野离王子"，与前引"赞普悉王之"相合。"野离"、"野利"一音之转。《旧五代史·明宗纪》：

> 天成三年春正月戊辰，吐蕃野利延孙等六人……并授归德、怀远将军，放还蕃。②

《五代会要·吐蕃传》中还有西凉府吐蕃左厢首领野利阊心。③这归顺吐蕃的党项野利部人经过吐蕃几十年的统治，加之他们之间的交往融合，实际上已经吐蕃化了。所以《唐大诏令集》这样说：

> 平夏、南山，虽云有异，源流风俗，本贯不殊。④

平夏指拓跋部，南山指野利部，他们的源流本都是党项，但野利部归顺吐蕃后，已经吐蕃化，故云有异。党项民族本来就是一个多民族的集合体，在它的发展过程中，既接受了其他民族的流进，也同时向其他民族流出。这种双向流程的民族融合现象在唐宋时期表现得是较为普遍的，所以出现了很多"杂种"、"杂虏"、"杂胡"、"杂羌"的记载。我们再看看王延德《西州行程》关于"九族鞑靼"的记载，鞑靼九族中有"都啰啰族"，有"太子大虫族"，有"拽利王子族"。⑤《宋史·吐蕃传》中有"都罗"⑥，《宋史·夏国传》中有夏将"都罗马尾"、"都罗重进"等⑦，这都啰啰族很可能就是吐蕃抑或党项融进鞑靼族的部落；"大虫族"、"拽（即野）利族"，这既见于党项，

---

① （宋）王钦若：《册府元龟》卷987《外臣部·征讨》6。
② （宋）薛居正：《旧五代史》卷39《明宗纪》5。
③ （宋）王溥：《五代会要》卷30《吐蕃传》。
④ （宋）宋敏求：《唐大诏令集》卷129《洗雪平夏党项德音》。
⑤ （宋）王明清：《挥麈录》卷4《王延德历叙使高昌行程所见》。
⑥ （元）脱脱：《宋史》卷492《吐蕃传》。
⑦ （元）脱脱：《宋史》卷486《夏国传》。

又见于吐蕃，这又再见于鞑靼，亦可反映这一时期民族混杂之状况。还有党项折氏，本为五代以后党项一大姓，《册府元龟》卷972称"达怛都督折文逋"。[1]《新五代史·达靼传》称："同光中，都督折文逋，数自河西来贡驼、马。"[2] 可见，党项折氏亦有流进鞑靼部族者。所以，"河西杂虏"的民族成分内应是比较复杂的，吐蕃、党项、回纥、突厥、吐浑、沙陀可能都有。如果要论及主要成分的话，余以为当以吐蕃为多。高居诲《使于阗记》云："自灵州渡黄河至于阗，往往见吐蕃族帐。"[3] 王朝被瓦解以后的吐蕃部落及被吐蕃化的各族人在灵州河套以西的地区其比重应是不小的。

原载《甘肃民族研究》1991年第1—2期

---

[1]（宋）王钦若：《册府元龟》卷972《外臣部·朝贡》5。
[2]（宋）欧阳修：《新五代史》卷74《达靼传》。
[3]（宋）欧阳修：《新五代史》卷74《于阗传》。

# "庞特勤居甘州"辨

## 一

庞特勤①,乃唐后回鹘一著名领袖。公元840年左右,一度称雄于漠北的回鹘汗国内乱,强大的黠戛斯乘机进攻回鹘,"杀可汗,诛掘罗勿,焚其牙,诸部溃"②,回鹘部族被迫向南向西进行大规模的迁徙,其西迁部分的主要领导人就是回鹘汗国的汗族子弟③——庞特勤。

庞特勤西迁,据新旧《唐书》记载,他们达到了位于北庭西北的葛逻禄(今葱岭以西)。《旧唐书·回纥传》云:

> 有回鹘相馺职者,拥外甥庞特勤及男鹿并遏粉兄弟五人,十五部西奔葛逻禄,一支投吐蕃,一支投安西。④

《新唐书·回鹘传》云:

> 其相馺职与庞特勤十五部奔葛逻碌,残众入吐蕃、安西。⑤

但是,所有的汉文材料又载,庞特勤西奔葛逻禄后,其活动地区并不在

---

① 本文中出现的庞特勤、特庞勤、特勒、庞勒、已庞历等,名称各异,但实指庞特勤一人。参见(法)沙畹:《西突厥史料》,第8、86、367页。
② (宋)欧阳修、宋祁:《新唐书》卷217《回鹘传》下。
③ (宋)欧阳修、宋祁:《新唐书》卷215《突厥传》云:"子弟曰特勒(勤)。"可见庞特勤为汗族子弟。
④ (后晋)刘昫:《旧唐书》卷195《回纥传》。
⑤ (宋)欧阳修、宋祁:《新唐书》卷217《回鹘传》下。

葛逻禄，而是在葛逻禄以东的地区（详见后面的论述）。这又说明，庞特勤并没有在葛逻禄定居，而是率部东渐了。然而，东渐后，庞特勤究竟是在安西建立政权还是在甘州建立政权，抑或是先在安西建立政权后又移至甘州呢？这个问题，由于史籍所载不一，也就成了后代史家难决之疑。

国内学者从王日蔚先生起，其后冯家昇、段连勤诸先生都主甘州回鹘之说，林幹先生虽然提出了怀疑，但也只是以不置可否的态度予以存疑。① 甚至法国汉学家哈密顿（James Rusell Hamilton）教授也模棱两可地承认庞特勤部居甘州。② 余参照各书记载，将歧异之处进行了一番辨析，得出的结论是：庞特勤率部西迁后一直寓居安西，从未居住甘州，历来将庞特勤列为甘州回鹘世系第一任可汗的观点是值得商榷的。

关于庞特勤为甘州回鹘可汗之说不外欧阳修、宋祁的《新唐书》、司马光的《资治通鉴》和脱脱的《宋史》三书。这三种书虽然都有"庞特勤居甘州"的记载，但是我们如果认真地追查史料来源，就可以发现这三种书的有关记载是很难令人相信的。先从《新唐书》谈起，该书《回鹘传》载：

> 大中初，……黠戛斯怒，与其相阿播将兵七万击室韦，悉收回鹘还碛北，遗帐伏山林间，狙盗诸蕃自给，稍归庞特勤。是时，特勤已自称可汗，居甘州，有碛西诸城。③

以此处所载，庞特勤"称可汗，居甘州"似乎无疑；其实不然，我们以刘昫《旧唐书》的记载与上书互相参对，就能看出问题来。《旧唐书·回纥传》载：

> 至（大中）二年（848）春，……回鹘在室韦者，阿播皆收归碛北。

---

① 参见王日蔚：《唐后回鹘考》，载《国立北平研究院史学集刊》第1期；冯家昇：《维吾尔族史料简编》上册，第49页；段连勤：《河西回鹘政权的建立和瓦解》，载《西北大学学报》，1978年第4期；林幹：《河西回鹘略论》，载《社会科学》1981年第3期。刘义棠先生更提出一种新的解释："我人咸认为西北葛逻禄之庞特勤与居甘州称可汗之庞特勤为二人，不必强其为一人也。"载该氏：《维吾尔研究》4《回鹘西迁居地考》，台北正中书局，1986年，第165页。如是这样考证，什么疑难问题都毋须深究，有歧义者，即为多种解释即可。

② （法）J. R. 哈密顿著，耿昇、穆根来译：《五代回鹘史料》，新疆人民出版社，1982年，第15页。

③ （宋）欧阳修、宋祁：《新唐书》卷217《回鹘传》下。

在外犹数帐,散藏诸山深林,盗劫诸蕃,皆西向倾心,望安西庞勒之到。庞勒已自称可汗,有碛西诸城。其后嗣君弱臣强,居甘州,无复昔时之盛。①

回鹘文占卜文书

很明显,前引《新唐书》的那一段文字是根据上文而成。但是,宋祁在修《新唐书》列传之时,对《旧唐书》的原有内容作了很大程度的删修,特别是文字上删改较大。我们知道,《旧唐书》主要史料皆出自实录,而且沿袭旧说,不作更变;而《新唐书》则由于作者老于文学,"独以文辞华采为先","专以褒贬笔削自任"②,一任主观取舍,将许多不该删削的重要史实也随意削去,遂造成史实交代不清的现象。如《旧唐书》有"段秀实与大将刘海宾、何明礼、姚令言判官歧灵岳同谋朱泚"一句,《新唐书》则削去"判官歧灵岳"五字,变成"段秀实与大将刘海宾、何明礼、姚令言同谋朱泚",姚令言乃泾原节度使,与朱泚同反,《新唐书》删去五字,就变成了意思完全相反的两码事。《新唐书》这种删误,前人多有批判,以致《新唐书》中

---

① （后晋）刘昫:《旧唐书》卷 195《回纥传》。
② （宋）吴缜:《新唐书纠谬》序言。

宋祁的文章被人称为"涩体"。① 再如开篇所引新旧《唐书·回鹘传》关于庞特勤西奔之事，《旧唐书》有"拥外甥庞特勤及男鹿并遏粉兄弟五人"之句，而《新唐书》却删。"外甥"之词，表庞特勤与及驳职之甥舅关系；"男鹿并遏粉兄弟五人"则表与庞特勤一起西奔的还有驳职的五个儿子。这些句子，何赘之有？然而《新唐书》却删之。又《旧唐书》为："一支投吐蕃，一支投安西"，加上奔葛逻禄一支，三支西迁，一目了然；而《新唐书》却作"残众入吐蕃、安西"。文字简洁且美，然史实交代之明了，则远不及《旧唐书》。

这样，我们来看前面所述及的新旧《唐书·回鹘传》的两段材料就可以断其正误了。《旧唐书》所载："皆西向倾心，望安西庞勒之到。庞勒已自称可汗，有碛西诸城。其后嗣君弱臣强，居甘州。"而《新唐书》却删去"皆西向倾心，望安西庞勒之到"和"其后嗣君弱臣强"两句，就变成"稍归庞特勒，是时，特勒已自称可汗，居甘州，有碛西诸城"。于是，在《旧唐书》中明确记载庞特勤居安西，而在《新唐书》中变成庞特勤居甘州了，这就是庞特勤居甘州之说的本源。当然，以新旧《唐书》在史学史上的价值而论，各有所长，亦有所短。但是，以各书所载材料的可靠性而论（特别是本纪和列传），则旧胜于新，这应是新书出而旧书得以不废的重要原因之一。所以，余以为，《新唐书》庞特勤居甘州之说，可以断言，乃宋祁删削之讹，故不可取。

再看司马光《资治通鉴》卷248的记载：

> （大中二年）其（回鹘）别部庞勒，先在安西，亦自称可汗，居甘州，总碛西诸城。②

一般说来，司马氏修《通鉴》"悉据旧史，于新书无取"③。但这一段文字却有明显受《新唐书》影响之痕迹，"其别部庞勒，先在安西"，《旧唐书》所载也；"亦自称可汗，居甘州"，《新唐书》所云也。先曰"在安西"，继曰"居甘州"，前后抵牾，自相矛盾，显而易见，这是因为司马光杂糅了新旧二

---

① 余嘉锡：《四库提要辨证》卷4《史部》21《新唐书》。
② （宋）司马光：《资治通鉴》卷248《唐纪》64大中二年正月条。
③ （清）王鸣盛：《十七史商榷》卷69《通鉴取旧书》。

史，而无法自圆其说。再以该书后面所记几条材料，我们就可发现，司马光也就不自觉地推翻了所谓"庞特勤居甘州"之说。《资治通鉴》卷249载：

（大中十年三月）己庞历，今为可汗，尚寓安西，俟其归复牙帐，当加册命。①

同书同卷又载：

（大中十一年十月）上遣使诣安西镇抚回鹘。使者至灵武，会回鹘可汗遣使入贡。十一月辛亥，册拜为嗢录登里逻没密施合俱录毗伽怀建可汗。②

既然前面说，大中二年庞特勤已在甘州称可汗，则大中十年（856）就不应有"己庞历尚寓安西"之说；更不会有大中十一年（857）唐王朝派使者去安西册拜庞特勤为可汗之事。很清楚，庞特勤并未居甘州，直至大中十一年，庞特勤还寓居安西。由此可见，《资治通鉴》卷248之所以有"居甘州"之词，完全是杂糅了新旧《唐书》的模棱两可之说，从《资治通鉴》卷249提供的两条材料，则又完全可以证明"庞特勤居甘州"说为谬。

最后谈脱脱《宋史》的记载。《宋史·回鹘传》云：

庞勒西奔安西，既而回鹘为幽州张仲武所破，庞勒乃自称可汗，居甘、沙、西州。③

《宋史》这段记载，错误更大。它不仅沿袭《新唐书》之说，而且将后来的事情也混为一谈。"居甘州"为《新唐书》之说，怎么又来一个"居沙州和西州"的说法呢？庞特勤自称可汗在大中二年，此时沙州已置于张义潮统治之下。S.3329号《张义潮传记》载：

---

① （宋）司马光：《资治通鉴》卷249《唐纪》65大中十年三月辛亥条。
② （宋）司马光：《资治通鉴》卷249《唐纪》65大中十年十月乙酉条、十一月辛亥条。
③ （元）脱脱：《宋史》卷490《回鹘传》。

> （大中二年）敦煌（沙州）、晋昌（瓜州）收复已讫。①

大中二年，张义潮沙州起义是人所悉知的历史事实，庞特勤又怎么能够"居沙州"呢？更何况大中二年后，张义潮领导河西各族人民收复了河西十一州，甘、沙、西三州都在其中，那庞特勤又怎么能够"居甘、沙、西州"呢？毋须细辨，以上所述，足见《宋史·回鹘传》这条材料不足征信。

## 二

上面我们次第剖析了"庞特勤居甘州"的三种错误记载，下面，我们再从正面来谈谈庞特勤西迁后的居所。

第一条材料，《新唐书·突厥传》载：

> 及其（指回鹘）破灭，有特庞勤居焉耆城，称叶护，余部保金沙岭，众至二十万。②

特庞勤，当为庞特勤之倒误。庞特勤于大中二年自称"可汗"，突厥语为 Qaxan，为皇帝之意。这里称"叶护"，突厥语作 Yabru，为副王或总督之意。可见，这段记载早于大中二年，从中也告诉我们，大中二年前，庞特勤居住在焉耆城（安西四镇之一），其属下有一部分守卫在金沙岭（即金山），部众已经发展到二十万人。这时，以焉耆为中心的庞特勤政权已经建立，其东北部以金山为界。

第二条材料，《旧唐书·回纥传》载：

> 至（大中）二年春，……回鹘在室韦者，阿播皆收归碛北。在外犹

---

① S.3329 号《张义潮传记》，转引自唐长孺：《关于归义军节度的几种资料跋》，载《中华文史论丛》第 1 辑，1962 年。查黄永武主编：《敦煌宝藏》第 27 册 S.3329 号标题为《张氏修功德记》，不知为何唐文与《敦煌宝藏》不一致？
② （宋）欧阳修、宋祁：《新唐书》卷 215《突厥传》下。

数帐,散藏诸山深林,盗劫诸蕃,皆西向倾心,望安西庞勒之到。庞勒已自称可汗,有碛西诸城。①

这里告诉我们,大中二年,庞特勤已自称可汗,并且还是居于安西,在他的统治范围内"有碛西诸城"。所谓"碛",即指莫贺延碛,碛西诸城,应指伊州、纳职、高昌、庭州等城②,而不会包括碛以东近千里的"甘州"。

第三条材料,《唐大诏令集》载:

……皆云庞特勤尚寓安西,众所悦附。③

这一诏书于大中十年下达,与《资治通鉴》卷249大中十年三月"已庞历今为可汗,尚寓安西"④相合。可见,这一时期传到唐王朝的可靠情报还是庞特勤在安西。

第四条材料,《资治通鉴》载:

(大中十一年十月)王端章册立回鹘可汗,遂为黑车子所塞,不至而还。⑤

又据《张义潮变文》载:

先去大中十载,大唐差册立回鹘使御史中丞王端章持节而赴单于,下有押衙陈元弘走至沙州界内……启仆射(指张义潮):元弘本使王端章,持节北入单于,充册立使,行至雪山南畔,遇逢背逆回鹘一千余骑,当被劫夺国册及诸敕信。⑥

---

① (后晋)刘昫:《旧唐书》卷195《回纥传》。
② (宋)欧阳修、宋祁:《新唐书》卷216《吐蕃传》载:"河源东厢直莫贺延碛尾殆五百里,碛广五十里,北自沙州,西南入吐谷浑寝狭,故号碛尾。"以此观之,则莫贺延碛在沙州地西面,而西南入青海,则碛西诸城就应为沙州以西的城市,而不会包括甘州。
③ (宋)宋敏求:《唐大诏令集》卷128《议立回鹘可汗诏》。
④ (宋)司马光:《资治通鉴》卷249《唐纪》65大中十年三月辛亥条。
⑤ (宋)司马光:《资治通鉴》卷249《唐纪》65大中十一年十月条。
⑥ 王重民等编:《敦煌变文集》卷1《张义潮变文》,人民文学出版社,1957年,第116页。

大中十年（856），唐派王端章为册立回鹘可汗使，虽没有说明所去地点，但借助敦煌文卷的记载，"至沙州界"，"至雪山南畔"，甘州在沙州东面，此处雪山当为天山，可知，唐使者不是去甘州，而是去安西。被册立者，据《资治通鉴》及《旧唐书》可知，即"嗢录登里逻密施合俱录毗伽怀建可汗"①庞特勤。可见，至大中十一年（857），庞特勤还是在安西。但是，从《张义潮变文》中却透露了一个消息，这个时期的回鹘政权并不巩固，居然有"背逆回鹘一千余骑"劫夺册立庞特勤的"国册"和"敕信"。据此推测，可能就在大中十一年左右，安西的庞特勤政权已发生内乱，势力转衰。这从前引《张义潮变文》和P.3451《张淮深变文》可知，义潮时，屡破蕃浑及安西回鹘；淮深嗣立，亦屡摧安西回鹘之师。②庞特勤盛时有众二十余万，如无内乱，焉能屡败于小小归义军？故我们推断，值此内乱之秋，庞特勤后代很可能从安西转徙河西而入甘州。从《沙州伊州地志》残卷中也可找到旁证：

龙部本焉耆人，今甘、肃、伊州各有领首。③

可见，从庞特勤的安西根据地——焉耆迁入河西的还有回鹘别族龙部，很可能与庞特勤后嗣一同迁往河西。故《旧唐书·回纥传》称："其后嗣君弱臣强，居甘州，无复昔时之盛。"④胡三省亦称："回鹘至五季，时入献见者，皆庞勒种类。"⑤

---

① （宋）司马光：《资治通鉴》卷249《唐纪》65大中十一年十一月辛亥条；（后晋）刘昫：《旧唐书》卷195《回鹘传》下。
② 王重民等编：《敦煌变文集》卷1《张义潮变文》，第121页。
③ S.0367号唐元启元年（885）写本《沙州伊州地志》残卷，载唐耕耦、陆宏基编：《敦煌社会经济文献真迹释录》第1辑，全国图书馆文献缩微复制中心，1990年，第41页。
④ （后晋）刘昫：《旧唐书》卷195《回纥传》。
⑤ （宋）司马光：《资治通鉴》卷248《唐纪》64胡三省注。按：五代入贡主要为甘州回鹘。

头戴三尖帽的回鹘王子像

## 三

最后,关于庞特勤后代建甘州政权的时间余仍做一点补充说明。

甘州,在唐代宗永泰以前为唐王朝在河西地区屯军、屯粮的重要据点,永泰二年(766)后陷于吐蕃,同是吐蕃统治者控制河西地区的重要据点。唐武宗会昌以后,吐蕃达磨赞普被刺,国中开始内乱,但河西地区还一直控制在吐蕃割据者手中。所以,《五代会要》载:

会昌初,其国(指回鹘)为黠戛斯所侵,部族扰乱,乃移帐至天

> 德、振武间……又为张仲武所破,余众西奔,归于吐蕃,处之甘州。①

张仲武破回鹘乃大中元年(847)之事。可见,这时的甘州还在吐蕃手中,而一部分回鹘则隶属于吐蕃。故《资治通鉴》卷248云:

> (大中元年五月)吐蕃论恐热乘武宗之丧,诱党项及回鹘余众寇河西。②

此处"河西"乃指河套,"余众"则指迁入河西地区的回鹘部落。他们并没有自己的政权,而隶属于吐蕃军阀论恐热的统治之下。

大约在大中三、四年间,张义潮大中二年沙州起义后,才将甘州从吐蕃统治者手中收复。S.3329号《张义潮传记》载:

> (大中二年后)次屠张掖(甘州)、酒泉(肃州),攻城野战,不踰星岁,克复两州。③

自此以后,甘州置于张义潮统治之下。大中四年(850),张义潮还派遣使者将瓜、沙、甘、肃等十一州地图献给唐王朝。可见,这时的甘州还不可能有回鹘人的政权。

约在大中十一年,P.3500号《张义潮变文·附录一》中有这样的记载:

> 再看太保颜如佛,恰同尧王似重眉,弓硬力强箭叉褐,头边虫鸟不能飞,四面蕃人来跪伏,献驼纳马没停时,甘州可汗亲降使,情愿与作阿耶儿。④

这里出现了"甘州可汗"。这一时期在甘州一带活动的除回鹘外,还有

---

① (宋)王溥:《五代会要》卷28《回鹘》。
② (宋)司马光:《资治通鉴》卷248《唐纪》64。
③ S.3329号《张义潮传记》,转引自唐长孺:《关于归义军节度的几种资料跋》,载《中华文史论丛》第1辑,1962年。
④ 王重民等编:《敦煌变文集》卷1《张义潮变文》,第117页。据《敦煌变文集》校记,《张义潮变文》所记大中十一年前后事,《附录一》则应更后一些。

吐蕃、退浑、龙族及嗢末。①但此时其领袖均不称"可汗",称可汗而又居甘州者,非回鹘莫属。这就证明,在大中十一年(857)左右,河西地区的回鹘开始有了自己的政权,称"甘州可汗",这正好与我们前面的推测相合,大中十一年左右,庞特勤的后代由安西转徙河西而入甘州,并建立了政权。但这位称"甘州可汗"不是庞特勤,而应是他的后代。正由于"其后嗣君弱臣强",所以,被张义潮战败投降。至咸通十三年(872)八月,张义潮死,"是后中原多故,朝命不及,回鹘陷甘州"②。此时,甘州虽为回鹘所得,但围绕着甘州的斗争却十分激烈。S.2589号《中和四年肃州防戍都营田索汉君县承张胜君等状》说:

> 其甘州回鹘和断未定,二百回鹘常在甘州左右捉道劫掠。甘州自胡进达去后,更无人来往。③

据唐长孺先生定为中和四年的S.0389号《肃州防戍都状》载:

> 今月七日,甘州人杨略奴等五人充使到肃州。称其甘州吐蕃三百,细小相兼五百余众,及退浑王拔乞狸等十一月一日并往归入本国。④

S.0389号又载:

> 其龙王衷私发遣僧一人,于凉州嗢末首令边充使,将文书称:我龙家共回鹘和定,已后恐被回鹘侵凌,甘州事须发遣嗢末三百家已来,同往甘州,似将牢固。如若不来,我甘州便共回鹘为一家计你嗢末,莫道不报。⑤

---

① 吐蕃、退浑、龙家、嗢末在甘州活动之事,载黄永武:《敦煌宝藏》第3册S.0389号《肃州防戍都状》;罗振玉编:《敦煌石室遗书》第1集《张氏勋德记》。
② (宋)司马光:《资治通鉴》卷252《唐纪》68咸通十三年八月条。
③ S.2589号《中和四年肃州防戍都营田索汉君县承张胜君等状》,原文引自唐长孺:《关于归义军节度的几种资料跋》,载《中华文史论丛》第1辑,1962年。查黄永武主编《敦煌宝藏》第24册S.2889号标题为《佛说大乘稻芊经》,不知为何唐文与《敦煌宝藏》不一致。
④ 黄永武主编:《敦煌宝藏》第3册S.0389号《肃州防戍都状》,新文丰出版公司,1988年。
⑤ 黄永武主编:《敦煌宝藏》第3册S.0389号《肃州防戍都状》。

可见，从咸通十三年（872）至中和四年（884）间，围绕着甘州一地，回鹘、吐蕃、龙家、退浑等族相互争夺不已。因此，归义军约于乾宁元年（894）以前又一次收复甘州。在乾宁元年所立的《李氏再修功德记》称沙州李弘谏为"使持节甘州刺史兼御史中丞"，还说他"洎分符于张掖，政恤惸孤"。① 然不久，至少在唐光化初年（898—899）之前，甘州又被回鹘夺回，并获得唐朝的承认。② 这时出现甘州回鹘第一任可汗名："天睦可汗"。③ 于天复元年（901），又入侵沙州归义军领地。后又于梁开平末年打败金山国，被张承奉尊为"父大王"、"天可汗"④，故后唐同光时刘少晏称："甘州回鹘兵强马壮，不放凉州使人拜奉沙州。"⑤ 甘州回鹘遂成为河西一霸。

## 四

通过以上辨析，我们可以比较清楚地看到：（一）庞特勤居甘州之说，主要是《新唐书》删削《旧唐书》所造成的讹误，《资治通鉴》和《宋史》沿袭其误；（二）各种材料证明，庞特勤并未居住甘州，而是在安西建立政权称可汗；（三）甘州回鹘建立政权应在大中十一年（857）左右，并不是庞特勤本人而是其后代所建。

原载《西北民族学院学报》1983 年第 1 期

---

① 乾宁元年《李氏再修功德记》，转引自唐长孺：《关归义军节度的几种资料跋》，载《中华文史论丛》第 1 辑，1962 年。
② P.3931《表本》为甘州回鹘上唐朝表文抄本，内称："去光化年初（898—899），先帝远颁册礼，及恩赐无限信币，兼许续降公主不替懿亲"。参见李正宇：《晚唐五代甘州回鹘重要汉文文献之佚存》，载《文献》1989 年第 4 期。
③ S.8444《唐内文思院回赐甘州回鹘进贡物品会计簿》，转（日）土肥义和著，刘方译：《敦煌发现唐、回鹘间交易关系汉文文书残片考》，载《西北民族研究》1989 年第 2 期。
④ 王重民：《金山国坠事拾零》，载《国立北平图书馆馆刊》第 9 卷第 6 号，1935 年；荣新江：《归义军史研究——唐宋时代敦煌历史考索》第 6 章，上海古籍出版社，1996 年，第 222—223 页。
⑤ S.5139 号《刘少晏上归义军状》，原文引自唐长孺：《关于归义军节度的几种资料跋》，载《中华文史论丛》第 1 辑，1962 年。查黄永武主编：《敦煌宝藏》第 40 册 S.5139 号标题为《大乘无量寿经》，不知为何唐文与《敦煌宝藏》不一致？

# 甘州回鹘史二札

近年来，不少学者针对甘州回鹘的历史进行了较深入的探讨，写出了多篇具有一定深度的研究论文。但是，对这个地处河西走廊中部的古维吾尔政权的基本史实却还有许多不太清楚的地方，本文拟就甘州回鹘最后一代可汗及西夏最后攻占甘州的时间两个问题略陈陋见，想解释文献记载的抵牾及纠正今人之误说。

一

研究甘州回鹘史，弄清甘州回鹘可汗世系乃是第一个重要问题。因为它关系到甘州回鹘建国、灭亡及甘州回鹘整个历史的演进过程等一系列问题；不搞清这个问题，势必导致甘州回鹘史研究的混乱。笔者前已就庞特勤、狄银、禄胜诸问题发表了自己粗浅的看法[①]，这里再提出一个问题，即甘州回鹘最后一代可汗究竟是谁？

恐怕会有人认为，提此问题多此一举。因为，从王日蔚开始，冯家昇、李符桐、林幹乃至段连勤、高自厚诸先生都一致认为，甘州回鹘最后一代可汗是"夜落隔通顺"[②]，清乾隆以后刻本均译作"伊噜格勒栋硕尔"，并且，在他们各自所列的甘州回鹘世系表中都具体标明，似乎是已成定论的问题。以

---

① 参见拙稿《"庞特勤居甘州"辨》，载《西北民族学院学报》1983年第1期；《关于狄银之辨析》，载《社会科学》1983年第1期；《对五代宋初河西民族若干问题的探讨》，载《敦煌学辑刊》1983年第4期。
② 参见王日蔚：《唐后回鹘考》，载《史学集刊》1936年第5期；冯家昇：《维吾尔族史料简编》上；李符桐：《回鹘史研究》；林幹：《河西回鹘略论》，载《社会科学》1981年第3期；段连勤：《河西回鹘政权的建立与瓦解》，载《西北大学学报》1979年第4期；高自厚：《甘州回鹘世系考》，载《西北史地》1983年第1期。

"夜落隔通顺"为甘州回鹘最后一代可汗是否即可论定呢？余以为还可以商榷。近见《西北史地》1983年第3期上刊载的李萍女士一篇关于甘州回鹘的论文。① 她论及甘州回鹘最后一代可汗不是"夜落隔通顺"，而是"宝国夜落隔"。余以为这一研究是在前人的基础之上又推进了一步。

据文献记载，在《宋史》、《宋会要辑稿》、《续资治通鉴长编》中，"夜落隔通顺"最后见于天圣元年（1023）六月，宋王朝封其为"归忠保顺可汗王"，这是关于"夜落隔通顺"在这几部主要宋史著作中的最晚记载。在《宋大诏令集》中有一份敕书，标题为《赐甘州回纥天圣五年历日敕书》，全文如下：

> 皇帝舅问甘州回纥外甥归忠保顺可汗王夜落隔，国家奉若上穹，修明旧典，命清台而候气，布元历以授时。卿雄略挺生，纯诚克茂，控临河塞，就望阙庭。式遵颁朔之规，聿洽同文之化，体兹朝奖，只率国章。今赐卿，天圣五年（1027）历日一卷，至可领也。②

据《宋史·回鹘传》③、《宋会要》④ 及《续资治通鉴长编》⑤ 载，被宋王朝册封为"归忠保顺可汗王"的，就是"夜落隔通顺"。那么，《宋大诏令集》中的"归忠保顺可汗王夜落隔"即"夜落隔通顺"的省称。按照常规，颁赐历日应该在该历日使用之前赐给，"天圣五年历日"，则应在天圣四年年底之前颁赐。这样，即可得知，在天圣四年时，夜落隔通顺仍为甘州回鹘可汗，这也是关于他的最晚记载。

到天圣五年（1027）时，甘州回鹘可汗世系发生了变化。《宋会要》载：

> （天圣）五年八月，甘州可汗王宝国夜落隔使安万东等十四人来贡方物。⑥

---

① 李萍：《关于甘州回鹘的若干问题》，载《西北史地》1983年第3期。
② （宋）佚名：《宋大诏令集》卷240《西蕃》下。
③ （元）脱脱：《宋史》卷490《回鹘传》。
④ （清）徐松辑：《宋会要辑稿》第197册《蕃夷》4。
⑤ （宋）李焘：《续资治通鉴长编》卷100天圣元年五月辛巳条。
⑥ （清）徐松辑：《宋会要辑稿》第197册《蕃夷》4。

《续资治通鉴长编》卷105载：

> （天圣五年八月）壬辰，甘州可汗王宝国伊噜格勒来贡方物。①

《续资治通鉴长编》卷106载：

> （天圣六年二月）庚辰，甘州可汗王宝国伊噜格勒贡方物。②

《宋会要》载：

> （天圣）五年八月二个五日，甘州可汗王宝国夜落隔遣使来贡乳香、碙砂。……六年二月十五日，甘州可汗王宝国夜落隔遣使副都督贡玉、琥珀、乳香。③

"伊噜格勒"为"夜落隔"的清译。从上引四处材料证明"夜落隔通顺"在位的下限必在"天圣五年八月二十五日"之前。根据甘州到汴京行程所需时日，就说明约在天圣五年初，"宝国夜落隔"已即可汗位，其嬗替之原委虽不可详知，但《辽史》给我们披露了一点消息：

> 太平六年（1026），五月癸卯，遣西北路讨使萧惠将兵伐甘州回鹘。八月，萧惠攻甘州不克，师还。④

辽圣宗太平六年为宋仁宗天圣四年，八月，辽军虽未攻克甘州，但以辽与甘州实力相较，尽管侥幸未亡，但受其重创当属无疑，"夜落隔通顺"是否在重创中丧身也或未可知。

---

① （宋）李焘：《续资治通鉴长编》卷105天圣五年八月壬辰条。
② （宋）李焘：《续资治通鉴长编》卷106天圣六年二月庚辰条。
③ （清）徐松辑：《宋会要辑稿》第199册《历代朝贡》。
④ （元）脱脱：《辽史》卷17《圣宗纪》8。

总之，到天圣五年，甘州可汗的名字已由"夜落隔通顺"转到了"宝国夜落隔"这一点是明确无误的。《宋史·回鹘传》却略去了"宝国夜落隔"之名，简载为："（天圣）五年八月，遣使安万东等十四人来贡方物。六年二月，遣人贡方物。"①恐怕是由于《宋史·回鹘传》这一简笔，造成了许多学者的错觉，从《宋史》上看，甘州回鹘世系似乎是传至"夜落隔通顺"止。所以，无人谈及天圣五年至天圣六年的"宝国夜落隔"，遂使这一代甘州回鹘可汗湮没无名。故李萍女士提出的"宝国夜落隔"之说应该说是一次有益的推进。

但是，宝国夜落隔是不是甘州回鹘最后一代可汗呢？余以为还不可以此为定，在宝国夜落隔之后，甘州回鹘还有一代可汗之名，这就是"伊噜格勒雅苏"。这位可汗之名不见于《宋史》、《宋会要辑稿》、《续资治通鉴长编》诸书，而在宋庠的《元宪集》中得以保存。该书卷28中有一份题为《赐交趾郡王李德政、甘州可汗王伊噜格勒雅苏历日》的敕书，全文如下：

朕只仰乾经，顺修时训，每缘命朔，必谨颁常。卿诏服世勋，协宁边略，属岁元之更序，资玉历以布和。宜克钦承，用符恭授。②

据《宋史·宋庠传》，仁宗时，宋庠为朝廷知制诰，此敕书乃宋庠亲自撰写的官方文件，敕书内容虽属虚华之辞，而赐"甘州可汗王伊噜格勒雅苏历日"却是最为可靠的记载。这位"伊噜格勒雅苏（或称夜落隔雅苏）"虽属甘州回鹘王族"夜落隔（药罗葛）"氏，但什么时候当上了甘州回鹘的可汗王呢？我们从"交趾郡王李德政"身上能找到一些证明。李德政是交趾的统治者，其父李公蕴，据《宋史·交趾传》，李公蕴在天圣四年前被宋封为交趾郡王，后又转进南平王，天圣七年（1029）卒。《宋史·仁宗纪》载：

（天圣七年四月）辛卯，南平王李公蕴卒，其子德政遣人来告，以为交趾郡王。③

---

① （元）脱脱：《宋史》卷490《回鹘传》。
② （宋）宋庠：《元宪集》卷28《赐交趾郡王李德政、甘州可汗王伊噜格勒雅苏历日敕书》。
③ （元）脱脱：《宋史》卷9《仁宗纪》1。

又《宋会要》载：

> （天圣）七年四月，安南静海军权知留后事李德政言：臣父公蕴以六年三月三日薨，……见遣使入贡。……寻授德政官如蕴初（即交趾郡王）。①

可见，李德政为交趾郡王是天圣七年四月以后的事。那么，《元宪集》中赐交趾郡王李德政历日之事必在天圣七年四月以后。因此，与交趾郡郡王同赐历日的"伊鲁格勒雅苏"，就应当是天圣七年四月还在位的甘州回鹘可汗王。那么，天圣六年（1028）二月还在位的"宝国夜落隔"可能在天圣七年四月之前又被"伊噜格勒雅苏"取代。大中祥符九年（1016）夜落纥死后，甘州回鹘政权领导者更换频繁，这与当时西夏与辽的外部压力有关，尽管更换的内幕为史籍的缺略所掩盖，但从一个侧面反映出原来号称"兵强马壮"的甘州回鹘衰亡前夕政权不稳定的迹象。

## 二

确定了"伊噜格勒雅苏"为天圣七年后的甘州回鹘可汗王，它的连锁反应是，势必冲击目前公认的西夏灭甘州政权于天圣六年的传统观点。（余在此之前亦持此观点。）当然，以西夏灭甘州回鹘政权于宋仁宗天圣六年（1028）是有据可查的。稍早一些的记载有两处，一为《宋史·夏国传》："天圣六年，德明遣子元昊攻甘州，拔之。"② 二为商辂《续资治通鉴纲目》："（天圣六年五月）赵德明使其子元昊袭回鹘甘州，取之。"③ 很明显，商辂之言当源于《宋史·夏国传》，所以，关于天圣六年西夏灭甘州回鹘的原始记载仅《宋史·夏国传》一处。值得注意的是，这一记载既不见于《宋史·回鹘传》，又不见于《宋会要辑稿》和《续资治通鉴长编》等书。这就不得不

---

① （清）徐松辑：《宋会要辑稿》第 197 册《蕃夷》4。
② （元）脱脱：《宋史》卷 485《夏国传》上。
③ （明）商辂：《续资治通鉴纲目》卷 4 天圣六年五月条。

令人产生怀疑，这一记载是否有误。前已证明，天圣七年四月间，甘州回鹘还有一位"伊噜格勒雅苏"可汗，那就可证明，天圣七年甘州回鹘政权并未灭亡。《元宪集》中的敕书还称："卿诏服世勋，协宁边略，属岁元之更序，资玉历以布和。"宋王朝在这里还褒奖"伊噜格勒雅苏"继承其父祖之勋业，协同宋王朝一起抗夏卫边。并按属岁更元颁赐历日的常规给甘州政权赐历日，足可见，天圣七年四月，甘州仍在回鹘"夜落隔"氏的股掌之中，并无政权更变之痕迹。

那么，《宋史·夏国传》误在何处呢？根据文献记载，余以为，西夏攻占甘州是两次，一次在宋仁宗天圣元年（1023），另一次在宋仁宗明道元年（1032）。第一次甘州虽被攻破，但未被长期占领，甘州回鹘政权也未因此而亡；第二次西夏攻破甘州，不仅长期占领，而且正式收归西夏政府管辖，这样，以甘州为牙帐的回鹘政权应正式宣告灭亡。《宋史·夏国传》天圣六年的那一条材料正是第一次西夏破甘州的记载，其中"天圣六年"当为"天圣元年"之讹。我们可以《宋史·夏国传》的另一条材料为证：

> 曩霄本名元昊，……弱冠，独引兵袭破回鹘夜洛隔可汗王，夺甘州，遂立为皇太子。①

古人以二十岁左右为"弱冠"，元昊死于宋仁宗庆历八年（1048），终年四十六岁。②如果我们以二十一岁为元昊"弱冠"之年的话，那就正好是天圣元年（1203）；"天圣六年"元昊已经二十六岁，已不能称作"弱冠"之年。所以，"弱冠"夺甘州的赵元昊，是应该在天圣元年，而不在天圣六年。"六"、"元"形近，容易错讹，史书中"六"讹成"元"，"元"讹成"六"，不乏其例。故余以为《宋史·夏国传》中"天圣六年"当为"天圣元年"之讹。因此，"德明遣子元昊攻甘州，拔之"的记载应在天圣元年。

天圣元年，西夏这一次对甘州的进攻，完全是突然袭击，"元昊独引兵袭破回鹘夜落隔可汗王"这一句话可以反映，这是赵德明为其子元昊参入正式战争指挥而安排的一次实战演习。所以，甘州虽破，并无长期占领之意。

---

① （元）脱脱：《宋史》卷485《夏国传》上。
② （元）脱脱：《宋史》卷485《夏国传》上。

田况《儒林公议》卷上载：

> 拓跋元昊少好兵，父德明时，将兵破甘凉，其可汗自焚，仍俘其妻孥以归。①

这位自焚的甘州可汗就是"夜落隔归化"，《宋史·夏国传》省称为"夜落隔"，突厥语为 Yarlaqar。由于"夜落隔"即"药罗葛"，为传统的漠北回鹘可汗之姓，故外人呼甘州回鹘可汗多有省称之例。如夏竦《文庄集》和《宋大诏令集》都将"夜落隔归化"（伊噜格勒可特）省称为"夜落隔（伊噜格勒）"。②前引《宋大诏令集》还将"夜落隔通顺"省称为"夜落隔"。夜落隔归化从大中祥符九年（1016）开始，即为甘州回鹘可汗，到天禧四年（1020）甘州可汗仍是归化。天圣五年五月后，甘州可汗已易名为"夜落隔通顺"。"归化"也就是在天圣元年西夏破甘州后自焚而亡，这也是元昊在天圣元年破甘州的一个旁证。由于西夏破甘州后迅速撤军，"俘其妻孥以归"，并无占领之意。因此，甘州回鹘政权又以"夜落隔通顺"为可汗而得以保存下来。

西夏第二次攻破甘州是在宋仁宗明道元年，也是西夏最后攻占甘州的时间。西夏在赵德明时期，东联契丹，南和赵宋，休养生息，积蓄力量，积极准备展开对西部的开拓，经过二十多年的努力，统一河西的时机已经成熟。明道元年（1032），赵元昊率领的西夏铁骑对河西各政权发动了猛烈的进攻。元昊"志在恢拓，数侵诸蕃"③。而首当其冲的就是甘、凉二州。《太平治迹统类》载：

---

① （宋）田况：《儒林公议》卷上，丛书集成本称撰人不详，四库全书载撰人为田况；（清）吴广成：《西夏书事》卷11作："天圣六年夏五月，德明使其子元昊攻回鹘，取甘州。……夜落隔归顺工仓卒出奔，元昊置戍其地而还。"很明显，吴氏接受《续纲目》之说，定取甘州为天圣六年五月，而后面所载却又与《儒林公议》冲突，余以为后两句可能为吴氏演绎之语。吴氏蒐求西夏史实虽然丰富，然《儒林公议》中几条极为重要的西夏史料却不见吴氏采录，恐为吴氏之疏，故不可取。（清）张鉴《西夏纪事本末》卷10却用田况之说，可见张鉴已察吴氏之误。
② （宋）夏竦：《文庄集》卷2《甘州外甥回纥汗王伊噜格勒可特进怀宁顺化汗王制》；（宋）佚名：《宋大诏令集》卷240《西蕃》下。
③ （宋）田况：《儒林公议》卷上。

仁宗皇帝明道元年冬十一月，……既陷甘州，复举兵攻西凉府，未
审时，德明死，元昊继立。①

《皇宋十朝纲要》卷5亦载：

（明道元年十一月）是岁，德明取甘州及西凉府。②

《东都事略》卷127还载：

（明道元年）德明尝攻陷甘州，拔西凉府。③

李焘《续资治通鉴长编》将元昊取甘州事并叙于德明临卒时，而书德明之死在明道元年末。④可见，李焘也认为元昊取甘州在明道元年。

本就是处在风雨飘摇之中的甘州政权，在强大的西夏军队打击下，很快土崩瓦解，那位号称"伊噜格勒雅苏"的甘州可汗也不知去向，回鹘部落四处逃散。然而，西夏并没有像第一次攻破甘州后就撤军回师，而是继续西进，于景祐三年（1036），攻陷瓜、沙、肃三州，河西全部属于西夏，悉有"夏、银、绥、宥、静、灵、盐、会、胜、甘、凉、瓜、沙、肃"⑤十四州之地，甘州成为西夏政权属下的州郡，并成为著名的西夏十二监军司之一——甘州甘肃监军司。因此，西夏最后攻占甘州的时间应是公元1032年，即宋仁宗明道元年，较传统说法推后四年。

---

① （宋）彭百川：《太平治迹统类》卷7《康定元昊扰边》。
② （宋）李埴：《皇宋十朝纲要》卷5《仁宗》。
③ （宋）王称：《东都事略》卷127《附录》5。
④ （宋）李焘：《续资治通鉴长编》卷111明道元年十一月壬辰条。
⑤ （元）脱脱：《宋史》卷485《夏国传》上。

附：

## 甘州回鹘世系表

庞特勤（居安西）……天睦可汗①（缺名，居甘州，890—904）→英义可汗仁美（乌母主，？—924）→狄银②（仁美弟，924—926）→顺化可汗仁裕（阿咄欲，仁美弟，926—933）→仁美③（与英义可汗同名，933—？）→景琼（仁裕子，？—980）→夜落纥密礼遏（980—1004）→夜落纥（1004—1016）→归忠保顺可汗夜落纥归化（1016—1023）→夜落隔通顺（1023—1027）→宝国夜落隔（1027—1029）→夜落纥雅苏（1029—1032）

原载《宁夏社会科学》1984 年第 2 期

---

① S.8444《敦煌发现唐末唐、回鹘间交易会计文书断简》中有回鹘"天睦可汗"；（宋）洪遵：《翰苑群书》卷上《翰林学士院旧规》之"答蕃书等事例"称："回鹘天睦可汗书头云，皇帝舅敬问回鹘天睦可汗外甥。"据日本学者土肥义和考证，天睦可汗是从公元 890 到 904 年间活跃的人物，所以应把他看作甘州回鹘的可汗，此说有据，故将天睦可汗作为甘州回鹘的第一任可汗。参见（日）土肥义和著，刘方译：《敦煌发现唐、回鹘交易关系汉文文书残片考》，载《西北民族研究》1989 年第 2 期。

② 欧洲汉学家均将狄银视为突厥语"tegin"的对音，汉文又译作"特勤"，如"庞特勤"，表示是可汗的弟弟或儿子们享有的尊号，故不承认"狄银"为甘州回鹘的可汗。参见（法）J. R. 哈密顿著，耿昇、穆根来译：《五代回鹘史料》，新疆人民出版社，1982 年，第 74—75 页。根据敦煌文书 P.3633《沙州百姓上天可汗状》中记载"狄银"为天睦可汗之子，率军打败金山国。又据《新五代史·回鹘传》载："仁美卒，其弟狄银嗣立"等资料，可知"狄银"确为甘州回鹘一代可汗。参见拙著《关于"狄银"之辨析》，载《甘肃社会科学》1982 年第 5 期。荣新江先生亦认为，"狄银"是乘公元 920 年甘州内乱之机，狄银取代了仁美，登上了可汗的宝位。荣新江：《归义军史研究——唐宋时代敦煌历史考索》第 10 章，上海古籍出版社，1996 年，第 313 页。

③ 参见（宋）王钦若：《册府元龟》卷 972《外臣部·朝贡》5："（应顺元年，934）春正月，回鹘可汗仁美遣使献故可汗仁裕遗留贡物、鞍马器械。"又载："（清泰二年，935）七月，回鹘可汗仁美遣都督陈福海而下七十八人献马三百六十匹、玉二十团、白毡、斜褐、牦牛尾、绿野马皮、野驼峰。"英义可汗仁美于后唐同光二年（924）已经逝世，故知 934 和 935 年进贡的回鹘可汗仁美是另一个仁美，其名与英义可汗同。

# 甘州回鹘余部的迁徙及与西州回鹘之关系

宋仁宗明道元年（1032），在赵元昊指挥下的西夏军队又一次攻占甘州①，从此，以甘州为牙帐的回鹘政权正式宣告结束。但是，甘州回鹘政权的结束，并不意味着甘州回鹘从此就在历史舞台上全部消失，他们还有着迁徙、融合，甚至又重新发展的历史过程，只是由于史籍的缺略而将这些史实掩盖起来，今天要尽知其底蕴虽已不可能，但探微索隐，窥其涯略，余以为还是一项于甘州回鹘史研究有裨益的工作。

一

甘州回鹘政权灭亡以后，关于甘州回鹘余部的下落问题，学术界长期以来流行着一种较为权威的说法，即甘州回鹘政权灭亡以后，其主要部分都投降了居于湟水流域的唃厮啰政权。尔后，这一支回鹘部落向西北方向迁徙，逐渐独立，自称为"黄头回纥"。余以李符桐先生的观点为例：

> 从地望言之，甘州回鹘亡后，大部降唃厮啰，唃厮啰居青唐，南北近宋夏，更无隙地以置降民。惟其西南，号称海上，地势平衍，广袤千里，水草丰美，宜于畜牧。则得回鹘人种，必居斯区。其后部族逐渐西北徙，而与于阗接。……嗣后不久，于同一地望，有黄头回鹘一族出现，则黄头回鹘非甘州回鹘而何？②

---

① 大多数人都采《宋史·夏国传》天圣六年西夏灭甘州之说。余对此作了专门考证，将西夏最后攻占甘州的时间定在宋仁宗明道元年。详见拙稿《甘州回鹘史二札》，载《宁夏社会科学》1984年第2期。
② 李符桐：《撒里畏吾尔部族考》，载《边政公论》第3卷第8期，1943年。

国内外其他学者虽没有像李先生一样进行这样详细的推测，但都一致认为，甘州回鹘余部主要投降了唃厮啰，黄头回纥源于西迁的甘州回鹘。①这种观点是否正确，我们有必要进行一些较为详细的辨证。

新疆巴杂克里克石窟　回鹘女供养人像

是的，在青唐吐蕃政权属下，确实有一支投奔唃厮啰的回鹘人，而且数量不少。但是，这一支回鹘人是回鹘中的哪一支？我们切不可张冠李戴。在文献记载本就奇缺的情况下，我们更应该尊重这些记载。《宋史·吐蕃传》：

　　及元昊取西凉府，潘罗支旧部往往归唃厮啰，又得回纥种人数万。②

王称《东都事略》载：

---

① 国外如布莱资施乃德、桑田六郎、佐口透等；国内如王国维、王日蔚、高自厚等均有此说。
② （元）脱脱：《宋史》卷492《吐蕃传》。

> 元昊取西凉府，而唃厮啰并厮铎督之众十余万，回纥亦以数万归焉。①

曾巩《隆平集》亦载：

> 及元昊取西凉府，而厮罗得厮铎督之众十余万，回纥亦以数万人归焉。②

以上三书都将此事记在景祐中元昊进攻唃厮啰以后，但又没有说明具体的时间。《续资治通鉴长编》载：

> （大中祥符八年）八月丙午，曹玮言，嘉勒斯赉（唃厮啰）所遣刘旺诺尔遣帐下沁巴结来告，近遣西凉斯多特（厮铎督）部兵十万掩杀北界部落，胜捷，入献首级数。③

李焘告诉我们，厮铎督之众投奔唃厮啰应在大中祥符八年（1015）八月之前，则与厮铎督部同降唃厮啰之"回纥种人数万"也应在大中祥符八年八月之前，而上引三书所记此事在元昊攻唃厮啰后就应是追述。既然，这数万"回纥种人"是在大中祥符八年八月之前降唃厮啰，而此时的甘州回鹘还在鼎盛之时，甘州还在夜落纥氏的掌控之中。④所以，这时降唃厮啰的回纥人绝不是甘州回鹘。各书均载，这支回纥是与厮铎督同降唃厮啰的，厮铎督是继潘罗支之后的西凉六谷大首领。那就可以证明，这数万回纥种人是属于凉州的回鹘部落。

自唐末以来，回鹘西奔散处各州，东起秦州，西至沙州，北至贺兰山，合罗川一线都有回鹘部落，凉州也是回鹘居地之一。洪皓《松漠纪闻·回鹘》云：

---

① （宋）王称：《东都事略》卷129《附录》7。
② （宋）曾巩：《隆平集》卷20《外国》。
③ （宋）李焘：《续资治通鉴长编》卷85 大中祥符八年八月丙午条。
④ （清）徐松辑：《宋会要辑稿》第197册《蕃夷》4："（大中祥符）八年八月，礼宾院译语官郭敏自甘州回，以可汗王表来上。"

> 回鹘……甘、凉、瓜、沙，旧皆有族帐。①

吴广成《西夏书事》则进一步认为：

> 回鹘自唐末浸微，散处甘、凉、瓜、沙间，各立君长，分领族帐。②

可见，凉州地区一直是回鹘的居住地之一。如果上溯到唐初，就更清楚地表明，凉州为回纥旧居。《旧唐书·契苾何力传》载：

> （贞观六年，契苾何力）随其母率众千余落诣沙州，奉表内附，太宗置部落于甘、凉二州。③

《旧唐书·王君㚟传》载：

> 初，凉州界有回纥、契苾、思结、浑四部落，代为酋长。④

这些长时期以来居住在凉州界内的回鹘部落在宋初却是属吐蕃政权领导。《宋史·吐蕃传》载：

> （景德元年）六月，（潘罗支）又遣其兄邦逋支入奏，且欲更率部族及回鹘精兵直抵贺兰山讨除残孽，愿大军援助。⑤

潘罗支是凉州吐蕃六谷部大首领，凉州回鹘也属其领导。所以，约在大中祥符八年之前，凉州为西夏攻占后，凉州回鹘随同厮铎督之众一起南下投降唃厮啰。回鹘部落降唃厮啰者，仅一次记载，而这一次记载却是指凉州回鹘，完全与甘州回鹘无关。

---

① （宋）洪皓：《松漠纪闻》卷1《回鹘》。
② （清）吴广成：《西夏书事》卷7咸平四年四月条。
③ （后晋）刘昫：《旧唐书》卷109《契苾何力传》。
④ （后晋）刘昫：《旧唐书》卷103《王君㚟传》。
⑤ （元）脱脱：《宋史》卷492《吐蕃传》。

我们还可以抛开这些明确的记载不论，从形势上分析，甘州回鹘被击溃后不可能东行与凉州吐蕃部落一起降唃厮啰。西夏当时正在大规模集结军队，一是要统一河西，二是要攻占河湟，早在继迁、德明时期就对回鹘和吐蕃部落发动过军事行动，"西取秦、成之群蕃，北掠回鹘之健马"①，西夏吞并回鹘、吐蕃的野心早已昭然。从军事上来讲，河湟与甘凉对于从东向西推进的西夏军队来说，是处在同一个受攻击的位置上，甘州既破，焉有再东行凉州，然后南下河湟之理，这种军事冒险对于丧失甘州的回鹘人来说是不可理解的。因此，我们基本可以肯定，甘州回纥余部并没有投降唃厮啰，投降唃厮啰的回鹘人本就是服属于潘罗支、厮铎督的凉州回鹘。

那么，关于黄头回纥是不是如李符桐先生所说是投降唃厮啰那支回鹘向西北迁徙而形成的呢？我们从来未见文献中有唃厮啰属下的回鹘人向西北迁徙的记载，连一点点痕迹都找不到。反之，被唃厮啰安置在青唐地区的回鹘人没有迁徙的材料我们却能随手可得。《续资治通鉴长编》载：

> （元符二年闰九月庚午）王赡等申，青唐新伪主隆赞等出降，及大首领结斡磋、森摩乾展率诸族首领，并在城蕃汉人部落子、回鹘等，并契丹、夏国、回鹘伪公主等并出城迎降。②

这里明确指出，在元符二年（1099），青唐城还居住着一批回鹘人，这支回鹘人有多少呢？《曾公遗录》卷9载：

> （元符三年三月甲午）同呈熙河奏，王赡申，回鹘部落蕃人万余口不肯留青唐，已随军赴湟州。③

元符三年从青唐迁到湟州的回鹘人就有"万余口"，那青唐城内回鹘人的总数则是相当可观的。所以，到崇宁三年（1104），宋军第二次攻占青唐

---

① （元）脱脱：《宋史》卷257《李继和传》。
② （宋）李焘：《续资治通鉴长编》卷516元符二年闰九月壬申条。
③ （宋）曾布：《曾公遗录》卷9。按：《曾公遗录》已残缺不全，《永乐大典》卷19735录存其卷八，又《藕香零拾》有三卷辑本。

时，出青唐投降的还有"回纥族"。李埴《皇宋十纲朝要》载：

> 王厚至鄯州（青唐），伪龟兹公主青宜结牟及其酋豪李阿温率回纥、于阗诸族开门出降。①

可见，投奔唃厮啰的"数万"回纥部落一直在青唐居住，并未西迁，也没有改称"黄头回纥"。

同时，曾参加过元符年间收复青唐战争的宋朝将军李远在其所著《青唐录》还记载：

> 自铁堠西皆黄沙，无人居、西行逾两月，即入回纥、于阗界。②

铁堠在青海湖一带，青海湖以西都是大漠黄沙，并无人迹，再西行就是于阗、回纥的国界，这个回纥即西州回鹘或称龟兹回鹘。可见，青海湖以西也无"黄头回纥"之部落。因此，我们有充分的理由认为，投降唃厮啰之回鹘人并没有西迁，也就是说，到目前为止，我们还找不到任何材料证明"黄头回纥"源于甘州回鹘。

那么，黄头回纥是哪儿来的呢？这个问题在这儿不得不加以说明。要搞清黄头回纥的来源，我们势必要对有关"黄头回纥"记载的几条史料进行认真的分析。

《宋会要》载：

> （元丰四年，1081）十月六日，拂菻国贡方物。大首领你厮都令厮孟判言：其国东南至灭力沙，……次至旧于阗，次至约昌城，乃于阗界。次至黄头回纥，又东至鞑靼；次至种榅，又至董毡所居，次至林擒城，又东至青唐，乃至中国界。③

---

① （宋）李埴：《皇宋十纲朝要》卷16《徽宗》。
② （唐）李远：《青唐录》，现存《说郛》节本。今人多将李远《青唐录》与汪藻《青唐录》相混，实为二书。参阅拙稿《李远、汪藻及〈青唐录〉》，载《敦煌学辑刊》第3期，1985年。
③ （清）徐松辑：《宋会要辑稿》第197册《蕃夷》4。

这是"黄头回纥"第一次出现。《宋会要》载:

(元丰六年)五月一日,于阗贡方物见于延和殿。上问曰:离本国几何,曰四年。……从何国,曰道由黄头回纥、草头鞑靼、董毡等国。①

这是"黄头回纥"第二次出现。在宋代文献中,除《续资治通鉴长编》、《宋史》作过相同的记载外,"黄头回纥"一词仅出现过两次。我们如果留心的话,就会发现,这两次"黄头回纥"之称都是出自于阗与拂菻使者的口中,而《宋史·拂菻传》转述拂菻使者的行程时,却将"黄头回纥"改称为"回纥"了。《宋史·拂菻传》载:

拂菻国东南至灭力沙,北至海,……东自西大食及于阗、回纥、青唐,乃抵中国。②

这是一个很重要的情况。拂菻使者口述时记载为"黄头回纥",而汉史家转述时却可以称"回纥"。那是否可以证明,"黄头回纥"就是于阗以西诸国对"回纥"的另称呢?这是完全可能的。那这个回纥又是哪一支回纥呢?前引资料称约昌城是于阗的国界。据《突厥语大词典》的记载,"楚尔葛(Qurqan)穆斯林的边境城市之一,在去秦的路上"③。则"回纥(黄头回纥)"就应在楚尔葛的东面。这个"穆斯林国"即龟兹国④,楚尔葛(Qurqan)即约昌。我们前引李远《青唐录》载,青海湖以西都是无人居住的地方,要经过两个月的行程,才能进入回纥、于阗国界。按照这个行程的时间计算,西行两月所到的回纥界只可能是"西州回鹘"界。因为从青海湖西行两个月,早已进了西州回鹘境内。西州回鹘的东部边界在11世纪后有了很大的发展,其东部边境的东南角已伸进了青海境内。所以,当宋朝攻占青唐将河湟

---

① (清)徐松辑:《宋会要辑稿》第197册《蕃夷》4。
② (元)脱脱:《宋史》卷490《拂菻传》。
③ 麻赫默德·喀什噶里著,何锐等译:《突厥语大词典》第1卷,民族出版社,2002年,第459页。
④ 龟兹地区的伊斯兰化大约在11世纪后期至12世纪初期,参见刘迎胜:《元代曲先塔林考》,载《中亚学刊》第1辑,中华书局,1983年。

吐蕃之地全部置为郡县后称："开拓疆境幅员三千余里。其四至：正北及东南（北）至夏国界，西过青海，至龟兹国界。"又"阿厮结（吐蕃部族说纳族首领）在青海住坐，连夏国龟兹"。龟兹，又称龟兹回鹘，亦作西州回鹘。可见，11世纪时西州回鹘东部边境的东南角已远远地伸进了青海境内与吐蕃相连。这就是说，在于阗的东面，吐蕃的西北面都是西州回鹘的境地，而位于于阗东面的"黄头回鹘"就只可能是西州回鹘。为什么于阗、拂菻使者称西州回鹘为"黄头回纥"呢？余以为，这与斛瑟罗部下的黄姓突骑施归附庞特勤有关。《新唐书·突厥传》载：

> 大历后，葛逻禄盛，徙居碎叶川，二姓（突骑施黄、黑二姓）微。至臣役于葛禄，斛瑟罗余部附回鹘，及其破灭。有庞特勤居焉耆城称叶护，余部保金莎岭，众至二十万。①

斛瑟罗为西突厥十姓可汗之后，黄姓突骑施乌质勒、娑葛父子都原隶属斛瑟罗。这里称"斛瑟罗余部附回鹘"，可见，斛瑟罗属下的"黄姓突骑施"在庞特勤进入安西后有一部分归附了庞特勤，加入了后来的西州回鹘集团。杨富学、牛汝极二先生根据回鹘文木杵铭文发现高昌回鹘大臣十六人中有"黄头达干 yanga 将军"的记录。"黄头"在木杵中的对音词为"Sariy bas"，证明高昌回鹘下有"黄头"部，足证当时黄头回纥显系高昌回鹘王国的一部。②因此，熟悉这一隐史的西方人称西州回鹘为"黄头回纥"，而不熟悉这一隐史的汉人史家则转述为"回纥"也就不足为奇了。

## 二

西夏攻占甘州之后，并没有乘胜西进，追击甘州回鹘西撤之军，而是调转兵锋，南指河湟，企图一举吞并拥有一定实力的青唐唃厮啰政权。宋仁宗景祐年间，在湟水流域西夏与吐蕃展开了一场十分艰苦的战争。《宋史·夏国传》载：

---

① （宋）欧阳修、宋祁：《新唐书》卷215《突厥传》。
② 杨富学、牛汝极：《沙州回鹘政权及其文献》第1章，甘肃文化出版社，1995年，第29页。

(景祐)二年（1035），（元昊）遣其令公苏奴儿将兵二万五千攻唃厮啰，败死略尽，苏奴儿被执。元昊自率众攻猫牛城，一月不下。既而诈约和，城开，乃大纵杀戮。又攻青唐、安二、宗哥、带星岭诸城，唃厮啰部将安子罗以兵绝归路，元昊昼夜角战二百余日，子罗败。①

这样，为甘州回鹘余部的迁徙赢得了一定的时间。

前面，我们已经排除了甘州回鹘南下河湟的可能性，那么，甘州回鹘余部会往哪儿迁徙呢？如果甘州回鹘经过一次战争的挫败还不想退出河西走廊的话，如果曾靠控制中西商路而富强起来的甘州回鹘还想捞到一点丝路的经济利益的话，向西面迁徙，就是甘州回鹘最理想的出路。在甘州西面，肃州为龙族世居之地，入宋后又成为甘州回鹘的属郡；瓜、沙地区虽是汉人曹氏政权，但甘、沙二州是几代联姻的亲家，而且在瓜、沙一带还居住着大量的回鹘人。②甘州回鹘向西迁徙，不仅可以控制极为重要的河西走廊西端，而且还可以重新组织回鹘部落，重建回鹘政权，甚至还有希望卷土重来，东向西夏夺回甘州，并可配合吐蕃唃厮啰政权，打垮西夏对河西的进攻。这样做，对于曾经一度称霸河西的甘州回鹘来说，似乎是情理中的事情。从明道元年（1032）到景祐三年（1036）这四年中，甘州回鹘余部大举西迁，进入瓜沙地区后，似乎与瓜沙地区回鹘人合力推翻了汉人曹氏政权，而建立了一个新的回鹘政权。赵珣《聚米图经》载：

元昊无吐蕃之患，始举兵攻回纥，陷瓜、沙、肃三州。③

李焘《续资治通鉴长编》载：

景祐三年十二月，赵元昊私改广庆三年曰大庆元年，再举兵攻回

---

① （元）脱脱：《宋史》卷485《夏国传》上。
② 拙稿《对五代宋初河西地区若干民族问题的探讨》，载《敦煌学辑刊》创刊号，1983年。
③ 此书今不存，转引自李焘：《续资治通鉴长编》卷119景祐三年十二月辛未条附。

纥，陷瓜、沙、肃三州，尽有河西之地。①

彭百川《太平治迹统类》载：

（景祐）三年冬十二月，赵元昊……再举兵攻回纥，陷瓜、沙、肃三州。②

从上引三书的行文之意，在"瓜、沙、肃"三州前冠以"回纥"一词，可见，瓜、沙、肃三州已属"回纥"。在宋、辽史籍中，除了有甘州回鹘、西州回鹘、阿萨兰回鹘、龟兹回鹘等称号外，还有一些单以"回鹘"或"回纥"相称的名号。李光廷认为，这些单称"回鹘"的多指甘州回鹘，日本人前田正名氏也有相同的看法。③这种说法虽不十分确切，但从大多数材料反映，至少前期及中期的单称"回鹘"者多指甘州回鹘，如五代、宋初乃至宋中期几乎莫不如此，指其他支回鹘者都要冠以地名限制词，两《五代史》之甘州回鹘传，《宋史》之甘州回鹘传都省称为"回鹘"传。因此，在瓜、沙、肃三州前冠以"回纥"一词，我们只能看作甘州回鹘，而不能视作其他。这就证明甘州回鹘余部西迁瓜沙后，推翻了汉人曹氏的统治，在这个回鹘化很深的地区，重建了一个以沙州为中心的回鹘政权。④

然而，甘州回鹘余部进入瓜沙地区并不是他们失败西撤的终止，重建于沙州但又十分短暂的回鹘政权还没有来得及在历史柱上刻下较深的痕迹，就被强大的西夏军队又一次摧毁。瓜、沙、肃三州先后沦于西夏，并被置为属郡。与西夏"世为仇敌"⑤的甘州回鹘看来并没有投降西夏，除了在沙州地区

---

① （宋）李焘：《续资治通鉴长编》卷119景祐三年十二月辛未条。
② （宋）彭百川：《太平治迹统类》卷7《康定元昊扰边》。
③ 李光廷：《汉西域图考》，（日）前田正名：《西夏时代河西南北的交通路线》，载《西北史地》1983年第1期。
④ 关于这个问题可参阅拙稿《对五代宋初河西若干民族问题的探讨》一文第2节，载《敦煌学辑刊》创刊号，1983年。近年，杨富学、牛汝极二先生更进一步论证了这一"沙州回鹘"政权的建立及这一政权的组织形式等问题，而且参用了大量回鹘文献。他们认为，沙州回鹘政权应建立在景祐二年（1036），西夏攻破沙州后，并没有进行军事占领，而是被沙州回鹘占领，第一任可汗即沙州镇国王子，回鹘文称其为"合·骨咄禄·羽禄·毗伽回鹘天可汗"，该政权存至11世纪60年代末。载该氏：《沙州回鹘政权及其文献》第1章，甘肃文化出版社，1995年，第12—18页。
⑤ （元）脱脱：《宋史》卷490《回鹘传》。

还留下一部分回鹘外,如沙州北亭可汗,沙州镇国王子等①,他们又继续向西迁徙。由敦煌出玉门关经哈密到达西州,与西州回鹘汇合。魏泰《东轩笔录》载:

> (唃厮啰)异时与回鹘皆遣使自兰州入镇戎军,以修朝贡。及元昊将叛,虑唃氏制其后,举兵攻破兰州诸羌,南侵至于马衔山,筑瓦川会断兰州旧路,留兵镇守。自此,唃氏不能入贡,而回鹘亦退保西州。②

查《宋史·回鹘传》,同唃厮啰一起入贡的就是甘州回鹘。因此,这支"退保西州"的回鹘应该就是甘州回鹘余部,这在《太平治迹统类》卷16中也有相同的记载。据《宋史·夏国传》,元昊攻兰州诸羌事在陷瓜、沙、肃三州之后③,也可证,这支"退保西州"的西迁回鹘是先撤至瓜沙地区,然而才进入西州的。

甘州回鹘余部除了西迁的那一支外,还有一支从甘州出发,沿黑水北行,进入今天的额济纳旗一带,在这里过着游牧生活。也许会有人认为这是在瞎猜,那我们就来看一看事实吧!《续资治通鉴长编》载:

> (元丰七年六月己巳)上初手诏李宪曰:回鹘与吐蕃近世以来代为亲家。而回鹘东境与鞑靼相连。④

这是一条极重要的材料。首先,我们要搞清这支回鹘的方位,那就应先搞清与之相连的鞑靼之方位。这支鞑靼在什么地方呢?王国维认为:"盖鞑靼与党项自阴山、贺兰山以西往往杂居。"⑤箭内氏认为:"陕西、甘肃边外,西至额济纳河边,为九族鞑靼所居。"⑥二人所见略同,都有一定的道理。余

---

① (宋)李焘:《续资治通鉴长编》卷131庆历元年四月甲申条;(清)徐松辑:《宋会要辑稿》第197册《蕃夷》4。
② (宋)魏泰:《东轩笔录》卷3《唐末西北蕃》。
③ (元)脱脱:《宋史》卷485《夏国传》上。
④ (宋)李焘:《续资治通鉴长编》卷346元丰七年六月己巳条。
⑤ 王国维:《观堂集林》第3册卷14《鞑靼考》。
⑥ (日)箭内亘著,陈捷、陈清泉译:《兀良哈及鞑靼考》下,商务印书馆,1932年,第6页。

则进一步指出，此处之鞑靼应与甘州回鹘的原居地相近，就在甘州之东北面，贺兰山之北面。五代、宋初有多次鞑靼与甘州回鹘共同进贡中原王朝的记载①，甚至称"甘州可汗附鞑靼国贡方物"②。敦煌卷子中也有鞑靼与甘州回鹘、肃州家侵扰瓜沙的记载③；在于阗文书中又有沙州联合仲云、鞑靼进攻甘州的记载④；在《续资治通鉴长编》中还有鞑靼抢劫贺兰山北面西夏监军司的记载⑤。因此，我们可以断言，这支鞑靼的方位必在甘、肃二州之北，那么，与鞑靼东境相连之回鹘也必在贺兰山、合罗川、马鬃山一线。

这支"回鹘"是指哪支回鹘呢？"近世以来"与吐蕃"代为亲家"这一句话告诉了我们，它就是甘州回鹘。吐蕃与甘州回鹘结亲从唃厮啰时就已开始，至陇拶掌国时都未曾中断。《宋会要》载：

（天禧二年，夜落隔）归化泊其相索温守贵并表言，与西蕃赞普王子为亲。⑥

《西夏书事》卷23载：

西蕃大首领董毡有子蔺逋比初娶于甘州回鹘。⑦

由此可知，前言之"与吐蕃近世以来代为亲家"的回鹘就是甘州回鹘，他们在西夏攻破甘州后，率部北徙，退至甘州北面之额济纳旗一带，其西面即与鞑靼毗连。清人吴广成似乎也持这一看法。《西夏书事》卷12记载西夏军队部署时这样说：

---

① （宋）王钦若：《册府元龟》卷976《外臣部·褒异》；（宋）欧阳修：《新五代史》卷12《周本纪》；（清）徐松辑：《宋会要辑稿》第197册《蕃夷》4。
② （清）徐松辑：《宋会要辑稿》第197册《蕃夷》4。
③ 敦煌文书P.3412号《太平兴国六年安再胜状》，参见张广达：《唐末五代宋初西北地区的殷次与使次》，载《文书典籍与西域史地》，广西师范大学出版社，2000年，第189页。
④ 见和田文书P.2741号，转引自黄盛璋：《和田塞语七件文书考释》，载《新疆社会科学》1983年第3期。
⑤ （宋）李焘：《续资治通鉴长编》卷471元丰三年七月丙午条。
⑥ （清）徐松辑：《宋会要辑稿》第197册《蕃夷》4。
⑦ （清）吴广成：《西夏书事》卷23熙宁五年正月条。

> 右厢甘州路以三万人备西蕃、回纥。①

这本是引自《宋史·夏国传》之文，但吴氏在"回纥"二字下却有二十余字的小注：

> 有合黎山、浚稽山、居延塞诸路，以牛头朝那山为界堠，内包张掖、敦煌。②

合黎山、浚稽山、居延塞均在走廊北面。这正反映出，西夏所防备的"回纥"，乃是居住在走廊北面的"回纥"，也就是北徙至额济纳旗一带之甘州回鹘。

甘州回鹘北徙之始有多少人，这一点是不清楚的。北徙四十几年后，到宋神宗元丰年间该部已经发展到了三十余万人。《宋史·回鹘传》载：

> （回鹘）六年复来，补其首领五人为军主，岁给采二十四。神宗问其国种落生齿几何，曰三十余万；壮可用者几何，曰二十万。明年，敕李宪择使聘阿里骨，使谕回鹘令发兵深入夏境。③

王日蔚、林幹诸先生完全排斥这条甘州回鹘的重要记载，认为甘州回鹘政权已亡，不可能再有贡使至宋，这里的回鹘应指西州回鹘。④没有任何旁证材料，草率作出这种结论，恐怕是不太科学的。

第一，《宋史·回鹘传》本身就是为甘州回鹘所立的列传，整个列传除个别地方杂进了西州之记载外，基本上都记述的是甘州回鹘历史。如无可靠的旁证材料，是不宜轻易否定的。

第二，《宋史》、《宋会要》为西州回鹘另列了《高昌》、《龟兹》二传。如上引材料确为西州回鹘之事，那就应该在《高昌》、《龟兹》二传中有所反

---

① （清）吴广成：《西夏书事》卷 12 景祐四年五月条。
② （清）吴广成：《西夏书事》卷 12 景祐四年五月条。
③ （元）脱脱：《宋史》卷 490《回鹘传》。
④ 王日蔚：《唐后回鹘考》，载《史学集刊》1936 年第 5 期；林幹：《河西回纥略论》，载《社会科学》1981 年第 3 期。

映。如禄胜为西州龟兹可汗,而杂进了甘州回鹘传中,但在《宋会要》的《龟兹传》中就记载了"西州龟兹冠韩王禄胜"之事。

第三,据《续资治通鉴长编》卷341记载,上引《宋史·回鹘传》中的材料,并非回鹘单独进贡,而是与鞑靼一起入宋。原文为:"(元丰六年十二月)补回鹘、鞑靼首领五人并为军主,岁支大采二十匹。"① 与鞑靼同入贡之回鹘,必为"与吐蕃近世以来代为亲家"之回鹘,亦必为与鞑靼紧邻之甘州回鹘的北徙部分。甘州回鹘政权虽亡,其余部另立政权。故《宋史·回鹘传》以此支回鹘附于甘州回鹘之尾,以昭其原为甘州回鹘,意甚明矣。《宋史·回鹘传》中的那条材料是记载甘州回鹘可以不必怀疑,但他们自称有三十余万人却不可尽信,尽管有可能在甘州回纥北徙后,原居于贺兰山下之回鹘四族及合罗川居地之回鹘都并入其中,但三十万之数还只能看作为回鹘想向宋王朝高价而沽的虚数。为了取得宋王朝的支援,他们不惜绕道河湟多次同鞑靼一起进贡,同宋王朝保持着友好的关系。

《辽史》中区别于"阿萨兰回鹘"(和州、高昌回鹘同)和"甘州回鹘"的"回鹘国"及"回鹘国单于府"② 很可能就是指这支北徙的甘州回鹘。他们因甘州已经丧失,故单以"回鹘"称。这一支回鹘"附庸于辽,时叛时服"③,但对辽一直保持着进贡关系,直到辽天祚帝天庆三年(1113)职贡仍然不断。

## 三

通过上一节的论述,我们基本搞清,西夏攻占甘州以后,甘州回鹘余部分两支迁徙,一支向西,先进入瓜沙地区,尔后撤入西州;一支向北,沿着黑水进入古居延海地区。那么,这两支迁徙的甘州回鹘余部又与西州回鹘有什么关系呢?一些迹象表明,甘州回鹘余部向西和向北迁徙后,给西州回鹘带来了两个重大的变化:一是西州回鹘的可汗继承人发生了变化;二是西州回鹘的疆境发生了变化。

先来看看第一个变化。

---

① (宋)李焘:《续资治通鉴长编》卷341元丰七年十二月乙亥条。
② (元)脱脱:《辽史》卷46《百官志》。
③ (元)脱脱:《辽史》卷33《营卫志》。

西州回鹘的可汗系谱在文献中记载缺略太多，我们几乎无法列出一张较为清晰的世系表来。如果从安西回鹘时期的庞特勤（Mänglig 或 Mäng Tegin）算起，尔后，仆固俊（Buqučin）曾当过一段时间的西州回鹘首领，但没见其有称汗的记载。整个五代时期，西州回鹘没有出现一个可汗的名号。① 直到太平兴国六年（981）才见称"西州外生（当作甥）师子王阿厮兰汉（Arslanxan）"②的西州回鹘进贡。这好像是西州回鹘高昌系统的可汗，此后，这支可汗又不见载。紧接着出现的是西州回鹘龟兹系统的可汗，真宗时期的禄胜，仁宗时期的智海，也称"可汗师子王"。③ 是否可以认为，高昌和龟兹均同属于西州回鹘政权。故宋太宗时王延德使高昌时称西州回鹘领地："南距于阗，西南距大食、波斯。"④龟兹即在西州回鹘领地境内。但从未有讯息透露西州回鹘政权可汗来自甘州。然而，在甘州回鹘余部进入西州后，西州可汗的承继系统发生了变化，这个变化是在辽灭亡后，耶律大石西行时才被透露出来，甘州回鹘余部在和平寝久的吐鲁番王国不声不响地完成了一次政变，退入西州的甘州回鹘势力登上了西州回鹘的汗位。《辽史·天祚帝纪》载耶律大石西行：

> 明年（1123）二月甲午，以青牛、白马祭天地、祖宗，整旅西行。先遗书回鹘王毕勒哥曰：昔我太祖皇帝北征，过卜古罕城，即遣使至甘州，诏尔祖乌母主曰：……⑤

又据《辽史·太祖纪》：

> （天赞三年，924）十一月乙未朔，获甘州回鹘都督毕离遏，因遣使谕其主乌母主可汗。又（四年三月）癸酉，回鹘乌母主可汗遣使贡谢。⑥

---

① 哈密顿提到公元 947—948 年时西州回鹘两位可汗名，载该氏：《五代回鹘史料》，第 152—153 页。
② （元）脱脱：《宋史》卷 490《回鹘传》。
③ （清）徐松辑：《宋会要辑稿》第 197 册《蕃夷》4。
④ （元）脱脱：《宋史》卷 490《高昌传》。
⑤ （元）脱脱：《辽史》卷 30《天祚帝纪》4。
⑥ （元）脱脱：《辽史》卷 2《太祖纪》下。

毕勒哥为西州回鹘可汗是没有人怀疑的，而耶律大石却称甘州回鹘可汗乌母主（Ormuzd）为毕勒哥之祖。这位公元924年任甘州回鹘可汗的"乌母主"，在《旧五代史·庄宗纪》中作"以回鹘可汗仁美为英义可汗"。[①]这就告诉我们，毕勒哥原是甘州回鹘可汗这一支系中的人，为乌母主（仁美）的后裔。也可证明，甘州回鹘余部进入西州后，这个长期保持着游牧生活的回鹘集团战胜了已转为定居居民的西州回鹘集团，他们像大月氏取代大夏一样，在西夏人面前虽是残兵败将，而在高昌人面前，夺取他们的政权乃是一件轻而易举的事情。值得我们注意的是，《辽史》称毕勒哥为"回鹘王"，既不冠以"甘州"；又不冠以"西州"、"和州"、"阿萨兰"、"龟兹"等号。这可以反映出，正因为毕勒哥原属甘州回鹘，后又当上了西州可汗，故以"回鹘王"相称较为恰当。

再谈第二个变化。

甘州回鹘余部进入西州后，不仅改变了西州回鹘可汗的承继系统，而且使这个回鹘政权的东部疆境大大地发展。《世界境域志》第12章记载九姓乌古斯的东边境地至"Jinanjkath（中国城）"，即高昌[②]，这约是10世纪以前的记载。归义军时期，高昌东部虽有不少的回鹘人在活动，但伊州、纳职等地还不属西州回鹘[③]；高居诲使于阗时，哈密南面仍为小月氏遗种仲云所占[④]；到宋初，王延德使高昌时，其东界在泽田寺，高昌东面的纳职、伊州也还没有纳入西州回鹘的版图[⑤]。然而，甘州回鹘余部进入西州后，其东部边境沿着河西走廊的南北两面向东延伸。南面，据《长编纪事本末》卷140载吐蕃疆境：

---

① （宋）薛居正：《旧五代史》卷32《唐庄宗纪》6。（宋）欧阳修：《新五代史》卷5《庄宗纪》下同。（宋）王溥：《五代会要》卷28《回鹘》："后唐同光二年（924）四月，其本国权知可汗仁美遣都督李引释迦、副使田铁林、都监杨福安等共六十六人来贡方物，并献善马九匹，庄宗召对于文明殿，乃命司农卿郑质、将作少监何延嗣持节册仁美为英义可汗。"
② 佚名著，王治来译注：《世界境域志》第12章《关于九姓古思国及其诸城镇》，上海古籍出版社，2010年，第69页。
③ 王重民等编：《敦煌变文集》上册卷1《张义潮变文》，人民文学出版社，1957年。
④ （宋）欧阳修：《新五代史》卷74《四夷附录》引《高居诲使于阗记》。
⑤ （元）脱脱：《宋史》卷490《高昌传》引《王延德使高昌记》。

其四至，正北及东南（北）至夏国界；西过青海，至龟兹国界。①

可知，此处之龟兹即指西州回鹘。同书又称洗纳族"西连夏国、龟兹"②。《宋会要》则称洗纳族"西连夏国、回纥"③。可见，此时的西州回鹘东部边境已沿着河西走廊的南部伸进了青海境内，故《突厥语大词典》称吐蕃国界，"北面是回鹘地区，南面与印度洋相连"④。

北面，据《元史》卷122载：

亦都护者，高昌国主号也。……都别失八里之地。北至阿术河，南接酒泉郡，东至兀敦甲石哈，西临西蕃。⑤

《高昌王世勋碑》亦称：

今高昌也，统别失八里之地，北至阿术河，南接酒泉，东至兀敦甲石哈，西临西蕃。⑥

兀敦甲石哈在今哈密东面的乌纳格什湖。可见，西州回鹘东境已越过了伊州，而且与酒泉郡南接。这就是说，酒泉郡北面的一大片土地也属于西州回鹘。这完全可能是，当退入西州的甘州回鹘夺取了西州回鹘的汗位后，北徙额济纳一带的甘州回鹘余部也归附了西州回鹘，整个合罗川、马鬃山一线都进入了西州回鹘的范围，这样，几乎所有的回鹘人都集结到了西州回鹘的旗帜之下，形成了一个统一的回鹘政权，在西方人和蒙古人的称呼中即高昌亦都护畏吾儿王国。但要注意的是，12世纪初，由于龟兹地区的伊斯兰化，故龟兹又从西州回鹘政权分离出来，成为一个独立的伊斯兰政权。

---

① （宋）杨仲良：《皇宋资治通鉴长编纪事本末》卷140《收复湟鄯州》。
② （宋）杨仲良：《皇宋资治通鉴长编纪事本末》卷140《收复湟鄯州》。
③ （清）徐松辑：《宋会要辑稿》第199册《蕃夷》6。
④ 麻赫默德·喀什噶里著，何锐等译：《突厥语大词典》第1卷，第373—374页。
⑤ （明）宋濂：《元史》卷122《巴而术阿而忒的斤传》。
⑥ （元）虞集：《虞集全集》下册《高昌王（纽林的斤）世勋碑》。

## 西州回鹘世系表[①]

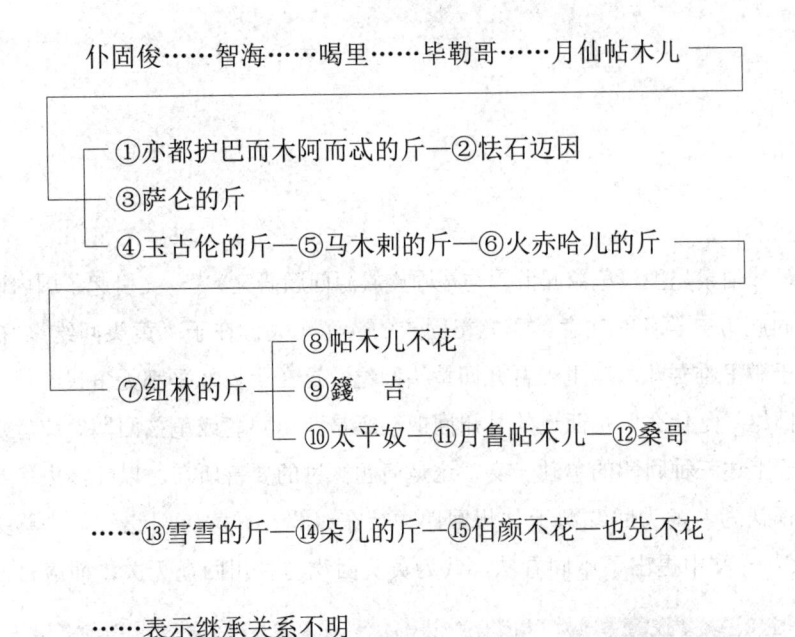

仆固俊……智海……喝里……毕勒哥……月仙帖木儿

①亦都护巴而木阿而忒的斤—②怯石迈因
③萨仑的斤
④玉古伦的斤—⑤马木剌的斤—⑥火赤哈儿的斤

⑦纽林的斤—┬ ⑧帖木儿不花
　　　　　　├ ⑨篯　吉
　　　　　　└ ⑩太平奴—⑪月鲁帖木儿—⑫桑哥

……⑬雪雪的斤—⑭朵儿的斤—⑮伯颜不花—也先不花

……表示继承关系不明

原载《新疆社会科学》1984 年第 3 期

---

① 转引自刘义棠：《维吾尔研究》，第 173 页。

# 西州回鹘、龟兹回鹘与黄头回纥

钱伯泉先生《龟兹回鹘国与裕固族族源问题研究》①一文引起了国内研究裕固族历史学者的注意。研究裕固族的族源，关键在于"黄头回纥"。裕固源于撒里维吾儿，撒里维吾儿即黄头回纥，这在史界似乎都无争议。然"黄头回纥"是什么？是西迁的甘州回鹘，还是西州回鹘或龟兹回鹘？或者是不同于上述三种回鹘的单独一支？这是问题探讨的要害所在。以往，大多数学者都认为，黄头回纥源于甘州回鹘，余在《解开"黄头回纥"与"草头鞑靼"》一文中提出了不同看法，认为黄头回纥与甘州回鹘无关，而应是西州

西州回鹘之故都高昌故城遗址（新疆吐鲁番哈喇和卓古城）

---

① 钱伯泉：《龟兹回鹘国与裕固族族源问题研究》，载《甘肃民族研究》1985年第2期。

回鹘。①钱文又从另一角度进一步否认了"黄头回纥源于甘州回鹘说";同时对余之"西州回鹘说"提出了不同看法,他认为:"裕固族既非渊源于甘州回鹘,也不是以黄姓突骑施为主体的西州回鹘发展来的,裕固族族源是龟兹回鹘。"作者使用了大量的材料证明他的新观点,具有很强的说服力。余以为,通过钱文的论证,可以清楚看出,黄头回纥既不是西迁的甘州回鹘,也不是退至沙州西南的沙州回鹘,而是公元10世纪末就开始向东面发展的龟兹回鹘。

近日,余又发现了一条从未有人使用过的关于黄头回纥的新材料,这条材料正好可以佐证钱伯泉先生的新观点——黄头回纥即龟兹回鹘。北宋人王安中撰写的《定功继伐碑》载:

> (大观)二年(1108),诏发兵六万讨之。……师逾青海,至节占城,草头回纥数万,官其酋豪,通道于阗,底贡宝石,而地辟青唐之外矣。②

这个"草头回纥"恰如余曾提出的"草头鞑靼"存在的问题完全一样,"草头"当为"黄头"之讹,并非"草头回纥",而应是"黄头回纥"。如这一点可以确定,这一条材料所传递给我们的讯息就能说明一些关键问题。

一、黄头回纥的居地并不仅限于今柴达木、敦煌和罗布泊之间地区,节占城当即约昌城,节占为约昌的另译。《宋会要辑稿·拂菻传》:"其国东南至灭力沙,……次至旧于阗,次至约昌城,乃于阗界。"③约昌即楚尔羌。《突厥语大词典》称:"楚尔羌(qurqam),穆斯林的边境城市,在去秦(中国)的路上。"④我们过去把约昌解释为且末,看来以今之若羌与约昌相对更为合适,该地亦是从新疆进入青海的交通要冲。约昌城为于阗国东部边界。这就是说东起青海湖,西至于阗边境,都有见于文献记载的黄头回纥和族帐分布,而且数量有"数万"人。

二、龟兹回鹘的居地也不仅限于今库车地区。在宋真宗咸平四年时就称

---

① 拙稿《解开"黄头回纥"与"草头鞑靼"——兼谈宋代的青海路》,载《青海社会科学》,1986年第2期。
② (宋)王安中:《初寮集》卷6《定功继伐碑》。
③ (清)徐松辑:《宋会要辑稿》第197册《蕃夷·拂菻》。(宋)李焘:《续资治通鉴长编》卷335元丰六年五月丙子条作"灼昌城"。
④ 麻赫默德·喀什噶里著,何锐等译:《突厥语大词典》第1卷,第459页。

其国"东至黄河西至雪山"①，并且还有龟兹行头蕃部在"黄河居住"②，在宋末记载龟兹国界还是在青海湖西，苏州文庙的南宋《地理图》将龟兹标在甘、凉州的南面③。这就说明从于阗往东，直至青海，都应是龟兹回鹘的势力范围，前言之黄头回纥的分布与龟兹回鹘的分布恰好一致。

余之补正正好说明一点，黄头回纥即龟兹回纥，或者说，黄头回纥即龟兹回鹘的另称，这是余与钱文完全一致的地方。但是，钱文将龟兹回纥与西州回纥完全分开，将龟兹与西州视为两个从来就独立的回鹘政权，这就还有一些难解释的地方：

一、文献中，明确记载龟兹回鹘就是西州回鹘。《宋史·龟兹传》载：

> 龟兹本回鹘别种，……或称西州回鹘，或称西州龟兹，又称龟兹回鹘。④

《续资治通鉴长编》则有更清楚的记载：

> （咸平四年十一月甲午）龟兹国遣使来朝贡。按：《国史》但有《回鹘传》，无《龟兹传》。《会要》云：或称西州回纥，或称西州龟兹，又称龟兹回鹘，其实一也。龟兹，回纥之别种也，居西州，或称西州回鹘。是年，西州回鹘可汗王禄胜遣曹万通来朝贡，事在夏四月，《国史》载之《回鹘传》，而《会要》列于《龟兹》卷中，大抵一事也。⑤

西州回鹘与龟兹回鹘"其实一也"，这是宋人的看法，应该是有根据的。

二、在文献中，龟兹回鹘与西州回鹘可以互换，在此称"龟兹"，而在彼则称"西州回鹘"。《宋会要辑稿》载：

---

① （清）徐松辑：《宋会要辑稿》第 197 册《蕃夷·龟兹》。
② （清）徐松辑：《宋会要辑稿》第 197 册《蕃夷·龟兹》。
③ 此图现藏苏州文庙，图为南宋黄裳作，图成于淳熙十六年（1189），载王庸：《中国地图史纲》卷首附图说明。
④ （元）脱脱：《宋史》卷 490《龟兹传》。
⑤ （宋）李焘：《续资治通鉴长编》卷 50 咸平四年十二月甲午条。

西州回鹘、龟兹回鹘与黄头回纥 | 207

　　太平兴国元（九之误）年五月，西州龟兹遣使易难与婆罗门、波斯外道来贡。①

《太宗皇帝实录》载：

　　太平兴国九年（984）五月壬子，西州回鹘与波斯外道来朝贡。②

《山堂考索》此条亦作"西州龟兹"③，而《宋会要辑稿·蕃夷》7、《宋史·太宗纪》、《宋史·回鹘传》均作"西州回鹘"④。"龟兹"与"西州回鹘"可以互换，此证一也。又《宋会要》载：

　　咸平四年（1001）二月大回鹘龟兹国安西州大都督府单于军剋韩王禄胜遣使曹万通来贡。⑤

《玉海·朝贡》载：

　　咸平四年二月，龟兹王禄胜奉表来贡。⑥

《宋朝事实·仪注》载：

　　龟兹：……咸平四年贡玉马。⑦

此三书均作"龟兹"，《宋会要辑稿·蕃夷》7作"回鹘"⑧，《宋史·回鹘

---

① （清）徐松辑：《宋会要辑稿》第197册《蕃夷》4。
② （宋）钱若水：《宋太宗实录》卷30太平兴国九年五月壬子条。
③ （宋）章如愚：《山堂考索》卷64《龟兹国》。
④ （清）徐松辑：《宋会要辑稿》第199册《蕃夷》7；（元）脱脱：《宋史》卷4《太宗纪》1、卷190《回鹘传》。
⑤ （清）徐松辑：《宋会要辑稿》第197册《蕃夷》4。
⑥ （宋）王应麟：《玉海》卷154《朝贡》。
⑦ （宋）李攸：《宋朝事实》卷12《仪注》。
⑧ （清）徐松辑：《宋会要辑稿》第199册《蕃夷》7。

传》亦称"回鹘"。① 《长编》卷48载：

> （咸平四年四月）丙辰，西州回鹘可汗王禄胜遣使曹万通来贡。②

此乃"龟兹"与"西州回鹘"可互换名称之证二也。事例还有，兹不赘。

三、从西州回鹘的领地也可见龟兹回鹘应属于西州回鹘。《宋史·高昌传》载：

> 高昌即西州也。其地南距于阗，西南距大食、波斯，西距西天步路涉、雪山、葱岭，皆数千里。③

10世纪大食地理学家马素迪说，九姓乌护之国从呼罗珊一直延伸到中国，其首府称"库车（Kūshān）"。④可见，中外文献都记载，龟兹属西州回鹘（九姓乌护）。宋真宗咸平四年龟兹使者称："本国东至黄河，西至雪山，有小郡数百。"⑤如果龟兹与西州不是同一个政权而将西州回鹘的领地分开的，从龟兹到黄河（北面是西州回鹘，东面是西夏，西面是于阗，南面是吐蕃）几乎都是无人之地，何以称有"小郡数百"？因此，只有将龟兹纳入西州回鹘的领地，这条史料才能有较满意的解释。

四、《宋史·回鹘传》称："初，回鹘西奔，族种分散，故甘州有可汗王，西州有克韩王，新复州有黑韩王，皆其后也。"⑥甘州、西州、于阗三个回鹘政权都有称号，独龟兹没有，为什么？因为西州与龟兹是同属一个政权，故龟兹就不另提。《宋会要辑稿·龟兹》中两次提到龟兹王也称"剋韩王"⑦，可见与西州回鹘所称"剋韩王"一致。

---

① （元）脱脱：《宋史》卷490《回鹘传》。
② （宋）李焘：《续资治通鉴长编》卷48咸平四年四月丙辰条。
③ （元）脱脱：《宋史》卷490《高昌传》。
④ 布莱德施耐德：《中世纪研究》上册，第253页。转引自刘迎胜：《元代曲先塔林考》，载《中亚学刊》第1辑，中华书局，1983年。
⑤ （清）徐松辑：《宋会要辑稿》第197册《蕃夷》4。
⑥ （元）脱脱：《宋史》卷490《回鹘传》。
⑦ （清）徐松辑：《宋会要辑稿》第197册《蕃夷》4。

上述四条理由，应该可以证明，西州回鹘与龟兹回鹘是一个政权，也就是说，龟兹隶属于西州。所以，余以为，黄头回纥即西方人对西州回纥（龟兹回纥）的另称这一提法应该还是正确的。在10世纪末至11世纪初，西州回鹘的势力是比较强大的，不仅部落已分布到青海湖畔的黄河边，而且沙州都是西州回鹘的势力范围。缪勒刊布的火州出土的木杵铭刻题词云：

> 火羊年（丁未年）二月新月第三日，当我们的……登里可汗……在位时，统治东自沙州（Sachiu），西达筊赤拔塞干（Nuch Barsxan）时，当……于迦统治高昌（Qocho）国时……①

"火羊年"应是公元1007年②，即宋真宗景德四年。可见，西州回鹘势力一度达到沙州，故《西夏书事》卷9称西州回鹘可汗禄胜为"沙州可汗"。③这一时期的西州回鹘应是包括龟兹回鹘在内的政权。

但是，我们必须承认，西州回鹘与龟兹回鹘又存在着一个由合到分的过程。虽然文献中没有详细记载，但根据星星点点的消息透露，到11世纪后期，西州与龟兹似乎是分成了两个政权。有这样一些证据：

一、《宋史》、《宋会要》、《文昌杂录》④等文献都将西州与龟兹分作两国叙述，且分别立传。

二、在苏州文庙的南宋《地理图》上标有河西走廊之北为回鹘，甘州、凉州之南为龟兹⑤，似乎可以理解为两个政权。

三、《突厥词语大辞典》第1卷载："回鹘一个国名，它有五座城市。这五座城市是唆里迷（焉耆）、高昌、彰八里、别失八里、仰吉八里。"这说明

---

① 《普鲁士王国科学院论文集》1915年历史类第3期刊 F. W. K. Müller《吐鲁番出土的两木杵题辞》，其中附录一《火州出土的第三杵题辞》。转引自韩儒林：《关于西辽的几个地名》，载《元史及北方民族史集刊》第4集，第49页，1980年。
② 丁未，为947、1007、1067等年，只有1007年较合，因1036年以后，西夏已占领沙州，号称西控伊西，且于沙州设立监军司，直到蒙古灭夏，沙州一直在夏国手中。保存了许多宝贵材料的《西夏书事》中，于1008年称西州回鹘可汗禄胜为沙州可汗，亦可资佐证。
③ （清）吴广成：《西夏书事》卷9大中祥符元年正月条。
④ （元）脱脱：《宋史》卷490《外国》6既列西州回鹘，又列龟兹；（清）徐松辑：《宋会要辑稿》第199册《蕃夷》4既列西州，又列龟兹；（宋）庞元英：《文昌杂录》卷1亦同。
⑤ 苏州文庙南宋《地理图》，参见王庸：《中国地图史纲》卷首附图说明。

西州领地已不包括龟兹。又载:"龟兹(Küsən),库车城的别名。这座城市坐落在回鹘人的边境上。"这里的"回鹘"当指西州回鹘,明显将龟兹与西州回鹘分开。①

四、《三朝北盟会编》还保存了一条龟兹人伊斯兰化的史料,靖康二年(1127),各国使节在"虏帐"中朝贺太上皇(宋徽宗),记录回纥使节的服饰为:"回纥,皆长髯高鼻,以匹帛缠头,散披其服。"②很明显,此时的"回纥"已经伊斯兰化,已成为了完全的阿拉伯人形象。而这一时期的回纥当即龟兹回纥。

五、《史集·成吉思汗纪》载:"斡端(于阗)、可失哈儿边境有一地,名曰曲先(龟兹),此处算端曰黑邻赤哈喇。"③算端即苏丹,为伊斯兰教国君主之称,这说明龟兹在13世纪前已变为一个伊斯兰国家,而此时的西州回鹘却仍是一个佛教国家。

这五条理由,又可说明西州与龟兹是两个不同的政权。这是什么原因呢?余赞同刘迎胜先生的意见,"唐退出中亚后,龟兹地区经历了回鹘统治(突厥化)和伊斯兰化两个阶段"④。前面证明的龟兹隶属于西州回鹘,应是突厥化的阶段,后面证明的龟兹与西州是两个不同的政权,应是龟兹伊斯兰化阶段的表现。波斯学者奥菲还载:龟兹信仰伊斯兰教的突厥英雄之一即乞思儿别(Chizr Bek),是以战胜回鹘而著名于世。为了报答乞思儿别反对自己的敌人时所提供的帮助,可失哈尔汗同意给他以汗的称号。⑤这可能就是龟兹与西州分裂的标志。龟兹从此走向伊斯兰化。宋理宗时,还有圣人默拉纳(意即圣人子孙)额什丁在龟兹境传播伊斯兰教的记载。⑥

正是由于伊斯兰教的步步进逼,直至11世纪中后期还信奉佛教的龟兹回

---

① 麻赫默德·喀什噶里著,何锐等译:《突厥语大辞典》第1卷,第120—122、426页。
② (宋)徐梦莘:《三朝北盟会编》卷74《靖康中帙》49。
③ (波斯)拉施特著,余大钧译:《史集》第1卷第2分册《成吉思汗纪》3,商务印书馆,1983年,第184—185页。为行文方便,此处采用的是刘迎胜译文。
④ 刘迎胜:《元代曲先塔林考》,载《中亚学刊》第1辑,中华书局,1983年。
⑤ (俄)巴托尔德著,罗致平译:《中亚突厥史十二讲》第7讲《西辽和可失哈尔的突厥文化》,中国社会科学出版社,1984年,第135—136页。
⑥ 黄文弼:《塔里木盆地考古记》,科学出版社,1958年,第31页。

鹘①感到了严重的威胁。很可能是一部分龟兹人倒向喀什噶尔，致使龟兹地区走向伊斯兰化；而另一部分原属于西州回鹘的龟兹人由于反对龟兹的伊斯兰化，开始东迁，从于阗边境一直到青海湖边都散布着龟兹回鹘人的族帐，并建牙于祁连山南麓，成立了新的龟兹国。因此，在宋人的著作中载"西过青海，至龟兹国界"②，在宋人的《地理图》中，龟兹位于甘、凉州南面。

在青唐城里还有为数不少的龟兹人③，这都是东迁过来的龟兹回鹘。那一部分从西州回鹘分裂出来而又依附于喀什噶尔政权的龟兹人就建立了伊斯兰化的"龟兹国"，《元史》称"龟兹国主"④，《史集》称："曲先算端"。东迁过来散处在于阗边境到青海湖边这一地区的龟兹回鹘人，就是文献中所称的"黄头回纥"，元代又称撒里维吾儿，即今天的裕固族。

龟兹国古都残垣（新疆库车皮朗古城）

---

① （元）脱脱：《宋史》卷490《龟兹传》载："绍圣三年（1096）使大首领阿连撒罗等三人以表章及玉佛至洮西。"实际关于龟兹信仰伊斯兰的时间上中文史料与穆斯林史料相互冲突，有矛盾。
② （宋）杨仲良：《皇宋续资治通鉴长编纪事本末》卷140《收复湟鄯州》。
③ （宋）杨仲良：《皇宋续资治通鉴长编纪事本末》卷140及《青唐录》俱载，吐蕃有龟兹公主"青宜结牟"。如"青宜结"为一姓的话（或是吐蕃姓，或是龟兹姓），这是一个很值得注意的问题。吐蕃还有青宜（结）可、青宜结鬼章等。吐蕃、龟兹有同一姓氏，是否说明龟兹回鹘中很早就掺杂了藏族血统的人？这是一个尚待研究的问题。
④ （明）宋濂：《元史》卷1《太祖纪》。

总之，这个问题是一个比较复杂的问题。材料太少，且中西材料还有一些矛盾的记载，即与穆斯林史料仍有相抵牾之处，特别是时间的记录上，汉文史料与西方史料，包括穆斯林史料存在歧义之处，这或与文献史料本身记录的背景有关。

最后，余想引用一首裕固族古老的民间叙述诗来作为这篇文字的结尾：
唱着说着才知道了，
我们是从西州——和州来的人，
西州——和州迷失了方向来的，
千佛洞、万佛峡来的
青头山底下住下了，
祁连山，可爱的山，
我们从远处迎着太阳光来。①

西州（和州）、千佛洞、万佛峡、祁连山，从这条权威的裕固族民俗学材料中难道不可以看出，西州回鹘东迁而形成今天的裕固族的种种痕迹吗？

原载《甘肃民族研究》1985 年第 3—4 期

---

① 《中国少数民族文学作品选》第 1 册，上海文艺出版社，1981 年。

# 宋代的于阗——兼论于阗政权与喀剌汗王朝的关系①

这是一篇旧文章的重写。之所以要重写，是因为喀剌汗王朝与于阗政权的关系实在是在现有的历史研究中没有讲清楚，更没有人去进行细致深入的考证分析，对材料的取舍存在着很大问题，特别是对中文材料的解释和考证上不深入，或只取所需，舍弃矛盾者，就这样将于阗政权完全归属于喀剌汗王朝统而述之。余以为这不符合历史事实，故再作文章以辨之。

一

于阗，是我国新疆塔里木盆地南缘一个古老的城邦国家。自汉代兴起以来，虽然它在名义上一直以一个独立的"国"自称，但实际上绝大多数时间都是以服属于中原王朝的边裔政权的身份出现，两汉如此，魏晋南北朝如此，隋唐亦如此。大约在9世纪中叶，于阗西面出现了一个喀剌汗王朝，其始祖为毗伽阙·卡迪尔汗（Bilga Kul Qadlr Xan）；到10世纪中后期定伊斯兰教为国教后，开始对东面的异教地区展开了传播伊斯兰教的"圣战"。地处喀剌汗朝东面的于阗政权怎么样呢？它与信奉伊斯兰教的喀剌汗朝的关系又怎么样呢？在这个问题上，国内外学者几乎都不假思索地完全相信了穆斯林史料中含糊不清的记载，作出了一个大致相同的结论，即喀剌汗王朝经过几十年的"圣战"，最后攻占了于阗，于阗被喀剌汗朝正式纳入版图。他们还以11世纪初为界线，提出于阗发生了几个变化：（一）于阗最高统治者的

---

① 本文原稿合作者为兰州大学历史系王叔凯先生。

称号发生了变化；（二）于阗王室的民族成分发生了变化；（三）于阗地区的宗教信仰发生了变化。以此证明于阗服属于喀剌汗王朝。因此，要搞清于阗政权同喀剌汗王朝的关系，首先就要搞清于阗政权在 11 世纪后发生的三个所谓"变化"，这三个变化是否正确，余仍有一些不同的看法。

（一）关于于阗最高统治者称号的变化

从一部分学者的论述中，可以看出，他们有一种看法：即认为公元 1009 年（大中祥符二年），在《宋史·于阗传》上第一次出现的"黑韩（又作黑汗）王"的称号就是喀剌汗朝征服于阗的标志，是一个称汗的突厥族替代不称汗的李氏王朝在我国正史上透漏出来的讯息。①还有人称："维吾尔的祖先，其用 Kara Khan 为名者，不胜枚举，与称 Arslan Khan 之情形完全相同。何以往时未见此名（黑汗），迄今始见？乃为 Kara Khan 王朝获得于阗统治权之印证。"②这种说法尚可商榷。

首先，应当纠正一种提法，即将汉文典籍中的"黑韩"或"黑汗"一词和"喀剌汗（Kara Khan）"等同起来。"黑汗"一词是汉族史家对于阗统治者称号的音译，并不是对"喀剌汗"一词的意译，突厥语"喀剌汗"不能译作"黑色的可汗"，而是"伟大的可汗"或"最高的可汗"的意思，更不是魏良弢先生所说的"qaraxan 的半音半意译"。③因为这在《宋史·于阗传》中是有十分明确记载的："于阗谓金翅鸟为'砺鳞'、'黑韩，盖可汗之讹也'。"金翅鸟音译为"砺鳞"，"黑韩"为可汗之讹音，这一点是很清楚的。《宋史·于阗传》的作者就是怕别人发生误解，特意说明"黑韩，盖可汗之讹也"。即黑韩就是可汗，有什么理由对这一当时人的解释不予以相信而加以否定呢？此处之"黑"绝不是突厥语"Kara"之意译。《宋史·回鹘传》又载："初，回鹘西奔，族种散处。故甘州有可汗王，西州有克韩王，新复州有黑汗王。"④《宋会要》中，禄胜、智海均称"尅韩王"。⑤这些"可汗"、"克韩"、"黑汗"、"黑韩"、"尅韩"等词，都是 Khan 一词的不同译写法，这是

---

① 这是一种较为普遍的说法，其中可以斯坦因为代表，见 M. Aurel Stein, *Ancient Khatan*, Vol.1, p.180, Oxford, 1907。
② 刘义棠：《维吾尔研究》4《回鹘西迁居地考》，第 185 页。
③ 魏良弢：《关于喀喇汗王朝的起源及其名称》，载《历史研究》1982 年第 2 期。
④ （元）脱脱：《宋史》卷 490《回鹘传》。
⑤ （清）徐松辑：《宋会要辑稿》197 册《蕃夷》4。

中土文人为了对当时西部地区同时并立的若干回鹘政权有所区别而采用的不同译写方法。众所周知，对一个外来词一般都有多种译写，这在汉文典籍中是极为常见的。Khan 一词在汉文典籍中又译写成"可汗"、"合罕"、"和罕"①，或略其轻音，仅留重音而成"汗（xan）"。可见，《宋史·于阗传》中出现的"黑韩"一词同甘州之"汗"、西州之"克韩"，龟兹之"尅韩"，以及其他汉文文献中的"可汗"、"合罕"等一样，都是 Khan 一词之音译。如果将"黑韩"一词看作 Kara Khan 或 qaraxan 的半音半意译的话，那"可汗"、"克韩"、"尅韩"也应同样加以处理，如是，则甘州、高昌、龟兹也应同于阗一样，纳入到喀剌汗王朝的版图之中。据此可定，将"黑韩"一词同"喀剌汗"一词等同起来是完全错误的。正因为这样，才导致了在研究喀剌汗王朝历史时一系列不该出现的混乱。

敦煌莫高窟于阗国王像（五代）第 98 窟

那么，于阗政权在宋真宗大中祥符二年（1009）出现"黑韩"一词是否意味着于阗政治发生了变化呢？是否是由一个称汗的突厥族代替了不称汗的李氏王朝呢？显然不是这样。P.2958 和阗塞语文书第 14 行至 181 行有这样的记载：

　　于阗的"金汗"（回鹘语作 Altun Khan）经常派遣使臣去甘州。但是，当两国可汗相继去世以后，两国交往中断。恰值蛇年，甘州可汗致

---

① （宋）李焘：《续资治通鉴长编》卷 103 天圣三年十二月壬子条载："于阗和罕王遣使来贡方物。"此处"和罕"即"黑汗"的异译也。亦可证，"黑汗"非喀喇汗。

书于阗统治者,希望大宝于阗国遣使甘州。①

此外,P.2790和于阗塞语文书第96行也有于阗统治者称"金汗"的记载。②"大宝于阗国"是李圣天时期的于阗国号。由此可见,"汗"这种源于阿尔泰语系民族最高统治者的称号早在李圣天之前就已为于阗统治者所用,恐怕比喀剌汗王朝第一个皈依伊斯兰教的君主沙土克·布格拉汗即位的时间还要早得多。可见,"黑汗"这一个"可汗"之异译词于公元1009年在于阗出现,不仅不能说明于阗最高统治者的称号发生了变化,相反还证明,公元1009年,于阗的最高统治者还继续沿用前代使用过的"可汗"之称。

另外,还必须注意到,于阗最高统治者在公元1009年以后,不仅沿用前代使用过的阿尔泰语民族最高统治者之称号——可汗,而且还经常使用李圣天时期使用的"国王"之号。从五代至宋初,李圣天一直使用着中原王朝给他的册封王号。《新五代史·于阗传》载:

晋天福三年(938),于阗国王李圣天遣使者马继荣来贡,……册圣天为大宝于阗国王。③

《续资治通鉴长编》载:

(乾德四年,966)是岁,于阗国王李圣天遣其子德从来贡方物。④

不仅宋方如此称谓,处于北边的辽对于阗最高统治者也以"国王"相称。《辽史·百官志》称于阗最高统治者的驻地为"于阗国王府"⑤。到公元1009年,于阗最高统治者称"黑汗王"以后,是否就不称"国王"了呢?事

---

① 张广达、荣新江:《关于唐末宋初于阗国国号、年号及其王家世系问题》,载北京大学中国中古史研究中心编:《敦煌吐鲁番文献研究论集》,中华书局,1982年。
② 张广达、荣新江:《关于唐末宋初于阗国国号、年号及其王家世系问题》,载北京大学中国中古史研究中心编:《敦煌吐鲁番文献研究论集》,中华书局,1982年。
③ (宋)欧阳修:《新五代史》卷74《四夷附录·于阗》。
④ (宋)李焘:《续资治通鉴长编》卷7乾德四年十二月庚辰条附。
⑤ (元)脱脱:《辽史》卷46《百官志》。

实并非如此。《宋会要》载：

> 元丰四年（1071）十月六日，拂菻国贡方物，大首领你厮都令厮孟判言：其国东南至灭力沙，北至大海皆四十程，又东至西大石（食）及于阗王所居新福州，次至旧于阗。①

这是公元1071年间的事，拂菻使者对于阗最高统治者不是称汗，而是称王。还有，王珪《华阳集》保存了宋王朝给于阗统治者的一封敕书，敕书题为"赐于阗国王进胡锦并玉等敕书"②；郑獬《郧溪集》保存了宋王朝给于阗统治者的一封诏书，诏书题为"赐于阗国王诏"③。王珪在宋仁宗时担任过知制诰职，郑獬在宋神宗时担任过知制诰，均在公元1009年之后。可见，在公元1009年以后，于阗的最高统治者采用的称号不仅有"黑汗"之称，而且还有"国王"之号。这也可证明，"黑汗"之号的出现，并不能说明于阗政权发生了什么变化。

（二）关于于阗王室民族成分的变化

由于宋真宗大中祥符二年（1009）于阗向宋朝派遣了一个名叫罗厮温的回鹘族使臣，因此，就有人推断于阗的统治者在民族成分上发生了变化。斯坦因是这样说的：

> 我们注意到1009年从于阗派一使节的事。……来贡的大使是回鹘，或者是一个信仰伊斯兰教的突厥人，名罗厮温。"黑汗"这一尊号用在此，是从突厥尊号"可汗"转写的，和使者的国籍联系起来看，毫无疑问，于阗统治阶级在种属上及宗教上的变化一定是在971年以后发生的。④

魏良弢是这样说的：

---

① （清）徐松辑：《宋会要辑稿》197册《蕃夷》4《拂菻国》。
② （宋）王珪：《华阳集》卷19《赐于阗国王进胡锦并玉等敕书》。
③ （宋）郑獬：《郧溪集》卷8《赐于阗国王诏》。
④ M. Aurel Stein, *Ancient Khotan*, Vol.1, p.180.

这个黑韩王是喀剌汗的汉译，他派出的使者，当时宋朝的史官特别标明为"回鹘"，无疑这是为了表明"于阗"的新王朝与旧王朝（李圣天王朝）在民族上的不同。①

仅凭一个使臣是回鹘，就推断出于阗王朝在民族上发生了变化，恐怕有点武断。我们知道，早在唐代中后期，地处塔里木盆地南缘的于阗，明显有突厥影响的痕迹，如统治者尉迟兄弟称"叶护"就是明显一例。② 不仅有突厥的影响，而且在这一带居住着许多回鹘人。10世纪的波斯人地理著作《世界境域志》第11章第10节列举了从喀什到于阗沿途的许多地名，该书作者说这些地方"过去都属中国，但现在为吐蕃人所据有。在这些地方有很多九姓乌古斯人"③。可见，在吐蕃占领塔里木盆地时，就有一部分回鹘人居住于于阗地区。萨莫林（Samolin）根据斯坦因的考古发现也证明，回鹘人可能在其建立鄂尔浑汗国之前就已渗入于阗东北部的罗布泊一带。④ 公元840年以后，随着回鹘民族大批地向西迁徙，于阗地区的回鹘力量更加强大，甚至，于阗最高统治者也由回鹘人所取代。《宋史·回鹘传》载：

初，回鹘西奔，族种散乱，故甘州有可汗王，西州有克韩王，新复州有黑汗王。⑤

新复州⑥在这里是代指于阗，与甘州回鹘、西州回鹘并称，且置于"回鹘西奔"这一前提之下，可证于阗在840年以后，政权领导权转移到回鹘人的

---

① 魏良弢：《关于喀喇汗王朝的起源及其名称》，载《历史研究》1982年第2期。
② （宋）欧阳修、宋祁：《新唐书》卷221《于阗传》。
③ 佚名著，王治来译注：《世界境域志》第11章第10节，第67页。
④ William Samolin, *East Turkistan to the Twelfth Century: A Brief Political Survey*, Mouton, 1964.
⑤ （元）脱脱：《宋史》卷490《回鹘传》。
⑥ 新复州，又作新福州。此名可能源于回鹘语"福（Kuttug）"，回鹘人称其牙帐附近所祭山为"福山"，载（元）虞集：《虞集全集》下册《高昌王世勋碑》。喀剌汗王朝对于阗进行宗教战争前，旧都（西山城）焚毁，于阗回鹘人立新都，故以"新福州"为名。回鹘人将"福"、"幸福"或"福分"（quti）作为吉祥语经常使用，如"智慧的、神圣的、有福分的卡的（Qadir）君主"，"幸福的、伟大的桃花石国"，参见杨富学：《回鹘之佛教》，新疆人民出版社，1998年。又如"于阗国偻儸有福力量知文法黑汗王"，载（元）脱脱：《宋史》卷490《于阗传》。

手中。所以,《世界境域志》称于阗国王为"突厥与吐蕃之君主"①。吐蕃,当指在于阗地区遗留下来的吐蕃人,而突厥则是指原住此地和以后西迁进入此地的回鹘人。

再从五代宋初于阗最高统治者李圣天的一些情况也可证明于阗在公元840年后已转变为一个回鹘政权。首先,"圣天"二字就经常出现在突厥回鹘可汗的王号之中,如《册府元龟》中突厥可汗就自称"男突厥圣天骨咄禄可汗"②。敦煌莫高窟第98窟题名有:"敕受汧国公主是北方大回鹘国圣天可汗……";第61窟题名有:"姊甘州圣天可汗天公主一心供养";第100窟题名有:"……圣天可汗的子陇西李氏一心供养"。③我们前面已引和田文书证明,李圣天之前于阗最高统治者有"可汗"之称;那么,我们可以推断,李圣天很可能原来也称"圣天可汗"。前面自加"李"氏,《宋史·于阗传》中又称:"其王李圣天自称唐之宗属。"④后面省去"可汗"二字,都只能说明这是这位回鹘可汗受汉文化影响的结果;还有莫高窟第61窟题记称李圣天的女儿为"大朝大宝于阗国天册皇帝第三女天公主",而甘州回鹘可汗的女儿也称"天公主"⑤;《新五代史·回鹘传》称回鹘可汗之"号天公主"。"圣天可汗"、"天公主"都可表明李圣天属于回鹘。

其次,从李圣天的生活习俗也可反映出一个回鹘可汗的生活习俗。《新五代史·回鹘传》称"其可汗常楼居"⑥。《新五代史·于阗传》则称李圣天"有楼曰七凤楼"⑦。又称"其食,粳沃以蜜,粟沃以酪",表现了和回鹘人一样的生活习俗。

第三,以莫高窟第98窟"李圣天供养像"与第409窟"回鹘王礼佛图"相比较,除了前者着汉式衣冠之外,二者的容貌特征上反映不出有什么种族上的差异,都呈现出画师用来描绘非印欧人种时所常使用的以轮廓勾画的手法;而第103窟"西域各族各国王子朝贡图"中表现的西域王子就可以清楚

---

① 佚名著,王治来译注:《世界境域志》第9章第18节,第53页。
② (宋)王钦若:《册府元龟》卷979《外臣部·和亲》。
③ 敦煌研究院编:《敦煌莫高窟供养人题记》,文物出版社,1986年,第21、32、49页。
④ (元)脱脱:《宋史》卷490《于阗传》。
⑤ 敦煌研究院编:《敦煌莫高窟供养人题记》,第21—22页。
⑥ (宋)欧阳修:《新五代史》卷74《四夷附录·回鹘传》。
⑦ (宋)欧阳修:《新五代史》卷74《四夷附录·于阗传》。

看出种族上的差别。从上述情况,我们可以看出李圣天应当是一个回鹘人。

再则,敦煌文书(钢和泰藏卷)的和田文书与藏文文书的记载曾多次提到于阗的"狮子王",如和田文书第 2 部第 32 行载:"慈悲之主于阗狮子王尉迟婆缚婆执政之十四年十二月二十日……";古藏文文书呈请书草稿则称:"此后,Ham-Sin-Ca、Hbyetu-tu 向我主狮子王呈请"①。"狮子"波斯语及突厥语都称为 Arslan,汉文典籍中译作阿儿思兰、阿悉烂、阿思懒、阿厮兰等。②这种原始宗教的图腾崇拜在古代伊朗民族中是比较盛行的,后来逐渐影响到突厥民族中,10—11 世纪时,几乎所有的突厥民族政权都有"狮子王"的称号,如回鹘人(有人作葛逻禄或样磨人,但至少都属突厥民族)的喀剌汗朝称"阿儿思兰·哈拉汗(Arslan Karakhan)"和"阿儿思兰·伊列克(Arslan Ilek)"③,西州回鹘则称"师子王阿厮兰汉"④;龟兹回鹘则称"其国自称师子王"⑤。于阗王尉迟要缚婆(即李圣天)称"狮子王",也可佐证,他同西州师子王、龟兹师子王、喀剌汗阿儿思兰·哈拉汗应该同属一族种,即回鹘人。

前面证明了公元 1009 年之前于阗王朝的统治者,甚至主要居民是回鹘人后,那么,于阗政权派出一个回鹘使者不仅不能说明于阗王朝民族成分的改变,而且适得其反,更进一步证明了于阗王朝是一个回鹘人的政权。"厮温"又作"撒温",突厥回鹘语 Saλun 义为"将军"。可见,于阗政权在公元 1009 年以后,不仅最高统治者使用的是突厥回鹘的"可汗(黑汗)"之号,下面的官职也使用突厥回鹘常用的"将军(撒温)"一职。公元 1009 年后,于阗使者除"罗厮温"外,还有"罗撒温"、"阿令颠颡温"、"罗阿厮兰撒温"、"一牟撒温"等。⑥王珪《华阳集》中还有于阗国宰相进贡的记录。⑦"宰相"是回鹘汗国下设的重要职官,并有"九宰相"之制。⑧这些突厥回鹘官号常见于于阗王朝的使者之中,难道不可以说明,公元 1009 年前后之于阗政权都是

---

① 黄盛璋:《敦煌文书(钢和泰藏卷)与西北史地研究综论》,载《新疆社会科学》1984 年第 2 期。
② (法)哈密顿著,耿昇、穆根来译:《五代回鹘史料》,第 157 页。
③ 耿世民:《哈拉朝历史简述》,载《新疆社会科学》1982 年第 1 期。
④ (元)脱脱:《宋史》卷 490《高昌传》。
⑤ (元)脱脱:《宋史》卷 490《龟兹传》。
⑥ (元)脱脱:《宋史》卷 490《于阗传》;(清)徐松辑:《宋会要辑稿》第 197 册《蕃夷》4《于阗》、第 199 册《历代朝贡》。
⑦ (宋)王珪:《华阳集》卷 19《赐于阗国宰相进胡锦并玉等敕书》。
⑧ (元)脱脱:《宋史》卷 490《回鹘传》。

回鹘人的政权？因此，余以为，从唐末以来一直到宋中后期，于阗国内的主要民族是回鹘人，王室统治者也是回鹘人，在民族成分上并没有发生变化。

（三）关于于阗地区宗教信仰的变化。

于阗，是西域著名的佛教之国。据羽溪了谛考证，约在公元前74年，佛教就传入该国，约在公元3世纪中后期，该地区已大小两乘教并行于国。[①] 到公元5世纪时，于阗已纯然为一佛教之国。据《法显传》载：

> 其国丰乐，人民殷盛，尽皆奉法，以法乐相娱。众僧乃数万人，多大乘学，皆有众食。[②]

敦煌莫高窟于阗太子出家图（宋）第126窟

直至10世纪末于阗王李圣天统治时期，该国仍然盛行佛教。《新五代史·四夷附录》载：

---

① （日）羽溪了谛著，贺昌群译：《西域之佛教》第4章，商务印书馆，1999年。
② （东晋）法显：《法显传》卷1。

（于阗）俗喜鬼神而好佛，圣天居处，尝以紫衣僧五十人列侍。①

然而，国内外学者一致认为，在 11 世纪初，于阗地区全部改宗了伊斯兰教。斯坦因是这样说：

这一次战争（指公元 971 年于阗破疏勒的战争）的提示是我们从中国资料中找到的关于大战的唯一记载。战争的结果，于阗被喀什突厥统治者们战胜，并改信了伊斯兰。②

王日蔚先生是这样说：

玉素普卡底破和阗之后，所谓黑韩王，盖即玉素普卡底。故吾人由此可以断定：11 世纪初，和阗始改信伊斯兰教也。③

《新疆简史》的作者是这样说：

哈拉汗朝同于阗之间的战争进行了二十四年之久，到了 1001 年，于阗才被波格拉汗·哈仑的儿子喀的尔汗·玉素甫所攻占。从此，于阗就成了哈拉汗朝的一部分，并且改宗了伊斯兰教。④

和田地区在 11 世纪初由佛教改宗伊斯兰教虽然是国内外学者的一致结论，但遗憾的是，这种结论在很大程度上还是一种推理，即由于信奉伊斯兰教的喀拉汗朝曾攻占过于阗，因此，于阗改宗伊斯兰教也为必然，但并没有确凿的材料来加以证明，斯坦因也承认："不幸的是，从伊斯兰教资料中收集到的有关这一重要事件的严格的历史知识是非常缺乏的。"⑤

---

① （宋）欧阳修：《新五代史》卷 74《四夷附录》。
② M. Aurel Stein, *Ancient Khatan*, Vol.1, p.180.
③ 王日蔚：《伊斯兰教入新疆考》，载《禹贡》半月刊第 4 卷第 2 期，1935 年。
④ 新疆社会科学院民族研究所编：《新疆简史》第 1 册，新疆人民出版社，1978 年，第 162 页。
⑤ M. Aurel Stein, *Ancient Khatan*, Vol.1, p.180.

11世纪初，于阗的佛教时期是否结束，这个领域中的文化史是否基本改变，我们对此与上述观点是有不同看法的。据《宋史·于阗传》载：

> 嘉祐八年（1063）八月，遣使罗厮温献方物；十一月，以其国王为特进归忠保顺砺鳞黑韩王，罗厮温言其王乞赐此号也。①

"归忠保顺黑韩王"同甘州回鹘可汗夜落隔通顺的封号一样，甘州回鹘为"归忠保顺可汗王。"② 那么，在黑韩王前加上"砺鳞"一词又是什么意思呢？据《宋史·于阗传》"砺鳞"乃于阗人对金翅鸟之称。其实"砺鳞"一词出自梵文，即金翅鸟之意，金翅鸟又称妙翅鸟，为天龙八部之一。③ 它在佛教经典中经常出现，我们在敦煌莫高窟257窟及库车克孜尔石城《须摩提女姻缘》壁画中就见有金翅鸟的形象。这一具有佛教象征意义的名词"砺鳞"在于阗王的王号前出现，而且这一封号是于阗王向宋王朝"乞赐"的，这难道不能证明在11世纪中后期于阗王还是一个虔诚的佛教徒吗？④

除于阗王是一个佛教徒外，我们再看看于阗的使者。《宋史·于阗传》载：

> （元丰）八年（1085）九月，遣使入贡，使者为神宗饭僧追福。⑤

《宋会要》作：

> （元丰）八年（1085）九月十八日，于阗国遣使入贡。十月十八日，贡使为大行皇帝饭僧追福，降敕书奖谕。⑥

---

① （元）脱脱：《宋史》卷490《于阗传》。
② （元）脱脱：《宋史》卷490《回鹘传》。
③ 舒新城纂：《辞海》（中华书局，1948年再版）："迦楼罗：梵语，亦作加留罗，旧译曰金翅鸟，新译曰妙翅鸟，天龙八部之一。"
④ 刘义棠：《维吾尔研究》4《回鹘西迁居地考》称："当时伊斯兰教虽已流传于阗，但由于佛教对其教化之深，故其王用佛教重视之鸟名命名并非是不可能。"一位伊斯兰教徒可汗用佛教徒常用的鸟名命名为自己的王号，有这种可能吗？刘说实悖常义。
⑤ （元）脱脱：《宋史》卷490《于阗传》。
⑥ （清）徐松辑：《宋会要辑稿》第197册《蕃夷》4《于阗》。

"饭僧追福"是一种佛教宗教仪式,这在文献中屡见不鲜。如《辽史·圣宗纪》载辽圣宗:

(统和十年)九月癸卯,幸五台山金河寺饭僧。
(统和十二年四月戊戌)幸延寿寺饭僧。①

这样一种佛教行为由于阗使者来完成,如果于阗是信奉伊斯兰教的话,这种行为出自于一个伊斯兰教徒那是不可想象的。因此证明,到公元1085年时,代表于阗出使宋廷的使者是佛教徒而不是伊斯兰教徒。

还有一条材料。据《三朝北盟会编》,靖康二年(1127)各国使节在"虏帐"中朝贺太上皇宋徽宗称:

回纥,皆长髯高鼻,以匹帛缠头,散披其服,于阗,皆小金花毡笠,金丝战袍,束带,并妻男同来。②

很明显,这时的回纥人(应指龟兹回纥)已伊斯兰化了,"匹帛缠头,散披其服"完全是阿拉伯人形象。而于阗则与已经伊斯兰化的回纥完全不同,戴金花毡笠,着金丝战袍,与辽、夏使臣的冠服差不多。而且妻子随夫父同行,这显然不是伊斯兰风俗,亦可说,于阗至北宋灭亡时,尚未伊斯兰化。

还有材料可以旁证。《宋会要》载:

政和七年(1117)正月八日,于阗国进奉使马孔年米、阿点撒罗,副使大僧阿俟忽论来贡方物。③

又载:

政和八年(1118)八月八日,于阗国遣使一年撒温、大僧忽都兔王

---

① (元)脱脱:《辽史》卷13《圣宗本纪》4。
② (宋)徐梦莘:《三朝北盟会编》卷74《靖康中帙》49。
③ (清)徐松辑:《宋会要辑稿》第199册《蕃夷》7《历代朝贡》。

来贡方物。①

这里的"大僧"应该不是指伊斯兰教徒，当时将伊斯兰教徒称作 Danishmncd，译音作"答失蛮"、"打厮蛮"或"大石马"等，此大僧当指大和尚。可见，僧侣在于阗仍然具有极高的政治地位，国家的外交活动主要靠佛教徒来进行，这都是发生在 11 世纪以后的事情，这些情况难道不可以证明，于阗的佛教并没有消失，从于阗王到于阗使者都是佛教徒，佛教到 11 世纪后期在于阗地区仍居主导地位，也就是说，于阗地区的宗教信仰并没有发生根本的变化。

那么，应当怎样理解麻赫默德·喀什噶里对这一地区伊斯兰教的有关记载呢？《突厥语大词典》第 1 卷载：

> 于斯米塔里木（UsĭmTarĭm），从伊斯兰地区流入回鹘汗国的一条大河，这条河在那里渗入沙漠。②

同书同卷又载：

> 楚尔羌（qurqan），穆斯林的边境（城市）之一，在去秦（中国）的路上。③

楚尔羌，即汉文史料中于阗的边境城市"约昌城"④，亦节占城⑤，即今若羌城。余以为，这只能说明《突厥语大词典》反映了当时伊斯兰教传播的情况，也就是说，在这些地区（在西州回鹘和秦以西）已经传入了伊斯兰教，而不是这些地区全部放弃了佛教而改宗伊斯兰教。塔里木盆地出现伊斯

---

① （清）徐松辑：《宋会要辑稿》第 199 册《蕃夷》7《历代朝贡》。
② 麻赫默德·喀什噶里著，何锐等译：《突厥语大词典》第 1 卷，第 140 页。维译者注：即今塔里木河。当年库车以西的居民已信奉伊斯兰教，为了同库车以东尚未皈依伊斯兰教的维吾尔人相区别，而使用了"伊斯兰地区"一词。
③ 麻赫默德·喀什噶里著，何锐等译：《突厥语大词典》第 1 卷，第 458 页。
④ （清）徐松辑：《宋会要辑稿》第 197 册《蕃夷》4。
⑤ （宋）王安中：《初寮集》卷 6《定功继伐碑》。

兰教在佛教时期。威廉·巴托尔德说：

> 在格尔德齐关于于阗的记传中，显然是属于喀剌汗王朝征服该地之前也提到了基督教会和伊斯兰墓地。由此可见，远在佛教时期，伊斯兰教就已进入该地。①

10世纪时，阿拉伯人阿卜杜拉·米撒尔·本·阿勒·摩哈赫尔（Abudulaf Misarbinal Mahalhir）在他的游记中记载了在于阗附近的媲摩（Pima）城，"有穆斯林、犹太教徒、基督教徒、火袄教徒、佛教徒"②。比前述的11世纪要早一个世纪，在于阗这一佛教区，就出现了伊斯兰教。在10世纪，在于阗国的境内出现了伊斯兰教及其他多种宗教，这说明于阗国的统治者虽然崇佛甚至佞佛，但在宗教政策上并不排斥和禁止其他宗教在境内的发展。如《宋史·于阗传》记载，李圣天时期曾派摩尼教徒出使宋廷就是明显一例。③到11世纪以后，这种宗教政策在于阗国内仍然不变，其国黑韩王（可汗王）虽然信奉佛教，但其他宗教仍允许在其境内发展。如《宋会要》载：

> 元祐七年（1092）二月二十八日，熙河兰岷路经略安抚司言：于阗国进奉二番见在界首，内打厮蛮冷移四唱厮巴一番已准朝旨，特许解发。④

此"打厮蛮"应为"DaniShmncd"之音译，元代多译作"答失蛮"，《长春真人西游记》中译作"大石马"。波斯文为学问者的意思，亦指伊斯兰教的神职人员。可见，这位"冷移四唱厮巴"是一位穆斯林，他充当于阗国进奉使者，就反映于阗的宗教政策在11世纪前后并未发生变化。

正因为在于阗境内所推行的这样一种自由化的宗教政策，11世纪后，正是伊斯兰教向东方发展扩张之时，于阗西面强大的喀剌汗王朝又是一个伊斯兰教国，故而对于阗地区伊斯兰教的发展必然要起很大的促进作用。尽管在

---

① （俄）巴托尔德著，罗致平译：《中亚突厥史十二讲》第5讲，中国社会科学出版社，1984年，第91页。
② 冯承钧：《大食人米撒儿行纪中之西域部落》，载《西域南海史地考证论著汇辑》，中华书局，1957年。
③ （元）脱脱：《宋史》卷490《于阗传》还载于阗"俗事袄神"，可证其国还有火袄教。
④ （清）徐松辑：《宋会要辑稿》第199册《历代朝贡》。

11世纪中后期,佛教在于阗地区还居于主导地位,但是,随着时间的推移,随着西部伊斯兰教的势力日渐强盛,而对东部的影响也必然随之增大。因此,这种主次关系必然颠倒,到西辽攻占于阗时,这一地区基本上已经伊斯兰化,但这是12世纪后期的事情了。

## 二

从上一节的考辨可以得知,11世纪后,于阗最高统治者的称号,于阗王室的民族成分、于阗地区的宗教信仰都没有发生变化。那么,11世纪后,于阗与喀剌汗朝的关系究竟怎样呢?是不是像目前史学界所作的结论一样,喀剌汗朝经过几十年的"圣战",最后攻占于阗,并将于阗纳于喀剌汗朝的版图,喀剌汗朝的君主也就统治了于阗?这几乎是没有丝毫异议的结论,但余以为仍有可商榷的地方。

首先,看看关于喀剌汗朝攻占于阗的记载,它仅见于穆斯林史料中,在当时的汉文文献中没有任何反映。根据斯坦因的转载,当时穆斯林史料是这样反映喀剌汗朝攻占于阗这一历史事实的:

> 和于阗的异教徒的斗争是在哈森波拉汗在位时开始的。这个人相当于历史上的阿蒲尔哈森纳斯尔,虽然神话把他指定为沙兔克波拉汗的一个儿子,其实他是他的曾孙。于阗统治者在神话中通常描写为带有"马秦的扎加卢哈里哈卢"尊号的人。他和本国的首长或部长楚克他·拉施得及努克他·拉施得一起攻喀什,经过剧烈的围攻后被击溃。在追击中,阿里阿斯兰汗与沙兔克波拉汗同族的其他奉教的名将被异教徒所杀。叶尔羌于是为神圣宝剑的力量改变了它的信仰,并参加了伊斯兰事业。继而当哈森布拉汗正在西突厥斯坦为重建信仰而战的时候,喀什背叛了伊斯兰教。苏丹当时派他的兄弟喀的儿汗到马当乞援于四依玛木,而他自己赶回重取喀什。他消灭了楚克他·拉施得率领的异教徒,并追逐到英吉沙,但他自己却为努克他·拉施得所杀。此时,玉素甫·喀的儿汗出现在喀什,他身旁有依玛木派来的大队奉教战士。异教徒退却至于阗,玉素甫·喀的儿汗以四万士兵攻之。于阗被围达

二十四年之久而陷落，扎加卢哈里哈卢被杀。据说玉素甫喀的儿汗当时即和平治理了于阗。①

这可能是穆斯林史料中关于喀剌汗朝攻占于阗最详细的记载，这从伊本·阿西尔和乌特比两人的著作中也可以得到验证。他们二人都称玉素甫·喀的儿汗是于阗的统治者。②另外，晚一些的汉文材料《于阗乡土志》及《伽师乡土志》也有类似的记载：

> 玉素甫十底乞兵于西国，衣玛木于宋真宗大中祥符二年自木达营国率众十余万至喀什，众复降，玉素甫卡底为帕夏。衣玛木进兵叶尔羌，叶尔羌人降；又攻和阗，和阗人或逃或降。③

这实际上仍可视为穆斯林史料，这种记载当为汉人根据伊斯教徒传说而作。应当怎样看待这些穆斯林史料？余以为：一、不能全信，更不能以此而进行演绎发挥；二、亦不能随便否定，应参照汉文材料及其他材料对此进行合理的解释，这样才是实事求是的态度。不能全信的原因很清楚，穆斯林史料记载大都笼统模糊，那些带有极为浓厚的宗教色彩的穆斯林的历史概念是很不清楚的，所以，各家所述都说依据穆斯林史料，而叙述的内容又大相径庭。如喀剌汗朝攻占于阗的时间就有992年、1001年，1006年、1009年等说④，足以反映史料本身的混乱。还有斯坦因在《古代和阗》中转述喀剌汗朝攻占于阗的历史是那样详细清楚，而在他处又说，关于玉素甫喀的儿汗"如何扩张其势力到于阗"，他"茫然无知"。⑤因此，余对上述穆斯林史料不敢全信，当然更反对在此基础上的演绎和发挥。为什么又不能否定呢？因为这一历史事实既然已在多种文献中出现，在这些文献中，还有当时人的记

---

① M. Aurel Stein, *Ancient Khatan*, Vol.1, p.181.
② 王治来：《论伊斯兰教在新疆的发展》，载《新疆历史论文集》，新疆人民出版社，1977年，第259页。
③ 转引自李晋年：《新疆回教考》，载《地学杂志》1919年第2期。
④ 992年说见《哈萨克苏维埃社会主义共和国史》第2卷；1001年说见《新疆简史》第1册；1006年说见斯坦因《古代和阗》引格力纳（M. Grenard）说；1009年说见斯坦因《古代和阗》，主1009年说为多。
⑤ M. Aurel Stein, *Ancient Khatan*, Vol.1, p.180.

载，尽管有很多不准确的地方，但或多或少地透漏了一定的历史真实。对穆斯林史料中喀剌汗朝攻占于阗这一问题余作如是观：喀剌汗朝对于阗展开的旷日持久的战争是一历史事实，战争的最后结果是喀剌汗朝攻占了于阗，这也可能是一历史事实，这从几种穆斯林史料中都能相互印证。关键的是，喀剌汗朝攻占于阗以后，是喀剌汗朝的君主统治着于阗，抑或于阗本身还是一个独立的政权？姑试析之。应该首先看到，喀剌汗朝尽管一度攻下了于阗，并且在穆斯林的史料中还称玉素甫·喀的儿汗为于阗的统治者。但是，喀剌汗朝本身的力量在当时并不强大，所以，在对于阗作战中，多次被于阗击败。如《宋史·于阗传》中反映的开宝四年（971）于阗破疏勒获舞象之事。[①]这次战争在 P.5538a 号于阗文书中也有反映。该书记载了天尊四年（970）于阗王尉迟苏拉（Visa Sura）给其舅沙州大王曹元忠的一封信，信称尉迟苏拉率军攻占了疏勒地区的三座城堡。[②]这就说明，在10世纪末，于阗的军事力量仍超过了喀剌汗朝；而喀剌汗朝之所以能击败于阗并不是本身力量的强大，而主要是借助于外部力量的援助，即穆斯林史料中的"乞兵西国"，及"乞援于四依玛木"。所以，在这种情况下，依靠外援而击败于阗的喀剌汗朝，首府在喀什噶尔，又是以伊斯兰教为国教，要想由它来完成对于阗这一异教区的全面专政和统治，似乎还不可能。为了控制于阗，喀剌汗朝在于阗地区采用类似于中原王朝对边裔政权所常用的传统办法——羁縻政策则是完全可能的。只要求于阗在名义上服属喀剌汗朝，而实际上仍然保持于阗政权原来的结构，以一种羁縻笼络的方法来控制于阗。正因为双方保持的是这样一种关系，所以，尽管喀剌汗朝一度攻占了于阗，但于阗最高统治者的称号、于阗王室的民族成分、于阗地区的宗教信仰都没有改变。如果双方不是这么一种羁縻关系，而是由喀剌汗朝统治于阗的话，那些宗教偏见根深蒂固的喀剌汗朝统治者对异教是绝不能容忍的，绝不会在他所统治的领域中还让佛教畅行。仅这一点就可说明于阗与喀剌汗朝的关系绝不是统治与被统治的关系，这从11世纪成书的由喀剌汗朝人所撰写的《突厥语大词典》序言中的记载也可找到佐证：

① （元）脱脱：《宋史》卷490《于阗传》。
② 张广达、荣新江：《和田、敦煌发现的中古于田史料概述》，载《新疆社会科学》1983年第4期。

喀剌汗朝的领土和行政区域可分为三大部分：第一部分是以喀什噶尔、八剌沙衮为中心的中央区，这个区域即所谓皇族区；第二部分是以撒马尔罕和塔拉斯为中心的西部区；第三部分是以和田为中心的东南部区。西部和东南部区又称为依里克汗劳克（即与皇族亲密的地区）。①

这里虽然没有说明于阗为喀剌汗朝的羁縻区，而且还称于阗为喀剌汗朝行政区的一部分，但于阗与喀什噶尔、八剌沙衮却有"皇族区"和"与皇族亲密的地区"之差别，所谓"与皇族亲密的地区"，即"非皇族区"，这种所谓"亲密"关系，就正是穆·喀什噶里对喀剌汗朝与于阗之间羁縻关系的反映。然而，这种羁縻关系好像维持的时间也不长。据《于阗乡土志》及《伽师乡土志》载：

> 回书又云：……后四十年，玉素普死，众复叛自立。②

《乡土志》的"后四十年"推算为宋仁宗皇祐元年（1049），但大多数穆斯林史料认为，玉素甫·喀的儿汗死于公元1032年。不管玉素甫死于何年，从这里可以看出，玉素甫死后，那种"亲密"的羁縻关系也随之消失，"众复叛自立"，这就表明，于阗完全摆脱了喀剌汗朝的控制和羁绊，成为一个独立的政权。反映在穆斯林史料中就是关于喀剌汗朝的记载似乎就没有提及于阗；反映在汉文史料中则是于阗以一个完全独立政权的姿态出现在上京和汴梁的辽、宋王廷中。于阗对辽称属国，称宋为舅邦。③ 如果像目前尚为主流意见的学者那样，将宋、辽史籍中于阗就视为喀剌汗朝的话，那岂不是喀剌汗朝也成了辽的属国。于阗就是于阗，与喀剌汗朝并无依附或臣属关系，尽管在历史上曾有玉素甫·喀的儿汗攻占于阗这一短暂的瞬间，正因为短暂，所以，这一历史事实在辽、宋史籍中并没有丝毫反映，它在对东方国家展开

---

① 麻赫默德·喀什噶里：《突厥语大词典》之维译本。按：今汉译本无此序言。
② 《于阗乡土志》、《伽师乡土志》，转引自李晋年：《新疆回教考》，载《地学杂志》1919年第2期。
③ （元）脱脱：《辽史》卷36《兵卫志》、卷46《百官志》均称于阗为属国；（元）脱脱：《宋史》卷490《于阗传》于阗称宋天子为阿舅。

频繁的政治、经济、文化交往中,并没有透漏它那一页曾经蒙耻的历史。因此,在宋、辽王朝高层统治者的心目中,于阗仍旧是过去的于阗,恪守藩属之礼,职贡勤勉不断。

余将于阗视作一个独立的政权而并不服属于喀剌汗朝,除上述理由外,还有许多事实可以证明。

(一)喀剌汗朝有首府,东为喀什噶尔和西有八剌沙衮;正如魏良弢先生所言:"整个汗国分为两大部分,由汗族的长幼两支分治这两部分。长支为大可汗,称阿尔斯兰汗,他理论上是喀剌汗王朝整个汗族的最高首领。首都为巴拉沙衮,以喀什噶尔为陪都。幼支为副可汗,称博格拉汗,驻地先在怛逻斯,后迁喀什噶尔,以后,又迁回怛逻斯。"[1]可见,喀剌汗王朝的汗族从来没有在于阗居住过。而《宋史·回鹘传》称"新复州有黑韩王"[2],《宋会要》称:"于阗王所居新福州。"[3]可见于阗"自立"以后,也有自己的首都——新复(福)州。

(二)喀剌汗朝有自己的君主阿儿思兰汗(Arslanhan 狮子汗)与博格拉汗(Bugrahan 公驼汗),于阗亦有自己的君主。元丰四年(1081)时于阗国国王是"偻儸有福力量知文法黑汗王"[4],而这时东部喀剌汗王朝的可汗是博格拉汗,名哈桑·本·苏来曼,他的伊斯兰封号是"正义和宗教的保卫者",或称"东方之王"[5]。绍圣三年(1096)时,于阗国国王是"阿忽都·董娥·密竭笃"[6],而这时东部喀剌汗王朝的可汗仍是哈桑·本·苏来曼[7]。可证,于阗国王并非喀剌汗王朝的"汗"。这显然不是喀剌汗朝君主之称。"偻儸有福力量知文法黑汗王",偻儸,据《旧唐书·回纥传》:"含(合)俱录,华言'娄罗'。"[8]含俱录,又作合俱录,当时翻译成中文就是"娄罗"的意思,偻儸即是回鹘英义建功毗伽可汗王号中的一部分。"合俱录(偻儸)"一词不

---

[1] 魏良弢:《喀剌汗王朝史稿》第4章,新疆人民出版社,1986年,第75页。
[2] (元)脱脱:《宋史》卷490《回鹘传》。
[3] (清)徐松辑:《宋会要辑稿》第197册《蕃夷》4《拂菻》。
[4] (元)脱脱:《宋史》卷490《于阗传》。
[5] 魏良弢:《喀剌汗王朝史稿》第4章,第107—108页。
[6] (清)徐松辑:《宋会要辑稿》第199册《蕃夷》7《历代朝贡》。
[7] 魏良弢:《喀剌汗王朝史稿》第4章,第107—108页。
[8] (后晋)刘昫:《旧唐书》卷195《回纥传》。刘义棠:《维吾尔研究》3《漠北回鹘可汗世系名号考》据《辞海》对"偻儸"的解释否定当时人对"含(合)俱录"一词的翻译是一极为简单不可取之行为。

仅在英义可汗王号中出现，而且还在"腾里野合俱录毗伽可汗"①、"腾里逻羽录没密施合胡（俱）禄毗伽怀信可汗"②、"登啰羽录没密施句主毗伽崇德可汗"③、"爱登里啰汩没密施合句录毗伽彰信可汗"④ 中出现，可见，"合俱录（偻㑋）"是回鹘可汗王号中常用的一个词。"有福力量"，这也是回纥可汗经常挂在前面的封号，如回鹘骨咄禄·毗伽阙可汗，其突厥文为 Qutluq Bilgä Kül Qakhan，义为"幸福圣智普可汗"⑤；又如登里逻汩没密施俱录毗伽贞忠可汗，其义即为"受命自月神成为幸福伟大圣智贞忠可汗"⑥；再如 Qadir 就被称为"智慧的、神圣的、有福分的卡的君主"⑦。"偻㑋有福"连起来的意思应即是卑微者有福，很可能是当时的佛教用语。文法，为羌语（吐蕃语）。《孔氏谈苑》云："羌人以自计构相君臣，谓之立文法。"⑧《宋史·吐蕃传》云："其年，（唃）厮啰立文法，聚众数十万，请讨平夏以自效。"⑨ 可见，在"黑汗王"前加"知文法"之称，则于阗国王号上明显留下了前吐蕃影响之痕迹；"偻㑋有福力量知文法黑汗王"，连起来的释义应为"卑微的有福分和力量但又懂得法度的可汗"，一个典型的回鹘可汗称号。又绍圣三年（1096），于阗黑汗王给宋王朝上表称："请自今般次不满年月往来进奉，只是心白。""心白"亦是吐蕃语，《宋史·吐蕃传》称吐蕃"自言不敢有贰，则曰：心白向汉"。孔平仲《谈苑》则称羌人"以心顺为心白人，心逆为心黑人"。于阗国王对宋朝称"心白"，是表明自己对宋朝的忠心与归顺，亦是受吐蕃影响的痕迹。《世界境域志》中称 10 世纪时的于阗王为"突厥与吐蕃的君主"⑩，而这种形式到 11 世纪中后期还留有痕迹，这种痕迹与喀剌汗朝是绝无干系的。

（三）喀剌汗朝称自己的领土西到撒马尔罕，东到于阗。而于阗却有自

---

① （宋）司马光：《资治通鉴》卷 236《唐纪》52 永贞元年十一月附。
② （宋）司马光：《资治通鉴》卷 235《唐纪》51 贞元十一年五月庚寅条。
③ （宋）司马光：《资治通鉴》卷 241《唐纪》57 长庆元年三月丙戌条。
④ （宋）司马光：《资治通鉴》卷 244《唐纪》60 太和七年四月丙戌条。
⑤ 刘义棠：《维吾尔研究》3《漠北回鹘可汗世系名号考》，第 113 页。
⑥ 刘义棠：《维吾尔研究》3《漠北回鹘可汗世系名号考》，第 125 页。
⑦ 杨富学：《回鹘之佛教》，第 202 页。
⑧ （宋）孔平仲：《谈苑》卷 1《羌人自相君臣》。
⑨ （元）脱脱：《宋史》卷 492《吐蕃传》。
⑩ 佚名著，王治来译注：《世界境域志》第 9 章第 18 节，第 53 页。

己的疆境，五代时，于阗疆境"西南近葱岭，与婆罗门为邻国，南衔吐蕃，西北至疏勒二千余里"①。到11世纪中后期，于阗疆境西边仍以葱岭为界，与疏勒并列。郑獬《郧溪集》卷8《赐于阗国王诏》载：

> 今于阗距京师万余里，在疏勒之西（此处西当为东之误），而王以忠勇继世，用忠爱以抚其国人；境内咸义，以谓夫方贡之礼久而不讲，思所以觌中国之盛以修旧职。故遣其首豪，奉其宝玉珠玑与夫奇畜驵骏之马，连续乎道涂。背葱岭，越流沙，译十数国，踰再岁而乃至，可谓勤矣。②

这里将于阗与疏勒明显分开，疏勒即东部喀剌汗朝的首府喀什噶尔。可见，在宋人心目中，于阗与喀剌汗朝并无服属关系。"背葱岭"，当为离开葱岭之意，葱岭当指于阗西面的昆仑山，则又可证，于阗西界仍以葱岭为限。

庞元英谈到了于阗疆域时，也将于阗西部的一大片喀剌汗朝疆土并不涉及。他在《文昌杂录》中记载：

> 于阗西带葱岭，与婆罗门接。③

婆罗门，指天竺国，此语可解为西面与昆仑山相连，与天竺国相接。庞元英为宋神宗时的主客郎中，为北宋王朝执掌外交事务的主要官员，宋神宗后，于阗国与宋朝交往十分密切，按道理讲，他应该对同他经常打交道的于阗国的疆域是熟悉的。因此，余以为，庞元英的记载是可靠的，于阗的西部疆域以葱岭为限，因此也可说，喀剌汗朝的东部的实际疆域并没有葱岭东部的于阗。

《清波杂志》卷6的一段记载也能说明于阗的疆域：

> 政和中，从于阗求大玉。表至，示译者，方为答诏。其表有云：日

---

① （宋）欧阳修：《新五代史》卷74《四夷附录》。
② （宋）郑獬：《郧溪集》卷8《赐于阗国王诏》。
③ （宋）庞元英：《文昌杂录》卷1。

出东方，赫赫大光，照见西方五百里国，五百国内条贯主黑汗王，表上日出东方，赫赫大光，照见四天下，四天下条贯主阿舅大官家。你前时要者玉，自家甚是用心，只为难得似你的尺寸，自家已令人两河寻访，才得似你底，便奉上也。①

这是一份十分珍贵的于阗外交文书的译文，由于译文十分新奇，故在宋代多种文献中著录，据查，宋代文献著录这一表文者共五家，但各家著录均有一定的差异，下面将该表文中的最核心一句在各文献中记录列表如下：

| 作者 | 书名 | 成书时间 | 文字内容 |
|---|---|---|---|
| 蔡絛 | 铁围山丛谈 | 约1150年 | 西方五百国中条贯主阿舅黑汗王 |
| 周煇 | 清波杂志 | 约1192年 | 西方五百里国五百（里）国内条贯主黑汗王 |
| 张世南 | 游宦纪闻 | 约1228年 | 西方五百里国五百国条贯主师子黑汗王 |
| 赵彦卫 | 云麓漫抄 | 约1206年 | 西方五百国五百国条贯主师子黑汗王 |
| 杨仲良 | 长编纪事本末 | | 四方五百国五百国内条贯主师子黑汗王 |

从各位作者来说，蔡絛为最早，杨仲良为最晚，但从文字内容来看，蔡絛录文错误最多，而杨仲良的录文当来自李焘《续资治通鉴长编》，而且各人记录此事均无谁抄谁之嫌；从版本上去校诸书更是难以断定，但现在所见唯一有宋本的就是《清波杂志》，可以说，保存这条史料最原始的应是《清波杂志》，而《清波杂志》与诸书不同之处就是多一"里"字，诸书作"五百国"，《清波杂志》作"五百里国"。如果此说为不误的话，这里，黑汗王自称自己国家为"五百里国"，恐怕也是同前面称自己为"偻㑩"一样，是小国对大国的一种谦卑。可见，黑汗王之于阗国与喀剌汗朝根本没有关系。因为喀剌汗朝如加上于阗的话，西起卡拉库沙漠，东至罗布泊均为其疆土，这岂止"五百里"之数，恐怕要超过五千里。具有五千里以上疆境的喀剌汗王决不会谦恭到将自己的国土缩小到"五百里"之数的程度，这"五百里"

---

① （宋）周煇：《清波杂志》卷6《外国表章》。其他文献亦载有此事，但文字稍异。（宋）蔡絛：《铁围山丛谈》卷1《太上始意作定命宝》；（宋）张世南：《游宦纪闻》卷5《大观中添创八宝》；（宋）赵彦卫：《云麓漫抄》卷15；（宋）杨仲良：《皇宋续资治通鉴长编纪事本末》卷128大观元年十一月丙辰条。

很可能就是于阗国土疆境较为准确的反映。因为出自于阗国黑汗王给宋朝官方文书的数据应该是可信的。

以上种种，都可以证明 11 世纪以后的于阗政权并不服属于喀剌汗王朝，它是一个并不属喀剌汗王统治的完全独立的政权。①

## 三

最后，余仍想以两个不可能来证明宋代于阗同喀剌汗王朝的关系。一是喀剌汗王朝不可能与宋王朝保持"甥舅"的姻亲关系，与宋王朝保持"甥舅"姻亲关系仅仅只是于阗国王，而不能是喀剌汗王朝。二是喀剌汗王朝不可能以"于阗国"的名义长期向宋王朝进贡，向宋王朝进贡的仅仅只是于阗国或于阗政权。

先谈第一个不可能。

《宋史·于阗传》称："晋天福中，其王李圣天自称唐之宗属，遣使来贡。"此事发生在喀剌汗王朝攻占于阗之前。还是《宋史·于阗传》："（元丰）四年（1081），遣部阿卒上表称：于阗国偻儸有福力量知文法黑汗王，书与东方日出处大世界地田主汉家阿舅大官家"，于阗黑汗王称宋朝天子为"阿舅大官家"。前引《清波杂志》政和中于阗给宋朝的表文："日出东方，赫赫大光，照见西方五百里国，五百国内条贯主黑汗王，表上日出东方，赫赫大光，照见四天下，四天下条贯主阿舅大官家。"如果此处的"于阗"就是指喀剌汗王朝的话，那么请问，一个正对东方发动"圣战"的伊斯兰教国家可以与一个异教徒国家保持这种"甥舅"的姻亲关系吗？一位伊斯兰政权的大汗怎么可能对异教徒的宋王朝称起"阿舅"来呢？有人的解释是"因为喀剌汗族出自回鹘，唐时屡有公主下嫁回鹘，回鹘可汗称唐帝为阿舅，黑汗王沿袭了这种姻亲称谓"。这种完全不考虑伊斯兰教宗教信仰与习惯的说法是不可以接受的，即使喀剌汗族是回鹘人，但他们是接受了伊斯兰教义的回鹘人，在他们的教义中是不允许与异教徒通婚的。1026 年，有两位非穆斯林统治者派遣使者到达哥疾宁，他们向马哈茂德表示臣服，并愿与哥疾宁王

---

① 魏良弢在《南疆喀喇汗王朝遗迹走访散记》中说："和田地区，与喀什地区不同，这里明确断定属于喀喇汗王朝的地上遗址不多。"这种不同，是否也可作为于阗不属喀喇汗朝的佐证呢？

朝通婚。马哈茂德郑重接待来使，但作出如下答复："我们是穆斯林，你们则是与我们不同教的人，因此我们不能将自己的姊妹和女儿嫁给你们；如果你们归依伊斯兰教，届时将另作计议。"① 怎么可以想象一个伊斯兰教的国王称一个汉人异教徒的国王为"阿舅"？《突厥语大词典》记录了当时喀剌汗人对异教徒的态度：

> 有一个异教徒回鹘人向我冲来，我把他杀死了。为了给秃鹫和野狼作食物，我把他剁成碎块。②

这样描述对回鹘人的战斗：

> 我们犹如洪水一般冲向他们，占领他们的城市，毁坏他们的寺庙，在佛像上屙了屎。穆斯林的习惯就是这样，侵入异教徒的地区时，为了侮辱他们而在佛像头上拉屎撒尿。③

对待自己同一个民族但不信仰伊斯兰教的回鹘人尚且如此，又何况对待异教徒的汉民族呢？据此，余意认定在宋代文献中称宋朝皇帝为"阿舅大官家"的"黑汗王"不是信仰伊斯兰教的喀剌汗王朝的国王，而是不信仰伊斯兰教的于阗国的"可汗"。

再谈第二个不可能。

喀剌汗王朝自成立以后，就不断向东西两方扩张。从喀剌汗王朝第五代可汗萨图克接受伊斯兰教，到公元960年喀剌汗王朝第六代可汗木萨将伊斯兰教定为国教后，就一直向东边的于阗、西边的河中地区发动圣战，而且曾经一度攻占于阗。如果认为，喀剌汗王朝攻占于阗后，于阗一直归属于喀剌汗王朝，那么请问：为什么喀剌汗王朝与宋王朝展开外交关系时，不使用喀剌汗王朝自己的名字，而是使用"于阗国"的名字呢？在穆斯林史料中，喀

---

① （俄）巴托尔德著，张锡彤、张广达译：《蒙古入侵时代的突厥斯坦》上册第2章，上海古籍出版社，2007年，第329页。
② 麻赫默德·喀什噶里著，何锐等译：《突厥语大词典》第1卷，第41页。
③ 麻赫默德·喀什噶里著，何锐等译：《突厥语大词典》第1卷，第363页。

剌汗王朝有自己的名字，或作"喀剌汗王朝"，或作"伊利克汗王朝"，或作"阿弗拉西亚勃王朝"。但中国文献中从来没有出现过上述国名或王朝名，以国家名义出现的只有"于阗国"一名。《宋会要》中记录从熙宁四年（1071）到宣和六年（1124）以"于阗国"或"于阗"的名号进贡者达 29 次之多。① 如果这个"于阗国"就是喀剌汗王朝的话，试想，一个如此强大的在当时世界已有相当影响力的喀剌汗王朝又怎么可能不用自己的名号而用"于阗国"的名号向宋王朝进贡呢？征服者对外开展外交活动时，不采用征服者自己的国号而用被征服地区或已亡国地区的旧国号，这在政治理论上是无论如何讲不通的。还有没有一种可能，就是喀剌汗王朝进贡时是使用本国的国号，但后来使臣修史时，弄不懂或搞不清喀剌汗王朝的国号为何，但知道他们从过去的于阗那边来，为了和以前的于阗统一，遂将其改为"于阗"？这种可能也不存在，因为在宋人文集中还保存了大量的回复于阗国王制文和敕文，这都是当时的宰相"知制诰"这一级官员记录下来的最原始资料，反映了进贡者的原貌。王珪《华阳集》保存了《赐于阗国王进胡锦并玉等敕书》②；郑獬《郧溪集》保存了《赐于阗国王诏》③；苏颂《苏魏公文集》中保存了《赐于阗进奉敕书》、《赐于阗国示谕敕书》、《赐于阗国男进奉敕书》、《坤成节就驿赐于阗国进奉人御筵口宣》、《就驿赐于阗国进奉人朝辞御筵口宣》等五份文书④；苏轼《苏轼文集》中则保存有《元祐二年十二月一日赐于阗国黑汗王进奉登位敕书》、《元祐三年五月一日赐于阗黑汗王进奉示谕敕书二首》及《赐于阗国黑汗王男被令帝英进奉敕书》等五份文书⑤。特别值得注意的是最后一份敕书提到"于阗国黑汗王男被令帝英"。帝英，又译作"狄银"、"特勤"，突厥语作 Tegin，即可汗弟弟或儿子的称号，其名即为"被令"，这个"被令帝英"在《苏魏公文集》中作"于阗国黑汗王男丙令滇根"，可知，"丙令滇根"即"被令帝英"之异译。帝英、滇根均是 Tegin 之汉译，而"被令"、"丙令"很可能均是突厥文 Bilig（智者）的汉译。直到宋神宗和宋哲宗时期，于阗国可汗的儿子还保持突厥回鹘时代的称号 Tegin，可知这位两次到宋朝

---

① （清）徐松辑：《宋会要辑稿》第 199 册《蕃夷》7《历代朝贡》。
② （宋）王珪：《华阳集》卷 19《赐于阗国王进胡锦并玉等敕书》。
③ （宋）郑獬：《郧溪集》卷 8《赐于阗国王诏》。
④ （宋）苏颂：《苏魏公文集》卷 24《内制》、卷 25《内制》。
⑤ （宋）苏轼：《苏轼文集》卷 41《内制敕书》。

进贡的于阗国可汗（黑汗）的儿子丙令滞根（被令帝英）是一名回鹘人，亦可证于阗国黑汗王亦是回鹘人。这里面不仅有"于阗国黑汗王"的进贡，而且还有"于阗国黑汗王男被令滞英"的进贡。如果以时间对应，元祐二年（1087）或元祐三年（1088）向宋朝进贡的"黑汗王"应是喀剌汗王朝第19代大汗哈桑·本·苏来曼。我们试想，这位喀剌汗王朝被称为"正义和宗教保卫者"的大汗，著名的"东方之王"，居然向宋朝进贡，不仅自己进贡宋朝，还派自己的儿子进贡宋朝，而且还不是称自己为"喀剌汗"或者是"博格拉汗"，而是称"于阗国黑汗王"。宋哲宗的回赐敕书还称他"卿恪守蕃居，申遣使车，来款塞垣，恭修琅贡"，"卿守土西极，驰诚中华"①等等，这位喀剌汗王朝著名的"博格拉汗"居然也变成为宋王朝西边守土的"蕃王"，而且还只是于阗一国的可汗。是宋代君臣妄自尊大与愚昧无知，还是喀剌汗王朝的统治者谦恭卑下、虚与委蛇呢？两者都不是，历史的真实应是，喀剌汗王朝的统治者从来就没有向宋王朝进过贡，甚至可以说，截至目前，文献中尚未发现喀剌汗王朝与宋朝有过正式的官方接触，与宋王朝发生大量官方或民间接触的不是喀剌汗王朝，而是于阗政权。以此例循之，在唐中叶，于阗亦曾被吐蕃帝国攻占，墀松德赞时期（755—797），"没庐·墀苏如木夏领兵北征，收抚于阗于治下，抚为编氓并征其贡赋"②。吐蕃攻占于阗，对于阗进行了有效的统治，直至朗达玛被杀，吐蕃帝国崩溃。③ 总之，在吐蕃占领于阗时期，在中文文献中从未见过一次于阗向唐朝的进贡。在中文文献中，唐天宝以后，直至后晋天福三年（938），其间一百八十余年，于阗未见同中原王朝发生关系。为什么被喀喇汗王朝攻占后的于阗却可以这样频繁地同宋王朝发生官式接触呢？只有一种解释，那就是于阗国有可能曾被喀剌汗王朝攻占过，但很快于阗国又脱离喀剌汗王朝而独立出来，成为一个具有完全自主外交的民族政权。于阗就是于阗，既不是喀剌汗王朝，也不是喀剌汗王朝的属国，而是辽、宋王朝的属国，所以于阗不断向辽、宋王朝称臣修贡，辽、宋王朝亦将于阗视为臣属，故称其为"卿守土西极，驰诚中华"。无论如何，

---

① （宋）苏轼：《苏轼文集》卷41《内制敕书》。
② 王尧、陈践译注：《敦煌本吐蕃历史文书》，民族出版社，1980年，第144页。
③ 关于吐蕃对于阗的统治，参见杨铭：《吐蕃统治下的于阗》，载氏著：《吐蕃统治敦煌研究》，新文丰出版公司，1997年，第83—100页。

将宋代的于阗视作为喀剌汗王朝或者是喀剌汗王朝的一部分不符合历史的真实，也无法对中文文献中所记录的于阗进行合理的解释。

俄国著名中亚史学家巴托尔德称："哈拉汗国和一切游牧帝国一样，将族产观念从私法领域带入公法领域。国家被看作是整个汗族的财产，分藩而治，大的藩国复分为许多小的采地；一些强大的藩王往往不听大汗的号令。"① 巴托尔德这些认识对于我们分析于阗与喀喇汗朝之间的关系也是有裨益的。喀剌汗朝由于对内实行封地的制度，11世纪后兴起的帝国看起来强大，但实际上内部力量是分散的，不稳定的割据因素时刻存在。于阗是一个古老的佛教地区，该地区佛教力量之巨远非其他宗教可比。喀剌汗朝攻占于阗后，当时没有力量对于阗地区实行灭佛崇回的政策，但为了控制和稳定于阗，俾以旧地，封以故人，使于阗也变成了喀剌汗君主下的封邑，在名义上服属喀剌汗朝，实际上仍然是一个独立的政权，双方保持着一种"亲密"的羁縻关系。但随着被击败的于阗政权力量的恢复和强盛，再加上宗教上歧异而增生的潜意识的反抗情绪，这个"强大的附庸"不仅"不承认帝国首领的统治权"，而且公开反叛，又从曾经一度在名义上统一的喀剌汗朝中分裂出来，重建于阗政权；并且，这个政权同喀什噶尔的喀剌汗朝同时共存，直到屈出律时，才为西辽所灭。

综上所述，可以比较清楚地看出，11世纪后，于阗政权虽然曾被喀剌汗王朝征服过，并且有过一段比较亲密的羁縻关系，但时间是短暂的，从整体上来看，于阗政权基本上是以一个独立政权的姿态出现在中世纪的历史舞台。因此，余以为研究喀剌汗朝历史，绝不能像目前主流学者那样将汉文史料中出现"于阗黑汗王"与喀剌汗朝等同起来，也不能将汉文文献中关于于阗的记载视作喀剌汗朝的历史记载，更不能将于阗与喀剌汗这两个各自有别的政治实体完全视为一体；否则，这一段本就比较朦胧的历史将会使人感到更加模糊。

原载《敦煌学辑刊》1984年第3期

---

① （俄）巴托尔德著，张锡彤、张广达译：《蒙古入侵时代的突厥斯坦》上册第2章，上海古籍出版社，2007年，第310页。

# 《梦溪笔谈》中"回回"一词再释
## ——兼论辽宋夏金时代的"回回"

中国回族史研究，论其族源，必然离不开对《梦溪笔谈》中"回回"一词的解释，余三十年前完稿的文章，曾论及此事，后有杨志玖先生的回复。因近二十年来，一直关注南边，无暇整理北方民族旧稿，但"回回"一词在余脑中盘旋几二十年，亦不断关注与发掘资料。今借收入文集时，拟再就这一问题展开进一步的讨论，向学界展示近二十年思考的结果，并求教于同仁。

"回回"一词最早出现在我国文献上，是北宋时期沈括的《梦溪笔谈》。该书中有《边兵凯歌》五首，其四云：

> 旗队浑如锦绣堆，银装背嵬打回回。
> 先教净扫安西路，待向河源饮马来。①

这是我国历史文献中关于"回回"的最早记载，因此，不少专家学者对此处出现的"回回"一词提出了自己的见解。如王日蔚先生认为："宋神宗时（1068），对维吾尔就有回回之称，想即为回鹘、回纥之转，但无回教徒之意。"其又称："故回回一词系指回鹘无疑。"②王先生这一观点为大多数学者

---

① （宋）沈括：《梦溪笔谈》卷5《乐律》1《边兵凯歌五首》4，文物出版社，1977年。
② 王日蔚：《维吾尔民族名称演变考》，载《禹贡》半月刊第7卷第4期，1937年。关于"回回"即回纥或回鹘之音转，清人早有此说。（清）顾炎武：《日知录》卷29《吐蕃回纥》："唐之回纥，即今之回回也，其曰回回，亦回鹘之转声也。"（清）洪钧《元史译文证补》卷27中《突厥回纥》："至辽史始有回回之名。与回鹘并列，而元史则回回、回鹘彼此互称，纥转为鹘，鹘又转回，音有缓急，故传译不同。"其他，丁谦、岑仲勉无不从是说。但反对"回回"即回纥、回鹘音转者亦大有人在，（清）钱大昕：《嘉定钱大昕全集》第5册《元史氏族表》卷2："凡史言高昌、北庭者，皆维吾部族，回回者，西北部落之名，其别曰答失蛮、曰迭里威失、曰木速鲁蛮、曰木忽，史称大食。"又称："谓今之回回即古之回鹘者，非也。回回与回鹘，实非一种。"

元刊本《梦溪笔谈》影印件

接受，以后的研究者也大体沿袭此说，甚至还有人进一步指明："我国史书上首次出现回回一词，乃是指生息在以吐鲁番盆地为中心的高昌回鹘而言。"① 直到1992年，杨志玖先生还提出："还不能够推翻回回为回纥之音转说。"② 故可知王日蔚先生对《梦溪笔谈》中"回回"一词的解释在史学界似乎已成定论，但是，这一结论并不符合历史的真实。

一

研究历史或者解释历史，要检验所得的结论是否正确，就必须放到当时的历史环境或历史条件下进行考察，看看它是否符合历史的真实。《梦溪笔谈》中的"回回"一词，如果真是像王日蔚先生解释的那样"即为回鹘、回

---

① 罗禺：《回回考辩》，载《西北民族学院学报》1979年第1期。
② 杨志玖：《〈梦溪笔谈〉中"回回"一词的再认识》，载刘凤翥等编：《中国民族史研究》（4），改革出版社，1992年，第172—178页。

纥之转"的话，那么，将"回回"换成"回鹘"二字，其内涵是应该没有什么变化的；也就是说，将"银装背嵬打回回"变成"银装背嵬打回鹘"意思应是相同的。如果这样做没有偷换概念的话，那我们就来看"银装背嵬打回鹘"在当时的历史环境中能否讲得通。

《梦溪笔谈》载："边兵每得胜回，则连队抗声凯歌，乃古之遗音也。凯歌词甚多，皆市井鄙俚之语。余在鄜延时，制数十曲，令士卒歌之，今粗记得数篇。"① 根据沈括自己的记载，这些歌词是他在鄜延路时创作的。查《宋史·沈括传》及胡道静先生所撰《沈括事迹年表》②，沈括在鄜延路活动时间，是在宋神宗元丰三年（1080）至元丰五年（1082）之间，并曾担任过鄜延路经略使之要职。这样，我们就可以断出，这几首歌词创作的时间当在宋神宗元丰年间，当时的情况是怎样呢？

自宋熙河开边以后，宋夏关系又一次陷入极度紧张之状。元丰四年（1081），西夏发生政变，夏国主秉常失位被囚，宋政府认为这是对西夏用兵难得的机会，便发动了规模空前的五路大进攻，命李宪出熙河，种谔出鄜延，高遵裕出环庆，刘昌祚出泾原，王中正出河东，分道进击西夏。西夏军队一方面"坚壁清野，纵其深入"，另一方面倾全国之师，"聚劲兵于灵、夏"③，给宋军迎头痛击。"灵州之战"、"永乐之役"，宋军大败，宋方"官军、熟羌、义堡死者六十万人，钱谷银绢不可胜计"④。在这样的非常时期，作为对西夏作战的一位宋方军事统帅——鄜延路经略使的沈括会在边兵的凯歌中提出"银装背嵬打回鹘"的口号吗？毫无疑问，令边防士卒习唱的所谓凯歌应该是鼓舞士气的战斗口号。然而，在宋夏交战期间，沈括不提出"打西夏"的口号，反而提出"打回鹘"的口号，这能解释得通吗？这是"回回"不能解释为"回鹘"的理由之一。

再从宋与回鹘的关系上来考察。北宋的西北边境主要分布有党项、吐蕃、回鹘三大民族。宋初，各族都有自己的政权，党项有夏州政权、吐蕃有凉州政权（后有青唐政权），回鹘有甘州和西州政权。夏州政权自李继迁后

---

① （宋）沈括：《梦溪笔谈》卷 5《乐律》1。
② （元）脱脱：《宋史》卷 331《沈括传》；（宋）沈括撰，胡道静校：《〈梦溪笔谈〉校证》，上海出版公司，1956 年，第 1147—1148 页。
③ （元）脱脱：《宋史》卷 486《夏国传》下。
④ （明）陈邦瞻：《宋史纪事本末》卷 40《西夏用兵》。

强大起来，东扰宋，西略吐蕃、回鹘。因此，宋太宗时，联合吐蕃、回鹘共抗西夏的对策业已形成，回鹘军队多次从西面进攻西夏。大中祥符八年（1015）的凉州之战，回鹘大败西夏，一举收复凉州，为宋王朝在河西地区开辟了抗夏战争的第二战场。据《宋史·回鹘传》记载：

> 回鹘尝杀继迁，世为仇敌。①

所以立国后的西夏对回鹘的防范仍是很严的。

> （夏国）置十二监军司，委豪右分统其众，……右厢甘州路三万人，以备西番、回纥。②

西夏与回鹘"世为仇敌"，宋则联回鹘以抗西夏，这一对策，从太宗以降直至神宗时代始终没有改变。《宋史·回鹘传》载：

> （熙宁七年）敕李宪择使阿里骨，使谕回鹘，令发兵深入夏境。③

《续资治通鉴长编》又载：

> （元丰七年六月己巳）李宪曰：回鹘与吐蕃近世以来代为亲家，而回鹘东境与鞑靼相连。近日诸探报多称，夏人苦被侵扰，若因二国姻亲之故，乘汉蕃连和之际，假道通使，厚以金帛抚结，俾为我用，则亦可争张。④

可见，到宋神宗元丰七年（1084）以后，宋联合回鹘的政策是没有改

---

① （元）脱脱：《宋史》卷490《回鹘传》。各书均载李继迁为吐蕃潘罗支所杀。此处记为"为回鹘所杀"，恐怕是指为潘罗支手下的回鹘人所杀。潘罗支属下的回鹘，据（宋）洪皓：《松漠纪闻》卷1《回鹘》称"居凉、甘、瓜、沙州"。其居凉州之回鹘即为潘罗支属。
② （元）脱脱：《宋史》卷485《夏国传》上。
③ （元）脱脱：《宋史》卷490《回鹘传》。
④ （宋）李焘：《续资治通鉴长编》卷346元丰七年六月己巳条。

变。宋与回鹘不仅在政治上、军事上关系密切，而且双方的经济联系也很频繁。北宋一代，甘州、沙州、西州各地的回鹘都与宋王朝有朝贡贸易的关系，他们将大量的战马、驼羊、皮毛、珠玉、香料向宋朝进贡，宋朝不仅给以大量的回赐，而且多次派遣使臣去慰谕各地的回鹘，双方关系十分融洽。就是在西夏占领河西以后，甘、沙州的回鹘余部还是不断与宋朝取得联系。①这一切，对于谙悉边事的沈括来说是不可能不知道的。要击败西夏，巩固宋与吐蕃、回鹘之间的统一战线，乃是当时的一大要策，决无破坏之理。如果沈括提出了"银装背嵬打回鹘"的战斗口号，这就令人不可思议了。这就是"回回"不可解释为"回鹘"的理由之二。

宋代回鹘主要分布在甘、沙、西三州之地。赵元昊攻占河西以后，甘、沙州变成了西夏国之属郡，回鹘各部主要聚居于西州（今新疆东部地区）。西州与宋西北边境路隔万里，且中间横亘一西夏国。抛开宋与回鹘的友好关系不讲，宋朝军队要打回鹘怎么打？假道西夏，穿逾流沙，大军西征吗？连近在咫尺的西夏都打不下，更何况相隔万里的"西州回鹘"呢？"银装背嵬打回鹘"那岂不是空话，"博学善文"②的沈括是决不会说这种"傻话"。这也可算"回回"不可解释为"回鹘"的理由之三。

总之，在上述历史环境中考察王日蔚先生对"回回"一词的解释显然是讲不通，余结论是，"回回"绝不是"回鹘"或"回纥"的音转。

## 二

上节否定了传统的观点，这仅仅是结论的一半。"回回"一词，究竟是指什么，这才是最终要解决的问题。然而，要解决这个问题，孤立、片面地研究"回回"二字是得不出正确结论的，余必须对沈括留下的五首歌词进行全面的比较研究，才能较为清楚地看出问题来。下面抄录五首歌词的全文。

其一：先取山西十二州，别分子将打衙头。

---

① 参见拙稿《北宋与西北各族的马贸易》，载《中亚学刊》第 3 辑，中华书局，1990 年。
② （元）脱脱：《宋史》卷 331《沈括传》。

　　　　回看秦塞低如马，渐见黄河直北流。
其二：天威卷地过黄河，万里羌人尽汉歌。
　　　　莫堰横山倒流水，从教西去作恩波。
其三：马尾胡琴随汉车，曲声犹自怨单于。
　　　　弯弓莫射云中雁，归雁如今不寄书。
其四：旗队浑如锦绣堆，银装背嵬打回回。
　　　　先教净扫安西路，待向河源饮马来。
其五：灵武西凉不用围，蕃家总待纳王师。
　　　　城中半是关西种，犹有当时轧吃儿。①

　　这五首歌词都是沈括"在鄜延时"所创作，因此，应属同一个时期的作品，而从歌词的内容又一致地反映了一个主题，就是宋神宗元丰年间的宋夏战争。试从三个方面来进行分析。

　　首先，从这五首歌词所出现的地理名词来看。

　　第一首有"山西十二州"、"黄河"、"秦塞"。山西，古指崤山、华山之西，又称关西。第五首中的"关西种"，《诗话总龟》引作"山西种"②。十二州，似指西夏十二州。《武经总要》载：

　　　　德明死，子元昊康定初复叛，遂封夏国。绥怀之初，有夏、银、绥、宥、灵、会、盐、兰、胜、凉、甘、肃十二州之地。③

　　可见，北宋中期宋人认为西夏有十二州之地，上述十二州又都在"山西"。故歌词中"先取山西十二州"应指西夏，与"回鹘"没有任何关系。秦塞，北宋西部边界以秦州为限，秦州西北尽为西夏占据；黄河，从进入兰州以后，经会州而全部流进西夏境内，秦塞与黄河正是宋夏交界区。正因为作者参加了元丰时期宋对西夏的战争，并且一度进入西夏境内作战，才有"回看秦塞低如马，渐见黄河直北流（黄河入宁夏转为北流）"的感触。如果

---

① （宋）沈括：《梦溪笔谈》卷5《乐律》1。
② （宋）阮阅：《诗话总龟》卷40《乐府门》。
③ （宋）曾公亮：《武经总要前集》卷19《西蕃地理》。

与远在天山地区的"回鹘"作战,这一切是绝不能看到的。

第二首又一次提到"黄河"。"天威卷地过黄河",正是宋王朝元丰四年分兵五路进击西夏的真实反映。宋从河东、鄜延、泾源、环庆、熙河五路出兵,五路入西夏皆必渡黄河,这句诗正反映了宋军进击西夏的规模。第二首还提到"横山"一地,横山,宋夏东部边界。《金史·西夏传》载:

(西夏)南界横山,东距西河。①

《续资治通鉴长编》载:

(元祐六年九月壬辰)吕大忠陈三策曰:夏国赖以为生者,河南膏腴之地,东则横山,西则天都。②

横山,正是宋鄜延、环庆、泾原三路同夏国交界之地,称为"山界"。"莫堰横山倒流水,从教西去作恩波。"这里面含有作者的讽喻,横山地区的河川当时有无定河、大理河、吐延水、白马川等,均为东南流向的河流,此处讥以"倒流水",似为作者指责西夏的倒行逆施。

第三首中无具体地名,但能反映宋夏战争中宋军战士的思家心情。第四首中有"安西路"和"河源"两地。"安西路"应怎么解释?有人说:"沈括这里所指,当是今甘肃安西县一带。"③这种说法恐怕不太妥当。今甘肃安西一带,唐宋时期都不叫安西,而称瓜州;西夏时期,此地也无安西之称。此处安西,实指唐代的安西四镇,而"安西路"则是指通往"安西"的道路。宋通往安西的路应该是哪儿呢?我们说,就是西夏。西夏国内,东起灵武,西至敦煌,这一大片土地正是唐代通往安西地区的交通要道。"河源"在宋人的心目中,应还是指葱岭一带,黄河源于葱岭的旧说在元以前是没有人公开否认的。④"先教净扫安西路,待向河源饮马来。"意思就是先平定西夏,扫

---

① (元)脱脱:《金史》卷134《西夏传》。
② (宋)李焘:《续资治通鉴长编》卷466元祐六年九月壬辰条。
③ 罗禺:《回回考辩》,载《西北民族学院学报》1979年第1期。
④ (明)宋濂:《元史》卷63《河源附录》。

清通往安西的障碍，然后饮马河源，收复安西，大有恢复汉唐旧境的雄心壮志。

第五首有"灵武"和"西凉"两个地名。这就更清楚了，灵武，宋灵州之地，后由西夏占领，改为顺州①；西凉，即凉州，又称西凉府，宋初，为吐蕃潘罗支政权的根据地，后被西夏攻占，仍称西凉府。"灵武、西凉不用围"，很明显，这是描写宋对西夏的战争，与回鹘无关。

总之，上述五首歌词，除第三首没有具体地名外，其余四首所出现的地名都是宋夏战争的反映，而与回鹘并无关系。

其次，从这几首歌词中出现的民族称呼来看。

第二首有"羌人"。歌词云："天威卷地过黄河，万里羌人尽汉歌。"这两句是炫耀宋朝军力的强大，军威所至，羌人归附。但也可看出，与宋军作战的不是回鹘，而是"羌人"。西夏国内主体民族为党项羌（这里不讨论党项羌之族属），这欢歌归汉的"万里羌人"，即应是党项羌。将党项视作羌人，这是当时人的较为普遍的看法。②

第五首有"蕃家"。歌词云："灵武西凉不用围，蕃家总待纳王师。"这两句意思与上两句近似。"蕃家"，宋对党项、吐蕃部落统称"西蕃"，或称"蕃部"；党项、吐蕃内属酋领称"蕃官"，士卒称"蕃兵"；"蕃家"也应指党项、吐蕃部落。

第三，再从沈括歌词引用的"市井鄙俚之语"来看。

第一首有"衙头"一语。歌词云："别分子将打衙头。""衙头"是什么意思呢？《续资治通鉴长编》有大量的关于"衙头"的记录：

> （元丰四年九月己酉）衙头自闻汉兵四出，即分遣诸监军司兵马委贼帅统领，谋抗官军。③
> 
> （元丰五年四月庚辰）其首领皆牙头选募血战之人。④

---

① （宋）曾公亮：《武经总要》卷19《西蕃地理》。
② 本文在这里不讨论党项族源的问题，有关党项族源研究，请参见拙著《党项西夏史探微》之《党项源流新证》。
③ （宋）李焘：《续资治通鉴长编》卷316元丰四年九月己酉条。
④ （宋）李焘：《续资治通鉴长编》卷325元丰五年四月庚辰条。

（元祐元年闰二月丙申）顺宁寨主许明申称，西人叶乌玛等来界首言，兴州衙头差下贺登宝位人使多时，为国信不来，未敢过界。①

　　（元祐二年十月甲申）凡是捉房到汉界人生口，并一一赴衙头呈纳。②

　　（元符二年三月丁巳）吕惠卿言：讨荡西界鲁逊满达勒等处，胁降到王固策称，系西界衙头服事小大王。③

　　（元符二年四月己卯）西人创格裕等到言：衙头差大使庆塘咸明科卜，磋迈喀结桑等来计会。④

《宋史·程琳传》载：

　　（夏人）且言，契丹兵至衙头矣，国中乱，愿自归。⑤

《宋朝南渡十将传·李显忠传》：

　　夏主命翰林杨文璞赐显忠衣服、金银器皿，赐橐橐，……且欲以女妻之。显忠欲一到衙头。⑥

宇文之邵《上皇帝书》：

　　贼之来也，大则六监军、衙头一时俱发。⑦

上述应是宋代文献关于"衙头"的全部记录。"衙头"为何意？宋人对"衙头"一词即有清楚的解释。郑刚中《西征道里记》称：

----

① （宋）李焘：《续资治通鉴长编》卷368元祐元年闰二月丙申条。
② （宋）李焘：《续资治通鉴长编》卷406元祐二年十月甲申条。
③ （宋）李焘：《续资治通鉴长编》卷507元符二年三月丁巳条。
④ （宋）李焘：《续资治通鉴长编》卷508元符二年四月己卯条。
⑤ （元）脱脱：《宋史》卷288《程琳传》。
⑥ （宋）章颖：《宋朝南渡十将传》卷3《李显忠传》。
⑦ （宋）吕祖谦：《宋文鉴》卷53《宇文之邵〈上皇帝书〉》。

夏国主兴州谓之衙头。①

章颖《宋朝南渡十将传》亦载：

衙头，盖夏国朝廷也。②

宋人之解释仍有歧义，一谓兴州为衙头，一谓夏国朝廷为衙头，其实两种解释都是正确的，只是不太清楚而已。"衙"即"牙"，北方民族以其可汗的居地称作"牙"或"牙帐"。《周书·突厥传》载：

可汗恒处于都斤山，牙帐东开。③

《新唐书·回鹘传》载：

（菩萨）由是附薛延陀，相唇齿，号活颉利发，树牙独乐水上。④

《新唐书·地理志》载：

七百里至回鹘衙帐。⑤

《新唐书·回鹘传》载：

南居突厥故地，徙牙乌德鞬山、温坤河之间。⑥

---

① （宋）郑刚中：《北山集》卷13《西征道里记》。
② （宋）章颖：《宋朝南渡十将传》卷3《李显忠传》。
③ （唐）令狐德棻：《周书》卷50《突厥传》。
④ （宋）欧阳修、宋祁：《新唐书》卷217《回鹘传》上。
⑤ （宋）欧阳修、宋祁：《新唐书》卷43《地理志》7。
⑥ （宋）欧阳修、宋祁：《新唐书》卷217《回鹘传》上。

西夏之"衙头"当即"牙帐"之意（或将"衙头"写作"牙头"），即指可汗或国王的居处，而一般游牧行国的"牙帐"建树之处，亦即定居王国的首都，故宋人释之为兴州（夏国首都）或夏国朝廷（夏主居处）都是正确的。

第四首有"背嵬"一词。歌词云："银装背嵬打回回。"在西夏较为流行的"背嵬"一词究竟是什么意思，余以为"背嵬"即"背嵬军"。"背嵬军"在南宋是一支十分著名的军队，中兴诸将不仅韩世忠、岳飞手下有"背嵬军"①，李显忠、刘光世、吴玠、吴璘手下也有"背嵬军"②，直至宋孝宗淳熙年间还重建"背嵬军"③。南朝最早创建"背嵬军"的是韩世忠。孙觌《韩世忠墓志铭》载：

> 公在建康，搜集恶少年、敢死士为一军，教以击刺战射之法，号背嵬，如古羽林、佽飞、射声、越骑之俦，履锋镝，蹈水火，无一不当百。于是，胡马牧淮、楚间，公至天长之大仪，与之遇，虏酋字董挞不也拥骑奔突而前，背嵬者人持一长柄巨斧堵而进，上椹其胸，下梢其马足，百遇百克，人马俱死。④

南宋人袁燮《论招募》的札子说：

> 中兴之初，背嵬一军，最为勇健，各持巨斧，上椹其胸，下梢其马足，北敌深惮之。⑤

韩世忠首建的"背嵬军"是一支什么样的部队呢？从上面记载看，应该

---

① （元）脱脱：《宋史》卷365《岳飞传》。
② （宋）章颖：《宋朝南渡十将传》卷3《李显忠传》；（宋）周应合：《景定建康志》卷14《刘世光》；（元）脱脱：《宋史》卷366《吴挺传》。又据（宋）李心传：《建炎以来系年要录》卷127绍兴九年三月丙申条，知寿州王威手下亦有"背嵬军"，王威似为韩世忠属下；据卷186绍兴三十年九月丙申条，刘宝手下亦有"背嵬军"。
③ （元）脱脱：《宋史》卷34《孝宗纪》2。
④ （宋）徐梦莘：《三朝北盟会编》卷218《韩世忠墓志铭》。
⑤ （宋）袁燮：《絜斋集》卷7《边防质言论十事》之《招募论》。

是一支步兵,是一支由勇健士卒组成的使用"长柄巨斧"去破金人铁骑的步兵。令人费解的是,韩世忠为什么将这支军队取名为"背嵬"?南宋人赵彦卫这样解释。《云麓漫抄》载:

> 四帅之中韩岳兵尤精,常于军中角其勇健者另为之籍。每旗头押队阙,于所籍中又角其勇出众者为之;将副有阙,则于诸队旗头押队内取之;别置亲随军,谓之背嵬。……燕北人呼酒瓶为嵬,大将之酒瓶必令亲信人负之,范尝使燕,见道中人有负罍者,则指云:此背嵬也,故韩岳用以名军。①

这显然是一种望文生义的附会,将"背嵬"解释为背上负酒瓶的人,实在是有些滑稽。"背嵬"一词应该是西夏语,这在文献中并不少见。《续资治通鉴长编》载:

> (元符二年五月乙卯)河东司言:靖化堡麻也族蕃官伊锡元是衙头背嵬,投汉累为向导,致获全胜。②

《宋会要》载:

> (元符元年)七月三日,泾原路经略司收到部落子讹山等二十人归正。按:讹化唱山乃妹都逋亲随得力背嵬。③

此处"背嵬"作何解释?南宋人程大昌《演繁露》载:

> 背嵬者,大将帐前骁勇人也。章氏《槁简赘笔》曰:背嵬即圆牌也,以皮为之,朱漆金花,焕耀炳日。予将漕时,都统郭纲,韩蕲王背

---

① (宋)赵彦卫:《云麓漫抄》卷7建炎中兴条。(元)李翀:《日闻录》所录文字相同。又"嵬",别本又作"峞"。
② (宋)李焘:《续资治通鉴长编》卷510元符二年五月乙卯条。
③ (清)徐松辑:《宋会要辑稿》第199册《蕃夷》6。

魁也。……惟章氏书号为皮牌。①

章氏言"背嵬"为皮牌显然不合适,拿到上引的史料中去套也明显不合,只有用"骁勇人"来解释则比较合适。西夏文"龙"、"鹰"都读作"嵬","蛇"读作"瘅"与"背"音相近②,"背嵬"可译作"蛇龙"或"蛇鹰",用他们喻作"骁勇人"是很合适的。故《宋史·韩世忠传》云:"(世忠)师还建康,置背嵬军,皆鸷勇绝伦者。"③《景定建康志》载:"刘光世置背嵬亲随军,皆鸷勇绝伦,以一当百。"④前引《韩世忠墓志铭》:"号背嵬,如古羽林、佽飞、射声、越骑之俦。"羽林、佽飞、射声、越骑都是汉代设置武官之名,由骁勇之士充任,前引《云麓漫抄》称"背嵬军"是在"角其勇出众者"的"旗队、甲队、将、副"四等人内之"优者"拣选,均为极骁勇之士。可见,"背嵬"当为"骁勇"解。《宋史·兵志》陕西路下的步兵即有"骁勇"一军驻守邠州⑤,可见,沈括所言之"背嵬"即指背嵬军。

从上述三个方面的分析来看,不论是歌词所反映的地名、族名,还是"市井鄙俚之语",都不是指回鹘,且都与回鹘无关。因此,这就更进一步证明,将《梦溪笔谈》中的"回回"一词解释为"回鹘"和"回纥"的观点肯定是错误的。此处的"回回"应该是都与西夏有关,"回回"一词也应同"衙头"、"背嵬"等词一样,是流行于西夏地区"市井鄙俚之语";"打回回"也应该同"打衙头"一样,是指宋对西夏的进攻。沈括在鄜延路为宋军一位重要军事将领,为了鼓舞士兵们的抗夏斗志,增强宋军能打败西夏的信心,以"打衙头"、"打回回"为对夏战争的战斗口号,并将这些有力的战斗口号谱进了边兵的凯歌之中。故此,余以为,《梦溪笔谈》中的"回回"应指居住在西夏境内的一个民族或部落,这个称之为"回回"的民族或部落还可能成为西夏国内的武装力量。这支武装力量或即称之为"回回军"。《元史·世祖本纪》载:"(至元八年九月)甲戌,签西夏回回军。"⑥但到第二年五月,

---

① (宋)程大昌:《演繁露》卷9《背嵬》。
② (夏)骨勒茂才:《番汉合时掌中珠》之《地用下》。
③ (元)脱脱:《宋史》卷364《韩世忠传》。
④ (宋)周应合:《景定建康志》卷14《刘光世》。
⑤ (元)脱脱:《宋史》卷189《兵志》3。
⑥ (明)宋濂:《元史》卷7《世祖本纪》4。

"辛酉，罢签回回军"。不管其签、罢是何原因，这一条史料留下的资讯就是直至元王朝建立之初，西夏境内还保存着一支"回回军"。这样解释，才能符合当时的历史事实。但是，从宋神宗元丰时出现的去西夏"打回回"到元世祖至元初的"西夏回回军"，其间毕竟有近二百年的时间，其间的证据链如何衔接？

## 三

在宋代，"回回"一词虽然最早出现在北宋元丰时期，但在此之后的南宋与金时期都出现过"回回"一词的记录，这些"回回"名字应该引起研究者的注意。成书于宋高宗绍兴二十一年（1151）的洪遵《谱双》记录了几种双陆的形式：

> 平双陆，一名契丹双陆。凡置局二人，白黑各以十五马为数，用骰子二，据彩数下马，白马自右归左，黑马自左归右。
> 回回双陆，布局行马大抵与平双陆相类，但出马时不问点色多少，任意出两马。
> 大食双陆，以毯为局，织成青地白路，用三骰子，分为七，白马居右，黑马居左，八门遇彩方得过。①

双陆是一种博戏，据洪遵言，双陆创制于西天竺，曹魏时流进中国，盛行于南北朝隋唐之间，到宋时，中原地区已不传，而南北边陲及海外却盛行。上述"双陆"即是《谱双》中介绍的三种重要的双陆。这三种双陆同时出现，可以说明一个问题，就是"回回"与"大食"不是指的同一实体，而"回回"与契丹则"大抵相类"。还值得注意的是，《谱双》将当时流行的双陆分为三类，一类是北双陆，包括平双陆（契丹双陆）、三梁双陆（汉家双陆）和"回回"双陆等，并称这种双陆"北人多能之"。二类是广州双陆，

---

① （宋）洪遵：《谱双》卷2《北双陆》。

洪遵《谱双》中北双陆（回回双陆即北双陆一种）和大食双陆

又名番禺双陆，包括啰赢双陆、下嚼双陆、佛山双陆等，并称这种双陆"番禺人多为之"。第三类是南蕃、东夷双陆，包括四架八双陆（即三佛齐、阇婆、真腊双陆）、南皮双陆（即占城双陆）、大食双陆和日本双陆。① 很明显，北双陆就是北方的双陆，广州双陆就是南方双陆，南蕃、东夷双陆就是外国双陆。洪遵将"回回双陆"纳入"北双陆"的范围，所谓"北双陆"即"北人"的游戏。宋人眼中的"北人"，当即契丹、西夏耳，回纥在当时应为西域人，无"北人"之概念。这又为将"回回"指于西夏境内的居住民族提供了一条十分有力的证据。

南宋末年一位无名氏作者完成的《昭忠录》有这样的记载：

> 曹友闻，同庆粟里人也。……以功名自任，制司命招忠义，就以为总管，所部皆两界亡命，及武休汪世显麾下回回、西夏、十八族之不归附者，颇甚畏之。②

又一次出现了"回回"一词，这个"回回"原是汪世显麾下的一支队伍，汪世显为陇西巩昌人，为旺古族，仕金为巩昌总帅③，故知在金朝统治陇西时，这里有一支"回回"人在此地居住。与此相对应的资料是《宋史·曹友闻传》：

---

① 参见（宋）洪遵：《谱双》卷2至卷4。
② （宋）佚名：《昭忠录》之《曹友闻传》。
③ （明）宋濂：《元史》卷155《汪世显传》。

明年，友闻引兵扼仙人关，谍闻北兵合西夏、女真、回回、吐蕃、渤海军五十余万大军。①

据《宋史·曹友闻传》，此处的"明年"应是"端平初"的后两年，即端平三年（丙申，1236），这里的"回回"亦是汪世显部下的"回回"。《元史·汪世显传》：

金平，郡县望风款附，世显独城守，及皇子阔端驻兵城下，始率众降。即从南征，……宋曹将军潜兵相为犄角，世显单骑突之，杀数十人。②

可知，曹友闻所碰到的蒙古军队中的"回回"兵就是汪世显带来的军队。注意，汪世显属下的"回回"军与西夏军、女真军、吐蕃军和渤海军并列，当即前已言及的西夏境内的"回回"，亦即《元史·世祖纪》中的西夏"回回军"。《昭忠录》中还有一条资料：

丙申年八月，二太子及塔尔海元帅以精兵五十万于初三日入大散关，……北兵备内不备外，又以雨作，尽归毡帐，杀死十数万，鸡冠山之兵闻鼓声出堡夹击，转战至回回寨，二太子欲取韩溪路走。③

这里出现了一个"回回寨"，以"回回"为地名，一是反映这里居住的"回回"人应有一定的数量；二是可以说明"回回"人在这里居住已经有了相当长的时间，否则，不会以"回回"冠地名。这个"回回寨"以地望度之，大约在沔州与利州之间，即今陕西南部四川北部之地。在1236年的蒙宋鸡冠山之役中，出现了"回回寨"的地名，可以确证"回回"人移居陕西南部、四川北部地区至少发生在12世纪末。

再来看一条材料。《元史·太祖纪》：

---

① （元）脱脱：《宋史》卷449《曹友闻传》。
② （明）宋濂：《元史》卷155《汪世显传》。
③ （宋）佚名：《昭忠录》之《曹友闻传》。

烈祖崩，汪罕之弟也力可哈剌怨汪罕多杀之故，复叛归乃蛮部。乃蛮部长亦难赤为发兵伐汪罕，尽夺其部众与之。汪罕走河西、回鹘、回回三国，奔契丹。①

额尔登泰等译《蒙古秘史》称王罕：

后惧乃蛮攻杀他，又走去回回地面垂河行，投入合剌乞塔种古儿皇帝处，不及一年，又反出击，经过委兀、唐兀地面，艰难至甚。②

拉施特《史集》又作：

王汗行经三国，到达突厥斯坦国王哈喇契丹古儿汗处。突厥斯坦也同畏兀儿诸城、和唐兀惕诸城一样，正发生内乱，他仍然不得栖身在那儿。③

道润梯步译《蒙古秘史》稍有不同，称王罕：

畏乃蛮而逃撒儿塔兀勒之地，诣垂河合剌乞答惕之古儿汗矣。在彼不及一年，却又反走，窘于委兀惕、唐兀惕之地，困乏而行也。④

道润梯步还在"撒儿塔兀勒"之处加了一个注释：

"撒儿塔兀勒"：旁注为"回回"。这里是指伊斯兰教国家，花剌子模国的全体而言。"撒儿塔兀勒"一词，出自梵语 sartacax，汉译作"萨陀婆诃"，是"大商"、"老板"之意。⑤

有两点值得注意，一是汪罕逃走的时间是"烈祖崩"时，即宋宁宗嘉泰

---

① （明）宋濂：《元史》卷1《太祖纪》。
② 额尔登泰等译：《蒙古秘史》，内蒙古人民出版社，1980年，第976页。
③ （波斯）拉施特著，余大钧等译：《史集》第1卷第2分册，第147页。
④ 道润梯步译：《蒙古秘史》卷5，内蒙古人民出版社，1979年，第121页。
⑤ 道润梯步译：《蒙古秘史》卷5，第123页。

七年（1202）；二是汪罕出走的三个国家，《元史》所载之顺序与《蒙古秘史》、《史集》恰好相反。《元史》是河西（唐兀惕）、回鹘（委兀惕）、"回回"，而《蒙古秘史》和《史集》则是"回回"、回鹘（委兀惕）、河西（唐兀惕）；《元史》是"奔契丹"，《蒙古秘史》和《史集》是去西辽（合喇乞答惕）。汪罕是克烈部人，克烈部居于蒙古高原杭爱山一带，他率部往西辽走，首经之国为"回回国"，这个"回回"国又译作为"撒儿塔兀勒"，意思就是伊斯兰教的国家，或者是"大商人"之地。汪罕出走的时间应该在宋宁宗嘉泰二年（1202）之前。这就告诉我们，在克烈部与西辽国之间有一个信仰伊斯兰教的"回回国"。这一"回回国"首先要指出的是，不是指回鹘（委兀、畏兀儿、委兀惕），因为上述文献均将"回回"与"回鹘"并列；其次，也可以肯定这一"回回国"不是指花剌子模，上述文献所言之地理位置应在河西走廊北部与阿尔泰山南部一带，亦应是12世纪初期已经伊斯兰化的龟兹回鹘国，或称黄头回纥国。①

最后，《辽史》中出现的"回回国"与"回回大食部"亦应引起注意。《辽史·部族表》称耶律大石西行经行诸部有：

> 回回大食部，寻思干地，起而漫地。②

《辽史·天祚皇帝纪》亦称耶律大石：

> 将西行至大食，……至寻思干，西域诸国举兵十万，号忽儿珊。……三军俱进，忽儿珊大败，……回回国王来降，贡方物。③

根据这两条材料，可以认知，《辽史》的作者认为，大食国即"回回"国。《辽史》虽然成书于元朝末年，但《辽史》的纂修主要是依据辽人耶律俨的《实录》及金人陈大任《辽史》为基础，"稍加修订编排"而成，所以其中保存了大量的原始资料，"特别是《本纪》、《部族表》、《属国表》、《二

---

① 参阅拙稿《西州回鹘、龟兹回鹘与黄头回纥》，载《甘肃民族研究》1985年第3—4期。
② （元）脱脱：《辽史》卷69《部族表》。
③ （元）脱脱：《辽史》卷30《天祚皇帝纪》4。

国外纪》等部分，还保存了一些研究契丹以外各族历史以及中外关系的参考资料"。① 据此可知，上述《辽史》中的两条"回回"的资料反映辽国灭亡时，中国人是将大食国称之为"回回国"，"回回"即大食。

综合上述四种中文文献出现的"回回双陆"、"回回寨"、"回回国"及"回回大食"，只有一种解释可以适合于以上四说，那就是称信仰伊斯兰教的人为"回回"。刘义棠先生亦称："《梦溪笔谈》所称之'回回'，仍以指伊斯兰教徒或其地区为宜。"此说当是。余以为，《梦溪笔谈》、《谱双》、《昭忠录》、《辽史》及《元史·太祖纪》中出现的"回回"均应是指伊斯兰教徒。如此推理不为荒谬的话，那么下一步就应证明伊斯兰教徒怎样进入我国西北地区及西夏境内的。

## 四

如果说《梦溪笔谈》中出现的"回回"一词的时间是宋神宗元丰年间（1078—1085）的话，那么与此大约同时的一条穆斯林史料就应该引起我们极大的关注。成书于 11 世纪 70 年代的《突厥语大词典》第 3 卷记载：

> 唐古特（taŋut），是突厥人的一个部落，他们紧挨着秦（中国）居住。他们自称"我们的血统是阿拉伯"。②

唐古特即西夏，称西夏人是突厥人的一个部落显然是错误的，但在西夏境内有没有突厥人的部落呢？这是毫无疑问的。党项人中就有"折突厥移"之称③；党项折御卿"虏中号为突厥太尉"④。突厥败亡后，其部族融入党项者不少。但这一支生存在西夏境内的突厥人自称他们是阿拉伯血统，那就应该是来自大食的伊斯兰教徒。穆斯林称其为阿拉伯人的后裔，但中国人则将他

---

① 见中华书局标点本《辽史》出版说明。
② 麻赫默德·喀什噶里编，何锐等译：《突厥语大词典》第 3 卷，第 353 页。
③ （元）脱脱：《宋史》卷 491《党项传》。
④ （宋）江少虞：《宋朝事实类苑》卷 54《将帅才略》。

们称之为"回回"。

　　大食与唐朝的关系始于唐中叶,大食人进入唐朝或进贡,或被俘,或援唐,或经商,诸类皆有,但均称"大食"或"南蕃",从未以"回回"相称。[①]沈括《梦溪笔谈》中第一次出现了"回回"一词,且是作为西夏境内的一部族名而出现,这应如何解释?余在 1984 年初次发表此文时,曾认为,由于西夏境内聚居着自隋唐以来从东西南北迁徙而来的各种少数民族,众多少数民族长期聚居西夏境内,从民族融合的规律来看,原有的共同体势必被打破,而完全有可能通过长时间的杂居、婚配而融合成为一个新的共同体。这个共同体就是北宋时期为西北人民俗称的"回回"。杨志玖先生肯定余提出的"北宋当时不可能打回回"的观点,但不同意余对上述"回回"的解释。[②]经过一段时间的思考,亦觉上述提法确实难以寻找有力证据来证明,反复思考后,特别是认真读了《突厥语大词典》汉译本上述有关西夏的记录后,得出新的认识,即认同《辽史》的提法,"回回"即大食。这样解释可能更接近历史的真实。

　　"回回"是伊斯兰信徒,这是确无疑义的。自唐以来,伊斯兰教已经传入中国,这也是确无疑义的。但是,"蒙古西征之前,回教人之在中国者,虽间有赴内地贸易之事,但其集合及长期居留之中心,仍限于京师及通商口岸"[③]。那么,西夏境内的"回回"来自何方?有可能就是通过丝绸之路进入中国的信仰伊斯兰教的大食商人和中亚商人。

　　伊斯兰教徒在我国西北地区定居在 10—11 世纪即有记录。巴托尔德称:

　　　　在格尔德齐关于于阗的记传中,显然是属于喀剌汗王朝征服该地之前也提到了基督教会和伊斯兰墓地。[④]

大食人米撒尔《行纪》记录:

---

① 白寿彝:《从怛罗斯战役说到伊斯兰教徒之最早的华文记录》,载该氏:《中国伊斯兰史存稿》,宁夏人民出版社,1983 年,第 56—103 页。
② 杨志玖:《〈梦溪笔谈〉中"回回"一词的再认识》,载刘凤翥等编:《中国民族史研究》(4),北京:改革出版社,1992 年,第 172—178 页。
③ 白寿彝:《元代回教人与回教》,载《中国伊斯兰史存稿》,第 171—172 页。
④ (俄)巴托尔德著,罗致平译:《中亚突厥史十二讲》第 5 讲,第 91 页。

在于阗附近的媲摩城,有穆斯林、犹太教徒、基督徒、火祆教徒、佛教徒。①

唐宋时期,大食国不断派使者入中朝进贡,唐之贡使均未记载其从陆路抑或海路来华,而宋代的贡使多明确来自海路。但宋代的大食入贡有一条资料应引起重视。《宋史·大食传》:

天禧三年(1019),遣使蒲麻勿陁婆离、副使蒲加心等来贡。先是,其入贡路由沙州,涉夏国,抵秦州。乾兴初(1022),赵德明请道其国中,不许。至天圣元年(1023)来贡,恐为西人钞略,乃诏自今取海路繇广州至京师。②

《宋会要》载:

仁宗天圣元年十一月,入内内侍省副都知周文质言:沙州、大食国遣使进奉至阙,缘大食国比来皆汎海由广州入朝,今取沙州入京,经历夏州境内,方至渭州,伏虑自今大食止于此路出入。望申旧制,不得于西蕃而入。从之。乾兴初,赵德明请道其国中,不许,至是,恐为西人钞略。故今从海路至京师。③

两处记的为同一件事。从中可以看出,大食商人到中国来进贡(贸易),有从海路到广州入中国者,也有从陆上经传统的丝绸之路,经河西,入西夏境而进入中国者。大食国属国甚多,地域辽阔,居沿海者当然以海路来华方便,而居中亚内陆者则仍是走传统的丝绸古道方便。虽然宋朝要求大食商人"不得从西蕃而入",而要"取海路由广州至京师",但是,直至宋哲宗时,

---

① 冯承钧:《大食人米撒儿行纪中之西域部落》,载《西域南海史地考证论著汇辑》,中华书局,1957年,第184—187页。
② (元)脱脱:《宋史》卷490《大食传》。
③ (清)徐松辑:《宋会要辑稿》第197册《蕃夷》4。

仍有大食商人"贡奉般次踵至",出入于西蕃之中,以至宋廷不得不下令"限二岁一进"。①据李复的报告,这些西域商人甚至"有留滞在本路十余年者"②。很明显,在当时进入西北地区的大食商人亦定居在宋的西北边境,这恐怕就是文献中"回回寨"的来源。回族学者马元恭完成的《咸阳家乘·赠思丁公茔碑总序》称:"(赛典赤赡思丁)五世祖所非尔封西宁朝奉王,即宋熙宁时西来之始祖也。……入贡京师,散本部五千七百余人,农种秦淮燕泗之间。"③据这些资料,我们就可以推知,当时一定有不少信仰伊斯兰教的大食商人经陆路来华,到宋时,由于这一商道被西夏遮断,故一定有不少大食商人(包括后来河中地区归信伊斯兰教的其他国家人)留居西夏境内或西北地区。这些信仰伊斯兰教的大食人在西夏境内或西北地区定居后,由于他们的人种与西州、伊州地区的回鹘人相类,"皆卷发深目,眉修而浓,自眼睫而下多虬髯"④,汉人为了将这些大食人与回鹘人相区别,故称其为"回回"。"回回"一词应是西北地区或西夏地区的"市井俚语",即是一种俗称。这种"回回"俗称很快就传播开来,最先传到辽国,故辽人称大食为回回,传至南宋初,南宋人则把西夏境内的双陆称之为"回回双陆",并将这些聚居在西北边境的大食人聚居地称之为"回回寨"。龟兹人在12世纪时已开始伊斯兰化,故将其称为"回回国"。西夏境内的"回回"大致应是来自隶属西夏的信仰伊斯兰教的大食人部落,由他们组成的军队,或即成为西夏的部族军,人们称之为"回回军",元杂剧《狄青复夺衣袄车》载:

回回卒:回回帽 白手巾 比里军
　　　　花手巾 回回鼻髯 刀
史牙恰:回回锦帽 白手巾
耷雄躧马儿领回回卒子上云:

---

① (元)脱脱:《宋史》卷490《于阗传》称:"(绍圣中)知秦州游师雄言:于阗、大食、拂菻等国贡奉般次踵至,有司惮于供赉,抑留边方,限二岁一进。"
② (宋)李复:《潏水集》卷1《乞置榷场》。
③ 大理白族自治州回族学会编:《〈咸阳家乘〉考释》第1卷《赠思丁公茔碑总序》,云南民族出版社,2010年,第25—27页。
④ (宋)洪皓:《松漠纪闻》卷1《回鹘》。(宋)文天祥:《文山集》卷18称回回人"高鼻而深目,面毛而多须",故称"碧眼老回回"。

> ……某乃李滚手下大将咎雄是也，某文强武勇，膂力过人，久镇河西国，某手下有雄兵百万，战将千员，……
> 史牙恰骤马儿领回回卒子上云：
> 塞北沙陀为头领，番将丛中第一人，某乃大将史牙恰是也。①

咎雄与史牙恰均为河西国的大将，河西国即西夏国。这出杂剧正是反映宋与西夏战争的历史情境，西夏大将率领的军队士兵，元人却称之为"回回卒子"，这些"回回"卒子戴"回回"帽，拿白手巾，挂"回回"鼻髯，很明显为伊斯兰教徒的装束打扮。这与沈括军歌中号召宋军士兵"打回回"极为吻合。杨志玖先生认为，"《衣袄车》虽然演狄青与西夏斗争故事，场面却是元代的，称西夏为河西国就是元代事"②。杨先生此言不确，称西夏为"河西"并非始于元代，北宋即称西夏为"河西"。《续资治通鉴长编》载：

> 秦凤经略司言，西夏语嘉勒斯赉相攻，会契丹遣使送女，妻其少子董戬乃罢兵归。契丹既与嘉勒斯赉通姻，数遣使由回鹘路至河湟间，与嘉勒斯赉举兵取河西，河西谓夏国也。③

杂剧虽为元人所作，所演为宋代事，狄青征战西夏为宋代历史事实，元杂剧演绎成戏剧，所构细节，虽有可能虚构，但证之以沈括时即有"打回回"之说，则可反证当时西夏确有一支"回回"军队，亦即《元史》中"西夏回回军"。陈寅恪先生以诗证史，此当可称以"剧"证史矣。再从元杂剧"回回卒"的打扮为"回回帽"，亦可说明西夏境内的"回回"即是伊斯兰教信仰者，旧称回教徒。在另外两个杂剧本子中，沙陀李克用上场是"领小番上"④，而辽国韩延寿上场则是"领番卒子上"⑤。可见，元人对各北方民族的军队记忆并非是随意的，"回回卒子"可以视之为元人对"西夏回回军"

---

① 郑振铎等编：《脉望馆钞校本古今杂剧》第 28 册《狄青复夺衣袄车》，商务印书馆，1958 年。
② 杨志玖：《〈梦溪笔谈〉中"回回"一词的再认识》，载刘凤翥等编：《中国民族史研究》(4)，改革出版社，1992 年，第 172—178 页。
③ (宋) 李焘：《续资治通鉴长编》卷 188 嘉祐三年九月乙亥条。
④ 郑振铎等编：《脉望馆钞校本古今杂剧》第 58 册《李嗣源复夺紫泥宣》。
⑤ 郑振铎等编：《脉望馆钞校本古今杂剧》第 60 册《八大王开诏救忠臣》。

历史记忆的保存。

最后，再看看两种元初的材料，一是1275年到达元上都的马可波罗，他经过沙州时称"居民多是偶像教徒，然亦稍有聂斯托里派基督教徒若干，并有回教徒"；经甘州时称"居民是偶像教徒、回教徒及基督教徒"；经属唐古忒的额里湫国时称"居民是聂斯托里派之基督教徒，或偶像教徒，或崇拜摩诃末之教徒"；经过隶属于唐古忒州的申州（Singuy）时称"居民是偶像教徒同回教徒"；经宁夏、鄂尔多斯抵天德州时称"治此州是基督教徒，然亦有偶像教徒及回教徒也不少"。① 从马可波罗保存的记录来看，到元代初年，原西夏境内已多处分布伊斯兰教徒。二是拉施特《史集》第2卷的记载："唐兀惕（即西夏）地区和居民大多数是木速蛮。"② 木速蛮即穆斯林。可以反映，到元朝时，西夏地区信仰伊斯兰教人数之多，故元朝不得不派一信奉伊斯兰教的蒙古宗王阿难答来统御这一地区。③ 元朝西夏旧地出现处处都是穆斯林的现象绝非偶然，余以为，这应就是唐以后信仰伊斯兰教的大食商人（含其他中亚国家信仰伊斯兰教的商人）入华后，有一部分商人由于各种原因定居在我国西北地区，至宋时主要聚居在西夏境内，当时人称之为"回回"，又经宋、金两代的发展，这一批"回回"分布区域越来越广，以至散布西北各地，至元初时而成马可波罗所见和拉施特所记之现象。也就是说，元初西夏故地处处都是穆斯林的现象，应是北宋之时沈括所言居住在西夏境内"回回"的延续和发展。

原载《民族研究》1984年第1期

---

① （意）马可波罗著，冯承钧译：《马可波罗行纪》，上海书店出版社，1999年，第115—116、127、161、164—165页。
② （波斯）拉施特著，余大钧等译：《史集》第2卷《成吉思汗的儿子托雷汗之子忽必烈合罕之子真金之子铁穆耳合罕纪》，第379页。
③ （波斯）拉施特著，余大钧等译：《史集》第2卷还称，阿难答还使依附于他的十五万蒙古军队的大部分归依了伊斯兰教。

# 隋唐五代宋初党项拓跋部世次嬗递考

在宋太平兴国七年（982）党项拓跋部首领李继迁叛宋重建夏州政权前，党项拓跋部世次嬗递是不清楚的。吴天墀曾在其《西夏史稿》中列过《西夏拓跋氏世系表》①，周伟洲先生在他的《唐代党项》一书中亦列出过《唐五代拓跋部李氏世系表》②。此二表不仅断层很多，而且出现不少错误。邓辉、白庆元先生在《唐研究》第8卷发表的论文《内蒙古乌审旗发现的五代至北宋夏州拓跋部李氏家族墓志铭考释》，其中亦列《夏州拓跋李氏世系表》③，虽然此表多依据考古材料而成，但仍出现错误。2005年，周伟洲先生再次出版《早期党项史研究》，并利用考古材料完成了《党项拓跋一族世系表》和《唐末五代夏州党项李氏世系表》④，考证用力甚勤，亦订正以往研究中的不少讹误，但仍存在一些问题。由于早期党项史在文献记录中缺略甚多，故要清楚地认识党项拓跋部的世次嬗递是一件很困难的事情。近年，陕西、内蒙等地出土了大量的早期党项拓跋部首领的墓碑，其墓志铭文为我们认清该部之世系传承有很大的帮助。本文即依据新出土的党项拓跋部首领的墓志，并结合唐宋文献，对李继迁叛宋以前拓跋部世次进行考证，以求得出较为准确的认识。另外，吴广成《西夏书事》一直是西夏史研究中众多学者常用的著作，虽然其中保存了不少今天已经散佚的唐宋时期第一手原始文献资料，如刘温润的《西夏须知》、佚名《夏台事迹》及刘涣《西行记》等，但整体来说该书应是后人研究西夏史的

---

① 吴天墀：《西夏史稿》，四川人民出版社，1980年，第292页。
② 周伟洲：《唐代党项》，三秦出版社，1988年，第142页。
③ 邓辉、白庆元：《内蒙古乌审旗发现的五代至北宋夏州拓跋部李氏家族墓志铭考释》，载《唐研究》第8卷，北京大学出版社，2002年，第390页。
④ 周伟洲：《早期党项史研究》，中国社会科学院出版社，2005年，第53、164页。

第二手的资料书，且存在着相当多的问题，长期无人对此书进行系统的清理。1995 年虽有龚世俊等四人以校正的方法将该书点校出版，但其主要工作仅是标点、校勘及查找史源，没有对该书存在的问题进行系统的考证纠谬。本文亦就研究早期党项拓跋部世系之便，对《西夏书事》中记录之早期党项史实进行了一次较全面的清理，发现了不少问题，并予以考证，纠正了该书长期存在而又广泛被人使用的一部分错讹史料，厘清了早期党项发展过程中一些不清晰的问题。

## 一、党项拓跋部的第一代

传统的说法均是将拓跋赤辞作为党项拓跋部的第一代[1]，此一说法明显是错误的，因为在拓跋赤辞之前还出现过两位拓跋部的首领，一见于《隋书·吐谷浑传》，即开皇八年（588）降隋的吐谷浑"名王拓跋木弥"[2]；二见于《隋书·党项传》，即开皇五年（585）降隋的党项大首领"拓跋宁丛"[3]。但这两位拓跋部首领跟后来崛起的夏州拓跋李氏是什么关系，《隋书》并无交待，赖陕西出土《拓跋寂墓志铭》可以获得清楚的认识：

> 公讳寂，字守寂，出自三苗，盖姜姓之别。以字为氏，因地纪号，世雄西平，遂为郡人也。国连要服，气蕴金行，俗尚首豪，力恃刚悍，载炳前史，详于有隋。名王弥府君泊附，授大将军。宁府君矣，时逢季代，政乱中原，王教不宣，方贡殆绝，天降宝命，允归盛唐。[4]

墓志虽然没有记录墓志主人与弥府君、宁府君是何关系，但将二人录于其"高祖立伽府君"之前，则可知弥府君和宁府君应为拓跋守寂之远祖，但不知世次。周伟洲先生认为墓志中的"宁府君"即"弥府君"，并认为"可能为

---

[1] （清）吴广成：《西夏书事》卷1唐僖宗中和元年春三月条："拓跋思恭，本党项羌，始祖赤辞。"龚世俊校证本，甘肃文化出版社，1995 年，第 5 页。上述吴天墀《西夏拓跋氏世系表》和周伟洲《唐五代拓跋部李氏世系表》亦均以拓跋赤辞为党项拓跋部之始祖。
[2] （唐）魏征：《隋书》卷 83《吐谷浑传》。
[3] （唐）魏征：《隋书》卷 83《党项传》。
[4] 康兰英主编：《榆林碑石》，三秦出版社，2003 年，第 224 页。

部内对其之尊称"①。此说不妥。首先，康兰英《榆林碑石》之《拓跋寂墓志铭并盖》中所录制文标点有误，其原文标点为"名王弥府君，洎附授大将军宁府君矣，时逢季代"②。此处标点应为"名王弥府君洎附，授大将军。宁府君矣，时逢季代"。由于志文标点有误，周伟洲先生遂随错误志文将"宁府君"误读。墓志中出现的弥府君和宁府君正好对应的是《隋书》中出现的拓跋木弥和拓跋宁丛二人。弥府君即为拓跋木弥，宁府君即为拓跋宁丛。十分清楚，墓志中称"府君"者均为拓跋之先祖名，如弥府君、宁府君、立伽府君、罗胃府君、后那府君、思泰府君。余不解为何伟洲先生将弥府君认作拓跋木弥，而不将宁府君认作拓跋宁丛呢？银夏地区的拓跋部始于拓跋守寂之高祖拓跋立伽，故知唐宋时期拓跋李氏的第一代应追至拓跋木弥和拓跋宁丛。二人均为拓跋守寂的远祖，可能由于时间久远的关系，在拓跋部的谱牒记忆中，他们与后来迁入银夏地区的拓跋部之具体亲疏关系已不太清楚了，故仅在墓志中记录先祖之名，而无他们之世次。从《隋书》吐谷浑传和党项传所记录的数据来看，拓跋木弥和拓跋宁丛均为同一时期出现的党项部大首领，即很可能为同一辈人，故此二人应同列党项拓跋部第一代。墓志还给我们提供了新的内容，即拓跋宁丛于开皇五年降隋后，又于隋末之时归附唐朝，可补正史之缺。

## 二、党项拓跋部的第二代

拓跋赤辞应为党项拓跋部的第二代。据《新唐书·党项传》，拓跋赤辞出现的时间是在贞观八年（634）行军大总管李靖奉诏击吐谷浑之时③，据《资治通鉴》卷194，贞观九年（635）党项酋长拓跋赤辞在野狐峡大败唐军④。又据《新唐书·党项传》：

> 帝因其胜又令约降，赤辞从子思头潜纳款，其下拓跋细豆亦降，赤辞知宗族携沮，稍欲自归，岷州都督刘师立复诱之，即与思头俱内属。

---

① 周伟洲：《早期党项史研究》，第242页，注1。
② 康兰英主编：《榆林碑石》，第224页。
③ （宋）欧阳修、宋祁：《新唐书》卷221《党项传》。
④ （宋）司马光：《资治通鉴》卷194贞观九年七月辛亥条。

以其地为懿、嵯、麟、可三十二州，以松州为都督府，擢赤辞西戎州都督，赐氏李，贡职遂不绝。于是自河首积石山而东，皆为中国地。后吐蕃寖盛，拓拔畏逼，请内徙，始诏庆州置静边等州处之。①

《新唐书·党项传》并没有记录上述史实的准确时间，又据《新唐书·地理志》称：

静边州都督府：贞观中置，初在陇右，后侨治庆州之境。②

《资治通鉴》卷220胡三省注：

贞观以后，吐蕃浸盛，党项拓拔部畏逼，请内徙，诏庆州置静边军州处之。③

《宋史·夏国传》亦称：

唐贞观初，有拓跋赤辞者归唐，太宗赐姓李，置静边等州以处之。④

《西夏纪》卷首与《宋史·夏国传》同⑤，独吴广成《西夏书事》卷1称：

开元中，吐蕃浸盛，党项拓拔部畏逼，请内徙，诏庆州置静边等州处之。⑥

《新唐书》、《资治通鉴》、《宋史》、《西夏纪》等书均将拓拔部置静边州的时间置于贞观中，而吴广成则将此事置于开元中，与上述数据有六十余年的距

---

① （宋）欧阳修、宋祁：《新唐书》卷221《党项传》。
② （宋）欧阳修、宋祁：《新唐书》卷43《地理志》下。
③ （宋）司马光：《资治通鉴》卷220 开元元年九月丙子条胡三省注。
④ （元）脱脱：《宋史》卷485《夏国传》。
⑤ （清）戴锡章：《西夏纪》卷首，罗矛昆校点本，宁夏人民出版社，1988年，第27页。
⑥ （清）吴广成：《西夏书事》卷1唐僖宗中和元年春三月条。

离，吴说并无原始资料的支撑，且两唐书明载，吐蕃强盛，始于贞观，而非开元，故知吴广成为误。

新出土《拓跋寂墓志铭》称：

> 迨仪凤年，公之高祖立伽府君，委质为臣，率众内属。国家纳其即叙，待以殊荣，却魏绛之协和，美由余之入侍。拜大将军，兼十八州部落使，徙居囿阴之地，则今静边府也。①

这就是说拓跋守寂的高祖拓跋立伽是唐高宗仪凤年间归附唐朝的。如果说拓跋赤辞是在贞观九年（635）或稍后归附唐朝，则拓跋立伽归附唐朝的时间比赤辞要晚三十余年。因此，可以判定拓跋立伽与拓跋赤辞不是同一人。而《宋史·夏国传》、《西夏纪》卷首、《西夏书事》卷1均称拓跋赤辞为平夏拓跋部之先祖，《西夏书事》甚至称平夏拓跋部"始祖赤辞"，还称拓跋守寂为"赤辞孙"②，如无新证据的话，基本可以认定拓跋赤辞应为平夏拓跋部之先祖。由于其出现时间晚于拓跋木弥和拓跋宁丛，而早于拓跋立伽，故可定拓跋赤辞为党项拓跋部的第二代。然不知拓跋赤辞与拓跋木弥、拓跋宁丛是何关系，尚待有新的考古材料发现。令人不解的是，各种文献均称拓跋赤辞为平夏拓跋部的先祖，为什么在《拓跋寂墓志铭》中不提拓跋赤辞之名？

## 三、党项拓跋部第三代

据《拓跋寂墓志铭》，仪凤年间归附唐朝的拓跋立伽应为党项拓跋部的第三代，如果拓跋赤辞是贞观九年或稍后归附唐朝，则与仪凤年间归附的拓跋立伽相距有三十余年，中间应有一代之差，故可将拓跋立伽定为党项拓跋部的第三代，据《新唐书·党项传》贞观时与拓跋赤辞同时降唐的还有拓跋赤辞的"从子拓跋思头"③，从子当为堂兄弟之子，故可以称拓跋思头与拓跋立伽为同

---

① 康兰英主编：《榆林碑石》，第224页。
② （清）吴广成：《西夏书事》卷1唐僖宗中和元年春三月条。吴广成称拓跋守寂为赤辞孙，不妥，当为裔孙。
③ （宋）欧阳修、宋祁：《新唐书》卷221《党项传》。

一代人,或者拓跋思头即拓跋立伽。这也就告诉我们,拓跋赤辞降唐以后,先在陇右置静边州,以安置拓跋部,后党项拓跋部叛离唐朝。故到仪凤年间,拓跋立伽再次"率众内属",此时才"徙居圁阴之地,即今静边府也"。①

## 四、党项拓跋部第四代

据《拓跋寂墓志铭》党项拓跋部第四代应为拓跋罗胃,唐封其为"右监门卫将军、押十八州部落使,仍充防河军大使"②。

## 五、党项拓跋部第五代

据《拓跋寂墓志铭》党项拓跋部第五代应为拓跋后那,唐封其为"静边州都督、押淳恤等十八州部落使、兼河防军大使、赠银州刺史"③。

## 六、党项拓跋部第六代

据《拓跋寂墓志铭》党项拓跋部第六代应为拓跋思泰,唐封其为"左军吾卫大将军、兼静边州都督防御使、西平郡开国公"④。又据《册府元龟》卷974,开元九年(721)六月丁酉制文称:

> 党项大首领故右监门卫将军、员外置同正员、使持节达涵等十二州诸军事、兼静边州都督、仍充防御部落使拓跌(跋)思泰。项者,戎丑违命,爰从讨袭,躬亲矢石,奋其忠勇,方申翦馘之勋,俄轸丧元之痛。庄节弥亮,美名可嘉,宜崇宠章,俾慰泉壤。可赠特进兼左金吾大将军,赐物五百段,米粟五百石,以其子守寂袭其官爵。⑤

---

① 康兰英主编:《榆林碑石》,第224页。
② 康兰英主编:《榆林碑石》,第224页。
③ 康兰英主编:《榆林碑石》,第224页。
④ 康兰英主编:《榆林碑石》,第224页。
⑤ (宋)王钦若:《册府元龟》卷974开元九年六月丁酉条。

据此制文可知拓跋思泰死于开元九年（721），由其子拓跋守寂袭职。又据《拓跋寂墓志铭》，拓跋兴宗为拓跋守寂的叔父，时任朔方军节度副使兼防河使、右领军卫大将军兼将作大匠。①《全唐文》卷 301 保存了拓跋兴宗请致仕表三份②，而据韩荫晟考证，此三表时间约在天宝五六年（746—747）③。故知拓跋兴宗与拓跋思泰为同一辈人，但不知其亲疏。

## 七、党项拓跋部第七代

党项拓跋部第七代应为拓跋守寂，林宝《元和姓纂》卷 10 称：

> 开元后，右监门大将军西平公、静边州都督拓跋守寂，亦东北蕃也。④

郑樵《通志》卷 29《氏族略》5 亦称：

> 拓跋氏：唐开元后，有右监门大将军西平公、静边州都督拓跋守寂。⑤

吴广成《西夏书事》卷 1 称：

> （拓跋）守寂为右监门都督，封西平公，天宝之乱，守寂有战功，擢容州刺史，领天柱军使。⑥

吴广成此说有误，此段材料原文见《新唐书·党项传》："始天宝末，平夏部有战功，擢容州刺史、天柱军使。"⑦此处有功者为平夏部，而吴广成将此功冠之为拓跋守寂。据《拓跋寂墓志铭》，拓跋寂逝世于开元二十四年（736）

---

① 康兰英主编：《榆林碑石》，第 225 页。
② （清）董诰编：《全唐文》卷 301 拓跋兴宗《请致仕侍亲表》、《第二表》、《第三表》。
③ 韩荫晟：《党项与西夏资料汇编》上卷，宁夏人民出版社，2000 年，第 159 页。
④ （唐）林宝：《元和姓纂》卷 10《拓跋氏》。
⑤ （宋）郑樵：《通志》卷 29《氏族略》5。
⑥ （清）吴广成：《西夏书事》卷 1 唐僖宗中和元年春三月条。
⑦ （宋）欧阳修、宋祁：《新唐书》卷 221《党项传》。

十二月二十一日，时年三十岁①，根本就不可能参与平定天宝年间的安史之乱，足见吴广成误之甚远。

据《拓跋寂墓志铭》称：

> 公（拓跋守寂）即西平公（拓跋思泰）之元子也，丞承遗训，嗣有令绪，造次必形于孝悌，成功不倦于诗书。起家袭西平郡开国公，拜右监门卫大将军、使持节淳湎等一十八州诸军事、兼静边州都督，仍充防御部落使。寻加特进，干父蛊也。性无伐善，乐在交贤，果于用兵，敏于从政，立礼成乐，殚见洽闻，固不学而生知，岂师逸而功倍。方将藩屏王室，缉熙帝载，此志不就，彼苍谓何？春秋卅，以开元廿四年十二月廿一日寝疾，薨于银州敕赐之第。诏赠使持节、都督灵州诸军事、灵州刺史。②

拓跋守寂于开元九年（721）袭父职，而到开元二十四年（736）去世，时年三十岁。据墓志可知拓跋守寂为拓跋思泰的长子。其有一弟，名拓跋守礼，时任游骑将军，守右武卫翊府右郎将员外置宿卫、赐金鱼袋、助知检校部落使。③又据《拓跋寂墓志铭》盖内底部左边栏处有："弟开元州刺史守义，从京送至银州赴葬"④，又据《全唐文》卷301拓跋兴宗《第三表》载："愚子供奉官右威卫郎将守义近亡"⑤，可知守义为拓跋兴宗之子，是为守寂之从弟也，当与守寂、守礼为同辈兄弟。据此可知，党项拓跋部第七代分两支有三人，一支为拓跋守寂、拓跋守礼，一支为拓跋守义。

## 八、党项拓跋部第八代

党项拓跋部第八代应为拓跋澄澜，据《拓跋寂墓志铭》称拓跋守寂：

---

① 康兰英主编：《榆林碑石》，第224页。
② 康兰英主编：《榆林碑石》，第224页。
③ 康兰英主编：《榆林碑石》，第224页。
④ 按：康兰英主编《榆林碑石》录《拓跋寂墓志并盖》无上述文字，此处参见王富春：《唐党项族首领拓跋守寂墓志考释》，载《考古与文物》2004年第3期。
⑤ （清）董诰编：《全唐文》卷301拓跋兴宗《请致仕侍亲第三表》。

嗣子朝散大夫、守殿中省尚辇奉御员外置同正员、使持节淳恤等一十八州诸军事、兼静边州都督、防御部落使、赐紫金鱼袋、西平郡开国公曰澄澜，年在童丱，蔑是诸孤，匪莪伊蒿，衔恤何怙。①

据此可知拓跋澄澜为拓跋守寂之"嗣子"，并在"童丱"之时即已袭父之职。《元和姓纂》卷10《拓跋》称："（拓跋守寂）侄澄岷，今任银州刺史。"②知拓跋澄岷为拓跋部"澄"字辈人。周伟洲《党项拓跋守寂一族世系表》将拓跋澄岷列为守寂、守礼、守义之外的另一支的后代③，不知伟洲先生依据为何，既称澄岷为拓跋守寂之侄，那最合适者应为守寂弟守礼之子，或者是守义之子亦可，不应另出一支。《唐大诏令集》卷9有唐代宗广德元年颁布的《册尊号赦》文称：

天下所有诸色结聚羌浑党项等，但能悔过自陈，各归生业，一切并舍其罪，其中有头首能效率，并束手来归者，并加赏官。④

《册尊号赦》文提到当时封赏的人有拓跋澄泌，并称：

拓跋澄泌、高晖、卢钦友……各与一子五品官，加实封一百户。仍各赐铁券，以名藏太庙，画像于凌烟之阁。⑤

此处称拓跋澄泌为"画像于凌烟之阁"的功臣，以奖赏他平定安史之乱之功，余疑他就是《新唐书·党项传》中"天宝末，平夏部有战功，擢容州刺史，天柱军使"⑥的人。这样，就将拓跋澄泌之史实与平定安史之乱平夏部之战功联系起来，甚为吻合。澄泌与澄澜均为拓跋家族"澄"字辈人，且两人之名

---

① 康兰英主编：《榆林碑石》，第225页。
② （唐）林宝：《元和姓纂》卷10《拓跋氏》。
③ 周伟洲：《早期党项史研究》，第53页。
④ （宋）宋敏求编：《唐大诏令集》卷9广德元年《册尊号赦》。
⑤ （宋）宋敏求编：《唐大诏令集》卷9广德元年《册尊号赦》。
⑥ （宋）欧阳修、宋祁：《新唐书》卷221《党项传》。

均带水旁，故推测二人为兄弟，澄澜在开元二十四年守寂死时为童卯之岁，应为十岁以下的儿童，至广德元年（763）时，澄澜已近四十岁，澄泌当为澄澜之弟。

又据《新唐书·党项传》载，宝应元年（762）后"召静边州大首领兼左羽林大将军拓跋朝光等五刺史入朝，厚赐赉，使还绥其部"①。《古今姓氏书辩证》卷38《拓跋》亦载，"又有静边州刺史拓跋朝光"②。静边州首领拓跋朝光入朝的年代在公元762年后，而拓跋澄泌受封获赏是在广德元年（763）。《唐大诏令集》和《新唐书·党项传》分别记录的拓跋澄泌和拓跋朝光应是一个人，澄泌为其本名，朝光或为其字，或为其党项名。开元末年担任静边州都督的拓跋澄澜年仅"童卯"，故推知宝应时静边州大首领的拓跋朝光应为澄澜的同辈人物。这亦告诉我们，至唐代宗宝应时静边州党项部落的领导权已由拓跋澄澜转移到拓跋朝光手中。又据《新唐书·党项传》载，拓跋乞梅是同静边州大首领拓跋朝光一起入朝的静边州五刺史之一。拓跋乞梅为思乐州刺史③，故疑乞梅与朝光为同辈人物，亦与澄澜为同辈人物。而拓跋乞梅或即拓跋澄岘，澄岘为本名，乞梅为其党项名。据《册尊号赦》文称拓跋澄泌（朝光）当有一子，封五品官。

吴广成《西夏书事》卷1称：

> 于是召大首领左羽林大将军拓跋朝光、拓跋乞梅等五刺史入朝，代宗厚赉之，使还绥其部。自后，乞梅居庆州，号东山部；朝光居银夏，号平夏部。④

这段材料来自于《新唐书·党项传》，但吴广成在这段材料加入了自己的东西，《新唐书》原文是"居庆州者号东山部，夏州者号平夏部"⑤，《旧唐书·党项传》亦作"居庆州者，号为东山部落，居夏州者，号为平夏部落"⑥。

---

① （宋）欧阳修、宋祁：《新唐书》卷221《党项传》。
② （宋）邓名世：《古今姓氏书辩证》卷38《拓跋》。
③ （宋）邓名世：《古今姓氏书辩证》卷38《拓跋》。
④ （清）吴广成：《西夏书事》卷1唐僖宗中和元年春三月条。
⑤ （宋）欧阳修、宋祁：《新唐书》卷221《党项传》。
⑥ （后晋）刘昫：《旧唐书》卷198《党项传》。

而吴广成在庆州之前加入了"乞梅",在夏州之前加入了"朝光"。吴广成这一改动并无任何唐宋文献证据的支撑,应该有误。《新唐书·党项传》称:

> 先是庆州有破丑氏族三、野利氏族五、把利氏族一,与吐蕃姻援,赞普悉王之,因是扰边凡十年。①

可见居庆州者主要为破丑、野利、把利等党项部落,并无拓跋部落,而拓跋部落主要居住在银夏地区,俗称平夏。赵珣《聚米图经》称:

> 党项部落在银夏以北,居川泽者,谓之平夏党项。②

《宋史·宋琪传》称:

> 从银夏至青白池,地惟砂碛,俗谓平夏拓跋。③

据此可知,平夏部即拓跋部,仪凤以后,党项拓跋部均居于银夏地区或以北,无居庆州者。吴广成根据自己的理解擅改史文,将后来的研究者引入歧途。

## 九、党项拓跋部第九代

党项拓跋部第九代应为拓跋乾晖。据《元和姓纂》卷10《拓跋》载:"(拓跋守寂)孙乾晖,银州刺史。"④则知乾晖当为澄澜之子。《旧唐书·吐蕃传》载:"(贞元二年)十二月,陷夏州,刺史拓跋乾晖率众而去。"⑤《新唐书·吐蕃传》则称:"吐蕃攻盐、夏,刺史杜彦光、拓跋乾晖不能守。"⑥《资治通鉴》卷

---

① (宋)欧阳修、宋祁:《新唐书》卷221《党项传》。
② (宋)司马光:《资治通鉴》卷249大中五年正月壬戌条引赵珣《聚米图经》。
③ (元)脱脱:《宋史》卷264《宋琪传》。
④ (唐)林宝:《元和姓纂》卷10《拓跋氏》。
⑤ (后晋)刘昫:《旧唐书》卷196《吐蕃传》下。
⑥ (宋)欧阳修、宋祁:《新唐书》卷216《吐蕃传》下。

232、《玉海》卷 174 所载相同①，唯《唐会要》卷 97《吐蕃》载："其年十一月，吐蕃陷夏州，亦令刺史拓跋乾曜率众而去，复据其城。"② 同一史实，新、旧《唐书》、《资治通鉴》、《玉海》均作"拓跋乾晖"，而《唐会要》作"拓跋乾曜"。很明显，《唐会要》误"乾晖"为"乾曜"。而《（雍正）陕西通志》卷 21《职官》更据《唐会要》之误将"乾晖"和"乾曜"误为两人，一为夏州刺史，一为银州刺史。③ 吴广成《西夏书事》卷 1 则错误更大，称："贞元中，有夏州刺史拓跋乾晖，银州刺史拓跋乾曜、拓跋澄等俱官其地。"④ 不仅将"乾晖"和"乾曜"误作两人，还将当时担任银州刺史的"拓跋澄岷"误为"拓跋澄"。据此可知，拓跋部"乾"字辈者只有"乾晖"一人，并无"乾曜"。拓跋乾曜的出现，实为《唐会要》带来的误会。

## 十、党项拓跋部第十代

拓跋乾晖以后，银夏党项拓跋部出现断层，文献中无拓跋乾晖以后的继承人的记录。《西夏书事》卷 1 称："（拓跋）思恭，乾晖裔孙也。"⑤ 裔孙即远代子孙，不知拓跋思恭为乾晖之第几代孙，查乾晖出现的时间在唐德宗贞元二年（786），时任夏州刺史，而拓跋思恭出现的最早时间为《新唐书·党项传》：

其裔孙拓跋思恭，咸通末窃据宥州，称刺史。⑥

咸通末应为公元 874 年，与拓跋乾晖出现的时间相差八十八年。如以拓跋思恭二十岁出任宥州刺史，则其生于 854 年。如一辈人以二十年计，其父则生于 834 年，其祖则生于 814 年，其曾祖则生于 794 年，大概拓跋乾晖出现的年代（786）与拓跋思恭的曾祖出生的年代相近。另据《李仁宝墓志》，李仁宝

---

① （宋）司马光：《资治通鉴》卷 232 贞元二年十二月条；（宋）王应麟：《玉海》卷 174《盐州城》。
② （宋）王溥：《唐会要》卷 97《吐蕃》。
③ （清）刘於义：《（雍正）陕西通志》卷 21《职官》。
④ （清）吴广成：《西夏书事》卷 1 唐僖宗中和元年春三月条。
⑤ （清）吴广成：《西夏书事》卷 1 唐僖宗中和元年春三月条。
⑥ （宋）欧阳修、宋祁：《新唐书》卷 221《党项传》。

的父亲亦为拓跋部"思"字辈人。其祖李重遂，其曾祖拓跋副叶俱名于史籍①，故知党项拓跋部之传承大概尚缺一代人，即第十代。

## 十一、党项拓跋部第十一代

党项拓跋部第十一代传人应为拓跋副叶，据《李仁宝墓志铭》，李仁宝一族也是仪凤之初迁居银夏的党项拓跋部落，其曾祖名拓跋副叶，担任宁州、丹州等刺史，封赠金紫光禄大夫、检校司空、兼御史大夫、上柱国。②据上节考证可知拓跋副叶应为拓跋思恭的上两辈人，故断副叶为党项拓跋部的第十一代。

## 十二、党项拓跋部第十二代

党项拓跋部第十二代应为"重"字辈人，共分两支，目前所见的有李重建和李重遂两人。

第一支李重建见《李彝谨墓志铭》：

（彝谨）曾祖讳重建，皇任大都督府安抚平下番落使。祖妣破丑氏，累赠梁国太夫人。③

第二支李重遂见《李仁宝墓志铭》：

（仁宝）祖重遂，皇任银州防御、度支营田等使、金紫光禄大夫、检校太保兼御史大夫、上柱国。④

---

① 康兰英主编：《榆林碑石》，第252页。
② 康兰英主编：《榆林碑石》，第252页。
③ 邓辉、白庆元：《内蒙古乌审旗发现的五代至北宋夏州拓跋部李氏家族墓志铭考释》，载《唐研究》第8卷，北京大学出版社，2002年，第384页。
④ 康兰英主编：《榆林碑石》，第252页。

## 十三、党项拓跋部第十三代

党项拓跋部第十三代为"思"字辈人，共分两支。

第一支李思恭：《新唐书·党项传》称：

> 始，天宝末，平夏部有战功，擢容州刺史、天柱军使。其裔孙拓跋思恭，咸通末窃据宥州，称刺史。黄巢入长安，与鄜州李孝昌坛而坎牲，誓讨贼，僖宗贤之，以为左武卫将军，权知夏绥银节度事。次王桥，为巢所败，更与郑畋四节度盟，屯渭桥。中和二年，诏为京城西面都统、检校司空、同中书门下平章事。俄进四面都统，权知京兆尹。贼平，兼太子太傅，封夏国公，赐姓李。嗣襄王煴之乱，诏思恭讨贼，兵不出，卒。①

李思恭是党项拓跋部崛起的关键人物，夏州政权的奠基人，由于其平黄巢有功，被赐姓为李，嗣后，党项拓跋部均以李为姓。李思恭于唐昭宗景福二年（893）之前去世②，《新唐书·党项传》载：

> 以弟思谏代为定难军节度使，思孝为保大节度、鄜坊丹翟等州观察使，并检校司徒、同中书门下平章事。③

据《资治通鉴》卷260乾宁二年八月癸巳条："思孝，本姓拓跋，思恭之弟也。"④则知李思谏和李思孝二人均为思恭之弟。又据《宋史·夏国传》：

---

① （宋）欧阳修、宋祁：《新唐书》卷221《党项传》。
② （清）吴广成：《西夏书事》卷1乾宁二年条。吴广成此说有误，其依据的材料应为《新唐书·党项传》、《资治通鉴》卷260乾宁二年八月癸巳条及《新五代史》卷40《李仁福传》，但三书均未言李思恭逝世的具体时间，仅言思谏为定难军节度使的时间是乾宁二年。吴氏据此而断言思恭于乾宁二年逝世，与史实相违。据周伟洲先生引《榆林碑石》之《白敬立墓志》，文德元年（888）思恭取鄜、延二州时还健在，不久即去世，"及王（思恭）薨，悲戚哀愤，如丧其考"。而据墓志，白敬立逝世于景福二年（893），则李思恭逝世的时间应早于893年。伟洲先生考证甚是，可定吴书之讹。参见周伟洲《早期党项史研究》，第102页。
③ （宋）欧阳修、宋祁：《新唐书》卷221《党项传》。
④ （宋）司马光：《资治通鉴》卷260乾宁二年八月癸巳条。

> 继迁，继捧族弟也。高祖思忠，尝从兄思恭讨黄巢，拒贼于渭桥，表有铁鹞，射之没羽，贼骇之，遂先士卒，战没，僖宗赠宥州刺史，祠于渭阳。①

可知，思忠为思恭之弟，且早逝，故应为思恭之长弟，李继迁之高祖。据《古今姓氏书辩证》卷38《拓跋》称，拓跋思恭"弟思谏、思钦皆节度使"②。《资治通鉴》卷260乾宁三年三月条"保大节度使李思孝，表请致仕，荐弟思敬自代"。③这个思敬当即思钦，以避宋太祖之祖赵敬之讳。据《资治通鉴》卷254中和元年三月条考异"《实录》：天复二年九月，武定军节度使李思敬以城降王建，思敬本姓拓跋，鄜夏节度使思恭、保大节度使思孝之弟也"④。可以确证为李思恭之兄弟者应为思忠、思谏、思孝、思敬（钦）。

《李彝谨墓志铭》中还有一党项拓跋部"思"字辈的人物，即李彝谨之祖思□。在原墓志中，此字已缺⑤，但诸家均证其为思恭。邓辉、白庆元称：

> 拓跋思恭曾任"京城四面都统"和"太子太傅"之职，与思□所任官职一致，又遍检思恭诸兄弟中思谏、思孝、思敬等人之事迹，则绝无担任此二官职者。故此"思□"当为"思恭"，即"拓跋思恭"无疑。⑥

周伟洲先生亦称：

> 其祖思□，从官爵及字辈看，即拓跋思恭，与仁宝父思沿同辈；其父李仁福，新、旧《五代史》有传，与仁宝同辈。此二志不仅解决了长期困扰学术界关于李仁福的世系（即是否为思恭子）问题，而且使唐末

---

① （元）脱脱：《宋史》卷485《夏国传》。
② （宋）邓名世：《古今姓氏书辩证》卷38《拓跋》。
③ （宋）司马光：《资治通鉴》卷260乾宁三年三月条。
④ （宋）司马光：《资治通鉴》卷254中和元年三月条。
⑤ 邓辉、白庆元：《内蒙古乌审旗发现的五代至北宋夏州拓跋部李氏家族墓志铭考释》，载《唐研究》第8卷，北京大学出版社，2002年，第384页。
⑥ 邓辉、白庆元：《内蒙古乌审旗发现的五代至北宋夏州拓跋部李氏家族墓志铭考释》，载《唐研究》第8卷，北京大学出版社，2002年，第389页。

至五代夏州党项拓跋世系逐渐明晰起来。①

杜建录、白庆元、杨满忠、贺基德四位先生亦称：

> 据李彝殷弟李彝谨墓志铭，彝谨"祖讳思□，皇任京城四面都统，累赠太师。祖母梁氏，封魏国太夫人。列考讳仁福，皇任定难军节度使，累赠韩王。妣渎氏，封吴国太夫人。公即韩王第二子也"。考《新唐书·党项传》，只有拓跋思恭（李思恭）任过京城四面都统，累赠太师。故李仁福、李彝殷与李彝谨祖、李光睿曾祖当为有名的拓跋思恭（李思恭）。②

若如上证，则确实解决了党项拓跋部世系传承的一大难题。但余不以为然，余认为上述先生的考证存在有较大的误区：

（一）据《李彝谨墓志铭》原文，祖讳思□，担任的不是京城四面都统，而是"京城四面都统教练使"。都统是唐、五代时期的军事统帅，一般统有三道或五道之兵马；而教练使仅是藩镇使府下的军将之职，选善兵法武艺者充任，掌教练兵法及武艺。两者职级上有天地之别，不知上述作者是有意删掉"教练使"一名而进行的考证，还是录文的失误？用这样的方法进行的考证，怎么可能让人相信。

（二）尽管李思恭曾经当过教练使，据《白敬立墓志铭》："公以祖父箕裘继常，为故夏州节度使、朔方王（李思恭）信用于门下。王（李思恭）始为教练使，公常居左右前后。"③ 则知，李思恭初起时曾为教练使，但不是京城四面都统教练使，而应是夏州节度教练使。中和二年后，李思恭为京城四面都统，而不是京城四面都统教练使。可知，墓志中担任京城四面都统教练使的李思□不是李思恭。

（三）《新唐书·党项传》中拓跋思恭是赠太子太傅、夏国公，而未赠太师。④ 可知墓志中"累赠太师"之李思□不是李思恭。

---

① 周伟洲：《早期党项史研究》，第252页。
② 杜建录、白庆元、杨满忠、贺基德：《宋代党项拓跋部大首领李光睿墓志铭考释》，载《西夏学》第1辑，宁夏人民出版社，2006年，第83页。
③ 康兰英主编：《榆林碑石》，第242页。
④ （宋）欧阳修、宋祁：《新唐书》卷221《党项传》。

（四）退一步而言，如果李仁福是李思恭的儿子，在《李光睿墓志铭》中明确标明李仁福为其祖，而在"曾祖"的名讳上却空缺①，为什么？如果李思恭是李仁福的父亲，难道会让这么有名的先祖之名讳空缺吗？如果李仁福是李思恭的儿子，为什么《新五代史·李仁福传》中会出现"李仁福，不知其世家"这样的记录。②李思恭是唐王朝平定黄巢之乱赫赫有名的人物，史官怎么可能忘记和遗漏李仁福的父亲李思恭的名讳呢？这是不可思议的问题。

据此，余以为，《李彝谨墓志铭》中的彝谨之祖思□者，非思恭也。余疑李彝谨之祖讳思□者，当为思孝，李彝谨的祖辈查诸文献，赠太师者仅思孝一人，《资治通鉴》卷260乾宁三年三月条"保大节度使李思孝表请致仕，荐弟思敬自代，诏以思孝为太师"③。李思恭为京城四面都统的时候，其弟李思孝则可能担任京城四面都统教练使，为李思恭之下属。故彝谨之祖为思孝可能更接近史实。

第二支李思沿：据《李仁宝墓志》："（仁宝）考思沿，时任定难军左督押衙、银青光禄大夫、检校工部尚书、兼御史大夫。"④则知，李仁宝的父亲为李思沿。又据《册府元龟》卷436载"（仁福）仍以其叔思瑶为夏州行军司马"⑤。思瑶即为李仁福之叔，则知思瑶为李思恭兄弟辈，但李思恭亲兄弟中无思瑶名，或与思沿同支。

## 十四、党项拓跋部第十四代

党项拓跋部第十四代为"仁"字辈人，共分为四支。

第一支李仁佑：唐宋文献均不记载，仅见于《西夏书事》卷1，称："思恭子仁佑早卒，孙彝昌幼，军中立其弟思谏为节度使。"⑥吴广成此语应该有

---

① 杜建录、白庆元、杨满忠、贺基德：《宋代党项拓跋部大首领李光睿墓志铭考释》，载《西夏学》第1辑，宁夏人民出版社，2006年，第81页。
② （宋）欧阳修：《新五代史》卷40《李仁福传》。
③ （宋）司马光：《资治通鉴》卷260乾宁三年三月条。
④ 康兰英主编：《榆林碑石》，第252页。
⑤ （宋）王钦若：《册府元龟》卷436《李仁福》。
⑥ （清）吴广成：《西夏书事》卷1乾宁二年条。《旧五代史》卷132《李仁福传》称："（开平）二年，思谏卒，三军立其子彝昌为留后。"彝昌为李仁佑子，李思恭孙。《旧五代史》此处有误。《新五代史》卷40《李仁福传》同误。

据，也与拓跋世系传承相符，仁佑之名，他书未见，吴广成不可能伪造出这一名字，故疑此载吴氏另有出处。思恭子嗣仅见于《西夏书事》，然吴廷燮《唐方镇年表》卷1"夏绥条"引《全唐文》卷840《授李成庆夏州节度使制》及《资治通鉴》卷262唐光化三年（900）四月记"加定难军节度使李成庆同平章事"，吴廷燮认为"成庆当为思恭之子"。①吴广成《西夏书事》对李成庆任定难军节度使一事持反对意见，称：

> 司马氏《通鉴》光化三年夏四月，加定难军节度使李成庆同平章事，而新、旧《唐书·党项传》思谏一生未尝离定难，何以节度忽易成庆？此或坊本有误，故从附书。②

吴广成此说有误，据《新唐书·党项传》拓跋思恭死后，"以弟思谏代为定难节度使"③，而据《资治通鉴》唐昭宗乾宁三年（896）"又以前定难节度使李思谏为静难节度使，兼副都统"④，乾宁四年又"以副都统李思谏为宁塞节度使"⑤。可见，李思谏担任定难节度使后，先后至少有两次离开定难军出任他职，所以并非吴氏所言"思谏一生未尝离定难"。日本学者冈崎精郎在《党项古代史研究》一书中亦不同意吴廷燮的意见，他认为：

> 《全唐文》中《授李成庆夏州节度使制》并未注明年月，是否颁于乾宁三年极为可疑；《西夏书事》卷1记思恭只有一子仁佑早夭，不见还有名成庆的儿子，而且成庆与仁佑字排行异，以成庆为思恭子不确；再《新唐书·党项传》记思恭后思谏一直为夏州节度使；故吴氏之说难以置信。⑥

周伟洲先生则对吴廷燮的观点予以支持，而且对《全唐文》之《授李成庆

---

① （民国）吴廷燮：《唐方镇年表》卷1《夏绥》，中华书局，1980年，第123—124页。
② （清）吴广成：《西夏书事》卷1乾宁四年春正月条。
③ （宋）欧阳修、宋祁：《新唐书》卷221《党项传》。
④ （宋）司马光：《资治通鉴》卷260乾宁三年九月己亥条。
⑤ （宋）司马光：《资治通鉴》卷261乾宁四年正月己亥条。
⑥ （日）冈崎精郎：《党项古代史研究》，东洋史研究丛刊27，京都东洋史研究会，1972年，第88—89页。

夏州节度使制》进行了考证，其称：

> 从制文看，成庆应为思恭子、思谏侄，因文有"诸父（包括叔）每举"，后又有"缵父、叔定项之烈"，父、叔当指思恭、思孝或思谏。而制文内"今则近辅元渠，久未诛翦"一句，"近辅元渠"当指凤翔节度使李茂贞等，因其镇凤翔与京师最近，且其于乾宁二年率军入京师，昭宗出走。参以《资治通鉴》乾宁三年称思谏为"前定难军节度使"，乾宁二年为"定难军节度使"，则此制当颁于乾宁三年。
>
> 乾宁三年后，《资治通鉴》等史籍均再未记思谏为定难军节度使，而是先后改任静难和宁塞节度使，兼副都统。那么，时任定难军节度使又是何人？除李成庆外，别无他属。这在《资治通鉴》等史籍中记载甚明。①

伟洲先生的分析和考证应该最接近于《全唐文·授李成庆夏州节度使制》文的内容，但制文中表述的内容依然有几处难以解释。

（一）制文称"朱泚盗国之时，绩复书于盟府"。所谓朱泚盗国实指唐德宗建中四年（783）的朱泚之乱，史籍并无党项拓跋部参加平定朱泚之乱的记载，周伟洲先生引《旧唐书·戴休颜传》"奉天之难，倍道以所部蕃汉三千号泣赴难"，并称休颜时任盐州刺史，所率蕃汉军中，当有党项部人。盐州非党项拓跋部居地，盐州虽有党项，但言拓跋部参加了这次平乱，却显得有些牵强。

（二）制文称"黄巢犯阙，先臣进士兄弟、宗族悉帅征讨"。如李成庆为拓跋思恭之子，"先臣"当为思恭，"进士兄弟"指谁？查党项拓跋部自隋至唐末，未见有中进士者，此"进士兄弟"一句即可证明李成庆非党项拓跋部人。

（三）制文称"尔其思曾高勘祸之勋"。如李成庆为李思恭之子，李成庆出现在乾宁三年（896），其曾祖则应是唐文宗开成时候的人，其高祖则应是唐宪宗元和时期的人。遍查史籍，上述时期无任何记录记载拓跋部为唐朝勘定祸乱、建立功勋。拓跋部为唐朝勘定祸乱应该在天宝末、宝应前。这时间距离李成庆出现的时间有一百三十余年，如李成庆为思恭之子，则其曾祖应上推六十年，其高祖应上推八十年，与上述时间仍有五十余年的距离。

---

① 周伟洲：《早期党项史研究》，第105页。

（四）制文称"尽驱锐旅，速殄祅巢"，"祅巢"作何解释？以目前所见，田况《儒林公议》卷上称："刘平、石元孙既为昊贼所败，边威益削。时夏竦守泾原，乃拜章求罢兵柄，其略曰：……又曰：朝那地平，祅巢密迩。回中川阔，贼迳交通。"①《续资治通鉴长编》卷131称："计者又云，非欲深绝沙碛，以穷祅巢，但浅入山界，以挫贼气，如袭白豹城之比。"②从此两处记录"祅巢"的文字来看，似乎祅巢即指党项元昊之巢。祅者，胡神也。祅巢是否可作"胡巢"解？如是，则李成庆当不为党项部人也。

凡此种种，均可质疑李成庆为拓跋思恭子之说，周伟洲先生的考证与解析尚不能确证吴廷燮之观点。《全唐文》之《授李成庆夏州节度使制》尚无最后的结论。故我们仍采用吴广成《西夏书事》拓跋思恭仅一子为李仁佑之说。余同意《授李成庆夏州节度使制》颁于乾宁三年，但不同意李成庆为李思恭子说，唐朝将定难军节度使授予党项拓跋部之外之人，很可能与李思恭逝世后党项拓跋部内部出现的问题有关，只是史书缺载而已。

第二支李仁颜：《宋史·夏国传》称："（李继迁）曾祖仁颜，仕唐，银州防御使。"③文献中李继迁一支是单传，并无仁颜兄弟的记录。

第三支李仁福：《旧五代史·李仁福传》称："李仁福，世为夏州牙将，本拓跋氏之族也。"④并没有交待他的出处。《新五代史·李仁福传》则更称"李仁福不知其世家"，还称"不知其于思谏为亲疏也"。⑤而据《李彝谨墓志铭》称："（李彝谨）曾祖讳重建，皇任大都督府安抚平下番落使。祖讳思□，皇任京城四面都统教练使，累赠太师。烈考讳仁福，皇任定难军节度使，累赠韩王。"⑥此处，李仁福的世系是清楚的，其祖为李重建，其父为李思□（疑为思孝），亦即为李思谏之侄。

李仁裕：据《资治通鉴》卷288乾祐元年三月条："定难节度使李彝殷发兵屯境上，奏称去三载前，羌族□母杀绥州刺史李仁裕叛去，请讨之。"⑦《西夏

---

① （宋）田况：《儒林公议》卷上。
② （宋）李焘：《续资治通鉴长编》卷131庆历元年二月丙戌条。
③ （元）脱脱：《宋史》卷485《夏国传》。
④ （宋）薛居正：《旧五代史》卷132《李仁福传》。
⑤ （宋）欧阳修：《新五代史》卷40《李仁福传》。
⑥ 邓辉、白庆元：《内蒙古乌审旗发现的五代至北宋夏州拓跋部李氏家族墓志铭考释》，载《唐研究》第8卷，北京大学出版社，2002年，第384页。
⑦ （宋）司马光：《资治通鉴》卷288乾祐元年三月条。

书事》卷 2 乾祐元年三月条亦称："彝殷上表贺，请讨叛羌□母族，为李仁裕报仇。"①可知，李仁裕为党项，与彝殷为一族，又居"仁"字辈，则与李仁福为同辈。从李仁福之子上表为李仁裕报仇，知李仁裕与李彝殷为至亲，当为仁福之兄弟，李仁裕与李仁福同支。

第四支李仁宝：据《李仁宝墓志铭》称："大晋绥州故刺史、金紫光禄大夫、检校太保、兼御史大夫、上柱国李公墓志铭并序。公讳仁宝，字国珍，乃大魏道武皇帝之遐胤也。自仪凤之初迁居于此，旅趋辇毂，便列鹓鸿，或执虎符，或持汉节者，继有人也。曾祖副叶，皇任宁州、丹州等刺史；祖重遂，皇任银州防御、度支营田等使；考思沿，皇任定难军左督押衙。公浑金重德，□大奇材。故虢王睹其节概，举以才能，遂署职于军门，颇彰勤绩，俄分符于属郡，甚有佳声。"②据《墓志》李仁宝为后晋绥州刺史，其曾祖副叶，祖重遂，考思沿为银夏地区党项拓跋部另一支，世系传承清晰。仁宝亦为党项拓跋部"仁"字辈的疏族兄弟。

李仁立：《旧五代史·晋少帝纪》载："（天福八年九月）辛卯，夏州奏，差宥州刺史李仁立权知绥州。"③据《李仁宝墓志铭》仁宝逝世于后晋开运二年（945）十月，则知绥州刺史李仁宝在逝世前两年即已让位给李仁立。仁立亦为拓跋部"仁"字辈兄弟，很可能是李仁宝的亲兄弟，故在仁宝病重时即由仁立接任绥州刺史。故知，仁立与仁宝同支。

## 十五、党项拓跋部第十五代

党项拓跋部第十五代为"彝"字辈人，共分为四支。

第一支李彝昌：据《旧五代史·李仁福传》载："思谏卒，三军立其子彝昌为留后。"④《东都事略》、《资治通鉴》及《新五代史》等书均认为彝昌为思谏之子。⑤然《宋史·夏国传》称："定难军节度使思谏卒，思恭孙彝昌嗣。"⑥《太

---

① （清）吴广成：《西夏书事》卷 2 乾祐元年三月条。
② 康兰英主编：《榆林碑石》，第 251—252 页。
③ （宋）薛居正：《旧五代史》卷 82《晋书》8《少帝纪》2。
④ （宋）薛居正：《旧五代史》卷 132《李仁福传》。
⑤ （宋）王称：《东都事略》卷 127《西夏传》；（宋）司马光：《资治通鉴》卷 267 梁开平二年十一月条；（宋）欧阳修：《新五代史》卷 40《李仁福传》。
⑥ （元）脱脱：《宋史》卷 485《夏国传》上。

平治迹统类》卷2《太祖太宗经制西夏》载："定难节度使思谏卒，思恭孙彝昌嗣。"①以夏州拓跋氏世次排行论，"思"字辈的子辈为"仁"字辈，孙辈才为"彝"字辈，故知《东都事略》、《资治通鉴》、《旧五代史》及《新五代史》均误。彝昌应为李思恭之孙，非思谏子。正如《西夏书事》卷1称："思恭子仁佑早卒，孙彝昌幼。"故知彝昌的父亲应为李仁佑。

第二支李彝景：《宋史·夏国传》载："（李继迁）祖彝景嗣于晋。"②知李彝景为李继迁之祖父。彝景之名仅见于此处，为党项拓跋部"彝"字辈兄弟。

第三支李彝殷、李彝谨、李彝氙、李彝超、李彝温：彝殷、彝谨、彝氙、彝超、彝温均见《渎氏墓志铭》，为李仁福与其夫人渎氏所生五子。③其长幼次序文献记载有误，如《旧五代史·李仁福传》称："彝超，李仁福之次子也。"④《宋史·夏国传》称："彝兴（殷）⑤，彝超之弟也⑥。"《册府元龟》卷994还称："李仁福有二子，彝超乃次子也，长子彝殷为夏州留后。"⑦以《渎氏墓志铭》校之，上述文献之说法均误。李仁福五子的长幼次序应为彝殷、彝谨、彝氙、彝超、彝温。⑧《资治通鉴》卷278载："李彝超不奉诏，遣其兄阿啰王守青岭门。"⑨此彝超之兄阿啰王，不知指谁。又《册府元龟》卷118载："（天福九年三月）辛亥，夏州节度使李彝殷、银州刺史李彝沼合蕃汉之兵四万抵麟州。"⑩疑此彝沼即彝超，兄李彝殷为夏州节度使，弟彝超任银州刺史，甚相合也。《里氏墓志铭》称，李彝谨"即追封韩王之次子也"⑪，《李彝谨墓志铭》亦称："公即韩王第二子也。"可知李彝谨确为李仁福次子。然《李彝谨墓志铭》还称彝谨"昆季四人"，应即言李彝谨还有兄弟四人，但是

---

① （宋）彭百川：《太平治迹统类》卷2《太祖太宗经制西夏》。
② （元）脱脱：《宋史》卷485《夏国传》上。
③ 邓辉、白庆元：《内蒙古乌审旗发现的五代至北宋夏州拓跋部李氏家族墓志铭考释》，载《唐研究》第8卷，北京大学出版社，2002年，第381页。
④ （宋）薛居正：《旧五代史》卷132《李仁福传》。
⑤ （宋）李焘：《续资治通鉴长编》卷1建隆元年三月己巳条称："彝兴即彝殷也，避宣祖讳改焉。"
⑥ （元）脱脱：《宋史》卷485《夏国传》上。
⑦ （宋）王钦若：《册府元龟》卷994（长兴四年）四月己亥条。
⑧ 邓辉、白庆元：《内蒙古乌审旗发现的五代至北宋夏州拓跋部李氏家族墓志铭考释》，载《唐研究》第8卷，北京大学出版社，2002年，第381页。
⑨ （宋）司马光：《资治通鉴》卷278长兴四年二月丁亥条。
⑩ （宋）王钦若：《册府元龟》卷118开运元年二月辛亥条。
⑪ 邓辉、白庆元：《内蒙古乌审旗发现的五代至北宋夏州拓跋部李氏家族墓志铭考释》，载《唐研究》第8卷，北京大学出版社，2002年，第382页。

次序与《渎氏墓志铭》不同，称"长曰彝温，次曰彝超"①，将彝温置于彝超之前，与前述完全不同，待考。

第四支李彝瑨、李彝震、李彝嗣、李彝雍、李彝玉、李彝憨、李彝璘：据《李仁宝妻破丑氏墓志铭》载，彝瑨、彝震、彝嗣、彝雍、彝玉、彝憨、彝璘等七人均为李仁宝之子。②彝憨又作彝敏，《旧五代史·李彝兴传》："彝兴弟绥州刺史彝敏与其党作乱。"③此处称弟应为从弟。《旧五代史·少帝本纪》称："延州奏，绥州刺史李彝敏抛弃郡城，与弟彝俊等五人将骨肉二百七十口来投。"④彝敏当为彝憨，彝俊不见于彝敏兄弟七人之名，据《墓志》彝憨兄弟的顺序，彝憨之弟仅一人，如此处所言彝俊为彝憨之亲兄弟的话，则彝俊为彝璘的别名。又《续资治通鉴长编》卷1建隆元年三月己巳条称："李彝兴言遣部将李彝玉进援麟州。"⑤《西夏书事》卷3称："彝玉，彝兴从弟也。"⑥可知，彝瑨兄弟七人为银夏党项拓跋部"彝"字辈兄弟之别支。

## 十六、党项拓跋部第十六代

党项拓跋部第十六代为"光"字辈人，共分为五支。

第一支李光俨：《宋史·夏国传》载："（李继迁）父光俨。"⑦《西夏书事》卷3载："乾德元年春二月，银州防御使李光昪生子继迁。光昪，赠宥州刺史思忠后，祖仁颜以长厚称，仕唐为银州防御使，父彝景嗣于晋，光昪嗣于周。"⑧光昪，即光俨。《宋史·夏国传》载："（太平兴国三年）太宗征北汉，继筠遣银州刺史李光远。"⑨据《宋史·太宗纪》："（端拱元年）十二月辛未，以夏州蕃落使李继迁为银州刺史，充洛苑使。"⑩可知银州为李继迁家族袭封之地，

---

① 邓辉、白庆元：《内蒙古乌审旗发现的五代至北宋夏州拓跋部李氏家族墓志铭考释》，载《唐研究》第8卷，北京大学出版社，2002年，第384—385页。
② 康兰英主编：《榆林碑石》，第247页。
③ （宋）薛居正：《旧五代史》卷132《李彝兴传》。
④ （宋）薛居正：《旧五代史》卷82《晋书》8《少帝纪》2。
⑤ （宋）李焘：《续资治通鉴长编》卷1建隆元年三月己巳条。
⑥ （清）吴广成：《西夏书事》卷3建隆元年三月条。
⑦ （元）脱脱：《宋史》卷485《夏国传》上。
⑧ （清）吴广成：《西夏书事》卷3乾德元年春二月条。
⑨ （元）脱脱：《宋史》卷485《夏国传》上。
⑩ （元）脱脱：《宋史》卷5《太宗纪》2。

疑此光远当即光俨。

第二支李光普、李光新、李光睿、李光文、李光宪、李光美、李光遂、李光信：据《李光睿墓志铭》，光信以上兄弟八人均为李彝殷之子，原文为："公讳光睿，……元昆之长曰光普，次曰光新，宠弟五人，长曰光文，次曰光宪，次曰光美，次曰光遂，次曰光信。"① 光睿兄弟八人，本以"光"字辈行，因避宋太宗赵光义讳，据改"光"为"克"，据《宋史·夏国传》载："克睿初名光睿，避太宗讳改光为克。"②《宋史·太宗纪》载："定难军节度使李克睿卒，子继筠立。"③《宋史·袁继忠传》载："绥州刺史李克宪偃蹇不奉诏。"④《长编》卷23太平兴国七年五月癸巳条载："绥州刺史西京作坊使李克文，继捧之从父也。"⑤《宋史·夏国传》载："（继捧）昆弟夏州蕃落指挥使克信。"⑥ 以上克睿即为光睿，克宪即为光宪，克文即为光文，克信即为光信。

第三支李光琇、李光琏、李光义、李光璘、李光琮：据《李彝谨墓志铭》光琮以上兄弟五人均为李彝谨之子，原文为："男五人，长曰光琇、次曰光琏、次曰光义、次曰光璘、次曰光琮。"⑦ 光琇又见《长编》卷12开宝四年四月丙子条，称："以故绥州刺史李光琇男匕罗为绥州刺史。"⑧

第四支李光嗣、李光祚：《宋史·夏国传》中有夏州军官"赵光嗣、赵光祚"⑨。《东都事略·西夏传》亦同。《宋史·太宗纪》作"夏州指挥使赵光嗣"⑩。《宋史·五行志》则称"夏州团练使赵光嗣"⑪。《长编》卷36称"将佐赵光祚"⑫。《西夏书事》卷5则作"李光嗣、李光祚"⑬。光嗣、光祚均为

---

① 杜建录、白庆元、杨满忠、贺基德：《宋代党项拓跋部大首领李光睿墓志铭考释》，载《西夏学》第1辑，宁夏人民出版社，2006年，第81—82页。
② （元）脱脱：《宋史》卷485《夏国传》上。
③ （元）脱脱：《宋史》卷5《太宗纪》1。
④ （元）脱脱：《宋史》卷259《袁继忠传》。
⑤ （宋）李焘：《续资治通鉴长编》卷23太平兴国七年五月癸巳条。
⑥ （元）脱脱：《宋史》卷485《夏国传》上。
⑦ 邓辉、白庆元：《内蒙古乌审旗发现的五代至北宋夏州拓跋部李氏家族墓志铭考释》，载《唐研究》第8卷，北京大学出版社，2002年，第385页。
⑧ （宋）李焘：《续资治通鉴长编》卷12开宝四年四月丙子条。
⑨ （元）脱脱：《宋史》卷485《夏国传》上。
⑩ （元）脱脱：《宋史》卷5《太宗纪》2。
⑪ （元）脱脱：《宋史》卷64《五行志》2。
⑫ （宋）李焘：《续资治通鉴长编》卷36淳化五年八月丁酉条。
⑬ （清）吴广成：《西夏书事》卷5淳化五年三月条。

夏州党项，同为李姓和赵姓，可知是拓跋部人，履行"光"字辈，但不知与其他"光"字辈三支是否同支，暂列为第四支。

## 十七、党项拓跋部第十七代

党项拓跋部第十七代为"继"字辈人，共分为三支。

第一支李继筠、李继捧：据《李光睿墓志铭》，继筠、继捧均为李光睿之子，原文为："男二人，长曰继筠，次曰继捧。"①《宋史·夏国传》称："彝兴之卒，（李光睿）自权知知州事，授检校太保，定难军节度使。太平兴国三年卒，子继筠立。（继筠）太平兴国五年卒，弟继捧立。"②《隆平集·夏国传》亦称："彝兴死，子光睿继，光睿死，子继筠袭，继筠死，弟继捧袭位。"③李继捧后降宋，赐姓为赵，名保忠。

第二支李继迁、李继忠、李继瑗：诸书均称继迁为继捧弟，据《东都事略·西夏传》载："初，继捧之来朝也，其弟继迁留居银州，时年十七。"④《太平治迹统类》、《隆平集》及《续资治通鉴长编》均同。但继迁并非继捧之亲弟，为族弟也。《宋史·夏国传》称："继迁，继捧族弟也，曾祖仁颜仕唐银州防御使，祖彝景嗣于晋，父光俨嗣于周。"⑤故知继迁并非继捧一系，而为旁支也。然《长编》卷25雍熙元年九月初条称："（李继迁）出其祖彝兴像以示戎人，戎人皆拜泣，继迁自言，我李氏子孙，当复兴宗绪。"⑥此处，李继迁自称李彝兴为其祖，李彝兴实为李继迁之族祖也，非嫡亲祖父，故吴广成《西夏书事》卷3改为："继迁出其祖思忠像，以示戎人。"⑦当以吴广成之说为是。吴广成认为，继迁之祖为思忠，当然无误。但李继迁捧其族祖李彝兴像，则是因为李彝兴在党项部落中的地位和影响来号召党项部落反宋。故捧李彝兴像应为事

---

① 杜建录、白庆元、杨满忠、贺基德：《宋代党项拓跋部大首领李光睿墓志铭考释》，载《西夏学》第1辑，宁夏人民出版社，2006年，第82页。
② （元）脱脱：《宋史》卷485《夏国传》上。
③ （宋）曾巩：《隆平集》卷20《夏国赵宝吉传》。
④ （宋）王称：《东都事略》卷127《西夏传》。
⑤ （元）脱脱：《宋史》卷485《夏国传》上。
⑥ （宋）李焘：《续资治通鉴长编》卷25雍熙元年九月条。
⑦ （清）吴广成：《西夏书事》卷3太平兴国七年六月条。

实。而非如吴广成说："《长编》作彝兴像，误。"①

《东都事略·西夏传》："以其（继迁）弟继忠为绥州团练使，赐姓名曰赵保宁。"②继忠又作继冲，《长编》卷32淳化二年七月己亥条载："（李继迁）弟继冲，上亦赐姓改名保宁，授绥州团练使。"③《宋史·夏国传》亦作继冲。④可知继忠（继冲）为李继迁之弟。又《宋史·真宗纪》载："赵保吉（李继迁）遣弟继瑗入谢。"⑤《宋史·夏国传》亦称："（李继迁）寻遣弟继瑗来谢恩，授继瑗亳州团练使。"⑥知继瑗亦为李继迁弟。

第三支李乜罗：《长编》卷12开宝四年四月丙子条"以故绥州刺史李光琇男乜罗为绥州刺史"⑦。《西夏书事》卷3载："绥州羌族强悍，刺史李光佑在州缮完城堡，及卒，羌人乘隙为乱，丕禄捕首事者诛之。开宝四年春正月，李丕禄授绥州刺史。"⑧丕禄、乜罗译音之异也，为李光琇子，则与李继迁、李继捧为同辈兄弟。乜罗（丕禄）当为其党项名，其"继"字辈的汉名，文献不载。

第四支李廷信：《宋史·夏国传》载："（淳化五年）七月乃献马以谢，（李继迁）又遣弟廷信献马橐驼。"⑨《西夏书事》卷5则称："继迁，知中国恩礼未衰，遣从弟廷信供橐驼、名马。"⑩继迁从弟即为继迁之叔伯兄弟，李继捧一族已经降宋，不可能为李继迁派遣，则廷信当为李光俨之"光"字辈兄弟之子，尚不可确考。

---

① （清）吴广成：《西夏书事》卷3太平兴国七年六月条。
② （宋）王称：《东都事略》卷127《西夏传》。
③ （宋）李焘：《续资治通鉴长编》卷32淳化二年七月己亥条。
④ （元）脱脱：《宋史》卷485《夏国传》上。
⑤ （元）脱脱：《宋史》卷6《真宗纪》1。
⑥ （元）脱脱：《宋史》卷485《夏国传》上。
⑦ （宋）李焘：《续资治通鉴长编》卷12开宝四年四月丙子条。
⑧ （清）吴广成：《西夏书事》卷3开宝三年九月及开宝四年正月条。
⑨ （元）脱脱：《宋史》卷485《夏国传》上。
⑩ （清）吴广成：《西夏书事》卷5淳化五年八月条。

## 附：隋唐五代宋初党项拓跋部嬗递及世次表

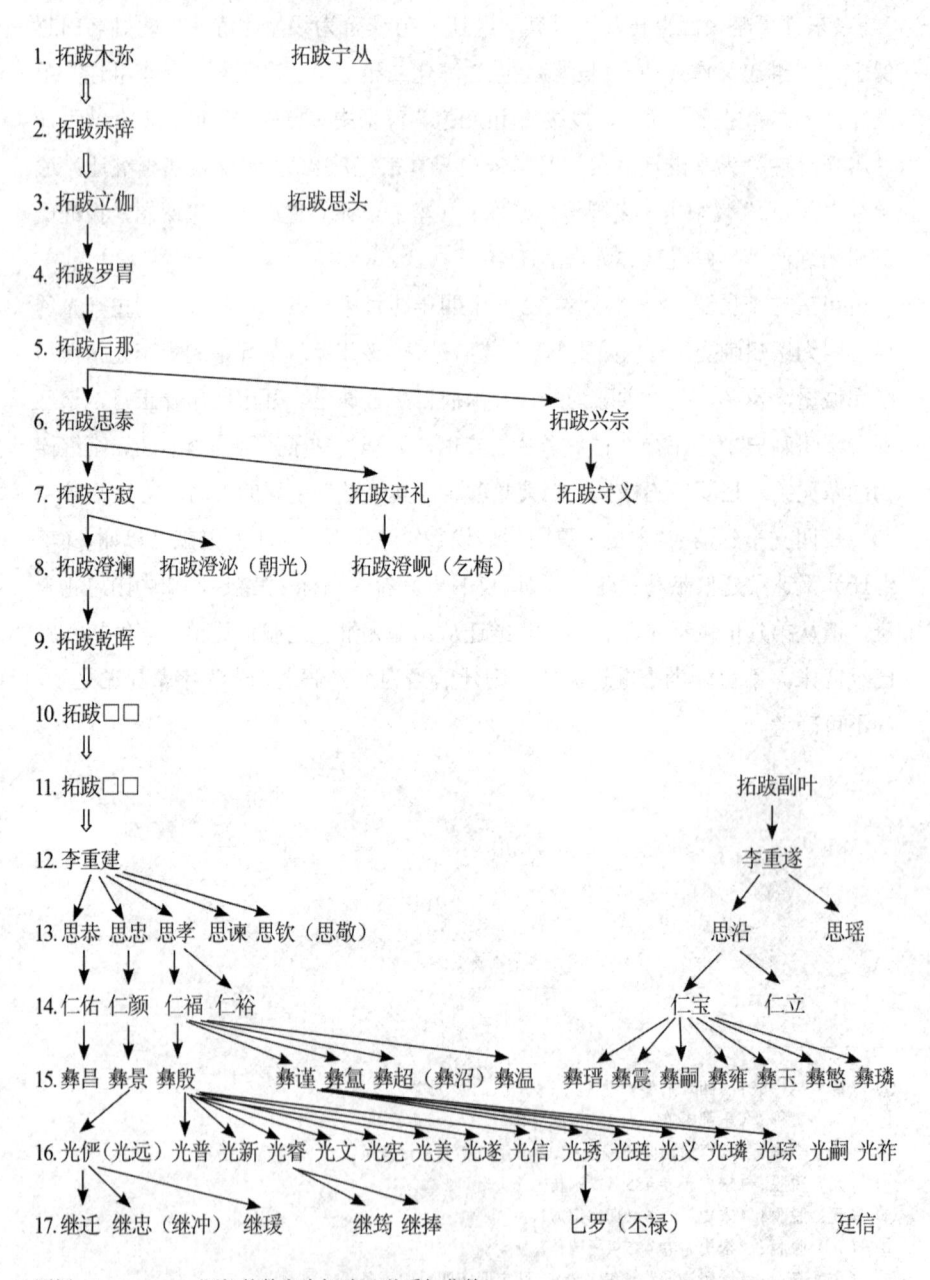

1. 拓跋木弥　　　　　拓跋宁丛
   ⇩
2. 拓跋赤辞
   ⇩
3. 拓跋立伽　　　　　拓跋思头
   ↓
4. 拓跋罗胃
   ↓
5. 拓跋后那
   ↓
6. 拓跋思泰　　　　　　　　　　　　　拓跋兴宗
   ↓
7. 拓跋守寂　　　　　拓跋守礼　　　　拓跋守义
   ↓
8. 拓跋澄澜　拓跋澄泌（朝光）　拓跋澄岘（乞梅）
   ↓
9. 拓跋乾晖
   ⇩
10. 拓跋□□
    ⇩
11. 拓跋□□　　　　　　　　　　　　　　　　拓跋副叶
    ⇩　　　　　　　　　　　　　　　　　　　　↓
12. 李重建　　　　　　　　　　　　　　　　　李重遂
    ↓　　　　　　　　　　　　　　　　　　　　↓
13. 思恭　思忠　思孝　思谏　思钦（思敬）　　思沿　　思瑶
    ↓　　↓　　↓　　　　　　　　　　　　　　↓　　　↓
14. 仁佑　仁颜　仁福　仁裕　　　　　　　　　仁宝　　仁立
    ↓　　↓　　↓　　　　　　　　　　　　　　↓　　　↓
15. 彝昌　彝景　彝殷　彝谨　彝氲　彝超（彝沼）　彝温　彝瑨　彝震　彝嗣　彝雍　彝玉　彝憨　彝璘
    ↓　　　　　↓　　　　　　↓　　　↓　　　↓　　↓　　↓　　↓　　↓　　↓　　↓　　↓　　↓
16. 光俨（光远）　光普　光新　光睿　光文　光宪　光美　光遂　光信　光琇　光琏　光义　光璘　光琮　光嗣　光祚
    ↓　　　　　↓　　　　　↓　　　↓
17. 继迁　继忠（继冲）　继瑗　　继筠　继捧　　　　　　匕罗（不禄）　　　　　　廷信

图例：1、2、3……阿拉伯数字为拓跋氏世系与辈数。
　　　⇩ 表示拓跋部中世系传承不明确者。
　　　↓ 表示拓跋部世系中有明确传承者。

# 西夏"秃发"考

宋仁宗景祐元年（1034），党项族酋领、袭封静难军节度使、西平王赵元昊突然发布一道命令，令其属下臣民"秃发"。这一道秃发令，虽然已为所有治宋史及西夏史学者所熟知，但是关于西夏秃发令的深入研究，极为少见，元昊颁布西夏秃发令的目的、性质及法令之实施情况，亦不为人们所知，至今仍是西夏史研究中的一个谜。①

## 一、对西夏秃发令的种种不同解释

对西夏秃发令的深入研究不多，各种著作均有自己的解释。

（一）《中国通史》称：

> 元昊继立，首先下秃发令。即推行党项的传统发式，禁止用汉人风俗结发。元昊首先自己秃发，然后下令境内人民三日内必须秃发，不服从命令者杀头。②

---

① （日）冈崎精郎：《西夏之李元昊与秃发令》，载《东方学》1959年第19期。这是目前所见唯一一篇专题研究西夏秃发令的文章，但仍十分简略。（俄）捷连提耶夫-卡坦斯基《西夏书籍业》第6章对西夏秃发保存的文物图画进行了分析，得出的结论是："'秃发'一词的含糊不清，以及两种发式的存在，使这个问题成为悬案。"
② 蔡美彪等：《中国通史》第6册第4章，人民出版社，1979年，第154页。

(二)《西夏史稿》称：

（元昊）又发布了秃发的命令，恢复鲜卑族的故俗，强迫国人在三日内一律秃发，如敢违抗命令，即行处死，于是民争秃发，耳垂重环。①

(三)《简明西夏史》称：

公元1032年（夏显道元年）三月，元昊向其统治境内的党项人发布秃发令，即推行党项传统发式，禁止汉人风俗结发。元昊首先带头秃发（即剃光头顶），然后强令党项人秃发，限期三日，有不执行命令者，许众杀之。②

(四)《剑桥中国辽夏金元史》称：

在嵬名元昊土著化的革新措施中，最有名的是他在1034年左右发布的剃发的法令。据载，初制秃发令，元昊先自秃发，及令国人皆秃发，三日不从令，许杀之。剃去头颅顶部的毛发，将前刘海蓄起来，从前额垂至面部两侧，在亚洲许多民族中（朝鲜、鲜卑、渤海）都可以见这种发式的不同变体。与此比较而言，据说古代羌人是将头发松散地垂覆在面部。我们似乎可以认为，颁布秃发令的目的，主要是改革落后的羌俗，并将西夏的国民与辽、宋、吐蕃等邻人区别开来。③

(五)《中国政治制度通史》载：

显道元年（1032年）三月，下秃发令，推行党项羌传统发式。李元昊"先自秃其发，然后下令国中，使属蕃遵此，三日不从，许众共杀之。于是民争秃其发，耳垂重环，以异之"。④

---

① 吴天墀：《西夏史稿》第1章，四川人民出版社，1980年，第30页。
② 李蔚：《简明西夏史》第3章，人民出版社，1997年，第106—107页。
③ （德）傅海波、（英）崔瑞德编，史卫民等译：《剑桥中国辽夏金元史》第2章，中国社会科学出版社，1998年，第209页。
④ 白钢主编：《中国政治制度通史》第7卷《辽金西夏》，人民出版社，1995年，第410页。

(六)《西夏文物研究》载：

　　有关西夏的史籍提到两种发式：一是髡发，……"夏人髡思义囚之"。……是作为侮辱和惩罚的手段；二是秃发，元昊为了称帝，……实行秃发令……从这个命令看，当时必是实行秃发了，而且命令是严格执行了。①

(七)《略论外来文化对西夏的影响》称：

　　(元昊)依仿鲜卑人秃发习俗，"先自秃其发，然后下令国中，使属蕃遵此……"但是，秃发之俗，并非党项人自有，故须以法令行之。大约在不久以后，已不为人们所遵循，甚至成为侮辱的行为，……西夏人将景思谊髡而囚之的情况，是为明证。②

(八)《辽宋西夏金社会生活史》称：

　　元昊立国后，……他就下令国人剃发，以复鲜卑之旧，不从则杀之。③

上述八种论著的作者均以极其简单的语言表述了自己对西夏秃发令的看法，归纳起来为三种：一是认为西夏之秃发是恢复拓跋鲜卑之旧俗；二是认为西夏秃发是推广党项羌人的传统发式，即认为党项羌之发式为秃发；三是认为西夏秃发是为了模仿鲜卑人的习俗，所以用法令来强制推行。

## 二、关于西夏秃发令的文献记录及辨证

实际上关于西夏秃发令的原始记录材料极少，各种记录又十分简略，大多语焉不详。《隆平集》载：

---

① 陈炳应：《西夏文物研究》第1章，宁夏人民出版社，1985年，第48页。
② 张云：《略论外来文化对西夏的影响》，载《宁夏大学学报》1990第3期。
③ 朱瑞熙等：《辽宋西夏金社会生活史》第3章，中国社会科学出版社，1998年，第53—54页。

> 其（西夏）文人服靴笏幞头，武臣金帖镂冠，衣绯衣，金银黑束带，佩蹀躞，穿靴，余皆秃发，耳垂环。①

这可能是最早记录西夏人秃发的一条材料，但既未讲西夏人何时开始秃发，亦未告之这是一道秃发令。又《辽史》载：

> 其俗，衣白窄衫……短刀、弓矢，穿靴，秃发，耳重环。②

这里更将"秃发"指之为西夏之俗。又《太平治迹统类》载：

> 元昊以兵法部勒诸羌，其伪官分文武，或靴笏幞头，余皆秃发，耳重环。③

彭百川也没有称元昊下秃发令。《宋史·夏国传》则干脆没有西夏秃发的记载，只有李焘《续资治通鉴长编》中有关于元昊秃发令稍详之记录：

> （景祐元年十月丁卯）赵元昊自袭封，即为反计，……其伪官分文武，或靴笏、幞头……余皆秃发，耳重环，……元昊初制秃发令，先自秃发，及令国人皆秃发，三日不从令，许众杀之。④

清人吴广成的《西夏书事》载：

> （明道二年，1033年）三月，下秃发令。元昊欲革银、夏旧俗，先自秃其发，然后下令国中，使属蕃遵此。三日不从，许众杀之。于是民争秃其发，耳垂重环以异之。⑤

---

① （宋）曾巩：《隆平集》卷20《夏国赵保吉传》。
② （元）脱脱：《辽史》卷115《西夏外记》。
③ （宋）彭百川：《太平治迹统类》卷7《康定元昊扰边》。
④ （宋）李焘：《续资治通鉴长编》卷115景祐元年十月丁卯条。
⑤ （清）吴广成：《西夏书事》卷11明道二年三月条。

《西夏记》记载与吴广成完全相同，但二书所载颁布秃发令的时间较《续资治通鉴长编》早一年。

关于西夏秃发令的原始文献材料全部在此。而要根据这几条材料对西夏秃发令作一个十分令人信服的结论，应是十分艰难的，但有几点可以辨证：

一是秃发令颁布的时间。李焘将秃发令颁布之事置于"景祐元年十月丁卯"条后，而吴广成则将秃发令颁布置于"明道二年三月"。吴广成为清人，此处西夏秃发令之系年，不知是否有原始依据，但至少是有道理的。李焘虽然将元昊颁秃发令之事置于"景祐元年十月丁卯"条后，但其行文称："元昊初制秃发令，先自秃发。"很清楚，这是在景祐元年十月丁卯记载西夏人秃发时补述，在此之前颁布的秃发令，故称"初制"。故我怀疑，吴广成有更原始的西夏资料，将元昊秃发令的时间定在"明道二年三月"。

二是"余皆秃发"应如何理解。《隆平集》、《太平治迹统类》、《续资治通鉴长编》均记录西夏文臣头饰为"幞头"，武臣为各种"冠"，其余的人均"秃发"。这就是说，西夏的文武大臣不必秃发，只有中下级官吏、酋领及普通民众必须秃发。《续资治通鉴长编》称"令国人皆秃发"，这个"国人"也不包括夏国朝廷中的文武大臣。但是，皇帝是要带头秃发的。夏国朝廷的文武大臣不必"秃发"也能找到证明，即楼钥《北行日录》记载夏国使臣的发式即为"椎髻披发"。① 很明显，夏国大使不是"秃发"，这是否可以证明前说夏国朝廷之文武大臣不需秃发呢？②

三是《辽史》称"秃发"是夏人之"俗"，这又如何理解。如果"秃发"为党项民族已有的习俗，那么元昊就不必自己"先秃发"了。可见元昊颁秃发令时，党项族尚不是秃发之习俗。那么《辽史》记录只能认为是西夏秃发令颁布以后，秃发就已成为了党项族的习俗。

---

① （宋）楼钥：《攻媿集》卷111《北行日录》上。
② 捷连提耶夫说："初步推测，（西夏）贵族和平民的'秃发'样式是不同的。"参阅（俄）捷连提耶夫-卡坦斯基著，王克孝、景永时译：《西夏书籍业》第6章，第145页。

## 三、西夏秃发令的实施及执行范围和时间

明道二年（1033）元昊颁布秃发令后，据吴广成记载："民争秃其发，耳垂重环以异之。"① 在元昊颁布了抗命者处死的秃发令后，西夏国内应该是获得了较普遍的实行，秃发成为党项民族的一种象征。《涑水记闻》载：

> 麟州之围，苗继宣募吏民有能通信求援于外者，通引官王吉应募，继宣问："须几人从行？"吉曰："今虏骑百重，无所用众。请秃发，衣胡服，挟弓矢，赍糇粮，诈为胡人。"②

为了乔装为党项人必须秃发，这就说明当时党项民族已经普遍地秃发。《续资治通鉴长编》还有一条宋哲宗时的材料：

> 第三将招诱到西人伽凌等三人，却是环庆路熟户蕃捉生伪冒、改名，剃发、穿耳、戴环，诈作诱到西界大小首领。③

可知，熟户冒充西夏酋领，必须"剃发、穿耳、戴环"。这时已距秃发令的颁布有六十余年，但"剃发、穿耳、戴环"仍是党项民族的表征。这两条材料可以说明元昊的秃发令确实是获得了较为普遍的实行，并获得了相当长时间内的贯彻。

再从现存的考古材料来看，也可证明秃发令在西夏全方位的实施。莫高窟 285 窟北壁西部禅洞有西夏游人墨画像四身，游人头顶均用一横笔以示秃顶。④ 榆林窟 29 窟壁画西夏供养人像，其中除了三位戴帽的供养人外，还有四人，即供养人的孙子及厮童，此四人全为"髡"顶发，四周留发。⑤ 武威林

---

① （清）吴广成：《西夏书事》卷 11 明道二年三月条。
② （宋）司马光：《涑水记闻》卷 11，第 243 页。
③ （宋）李焘：《续资治通鉴长编》卷 512 元符二年七月丙午条。
④ 陈炳应：《西夏文物研究》第 1 章，第 47 页。
⑤ 敦煌文物研究所编：《敦煌研究文集》附图 88《西夏武官供养人》，甘肃人民出版社，1982 年。

场西夏墓出土的木板画人物，其中有好几人均"髡"胪额之发。① 俄罗斯艾尔米塔什博物馆陈列品第 59 号画像，其中有两个穿党项服装的人，头式为"秃发"。② 俄罗斯科学院东方学研究所圣彼得堡分所西夏特藏第 984 号、第 2203 号、第 71 号、第 8100 号画像，"画出的不戴帽子的大部分唐古特人都剃光了头，前额上方留着圆蓬头。圆蓬头上的两绺头发在两耳前面落下"③。从这些考古资料可以看出，西夏之秃发令不仅在首都兴庆府推行，也在西面的瓜沙州、南面的凉州、北面的黑水城贯彻实行。可以反映，元昊秃发令确实在全国大部分范围内有着实际的推行。

但有一条材料须引起我们重视，赵起《种太尉传》：

（熙宁）四年春正月，师由绥德次抚宁和市，夏羌迎降拥路，毡裘辫发，语言兜离，公劳抚慰，应接不暇。④

这里称"夏羌"是"毡裘辫发"，此乃吐蕃之俗。《新唐书·吐蕃传》称：

吐蕃……衣率毡韦，……妇人辫发而萦之。⑤

《汉书·终军传》称：

有解编发，削左衽，袭冠带，要衣裳，而蒙化者焉。注曰：编读曰辫。⑥

编发就是辫发，解辫则为披发、被发，为西羌之俗，即《后西汉·西羌

---

① 陈炳应：《西夏文物研究》卷首附图 8《武威林场西夏墓驭马木板画》图 9《武威林场西夏墓五男侍木板画》。
② （俄）捷连提耶夫-卡坦斯基著，王克孝、景永时译：《西夏书籍业》第 6 章，137 页注释 7。
③ （俄）捷连提耶夫-卡坦斯基著，王克孝、景永时译：《西夏书籍业》第 6 章，144 页注释 3。
④ （宋）赵起：《种太尉传》，台北图书馆藏《穴砚斋史钞》中《宋武臣传》本。《种太尉传》蒙香港中文大学历史系曾瑞龙博士寄赠，特此致谢。
⑤ （宋）欧阳修、宋祁等：《新唐书》卷 216《吐蕃传》上。
⑥ （汉）班固：《汉书》卷 64《终军传》。

传》中的"被发"。① 这一条材料告诉我们一个很重要的信息，即元昊秃发令颁布后，并不是西夏所有地区全部无条件执行，因为，直到熙宁四年（1071年）时绥德地区（即横山地区）的"夏羌"并未秃发，而是"辫发"。为什么会出现这种情况？余以为这与横山地区居住民族本身的特殊性有很大的关系。《宋史·宋琪传》称：

> 党项界东自河西银、夏，西至灵、盐，南距鄜、延，北连丰、会。厥壤多荒隙，是前汉呼韩邪所处河南之地，幅员千里。从银、夏泊青、白两池，地惟沙碛，俗谓平夏拓跋，盖蕃姓也。自鄜、延以北，地多土山柏林，谓南山野利，盖羌族之号。②

同是党项民族，一个是拓跋氏，一个是野利氏；一个属平夏部，一个为南山部。这两大集团是党项族内实力最为强大的势力集团，而且有一定的差异。《唐大诏令集》载：

> 平夏、南山，虽云有异，源流风俗本贯不殊。③

"异"在于什么地方呢？前引宋琪言，平夏拓跋为"蕃姓"，南山野利为"羌族"。所谓"蕃姓"，即林宝所言拓跋氏为"东北蕃"④，即鲜卑也；所谓"羌族"，到唐时，实际即为"吐蕃"。拓跋、野利（耶律）原本均为东北民族，但迁居西北羌地之后，同时经过了"羌化"过程。拓跋氏"羌化"程度较浅，较多地保持了原来民族的特色，而野利氏则彻底地"羌化"或"吐蕃化"，故在当时人看来，野利氏已是一彻头彻尾的"羌族"或"吐蕃"，即如《资治通鉴》载：

> 康福行至青刚峡，遇吐蕃野利、大虫二族数千帐。⑤

---

① （南朝）范晔：《后汉书》卷87《西羌传》。
② （元）脱脱：《宋史》卷264《宋琪传》。
③ （宋）宋敏求：《唐大诏令集》卷129《洗雪平夏党项德音》。
④ （唐）林宝：《元和姓纂》卷10"拓跋氏"条。
⑤ （宋）司马光：《资治通鉴》卷276《后唐纪》5天成四年十一月壬辰条。

又《新唐书·党项传》称：

> 先是，庆州有破氏族三，野利氏族五，把利氏族一，与吐蕃姻援，赞普悉王之，因是扰边凡十年。①

正因为野利氏同吐蕃的关系极为密切，该族的"吐蕃化"程度极深，故到五代时，人们均称"野利"为"吐蕃"，宋琪则称之为"羌族"。

不仅拓跋、野利两部在"羌化"程度上存在很大差别，而且平夏、南山两部互为仇寇。《唐大诏令集》载：

> 其南山党项已出山者，或闻迫于饥乏，犹行劫夺，平夏不容，无处居住。……昔者，或有剽劫推南山，南山或有寇攘，亦指平夏，即相非斥，互说短长，终难辨明，只益仇怨。②

直到李继捧附宋，李继迁举兵反宋，拓跋氏与野利氏集团联姻，"羌豪野利等族皆以女妻之"③。可以说，西夏的建国在很大程度上取决于"平夏拓跋"与"南山野利"的联盟。过去互为仇寇的两大党项集团在共同利益上携手，促使党项民族政治及军事实力骤然膨胀，而形成了以拓跋氏为首、野利氏为辅的强大的党项姓氏集团之间的军事联盟。④但是，旧有的矛盾并没有完全消失，拓跋氏同野利氏两大集团的斗争仍然尖锐。从绥德地区即横山地区亦即南山地区到熙宁时仍保持"辫发"之俗即可看出，野利氏集团对元昊建国新政令的抵抗，最后野利氏家族惨遭灭族之祸及横山部落的不断叛

---

① （宋）欧阳修、宋祁：《新唐书》卷221《党项传》。
② （宋）宋敏求：《唐大诏令集》卷130《平党项德音》。
③ （清）吴广成：《西夏书事》卷4雍熙元年十二月条。
④ （宋）江少虞：《宋朝事实类苑》卷75《安边御寇·西夏》："赵元昊娶于野利氏，立以为后，生子宁令，当为嗣。以野利兄弟旺荣为谟宁令，号拽利王；刚浪凌为宁令，号天都王，分典左右厢兵马，贵宠用事。"

夏①，均当与两集团之间的矛盾有关。

## 四、西夏秃发令颁布的政治目的

元昊颁布秃发令的政治目的究竟是什么？第一节归纳了三条：一是西夏之秃发是为了恢复鲜卑之旧俗；二是西夏秃发是推行党项传统发式；三是元昊想假借拓跋鲜卑建立元魏王朝的故事来模仿鲜卑人的习俗。究竟哪一种说法准确呢？我们试分析之。先看看第三种说法，即元昊想假借拓跋鲜卑建立元魏王朝的故事来模仿鲜卑人的习俗。这种说法的前提即是党项族不是鲜卑族，而是羌族或者羌藏系民族。姑且先假定党项族就是羌族，那么羌族的发式是"被发"，而不是"秃发"。在古代，一个民族留什么样的发式是一个十分重要的问题，在某种程度上代表一个民族认同的象征。这就是女真人入宋、满洲人入关均要强制推行女真、满洲民族的发式的重要原因。推行了满洲、女真民族的发式，也就意味着对这一民族认同。西夏建国的党项上层如果是羌族，他们过去蓄留的发式是"披发"，那么又怎么可能去借另一个民族的发式来改变本民族的发式呢？这在中国历史上是从未见过的怪现象。女真人入宋，颁布的第一个改俗令就是：

> 今随处既归本朝，宜同风俗，亦仰削去头发，短巾，左衽。敢有违犯，即是犹怀旧国，当正典刑。②

女真人本身就是"髡发"，强迫宋人"削发"，即"髡发"，是将占领民族的文化习俗强加于被占领民族，这是正常现象。而如上说，则是统治民族拿另一个与本民族无关的"发式"来模仿而改变自己民族的原来发式，这就不正常了。试想，如果党项是羌族，元昊完全不考虑自己本民族长期保存下

---

① （宋）江少虞：《宋朝事实类苑》卷75《安边御寇·西夏》："赵元昊晚年嬖尼，拽利氏宠浸衰，以刚浪凌女为妇，刚浪凌兄弟谋，因成婚邀之共宴于帐中，伏兵弑之，事泄，刚浪凌兄弟皆族诛。"拽利即野利。又称："夏国酋长嵬名山在故绥州，有众万余人，其弟夷山先降为熟户，清涧城使种谔使人因夷山名诱名山，……名山投枪而出，谔遂以兵驱其部，落牛羊南还。"绥州部落即横山部落。

② （金）无名氏：《大金吊伐录》卷3《枢密院告谕两路指挥》。

来的文化习俗，也不考虑本民族改变其民族象征（发式）的心理承受能力，这种逆全民族之心而动的蠢事，难道元昊会去做吗？因此，余以为，元昊模仿鲜卑人的发式改羌族之"被发"为"秃发"的观点是站不住脚的，是无论如何也讲不过去的。有人根据文献上有西夏将宋人"髡而囚之"的记载，就称西夏人视"髡发"为耻辱，是侮辱的行为。这是一种简单化的理解。将宋人抓起来关进监牢"髡发"，"髡发"是古代的一种刑罚，专用于囚徒。这种"髡发"与元昊颁布的秃发令之"秃发"完全是两码事。前者髡，是将全部头发剃光，是一种惩罚；后者髡或秃，只是薙去部分头发，成为一个民族象征的发式，两者之内涵及外形均无相同之处。张云博士称："秃发之俗，并非党项人自有，故须以法令行之。大约在不久以后，已不为人们所遵循，甚至成为侮辱的行为。"① 这应该是一种误解。

再看看第二种说法，即西夏秃发是推行党项羌的传统发式。这一说法的最基本前提是党项族原来就是"秃发"，但是，从现存的文献材料中还找不到在西夏秃发令颁布之前，党项羌之发式为"秃发"的材料。李蔚先生根据1965 年宁夏石咀山西夏城址挖掘出的一"秃发状瓷人头像"，即断言西夏秃发早在李德明时期即已开始②，如此则可进一步证明，党项原本就是秃发。这座西夏城据考证即省嵬城，省嵬城始建于李德明时期。但余不明白为什么在这座城址单挖出了一个"秃发状瓷人头像"，就可证明西夏秃发始于李德明时期，难道省嵬城始建于德明时期，也毁坏于德明时期吗？据考古报告，该城址内还出土了南宋的"建炎通宝"与金代的"正隆元宝"③，这就说明，该城在南宋初年仍然保存。为什么就不可以说这个"秃发状瓷人头像"是南宋时期的西夏产品呢？或干脆就是金人的产品呢？因为金人之俗也是"髡发"。所以西夏秃发始于德明时期的说法明显证据不足。那么，在西夏秃发令颁布之前党项民族是否"秃发"呢？回答是否定的。用两条材料即足以证明。（一）《长编》载："保忠（李继捧）方寝，闻难作，单衣披发，仅以身免。"④ 李继捧，夏州党项首领，披发。（二）《太平治迹统类》载："元昊初制

---

① 张云：《略论外来文化对西夏的影响》，载《宁夏大学学报》1990 第 3 期。
② 李蔚：《简明西夏史》第 3 章，人民出版社，1997 年，第 106—107 页。
③ 《宁夏石咀山西夏城址试掘》，载《考古》1981 年第 1 期。
④ （宋）李焘：《续资治通鉴长编》卷 35 淳化五年三月戊辰条。

秃发令，先自秃发，及全国人皆秃发"。①如果在秃发令颁布之前党项族就是秃发，就不可能出现元昊"先自秃发"。元昊"先自秃发"即是给不愿意改变本民族原来发式的人做个榜样，但亦证明，在"秃法令"颁布前，元昊不是秃发。更不可能出现"全国人皆秃发"。本来就是"秃发"，为什么还要"秃发"？可证，西夏秃发是推行党项羌的传统发式这一说法也是错误的。

最后再看第一种说法，即西夏秃发是为了恢复鲜卑的旧俗，也就是说，党项本就是鲜卑，秃发乃其原有之习俗。余赞同这一说法，但须作一些较详细的辨析。我们先看看在西夏秃发令颁布之前党项族是什么样的发式。文献中保留的材料极少，阎立本《西域图》载弥药人（弥药为西藏人对党项人的称呼）的发式是：

> 一王皮韬小髻，余发垂双辫如缕，皮袭玄靴，解衽交手按膝。一奴皮韬，发余垂独辫，朱袭玄靴者。②

《续资治通鉴长编》卷35：

> 保忠（拓跋继捧）方寝，闻难作，单衣披发，仅以身免。③

《西域图》弥药人是辫发，《续资治通鉴长编》拓跋氏是披发。其实，辫发即编发即披发，解辫则披也。此与西羌"被发覆面"④之"被发"相同，与吐蕃"辫发而紫之"⑤的"辫发"亦相同。据此可知，在西夏秃发令之前党项人的发式为"辫发"与"披发"，与羌人的发式相同。

再看看有哪些民族的发式习俗为"秃发"和"髡发"。《后汉书·乌桓鲜卑列传》："乌桓者，本东胡也。……父子男女相对踞蹲，以髡头为轻便。"⑥

---

① （宋）彭百川：《太平治迹统类》卷7《康定元昊扰边》。
② （元）戴表元：《剡源文集》卷4《唐画〈西域图〉》。
③ （宋）李焘：《续资治通鉴长编》卷35淳化五年三月戊辰条。
④ （南朝）范晔：《后汉书》卷87《西羌传》。
⑤ （宋）欧阳修、宋祁：《新唐书》卷216《吐蕃传》上。
⑥ （南朝）范晔：《后汉书》卷90《乌桓鲜卑列传》。

鲜卑，"其言语、习俗与乌桓同，唯婚姻先髡头。"①宋琪论契丹境内奚、霫、渤海民族时亦称："并髡发左衽。"②契丹人无论男女，均为"髡发"，沈括使辽时，记载"其人剪发，妥其两髦。"③苏颂使辽诗自注："虏中多掠燕蓟之人，杂居番界，皆削顶垂发以从其俗。"④耶律倍《骑射图》上的契丹男子都是剃光了头顶，四周留一圈头发，额前的头发较短，两鬓头发较长，头发的后部还梳了两根细辫。⑤女真之发式则是"男子髡顶"⑥，《大金吊伐录》载："金元帅府禁民汉服，又下髡发，不如式者杀之。"⑦可见，东北地区东胡或鲜卑系统之民族多为"髡发"。髡发即秃发。

俄罗斯西夏学家捷连吉耶夫-卡坦斯基比较了契丹人和西夏人的发式后称：

契丹皇帝陵墓葬中的壁画上绘有一种发式与上述发式相类似。头顶剃光，只在额头处留一圈发，两鬓各留一绺长发，有些还辫成辫子。似乎，像这样的发式在辽朝是相当流行，不仅像御前侍卫这样的贵族会梳这种发式，就连渔民这样的平民百姓也可以留这种发式。这种发式被称为"Kun-Fa（髡发）"。

元昊称帝后进行了一系列改革，其中就包括有对服装颜色和发式的规定，所有党项人都必须梳一种特别的发式，称作"秃发"，即是将头顶剃光。我们在画像材料上可以看出，这种发式似乎不仅仅是剃光发顶。在敦煌发现的粗刻画上，党项人梳理的这种发式仍然依稀可辨，就像契丹皇帝陵壁画中那些人物的发式一样，额头处留有一圈头发，两鬓处各留一绺长发或发辫，其余头发剃光。馆册第8100号版画上所绘的农夫和骑士，还有榆林窟壁画上的侍从，都梳这样的"髡发"式。西夏特藏第286号，馆册第3861号版画中，侍立在皇帝宝座后面的两个侍

---

① （南朝）范晔：《后汉书》卷90《乌桓鲜卑列传》。
② （清）徐松辑：《宋会要辑稿》第196册《蕃夷》1。
③ 《永乐大典》卷10877引宋沈括中《西溪集·熙宁使虏图抄》。
④ （宋）苏颂：《苏魏公文集》卷13《前使辽诗·和晨发柳河馆憩长源邮舍》。
⑤ （辽）耶律倍：《骑射图》，转引自韩世明：《辽金生活掠影》，沈阳出版社，2002年，第116页。
⑥ （金）无名氏：《大金吊伐录》卷3《枢密院告谕两路指挥》。
⑦ （金）无名氏：《大金吊伐录》卷3《枢密院告谕两路指挥》。

从也梳这种发式，额头和两鬓处各留一绺头发，其余剃光。①

可见，西夏的"秃发"和契丹的"髡发"为同一发式。契丹源出鲜卑，又可推知契丹的"髡发"即为鲜卑之旧俗。亦可知，西夏推行"秃发令"，其意即为恢复鲜卑旧俗。

既知西夏秃发令之前党项民族的发式为"辫发"与"披发"，又知"秃发"或"髡发"为东胡或鲜卑系统民族之发式，则元昊的秃发令的政治目的，就是要把羌人的风俗习惯变为鲜卑的风俗习惯。为什么要这样？只有一种解释。党项民族原来就是东北地区鲜卑系统的民族，由于迁到西北地区居住，与羌族混居。进入羌地之鲜卑人遂逐渐"羌化"，到唐宋之时，原属于

契丹、党项人之秃发形象，上为党项，下为契丹

---

① （俄）捷连吉耶夫-卡坦斯基：《西夏物质文化》，第98—99页。

鲜卑系统的党项民族的风俗习惯已基本上"羌化",或称"吐蕃化"。① 元昊建国,为了唤醒党项民族的民族自尊,加强党项民族内部的凝聚力,故以恢复鲜卑旧俗——"秃发"为号召,并在姓氏上废除唐宋王朝的赐姓,恢复鲜卑旧姓"嵬名(元)"。② 恢复鲜卑姓与恢复鲜卑习俗相辅相成,为元昊重建党项—鲜卑系统新王朝作准备。这就是西夏秃发令的主要政治目的。其次,就是以秃发为标志,统一境内各民族对鲜卑党项的认同。不管是汉人、吐蕃、回鹘、鞑靼,均要统一在"鲜卑党项"的旗帜下,秃不秃发则是检验每一民族部落对鲜卑党项族的态度,违者则处以死刑。一方面,秃发令的颁布在西夏获得广大党项部族民众的拥护,故有"民争秃其发"的记载;另一方面,"秃发令"的颁布也伤害了西夏境内其他民族的自尊,如汉人、吐蕃、回鹘,故必有对秃发令抵制的部族与地方,因此,元昊亦不得不以严酷的法令来强制推行,"三日不从令,许众杀之"。这样,西夏境内的秃发之风才逐渐普遍起来,甚至远被到西部的瓜沙州、北部的黑水城。

原载《西北民族研究》2003 年第 2 期

---

① 拙稿《关于西夏拓跋氏族属的几个问题》,载《中国史研究》1986 年第 4 期及《党项源流新证》,载《西北民族研究》1995 年第 2 期。
② (宋)欧阳修:《归田录》卷 1。

# 穆桂英人物原型出于党项考

在杨门女将中，关于穆桂英的故事传说最为脍炙人口。然而，历史上是否有穆桂英其人，或者说，小说、戏曲中的穆桂英这一人物形象是根据什么史实形成的，这在学者们的研究中还是一个未成定论的问题。余嘉锡先生最早涉及对杨家将故事的研究，但未及穆桂英。① 卫聚贤先生《杨家将及其考证》一文首次考及穆桂英，并提出穆桂英为"慕容"之音转，即穆桂英出于慕容鲜卑②，翦伯赞先生亦同此说③。常征先生著《杨家将史事考》一书，其第9章《杨门女将及部曲将》中不仅赞同穆桂英为"慕容"之音转，而且提出"戏曲小说演杨宗保（即杨文广）攻打穆柯砦的故事，或即是因播州的杨文广攻打穆獠（即仫佬族）的老鹰砦而形成的"。④ 稍后郝树侯先生亦对穆桂英的来源谈了自己的看法，大约与卫、翦氏相同。⑤

前贤之研究成果能给人较多启迪，穆桂英为"慕容"之音转，即穆桂英来源于慕容鲜卑，这确是一极有见地的观点。遗憾的是，提供的证据太弱，未能给人更充分的证明，本文拟以各种史料对这一问题提出更深入的证明，以印证前贤。

## 一、明人小说中才出现"穆桂英"

杨家将故事在北宋时即已在民间传播，欧阳修《杨琪墓志》称杨继业、

---

① 余嘉锡：《余嘉锡论学杂著》下册《杨家将故事考信录》，中华书局，1963年。
② 卫聚贤：《杨家将及其考证》，载《杨家将》之附录，贡庆说文社，1944年。
③ 翦伯赞：《杨家将故事与杨业父子》，载该氏：《中国史论集》第2辑，上海国际文化服务社，1951年。
④ 常征：《杨家将史事考》第9章《杨门女将及部曲将》，天津人民出版社，1980年。
⑤ 郝树侯：《杨业传》第8章《穆桂英》，山西人民出版社，1984年。

杨延昭：

> 父子皆为名将，其智勇号称无敌，至今之士至于里儿野竖，皆能道之。①

南宋时话本中即已有杨家将故事，如《五郎为僧》、《杨令公》；元明杂剧中杨家将故事更为流行，如元杂剧《谢金吾》、《私下三关》、《昊天塔》、《孟良盗骨》；明杂剧则有《开诏救忠》、《活拿肖天佑》、《破天阵》、《黄眉翁》、《金牌》、《三关记》、《金铜记》、《焦光赞建祠祭主》等。但经查证，上述元明杂剧中，均未提及"穆桂英"，特别是《破天阵》一出，应是穆桂英戏，但明剧中却是杨六郎率其将焦赞、孟良、岳胜及其子杨宗保破"天阵"，大败韩延寿。②直到明代小说中，穆桂英这一人物形象才在杨家将故事中出现。现存万历三十四年（1606）刊行的《杨家府世代忠勇通俗演义》卷5中出现了穆桂英的故事：

> 却说木阁寨主，号定天王，名木羽。有一女名木金花，又名木桂英，生有勇力，曾遇神女传授神箭飞刀，百发百中……③

这是最早的关于穆桂英的原始记载，称"木桂英"，其父名"木羽"，其寨名"木阁寨"，到后来的小说戏曲中才演变为"穆桂英"、"穆羽"、"穆柯寨"，并称为"山东穆柯寨"。④

南宋话本、元明杂剧杨家将故事没有穆桂英事迹而明人小说中开始出现"穆桂英"这一人物，可以作两方面的推测：一是南宋话本、元明杂剧杨家将剧目原有关于穆桂英的故事，但由于话本、杂剧散佚太多，很可能有关

---

① （宋）欧阳修：《欧阳修全集》之《居士集》卷29《供备库副使杨君琪墓志铭》。
② 以上参见（宋）罗烨：《醉翁谈录》、（元）陶宗仪：《南村辍耕录》、（元）钟嗣成：《录鬼簿》，以及《元明杂剧孤本》、《元曲选》、《脉望馆钞校本古今杂剧》等。
③ （明）无名氏：《杨家府演义》（《杨家府世代忠勇通俗演义》）卷5《孟良盗盔买路》，上海古籍出版社，1980年。与该书同时的《北宋志传》亦有相同记载，道光时出现的《天门阵演义十二寡妇征西》即析《北宋志传》后十九回成书。参见马力：《〈南北宋志传〉与杨家将小说》，载《文史》第12辑，中华书局，1981年。
④ 罗奋删定：《杨家将演义》，上海文化出版社，1956年。

穆桂英故事之剧本在元明之时已经散佚。如马力文中所谈，在明代两部杨家将小说《杨家府演义》及《南北宋志传》刊行之前，可能还有一部《杨家府传》的评话本。① 二是明人小说中出现"穆桂英"很可能是根据宋以来的民间传说演绎而成。穆桂英之事迹，虽不见于《宋史》及宋代文献，但山西、河北、陕西等地至今还流传着关于她活动的地名和遗事的传说。繁峙县北三十里有穆桂英山，县西南有木阁村；浑源城南也有穆柯寨，并有穆桂英攻打浑源的传说。② 这种民间传说很可能即是明人小说穆桂英形象的蓝本。

## 二、穆桂英为"慕容"之音转

卫聚贤先生提出穆桂英为"慕容"之音转，这一观点是值得注意的。首先，不管是"穆桂英"，还是"木桂英"，其音之急读，与"慕容"二字音相近。二是慕容氏为鲜卑族大姓，唐五代后，居住在北宋西北边境的鲜卑族人多融入党项部落成为党项族，包括以"慕容"为姓的吐谷浑部落，杨家世居麟州，麟州一地及四周均为党项部族居地，《宋史·党项传》称：

> 党项，占析支之地，汉西羌之别种，后周世始强盛。……今灵、夏、绥、麟、府、环、庆、丰州，镇戎、天德、振武军并其族帐。③

《乖崖集》载：

> 麟州旧壤，实曰新秦，戎人绥荒，在河一曲，党项部族，汉民混居。④

因此，杨家联姻多党项族人，如著名的杨、折联姻，杨业娶府州折德扆之女为妻⑤，即杨门女将中佘太君的故事。杨家不仅与折家联姻，而且也与鲜

---

① 马力：《〈南北宋志传〉与杨家将小说》，载《文史》第12辑，中华书局，1981年。
② 郝树侯：《杨业传》第8章《穆桂英》，山西人民出版社，1984年。
③ （元）脱脱：《宋史》卷491《党项传》。
④ （宋）张咏：《乖崖集》卷8《麟州通判厅记》。
⑤ （清）康基田：《晋乘搜略》卷2；（清）毕沅：《关中金石记》之《折武恭公克行神道碑跋》。

卑慕容氏联姻。欧阳修《杨琪墓志》：

> 杨琪初娶穆容氏，又娶李氏。①

杨琪为杨业之侄孙、杨文广之堂兄弟，"穆容"当即"慕容"。又据《（乾隆）保德州志》载：

> 延昭子文广，娶慕容氏，善战。今州南慕塔村，犹其故地云。②

宋代史料均称延昭子为文广，而无宗保，小说中将文广事迹析为宗保、文广两代演绎。此处所载杨文广所娶之"慕容氏"，即明人小说中杨宗保所娶之"木桂英"或"穆桂英"。另外还有旁证，慕容氏不仅与麟州杨氏联姻，还多与府州折氏联姻。《陕西府谷县出土北宋李夫人墓志》：

> 金吾（指解州防御使赠左金吾卫上将军折继祖）偕夫人慕容氏歌□燕乐……③

《折继闵神道碑》又称：

> 公初娶刘氏，赠吴郡夫人，次娶慕容氏，赠魏郡夫人。……女九人：长适右侍禁慕容令问，次适皇城使知戎州慕容令仪。④

可知，慕容氏多与杨家、折家联姻，折家为融入党项之鲜卑族，慕容氏亦为融入党项之鲜卑族，余疑世居麟州的杨家亦即《宋史·党项传》中的"杨家族"。⑤

---

① （宋）欧阳修：《欧阳修全集》之《居士集》卷29《供备库副使杨君琪墓志铭》。
② （清）王秉韬：《（乾隆）保德州志》卷2《志形胜》，道光四年补刻本。
③ 戴应新：《陕西府谷县出土北宋李夫人墓志》，载《文物》1978年12期。
④ 《折继闵神道碑》，载《中国考古学会第一次年会论文集》，1983年。
⑤ （元）脱脱：《宋史》卷491《党项传》。

## 三、与杨家、折家联姻的慕容氏出自党项慕家族

党项族内含有大量的鲜卑部族这一点是无疑,吾人甚至提出党项之源即出自鲜卑①,那么与杨家、折家联姻的"慕容氏"来自何处呢?余以为当出自北宋西北边州环州之慕家族。《续资治通鉴长编》载:

> (元丰四年四月丙子)环州属羌慕家族首领迎逋数纵火杀人,官不敢问,结连诸部欲为寇。②

同书同卷又称:

> 三年四月,环州肃远寨慕家白子等剽属羌,聚兵为乱。③

《宋史·张守约传》:

> (张守约)徙环州,慕家族颇狠难制,摇动种落,勒兵讨擒之。④

《宋史·俞充传》:

> 环州田与夏境犬牙交错,每获必遭掠,慕家族山夷叛,举户亡入西者且三百。⑤

吴广成《西夏书事》载:

> (熙宁九年)秋八月,环州慕家族请降。初,环州蕃官慕恩、慕化

---

① 拙稿《党项源流新证》,载《西北民族研究》1995年2期。
② (宋)李焘:《续资治通鉴长编》卷312元丰四年四月丙子条。
③ (宋)李焘:《续资治通鉴长编》卷312元丰四年四月丙子条。
④ (元)脱脱:《宋史》卷25《张守约传》。
⑤ (元)脱脱:《宋史》卷25《俞充传》。

数立边功，中国赐赍优渥。恩等没后，族众益繁，向背不一。①

可见，慕家族是居于环州之党项大族，在北宋即颇具影响力，见于史料有慕恩、慕化、慕迎逋、慕白子、慕俊等。慕家族即慕容家族，为"慕容"二字的省称。②《金史·西夏传》：

> 初，慕洧以环州降，及割陕西、河南与宋人，洧奔夏国，夏人以为山讹首领。③

《宋史·夏国传》称：

> 环庆路统制慕洧叛，降于夏国。④

《西夏书事》载：

> 环庆统制慕洧自庆阳来降。张浚富平之败，斩环庆经略使赵哲。析将统制官慕洧为环州豪族。⑤

《宋史》、《金史》、《西夏书事》均作"慕洧"，《三朝北盟会编》载：

> 熙河路经略使慕容洧叛附夏国。……洧，环州人。⑥

李心传《建炎以来系年要录》：

---

① （清）吴广成：《西夏书事》卷 24 熙宁九年秋八月条。
② 参见《宋史·种世衡传》、《曾公遗录》卷 8、《续资治通鉴长编》卷 312 元丰四年四月丙子条。
③ （元）脱脱：《金史》卷 134《西夏传》。
④ （元）脱脱：《宋史》卷 495《夏国传》。
⑤ （清）吴广成：《西夏书事》卷 34 建炎四年冬十月条。
⑥ （宋）徐梦莘：《三朝北盟会编》丁集炎兴下帙 92，清人袁祖安据钞本排印本。上海古籍出版社据修四库全书之《三朝北盟会编》底本影印出版本卷 142 炎兴下帙 42 作"慕洧"。

（建炎四年十月庚寅）统制官慕容洧与诸将列告于庭，……洧，环州属户，其族甚大。①

又《杨氏圣政编年》亦称：

慕容洧以环州叛。②

毕沅《续资治通鉴》亦作"慕容洧"。上述数种第一手资料足以证明，慕洧之"慕"姓来自"慕容氏"之省称，慕洧即"慕容洧"③，亦即环州党项大族，慕容为鲜卑巨姓，环州慕家族当为宋时残留在北宋西北边州的鲜卑族或吐谷浑族人，但已成宋代的党项族。

宋代环州地区的慕容家族在当时的西北地区颇具影响力，是与麟州杨氏、府州折氏、丰州王氏、绥州高氏具有相同地位的边境党项大族。④与宋朝、西夏均有着密切的关系，早年首领慕容恩、慕容化，均曾归顺宋朝，为宋抗夏"数立边功"。⑤因此，我们以此推测乾隆《保德州志》卷2所言杨文广所娶之"慕容氏"当即环州党项大族之慕（容）家族，木（穆）桂英当出自环州之慕（容）家族。

## 四、穆桂英人物造型来源于宋代党项族妇女形象

明以后戏曲小说中，穆桂英总是以一种"善战"、"生有勇力"的形象出现，这一点与党项族妇女的形象十分吻合。党项族妇女生性强悍、英勇

---

① （宋）李心传：《建炎以来系年要录》卷38建炎四年十月庚寅条。
② （宋）李心传：《建炎以来系年要录》卷38建炎四年十月庚寅条。
③ （清）毕沅：《续资治通鉴》卷18。龚世俊先生校证《西夏书事》卷34称：毕氏《续资治通鉴》"慕洧"作"慕容洧"，意氏族中尤慕氏单姓也。考《宋史·种世衡传》，知环州羌酋慕恩部落最强，常得其死力。诸部有贰者，使讨之，无不克。洧即其后也。毕氏作"慕容"误。见龚世俊：《西夏书事校证》卷34，甘肃文化出版社，1995年，第395页。龚氏不翻检《三朝北盟会编》及《建炎以来系年要录》等原始文献，又不解慕容鲜卑入党项之史迹，而轻言毕氏误，不可取。
④ 宋西北边州除府州折氏、麟州杨氏为世代效忠宋廷的蕃族外，还有丰州王氏、绥州高氏、保安军刘氏、延州李氏及环州慕氏等，这些蕃族世居一地，均为当地蕃部世袭酋领，多与宋廷保持密切关系，受宋朝册封，并为宋廷保卫西北边疆出力效忠。
⑤ （清）吴广成：《西夏书事》卷24熙宁九年秋八月条。

善战、多有巾帼领兵作战之习。《辽史·西夏外记》称：

> 喜报仇，有力小不能复者，集壮妇，享以牛羊酒食，趋仇家纵火，焚其庐舍。俗曰敌女兵不祥，辄避去。①

西夏语称女兵为"麻魁"，这种"麻魁"在西夏对外战争中经常担任作战的任务。②《太平寰宇记》中还记载：

> （元和）十五年七月，盐州送到劫乌白池盐贼女子拓跋三娘并婢二人。③

党项妇女带领女婢去劫盐，足以反映党项妇女的剽悍。西夏国主乾顺母梁太后更是亲自领兵驰战沙场。《西夏书事》载：

> （元祐七年十月）梁氏自将寇环州。④

同书又载：

> （元符元年十月）梁氏复自将攻平夏城。

坛城木板画西夏妇女形象

---

① （元）脱脱：《辽史》卷115《西夏外记》。
② （宋）曾巩：《隆平集》卷20《夏国传》；吴天墀：《西夏史稿》，第262页。
③ （宋）乐史：《太平寰宇记》卷184《党项羌》。
④ （清）吴广成：《西夏书事》卷29元祐七年十月条。

梁氏之穷兵黩武，吴广成斥之："一女子常在行间，军中有妇人，兵气为不扬。"① 吴氏这一观点虽不可取，但可反映党项妇女勇悍善战为该族之习尚。故《宋史·党项传》有"苏尚娘"及"浪梅娘"等党项酋长之名。② 余疑，这些酋长为党项妇女出任。党项妇女勇悍善战之习与穆桂英能征惯战的统帅形象相合。

## 五、穆羽称号"定天王"与"木阁寨"的来源

明人小说中称穆桂英父亲名穆羽，又名木羽，号定天王。党项族首领多喜以"天王"自称。沈括《梦溪笔谈》：

> 宁令者，华言大王也。……没宁令者，华言天大王也。③

《宋史·党项传》中有：

> 洪德砦言，羌部罗泥天王等首领率属来附。④

罗泥为族名，"天王"为该族酋长之自尊号，洪德砦在环州。木羽之称"定天王"，与罗泥族酋长称"罗泥天王"其意相同。党项族"好为盗"⑤，多占山为王者，如《旧五代史·党项传》之"李八萨王"⑥，《五代会要·党项传》之"泥香王子"⑦均属此类。木羽之"定天王"当亦即党项族人占地为王之称号。

木羽所占之山寨，明人初称为"木阁寨"，后又称"穆柯寨"。环州党项居地有"木波镇"。《太平寰宇记》：

---

① （清）吴广成：《西夏书事》卷3元符元年十月条。
② （元）脱脱：《宋史》卷491《党项传》。
③ （宋）沈括：《梦溪笔谈》卷25《杂志》。
④ （元）脱脱：《宋史》卷491《党项传》。
⑤ （宋）欧阳修、宋祁：《新唐书》卷221《党项传》。
⑥ （宋）薛居正：《旧五代史》卷138《党项传》。
⑦ （宋）王溥：《五代会要》卷29《党项羌传》。

> 通远军，本西蕃边界，晋天福四年建为威州，割宁州木波、马岭二镇隶之，周广顺避讳改为环。①

《宋史·兵志》：

> 环庆路：……木波镇，十四族，强人二千一百六十九，壮马一百九十五，为六十一队。②

木波镇之"木波"与木阁寨之"木阁"音近，均为蕃语之译音。又《宋史·地理志》，环州有一地名称"木瓜堡"，在环州洪德砦北边四十里。③较后的穆桂英故事中，又增添穆桂英先锋将"木瓜"，这"木瓜"是否与环州之"木瓜堡"有关呢？

还有，穆桂英破天门阵时，有西夏黄琼女之事，宋人称西夏为"河西"。《宋史·党项传》中有党项部落"河西黄女族"叛变之事④，黄琼女当有可能取材于"黄女族"。

## 六、结论

综上所述，可以看出，民间传说中的穆桂英形象有可能取材于环州党项部落慕容家族之事迹，其理由如下：

（一）环州党项有慕（容）家族，慕容为穆桂英之音转。

（二）慕容家族同麟州杨氏、府州折氏一样是北宋西北边境帮助宋廷抗击西夏的著名蕃族，与穆氏父女助宋抗辽夏事迹相同。

（三）环州有木波镇，与传说中的"木阁寨"相近。

（四）环州有党项部称"罗泥天王"，与木羽之"定天王"称号相近。

---

① （宋）乐史：《太平寰宇记》卷38《关西道》14。
② （元）脱脱：《宋史》卷191《兵》5。
③ （元）脱脱：《宋史》卷87《地理》3。
④ （元）脱脱：《宋史》卷491《党项传》。

西夏女供养人（敦煌榆林窟 第29窟）

（五）环州有木瓜堡，与穆桂英的先锋将"木瓜"同名。

（六）党项妇女勇力善战，其形象与穆桂英形象相近。

当时人们很可能是将环州慕家族协助宋朝保卫边疆的史实与杨家、折家保宋的史实融在一起，再经过人们口耳相传的罗织和塑造，这就成了杨家将故事中的穆桂英形象。

原载《西北民族研究》2001年第1期

# 熙丰时期宋夏横山之争的三份重要文献

熙丰时期宋夏横山之争，是百年宋夏战争中一个极为重要的环节，始于治平四年（1067），终于元丰五年（1082），其结果是宋始胜而后败，夏始败而终胜。学界历来对这一战役表现了极大的关怀，无论是台湾军事史专家编辑出版的《中国历代战争史》[①]，还是大陆军事史专家编著的《中国军事通史》[②]均给这一战役留下了相当篇幅的文字。江天健先生的《北宋对于西夏边防论集》[③]及吴天墀先生的《西夏史稿》[④]、王天顺先生的《西夏战史》[⑤]、李蔚先生的《简明西夏史》[⑥]、李华瑞先生的《宋夏关系史》[⑦]更是以专章来讨论这一战役。除此之外，论及此役的还有：曾瑞龙的《北宋种氏将门之形成》[⑧]，该文为曾氏1984年完成的硕士论文，其中部分论及此役；白滨1986年发表的《罗兀筑城考》[⑨]；李蔚1987年发表的《宋夏横山之争论述》[⑩]；曹松林1991年发表的《熙宁初年对夏战争述评》[⑪]；杜建录1992年发表的《西夏时期的

---

[①] 《中国历代战争史》第11册第14卷第5章《宋夏百年战争》第5节《宋夏第三期之和战》，军事译文出版社，1972年，第305—321页。
[②] 中国军事科学院主编：《中国军事通史》第12卷《北宋辽夏军事史》，军事科学出版社，1999年。
[③] 江天健：《北宋对于西夏边防研究论集》3《宋夏战争中对于横山之争夺》，台北华世出版社，1993年，第86—145页。
[④] 吴天墀：《西夏史稿》第2章之4《夏宋战争的再起》，第79—91页。
[⑤] 王天顺：《西夏战史》第5章《西夏中期同北宋的相持战争》，宁夏人民出版社，1993年，第167—216页。
[⑥] 李蔚：《简明西夏史》第4章第4、5、6节，人民出版社，1997年，第180—190页。
[⑦] 李华瑞：《宋夏关系史》第2章、第3章及第6章，河北人民出版社，1998年。
[⑧] 曾瑞龙：《北宋种氏将门之形成》，香港中文大学历史系硕士论文，未刊稿，1984年。
[⑨] 白滨：《罗兀筑城考》，载《宁夏社会科学》1986年第3期。
[⑩] 李蔚：《宋夏横山之争论述》，载《民族研究》1987年第6期。
[⑪] 曹松林：《熙宁初年对夏战争述评》，载《中日宋史研讨会中方论文选编》，河北大学出版社，1991年，第287—299页。

横山地区》①。应该说,通过上述先生的论述,熙丰时期宋夏横山之争的始末、缘由及事态发展的基本过程大致是清楚了。但是,当余将这些论文和专著全部摆到一起来看时,有两个问题不得不提出来。

第一是学术史的问题。余通看了上述十几种书或论文,明显有一时间差距,最早发表或出版的在1972年,最晚者则在1999年。这里出现的问题是,在任何一种个人的专著中均没有提及上述研究成果。是没有看见或找不到别人的论文,抑或是不愿提及或根本无视前人的研究成果呢?这种不顾学术传承、漠视学术史发展的学术失范使我再次吁请西夏学界的同仁们应引起高度重视。

第二是史料问题。十几位研究者对同一课题展开的研究,所采用主体史料基本相同,大都是以《宋史》、《续资治通鉴长编》为主,参照以《宋会要辑稿》与《西夏书事》等,而对当时的文集、笔记及专门的奏疏极少采用。如《司马文正公文集》至少有三篇以上有关宋人开拓横山的札子;《诸臣奏议》则有当时人郑獬、刘述、杨绘等人多篇有关种谔、薛向开边的奏疏;另外,《范太史集》、《韩魏公集》、《东坡全集》、《华阳集》、《画墁集》、《司马光日记》、《涑水记闻》、《梦溪笔谈》等文集、笔记中均有熙丰宋夏横山之争的重要史料。但上述原始文献中的第一手资料都很少被征引。不少治北宋史学者有一种倾向,似乎有了《长编》、《宋史》、《宋会要》的资料,一切问题都解决了。难道李焘所记北宋史事就无错误、就无遗漏吗?当时人文集、笔记中所记熙丰横山之役有大量事实与《长编》歧异,这又应作何解释?难道这种文献的相互歧异就不需要解释、不需要考辨,可以完全置之不理吗?更令人奇怪的是,从治平四年到熙宁二年记事,《长编》正好缺略,而这几年正是熙丰横山之役的主要年代,这一时间段的史料本应由杨仲良的《长编纪事本末》来填补。然而检诸上述研究论著,竟很少有征引《长编纪事本末》者。治史者如何看待史料问题,研究一个历史问题时,应不应该将这一问题的史料全部搜集,应不应该对各种史料中相互歧异之处先进行考订、辨正再展开研究?可不可以不管原始记录有多少,找几条适合自己观点的材料就自形成文?余思,对上述问题学界早已有共识,但不知为何,这种类型的文章

---

① 杜建录:《西夏时期的横山地区》,载《固原师专学报》1992年第3期。

仍然照发，这种类型的著作仍然大行其是，实在令人费解。

除上述问题之外，余还想提出一个问题，那就是至少还有三篇极为重要而又比较详细记录熙丰时期宋夏横山之役的原始文献被以往的研究者遗漏。值得注意的是韩荫晟先生所辑《党项西夏资料汇编》①对这三份资料也未加辑录。因此，本人拟就这三份文献作一简单介绍，并刊录全文，为继续深入研究熙丰时期宋夏横山之役提供几份重要资料。

## 一

第一份文献是《绥州城录》，作者佚名。原文仅见载于《永乐大典》。②关于《绥州城录》一书，《宋史·艺文志》及宋代诸家书目均不见录，原书卷数、刊刻及其他状况皆不可得知。现存于《永乐大典》的《绥州城录》的全部文字仅千余字，从文字内容看，明显是仅节录了一部分，而且文中对种谔取绥州事及与相关的宋夏交往纪事甚详，可知，作者应是当时人。下录原文如次：

### 绥州城录

河北转运使张问权度支副使，诏阁门令薛向更两次上殿，然后朝辞。诏吕公晦孺乘传至延州。俟先得安远、塞门二寨旧土，然后以绥州还夏国。时夏国既受策，而不肯归二寨疆土，又欲先得绥州故也。诏依谏官例听直牒阁门上票，来自辰溪赵离曰："赵元昊初纳款，有密札下廊延经略司，以安远、塞门二寨地赐与夏国，仰改立烽堠。"又曰："治平之末，有密札下廊延，令招诱横山之民，以兵迎接，占据生地，非种谔擅兴也。及寇名山来降，种谔筑绥州城，申帅府索钱粮，陆介夫乃惊

---

① 韩荫晟：《党项西夏资料汇编》上、中、下卷，宁夏人民出版社，2000年。韩荫晟先生是书为党项、西夏史料的发掘、整理起了巨大的作用，耗时数十年，累积数百万字，为西夏史研究提供了前所未有的扎实基础，功不可没。目前，西夏学界对是书评价尚有不大客观的一面，个别人还存有意吹捧之嫌。是书的成绩不容否定，但并非不存在问题，一是漏辑资料尚有不少，很多文集、专史、类书、笔记、方志、金石书尚有不少西夏资料未录；二是不该辑的资料辑得太多，如李显忠、刘延庆入南宋后的资料、北宋监牧养马的资料及一些不大相关的河东、西北的地理资料；三是还有不少的校勘、标点存在一些问题。当然，余决不否认韩先生数十年的辛勤劳动，但对一部书的评判一定要实事求是、科学客观。
② 《永乐大典》卷8089《绥州城录》。

奏谓擅城绥州。钱粮当与不当应副，诏介夫与薛向极力应副。"又曰："郭宣徽之行，诏曰：国家万里，岂与犬羊争尺寸之地，其绥州到日，立行毁弃。刘航知文公之志，亦欲毁之。韩公不肯毁，力劝郭遂留之。总管贾逵悉以兵驱降民出塞外，云悉已逃去。劝郭帅招集之，使还守绥州，不然，且为边患。郭帅从之，得胜兵六七千人，并老弱万余人。韩公又使日给粮二升，降民乃安。今则使分耕绥州旁地，不复给粮矣。"

又谅祚夏虏，欲遣使告哀，以杨定之死，莫肯为使者。薛宗道有罪，强之来。宗道甚惧，朝廷遣韩缜、刘航诘其所以使之意。宗道称："告哀耳，无它也。"及至京师，朝廷使缜固问之，宗道对如初。缜固言朝廷欲绥州还夏国。宗道喜曰："如此，则感朝廷之大恩。"朝廷因令缜语宗道："还我安远、塞门二寨。"又分岁赐万以遗国中诸酋豪。宗道曰："此非某之所决也，请归白之。"夏虏复使宗道来曰："不知所谓，因縶送杀杨定者二人以来。"朝廷留二人，而逐宗道，表并贡物皆不受。宗道复来，缜因责之曰："君在西驿时已许我矣，今更易言，何也？"宗道由是待罪。更遣都罗重进来曰："主上以孝治天下，而更教夏国以臣叛其君，何哉？"朝廷乃命更不分赐物，但还二寨。重进凡三返，议之不合，更遣罔萌讹以警书来，言谨奉诏，以二寨易绥州。朝廷乃遣刘航册命秉常为夏国王。既而郭帅遣交二寨，定地界。虏乃言："朝廷本欲得二寨耳，地界非本约也。"曰："若不得地，但得此二墙墟，安用之。"郭帅乃留岁赐，奏乞诏离赴阙询之。朝廷乃命绥州曰绥德城，不复以易二寨。

既对言于上曰："绥州与之亦用兵，不与亦用兵，边备未可弛也。"薛昌朝曰："治平四年，种谔直奏云：银州监军嵬名山请以所部数万众归款，上召薛向诣阙询之，使还与延州知州陆诜议。诜、向乃画三策，以为使名山直取凉，上也；不能取，守其地以拒之，次也；不能守，则退保两界不耕地，下也。诜意以为朝廷必不行，无何，朝廷降宣从其策及谔出兵据绥州而城之，诜乃大惊，故以擅城罪之耳。降民初及五六万口，复冻饥死及逃归，今存者十之一耳。自始及城，屯兵馈挽凡百，军须所费约三百万缗。其城地形险要，若守之，虏必不能取也。今岁籴谷已有三年之储，皆降民耕城旁田所收也。"子瑾曰："城南门一径通延州,出门取贼境,人不敢耕,降民逃归者十七八。名山母今在,西人亦不诛也,弟来数月即亡去。漕司使翼厝磨勘绥州所费六百万贯。"赵禼曰:"杨定左右卖国,受赵谅祚金珠甚厚,为沿边都巡检,私出塞见谅祚,称臣拜之。又有上谅祚表,其子常往来谅祚所。及种谔据绥州,谅祚以定卖己,故因议榷场诱杀之,及械送其子以来,使具言定情,故朝廷编管其子南方。"杨传,延州人,程戬奏补斋郎,使掌机宜,定奏表疑传所为,逮系京师以无验免。

上录《绥州城录》,主要记录了种谔取绥州的缘由以及取绥州后宋夏关于绥州问题一系列的交涉。关于种谔取绥州事,宋代各类文献记录不少,但《绥州城录》中的记事至少有四点可补其他文献之不足。一是关于种谔取绥州之缘由,各种文献均称"种谔擅自兴兵"①,而《绥州城录》记录了赵禼一段话"治平之末,有密札下鄜延,令招诱横山之民,以兵迎接,占据生地,非种谔擅兴也"。《绥州城录》与《宋史·高遵裕传》所载相同②,明显是为种谔辩诬,种谔以兵取绥州,是朝廷之决策,非擅自兴兵。二是宋夏关于绥州问题的交涉,各种文献亦多有记录,但《绥州城录》记事甚详,其中夏使薛宗道三次使宋,又夏使都啰重进三次往返于宋夏之间,此为诸书所缺。三是嵬名山降宋事,《绥州城录》记事亦与他书不同,《宋史·夏国传》未言嵬名山事,《宋史·种谔传》称嵬名山为"夏将"③,《涑水记闻》称"夏国酋长"④,《东都事略·种谔传》称"银夏监军"⑤,而《绥州城录》称嵬名山为"银州监军",与《宋史·陆诜传》同⑥。陆诜、薛向关于嵬名山归降的三策亦仅见于此书。四是关于宋知保安军杨定被谅祚诱杀的缘由,《绥州城录》所记与诸书不同,杨传代杨定写奏表降夏事也仅见于此。

---

① (宋)司马光:《涑水记闻》卷11治平四年九月:"种谔擅领兵人西界。"(宋)苏轼:《东坡全集》卷16《龙图阁学士滕公墓志铭》"种谔擅筑绥州。"(元)脱脱:《宋史》卷312《韩琦传》:"种谔擅取绥州。"
② (元)脱脱:《宋史》卷464《外戚》中《高遵裕传》:"横山豪欲向化,帝使遵裕谕种谔图之,谔遂取绥州。"
③ (元)脱脱:《宋史》卷335《种谔传》。
④ (宋)司马光:《涑水记闻》卷11治平四年九月条。
⑤ (宋)王称:《东都事略》卷61《种谔传》。
⑥ (元)脱脱:《宋史》卷331《陆诜传》、卷203《艺文》2、卷87《地理》3。

## 二

第二份文献《永洛故城》，作者乃北宋时期张舜民。此文献亦见于《永乐大典》卷 8089 中所录《元一统志》中①，《宋史·艺文志》有"李格非《永洛城记》一卷"②，作者不同，故知二书非同一书。查《长编》卷 329 及卷 330 中有三处引《永乐客话》③，其中一处提到《永乐客话》的作者为张舜民，又核对《长编》所引《永乐客话》之文，与《永乐大典》之《永洛故城》下引文完全一致，故可知《永乐大典》所录《元一统志》内的张舜民《永洛故城》一文即《长编》中所引张舜民之《永乐客话》，《永乐客话》应是张舜民原著作名。此书宋人目录诸书中无载，赖《永乐大典》得以保存。张舜民，为北宋神宗时期十分重要的人物，曾"从高遵裕西征灵夏"④，并担任"管勾环庆路机宜文字"⑤，对熙丰时期宋夏战争事宜十分熟悉，其所记之《永乐客话》就是对元丰五年的"永洛之役"最真实记录，具有很高的史料价值。《宋史·艺文志》、《崇文总目》、《直斋书录解题》及《文献通考·经籍考》均称张舜民有《画墁集》一百卷。⑥四库馆臣并称张舜民著作"在当日极为世重"。但是，明以后，《画墁集》"久佚不传"。后四库馆臣从《永乐大典》中辑出《画墁集》仅八卷⑦，而保存在《永乐大典》中的《永乐客话》却漏辑，不见于今传本之《画墁集》中。故这一反映宋元丰五年（1082）"永洛之役"最真实的记录，具有很高的史料价值，且是十分重要的原始文献却被人忽视而无人征引。下录全文如次：

**永洛故城**
浮休居士张舜民，字芸叟，作事记曰：乙丑岁西客有以永洛语余者

---

① 《永乐大典》卷 8089《元一统志·永洛故城》。
② （元）脱脱：《宋史》卷 203《艺文》2。
③ （宋）李焘：《续资治通鉴长编》卷 329 元丰五年九月丙戌条、卷 329 元丰五年九月乙未条、卷 330 元丰五年十月丙寅条。
④ （宋）张舜民：《画墁集》卷首录纪昀《画墁集提要》。
⑤ （宋）李焘：《续资治通鉴长编》卷 326 元丰五年五月丙戌条。
⑥ 陈乐素：《〈宋史·艺文志〉考证》第 1 篇《宋史艺文志考异》，广东人民出版社，2002 年，第 252 页。
⑦ （宋）张舜民：《画墁集》卷首录纪昀《画墁集提要》。

言，初经略使沈括建言本路既获米脂寨，以横山势蹙，距宥州近三舍，下瞰银夏平川千余里，皆沃壤可耕，为屯田计请于米脂间城永洛，屯劲兵以抗贼，则河南地尽可种耨。灵武孤危，不日而复。朝廷遣给事中徐禧、内侍李舜举驰驿至延，体量利害，时元丰五年七月也。

禧等至延，与括同相度，意合，即奏言如括奏议。朝廷许之。然永洛者，在米脂川之西，宥州之东，附横山之肋，二面皆重冈复岭，惟一路可通车马，盖夏人必争之地。又城中无井泉，惟城有无定河，浸渍之余，可以汲食，故诸将颇以为不然。而禧、括等贪功生事，决意城之。及禧等来亲授御札，自经略安抚使种谔而下尽受制。方大会府庭，出御札以示，诸将皆骇然失色。总管曲珍而下，唯唯不敢异议，惟种谔极言不可。禧怒，以语谔曰："君不畏死，而敢沮机事耶？"谔曰："城之则必败，败即死，拒节制亦死，死于此，犹愈于丧国师而沦异域也。"禧弗可屈，即奏谔跋扈异议，不可与偕往。有诏留谔守延州。

八月甲子，禧、舜举及括等率蕃汉十余将，凡八万兵，役夫荷粮者倍之。于是李浦将前军，本路将官吕政佐之；曲珍将中军，高永能佐之；王湛将后军，景思谊佐之；李极主运饷、治版筑；谋画进退，悉决于禧，括及舜举与间而已。

戊辰至永洛，环兵外向，旬有二日而城立，乃留珍等诸将以守，兼护役作制楼橹，而禧、括、舜举及其幕府官属率牙兵八万人先归至米脂，珍遣人来告，夏人至矣。初，贼闻王师之城也，其用事者以为此城不争，则横山尽为汉有。灵夏为存亡所系要害，当以死捍之。又知谔不在军中，益无所惮。于是，悉发境内引弓之民，诱召吐蕃诸处兵，以为不足，又乞于契丹，步骑三十万，欲以全兵取胜，以报朝廷五路之役。前岁大举兵，时鄜延兵隶。惟谔麾下最有功，克米脂，取白豹，袭金汤、渡芦等戎，斩首数千，既屡胜，兵将骄甚，视大敌如儿女，果敢弗怯。而禧轻佻，常自拟古名将。逮闻贼至，笑谓报者曰："黠羌敢送死乎？"因语括曰："公帅臣，万一，不可贻国羞，仆与李常侍蒙上所遣，颇属以边事，义当往彼拒敌，死生以之。"遂令左右鞭马，率舜举以行。舜举不欲往，强之即与俱，且约括曰："缓急相救。"括诺。即行，时九月癸巳也。

禧至永洛，贼兵尚遥。翌日凌晨，与诸将会于西门观贼，诸将请击之以挫贼,而高永能者语尤切,曰:"羌性犹犬,不意而辄加答叱,则气折而不能害人。若迟疑不断,以作其狂突,则瘨喉扑缘,无所不至。今其先来者皆精兵,欲以当我,可速与战,战则兽骇鸟散,后有重兵,亦不敢硅步进,此贼之常势也。其尘坌障天,必有数十万,使其俱至,则众寡不支,大事去矣。"永能者,属部蕃将,年七十余,结发以来凡百战,沉重谋略,生四男皆拳健,善骑射,羌人常畏之。诸将颇以永能言为善,惟禧不听,永能怏怏而退,谓其子曰:"吾不知死所矣。"日亭午,贼骑稍逼,禧令出战。于是王师七万阵于城下。禧与舜举坐谯门,自执大黄旗,谓诸将曰:"望吾旗麾而进,袒而止。"军中往往窃笑。贼大至,俄铁骑五千涉无定河,永能又进前曰:"此羌人铁鹞子骑,过河得平地,其锋不可当,乘其未渡击之,可使歼焉。若使之毕济,我师殆矣。"禧又不听。已而铁骑过河,冲践王师,阵遂动,贼以大兵乘之,珍等大败,奔归城中者三百人,禧回顾不知所为,即团城以守,贼分兵围之,厚数重。

乙亥,游骑掠米脂,括退保绥德州,贼知王师兵援困,尽锐来攻,城中将士昼夜战,无不流血,永能叹曰:"事至于此,必无幸矣。"因挂弓于堞,绝胫(颈)而死,三军皆泣。被围数日,乏水以至裂马粪而饮。会天微雨,将士雾立,以衣承焉,吮之而止渴。稍稍,杀役夫啖之。禧令土工凿数井,始有浸润,士卒渴甚,争急至者,斩之不能止,尸蔽井傍。有至投于井中饮者,逾刻而填塞,其渴如此。

凡八日,贼遣使呼城上讲和,诸将来结盟,意欲诈,曲珍斩之。禧等遣吕文思应命,文思至贼所,贼令坐吕政于地曰:"尔乃小将,不可议约,当令曲太尉来。"吕文思乃还。禧以珍总军政不可遣。景思谊自请行,禧曰:"尔小将,不可。"思谊曰:"今事已急,倘能以口舌说之,使缓攻,以待外援,不亦可乎,苟能活数万人之命,岂顾一身邪?"乃入贼中。贼见之曰:"若还兰、会、米脂,即当解去。"思谊曰:"此系朝廷,非边臣所得专。"贼知无益,度珍不可得,因髡思谊囚之。城中兵愈窘,舜举掘坎于前,谓左右曰:"城陷,吾自刎,汝当以此尸瘗此中。"初,思谊去,禧、舜举幕中有水两壶,将士绝饮已三宿,贼不知而攻之稍缓。是日,忽于城下呼曰:"汉人何不速降,尔无水已三日。"禧以壶中水扬于外示之曰:"若无水,此何物也。"贼笑曰:"止此耳。"

夜半，贼兵四面急攻，先梯穴而入。士卒饥羸不能拒，因各溃散，舜举自杀，禧、稷为乱兵所杀，将校惟曲珍、王湛、李浦获免。逃归者数千人，千人身皆被创。贼视利见有衣甲者穷斗不置杀之，夺其物。故能脱者，大抵皆裸袒被发。至有蕃落指挥使马黄者，骁勇绝伦，城陷不肯逃，持刀大呼出入贼阵中，杀数百人而后死。初，珍之失马，危甚，忽有老人牵马以授之，曰："此曲太尉乎。"因得驰去。是役也，正兵及粮卒死者凡十余万人，官吏将校数百人。贼欲进寇延州，会诸贼争所掠不平，贼将惧变，乃耀兵米脂城下而退。

上文乃宋代文献中记"永洛之役"最详者，"永洛"又作"永乐"，《宋史》、《长编》、《宋会要》均作"永乐"，《涑水记闻》、《东坡全集》、《挥麈录》等又作"永洛"。此文详细记录了"永洛之役"的全过程，其中许多资料是为其他宋人文献所不载。如夏国出动这一战役的兵员记录是"于是，悉发境内引弓之民，诱召吐蕃诸处兵，以为不足，又乞于契丹。步骑三十万，欲以全兵取胜"。于此，我们获知夏国这一次出动三十万军队，不仅是夏国军队，还包括了吐蕃兵及契丹军队在内，这一点是其他文献所无。又如文中记录高永能事迹甚详。高永能为绥州党项族人，高氏世代居绥州，为宋代西北边境之著名蕃将家族。文中多处引高永能在永洛之役为徐禧出谋献策，但徐禧刚愎自用，拒绝接受他的建议，导致兵败。他书具言高永能死于战事，但此处称高永能"挂弓于堞，绝脰（颈）而死"，明显是自杀身亡。文中还记高永能"生四男皆拳健，善骑射，羌人常畏之"，可见党项之高家将在西北边陲同折家、杨家、王家一样，为镇守西北著名蕃族。其他还有曲珍、李舜举、吕政、马黄等人在这次战役中的活动与表现，均有不同于他处的记载。

## 三

第三份文献为《种太尉传》，原书署名为"河汾散人赵起得君撰"①。《长编》卷320及329两处均注明"赵起作《种太尉传》"②。《宋史·艺文志》作"《种

---

① （宋）赵起：《种太尉传》，北京图书馆藏明抄本，《四库存目丛书》史部第81册影印本。
② （宋）李焘：《续资治通鉴长编》卷320元丰四年十一月丁未条、卷329元丰五年八月辛未条。

谞传》一卷，赵起撰"。可证，《种太尉传》与《种谞传》当为一书，作者为赵起。赵起为何许人？限于资料，暂时还无法考证清楚。但据书中对种谞所经历的几次重要战役之详细记录来看，大致可以判断，作者是与种谞同时代的人，甚至有可能即是种谞属下之官员。① 《种太尉传》传世本极为罕见，清修《四库全书》时，仅存其目。今所见有北京图书馆藏明抄本《种太尉传》一卷，但首页残其半。又台北图书馆藏《穴砚斋史钞》所辑《宋武臣传》亦有一抄本②，卷帙完整。两种抄本除每页行数稍异外，其内容、文字、字体及每行字数均完全相同，很可能源出一个版本。《宋史》与《东都事略》均有《种谞传》，《宋史·种谞传》仅千余字，《东都事略》少于《宋史》，而《种太尉传》总字数为四千余字，为《宋史》的四倍。可以反映《种太尉传》内容之丰富，而种谞在整个熙丰横山之役的宋夏交往中又是最为核心的人物，因此，介绍这样一份有关宋夏战争的重要文献其意义不言而喻。现录文如次：

种太尉传
河汾散人赵起得君 撰

种谞，字子正，京兆人。叔祖放，以道隐豹林，真宗以征君聘之。父世衡，康定、宝元间，号为良将，治平初，翰林学士冯京安抚陕西，荐公材堪将帅，以国子博士换授西京左藏库副使，权鄜延路兵马都监。经略使陆诜奏公知青涧城，管勾鄜延东路蕃部。治平二年之任，公椎牛酾酒，结纳豪首，令伺虏中间隙。四年春，满堂大酋朱令凌勒所部降，事闻帅府，陆欲以不至给之。公曰："彼归而拒之，殆闭朝廷怀远略，请以景询对易，彼必不至。"谍者去，竟不复。数月，绥州羌酋鬼名山与其属沙遇罗部落内附，上其事，未报。公募韩轻与羌妇，伪叛入虏报名山。又得其酋拔州凌也，以锦囊盛断发为质。诏转运使薛向经略司用公计招纳，赐黄金二百两、白金一百两，名山列其党二十人约以降期。公命大阅，悉发所部蕃汉兵趣怀宁，捣绥州。夜半抵大里河，士卒疑不敢进。公跃马先渡，诸军从之。屯城南离思曲。城中举火相应。黎明开

---

① 曾瑞龙：《赵起〈种太尉传〉所见六逋宗之役》，载香港中文大学《中国文化研究所学报》2001年第9期。曾氏曾对赵起作过考证，曾列举宋代的两位赵起，看来均不可能是《种太尉传》的作者。
② 《宋武臣传》之《种太尉传》，穴砚斋史抄本，藏台北图书馆，蒙香港曾瑞龙君影印寄赠。

门迎降，得首领三百人，老幼部族四万五千一百口，孳产十余万，精兵万人。遽令因山岩堑缚毡为楼橹，居八日，夏兵三至，辄击走之。城下据鞍惶骇曰："得吾城三日，神帐皆全，何其神也。"顷之，陆公持符召公入延安计事。时夷汉未定，公佯叱来介令去，会日旦宴，独与麾下数十骑倍夜兼行至延。虏闻公去，悉发兵十余万出绥州，邀怀宁，公遽还，暮夜抵怀宁。迟旦，夏兵大集。公登城视之曰："彼士马远涉皆有饥疲色，待其衰懈，可令碎于一鼓之间。"命都巡检燕达、解贵开门济师，分左右角，公自居中。为二君令曰："当听我金鼓缓急为进退节。"又谕城守秉白挺，张布囊，俟合鼓噪，以助军声。公遂出，会敌数十骑持火炬将燔吾佛寺。公令刘保昌等五十骑驰斩而还，皆厚赏以激之。又使降酋鬼名山以百骑尝之，立石堡熟酋屈山因部落巡防，闻寇至，辄还自北原驰下。城上人望之大呼曰："折马山援兵至矣。"羌势内外震动。公鼓行以合之，及晋祠谷，左右二角掩至，战守齐奋，追斩二十余里，得七百级，马五百匹。明日还绥州，折马山独以三千骑当敌剧锋五六万骑，遂败小豆原。或者以公擅兴兵取绥州，具狱，长安令械而鞫之，公怡然引伏，无一语罣人，以分其谤。已而，特赦下陕西，公坐削四官，隋州安置。明年，大丞相韩琦宣抚永兴，尽得绥州利害，城遂不弃，因改曰绥德城。后数月，以西京左藏库副使起公为商州都监，以母忧不拜。

熙宁三年秋九月，夏人犯庆州，并围七寨，官军不利。朝廷以参知政事韩绛宣抚陕西，以公鄜延路兵马都监复知青涧，寻迁皇城副使、本路兵马钤辖。冬十二月，议修啰兀。城东北通三寨，接河东，以合秦晋辅车之势，复尽欲取横山，襟带全利，献之王府。四年春正月，师由绥德次抚宁和市，夏羌迎降拥路，毡裘辫发，语言兜离。公劳来抚慰，应接不暇。左右有请令去兵帐者，公笑曰："今日正为王师开纳洪济之时，奈何以内诚不笃反疑之耶。"贼首都啰马尾聚兵马户川，公以轻兵二千潜出，击破之。明日遣裨将吕真率千骑掠银州川，适天风尘坌四起，贼众遁，不敢复出，遂城啰兀。凡二十八日，大小四战，斩首一千二百级，降口八千四百人。遣游掠四出，分探窖藏。时官军二万人食县官米才二斗二升，刍六束，因粮之利，古今出师，罕得其比。

六年，韩绛以庆州兵叛还，节制于经略府。公亦罢其兵。羌闻之，遂出陷抚宁，经略使赵卨请弃啰兀，公再得罪，黜汝州团练副使，复贬贺州别驾，潭州安置。八年春，以礼宾副使召对，授河北第二十八将，驻定陶。九年春，改知岷州兼洮东安抚使，下车招集离散，宁缉商旅，境内帖然。冬十月，董毡将鬼章聚兵冷丁谷，胁诱瓜家族。公计之曰："彼必有外来为乱者。"因授粮日索于鞠场中，果有裹甲怀兵而入者，得二百人，悉斩以徇，夺其马械，赏战士。诸部畏若神明，不敢复贰。十二月，鬼章盗寇铁城，降戎弊厮逋、禄厮结族皆应之，欲东南摇青唐。公阴将掩之，会走马承受康识抚问回，乃行送十数里，至精精堂，犹发余兵还岷，示无出掠意。乘夜以锐卒二千趣铁城，鬼章重兵在西谷中，公先命晓骁断其后，始明薄城会战，会蹶从者肩登其东南隅，挥剑大呼，僚吏蚁附，遂破之。斩首八百级，取大首领厮铎弯，鬼章遁去。以功迁引进副使。

十年春三月，入内都知李宪以五军进讨六逋宗、讲珠等城，姚麟、孙咸宁以泾原兵为先锋，夏元象、刘昌祚以秦凤兵为殿后，苗授、王君𣱵以熙州兵颖中军，韩存宝以河州兵为右军，公领岷州兵为左军。是战以存宝对敌，冷鸡朴新破景思立，威势方震荡河湟，矢石接，前行却，存宝不能支，驰报中军府。公批掌为麾从刘琉辈曰："存宝轻而寡谋，败乃公事矣。"中军府始不欲任公，知事急，遽召公，公至，徐分劲弩五百，先扼六逋宗左右三谷，次命熟酋包顺以五百骑，合姚麟五百骑，杨曼以短兵五百人殿，旁趣不意。自辰至申，大会其众，擒冷鸡朴、李密撒，掠诸河曲而还，斩首一万级，公军独得七千，遂加东閤门使文州刺史。秋七月，鬼章屯叠州，合董毡谋报六逋宗之役。公请伐其谋，以夺彼心。李不从。公乃使人间路剚杀使者，夺其书，彼计遂解。公以疾请致政，章三上，弗许。乞便郡得泾州，寻后移权鄜延路副都总管。

元丰四年，夏人以母梁氏幽其主秉常，边臣请讨其罪。秋七月，召诣阙问状，命公以经略副使同经略使沈括进讨。上出御府白金一万两资其军，兼以河东麟府兵偕受约束。羌觉其谋，迫种落内徙。公闻，亟出驻绥德，遣诸将招纳，以破其心。朝廷责公轻出，趣令还延安，遂改命入内都知王中正统河东麟府兵，复以公隶焉。九月诸道兵业告成，公以鄜延及畿内十六将人马九万七千为七军。鄜延九将：第一夏元象、张藻、张永昌，主簿江懋迪；第二李浦、李师古，主簿郝杞；第三贾世弈、张宗孝，主簿田渐；第四高永能、李琼，主簿范烈；第六曲珍、寇伟，主簿崔舜孙；第七刘镇，夏俨，主簿田概；第八王湛、杜谏，主簿石端；第九程博古、宋玠，主簿周山。锡畿内第二欧育、赵秀，第三石舜臣、宿寿，主簿郑辈，第四卢安、张庆，主簿徐确，第五张抉、蒋宣，主簿夏傃，机宜穆衍、郭造、汲光、员蜕、徐勋、种朴，管勾丈字开拆发印司张彦逸、雷寿民，发兵符契司吕阳、范景，点对机密文字司种建中、种师中，粮草司巴宜、王仲孺，胄司赵复、安合，军须司刘铨、李孟，事宜司赵鼎、刘航、郭言，军马司李肃、雷经，都大提举司大夫崔度、王可道，军器司钟正人，六库王禹臣、宋迷，提举六库张孝友，粮料司贾解、刘钺，因粮司江懋迪，军须司主师柯辛，支直夏俑、田良彦、范宏，御前封印物色司刘天经，空头敕诰崔本、徐奕，帐前提辖王明、刘吉，中军围子李仪、郭景修，帐前祗候徐和、盖谔、高士哲、李吉、慕容令安、毛之才、温昶，走马承受杨元孙，营砦张永昌、孙晖。

十四日，讲武于东川李宾谷，十五日戊戌丑正三刻，报祭衅鼓而行，由绥德道无定川，顿兵米脂西南原，遣人谕祸福，城中不即决。翌日，分部攻之，居三日，觇骑还称，贼十数万出无定川直趣吾军，东西二道出马户谷、米脂岭。彼以东西兵为声援，在川皆骄果善战之士。公先令后军沟其城门，使缓急城中不得发，次以前军及熟羌循伏两山下并谷中，以左右军、中军阵而待之。是日晨朝，埃雾四合，旌旗前后不相辨，少选，虏骑驰呼如流水，塞川而下。曲珍以前军接敌，羌势捍搎，几不可遏，已犯右军帐下矣。高永能驰短兵断其徒为二，诸部鼓噪齐进，麈蹂之声，响震山谷。日色渐上，雾稍散，已奔丧。左右二道兵方至于羁林，林映蔽山野间，望风皆狼狈而遁，夹河追斩二十里，流嘴浮尸枅比而下，血染银川，为之尽赤。当战擒其伪枢密都案吃多结等六人，斩首一万级，驼马牛羊十数万，退而陈其杀获于城下。又以斩首代机石击其守阵者，诸军气振，以银牌督诸将，攻愈急。王湛自东南隅穴城，覆其楼橹，王明以帐前兵构牌革为伏兵洞薄其南门，慕容令安督云梯乘其西南隅，会距关成矛楯攻守，上下相接，城中汹汹益危急。守酋伪铃辖令介讹遇率其属一万四百六十四人降，公会僚吏诣令介居置酒高会。明日捷奏，上喜甚，诏书美之，乃解王中正节制兵。次永乐川，谍者报羌众盘泊左右山谷，约中夜举火号以劫主帅。公先期令诸将举火鼓噪以夺其谋，贼遂溃去。明日驻兵麻家坪，粮道不给，转运使李稷入塞督辇运，曲珍护之，遇抄粮羌众，斩首五百级。石舜臣以宁陵第三将殿，军士乏绝因以遁散，公徐行营垒，案视疲曳，贷以银绢，令具赍粮，稍稍复集。公遣李仪偕令介讹遇先大军招降，仪难之，公曰："吾以推赤心置其腹中矣。"至蒲萄山，以五百骑获七百级，并降口数万人。而众寨势异，仪虑房有变心，乃解鞍示固，房竟不敢动，明日援军至。凡十有二日，稷竟不属，遂进军曰，令游骑四出搜索为行军镞。十一月十三日，至白池，会天书令班师，公遥视士卒，皆累累有饥色。夜召诸将议于帐中，叹曰："进有坚敌，兵无宿饱，虽霍嫖姚何以蹈绝域。"遂出怀中诏书，虑羌觉，蹑之不得还，乃悉帐下降人，衣以锦袍善食，而遣饬之曰："为我语梁氏，后三日当会兵河上矣。"夜半引发，由铁斤半，八日而出塞门。房得谍者，谨兵河上，介马以待，居二日方觉，追之弗及。

初，公破米脂，以解宗礼为寨主，书空头宣，令党子谅权义合寨、李备权吴堡寨、李仪权葭芦寨，及还辕，诸寨皆破，悉如先计。十二月四日至自延安，斩首一万五千级，招降一万四千九百一十人，下州三：银、夏、宥，复城一十一：塞门寨、细浮屠寨、米脂寨、义合寨、吴堡寨、葭芦寨系已修，白池、石堡、盐城、乌延系未修。因粮十五万斛，牛羊二十万头。上遣中贵人赐貂鼠裘，授凤州团练使。令子朴赍取横山文字赴阙，上召见，大悦，授以閤门祗候。时并塞兵未分屯，以曲珍绝之，讨张香川一带人户，令李仪五百骑济伏落津，沿河，北渡天浑，夜入葭芦，斩首二百级。横山之势，一日隐然，倾其东南隅，自明堂之南，遂无房嶂焉。朝廷议从李宪策，自泾原役兵百万，进筑十五城，以趋灵州。俾公经略渭州，以办其事。公至长安，表与主帅不合，复陈横山劲兵良马之地，请先城银州，次迁宥州于乌延，次城夏州，三郡鼎峙，然后北城盐州，据乌、白二池，后修折姜和市，则夏人之墟涂地矣。章一十上，诏始从之，复公延安。言者咎公出师，西舍塞门之直，东就绥德之迂，师老粮绝，殆无成功。公曰："拔人之国，先攻其强项者。羌重兵据门口流石州监军司，故米脂之胜众遂瓦解，兵法喻以

穴砚斋史抄本《宋武臣传》之《种太尉传》书影

破竹先破其节，数节之后，迎刃自解，故为迂直之言者，弗察兵势之先后耳。"及徐勋事，降授文州刺史。五年，经略使沈括请城银、夏，朝廷遣徐禧计议先修永乐城。秋八月二日，同经略沈括、转运李稷发自延安。二十日至永乐原，遂城永乐。九月八日，羌众三千余骑循城而下，倾之复去。括奏：羌众见王师整而退。神宗嗜曰："括料敌疏，彼来未战，岂肯轻退，必有大兵继之矣。"比谕之，已不及。九日，永乐谷、无定川旌旗兵甲尘埃涨天而至，老将军高永能请迎而击之，以谓羌势譬如犬也，先击其头，则后当自退。禧不从，令成列后阵。及众迫城下，气已夺，遂不能军，注汗如雨，手麾黄旗，口称招降，嗫嚅而已。二十日，永乐陷，公闻之泣下，因悒悒不自释。尝谓亲宾曰："禧辈死，朝廷必难其事，吾功业竟不就矣。"六年夏四月六日寝疾，终于延安府第。时年五十七。公取绥州、城啰兀、拔米脂，十五年间，凡三立大功，三被迁谪，流离沮辱，忧患相仍，毅气益凛凛，志不少衰，功业之蕴弘之,岂非有素耶。然议者但恨用不极其材,以此为可惜,至于轻财重诺,言赏必罚,每遇重敌,老帅宿将,喘喘相顾,殆无人色,公安然自然,若指呼如常时,未或见辞气少动,已而克捷无不如志。其持重如周亚夫,严整如李光弼,材气自任如魏延,能伺房情如祖逖,士乐为之用如李广,此其材性之大略也。然而事多数奇,流落不耦,平生类广者尤为多焉。故功凝事济,变生龃龉,岂工于料人,拙于谋己耶。不然,盖栖难安孤,根易摇者乎。故慨然次其行事,作《种谔传》云。

由赵起撰写的《种太尉传》,因是当时当事人记当时事,故记事特详而记录可信。总观全文,其中有多处为同时其他宋人文献所缺,下面拟将他处无载处勾辑于后:

1. 治平二年种谔知青涧城。曾"椎牛酾酒,结纳豪酋,令伺房中间隙"。他书无载。

2.《宋史·种谔传》称"夏酋令凌内附"[1],并不知令凌降期。此处称"(治平)四年春,满堂大酋朱令凌勒所部降"。满堂,为满堂川,在夏国绥州境,宋曾在此建白草、顺安两砦[2],知令凌有汉姓,且为满堂川一带酋长。

3. 言嵬名山降宋事较他书多出一些细节,一是同嵬名山内附的还有"沙遇罗部落",二是种谔"募韩轻与羌妇伪叛入房报名山",与《宋史·种谔传》记载完全不同。

4. 招降夏酋"拔州凌也",并"以锦囊盛断发为质"之事他书无载。拔州,为党项姓,西夏《文海》中有蕃姓"跋州"[3]。"断发为质"恐怕亦是党项风俗。

5. 怀宁之战,《种太尉传》所载事,他书多略。怀宁之战,《宋史·种谔传》夏军为四万人[4],而《种太尉传》为"兵十余万"。

6. 嵬名山之降,还有两位党项人名未见他书,一是"来介令去",一是"石堡熟酋屈山因"。

---

[1] (元)脱脱:《宋史》卷335《种谔传》。
[2] (元)脱脱:《宋史》卷331《陆诜传》、卷203《艺文》2、卷87《地理》3。
[3] 史金波、白波、黄振华:《文海研究》22·121条,中国社会科学出版社,1983年,第425页。
[4] (元)脱脱:《宋史》卷335《种谔传》。

7. 西夏石州监军司之名，在该传中出现，进一步证明余旧推断，继绥州监军司丧失后，西夏将祥祐军移至石州。① 而且《种太尉传》还标出了该监军司更具体的地名，在石州的"门口流"。

8. 绥州之役，"折马山独以三千骑当敌剧锋五六万骑，遂败小豆原"事他书亦不载。

9. 熙宁四年（1071）宋军"由绥德次抚宁和市，夏羌迎降拥路，毡裘辫发，语言兜离"一节他处无载。夏羌之发式为"辫发"，此时，西夏早已颁"秃发令"，而夏国绥州地区党项羌仍"辫发"，可见"秃发令"的实施范围有限。

10. 《种太尉传》种谔以"轻兵二千"袭破"聚兵马户川"的夏酋都啰马尾。《宋史·种谔传》无，《长编》卷219作"轻兵三千"②。《种太尉传》作"降口八千四百人"，《长编》作"降口一千四百"③。

11. 熙宁九年（1076）种谔复出，《宋史·种谔传》均仅言其"知岷州"④，而《种太尉传》称："改知岷州兼洮东安抚使。"并称其在岷州"招集离散，宁辑商旅，境内帖然"，为他书无。

12. 铁城之战，《宋史》、《长编》作十一月，《种太尉传》作十二月；《长编》有"贝斯结、罗斯结族"⑤，《种太尉》传作"弊厮逋、禄厮结族"；《长编》作"杀总噶尔首领"⑥，《种太尉传》作"取大首领厮铎弯"。其中种谔采用的谋略，他书无载。

13. 关于六逋宗之役，《宋史》、《长编》及《东都事略》所载均极简略，《种太尉传》记事甚详，其中多处记载皆他书无载。如"六逋宗左右三（疑为二）谷"之地名，熟酋（吐蕃青唐族首领）包顺领五百骑参战事。

14. 元丰四年（1081）九月种谔"以鄜延及畿内十六将人马九万七千为七军"，《长编》作"以鄜延兵五万四千，畿内七将兵三万九千分为七军"⑦，合计九万三千。而《种太尉传》则录为鄜延将及畿内四将详细职官名单（鄜延

---

① 参见拙稿《西夏监军司驻所辨析》，载《历史地理》第6辑，上海人民出版社，1988年。
② （宋）李焘：《续资治通鉴长编》卷219熙宁四年正月己丑条。
③ （宋）李焘：《续资治通鉴长编》卷219熙宁四年正月己丑条。
④ （元）脱脱：《宋史》卷335《种谔传》。
⑤ （宋）李焘：《续资治通鉴长编》卷279熙宁九年十一月壬午条。
⑥ （宋）李焘：《续资治通鉴长编》卷280熙宁十年二月戊子条。
⑦ （宋）李焘：《续资治通鉴长编》卷316元丰四年九月丙午条。

第五将名单不见）则为各书不载。

15. 无定川之战，《种太尉传》中详细记录均为他书所无。《长编》卷316载是战战绩"擒其将都案官麻女屹多革等七人，获首五千余级，匹敌马五千，挚畜铠甲万计"①。《种太尉传》作"擒其伪枢密都案吃多结等六人，斩一万级，驼马牛羊十数万"。得知都案吃多结为西夏高官"枢密"。

16. 攻米脂城。《种太尉传》记录诸将攻城事甚详，他书无载。《长编》载"守将都钤辖令介讹遇率酋长五十余人降……收城中老小万四百二十一口"②。《种太尉传》作："守酋伪钤辖令介讹遇率其属一万四百六十四人降，公会僚吏诣令介居置酒高会。"

17. 《种太尉传》中种谔在由永乐川至麻家坪至蒲萄山至白池，后复由铁斤半出塞门之战事均可补诸书之缺。其中特别是种谔命夏国降将"令介讹遇先大军招降"夏国军队之事，更为诸书不载。

18. 《种太尉传》纪种谔米脂之战的战功称："十二月四日至延安，斩首一万五千级，招降一万四千九百一十人，下州三，银、夏、宥，复城一十一，塞门寨、细浮屠寨、米脂寨、义合寨、吴堡寨、葭芦寨系已修，白池、石堡、盐城、乌延系未修。因粮十五万斛，牛羊二十万头。"为诸书不载。

其他诸书不载事迹，《种太尉传》中尚有多处，特别是该传中出现如精精堂、离思曲、大里河、门口流、小豆原、无定川、晋祠谷、明堂川、满堂川、米脂岭、李宾谷、铁斤半、永乐原、永乐川、东川、怀宁、抚宁和市、蒲萄山、髬林、马户谷、银川、麻家坪、张香川、伏落津、天浑、折姜和市等二十余个西夏州城寨以外的地名，更是研究西夏历史地理的珍贵资料；而西夏境内"抚宁和市"和"折姜和市"的出现，亦为宋夏边境贸易史增添了新的资料。总之，赵起《种太尉传》一文，内含史实弘富，资料翔实，文献价值极高，对我们认识熙丰时期宋夏横山之争的历史真相及神宗时期的西夏历史均大有帮助，值得我们珍视。

原载《宁夏社会科学》2003年5月第3期

---

① （宋）李焘：《续资治通鉴长编》卷316元丰四年九月庚戌条。
② （宋）李焘：《续资治通鉴长编》卷317元丰四年十月丁巳条。

# 北宋西北御边名将曹玮

宋代西北御边，太祖朝最为成功。成功之要，一是夏州政权与宋关系睦洽，尚未出现反叛枭雄李继迁，故西蕃诸部表现安静；二是太祖厚待边将，让边将贸易致富，而又予以特权。《长编》卷17载：

> 太祖垂意将帅，分命（李）汉超及（郭）进等控御西北。其家族在京师者，抚之甚厚。所部州县筦榷之利，悉与之。资其回图贸易，免所过征税。许令召募骁勇，以为爪牙。凡军中事，悉听便宜处置。每来朝，必召对命坐，赐以饮食，锡赉殊异，遣还。由是边臣皆富于财，得以养士，用间洞见蕃夷情状。时有寇钞，亦能先知，预备设伏掩击，多致克捷。故终太祖世，无西北之忧。①

《宋史·贾昌朝传》亦载：

> 太祖命李汉超镇关南，马仁瑀守瀛州，韩令坤镇常山，贺惟忠守易州，何继筠领棣州，郭进控山西，武守琪戍晋阳，李谦溥守庆州，董遵诲屯环州，王彦升守原州，冯继业镇灵武。管榷之利，悉输之军中，听其贸易，而免其征税。边臣富于财，得以为间谍，羌夷情状，无不预知。二十年间，无外顾之忧。②

---

① （宋）李焘：《续资治通鉴长编》卷17开宝九年十一月庚午条。
② （元）脱脱：《宋史》卷285《贾昌朝传》。

然而，至太宗朝，征北汉失败，李继迁叛宋，于雍熙二年（985）占据银州，自称定难军留后，次年又向契丹称臣，契丹授继迁为"定难军节度使，银夏绥宥等州观察处置使，特进检校太师，都督夏州诸军事"①，并以义成公主许配继迁。李继迁联辽拒宋，西北二番互为犄角，对宋王朝的西北边境安全构成了严重威胁。很明显，太祖朝的御边之策，乃是太祖开国之初的权宜之计，任边帅积财、专权、养士，决不能长久实行。因此，当西夏李继迁的挑战出现后，遴选什么样的西北边帅？如何定制西北御边的方策？就成为宋廷的头等大事。《宋史·曹玮传》载：

> 李继迁叛，诸将数出无功，太宗问彬："谁可将者？"彬曰："臣少子玮可任。"即召见，以本官同知渭州，时年十九。②

曹玮就是在这种形势下走进西北战场，而逐渐成为威震西北、影响夙著的御边名将。

## 一

《宋史·李宗谔传》载宗谔逝世后，宋真宗甚为悼惜，曾对宰相说："国朝将相家，能以身名自立，不坠门阀者，惟李昉、曹彬耳。"③李昉是宋太宗时的宰相，李家世代为文臣。曹彬，太祖、太宗时期的名将，官至武臣最高级职事官枢密使，曹氏一门以将家贵显达六世，官至节度使者达六人。④然其身名最显赫者，惟彬与玮，父子两代配飨庙廷，为真定曹氏之表表者。关于曹彬，前人论及者尚多⑤，而于曹玮则鲜有人关注。

---

① （元）脱脱：《辽史》卷11《圣宗纪》2。
② （元）脱脱：《宋史》卷258《曹玮传》。
③ （元）脱脱：《宋史》卷265《李宗谔传》。
④ 何冠环：《宋初三朝武将的量化分析——北宋统治阶层的社会流动现象新探》，载台北《食货月刊》复刊第16卷第3—4期合刊，1986年。
⑤ 张其凡：《庸而负盛名：略论曹彬》，载该氏：《宋代人物论稿》，上海人民出版社，2009年；冯明臣：《曹彬在北宋统一战争中的作用》，载《天中学刊》1992年第3期；柳立言：《宋初一个武将家族的兴起——真定曹氏》，载历史语言研究所编：《中国近世社会文化史论文集》，1992年。

曹玮，字宝臣，河北真定灵寿人，生于宋太祖开宝六年（973），卒于宋仁宗天圣八年（1030），享年五十八岁。曹玮出于世代将门，祖父曹芸，五代时为汉成德军节度都知兵马使，父曹彬，宋初辅佐太祖、太宗平统天下的著名武臣，有"近代良将，称为第一"①之名；长兄曹璨及幼弟曹琮亦为宋代镇守西北的名将②。玮从小受家庭影响，濡染武风，研习韬略，且喜读书，精通《春秋三传》，于《左氏春秋》研习尤深，加之自幼随父在兵营生活、在战场征讨，十几岁时，就已锻炼成为一员"沉勇有谋"③文武兼备的战将。曹玮，出生贵胄，且为赵氏勋戚④，位高望隆，当时即留下传记文字不少⑤。但各传关于曹玮军中履历均交代不清，且有时空倒置之讹误。因此，要探究这位宋代御边名将之边关事迹，其首要者，当清楚曹玮"为将几四十年"⑥的升迁职序。

曹玮最先加入军阵当是在其父曹彬帐衙任职。《宋史·曹玮传》称：

> 父彬，历武宁、天平军节度使，皆以玮为牙内都虞侯，补西头供奉官、閤门祇候。⑦

《宋史·曹玮传》所载明显有误。查曹彬任天平军节度使的时间是太平兴国八年（983）正月戊寅⑧，而任武宁军节度使的时间是淳化四年（993）十一月丁卯⑨。太平兴国八年时曹玮仅十岁，不可能担任三班使臣官，且是带有"閤门祇候"的三班使臣中最清贵的职名。⑩而淳化四年时，曹玮已经二十岁，这时他已经被宋太宗委"以本官同知渭州"⑪。所以知曹玮出任"西头供奉官、閤

---

① （宋）李攸：《宋朝事实》卷10《宰执拜罢》。
② （元）脱脱：《宋史》卷258《曹璨传》及《曹琮传》。
③ （元）脱脱：《宋史》卷258《曹玮传》。
④ 宋仁宗慈圣光献皇后为曹玮之弟玘之女。（元）脱脱：《宋史》卷242《后妃》上。
⑤ 有关曹玮的传记现存有《宋史》卷258《曹玮传》，王称：《东都事略》卷27《曹玮》，曾巩：《隆平集》卷9《曹玮传》，宋庠：《元宪集》卷33《赠侍中曹公行状》，王安石：《王临川文集》卷90《彰武军节度使侍中曹穆公行状》，朱熹：《五朝名臣言行录》卷3之5《枢密曹武穆公》等六种。
⑥ （宋）朱熹：《五朝名臣言行录》卷3之5《枢密曹武穆公》。
⑦ （元）脱脱：《宋史》卷258《曹玮传》。
⑧ （宋）李焘：《续资治通鉴长编》卷24太平兴国八年正月戊寅条。
⑨ （宋）李焘：《续资治通鉴长编》卷34淳化四年十月丁卯条。
⑩ 何冠环：《宋初三朝武将的量化分析——北宋统治阶层的社会流动现象新探》，载台北《食货月刊》复刊第16卷第3—4期合刊，1986年。
⑪ （元）脱脱：《宋史》卷258《曹玮传》。

门祗候"之职时，应在淳化三年（992）之前，即应在曹玮十六至十八岁的时候，也即是曹彬任天平军节度使之后和武宁军节度使之前。曹玮以将门贵胄的出身，在十九岁之前就以父荫补授带"閤门祗候"的三班使臣之职衔。太宗淳化三年（992），由于乃父的推荐，十九岁的曹玮即以"西头供奉官、閤门祗候"之衔"同知渭州"。① 从这一年开始，曹玮走向西北战场。下面，余据《续资治通鉴长编》、《宋史·曹玮传》及《元宪集·赠侍中曹武穆公行状》等资料，将其十九岁以后在军中的升迁履历列表如下：

| 年　号 | 公历 | 任职 | 出　处 |
| --- | --- | --- | --- |
| 淳化二年 | 992 | 西头供奉官、閤门祗候，同知渭州 | 《宋史·曹玮传》 |
| 咸平元年 | 998 | 内殿崇班，知渭州 | 《宋史·曹玮传》 |
| 咸平二年 | 999 | 改閤门通事舍人，加渭州屯田制置使 | 《宋史·曹玮传》《元宪集》卷33 |
| 景德元年二月 | 1004 | 转西上閤门副使，知镇戎军 | 《长编》卷65《元宪集》卷33 |
| 景德四年六月 | 1007 | 邠宁环庆都钤辖兼知邠州，进东上閤门使 | 《长编》卷65《元宪集》卷33 |
| 祥符三年闰二月 | 1010 | 河北真定路都钤辖领高州刺史 | 《长编》卷73 |
| 祥符三年七月 | 1010 | 泾原路都钤辖兼知渭州 | 《长编》卷74 |
| 祥符五年六月 | 1012 | 泾原路都钤辖兼知渭州，进四方馆使 | 《长编》卷78 |
| 祥符七年十一月 | 1014 | 四方馆使、高州刺史、泾原都钤辖兼知渭州，加引进使，留再任 | 《长编》卷83 |
| 祥符八年九月 | 1015 | 英州团练使、知秦州兼缘边都巡检使、泾原仪渭州镇戎军缘边安抚使 | 《长编》卷85 |
| 祥符九年七月 | 1016 | 丁内艰，以云麾将军夺服 | 《元宪集》卷33 |
| 祥符九年十月 | 1016 | 迁客省使、康州防御使加秦州部署充泾原路安抚使 | 《长编》卷88《元宪集》卷33 |
| 祥符九年十一月 | 1016 | 秦州都部署兼泾原仪渭镇戎军缘边安抚使 | 《长编》卷88 |
| 天禧三年三月 | 1019 | 拜华州刺史充华州观察使，鄜延路副都部署，环庆秦州缘边巡检安抚使 | 《长编》卷93《元宪集》卷33 |

---

① （元）脱脱：《宋史》卷258《曹玮传》。

续表

| 年　号 | 公历 | 任　职 | 出　处 |
|---|---|---|---|
| 天禧四年正月 | 1020 | 华州观察使、宣徽北院使、镇国军节度观察留后，签署枢密院事 | 《长编》卷95 |
| 天禧四年九月 | 1020 | 改签署枢密院事、宣徽南院使、环庆路都部署，兼管勾秦州兵马 | 《长编》卷96 |
| 天禧五年八月 | 1021 | 徙镇真定都部署 | 《长编》卷97 |
| 乾兴元年二月 | 1022 | 责授左卫大将军，容州观察使，知莱州 | 《长编》卷98 |
| 乾兴元年十一月 | 1022 | 华州观察使、知青州 | 《长编》卷99 |
| 天圣四年正月 | 1026 | 徙知天雄军，又以彰化军节度使观察留后知永兴军，拜昭武军节度使 | 《长编》卷104 |
| 天圣五年八月 | 1027 | 徙知河阳 | 《宋史·曹玮传》 |
| 天圣五年十至十二月 | 1027 | 徙真定府定州都总管 | 《宋史·曹玮传》 |
| 天圣七年 | 1029 | 改彰武军节度使 | 《元宪集》卷33 |
| 天圣八年正月 | 1030 | 卒，赠侍中，谥武穆 | 《宋史·曹玮传》 |

　　据上表可知，曹玮在近四十年的戎马生涯中，他一直担负着保卫北宋西北二边军事防务的重担，先后镇守过陕西之秦、渭、泾、原、环、庆、邠、鄜、延等州及镇戎军，河东之永兴军、河北之真定府、定州及天雄军，号称"为将几四十年，用兵未尝败衄，尤有功于西方"①，成为北宋中叶御守西北边关最著名的将领。客观地讲，曹玮戎马生涯四十年，但真正辉煌的只有前二十八年，即"大有功于西方"的二十八年。在这二十八年中，朝廷多次想将其调离西北，他本人亦多次请辞其职，但均被人认为，如换别人替代曹玮，一定会"败坏玮之成绩"，来者均"不足以继玮"，故一直辗转于西北边州之防务而未撤离。②天禧四年（1020）是曹玮人生的分水岭，一是从这一年开始他被中央调离他经营了近三十年的西北边关；二是他被卷入到宋真宗后期"丁、寇党争"的漩涡之中。初被视为"寇党"，几遭贬谪，后又平反，官复原职，甚至迁升至昭武军节度使，旋又改彰武军节度使。③曹玮调离西北

---

① （宋）朱熹：《五朝名臣言行录》卷3之5《枢密曹武穆公》。
② （宋）李焘：《续资治通鉴长编》卷88大中祥符九年十一月壬子条。
③ 关于曹玮卷入"丁、寇党争"之事，非本文探讨之要，故不多着笔墨。参见（元）脱脱：《宋史》卷258《曹玮传》。

后，虽然还有十年的人生经历，但厌倦于政治纷争的边塞英雄从此而不振，再无英雄事迹见于青史。

二

　　古之为将者，识为第一。无识则无以辨形势，无识则无以鉴古今，无识之将，绝非良将。曹玮幼喜读书，尤精于《左传》，他从读书中不仅得知古今之事、将帅兵法，而且提高了自己认识问题、分析形势的能力。在政治上和军事上具有一般人所不具备的远见卓识，就是在曹氏兄弟中，也独具非凡，深得乃父称许。曹彬临终时，真宗趣驾临问后事，曹彬向真宗推荐了他的两个儿子璨及玮为将，真宗问其优劣，曹彬回答："璨不如玮。"① 曹璨也是"亦有父风"② 的文武全才，曹彬言璨不如玮，当为"识"不如玮也。

　　曹玮的远见卓识首先表现在他对西夏形势的分析上。曹玮出镇西边不久，宋真宗景德元年（1004），西夏李继迁败死于凉州六谷蕃部潘罗支之手。当时，继迁子德明新立，人心未定，部族离乱③，德明深知自己植根未固，难以与宋为敌，故数遣使求奉表归附。宋君臣自太宗雍熙北伐失败以后，人人畏战如虎，一致主张息兵，无志对外征讨，宋之议和苟安的基本方策至此已基本形成。澶渊之役，宋已击败辽的进攻，然而却甘心情愿签订年付岁币三十万的城下之盟。继迁暴死，德明在无法自立的情况下才决定归宋，宋君臣一个个欣喜若狂，以为北边已安，西边又归，从此天下太平，可以过安稳日子了，纷纷主张"以恩致德明"④ 以求西边战事平息。曹玮对德明附宋一事独持异议，他对西夏形势有着十分清醒的认识：继迁为患西边二十年而不能剪除，是其占地利人和，故太宗五路伐夏，无功而还。今威望素著的继迁已死，新立之德明还不足以孚众望，"弱子抚不辑之众，人心离而无为之效死"⑤，这正是消灭西夏的一个极好机会。因此，曹玮上言：

① （元）脱脱：《宋史》卷258《曹彬传》。
② （元）脱脱：《宋史》卷258《曹璨传》。
③ （清）吴广成：《西夏书事》卷8景德二年春正月条：德明嗣职期年，未膺封册，蕃族多怀观望。行军司马赵保宁言："国家疆域虽廓，自西凉扰乱，先王被害，蕃众惊疑。若不假北朝威令慑之，恐人心未易靖也。"
④ （元）脱脱：《宋史》卷258《曹玮传》。
⑤ （清）王夫之：《宋论》卷3《真宗》。

> 继迁擅河南地二十年，兵不解甲，使中国有西顾之忧。今国危子弱，不即捕灭，后更为强盛，不可制。愿假臣精兵，出其不意，禽德明送阙下，复河西为郡县，此其时也。①

曹玮这一建议并未被只求苟安的宋廷采纳，他们"以边臣用心者谓之引惹生事，以缙绅虑患者谓之迂阔背时，大率忌人谈兵"②。在这种思想统治下的宋王朝怎么会接受曹玮这"引惹生事"之举呢？眼睁睁地看着一个翦灭西夏党项割据势力的大好战机就这么丧失，致使以后西夏强盛坐大而"不可制"。

德明附宋以后，虽然职贡甚勤，但曹玮仍然看出他的野心。当时，河西大族延家、妙娥、熟嵬等族自动要求归宋，许多将领认为，德明已经归宋，就不应接纳他的部属，都不敢答应。只有曹玮认识不同，他说：

> 德明野心，去就尚疑，今不急折其羽翮而长养成就之，其飞必矣。③

妙娥、延家、熟嵬为河西大族，当时来归者共有"三千余帐，万七千余人及牛马数万"④。一支如此强大势力的不愿随赵德明反叛的党项部族愿意归宋，这对宋王朝来说是何等之好事。所以，他独自将一军直薄天都山⑤前去接应归附部落，德明见曹玮兵强，不敢阻挡。曹玮"悉徙其族帐以还"，宋廷遣使抚劳之，赐之袍带、茶䌽。⑥宋廷接纳三族后，又不断有党项、吐蕃来镇戎军要求内附，如伊普才迭三族⑦、苏尚娘部⑧，以致赵德明上书宋廷称："臣

---

① （元）脱脱：《宋史》卷 258《曹玮传》。
② （明）杨士奇：《历代名臣奏议》卷 327《富弼奏议》。
③ （宋）朱熹：《五朝名臣言行录》卷 3 之 5《枢密曹武穆公》。
④ （宋）李焘：《续资治通鉴长编》卷 63 景德三年五月戊辰条。
⑤ 天都山，曾公亮《武经总要前集》卷 19《西蕃地理》称："天都山，按《关右陇西图记》并无此山。今虏中目为天都山，在镇戎军西北百五十里。土地宽平，西南有路入渭州。"
⑥ （宋）李焘：《续资治通鉴长编》卷 63 景德三年五月戊辰条。
⑦ （宋）李焘：《续资治通鉴长编》卷 64 景德三年九月庚戌条。
⑧ （宋）李焘：《续资治通鉴长编》卷 64 景德三年十一月癸卯条。

所管蕃部近日不住归镇戎军，盖曹玮等招纳未已。"①并请求宋廷禁止曹玮招纳部族。很明显，曹玮对德明属下部族的招纳，对于削弱西夏叛宋的实力起了一定的作用，这也是曹玮预见德明迟早会要叛宋而做的前期工作。

曹玮对西夏德明归宋的认识是十分正确的。正由于夏政权处于"国危子弱"的情况下才被迫归宋，德明归宋，实际上也就是养精蓄锐，准备力量，以图东山再起。德明归附不到几年，西对吐蕃、回鹘用兵，东频频侵噬宋境，且在其境内建宫阙，立制度，"自帝其国"②，完全暴露了他那假归宋真割据的野心。当时宋廷如若采纳曹玮的建议，派一支精兵，趁西夏内乱，驰兵朔漠，直捣贺兰，几十年的西边之患，完全有可能平于一旦。然而，昏主庸臣，畏葸偷安，拒玮之谋，降诏恩抚，遂使西夏坐大，延及元昊，亢为敌国，以致"兵衄将死，趣奉金缯，祸迄于亡而不已"③。

西夏对于宋王朝可以说是一个始终困扰着最高统治者头脑的头等大问题，作为镇守西北边境的统帅人物曹玮，就对西夏这一股势力始终保持着高度的警惕，不仅是对上述李继迁、赵德明，即使是对当时仅十余岁的元昊，曹玮亦保持了很高的警觉性并作过准确的预见。沈括《梦溪笔谈》载：

> （曹）玮在陕西日，河西赵德明尝使人以马博易于中国，怒其息微，欲杀之，莫可谏止。德明有一子，方十余岁，极谏不已，曰：以战马资邻国，已是失计。今更以货杀边人，则谁肯为我用者。玮闻其言，私念之曰：此子欲用其人矣，是必有异志。闻其常往来于市中，玮欲一识之，屡使人诱致之，不可得。乃使善画者图形容。既至，观之，真英物也。此子必须边患。计其时节，正在公（王曙）秉政之日，公其勉之。曙是时殊未以为然。④

所以到宝元中"河西首领赵元昊叛"时，王曙就说"此行前十年已有人言之"。⑤曹玮从对少年时代赵元昊的调查了解中，就得出了十年后赵元昊

---

① （宋）李焘：《续资治通鉴长编》卷64景德三年十月甲戌条。
② （明）陈邦瞻：《宋史纪事本末》卷30《夏元昊拒命》。
③ （清）王夫之：《宋论》卷3《真宗》。
④ （宋）沈括：《梦溪笔谈》卷9《人事》。
⑤ （宋）沈括：《梦溪笔谈》卷9《人事》。

必反的预言，这种对边事的判断与预见，足以反映作为军事统帅曹玮的远见卓识。

其次，曹玮确定笼络唃厮啰部来牵制西夏的方策也表现了他在政治、军事上的远见卓识。唃厮啰部是处于陇右、河湟一带的吐蕃部落，在当时，唃厮啰虽称赞普，但他的下属部落基本上还是"不相统一"①，唃厮啰部还没有表现出什么特别的力量来。因此，也没有引起宋边臣对他的重视。大中祥符七年（1014）四月，唃厮啰率部族归宋，宋仅授唃厮啰为"殿直充巡检使"②，足见宋对这位吐蕃王子的不重视。同年十二月，唃厮啰连同李立遵、温逋奇等大首领再次要求归宋，并希望朝廷赐以"爵命俸给"③。而秦州知州张佶对于唃厮啰部既不"存抚"，又"不奏加赍赐"④，并且极力奏请朝廷，要求拒绝吐蕃部落的归降。熟知西疆之事的曹玮深深懂得"以蛮夷攻蛮夷，中夏之上策"⑤这一御边之要。他更知道，号称"佛子"⑥的唃厮啰在吐蕃部落中的号召力有多大。他还知道，这即将兴起的唃厮啰势力如果利用得当，完全可以使之成为挟制西夏的重要力量。因此，他力排众议，独自上言："宜厚待唃厮啰以扼德明"⑦，并建议授李立遵为节度使⑧。成为第一个提出笼络唃厮啰部以牵制西夏的重要外交方策的西北边帅。

曹玮这一建议被宋廷采纳，从大中祥符八年开始，一直到唃厮啰死，其间唃厮啰虽有犯宋之举，但宋廷笼络唃厮啰的方策一直未变，从团练使到节度使到西平王，不断加官晋爵，不断给以赐赍。对唃厮啰施以羁縻笼络之策，也确实收到曹玮所预期的"以扼德明"的效果。获得宋朝赐赍的吐蕃、党项部族多次出兵侧击西夏，造成西夏背腹受敌，成功地牵制了西夏对宋的进攻。故孙甫言："自元昊拒命，终不敢深入关中者，以赐赍等族不附，虑为后患也。"⑨

---

① （元）脱脱：《宋史》卷492《吐蕃传》。
② （宋）李焘：《续资治通鉴长编》卷82大中祥符七年四月己酉条。
③ （宋）李焘：《续资治通鉴长编》卷82大中祥符七年十二月甲戌条。
④ （元）脱脱：《宋史》卷308《张佶传》。
⑤ （宋）李焘：《续资治通鉴长编》卷68大中祥符元年四月己未条。
⑥ （元）脱脱：《宋史》卷492《吐蕃传》："河州人谓佛'唃'，谓儿子'厮啰'。"
⑦ （元）脱脱：《宋史》卷492《唃厮啰》。
⑧ （宋）杨仲良：《皇朝续资治通鉴长编纪事本末》卷26《渭州蕃族唃厮啰叛服》。
⑨ （元）脱脱：《宋史》卷295《孙甫传》。

## 三

曹彬治军以仁厚著称，曹璨治军"兼著威爱"①，而曹玮治军"不如其父宽，然自为一家"②。他治军之要，可以简括为八个字"驭军严明"、"赏罚立决"。③

宋朝军队战斗力之弱恐为历代之冠，致使宋军战斗力弱的原因很多，但士卒骄惰、纪律松弛却是一个很重要的因素。苏舜钦的一段话就很能说明一些问题：

> 今诸营教习固不用心，事艺岂能精练，盖上不留意，则典军者亦不提辖，将校得以苟且，骎驰纪律……至于人员与长行交易饮博者多矣。此外约束教令岂复听从？故出入无时，终日嬉游鏊市间，以鬻伎巧绣画为业，衣服举措不类军官，习以成风，纵为骄惰。④

不仅京师军队如此，戍边之禁军也多是"不能辛苦"⑤的饱食之徒。对待这样的军队，若不严加整饬，何以御边作战。曹玮深知"厚而不能使，爱而不能令，乱而不能治，譬若娇子，不可用也"⑥。故以严整军纪为治军之首，"犯令者无所贷"⑦。曹玮知秦州时，他出城巡视，见城上遮箭板太高，命令主事者去掉。主事者自恃在军多年，抗令不下，并回答说："旧如此久矣。"曹玮为了严肃军纪，立刻下令将这位"谙兵事"的主事老将推出斩首，任何人求情无效。曹玮这一举动，使那些骄兵悍将人人胆寒，以致全军"慴服"⑧。

宋军来源以招募为主，太祖募兵，拣选严格，故军队素质较好。太宗以

---

① （元）脱脱：《宋史》卷258《曹璨传》。
② （元）脱脱：《宋史》卷258《曹玮传》。
③ （元）脱脱：《宋史》卷258《曹玮传》。
④ （宋）苏舜钦：《苏学士文集》卷10《上范公参政书》。
⑤ （元）脱脱：《宋史》卷187《兵志》。
⑥ 《宋本十一家注孙子》卷3《地形篇》，载《中国兵书集成》第7册，解放军出版社、辽沈书社联合出版，1992年，第650页。
⑦ （元）脱脱：《宋史》卷258《曹玮传》。
⑧ （宋）朱熹：《五朝名臣言行录》卷3之5《枢密曹武穆公》。

降，募兵泛滥，所募禁军，多为市井选软，都是一些"闻金鼓之音皆股战胆销，有百走退生之心，无一前斗死之志"①的怯懦之徒。曹玮为了培养将士冲锋陷阵勇敢杀敌的精神，对于那些怯于战阵的将士一律严用军法，战场不用命者，斩②，交战不获而返，当死③，以此来约束将士。在军队士兵不可能自觉地效死力战的情况下，使用重赏和严罚都能收到较好的效果，"法也者，驭兵之器也"④。由于曹玮立法严，执法也严，而且在执法中他能做到"赏罚立决"，因此，他的治军卓见成效，在他亲自"勾点教阅"⑤下，培养和训练了一支具有高度组织纪律和一定战斗力的军队。曹玮在秦州时，友人贾同来拜访他，两人同进军营，不见一兵一卒，贾同问："从兵安在？"曹玮一声号令，只见"既出就骑，甲士三千环列"，而"不闻人马声"。贾同惊得目瞪口呆，连连赞叹："玮殆名将也。"⑥

曹玮为了提高军队战斗力，除拣训原来的京师戍兵外，主要是招募当地土人当兵，当地土人"谙习蕃情，便习射艺"⑦，"骁勇善战"⑧，而且"习障塞蹊隧"、"耐寒苦"⑨，其素质远胜于"东兵（宋人称戍守陕西的中央禁军为东兵）"。先是，以土人出任弓箭手保卫城砦（弓箭手之论详后），大中祥符九年（1016）十月，曹玮又拣选土人三百七十四人为"建威军"⑩，而后，又招募土人二百为"神武军"⑪。这些士兵在曹玮的严格训练下，很快就成了一支御边劲旅，多次挫败入寇之敌，以致"西蕃由是慑服，至今不敢犯塞"⑫。

曹玮不仅治军有方，而且极善于用兵。他的用兵特点有三：

其一，善用间谍。曹操云："战者，必用间谍，以知敌之实情。"⑬曹玮

---

① （宋）宋祁：《景文集》卷28《论三路边防七事》。
② （元）脱脱：《宋史》卷258《曹玮传》。
③ （宋）朱熹：《五朝名臣言行录》卷3之5《枢密曹武穆公》。
④ （宋）王质：《雪山集》卷6《兴国四营记》。
⑤ （宋）李焘：《续资治通鉴长编》卷88 大中祥符九年十月末附事。
⑥ （元）脱脱：《宋史》卷258《曹玮传》。
⑦ （宋）李焘：《续资治通鉴长编》卷88 大中祥符九年十月末附事。
⑧ （元）脱脱：《宋史》卷187《兵志》。
⑨ （元）脱脱：《宋史》卷258《曹玮传》。
⑩ （宋）李焘：《续资治通鉴长编》卷88 大中祥符九年十人壬辰条。
⑪ （宋）李焘：《续资治通鉴长编》卷89 天禧元年二月庚寅条。
⑫ （宋）朱熹：《五朝名臣言行录》卷3之5《枢密曹武穆公》；（宋）司马光：《涑水记闻》卷2《曹侍中将薨》。
⑬ 《宋本十一家注孙子》卷13《用间篇》，载《中国兵书集成》第7册，第713页。

在西北二边征战几十年，每到一处，必派人侦知地方山川地理战守之备，宋真宗调其赴河北治军时，他上呈真宗《泾原、环庆两道图》，将"华夷山川城郭险固出入战守之要"全部标示于图，真宗将此图绘两幅，一幅留枢密院，一幅下付泾原环庆路，"俾诸将得按图计事"①。他还常使人深入敌国中，了解他们的各种活动，故王靓称他"四境之事，惟公知之"②。曹玮为了掌握元昊的情况，曾多次派人进行调查，还派过一位善于画像的人深入敌境，将元昊的像画来，"玮欲一识之，不可得，乃使善画者图形容，既至，观之，真英物也，此子必为边患"③。可见曹玮对敌情了解十分详细。故《宋史》本传称他，"善用间，周知虏动静，举措如老将"④，正因为他对敌情了解详备，知己知彼，故每战必胜。范镇称曹玮用兵，"每以饯将官为名出郊，而兵马次序以食品为节。若曰：下某食，即某队发，比至水饭，则接报至矣，大帅料敌当如此"⑤。

其二，多用奇计。曹玮破敌，常用反间之计。曹玮知秦州时，唃厮啰的舅舅赏样丹与郭厮敦立文法，阴谋内寇，曹玮闻之，秘密派人至郭厮敦处，厚赂厮敦，并将自己身上的宝带送给厮敦，使厮敦感激涕零，愿意为曹玮效力。曹玮离间厮敦与样丹之间的关系，还解自身之宝带赠予厮敦，并密令厮敦取样丹首级来献，在曹玮的层层利诱下，贪利的郭厮敦果然"断其首来"⑥，所立文法，不攻自破。

曹玮知渭州时，与夏将靺鞨战，靺鞨智勇双全，且领十万重兵，曹玮知是劲敌，乃用计间之。一日，趁靺鞨卧病，玮于寨前设一大祭，十分隆重，曹玮亲自祷告，求天佑靺鞨，又故意只留少数人守寨，夏军劫寨而去，得祭物银器近千两，又得玮之祭文。于是，夏主遂疑杀靺鞨，靺鞨部下纷纷归宋。⑦这一仗又几乎是兵不血刃而破夏十万大军。曹玮就这样多次使用反间计而粉碎敌人进攻的阴谋。还有一次，曹玮部下十余将士叛投西夏，军吏告

---

① （元）脱脱：《宋史》卷258《曹玮传》。
② （宋）沈括：《梦溪笔谈》卷9《人事》。
③ （宋）沈括：《梦溪笔谈》卷9《人事》。
④ （元）脱脱：《宋史》卷258《曹玮传》。
⑤ （宋）范镇：《东斋记事》之《补遗》。
⑥ （元）脱脱：《宋史》卷258《曹玮传》。
⑦ （清）潘永因：《宋稗类钞》卷1《武备》。

曹玮，玮故作无事之状，军吏又告，曹玮佯怒，并大声斥责说："吾固遣之去，汝再三显言邪。"夏人闻之，即斩叛者。① 假敌人之手而灭己之敌，以无兵而胜有兵，用兵至此，堪称高妙。

曹玮熟读兵书，然不拘泥于纸上的兵法。兵书之"利而诱之"，曹玮却反其道而行之，即"为贪利而诱之"。曹玮知镇戎军时，一次与夏军交战，曹玮小胜，夏军却引众遁逃。曹玮侦知夏军逃远，就驱赶所获牛羊、辎重缓行而归，并故意表现出部伍不整之状。夏军听说宋军利牛羊而师不整，复引兵袭之，夏军往返近百里，人马疲乏，而宋军缓行为逸，鼓军而进，遂大破夏军。事后，曹玮对属下说："吾知虏已疲，故为贪利而诱之。"②

其三，胆略非凡。曹玮用兵不仅多机智，而且具有非凡胆略。在十万大军中，他敢单枪匹马杀入敌营取敌将之首级。卧病军中，敌军至，曹玮"奋起裹创，披甲跨马，贼望见，皆遁去"③。大中祥符九年（1016），唃厮啰在立遵的策动下，率蕃众三万企图入寇秦州，当时秦州守军仅步骑六千人。唃厮啰初以激将法，"使谍者声言某日下秦州会食，以激怒玮。玮勒兵不动，坐待其至，是则以逸待劳"④。曹玮在强敌压境的情况下，从容镇定。直到吐蕃军度过毕利城⑤后，曹玮才亲自率军迎敌于三都谷。当时吐蕃军队声势极大，似有不可阻挡之势，曹玮亲临前线观阵，见"贼军虽众，然器甲殊少"，决定"以气陵之"。他亲自率领百骑穿过敌阵，在敌人后方击鼓指挥，宋军以六千步骑的力量从前后两方对吐蕃军队"鼓噪夹击"，吐蕃大败，溃逃至沙碛中。⑥这一仗使曹玮威名大震，以致"唃厮啰闻玮名，即望玮所在，东向合手加额"⑦。曹玮之威名甚至传至契丹，契丹使者过天雄军时，部勒其下说："曹公在此，毋纵骑驰驱也"⑧，使者到天雄见曹玮时，"多惮公，不敢仰视"⑨。

---

① （宋）朱熹：《五朝名臣言行录》卷3之5《枢密曹武穆公》。
② （宋）沈括：《梦溪笔谈》卷13《权智》。
③ （元）脱脱：《宋史》卷258《曹玮传》。
④ （宋）李焘：《续资治通鉴长编》卷88大中祥符九年九月丁未条。
⑤ 毕利城，又作箪栗城，又名甘谷城，在秦州西面，为吐蕃熟户居地，与古渭寨相接。参见（宋）韩琦：《安阳集》附录《韩魏公家传》卷7。
⑥ （宋）李焘：《续资治通鉴长编》卷88大中祥符九年九月丁未条；（宋）魏泰：《东轩笔录》卷2《唃厮啰》称"将众十万"。
⑦ （元）脱脱：《宋史》卷258《曹玮传》。
⑧ （元）脱脱：《宋史》卷258《曹玮传》。
⑨ （宋）朱熹：《五朝名臣言行录》卷3之5《枢密曹武穆公》。

## 四

曹玮在西北边境近三十年，呕心沥血，鞠躬尽瘁，制定了大量的御敌与备边的制度与措施，为加强北宋西北边防作出了巨大的贡献。曹玮所制定的这些备边制度与措施，大多为后世沿用，成为一代备边之法，并"谨守玮之规模"①。曹玮备边御戎的主要制度与措施可以分为以下三个方面：

其一，修筑寨城，疏浚堑壕，建设防御西夏进攻的"宋长城"。

北宋之西北边防东起麟、府，西至仪、秦，绵延二千余里。在这二千余里的边防线上不仅要防备西夏的进攻，而且还要警惕吐蕃的侵犯。宋在西北驻军近三十万，如果将这几十万军队全部聚集在几个较大的州军之中，那就有许多空隙之处无人防守，容易使敌人乘虚而入。因此，依山川形势之险，据州境空旷之处修建城寨，置兵戍守，是加强边备的重要措施。

曹玮走向西北战场的第一站即是渭州。渭州是宋西北边塞的一大重镇。从秦开始置郡，唐时称渭州。渭州在"平凉一境，坦平无险，利于驰突"②。如何防守渭州之险，抵御西夏奔冲之骑兵，年轻的曹玮最先做的一件事即是疏浚堑壕，以阻敌骑之奔冲。曾公亮言：

> 宋咸平中，曹玮守边，自（渭）州界循陇山东剙边壕数百里，颇得守御之要。③

又称：

> 宋咸平初，诏曹玮修筑建军，自陇山而东，缘古长城开浚壕堑。④

但《宋史》本传中及李焘《续资治通鉴长编》中均将开浚壕堑之事置于景德

---

① （宋）李焘：《续资治通鉴长编》卷88大中祥符九年十一月壬子条。
② （宋）曾公亮：《武经总要前集》卷18《泾原仪渭镇戎德顺军路》。
③ （宋）曾公亮：《武经总要前集》卷18《泾原仪渭镇戎德顺军路》。
④ （宋）曾公亮：《武经总要前集》卷18《泾原仪渭镇戎德顺军路》。

二年，地点则在镇戎军。《宋史·曹玮传》：

> （曹玮）以镇戎军据平地，便于骑战，非中国之利，请自陇山以东，循古长城堑以为限。①

李焘《续资治通鉴长编》卷60载：

> （景德二年五月癸丑）知镇戎军曹玮言："军境川原夷旷，便于骑战，非中国之利，请自陇山而东，缘古长城凿堑为限。"从之。②

时间、地点均与曾公亮异。或许此事起于渭州，而止于镇戎军，时间亦是起于咸平初而终于景德二年，即在渭州与镇戎军一线挖起了一道"数百里"的边壕，与古长城堑合成一道防线，阻止西夏骑兵驰驱南下。北宋由于马源不足，无法装备足够的骑兵与"北骑"相抗。西夏是羊马之国，其人善射，尤其是西夏的"铁鹞子"骑兵更是对宋军产生极大的威胁。宋在河北，即以通渠沟洫来隔限契丹骑兵的南下，而西线边防二千余里，其间平地居多，便于骑战，对宋边防不利。曹玮的这一凿边壕御敌骑之策，虽然不是牢不可破的防线，但在当时的条件下，这种最简单防御工事的修筑不失为一种有效的办法。

景德四年（1007）曹玮升任邠宁环庆路都钤辖兼知邠州后，又于大中祥符二年三月"发兵开浚庆州界壕堑"，但因为赵德明上书宋廷"惧壕堑之沮"，宋廷为了招纳德明，故下诏命曹玮"罢其役"。③大中祥符五年十月，曹玮又修筑渭州东关城壕④；大中祥符六年八月，又修筑镇戎军至原州一线壕堑⑤。

为了加强西北边州对西夏的防御能力，曹玮除了在各地大规模凿边壕

---

① （元）脱脱：《宋史》卷258《曹玮传》。
② （宋）李焘：《续资治通鉴长编》卷60景德二年五月癸丑条。
③ （宋）李焘：《续资治通鉴长编》卷71大中祥符二年三月己卯条。
④ （宋）李焘：《续资治通鉴长编》卷79大中祥符五年十月乙未条。
⑤ （宋）李焘：《续资治通鉴长编》卷79大中祥符六年八月庚辰条。

外，就是修城建寨。《宋史·曹玮传》称：

> 复为泾原路都钤辖兼知渭州，与秦翰破章埋族于武延川，分兵灭拨臧于平凉，于是陇山诸族皆来献地。玮筑堡山外，为笼竿城，募士兵守之。曰："异时秦、渭有警，此必争之地也。"①

李焘《续资治通鉴长编》卷 76 载：

> （大中祥符四年九月丁丑）泾原钤辖曹玮言："陇山外笼竿川熟户蕃户以闲田输官，请于要害地方立堡寨，募弓箭手居之。"②

曾公亮《武经总要前集》则称：

> 德顺军，旧笼竿城也。在六盘山外。祥符中，渭州曹玮言："今陇山外有弃地笼竿川，坦为兵冲，曾无捍蔽，熟户以田输官，因相地形筑城，尽要害之地，以兵戍之，立堡砦，置弓弩手居之。"③

笼竿，又作陇干，曹玮建此城始于大中祥符四年（1011），而毕于大中祥符七年（1014），前后共四年。陇干城建成后，于第二年三月，又建笼竿城外的壕堑。④其后又在山外增建羊牧隆城（后改名隆德砦）、静边、得胜三寨，合称"山外四砦"，陈均言："初，曹玮开山外地，置笼竿四寨。"⑤

---

① （元）脱脱：《宋史》卷 258《曹玮传》。
② （宋）李焘：《续资治通鉴长编》卷 76 大中祥符四年九月丁丑条。
③ （宋）曾公亮：《武经总要前集》卷 18《泾原仪渭镇戎德顺军路》。
④ （宋）李焘：《续资治通鉴长编》卷 83 大中祥符七年十二月戊辰条。
⑤ （宋）陈均：《皇朝编年纲目备要》卷 12 庆历三年春正月条。按：此四砦不一定都是曹玮亲自主持修建，如德胜砦建成在天圣中，这时曹玮已经离开西北。但应是曹玮原计划修建者，故陈均言曹玮修山外四寨。

**曹玮建山外四寨形式表**①

| 旧名 | 今名 | 建城时间 | 地理形势 |
|---|---|---|---|
| 笼竿川 | 笼竿城 | 大中祥符四年 | 自六盘山砦二十里，至瓦亭四十里，又七十里至渭川，西自神林堡四十里，至石门蕃界七十里，东南至仪州一百二十里，东北至镇戎军一百一十里，南好水川。 |
| 羊牧隆城 | 隆德砦 | 天禧中 | 居边壕外，东至笼竿城六十里，西至边壕四十里，南至静边砦四十里，北至德胜砦三十五里，南石门路。 |
| 南市城 | 静边砦 | 天禧二年 | 西控捺陇谷、天麻川戎马来路，南自三角城路入秦州弓门寨，东至神林堡四十里，西至边壕二十里，南至熟户蕃族四十里，北至羊牧隆城四十里。 |
|  | 德胜砦 | 天圣中 | 东南至德顺军八十里，东至李武堡十里，西至边壕十里，南至笼竿城七十里，北至怀远城二十里，又至界瓦川会一百五十里，即西蕃笼（疑为龛）谷也。此武延川，戎马来路，有摘星、开边二堡。 |

陇干城为四砦之首。陇干城建成后，"内为渭州藩篱，外则为秦陇襟带"，成了宋捍御西夏的一大军事要塞。到庆历初，升城为德顺军，这里更成为"蕃汉交易，市邑富邑"的一大边郡都会。②

大中祥符八年（1015）曹玮以英州团练使知秦州，并兼缘边都巡检使、泾原仪渭州镇戎军缘边安抚使，即负责西北五州一军的边境防务。曹玮在秦州时，在修筑堡砦、开浚壕堑这一方面，成绩更加斐然。曾公亮《武经总要前集》称：

（秦州）州境旷远，曹玮在边增筑弓门、冶坊、床穰、静戎、三阳、定西、伏羌、永宁、小落门、咸远凡十砦，浚壕三百八十里。③

《宋史·曹玮传》及李焘《续资治通鉴长编》十砦同。值得注意的是，《宋史·曹玮传》及曹玮行状均称曹玮"筑十砦"，但曾公亮和李焘均言"增筑"十砦。因为这十砦并非始筑于曹玮。又据其他资料，曹玮在秦州还筑有大落门寨、南市城及清水县城。曾公亮《武经总要前集》还记录秦州有天禧

---

① （宋）曾公亮：《武经总要前集》卷18《泾原仪渭镇戎德顺军路》。
② （宋）李焘：《续资治通鉴长编》卷139庆历三年正月丙子条。
③ （宋）曾公亮：《武经总要前集》卷18《秦陇凤翔阶成路》。

年间修筑的"将鸡砦"和"安远砦",天禧四年(1020)九月前,曹玮仍在秦州任职,故此二砦应为曹玮筑。《续资治通鉴长编》卷91还载,天禧二年四月,曹玮"修筑拶啰咙及定边城堡寨壕堑功毕"[①]。则知曹玮在秦州实际修筑城寨为十七座。此外,曹玮还在秦州之西建关一座。

| 城寨名 | 始建时间 | 重建时间 | 地理四至 | 资料出处 |
| --- | --- | --- | --- | --- |
| 弓门砦 | 兴国元年 | 祥符九年 | 东至陇州故关七十里,西至冶坊砦四十里,南至床穰寨六十里,北至边壕,西南至州一百五十里 | 《武经总要前集》卷18 |
| 冶坊砦 | 兴国二年 | 祥符九年 | 东至弓门砦四十里,西至壕门外蕃界五里,南至床穰砦四十五里,北至熟户二里,西南至州一百二十里 | 《武经总要前集》卷18 |
| 床穰砦 | 开宝九年 | 祥符九年 | 东至冶坊砦四十里,西至静戎砦四十里,东至州一百五十里,东南至清水县十里,北至蕃界二里 | 《武经总要前集》卷18 |
| 静戎砦 | 太平兴国中 | 祥符九年 | 东至床穰砦四十里,西至三阳砦四十里,南至陇城界五里,北至蕃界五里 | 《武经总要前集》卷18 |
| 三阳砦 | 开宝中 | 祥符九年 | 东至静戎砦四十五里,西至定西砦十三里,南至州三十五里,北至蕃界七里 | 《武经总要前集》卷18 |
| 定西砦 | 太平兴国中 | 祥符九年 | 东至三阳砦十五里,西至伏羌砦四十里,南至州四十里,北至蕃界五里 | 《武经总要前集》卷18 |
| 伏羌砦 | 建隆中 | 祥符九年 | 东至定西砦四十里,南至永宁砦三十里,南至夕阳镇三十里 | 《武经总要前集》卷18 |
| 永宁砦(尚书寨) | 建隆中至道三年改 | 祥符九年 | 东至伏羌砦三十里,西至来远砦二十里,南至小落门砦三十里,北至宗哥城九百里 | 《武经总要前集》卷18 |
| 小落门砦(来远砦) | | 祥符九年 | 至州一百四十里,东至宁远砦三十里,西南至威远砦八里,北至来远砦二十里 | 《武经总要前集》卷18 |
| 威远砦(枭篾砦) | 祥符二年 | 祥符七年 | 东至小落门砦五里,西至缘门外蕃部三里,南至马鬃砦十二里,北至来远砦八里 | 《长编》卷83、《武经总要前集》卷18 |
| 大落门砦(安边砦) | 雍熙中 | 祥符九年 | 东至永宁砦三十里,西至威远砦八里,北至来远砦二十里 | 《武经总要前集》卷18 |

---

① (宋)李焘:《续资治通鉴长编》卷91天禧二年四月己巳条。

续表

| 城寨名 | 始建时间 | 重建时间 | 地理四至 | 资料出处 |
|---|---|---|---|---|
| 静边砦（南市城） | | 天禧二年 | 东至神林堡四十里，西至边壕二十里，南至熟户蕃族四十里，北至羊牧隆城四十里 | 《武经总要前集》卷18 |
| 捺啰咙城 | | 天禧二年 | 捺啰咙即者龙，西蕃之要地，在永宁寨西五十一里 | 《武经总要前集》卷18、《长编》卷91 |
| 定边砦 | | 天禧二年 | 至本州一百八十里，东至陇州定成镇四十里，西南至清水县八十里，西至弓门砦三十里 | 《武经总要前集》卷18、《长编》卷91 |
| 安远砦 | | 天禧三年 | 东至伏羌砦三十里，西至来远砦十里，南至小落门砦三十里，北至生户五十六里 | 《武经总要前集》卷18 |
| 将鸡砦 | | 天禧中 | 东南至古良恭城，西至临江砦五十里，南至驼项砦十五里，北至蕃界约一百里 | 《武经总要前集》卷18 |
| 清水县城 | | 天禧元年 | | 《长编》卷90 |
| 文盈关 | | 不详 | 曹玮守秦州日，于州西立文盈关 | 《龙川别志》卷下 |

曹玮在秦州修筑这些城寨的同时，亦将壕堑的挖掘予以配合。大中祥符七年（1016）四月，挖掘永宁砦西城至捺啰咙一线壕堑"凡五十一里"，用工二十二日。① 大中祥符九年五月，增修十砦完成后，同时在十砦之旁凿壕堑"三百八十里"。② 天禧元年（1017）七月，挖大、小落门砦之间的长壕。③ 天禧二年四月，又挖"捺啰咙及定边城寨堡壕堑"。④ 六月，又筑南市城及缘山壕堑。⑤ 曹玮在秦州五年，始终将修筑堡砦壕堑作为其守边之要务，而且紧抓不放松。据天禧元年曹玮自己称："近役兵夫缮葺诸寨及创掘县镇城壕，凡一百三十七万三千三百六十九功毕。"⑥ 这还不包括天禧元年以后的修筑工程。曹玮开边壕，"率令深广丈五尺，山险不可堑者，因其峭绝治之，使足以限

---

① （宋）李焘：《续资治通鉴长编》卷86大中祥符九年四月丙戌条。原文作"永庆寨"。按：秦州无"永庆寨"，当为"永宁寨"。
② （元）脱脱：《宋史》卷258《曹玮传》。
③ （宋）李焘：《续资治通鉴长编》卷90天禧元年七月戊申条。
④ （宋）李焘：《续资治通鉴长编》卷91天禧二年四月己巳条。
⑤ （宋）李焘：《续资治通鉴长编》卷92天禧二年六月乙未条。
⑥ （宋）李焘：《续资治通鉴长编》卷90天禧元年六月己卯条。

敌，后皆以为法"①。可见，曹玮在秦州主持的这一防务工程之浩大。然而，曹玮完成的这一工程，"皆役属羌、厢兵，工费不出民"②。也就是说，修建如此浩大之工程，并没有对当地的老百姓造成干扰与负担。因此，曹玮不仅受到了宋廷的嘉奖，还被"秦州僧道百姓等以部署曹玮功状请立碑颂"③。这些堡寨壕堑的修筑，在后来的宋夏战争中起了很大作用。宋军以此为据点，进可以威逼西夏，退可以据险防守。无论是军事上的进攻与防守，还是对边境人民的生产、生活的保障，都发挥了重要作用。北宋后期进攻西夏的名将章楶评论称：

> 窃观李继和，曹玮筑寨置堡，其意概可考证。三川、定川两寨，相去才十八里，而山外堡寨处处相望，地里至近，西贼尚或寇略，然不能为大患，捍蔽坚全，至今蒙利。④

正因为曹玮在西北边州筑城建寨，凿掘壕堑的成功，仁宗以后，西北诸将守边大多力主修筑堡寨。范仲淹、种世衡在延州，张亢在河东，李宪、徐禧在熙河，都以兴筑城寨为要，皆效法曹玮矣。

曹玮对秦、渭二州经营的另一意义是：开辟了西域诸国避开西夏劫掠而从秦州入贡的"秦州路"。自李继迁叛宋后，西域诸国入贡宋朝的道路被西夏切断，经常遭到西夏的劫掠，而自曹玮对秦、渭二州的经营后，在渭州置笼竿城，在秦州筑南市城，并置兵把守，将秦、渭二州的交通线连接，正式开通西域各国入宋的"秦州路"。正如《宋会要》所言："天禧四年三月，诏西凉府回鹘自今贡奉，并为秦州路。"⑤《长编》亦言："大食国每入贡，路由沙州西界以抵秦亭（秦州边界）。"⑥秦州成为当时中西交通最为重要的门户，这一点亦应是曹玮经营秦、渭二州所作的贡献。

其二，招置弓箭手屯田，创立北宋陕西地区的弓箭手制度。

---

① （元）脱脱：《宋史》卷258《曹玮传》。
② （元）脱脱：《宋史》卷258《曹玮传》。
③ （宋）李焘：《续资治通鉴长编》卷90天禧元年六月癸巳条。
④ （宋）李焘：《续资治通鉴长编》卷496元符元年三月乙丑条。
⑤ （清）徐松辑：《宋会要辑稿》第195册《方域》21《西凉府》。
⑥ （宋）李焘：《续资治通鉴长编》卷101天圣元年十一月癸卯条。

宋苦于西边战事，故在陕西屯军尤多。屯军一多，许多问题就接踵而来。首先是士兵的质量问题，陕西屯田原是京师派遣的禁军，这些禁军既不能吃苦耐劳，又不能冲锋陷阵，"不足以备战守"①；其次是军队的给养问题，几十万人的吃饭穿衣都必须靠内地供馈，王绚曰："行师十万，月计粮饷以石数者，七万有奇。"②七万石粮食就要十万民伕来供运；几十万人守边，每月就需几十万人奔忙在粮运之中。景德元年（1004），曹玮调任镇戎军后，参照古之兵农合一的办法，于景德二年提出了招募边民充当弓箭手屯田的办法。陕西设弓箭手并非始于曹玮，宋太祖时即"发渭州平凉、潘原二县民治城隍，因立为保毅弓箭手，分戍镇砦"③。但"陕西岁取边人为弓箭手而无所给"，曹玮则"以塞上废地募人为之，若干亩出一卒，若干亩出一马"④。他还建议：

有边民应募为弓箭手者，请给以闲田，蠲其徭赋。有警，可参正兵为前锋，而官无资粮戎械之费。⑤

于是，宋廷下诏：

人给田二顷，出甲士一人，及三顷者，出战马一匹。设堡戍，列部伍，补指挥使以下，据兵有功劳者，亦补军都指挥使，置巡检以统之。⑥

曹玮提出的这一屯田办法主要是解决上述军队质量和军队给养问题。因为募土人充当弓箭手，土人"习障塞蹊隧，晓羌语，耐寒苦"⑦，英勇善战，春秋耕敛，战时为兵，这样可以提高军队素质；每个弓箭手给田两顷，国家不收租税，战时弓箭手自备弓矢粮食参战，国家可以省"资粮戎械之费"，战士既为土著，为保卫自己的生存，故能效死力以卫国家，实为一举三得之策。因

---

① （元）脱脱：《宋史》卷187《兵志》1。
② （宋）徐梦莘：《三朝北盟会编》卷175。
③ （元）脱脱：《宋史》卷190《兵志》4。
④ （宋）王安石：《王临川文集》卷90《彰武军节度使侍中曹穆公行状》。
⑤ （元）脱脱：《宋史》卷190《兵志》4。
⑥ （元）脱脱：《宋史》卷190《兵志》4。
⑦ （元）脱脱：《宋史》卷258《曹玮传》。

此，得到了朝廷的大力支持。曹玮在招募弓箭手时，还创定了一些制度：

> 所募弓箭手，使驰射，较强弱，胜者与田二顷。再更秋获，课市一马，马必胜甲，则加五十亩。①

这就是说，招募弓箭手时是要进行比赛、考试的，只有胜者才能给田二顷。到秋收之后，必须要买一匹能上战场作战的马，这样又可加田五十亩。弓箭手"人给二顷，有马者加五十亩"②就成为了一种制度，直到王韶熙河开边后，仍采用其法。还规定："至三百人以上，团为一指挥。"还在军中建立"马社"，并规定："一马死，众出钱市马。"③这样以保证弓箭手民兵队中的骑兵数量。

大中祥符四年（1011）九月，陇山外笼竿川熟户蕃部以闲田输官，曹玮立即在要害之处建立堡寨，并招募弓箭手居之④；大中祥符九年三月，曹玮得蕃部献地南市城后，别募勇士三千为南市城弓箭手⑤。建堡砦，募弓箭手居之，此法亦为后人仿效：

> 庆历中，蕃部铎厮那等献水洛、结公二城池，因命版筑。又献良肥地数千顷，募弓箭手居之，以为捍御。⑥

可知，曹玮创立的陕西弓箭手制度实际上是与他在陕西州军建城筑寨、挖壕凿堑的思路一致的，即"以为捍御"，均是出自于对北宋西北边州的安全防御。曹玮在镇戎军首创弓箭手制度，到天圣六年（1028）时："镇戎军弓箭手凡五十四指挥，共有七千九百余人。"⑦到庆历以后，泾原仪渭镇戎、德顺军路共有"弓箭手一百四十七指挥，二万一千五百九十七人，马

---

① （元）脱脱：《宋史》卷258《曹玮传》。
② （清）徐松辑：《宋会要辑稿》第173册《兵》4。
③ （元）脱脱：《宋史》卷258《曹玮传》。
④ （宋）李焘：《续资治通鉴长编》卷76大中祥符四年九月丁丑条。
⑤ （宋）李焘：《续资治通鉴长编》卷86大中祥符九年三月乙巳条。
⑥ （宋）曾公亮：《武经总要前集》卷18《泾原仪渭镇戎德顺军路》。
⑦ （清）徐松辑：《宋会要辑稿》第173册《兵》4。

六千五百六十八匹"①。后更发展到秦凤、鄜延、环庆并河东等州军。②范仲淹对曹玮创建的这种弓箭手军队评价很高:"汉家以山为界属户及弓箭手为善斗。"③王安石亦称:"至其重敛,发兵戍守,至今边赖以实,所募皆为精兵。"④后来,范仲淹、刘沪、种世衡等人亦效曹玮之法组织蕃汉弓箭手营田并获得成功,在御夏战争中起了很大的作用。

其三,恩威并举,绥抚夷落,结戎心以固边圉。

宋之西北边州,多为党项、吐蕃部落,而且很多地区两族部落错综杂居。大体来说,陇山、六盘山可以算作党项区和吐蕃区的分界线,陇山、六盘山以北、以东之地为党项居住区,而陇山、六盘山以南、以西之地为吐蕃居住区。正如宋人何亮所言:"西戎既剖分为二,其右乃西戎之东偏,为夏贼之境(指党项),其左乃西戎之西偏,秦、泾、渭、仪之西诸戎是也(指吐蕃)。"⑤但环、庆、灵、凉及德顺、镇戎二军却是二族之分界地区,故有错综混居之现象。这些沿边党项、吐蕃部落,"大者数千家、小者百十家","各有首领"。⑥这些部落分为两大类:"内属者谓之熟户,余谓之生户。"⑦秦州徼外,为羌戎杂居之地,五代以来,一直纷扰多事。太祖时的尚波于事件,太宗时的温仲舒事件,真宗时的张佖事件,吐蕃部落与宋边臣的冲突一直不断。⑧西夏崛起以后,这些沿边蕃部的生熟户均成了宋和西夏争夺的对象。西北边州的党项、吐蕃部落夹在西夏与宋两大势力集团之间,西夏势力张大,"贼愈猖狂,群蕃震惧,绝无斗志。""当时族帐谋归贼者甚多"⑨,但与宋朝结好,则能获利,"蕃部贪财,尤重诚信。朝令夕改,岂可忽诸!伏望深思边计,断自宸衷,结其欢心,啖以厚利"⑩,在这种厚利的政策下,西蕃部落多愿归附宋朝。西北蕃部始终徘徊在这两大势力之间。曹玮久镇西边,对这一边情,他是十分熟悉的,因此,他提出

---

① (宋)曾公亮:《武经总要前集》卷18《泾原仪渭镇戎德顺军路》。
② (元)脱脱:《宋史》卷190《兵志》4。
③ (宋)李焘:《续资治通鉴长编》卷149庆历四年五月壬戌条。
④ (宋)王安石:《王临川文集》卷90《彰武军节度使侍中曹穆公行状》。
⑤ (宋)李焘:《续资治通鉴长编》卷44咸平二年六月戊午条。
⑥ (元)脱脱:《宋史》卷492《吐蕃传》。
⑦ (元)脱脱:《宋史》卷492《吐蕃传》。
⑧ (元)脱脱:《宋史》卷492《吐蕃传》、卷270《高防传》、卷266《温仲舒传》、卷308《张佖传》。
⑨ (元)脱脱:《宋史》卷257《李继和传》。
⑩ (宋)李焘:《续资治通鉴长编》卷51咸平五年三月癸亥条。

了对蕃部要采取"先击后抚"的政策：

> 蕃戎之情，不可专行恩惠，宜先加掩杀，使知畏惧，然后招抚，则悠久之利也。①

真宗之宰相王旦曾评及曹玮称：

> 边臣临事，多不得宜。大凡若能擒驱敌人，则可决策出奇，不然，若能镇静。唯曹玮颇有方略，尝言蕃戎之情，诚伪相半，但当伺察其情实者，推心原待之。奸伪者亦善待而密为之备，彼自以为莫我疑也。或有侵盗，必掩其不虞而败之。②

曹玮以其对"蕃戎之情"的熟悉和了解，对沿边蕃部采取了完全不同的态度和处理办法。其对不顺蕃部多采取"先加掩杀"的军事行动。

| 时间 | 地点 | 掩杀原因 | 部族 | 结果 | 出处 |
|---|---|---|---|---|---|
| 景德元年八月 | 镇戎军 | 附夏 | 党项章埋族 | 斩二百，擒二百 | 《长编》卷57 |
| 祥符六年十二月 | 泾原路 | 违命 | 党项藏才族 | 捕获甚众 | 《长编》卷81 |
| 祥符九年三月 | 秦州 | 立文法 | 吐蕃赏样丹 | 用计杀之 | 《长编》卷86 |
| 祥符九年八月 | 秦州伏羌寨 | 立文法 | 吐蕃厮鸡波、李磨论 | 灭其族帐 | 《长编》卷87 |
| 祥符九年九月 | 秦州三都谷 | 立文法犯境 | 吐蕃唃厮啰、李立遵 | 败其众，斩首千余级 | 《长编》卷88 |
| 祥符九年九月 | 秦州永宁寨 | 不从命 | 吐蕃陇波、他厮麻二族 | 斩首二百级 | 《长编》卷88 |
| 天禧元年二月 | 秦州野吴谷 | 不顺命 | 吐蕃马波叱腊部 | 斩获甚众 | 《长编》卷89 |

---

① （宋）李焘：《续资治通鉴长编》卷85大中祥符八年八月乙未条。
② （宋）李焘：《续资治通鉴长编》卷80大中祥符六年三月戊午条。

续表

| 时间 | 地点 | 掩杀原因 | 部族 | 结果 | 出处 |
|---|---|---|---|---|---|
| 天禧元年二月 | 秦州任奴川 | 立文法 | 吐蕃宗哥族甘遵部 | 用计杀遵 | 《长编》卷89 |
| 天禧元年十一月 | 秦州 | 累岁违命 | 吐蕃鬼留家族 | 讨平之 | 《长编》卷90 |
| 天禧二年四月 | 古渭州吹麻城 | 立文法 | 吐蕃鱼角蝉部 | 破其文法 | 《长编》卷91 |

从上表可以看出,曹玮在西北边州统兵近三十年(此处不计河东、河北),对周边蕃部发动的军事行动或掩杀仅十次,而且多集中在大中祥符九年(1016)至天禧二年(1018)这三年间。因为这三年正是秦州西面吐蕃各部"谋立文法"活动最为猖獗之时。所谓"立文法",即"羌人自计拘相君臣"①,也就是各部族要建立独立的政权。曹玮意识到这一问题严重性,所以,他对吐蕃各部的"立文法"活动展开了一系列的打击,或以军事行动予以击破,或以离间之计,使其文法破散,最后促使吐蕃各部推诚归顺。下面再看看曹玮任职西北边州时期党项、吐蕃各部的归顺情况:

| | 时间 | 归附族帐 | 族属 | 资料来源 |
|---|---|---|---|---|
| 渭州 | 咸平六年六月 | 陇山西延家族首领秃逋内附 | 党项 | 《长编》卷55 |
| 镇戎军 | 景德元年四月 | 康奴等族咱移 | 党项 | 《长编》卷56、《宋史·曹玮传》 |
| | 景德元年九月 | 熟魏族酋长茹罗、兀臧、成王等三族 | 党项 | 《长编》卷57、《宋史·党项传》 |
| | 景德三年五月 | 妙娥、延家、熟魏等大族 | 党项 | 《长编》卷63、《宋史·曹玮传》 |
| | 景德三年九月 | 先叛去酋长苏尚娘 | 党项 | 《宋史·党项传》 |
| | 景德三年十一月 | 移逋撩父族 | 吐蕃 | 《宋史·吐蕃传》 |

---

① (宋)孔平仲:《谈苑》卷1《羌人自计拘相君臣》。

续表

| | 时间 | 归附族帐 | 族属 | 资料来源 |
|---|---|---|---|---|
| 泾原路 | 祥符四年九月 | 叶市族大首领艳奴 | 党项 | 《宋史·党项传》 |
| | 祥符七年五月 | 陇山诸族皆来献地 | 党项 | 《长编》卷76、《宋史·曹玮传》 |
| | 天禧三年三月 | 委乞、骨咩、大门等族来归 | 党项 | 《长编》卷93、《宋史·党项传》 |
| | 天禧四年七月 | 扑咩族马讹率属来附 | 党项 | 《长编》卷96、《宋史·党项传》 |
| 秦州 | 祥符七年五月 | 渭州蕃族唃厮啰率其帐下来归求内附 | 吐蕃 | 《长编》卷82 |
| | 祥符九年三月 | 郭厮敦部献南市地 | 吐蕃 | 《长编》卷96、《宋史·党项传》 |
| | 祥符九年九月 | 吹麻城张小哥部及永宁、小洛门、威远寨首领内附 | 吐蕃 | 《长编》卷80 |
| | 天禧元年十月 | 大小洛门寨末星族郫成斯纳献地 | 吐蕃 | 《长编》卷85 |
| | 天禧元年十一月 | 伏羌寨蕃部阿珠 | 吐蕃 | 《长编》卷90 |
| | 天禧二年二月 | 樊家族九门都首领客厮铎内属 | 党项 | 《长编》卷91、《宋史·党项传》 |
| | 天禧二年四月 | 诸砦羌族及空俞、厮鸡波等族纳质 | 吐蕃 | 《长编》卷91、《宋史·吐蕃传》 |
| | 天禧二年闰四月 | 吹麻城及河州诸族皆破宗哥文法来附 | 吐蕃 | 《长编》卷91、《宋史·吐蕃传》 |
| | 天禧四年三月 | 蕃部阿锡达归顺 | | 《长编》卷95 |

以上是文献中记录的沿边蕃部归顺曹玮的情况。可见，曹玮对于周边蕃部并不是全以武力慑服的"兵战"，更多的是采取招纳绥抚、笼络羁縻的"心战"，以争取周边民族及部落的诚心归服。对于归附者，不仅赐以袍带、茶綵等物品，而且按照归附者的实力，全部授以蕃官之职。《宋史·曹玮传》称：

> 降者既多，国制属羌百帐以上，其首领为本族军主，次为指挥使，又其次为副指挥使，不及百帐为本族指挥使。其蕃落将校，止于本军叙进。①

① （元）脱脱：《宋史》卷258《曹玮传》。

曹玮又为蕃官颁定俸钱：

> 都军主三千，正军主一、二千，副军主七百，指挥使五百。如官至本族巡检，月给钱五千，米面五石。①

大中祥符九年十一月，秦州属下三阳、定西、伏羌、静戎、冶坊、弓门、床穰等七寨熟户蕃部有一百四十六人被授官，其中二人授都军主，四十一人授军主，五十七人授指挥，余补蕃官。②对于归顺宋朝而又立有功劳者，则给予更高的官职和赏赐。如郭厮敦助曹玮杀赏样丹被封为顺州刺史③，张小哥助曹玮破鱼角蝉文法亦授顺州刺史④，伏羌寨蕃官都军主阿珠因随曹玮出征有功授峰州刺史⑤，等等。天禧元年十月，秦州因蕃部献地而修成大、小落门二寨，但只有默星族郓城斯纳补本族都军主，月给钱三千，而余下的各寨蕃官"虽各补职，未给廪禄"。曹玮遂下令：

> 今请以三寨地基，除官廨营舍所，许民造屋，纳租钱以给其俸。⑥

对于当时河陇吐蕃实力最强的李立遵部则更是给予破格优待恩抚。李立遵，其人为河湟吐蕃势力最大的首领之一，他虽然多次策动唃厮啰入寇，但为了收服立遵，曹玮还是奏请朝廷给以爵赏，并依斯铎督之例，封其为保顺军节度使。三都谷之战，立遵兵败势衰，曹玮还奏请朝廷，每月给立遵衣着五十匹，茶五十斤作俸钱。⑦曹玮的这一方法亦为后人所效仿，成为定规。王安石称曹玮：

---

① （宋）李焘：《续资治通鉴长编》卷90天禧元年六月壬申条、天禧元年十月辛卯条及卷91天禧二年四月甲辰条。《宋史》卷191《兵志》5称："蕃兵首领补兵职者，月俸钱三千至三百。"
② （宋）李焘：《续资治通鉴长编》卷88大中祥符九年十一月丁未条。
③ （宋）李焘：《续资治通鉴长编》卷86大中祥符九年三月乙巳条。
④ （宋）李焘：《续资治通鉴长编》卷88大中祥符九年十一月丁未条。
⑤ （宋）李焘：《续资治通鉴长编》卷90天禧元年十一月庚子条。
⑥ （宋）李焘：《续资治通鉴长编》卷90天禧元年十月辛卯条。
⑦ （宋）李焘：《续资治通鉴长编》卷103天圣三年正月附事。

请补内附羌百族帐以上为军主，假以勋阶爵秩如王官，至今皆为成法。①

这是曹玮对周边蕃部上层分子的恩抚。其对沿边熟户及蕃部平民亦很注意笼络。他知道，团结熟户，即可以使之成为屏障西陲的藩篱。环庆一带，边民经常收买熟户之田土，致使熟户"单弱不能自存"②而投奔夏国。曹玮到任后，一方面禁止边民市熟户田，另一方面将边民所买之田全部退还，使沿边熟户有安身立命之地。并且下令："后有犯者，迁其家内地。"③原来对叛逃的熟户，边将多行杀戮，曹玮治秦时，却以招安的形式，"令入马赎罪还故地，至者数千人"④，使大量的叛羌能返归家园。秦州文盈关为一要害地，关左右皆为蕃族，"玮以恩信结之，咸为之用，故秦州每岁出兵，以守文盈关而已。秦州所守即寡，则州兵虽少而用足，粮草可以自给。自后帅臣守其旧规，不改增。"⑤曹玮这一系列恩抚羁縻的措施收到了很大的效果，熟户蕃民对他十分感戴，"每言及玮，则加手于顶，呼之为父"⑥，他每到一处，蕃族闻玮至，就有大量蕃民归附⑦。就连"峻酷专恣"⑧一直与宋为敌的李立遵在曹玮的感召之下也上言："愿罢兵，岁入贡，约蕃汉为一家。"⑨自此以后，秦州之西几十年无吐蕃之患，蕃汉行甥舅之好，边境无风尘之警，以致秦民"愿刊石颂功，以信不朽"⑩。仁宗时王尧臣言：

---

① （宋）王安石：《王临川文集》卷 90《彰武军节度使侍中曹穆公行状》。
② （元）脱脱：《宋史》卷 258《曹玮传》。
③ （元）脱脱：《宋史》卷 258《曹玮传》。
④ （元）脱脱：《宋史》卷 258《曹玮传》。
⑤ （宋）苏辙：《龙川别志》卷下《曹玮》。
⑥ （宋）朱熹：《五朝名臣言行录》卷 3 之 5《枢密曹武穆公》。
⑦ （宋）李焘：《续资治通鉴长编》卷 93 天禧三年三月壬申条。
⑧ （宋）杨仲良：《皇宋续资治通鉴长纪事本末》卷 26《渭州蕃族唃厮啰叛服》。党项、吐蕃部落之民习惯用"父"或"老子"来尊呼自己敬畏的人。《宋史》卷 277《郑文宝传》："（文宝）晓达蕃情，习其语，经由部落。每宿酋长帐中，其人或呼为父。"（宋）范仲淹：《范文正公文集》卷 15《东染院使种君墓志铭》称种世衡知环州时去见牛家族首领奴讹时，奴讹"乃与族众拜伏诣而呼曰：今而后，惟'父'所使。"（宋）陆游：《老学庵笔记》卷 1："西人所谓'大范老子'、'小范老子'，盖尊之以为父也。"
⑨ （元）脱脱：《宋史》卷 258《曹玮传》。
⑩ （宋）宋庠：《元宪集》卷 36《赠侍中曹公行状》。

> 泾原路熟户万四百七十余帐，帐之首领，各有职名。曹玮率本路，威令明著，常用之平西羌。①

真宗时王旦亦称：

> 曹玮知秦州，羌戎警服，边境之事，玮处之已尽其宜矣。②

这对曹玮应是十分合适的评价。曹玮结戎心以固边围，不仅对巩固北宋西北边防作出了贡献，而且在客观上给蕃汉两族人民带来了一定的利益。以致当时曹玮之名"威震西域"，李焘《续资治通鉴长编》卷109载：

> （曹玮）将兵几四十年，未尝少失利，自三都之捷，威震西域，嘉勒斯赉每闻玮名，即望玮所出，东向合手加颡。契丹使过天雄，部勒其下曰："曹公在此，毋纵骑驰驱也。"③

可见，曹玮在西北二边享名之盛。因此，完全可以认为，在北宋时期，曹玮是一位难得的有政治头脑的优秀军事家。在北宋众多的御边名将中，他也是极为突出的一人。

原载《北方民族大学学报》2013 年第 5 期

---

① （宋）赵汝愚：《宋朝名臣奏议》卷 125《兵门·蕃兵》。
② （宋）李焘：《续资治通鉴长编》卷 88 大中祥符九年十一月壬子条。
③ （宋）李焘：《续资治通鉴长编》卷 109 天圣八年春正月甲戌条。

# 北宋与西北各族的马贸易

一

北宋一代，宋王朝对马匹的需求，主要依靠与周边民族的贸易来获取，这是众所周知的事实。然而，只要稍事考察即可发现，在整个北宋与周边民族的马贸易中，表现得最兴旺、最活跃的是北宋与西北民族的马贸易。可以这样认为，所谓北宋的马贸易，就其所占比例与重要性而言，主要是指与西北民族的马贸易。

首先从买马来看。其一，买马地区。北宋对西北民族的买马地区主要都在陕西、河东两路，川峡仅一文州。宋太宗时，在全国设有33处买马，"河东则麟、府、丰、岚州、火山军、唐龙镇、浊轮砦，陕西则秦、渭、泾、原、仪、延、环、庆、阶州、镇戎、保安军、制胜关、浩亹府、河西则灵、绥、银、夏，川峡则益、文、黎、雅、戎、茂、夔州、永康军，京东则登州"①。这里面除益、夔、戎、登、黎、雅等六州外，直接对西北民族的买马

---

① （元）脱脱：《宋史》卷191《兵志》12《马政》。按：川峡七州一军的买马场，实际上只有文州、茂州及永康军是对西北民族的买马，文、茂州本身就是西北民族的居住区，故不另举材料。永康军，据《宋史》卷198《兵志》12："景祐元年，御史中丞韩亿言：蕃部以马抵永康军中卖，所得至少，徒使羌人知蜀山川道路，非计之得。"可见入永康军卖马者为羌。其夔、益、戎、黎、雅五州均是对西南民族的买马。夔州：（咸平六年）三月，夔州路转运使丁谓言黔南蛮族颇有善马，请致馆设，给缯帛，每岁收市。益州：（庆历八年）正月十二日，知成都府路蔡延庆言邛部川蛮王苴克等遣首领，愿以马中买入汉。以上《宋会要辑稿》第183册《兵》22。戎州：其他如戎、泸等州，岁与蛮人为市。黎州：其二曰羁縻马，产西南诸蛮短小不及格，今黎、叙等五州所产是也。以上《宋史》卷198《兵志》12。雅州，在黎州之南，亦当为"黎、叙等五州"之一，亦是对西南地区的买马地。以上卖马民族为诸蛮，登州则是对女真族的买马地，《宋会要辑稿》第183册《兵》22：（元丰五年）正月二十六日诏，在先朝时，女真常至登州卖马。后闻女真马行道径已属高丽隔绝，岁久不至。今朝廷与高丽遣使往还，可降诏与国主，谕旨女真，如愿以马与中国为市，宜许假道。

地方就有27处①，占全国比例的80%；宋真宗时，在全国曾设立19个市马务，"凡市马之处，河东则府州、岢岚军，陕西则秦、渭、泾、原、仪、环、庆、阶、文州、镇戎军，川峡则益、黎、戎、茂、雅、夔州、永康军，皆置务"②。这里面对西北民族的市马务就有14处③，占全国比例的74%，其中还不包括北宋对西夏开放的榷场及和市堡寨；到了北宋后期，除了偶尔在四川黎州等地向西南民族买马以外，几乎所有的买马场都是对西北民族开放的马贸易场所，所以，马端临说："自是国马专仰市于熙河秦凤矣。"④其二，买马数量。北宋对西北民族的买马数量，虽然各族之间不尽相同，而且间有起伏，然而，从整体上看，基本上终北宋一代，保持了兴盛之况，"宋初市马沿边，陕右诸州最盛，河东、川峡仅居其半"⑤。陕右、河东都是对西北民族的买马地区。《宋史·兵志》又言："宋初，市马唯河东、陕西、川峡三路。"⑥那么，可以据此推断，宋初对西北民族的买马量当占全国买马数量的75%以上。宋中期，北面的马源已断⑦，西南买马量极微（详见后述），这一时期北宋对西北民族的买马数量至少要占全国比例的90%以上，甚至有100%，这从景祐三年所立的买马额便可得知。⑧至北宋后期，除四川黎州等地能买极少量的"羁縻马"外，其主要马源完全依靠西北民族供贲，吕颐浩说："宋朝以茶易马于秦州，置提举茶马司，凡中国战马，皆自此路得之。"⑨就是到了宋徽宗的政、宣年间，其对西北民族的买马量还保持在二三万匹之间。

其次从贡马看。对周边民族向北宋的贡马，余作过一个统计，总计贡马次数为242次，其中西北民族对北宋的贡马为176次（主要指吐蕃、回鹘、党项），周边其他各族为66次（主要有契丹、女真、西南夷、大理），西北民族的贡马为西南、东北各族总和的两倍半。贡马中有数据可查者，在东北

---

① （宋）李焘：《续资治通鉴长编》卷104 天圣四年九月戊申条。
② （宋）李焘：《续资治通鉴长编》卷43 咸平元年十一月戊午条。
③ （宋）李焘：《续资治通鉴长编》卷43 咸平元年十一月戊辰条。
④ （宋）马端临：《文献通考》卷160《马政》。
⑤ （清）吴广成：《西夏书事》卷3 建隆三年夏四月条。
⑥ （元）脱脱：《宋史》卷191《兵志》12《马政》。
⑦ 但在庆历元年（1041）后，由于国家缺马严重，又在河北沿边州军置场对契丹市马。（清）徐松辑：《宋会要辑稿》第183册《兵》22。
⑧ （清）徐松辑：《宋会要辑稿》第184册《兵》24。
⑨ （宋）吕颐浩：《忠穆集》卷8《燕魏杂记》。

与西南各族中，贡马百匹以上者仅 10 次（其中 9 次在契丹，1 次在西南夷），500 匹以上者仅 1 次（在契丹）。而西北民族的贡马，百匹以上者有 20 次，其中千匹以上者有 6 次。① 可见，西北民族贡马的数量也远远超过了其他民族贡马数量的总和。

再从民间马贸易看，由于民间马贸易很难从史籍中勾出具体的数据来，也就无法与其他民族进行比较，但自五代以来，民间马贸易都十分发达。特别是藩镇市马："五代藩镇多遣亲吏往诸道回图贩易，所过皆免其算，既多财，则务为奢僭，养马至千余匹。"② 从北宋王朝禁民市马的法令屡次颁下，就可以得知西北民族与汉人之间的民间马贸易也相当发达。太平兴国六年十二月辛卯，禁"富人市内属戎人马"③。咸平五年二月甲午：

  审刑院上秦州私贩马条例：自今一匹杖一百，十匹徒一年，二十匹加一等，三十匹奏裁，其马纳官，以半价给告事人。④

康定初，"出内库珠，偿马值，又禁边臣私市"⑤。不仅民间马贸易屡禁不止，而且还经常出现靠"市鬻戎马为利"⑥ 的大马商，如太宗时的仇绪⑦，仁宗时的陈贵⑧，神宗时的王震⑨。以至有时宋王朝的边州市马还不得不依靠马商们帮助买马，可见民间马贸易的发达。

从上述史实可以看出，在北宋的马贸易中，其与西北民族的马贸易是极为兴盛的，为什么？虽然原因甚多，并且各族亦不尽相同，但是，他们中间共同的原因主要是以下两条：

第一，北宋王朝在国防上对西北民族的供马存在着严重的依赖性。

---

① 以上数据依《宋史》、《宋会要辑稿》、《玉海》、《山堂考索》诸书中周边各族向宋王朝贡马次数累计而得。
② （宋）李焘：《续资治通鉴长编》卷 18 太平兴国二年正月丙寅条。
③ （宋）佚名：《宋大诏令集》卷 181《政事》34。
④ （宋）李焘：《续资治通鉴长编》卷 51 咸平五年二月甲午条。
⑤ （元）脱脱：《宋史》卷 186《兵志》。
⑥ （清）徐松辑：《宋会要辑稿》第 184 册《兵》24。
⑦ （清）徐松辑：《宋会要辑稿》第 184 册《兵》24。
⑧ （宋）司马光：《涑水记闻》卷 10 宝元二年五月壬子条。
⑨ （元）脱脱：《宋史》卷 175《食货志》。

北宋有两大强敌，北为契丹，西为西夏，他们强大的骑兵都给宋王朝的边境安全带来严重威胁。首先从契丹来看，在宋辽边境上，契丹占有燕云十六州这一军事要地，因而扼制了通达中原地区的华北平原，在这块广阔的平原上，"地若坻平，目与天尽，不见堆阜"[1]，正是有利于骑兵的战斗之地，而从北宋京师直至河北边境又都是四战之地而无险可守，戎骑一动，就直接威胁京师。契丹不仅占据了燕云十六州，而且还占据了中国北部最优良的牧场和战马出产地。宋人晁补之说："自图志言之，多马之地，半出于胡"[2]，长城以北有名的"代马"，尽为其所用。辽道宗大安时，"牧马蕃息多至百万"[3]，辽代末年，"天祚初年马犹有数万群，每群不下千匹"[4]，"辽御马数十万，牧于碛外，女真以绝远未之取皆为大实（即耶律大石）所得"[5]。可见，契丹的养马是惊人的。国家养马多，装备的骑兵必然也多。契丹为了对宋朝构成军事威胁，光在山后四镇就常备有近十万精锐骑兵随时都可以驱马南牧，而且契丹的骑兵都是按"正军一员，马三匹"[6]的标准来配备，可见其战斗力和机动性比一般北方民族一人两马[7]的骑兵还要强些。所以，北宋王朝要想与这样一支强大的骑兵抗衡，没有一支与之匹敌的骑兵是绝对不行的。

再从西夏来看，该国的主要民族本就是"衣皮毛，事畜牧"[8]的游牧民族，"善骑射，习战斗"[9]乃西夏之长，西夏还专门组织和训练了一支叫"铁鹞子"的骑兵，这种骑兵能"百里而走，千里而期，最能倏往忽来，若电击云飞"[10]。从李继迁时代起，西夏精锐骑兵就常常给北宋西北边境之安全带来严重威胁，他们"逐水草畜牧，无定居，便于战斗，利则进，不利则走"[11]。使宋朝西北边疆的驻防军队往往处于被动挨打的地位。赵元昊攻占河西以后，号称"畜牧甲

---

[1] （宋）宋祁：《景文集》卷29《直言对》。
[2] （宋）晁补之：《鸡肋集》卷34《论北事书》。
[3] （元）脱脱：《辽史》卷24《道宗纪》4。
[4] （清）嵇璜：《钦定续文献通考》卷133《兵考·马政》。
[5] （宋）叶隆礼：《契丹国志》卷19《大实传》。
[6] （元）脱脱：《辽史》卷34《兵卫》上。
[7] （宋）马永卿：《嬾真子录》卷3《仆自南渡以来》载："北人长于骑射，其所以取胜，独以马耳，故一人复有两马。"
[8] （元）脱脱：《宋史》卷485《夏国传》。
[9] （宋）蔡襄：《忠惠集》卷19《论地形胜负》。
[10] （宋）蔡襄：《忠惠集》卷19《论地形胜负》。
[11] （宋）曾公亮：《武经总要后集》卷8《方略》。

天下"①的甘凉产马区尽归西夏所有，这样，西夏骑兵的进击能动性更为加大，所以，要想抵御这样一支骑兵的进犯，如果没有一支相应的骑兵与之驰逐也是不行的。

北部御契丹，需要有强大的骑兵，西部抗西夏亦需要强大的骑兵，要建设一支与西北二敌相抗的骑兵，第一个要素，就需要保证充足的马源。而确保马源的方策有二：第一，由国家自行牧马，自生繁息；第二，向周边民族购买战马。然而，北宋王朝的养马并不理想，在天禧以前，国家虽然拥有京城六监、诸州十八监的牧监之数②，而真正能提供战马的牧监却为量甚微；而在天禧以后，牧监养马更为衰败，所养之马耗费极大，所得之马质劣数鲜，仅举一例便可得知，熙宁八年四月，中书枢密院言：

> 河南北十二监，起熙宁二年至熙宁五年，岁出马一千六百四十匹，可给骑兵者二百六十四，余仅足配邮传。③

而司马光又言："两监岁费五十六万缗，所息之马三万缗可买"，以致熙宁八年冬，"诏书废天下马监，止留沙苑一监"。④由于宋王朝国家养马的衰败，为了保证国防上需要的马源，宋王朝从开国起主要就是采用确保马源的第二个方案，即求助于对周边民族的马贸易。明人邱濬言："自唐以后，中国马不足，往往出于互市。"⑤南宋人员兴宗也说："臣闻固国之方，在于置卫，置卫之实，在于市马。"⑥因此，对周边民族的马贸易就成了北宋国防中第一件大事。

然而，在北宋与周边民族的马贸易中，第一个严重问题就是北方民族对宋的马贸易遭到契丹的严重破坏。宋初，契丹、女真都与宋王朝保持着正常的马贸易关系。据曾公亮言：

---

① （元）脱脱：《金史》卷134《西夏传》。
② （宋）林駉：《古今源流至论续集》卷2《马政》。
③ （宋）陈均：《皇朝编年纲目备要》卷20熙宁八年四月条。
④ （宋）司马光：《涑水记闻》卷15《吴冲卿、蔡子正等为枢密副使》。
⑤ （宋）邱濬：《大学衍义补》卷125《牧马之政》。
⑥ （宋）员兴宗：《九华集》卷7《议国马疏》。

开宝以前，女真内附，产良马通中国贸易，诏登州大谢岛人户等特免地租，令许置船，渡女真马往来。①

而且，女真的卖马为量还不小，张齐贤说："旧日女真卖马，岁不下万匹。"②自太平兴国四年宋太宗吞灭北汉以后，宋与契丹进入了直接的紧张战争状态。因此，禁止马匹南输就成了契丹削弱宋方军事力量的一项重要措施。自太平兴国四年（979）以后，辽圣宗不仅停止了本国对宋王朝马匹的供应，还"以书遗本州刺史王承美，令毋与中国通市"③。而且于统和九年（宋太宗淳化二年，991）二月，于鸭绿江口修筑威寇、振远、来远三城，并置兵三千戍守，以切断女真从辽河至渤海湾至北宋的马贸易商路。④"淳化中，契丹去海岸四百里建砦，置兵三千，女真朝贡遂绝。"⑤（澶渊之盟后，这一商路曾一度恢复，但不久又废。）在国内亦严禁部民卖马于宋，并规定鬻马出界者，"其法至死"⑥。这样，在契丹的严重破坏下，宋王朝北面马源基本断绝。

北宋同周边民族马贸易所遇到的第二个问题就是西南民族所产之马质量太低。虽然，在宋太祖时对西南民族的买马就已经开始，而且，买马地区分布也很广，宋真宗时，置场到"黔州之南"收市马匹。但是，由于这一地区所产之马质量都不高，"凡马所出，以府州为最，文雅诸州为下，止给本处兵及充马铺"⑦。西南马的主要缺点是"格尺短小，不堪行阵"⑧。陆游笔下的西南马则更成为弱不禁风之马：

国家一从失西陲，年年买马西南夷。瘴乡所产非权奇，边头岁入几番皮。崔嵬瘦骨带火印，离立欲不禁风吹。⑨

---

① （宋）曾公亮：《武经总要前集》卷16《登州附见》。
② （宋）李焘：《续资治通鉴长编》卷51咸平五年二月甲午条。
③ （宋）李焘：《续资治通鉴长编》卷21太平兴国五年九月丙寅条。
④ （元）脱脱：《辽史》卷13《圣宗纪》4。
⑤ （宋）曾公亮：《武经总要前集》卷16上《登州附见》。
⑥ （宋）欧阳修：《欧阳文忠公集》卷13《请耕禁地劄子》。
⑦ （清）徐松辑：《宋会要辑稿》第184册《兵》24。
⑧ （宋）李心传：《建炎以来朝野杂记甲集》卷18《川秦买马》。
⑨ （宋）陆游：《剑南诗稿校注》卷5《龙眠画马》。

所以，北宋王朝对西南民族的买马一直为量很小（熙河开边以来，有几次西北马道梗阻，而蜀边买马增多）。北面的马源断绝，西南的马匹量少质差，所以，整个北宋国防上需要的大量马匹就不得不完全转向对西北民族的依赖，这就是北宋与西北民族马贸易兴盛的第一个根本原因。

第二，西北民族在经济上对宋王朝存在着严重的依赖性。

西北民族，宋代主要指吐蕃、回鹘、党项三族。这三族在未定居西北地区以前，都是"逐水草而居"的游牧民族。定居西北以后，虽然这三族中有许多部落受汉民族的影响已经开始了农耕生产，但是，这三个民族的主要经济依然没有离开畜牧生产，而特别是养马业更是其畜牧经济中的重要部门。下面从这三个民族居住的主要地区来看：

（一）吐蕃民族的主要居地。吐蕃民族除了一部分"熟户"居住于陕右诸州军的边境之内，其主要居地分为凉州地区和河湟洮岷地区。从陕右诸州至河湟地区至凉州一带，自古以来都是有名的产马区，唐代养马最盛时，其主要牧监都设于这一带，宋人王韶说："熙河出马最多。"①而特别是凉州更是一大产马区，《五代史》言："河西、陇右三十三州，凉州最大，土沃物繁，而人富乐，其地宜马，唐置八监，牧马三十三万匹。"②河西、陇右的吐蕃居地，在藏文文献中称之为安多藏区，而藏文史籍则称之为"安多马区"③，盖以其地产马而得名。

（二）回鹘民族的主要居地。回鹘民族是一个善于养马的游牧民族，未西迁以前，有名的"回鹘马"就滥觞于唐王朝的马贸易市场，西迁以后，该民族除了极少部分居住凉州、秦州地区以外，其主要部分分布于甘州以西的广大地区，其中甘、肃、瓜、沙四州均为回鹘之居地，这一带为有名的祁连山牧区，《太平寰宇记》卷152载：

> 祁连山在张掖、酒泉二郡之上，有松柏、五木，美水茂草，山中冬

---

① （宋）李焘：《续资治通鉴长编》卷254熙宁七年六月丁卯条。
② （宋）欧阳修：《新五代史》卷74《吐蕃传》。
③ 智观巴·贡却乎丹巴绕吉著，吴均等译：《安多政教史》，第1编第1章，甘肃民族出版社，1989年，第5页。

温夏凉，宜放牧。①

特别是处于新疆吐鲁番地区的西州回鹘，其养马业更为发达。《宋史·高昌传》云：

> （高昌）地多马，王及王后、太子各养马，放牧平川中，弥亘百余里，以毛色分别为群，莫知其数。②

而且，回鹘马多为良马，故其进贡多称之为"名马"。由于良马多，故马价亦廉，"善马直绢一匹"③。

（三）党项民族的主要居地。党项民族的主要居地如子河汊、地斤泽、横山、天都山一带都是著名的产马区。《宋史·种谔传》云："横山延袤千里，多马宜稼。"④唐前期在这一代设立了盐州八监，唐后期在这一带设立了有名的"银川监"，这个监平均每年产马1754匹⑤，这一带不仅产马多，而且马匹优良，南宋人洪遵言："马出夏国者为上。"⑥在唐元稹的诗中就有"北买党项马，西擒吐蕃鹦"⑦之句，可见，"党项马"在唐代就是最为名贵的商品。至宋代，"府州马"则是这一带党项民族的著名特产，深受宋朝政府及汉人的欢迎。⑧

如上所述，西北三族聚居区大都是良马渊薮，"地愈西北，则马愈良"⑨乃是世所公认的事实。由于西北三族占有极为优越的地理条件，再加上唐末五

---

① （宋）乐史：《太平寰宇记》卷152《陇右道》3《甘州》。
② （元）脱脱：《宋史》卷490《高昌传》。
③ （元）脱脱：《宋史》卷490《高昌传》。
④ （元）脱脱：《宋史》卷335《种谔传》。
⑤ （宋）王溥：《唐会要》卷66《群牧使》。
⑥ （明）杨士奇：《历代名臣奏议》卷242《洪遵论买马劄子》。
⑦ （唐）元稹：《元氏长庆集》卷23《估客乐》。
⑧ （清）徐松辑：《宋会要辑稿》第184册《兵》24："凡马所出，以府州为最，盖生于黄河之中洲曰子河汊者有善种。"
⑨ （宋）周去非：《岭南代答》卷9《蛮马》；（清）徐松辑：《宋会要辑稿》第184册《兵》24有当时对各地马的评价称："凡马之所出，以府州为最，盖生黄河之中洲，曰子河汊者：有善种出环庆者次之，秦渭马虽骨骼高大而蹄薄多病；文雅诸州为下，止给本处兵及充铺马；契丹马骨骼颇劣；河北孳生者，日本群马，因其水土服习而少疾焉；又泉福州、兴化军有洲屿马，皆低弱不被甲。"

代以后的近百年间，中原烽火不息，而西北地区却长期处于一种相对稳定的和平环境中，"兵不事征战，民不睹金革，休养生息几及百年。"①在这种情况下，西北各族人民共同努力，使本民族的经济在原有的基础上大大地向前推进了一步，特别是以养马为主的牧业生产更是得到长足发展。

养马业的发展，对于西北民族来说，马匹除了供本族或本部落使用以外，其剩余马匹主要都是作为商品而投入市场进行贸易。然而，与西北民族临近的三面以及他们相互之间都是以畜牧业为主的国家和民族，他们本身都是马匹的输出者，难有相互进行马贸易的可能，而只有严重缺马的宋王朝才是他们输出马匹的唯一广阔市场。西北各族为了将所剩余的马匹向外倾销以求换取他们所缺乏的物资，在这样一种经济利益的驱使之下，他们都不得不同北宋王朝保持良好的马贸易关系，正如时人所说：

> 夏国所产，羊马毡毯，用之不尽，必以其余与他国交易，而三面戎狄，鬻之不受，故中国和市不能不通。②

不仅夏国如此，吐蕃、回鹘及其他党项部落也莫不如此。

再者，吐蕃、回鹘、党项三族定居西北以后，他们在汉族的影响之下，虽然各民族的经济已经打破了单一的畜牧经济状况，农业和手工业都有了一些相应的发展。但是，他们本身生产的农业、手工业产品远远不能满足本国和本民族的需要（包括经济文化较为发达的西州回鹘），特别是茶、绢二物，更是他们极为缺乏的生活必需品。茶乃是游牧民族不可缺少的饮料，宋人罗愿称："蕃部日饮酥酪，恃茶为命。"③顾亭林说：

> 茶之为物，西戎、吐蕃古今皆仰之。以其腥肉之食，非茶不消；其青稞之熟，非茶不解，故不能不来于此。④

---

① （清）吴广成：《西夏书事》卷2显德六年七月条。
② （宋）司马光：《温国文正司马公集》卷5《论西夏劄子》；（清）戴锡章：《西夏纪》卷12转述其语时，行文略异。
③ （宋）罗愿：《新安志》卷7《洪尚书》。
④ （清）顾炎武：《天下郡国利病书》卷65《王廷相严茶议》。

据当时的市价，"以茶数斤，可以博羊一口"①。可见西北民族视茶之珍贵。绢也是西北民族极为需要的生活用品，由于西北民族在汉族先进生产方式的影响下，其主要生产方式都在由游牧生产向农耕生产和半耕半牧逐渐过渡，封建因素在各族内部都在逐渐增长，因而更加仰慕中原汉族的物质文明，特别是各族的上层贵族对奢侈品的追求，所以，对绢帛的需求就更大。宋朝买马，动辄拨绢数万或数十万匹②，可以反映卖马民族对绢帛的需求。苏轼在论西夏问题中谈道："（西夏）每一使（至），赐予贸易无虑得绢五万余匹，归鬻之其民，匹五六千，民大悦。"③一匹绢在夏国国内卖价高达五六千，民还"大悦"，如果与北宋的绢价每匹一千三百文相比④，就为北宋绢价的四倍以上，就是与契丹的绢价二千五百文相比⑤，也在二倍以上，这么昂贵的价钱，一次卖出就是五万匹，而且每年还要做五六次这样的转贩贸易。可见，西夏人民对绢帛的需求量之大。不仅西夏人民对绢帛的需求量大，而且正在逐渐封建化的西夏统治阶级的上层分子对绢帛的需要更为迫切。要从宋王朝那里获得这些东西，就必须拿宋王朝所缺少的马匹来进行交易，故司马光言之："惟中国者羊马毡毯之所输，茶采百货之所自来也。"司马光还把西北民族在经济上对宋王朝的这种依赖性比作"其人如婴儿，中国哺育之"⑥。西北三族在经济上对宋王朝的依赖，再加上他们自身极强的商业传统，这就是导致北宋与西北民族马贸易兴盛的第二个根本原因。

## 二

北宋与西北民族的马贸易是一项复杂的经济活动。从贸易的形式上来

---

① （宋）李焘：《续资治通鉴长编》卷149庆历四年五月甲申条。
② （元）脱脱：《宋史》卷198《兵志》12："吴奎等议于秦州古渭，永宁砦及原州、德顺军各令置场，京师岁支银四万两、绸绢七万五千匹充马直，不足，以解盐钞并杂支钱给之。"又"庆历五年，出内藏库绢二十万，市马于府州、岢岚军。"（清）徐松辑：《宋会要辑稿》第183册《兵》22："诏令三司于每年合支拨银绢内，只支䌷绢共十万匹，充买马支用。"
③ （宋）苏轼：《经进东坡文集事略》卷32《论夏人事宜劄子》。
④ （日）畑地正宪：《北宋与辽的贸易及其岁赠》，转引自（日）宫崎市定：《北宋时代银绢价格变迁表》，载《史渊》第111辑，昭和49年（1974）。
⑤ （宋）李焘：《续资治通鉴长编》卷138庆历二年十二月辛未条。
⑥ （宋）司马光：《温国文正司马公集》卷5《论西夏劄子》。

看，它包括边州市马、蕃部贡马及民间马贸易三种形式，边州市马又分为券马（又成蕃部马）①和省马（又称纲马）②两种形式。从贸易的对象来看，它包括吐蕃、回鹘、党项三大民族，但是，由于每一个民族又并不是一个统一的国家，而是几个互不统属的割据政权，如回鹘就分为甘州回鹘、西州回鹘、于阗回鹘，甚至瓜、沙州及龟兹都可称作单独的政权。所以，宋王朝的贸易对象就不是三个而是十几个甚至几十个相互割裂的地方民族政权或部落。而且在西北三族中，吐蕃对宋的马贸易则偏重于边州市马，回鹘对宋的马贸易则偏重于贡马，党项与宋的马贸易则偏重于民间马贸易，各有特色，不尽相同。因此，要想将这一经济活动的发展情况阐述得十分全面清楚是比较困难的事情，下面本人仅据各族与宋马贸易的特点对其发展情况分几个时期作一综合扼要的叙述。

（一）太祖、太宗时期的马贸易

公元960年，宋太祖赵匡胤登基以后，一方面加紧进行其削藩集权的工作，另一方面积极地进行统一战争。要使这些工作顺利地完成，马政建设乃是一件不容忽视的大事。宋初的马政却因为五代以来长期的军阀混战，各藩镇根本就顾不上马政建设，所以，《宋史·兵志》言："国马之政，历五代寝废。"③至宋太祖登基后，国家"止有左、右飞龙二院"④。赵匡胤是一个行伍出身的皇帝，深知马匹在军事上的作用，为了加强国家的马政建设，于是"岁遣中使诣边州市马"⑤。由于当时的四川、河东等地还未归入宋王朝的版图，所以，买马地区主要集中在陕右诸州。收复河东以后，北宋对西北民族的买马地区大为扩大，据《长编》卷104载，至雍熙端拱年间，北宋对西北民族的买马地区由陕右诸州已发展为27处：

---

① （清）徐松辑：《宋会要辑稿》第183册《兵》22："每蕃汉商人聚马五七十匹至百匹，谓之一券，每匹至场支钱一千，逐程给以刍粟，首领续食，至京师礼宾院，又给十五日并犒设酒食之费，方诣估马司估所直，以支度支钱帛。又有朝辞分赐锦袄子，银腰带，以所得价钱市场，给公凭免沿路征税，直至出界，计其所直，每匹不下五六十千。"
② （元）脱脱：《宋史》卷198《兵志》12《马政》："边州置场，市蕃马团纲，遣殿侍部送赴阙，或就配诸军，曰省马。"
③ （元）脱脱：《宋史》卷198《兵志》。
④ （宋）王应麟：《玉海》卷149《马政》。
⑤ （元）脱脱：《宋史》卷198《兵志》。

河东则麟（陕西神木县东北）、府（陕西府谷县）、丰（陕西府谷县北）、岚州（山西岚县北）、火山军（山西河曲南）、唐龙镇（陕西府谷一带）、独轮寨（陕西神木县东北），陕西则秦（甘肃天水）、渭（甘肃平凉）、泾（甘肃泾川）、原（甘肃镇原）、仪（甘肃华亭）、延（陕西延安）、环（甘肃环县）、庆（甘肃庆阳）、阶州（甘肃武都）、镇戎（宁夏固原）、保安军（陕西志丹）、制胜关（甘肃泾原一带）、浩门府（青海民和），河西则灵（宁夏灵武）、绥（陕西绥德）、银（陕西米脂西北）、夏州（陕西横山西北）、文州（四川文县）、茂州（四川茂汶羌族自治县）、永康军（四川灌县）。①

宋太宗为了北伐契丹的需要，一方面扩大买马地区，一方面以"善价"市马。当时，国子博士李觉说："议者以为欲国之多马，在乎陷戎以利，使重释而至焉。"②太宗也于太平兴国六年下诏曰："岁于边郡市马，偿以善价。内属戎人驱马诣阙者，悉令县次续食。"③这个"善价"是多少呢？"国家所市戎马直之少者，匹不下二十千，往来资给与赐予，复在数外。"④尽管买马地区的扩大，并且实行"善价"市马，但是，这一时期边州买马数量是不大的，直至宋真宗咸平以前宋对西北民族的买马年额一直是"岁得五千余匹"⑤。为什么这一时期边州买马这样少？其原因有三：

第一，这一时期北路的马源还没有断绝，在京东路的登州地区每年约有上万匹女真良马输入宋王朝。⑥但吐蕃、回鹘党项卖马却被李继迁遮断，"夏人之众，未尝以匹马货易于边鄙"⑦。

第二，"戎人鬻马，官取良而禁驽，又禁民私市，往来道死者甚重，戎人少利，由是岁入之数不充"⑧。

---

① （宋）李焘：《续资治通鉴长编》卷104天圣四年九月戊申条。
② （宋）马端临：《文献通考》卷160《马政》。
③ （宋）章如愚：《山堂考索续集》卷44《马政》。
④ （宋）李焘：《续资治通鉴长编》卷29端拱元年十二月附条。
⑤ （宋）李焘：《续资治通鉴长编》卷43咸平元年十一月戊辰条。
⑥ （宋）李焘：《续资治通鉴长编》卷51咸平五年二月甲午条。
⑦ （宋）李焘：《续资治通鉴长编》卷44咸平二年六月戊午条。
⑧ （宋）李焘：《续资治通鉴长编》卷24太平兴国八年十二月己酉条。

第三，这一时期，虽然朝廷屡禁私市，但西北地区的民间马贸易仍十分活跃。五代以来，藩镇节帅为了扩充自己的军事力量，都经常派遣心腹牙校到西北边州购买西北民族马匹，而中原王朝又无力约制。所以，沿至宋初，民间买马之风大盛：

> 五代藩镇，多遣亲信，往诸道回图贩易，所过皆免其算。既多财，则务为奢侈，养马至千余匹。①

不仅功臣将帅们私购马匹，民间的富豪大商们也争购马匹。《宋大诏令集》卷181云："闻富人多赍金帛，诣塞上私市马，致战骑多阙。"②由于流入民间的马匹太多，以致国家买不到更多的战马，所以，宋太宗即位以后，就马上下令括市民间马匹，太平兴国五年括马竟达173 579匹。③可见，这一时期流入民间的马匹是很多的。

再来看看这一时期的贡马。宋王朝一建立，西北民族的贡马使者就纷至沓来，都想利用马贸易这一关系和日趋强大的中原王朝保持政治和经济上的联系，就连割据夏州的李彝兴也殷勤地向宋王朝献马，一次就是三百匹。④近边的党项诸部，如府州的勒浪族、丰州的藏才族、环州的白马族以及吐蕃的灵武部、秦州部等，纷纷向宋王朝贡马。⑤以贸易经济占主导地位的回鹘民族更是不辞道艰途险，贡马使者经常往返于河西的商路上，而且贡马的数额巨大，如乾德三年（965）十二月，甘州、瓜州、沙州及于阗回鹘共贡马一千匹，附驼五百头。⑥但是，李继迁叛宋攻占灵州以后，这一时期的贡马遭到了党项族的严重破坏，他们在商路上剽掠贡使，劫夺马纲，"恐迁贼旦暮用兵，断彼族卖马之路"⑦。致使太平兴国九年以后至宋真宗咸平以前回鹘贡马完全绝迹。

---

① （宋）李焘：《续资治通鉴长编》卷18太平兴国二年正月丙寅条。
② （宋）佚名：《宋大诏令集》卷181《马政》。
③ （宋）李焘：《续资治通鉴长编》卷21太平兴国五年正月丙子条。
④ （宋）李焘：《续资治通鉴长编》卷3建隆三年四月戊申条。
⑤ （元）脱脱：《宋史》卷491《党项传》及卷492《吐蕃传》。
⑥ （清）徐松辑：《宋会要辑稿》第197册《蕃夷》4。
⑦ （宋）李焘：《续资治通鉴长编》卷49咸平四年十一月丁未条。

## （二）真宗时期的马贸易

宋真宗即位以后，北边契丹虎视中原，山后四镇备兵十万，随时准备南侵；西边的夏州李氏与契丹互为犄角，屡犯边境。西北未平，戎事紧迫，马政建设依然是国防上的头等大事。为了确保战马的来源，宋真宗接受了张齐贤的建议，对西北民族采取了"结以欢心，啖以厚利"①，优给马价的马贸易政策，以期解决国防上急需战马问题。在中央设立一个估马司，"凡市马，掌辨其良驽，平其直，以分给诸监"②。并将原来的三等定价改为35千至8千的23等定价，还鼓励蕃部直接进贡马匹和献尚乘，最高价格可达110千。③在地方州军，设立专门的市马务，还有许多州军设立了专门的招马处，并"每岁皆给以空名敕书，委沿边长吏择牙吏入蕃招募至京师"④。用这样的办法来扩大与西北民族的马贸易。在这一时期，北面马源已被契丹切断，宋王朝以全力投入对西北民族的马贸易，并且多次申令禁止民间私贩马匹，还正式以条例的形式列入国家刑法之中。再加上景德四年（1007）以后，赵德明的归附，西夏马匹也进入了宋王朝的马贸易市场，北宋对西北民族的马贸易去掉了被阻碍和破坏的危险，而进入全盛时期。从买马方面来看，从正史上得不到这一时期的具体买马数量，然而，宋仁宗景祐三年（1035）时颁布的一个再定买马额，却为估算宋真宗时的买马额提供了条件，其买马额如下表：

**景祐三年买马额度表**

| 路 | 陕西 | | | | | 河东 | | | |
|---|---|---|---|---|---|---|---|---|---|
| 州军 | 秦 | 渭 | 阶 | 文 | 环 | 府 | 麟 | 火山 | 保德 | 岢岚 |
| 蕃部马 | 18070 | 2560 | 5000 | 2000 | 301 | 1100 | 420 | 1510 | 320 | |
| 省马 | 500 | 204 | 1000 | 720 | | 460 | | | | 350 |
| 合计 | 18570 | 2764 | 6000 | 2720 | 301 | 1560 | 420 | 1510 | 320 | 350 |
| 比例 | 54% | 8% | 18% | 8% | 1% | 4% | 1% | 4% | 1% | 1% |
| 卖马民族 | 吐蕃 回鹘 | | | 白马鼻家族 | | 党项 | | 诸蕃 | | |

---

① （宋）李焘：《续资治通鉴长编》卷51咸平五年三月癸亥条。
② （元）脱脱：《宋史》卷198《兵志》。
③ （宋）李焘：《续资治通鉴长编》卷43咸平元年十一月戊辰条；（宋）马端临：《文献通考》卷160《马政》却为："三十五千至八十千凡二十三等。"《通考》八十之"十"字疑为衍字，余取李焘之说。
④ （宋）李焘：《续资治通鉴长编》卷43咸平元年十一月戊午条。

这张表明示两点：一、景祐三年的再定买马额蕃部马和省马的总数为34515匹，但这次再定额已经"比除自前放券时患病马数各二分"①。如果加上这被除去的"二分"，那么，景祐以前的买马额就为43144匹，这就和南宋人虞允文所说一致："国家盛时，陕西买马，岁以四万匹为额。"②那么，可以知道宋真宗时宋对西北民族的边州买马额在四万匹以上，再加上当时官吏们为了追求课绩迁升而滥买，所以这一时期对西北民族的实际买马数恐怕要高于此额。二、在西北三族中，北宋对吐蕃民族的贸易额最大，据前引《宋会要辑稿》兵部 24 所载，可以得知，秦、渭、阶、文四州是北宋对吐蕃和回鹘的主要马贸易区，这四州又是直接毗邻吐蕃边境和吐蕃"熟户"的居地，而回鹘最近的甘州一处，离四州最近一处秦州也有 764 公里，地处遥远，且道途多险，其部落或私商驱马于边州来市者必为不多。但不排斥一部分早已定居在"秦陇间"③专门经营马贸易的回鹘马商，他们也会组织马源来上述边州贸易。④秦、渭、阶、文四州对回鹘来说实际上只能起一个招马作用，所以，这四州的买马额实际上是北宋对吐蕃的买马额，那么从上表又可以看出北宋对吐蕃的买马额占全国总额至少 80% 以上。故时人何亮称："中国被征带甲之骑，独取于西戎之西偏（指吐蕃）。"⑤

从贡马来看，在宋王朝"啗以厚利"的马贸易政策下，对西北民族的贡马一是优估其直，二是给以丰厚的回赐。如咸平五年十一月，潘罗支遣使贡马五千匹，"诏厚给马价，别赐采百段、茶百斤"⑥；"大中祥符八年二月，西蕃首领唃厮啰、立遵、温逋欺、木罗丹等并遣牙吏贡名马，估其值约钱七百六十万，诏赐唃厮啰等锦袍、金带、供帐、什物、茶药有差，凡中金七千两，他物称是。"⑦西北民族对宋王朝提供马匹本来就是经济的需要，再加

---

① （清）徐松辑：《宋会要辑稿》第 184 册《兵》24。
② （明）杨士奇：《历代名臣奏议》卷 242《虞允文劄子》。
③ （宋）李焘：《续资治通鉴长编》卷 111 明道元年七月甲戌条："河西回鹘，多缘互市，家秦陇间。"
④ （元）脱脱：《宋史》卷 198《兵》12："旧制，秦州蕃汉人月募得良马二百至京师，给采绢、银碗、腰带、锦袄子、蕃官、自纥隐藏不引至者，并以汉法论罪。岁募及二千，给赏物外，蕃部补蕃官，蕃官转资，回纥百姓加等给赏。"
⑤ （宋）李焘：《续资治通鉴长编》卷 44 咸平二年六月戊午条。
⑥ （元）脱脱：《宋史》卷 492《吐蕃传》。
⑦ （宋）杨仲良：《皇宋续资治通鉴长编纪事本末》卷 26《渭州蕃族唃厮啰叛服》。

上进贡马匹能获得高于马匹的贸易价值的经济利益,并因此而能获更多的汉民族的文化产物,在这种情况下,西北民族的贡马在宋真宗时达到了贡马史上的最高峰。①

**吐蕃贡马**

| 时间 | 贡马者 | 贡马数量 | 时间 | 贡马者 | 贡马数量 |
|---|---|---|---|---|---|
| 咸平元年十一月 | 折逋游龙钵 | 2000余匹 | 祥符元年十一月 | 西凉宗哥族 | 名匹 |
| 咸平二年七月 | 凉州卑宁族 | 名马 | 祥符元年十二月 | 厮铎都 | 马 |
| 咸平四年闰十二月 | 凉州卑宁族 | 名马 | 祥符二年二月 | 厮铎都 | 5匹 |
| 咸平五年十一月 | 潘罗支 | 5000余匹 | 祥符三年八月 | 渭州绰克宗部 | 200余匹 |
| 咸平六年七月 | 潘罗支 | 名马 | 祥符三年十月 | 厮铎都 | 马 |
| 咸平六年七月 | 西凉龛谷懒家族 | 名马 | 祥符三年十月 | 潘失吉 | 马 |
| 咸平六年八月 | 者龙族 | 匹 | 祥符四年二月 | 吐蕃 | 马 |
| 景德元年正月 | 潘罗支 | 3000余匹 | 祥符五年十一月 | 厮铎都 | 马 |
| 景德二年二月 | 厮铎都 | 马 | 祥符八年二月 | 唃厮啰 | 名马 |
| 景德二年三月 | 厮铎都 | 马 | 祥符八年五月 | 厮铎都 | 马 |
| 景德三年四月 | 厮铎都 | 马 | 祥符八年十月 | 厮铎都 | 12匹 |
| 景德三年五月 | 西凉府十族 | | 祥符八年十月 | 潘失吉 | 3匹 |
| 景德三年六月 | 厮铎都 | 马 | 祥符九年正月 | 唃厮啰 | 名马 |
| 景德三年十二月 | 厮铎都 | 马 | 祥符九年九月 | 李立遵 | 马 |
| 景德四年五月 | 厮铎都 | 名马 | 天禧元年十一月 | 唃厮啰 | 名马 |
| 景德六年六月 | 西凉龛谷懒家族 | 名马 | 天禧三年二月 | 唃厮啰 | 马 |
| 景德六年六月 | 潘罗支 | 良马 | 乾兴元年十一月 | 唃厮啰 | 马 |

① 贡马三表根据《宋史》、《续资治通鉴长编》、《玉海》、《山堂考索》诸书中的贡马材料编制。

## 回鹘贡马

| 时间 | 贡马者 | 贡马数量 | 时间 | 贡马者 | 贡马数量 |
| --- | --- | --- | --- | --- | --- |
| 咸平元年四月 | 甘州 | 马 | 祥符三年闰二月 | 龟兹 | 12匹 |
| 咸平二年二月 | 沙州 | 名马2匹 | 祥符三年十一月 | 甘州 | 马 |
| 咸平四年二月 | 龟兹 | 名马 | 相符四年二月 | 甘州 | 马 |
| 咸平四年四月 | 高昌 | 名马 | 祥符五年五月 | 甘州 | 马 |
| 咸平四年七月 | 甘州 | 名马 | 祥符五年五月 | 甘州 | 4匹 |
| 景德元年五月 | 西州 | 名马 | 祥符六年十一月 | 龟兹 | 名马 |
| 景德元年六月 | 高昌 | 良马 | 祥符六年十二月 | 甘州 | 20匹 |
| 景德元年九月 | 甘州 | 战马 | 祥符九年十二月 | 甘州 | 马 |
| 景德二年四月 | 瓜沙州 | 名马 | 天禧元年三月 | 甘州 | 马 |
| 景德四年三月 | 瓜沙州 | 名马 | 天禧元年四月 | 龟兹 | 马 |
| 景德四年闰九月 | 瓜沙州 | 名马 | 天禧元年六月 | 龟兹 | 马 |
| 景德四年十月 | 甘州 | 10匹 | 天禧二年正月 | 甘州 | 马 |
| 景德四年十二月 | 甘州 | 15匹 | 天熙四年三月 | 甘州 | 马 |
| 祥符元年十一月 | 甘州 | 马 | 天熙四年十二月 | 龟兹 | 马 |
| 祥符元年十二月 | 龟兹 | 名马 | 乾兴元年五月 | 龟兹 | 马 |
| 祥符二年元月 | 于阗 | 马 | | | |

## 党项贡马

| 时间 | 贡马者 | 贡马数量 | 时间 | 贡马者 | 贡马数量 |
| --- | --- | --- | --- | --- | --- |
| 咸平元年四月 | 李继迁 | 名马 | 景德四年三月 | 赵德明 | 500匹（附驼200匹） |
| 咸平二年十一月 | 丰州藏才族 | 名马 | 景德四年闰五月 | 赵德明 | 马 |
| 咸平二年十一月 | 丰州藏才八族 | 名马 | 景德四年六月 | 赵德明 | 150匹 |
| 咸平六年七月 | 环州野狸族 | 马 | 祥符二年六月 | 府州兀泥族 | 名马 |
| 景德二年十二月 | 环庆州二族 | 马 | 祥符三年八月 | 赵德明 | 马 |
| 景德三年五月 | 赵德明 | 马 | 祥符四年元月 | 丰州藏才族 | 马 |
| 景德三年七月 | 赵德明 | 150匹 | 祥符四年四月 | 赵德明 | 马 |
| 景德三年八月 | 赵德明 | 1000匹 | 祥符九年十月 | 赵德明 | 24匹 |
| 景德三年十一月 | 赵德明 | 725匹（附驼300匹） | | | |

宋真宗时，同西夏进行的榷场和市贸易也是一宗较大的马贸易。景德四年，赵德明在其父李继迁死后，迫于北宋、吐蕃、回鹘的联合压力，客观形势决定他不得不依附宋朝。在这种情况下，宋对西夏开放了延州保安军榷场，"以缯帛罗绮，易羊马牛驼"[1]。这一时期宋与西夏的榷场马贸易也不会很小，宋常廉先生推估有一万匹左右。[2]虽然，余不认为他的估算很科学，但是，宋同西夏的榷场马贸易量大却是事实，这从德明子元昊的反对就可以得到证明，"德明岁使人以羊马货易于边，课所获多少为赏罚，时将以此杀人。其子元昊年十三，谏曰：'吾本以羊马为国，今反以资中原，所得皆茶彩轻浮之物，适足以骄惰吾民；今又欲以此戮人，茶彩日增，羊马日减，吾国其削乎'"[3]。赵德明为了扩大对宋的马贸易，每次派使者入宋时，总是多带马匹，到宋边境进行贩卖。仅陕西路的榷场贸易远不能满足西夏的需要，在赵德明的多次请求下，至天圣初，宋与西夏的榷场马贸易从陕西路扩展到河东路。可见，赵德明在宋真宗时期大大地扩大和发展了宋与西夏的马贸易，这就是使宋真宗时宋与西北民族马贸易达到最高峰的原因之一。

（三）宋仁宗时期的马贸易

自景德元年（1004）的澶渊之盟以后，宋与契丹的战争宣告结束，开始进入一个新的和平时期，紧接着，李继迁败死于西凉府六谷大首领潘罗支的手中，其子德明新立，于景德四年归附宋王朝，西边的战争也暂告一个段落。西北二边的强敌都向宋王朝伸出了和平的手，宋朝君臣以为从此天下太平，对一些必要的国防建设都看作经济上的虚耗，放松了国家的武备，对于与西北民族的马贸易也有不少人提出了异议。"议者言罢兵之后，颇以国马烦耗，岁费缣缯，虽市得犹众，而损失亦多。"[4]向敏中更是直接要求裁减马匹，他说："近岁边陲撤警，兵革顿销，然诸军战马尚无减省，颇烦经费，望加裁损。"[5]这样，宋王朝对西北民族的马贸易就逐渐放松，从下面三点可以看出：

---

[1] （宋）李焘：《续资治通鉴长编》卷67景德四年十月乙未条；（宋）马端临：《文献通考》卷20《市籴》。
[2] 宋常廉：《北宋的马政》，载《大陆杂志》第25卷第12期，1962年。
[3] （宋）苏轼：《东坡志林》卷3《夷狄》。
[4] （宋）马端临：《文献通考》卷160《马政》。
[5] （清）徐松辑：《宋会要辑稿》第182册《兵》22；（宋）张方平：《乐全集》卷22《请省缘边骑兵事》。

第一，减低了马匹收购价格。宋真宗时，一匹马的最高收购价可高达110千钱①，而宋仁宗宝元二年（1039）的马价第一等只有50千钱②。如果按绢折算，则宋真宗时一匹马最高可以易绢18匹端，而仁宗时却只能易16匹端③，可见，马价下降程度相当大。

第二，提高了马匹的收购标准。宋真宗初年时，收购马匹从三岁至十七岁，"官悉取之"，宋仁宗以后，只准收四岁至十三岁的马匹。④到宋仁宗天圣时，"诏市四岁已上，十岁已下。既而所市不足，群牧司以为言，乃诏入券并省马市三岁已上，十二岁已下"，到后来，更提高到"五岁已上十二岁已下"。⑤这样，实际是将马匹的收买额降低了1/3至2/3弱。

第三，减少了买马地区。宋真宗时，宋在全国设立了19个马市有14个是对西北民族的市马务，就是赵德明据有河西商道后，宋对西北民族的买马地区依然有9处⑥，而至宋仁宗至和年间，由于和平已久，买马场大都废缺，止留下秦州一处场市马⑦。《宋会要辑稿》载："（至和元年，1054）十二月，群牧司言：'自西事后，止置场于秦州。'"又称："嘉祐五年（1060）九月，薛向言：'祖宗朝，环、庆、延、渭、原、秦、阶、文州、镇戎军九处置场市马。其后，岁月寝久，他州郡皆废，唯秦州一处券马尚行。'"⑧

所以，这一时期的西北马贸易不论是买马还是贡马都开始大幅度地下降，特别是康定赵元昊对宋开战以后，宋与西北民族的马贸易更是衰微。

从买马来看，天圣中，宋与西北民族的买马总数只有34900匹⑨，这较宋真宗时买马额下降了几乎一万匹。由于实际买马的减少，不得不于景祐三年重新立额为34515匹。即使是景祐三年的买马额，实际上也没有达到，景祐五年（1038）丁度言："天圣以后，秦、渭、环、阶、麟、府州，火山、保

---

① （清）徐松辑：《宋会要辑稿》第184册《兵》24："有献尚乘者，自百一十千至六十千亦三等。"
② （清）徐松辑：《宋会要辑稿》第182册《兵》22："宝元三年二月十一日，群牧司言和买马价等第。诏第一等五十千，第二等四十千，第三等三十千，第四等二十五千。在京以浙绢估实价，外处支见钱。"
③ （宋）宋祁：《景文集》卷29《论买马劄子》。
④ （清）徐松辑：《宋会要辑稿》第182册《兵》22。
⑤ （元）脱脱：《宋史》卷198《兵志》12。
⑥ （宋）王应麟：《玉海》卷149《马政》载："九场：环、庆、延、渭、原、秦、阶、文州、镇戎军。"
⑦ （清）徐松辑：《宋会要辑稿》第182册《兵》22。
⑧ （清）徐松辑：《宋会要辑稿》第182册《兵》22。
⑨ （宋）李焘：《续资治通鉴长编》卷104天圣四年九月戊申条。

德、岢岚军，岁市马二万二百"①，较天圣时又下降了14700余匹。而宋夏交战的那几年的买马数更为可怜，"自用兵四年，所市马才三万"②。平均每年为7000匹，怪不得《玉海》卷149言："战争数年，市马特三之一。"③（较20200匹额而言）

再从贡马来看，由于宋仁宗时期国家对于西北民族的马贸易并不十分重视，加之西夏已完全占据了河西商道，吐蕃内部也正处于分裂状态，所以贡马并不很多。吐蕃只有寥寥数次，回鹘绕道河湟虽也常贡马于宋，但较宋真宗之时，已衰减不少，宋真宗在位二十四年，回鹘贡马三十一次；宋仁宗在位四十年，回鹘贡马才十九次，其贡马的年比率仁宗较真宗时已少一倍。党项族其他部落的贡马完全断绝，仅西夏本国贡马七次。④

宋与西北民族马贸易的衰败，给宋王朝带来了两大困难。第一，造成了边防军队战马的奇缺。第二，在外交上带来了极大的被动，由于宋王朝对西北民族马贸易政策上的变化，很多西北民族部落由于从宋王朝那里得不到他们所需求的经济利益，纷纷背叛宋王朝而投附西夏。在这种情况下，宋王朝为了"外慰戎心，内为武备"⑤，于是恢复宋真宗时的马贸易政策，"宝元二年五月丙申，群牧司请下秦州增价市马，从之"⑥。韩琦在秦州"招徕诸羌马，优估以市之，又遣使诱唃厮啰进马入汉，厚赏阙直"⑦。庆历五年（1045）府州，岢岚军的买马恢复，至和元年（1054）十二月，又恢复环州、保安军、德顺军的买马场，嘉祐五年（1060）又恢复原、渭州的买马场，并且使秦州券马在嘉祐六年以前恢复到一万四五千匹⑧，几乎接近了景祐三年的再立额。

西夏方面，由于国内的经济力量支撑不住长期战争的负担，交战数年，"赠遗、互市久不通，饮无茶，衣帛贵，国内疲困"⑨，不得不向宋王朝"归

---

① （元）脱脱：《宋史》卷292《丁度传》。
② （宋）马端临：《文献通考》卷160《马政》。
③ （宋）王应麟：《玉海》卷149《马政》。
④ 回鹘西夏贡马数依《宋史》、《续资治通鉴长编》、《宋会要辑稿》、《玉海》、《山堂考索》诸书得。
⑤ （宋）杨仲良：《皇宋续资治通鉴长编纪事本末》卷44《马政》。
⑥ （宋）李焘：《续资治通鉴长编》卷123宝元二年五月丙申条。
⑦ （宋）韩琦：《韩魏公集》卷12《家传》。
⑧ （清）徐松辑：《宋会要辑稿》第182册《兵》22；（宋）李焘：《续资治通鉴长编》177至和元年十二月条、卷218熙宁三年十二月癸未条。
⑨ （宋）李焘：《续资治通鉴长编》卷138庆历二年十二月乙未条。

款",并"数遣使求复互市",这样,宋与西夏的榷场马贸易经过一段时间的关闭又开始恢复,年贸易额达4000匹①,还在沿边一带多处地方展开了次一级的榷场和市贸易②。

### (四)神宗以后的马贸易

宋神宗即位以后,决心奋革前世所遗积弊。对内,起用王安石,推行各种富国强兵的方策;对外,任用王韶、李宪等,开始了以经制西夏为战略方针的开边战争。熙宁五年(1072),对吐蕃部族发动了熙河之役,获得了熙、河、洮、岷、叠、宕六州之地。③在这种情况下,随着国内马政的改革,宋对西北民族马贸易的政策也随之改变。

第一,废除对其他民族的边州买马④,于新建的熙河路设立六个买马场⑤,将西北马贸易重心完全转向由宋王朝控制的吐蕃民族的产马区。

第二,禁榷蜀茶,控制和垄断对吐蕃的茶叶贸易⑥,迫使吐蕃部落以马匹来换取他们"日不可阙"的生活必需品——茶叶。

这样,由于宋王朝在政治上直接控制了吐蕃的熙河产马区,在经济上又掌握了吐蕃民族的弱点,所以,尽管宋王朝已经废弃了前代"啗戎以利"的经济笼络政策,然而,宋王朝的马匹依然能够得到基本保证,洪中孚有一段话很能说明这个问题,哲宗时:

> 上以陕西茶课不登,问曰:神宗朝岷山茶一垛易一马,今茶数倍矣,马不至奈何。对曰:蕃部日饮酥酪,恃茶为命,若稍重茶禁,不急于马,则马自至。⑦

---

① (宋)马端临:《文献通考》卷20《市籴》。
② (元)脱脱:《宋史》卷186《食货志》下8:"西界乞通和市。自夏人攻庆州大顺城,诏罢岁赐,严禁边民无得私相贸易。至是,上章谢罪,乃复许之。后二年,令泾原熟户及河东、陕西边民勿与通市。又二年,因回使议立和市,而私贩不能止,遂申诏诸路禁绝。既而河东转运司请罢吴堡,于宁星和市如旧。而麟州复奏夏人之请,乃令鬻铜、锡以市马。"
③ (元)脱脱:《宋史》卷328《王韶传》。
④ (元)马端临:《文献通考》卷160《马政》载:"废原、渭、德顺诸场,罢麟、府、岢岚、火山市马。"
⑤ (元)脱脱:《宋史》卷《职官志》、(元)马端临:《文献通考》卷160《马政》均言"置熙河买马场六",而《续资治通鉴长编》卷272熙宁九年正月庚午条云:"置熙、河、岷州、通远军、永宁寨买马场。"还有一场,不见其载。
⑥ (元)脱脱:《宋史》卷《食货志》;(清)徐松辑:《宋会要辑稿》第84册《职官》43。
⑦ (宋)罗愿:《新安志》卷7《洪尚书》,嘉庆十七年刻本。

熙宁七年，宋王朝开始禁榷蜀茶，陈均言：

> 及王韶建开湟之策，委以经略，乃命李杞等入蜀买茶，应付熙河、秦凤博马。自是蜀茶始行榷法。①

并且严格规定不准私贩与"戎人贸易"，凡"私贩川茶已过抵接顺蕃处州县，于顺蕃界相去伪界十里内捉获犯人，并从军法"。如将茶子、茶苗"贩卖与诸色人，致博卖入蕃及买之者，并流三千里"②。为了控制为吐蕃人民所喜的雅州名山茶，元丰年间，还作出了专门的规定：

> 雅州名山茶，专用博马，候年终马数足，方许杂买。③

终神宗、哲宗、徽宗三朝，宋对西北民族的买马基本上坚持了榷茶博马的政策。就是在元祐更化之际，熙丰年间所立新法更废殆尽，唯独榷茶博马之法仍然施行，《宋史·黄廉传》云：

> 黄廉按察川陕归奏，"请榷熙秦茶勿改，而许东路通商，禁南茶毋入陕西，以利蜀货，定博马岁额为万八千匹"。④

元符战起，茶榷稍松，至徽宗时，又复行榷法，"法制日严，私贩者因以抵罪"⑤。还规定："诸州茶非博马，辄陈请乞他用者，以违制论。"⑥而且，宋王朝还专门设立了茶马司，以茶马二政统筹兼管，以便于榷茶博马之法的施行。⑦每年大概"支茶五万驮于年额收买战马二万匹"⑧，每匹战马价格值茶

---

① （宋）陈均：《皇宋编年纲目备要》卷19熙宁四年秋七月条。
② （清）徐松辑：《宋会要辑稿》第136册《食货》31。
③ （清）徐松辑：《宋会要辑稿》第84册《职官》43。
④ （元）脱脱：《宋史》卷347《黄廉传》。
⑤ （宋）朱彧：《萍洲可谈》卷2《自崇宁复榷茶》。
⑥ （清）徐松辑：《宋会要辑稿》第184册《兵》24。
⑦ （元）脱脱：《宋史》卷167《职官志》7《都大提举茶马司》："至元丰六年，群牧判官提举买马郭茂恂又言：茶司既不兼买马，遂立法以害马政，恐误国事，乞并茶场买马为一司。"从之。
⑧ （清）徐松辑：《宋会要辑稿》第184册《兵》24。

250斤。

由于宋王朝能基本坚持榷茶博马政策，在经济上掌握了对吐蕃的主动权，而且，至元符以后，宋对吐蕃民族政治上的控制区域更为扩大，连湟、鄯、积石等地也变为宋王朝下属郡县，崇宁二年，还在湟州设置茶马司①，所以，尽管这一时期民族关系十分紧张，主管茶马贸易的官吏对待卖马蕃部的态度十分恶劣②，然而，宋王朝依然从吐蕃部落获得了大量的马匹，正如吴曾所言："蜀茶总入诸蕃市，胡马常从万里来。"③下面将神宗、哲宗、徽宗三朝马贸易数量在史籍中有据可查者勾籍列表如下：

**神哲徽三朝买马表**

| 帝号 | 时间 | 规定买马额 | 实际买马额 | 史料来源 |
|---|---|---|---|---|
| 神宗 | 熙宁七年十二月至八年五月 | 未定额 | 14600余匹 | 《长编》卷246 |
| | 熙宁九年 | 因熙河路新建，仓廪空虚，权停买马 | | 《长编》卷271 |
| | 熙宁十年八月至元丰元年八月 | 15000匹 | 及额 | 《辑稿》职官43 |
| | 元丰元年八月至二年八月 | 15000匹 | 及额 | 《辑稿》职官43 |
| | 元丰二年八月至三年八月 | 15000匹 | 及额 | 《辑稿》职官43 |
| | 元丰三年八月至四年八月 | 15000匹 | 及额外加买3000匹 | 《辑稿》职官43 《长编》卷307 |
| | 元丰四年八月至五年八月 | 20000匹 | 14700匹 | 《辑稿》职官43 |
| | 元丰五年八月至六年八月 | 20000匹 | 16100匹 | 《辑稿》职官43 |
| | 元丰六年八月至七年八月 | 20000匹 | 12000匹 | 《辑稿》职官43 |
| | 元丰八年 | 20000匹 | 不详 | 《辑稿》职官43 |

---

① （宋）李埴：《皇宋十朝纲要》卷16崇宁二年十一月己卯条。
② （清）徐松辑：《宋会要辑稿》第183册《兵》23："（元丰四年）四月十八日上批闻同主管陕西买马司高士言：凡与蕃部交易，动以恶言谩骂之，其侪类没有怨色，亦是阻其来马一涂，可令郭茂恂体究。"
③ （宋）吴曾：《能改斋漫录》卷7《蜀运茶马利害》。

续表

| 帝号 | 时间 | 规定买马额 | 实际买马额 | 史料来源 |
|---|---|---|---|---|
| 哲宗 | 元祐元年至八年 | 18000匹 | 不详 | 《宋史》卷347 |
| | 绍圣元年至二年 | 20000匹 | 溢额 | 《宋史》卷198《诸臣奏议》卷141 |
| | 绍圣二年至三年 | 20000匹 | 及额外另买3000匹 | 《宋史》卷198 |
| | 绍圣三年至四年 | 20000匹 | 及额外另买3000匹 | 《辑稿》兵22 |
| | 元符元年至二年 | 青唐事梗，二年之间，一匹未买 | | 《诸臣奏议》卷141 |
| | 元符二年至三年 | 20000匹 | 10000匹 | 《山堂考索续集》卷44 |
| 徽宗 | 建中靖国元年 | 20000匹 | 溢额 | 《辑稿》职官43 |
| | 崇宁元年至三年 | 20000匹 | 市马十才一二 | 《宋史》卷353 |
| | 崇宁四年 | 20000匹 | 及额外市20000匹 | 《宋史》卷198 |
| | 大观元年至二年 | 20000匹 | 及额外市30000匹 | 《宋史》卷198 |
| | 大观二年至四年 | 20000匹 | 常买不足 | 《辑稿》职官43 |
| | 大观四年八月至政和元年二月 | 半年额10000匹 | 10581匹 | 《辑稿》职官43 |
| | 政和六年二月以前，不知几年所买 | | 45021匹 | 《辑稿》职官43 |
| | 政和六年八月至八年七月 | 两年额40000匹 | 34712匹 | 《辑稿》职官43 |
| | 宣和元年八月至二年七月 | 20000匹 | 11641匹 | 《辑稿》兵24 |
| | 宣和二年八月至三年十月 | 20000匹 | 22834匹 | 《辑稿》职官43 |
| | 宣和三年十二月 | —— | 10000匹 | 《辑稿》兵部22 |
| | 宣和四年九月至五年九月 | 20000匹 | 21945匹 | 《辑稿》职官43 |

从这张表可以看出：神宗以后的买马数的变动，可以分为三个时期：

第一个时期，从神宗熙宁七年以后至哲宗元符以前，买马数基本上是稳定的，主要从其买马额不断增加来看，而且，在这一时期还有元丰后置场的文、阶州、德顺军的买马没有列入年额之内[①]，所以，这一时期榷茶博马成绩是很大的。

---

① （清）徐松辑：《宋会要辑稿》第84册《职官》43。

(宋)李公麟绘西蕃贡马图

第二个时期,哲宗元符以后至徽宗大观四年以前,买马出现了不稳定现象,一时一匹未买,一时买及4万匹。主要原因有:(1)再度对吐蕃战争的影响,蕃部不愿将马入汉。①(2)茶禁一度放松,不少私商贩茶入蕃进行贸易,"其茶入蕃既已充足,缘此,遂不将马入汉中卖"②。(3)买马司的官吏们以茶叶经营其他的商业贸易,追求羡余,贪求功赏,以致缺少茶叶以备博马。③

第三个时期,徽宗政和以后,遵用元丰旧法,再次申禁沿边榷茶专以博马,这样买马数量又逐渐趋于稳定,突破了2万匹之额。直至徽宗末年,"川茶不以博马,唯市珠玉,故马政废"④。

宋神宗以后,西夏、吐蕃与宋王朝一直处于交战时期,故马匹进贡次数极少。然而,这一时期在中西商路上表现最活跃的是于阗回鹘,从熙宁四年到宣和六年,于阗对宋王朝的进贡几乎未曾中断,最盛时一年入贡高达四次,元祐元年十二月于阗进贡的"凤头骢"还被北宋著名画家画入《天马

---

① (宋)赵汝愚:《诸臣奏议》卷141《任伯雨上徽宗论湟鄯》云:"臣闻陕西买马,来年额二万五千匹,将官使臣私下折博不在其数,青唐事梗,一匹不买。"
② (清)徐松辑:《宋会要辑稿》第84册《职官》43。
③ (元)脱脱:《宋史》卷198《兵志》12:"崇宁四年,诏曰:神宗皇帝厉精庶政,经营熙河路茶茶马司以致国马,法制大备。其后监司欲侵夺其利以助籴买,故茶不专,而马不敷额。近虽更立条约,令茶马司总运茶博马之职,犹虑有司苟于目前近利,不顾悠久深害。三省其谨守已行,毋辄变乱元丰成法。"
④ (宋)王明清:《挥麈前录》卷1《高宗用人纳言皆有明见》。

图》中①，下列这一时期的回鹘贡马②：

**神哲徽三朝回鹘贡马表**

| 时间 | 贡马者 | 贡品 | 时间 | 贡马者 | 贡品 |
|---|---|---|---|---|---|
| 熙宁四年二月 | 于阗 | 马 | 熙宁五年十二月 | 于阗 | 马 |
| 熙宁五年二月 | 龟兹 | 马 | 熙宁七年二月 | 于阗 | 方物 |
| 熙宁十年四月 | 于阗 | 马 | 元丰元年十月 | 于阗 | 马 |
| 元丰七年十月 | 于阗 | 方物 | 元丰六年五月 | 于阗 | 方物 |
| 元祐元年十二月 | 于阗 | 良马 | 元祐二年正月 | 于阗 | 方物 |
| 元祐二年七月 | 于阗 | 御马 | 元祐二年十二月 | 于阗 | 御马3匹 |
| 元祐三年正月 | 于阗 | 方物 | 元祐三年正月 | 于阗 | 马 |
| 元祐三年闰十二月 | 于阗 | 马 | 元祐四年四月 | 于阗 | 方物 |
| 元祐四年五月 | 于阗 | 方物 | 元祐四年八月 | 于阗 | 方物 |
| 元祐六年六月 | 于阗 | 方物 | 元祐七年七月 | 于阗 | 方物 |
| 绍圣元年五月 | 于阗 | 方物 | 元祐七年十二月 | 于阗 | 方物 |
| 绍圣三年×月 | 于阗 | 方物 | 绍圣四年二月 | 于阗 | 方物 |
| 绍圣三年七月 | 龟兹 | 方物 | 绍圣四年四月 | 于阗 | 方物 |
| 绍圣三年十一月 | 于阗 | 方物 | 元符三年八月 | 于阗 | 方物 |
| 政和七年正月 | 于阗 | 方物 | 政和八年八月 | 于阗 | 方物 |
| 宣和六年九月 | 于阗 | 方物 | 元祐×年×月 | 回鹘 | 方物 |

这一时期的回鹘贡马并不很受宋王朝的重视，主要因为宋王朝已经完全控制了吐蕃部落的马源，并且可以用需要大量出口的茶叶来廉价换取吐蕃的马匹，"以摘山之利，易充厩之良"③，这对于宋王朝来说是一举多利的事情，而回鹘贡马要用高价来收购，并且回鹘贡马时还附带大量的乳香，对此，宋王朝是不感兴趣的。因此，宋王朝对待这一时期的回鹘贡马作了以下两点

---

① （宋）周密：《云烟过眼录》卷1《李伯时〈天马图〉跋》。
② 此表主要依据《宋会要辑稿》第199册、《山堂考索续集》卷46、《东坡内制集》卷27而成，其中《苏魏公文集》中回鹘与于阗的进贡回赐均无具体年月可考，所贡方物其中亦含马匹，故全罗列。
③ （清）蔡方炳：《历代马政志》。

限制：一是"限二岁一进"①，二是"赴阙毋过五十人驴马头口"②。可见这一时期回鹘对宋的马贸易量是不大的。

## 三

马克思、恩格斯指出："物质的交往——首先是人们生产过程中的交往，乃是任何一种交往的基础。"③我国历史上民族间的交往关系，尤其是汉族与周边民族之间的交往关系，表现出比一般社会交往要复杂得多的内容和形式。但是，正如经典作家所指出的那样，各民族间以物质生产为主体的经济上的互通有无，始终在各类交往活动中占据着首要地位，它在多民族的同一国家内部表现出一种恒定的凝聚功能。它不仅能通过各族之间物质相互交流来稳定民族间的和平，促进民族间经济文化的繁荣，而且对于深化民族感情，促进民族融合也起着极为重要的作用。北宋与西北民族的马贸易所表现历史作用也正在这几个方面。

第一，北宋与西北民族的马贸易加强了北宋的国防建设，巩固了边境防务，促使了宋与周边民族和平事业的发展。

马为中古军队机动战力的决定因素，没有马，就不可能有强大的骑兵，没有强大的骑兵，就不可能取得对敌作战的胜利。宋王朝恰恰是一个缺马的国家，由于国家养马业的衰微，国防上需要的战马严重缺乏，宋太宗时，"上初即位，阅诸军战马多阙"④，宋仁宗时，"今天下马军大率十人无一二人有马"⑤。而至熙丰以后，缺马更为严重，"西边用兵不已，行阵之间，今诸陈奏，皆以缺马为言"⑥。就是到了宋哲宗绍圣开边之时，陕西诸路的骑兵马尤缺三分。⑦到徽宗政和八年（1118）时，就连控扼契丹、西夏的河东路军事重镇高阳关骑兵缺马都达5000匹以上⑧，其余各路的缺马就可想而知。虽然

---

① （元）脱脱：《宋史》卷490《于阗传》。
② （清）徐松辑：《宋会要辑稿》第197册《蕃夷》4。
③ 《马克思恩格斯选集》第1卷《德意志意识形态》。
④ （宋）李焘：《续资治通鉴长编》卷21太平兴国五年正月庚辰条。
⑤ （宋）宋祁：《景文集》卷29《又乞养马劄子》。
⑥ （宋）李焘：《续资治通鉴长编》卷348元丰七年八月丙子条。
⑦ （宋）李焘：《续资治通鉴长编》卷487绍圣四年五月壬戌条。
⑧ （清）徐松辑：《宋会要辑稿》第184册《兵》4。

北宋国防上的缺马现象极为严重，但是，由于宋与西北民族的马贸易兴盛发达，这些国防上所缺之马基本上都能得到马贸易的补充，据仁宗时丁度言，每年需要买 20200 匹马才能补京师和边境战马之缺。①而从前面所述的马贸易的实际买进数来看，除了少数几年受战争影响没有达到这一数额外，其余都在此额之上。可见，北宋国防上所缺之马几乎全部由西北民族承担。"备征带甲之骑，取足于西域。"②由于能长期得到西北马匹的补充，因此，宋王朝基本上能保持一支相应骑兵与契丹、西夏抗衡，如熙宁以前，全国禁军骑兵总额为 640 班直、指挥③，按皇祐格每指挥 400 人计算，则骑兵总额为 256000 人。庆历中，宋仅陕西一路的禁军骑兵就达六万④，所以，在许多次保卫边防的战斗中，宋王朝能赢得对契丹、西夏、吐蕃、侬智高的胜利，这都与宋王朝骑兵所起的重大作用分不开。不管当时人与后人怎样指斥宋朝骑兵多么软弱无能，但在保卫北宋边境的战争中，它起过一些积极作用总是毋庸讳言的事实。如最著名的"澶渊之盟"，若没有与西北民族马贸易所积累的二十余万匹马为中坚力量的话⑤，要阻挡强大的骑兵南侵是不可能的，要赢得对契丹的胜利更是不堪设想的。再如对侬智高的平叛战争，如果没有狄青所率领的西北精锐骑兵"蕃落数百骑"的参战⑥，那叛乱的时间更长，人民所遭战祸将更惨。所以说，宋与西北民族的马贸易加强了北宋国防建设，巩固了北宋的边境防务，而其结果必然是和平事业的发展。"澶渊之役"的胜利，遏制了契丹企图南犯的野心，订立了有名的"澶渊之盟"，"自尔边境，常无风尘之警。父老不识金革之事，大德至恩，在民深矣。国家承平百年，其间通好六十年，前世所未有"⑦。

再从西北民族的那一方面来看，宋朝的西北边境，由于唐末五代留下的遗患，西北民族各自裂土分据，一些颇有实力的民族政权都雄峙于宋朝的西北边，如夏州李氏、凉州潘罗支、甘州夜落纥、青唐唃厮啰，这些边鄙民族

---

① （元）脱脱：《宋史》卷 292《丁度传》。
② （宋）李焘：《续资治通鉴长编》卷 44 咸平二年六月戊午条。
③ （元）脱脱：《宋史》卷 187《兵志》1 中"建隆以来之制"，骑军统计数。
④ （元）脱脱：《宋史》卷 190《兵志》4。
⑤ （宋）员兴宗：《九华集》卷 7《议国马疏》："咸平以后，其政大修，诸坊、诸军积马至二十余万。"
⑥ （宋）范镇：《东斋记事》卷 1《皇祐末侬智高内寇》。
⑦ （宋）胡宿：《文恭集》卷 8《谈边事》。

政权对于宋王朝的西北边疆的安全,可以说时刻都有被其侵扰的危险,而宋王朝由于北边强敌契丹的牵制以及国内阶级矛盾的尖锐,至神宗以前,根本无力对西北经营。为了保证西北边境的安全,宋王朝对西北民族的态度就是采用羁縻和笼络的外交政策,而马贸易就成为宋对西北民族羁縻笼络的最有效的措施。而且,通过这项措施的施行,对于宋朝西北边境的安全确实收到了应有的效果。

(一)阻止了西北民族对宋边境的武力进犯。

西北民族由于其经济的需要必须同宋王朝进行马贸易,要保持良好的马贸易关系,在政治上就必须采取亲宋的态度,吐蕃、回鹘以及除西夏以外的党项部落始终同宋王朝保持睦邻关系,马贸易的经济作用不能不说是其中最为重要的因素。正如张齐贤言:"六谷者西北之远蕃也,羌夷之内,推为雄豪,若计平日,但以市马,须示羁縻。"①虽然西夏经常进犯宋王朝的边境,但只要宋王朝断绝对西夏的和市,西夏就如"断乳之婴",也就不得不停止战争,甚至由于贸易不通,夏人而引兵犯境,要求通商。②从这一意义来讲,马贸易对阻止西夏的进犯,也有着重大作用。

(二)阻止了吐蕃同西夏的联盟。

西夏为了集中力量与宋争雄,曾多次表示要与吐蕃联合,一致对宋。如宋真宗时,李继迁两度派遣使者送铁箭表示要与潘罗支联合,宋神宗时,夏国以"官爵恩好如所愿"来招诱董毡。③但是,由于吐蕃在经济上对宋王朝的严重依赖,马贸易直接关系到吐蕃民族的生存。一旦宋朝下令停止贸易,则"一路蕃情怨望"④或"罢之则绝戎人"⑤。所以,不管西夏怎样劝诱,吐蕃从潘罗支至唃厮啰至董毡时期始终没有与西夏联合。如果没有马贸易这种经济关系的存在,吐蕃与西夏的联合大有可能;如果吐蕃与西夏联合起来一致对宋,则宋王朝西北边境之患将不堪设想。从这一角度而言,马贸易对于西北

---

① (宋)李焘:《续资治通鉴长编》卷49咸平四年十月丁未条。
② (宋)杜大珪:《名臣碑传琬琰集》卷22《庞庄敏公籍神道碑》:"西边用兵以来,虏人丧其和市,国中愁困,乃遣使通和。"(宋)苏辙:《龙川别志》卷下《元昊叛边》载:"夏人每入辄胜,而国小民贫,疾于点集,卤获之利,不补所耗,而岁赐和市之利皆绝,一绢之直八九千钱,上下亦厌兵矣。"
③ (宋)杨仲良:《皇宋续资治通鉴长编纪事本末》卷89《抚遇蕃户董毡》。
④ (宋)范仲淹:《范仲淹全集》下册《范之柔(范文正公年谱补遗)》。
⑤ (宋)李焘:《续资治通鉴长编》卷112明道二年七月甲申条。

边境安全之意义是极为重大的。

（三）取得了对吐蕃、回鹘同宋联合抗夏的成功。

马贸易不仅在阻止西夏同吐蕃的联合上起了重大的作用，而且在良好的马贸易关系的基础上，建立了宋与吐蕃的抗夏同盟（回鹘也一度加入这一同盟），对于西夏的侵宋起了极为重要的牵制作用。宋真宗时，潘罗支击败李继迁于三十九井，吐蕃与回鹘联军直逼夏境贺兰山，宋仁宗时，唃厮啰与其子多次出兵进扰西夏之凉州，宋神宗时，董毡、阿里骨几次配合宋军大败夏军。所以，刘敞言："章圣（真宗）得潘罗支，而继迁之患息，仁宗得唃厮啰而元昊衰。"①苏辙亦言："董毡本与西夏世为仇雠，元昊之乱，仁宗赖其牵制，梁氏之篡，神宗籍其征伐。世效忠力，非诸蕃所比。"②

虽然北宋的西北地区较全国而言一直是纷扰多事的，但是从上面三点可以看出，正由于宋与西北民族马贸易这一极重要的经济联系的存在，宋王朝西北边境的安全才有相对可靠的保证，宋与西北民族和平事业的发展才有起码的条件。

第二，北宋与西北民族的马贸易促进了双方经济、文化的交流，为汉族和西北民族经济文化的发展和繁荣作出了一定的贡献。

西北民族将大量的马输入汉族地区，不仅对加强北宋的国防起了很大的作用，而且对于发展汉民族的农业生产，发展汉族地区的交通运输以及丰富汉民族的文化生活也起了积极作用。宋王朝将贸易进来的马匹除了其主要部分作为国防用马外，还有一部分就是投入到农业生产和交通运输之中，特别是西北地区的屯田更是将大量的马匹作畜力而投入到生产之中③，还有许多从战马中淘汰出来的马匹也作为驿站传递之用，或卖入民间④。流入民间的大量马匹除了一部分用于生产以外，则完全成为统治阶级骑马射猎，畜马夸富的奢侈品，这对丰富汉民族的文娱生活也产生了一定影响。

马贸易乃是一项综合性的商业活动，西北民族除了将马匹这一主要商

---

① （宋）刘敞：《公是集》卷51《王开府行状》。
② （宋）苏辙：《栾城集》卷39《论西夏事状》。
③ （元）脱脱：《宋史》卷176《食货志》："熙宁八年枢密院奏：去年耕种木瓜原，凡用将兵万八千余人，马二千余匹。"他处屯田投入马匹亦为不少。
④ （宋）司马光：《涑水记闻》卷15《吴仲卿、蔡子正等为枢密副使》："诏尽废天下马监，止留沙苑一监，选其马可充军马用者，悉送沙苑监，其次给传置，其次斥卖之。"

品大量输出外,往往还附带着许多土特产品进行贸易。周去非《岭外代答》称:"蛮马之来,他货亦至。蛮之所赍,麝香、胡羊、长鸣鸡、披毡、云南刀及诸药物。"① 蛮如此,吐蕃、党项亦当如此。王韶言:"秦凤一路与西蕃诸国连接,蕃众货物四流,而归于我者不知几百千万。"② 以西夏而言,西夏的畜产品除了马以外,常见的还有牛、羊、驼③,西夏榷场贸易中附带的其他商品则有:

**西夏榷场贸易中的其他商品**

| 物品 | 内容 | 资料出处 |
|---|---|---|
| 甘草 | 甘草,河西川谷,今陕西、河东州郡皆有之。保安军榷场夏国货物有"甘草" | 《政和证类本草》卷6 《宋史·食货志》 |
| 肉苁蓉 | 肉苁蓉,生河西山谷,今陕西州郡多有之,然不及西羌界中采者肉厚而力紧。保安军榷场夏国货物有"苁蓉" | 《政和证类本草》卷7 《宋史·食货志》 |
| 大黄 | 大黄生河西山谷及陇西,今河东、陕西州郡皆有之 | 《政和证类本草》卷10 |
| 羱羚(即羖羊)角 | 羖羊角出河西山谷,今河东、陕西及近边州郡皆有之,戎人多捕得来货。保安军榷场夏国货物有"羖羊角" | 《政和证类本草》卷17 《宋史·食货志》 |
| 麝脐 | 即麝香。今陕西、河东诸路山中皆有之,而秦州、文州诸蛮中尤多。保安军榷场夏国货物有"麝脐" | 《政和证类本草》卷17 《宋史·食货志》 |
| 硇砂 | 硇砂出西戎,今西凉、夏国及河东、陕西近边州郡亦有之。保安军榷场夏国货物有"硇砂" | 《政和证类本草》卷5 《宋史·食货志》 |
| 柴胡 | 柴胡以银、夏者最良。保安军榷场夏国货物有"柴胡" | 《本草纲目》卷13 《宋史·食货志》 |
| 红花 | 红花生梁汉及西域。保安军榷场夏国货物有"红花" | 《本草纲目》卷15 《宋史·食货志》 |
| 良弓 | 西夏兴州出良弓,每张数百千 | 庄绰《鸡肋篇》卷上 |
| 名剑 | 夏国剑,天下第一 | 《太平老人袖中锦》 |

---

① (宋)周去非:《岭外代答校注》卷5《邕州横山寨博易场》。
② (清)徐松辑:《宋会要辑稿》第139册《食货》37。
③ (元)脱脱:《宋史》卷186《食货志》下8:"西夏自景德四年,于保安军置榷场,以缯帛、罗绮易驼马、牛羊。"

续表

| | | |
|---|---|---|
| 软玻璃 | 软玻璃，出夏国者为最 | 顾文若《负暄杂录》 |
| 毡毯 | 保安军榷场夏国货物有"毡毯" | 《宋史·食货志》 |
| 青白盐 | 青盐从西羌中来者，形块方棱明莹，而青黑色奇 | 《政和证类本草》卷4 |
| 毛褐 | 保安军榷场夏国货物有"毛褐" | 《宋史·食货志》 |
| 玉 | 保安军榷场夏国货物有"玉" | 《宋史·食货志》 |
| 翎毛 | 保安军榷场夏国货物有"翎毛" | 《宋史·食货志》 |

上述商品都是极受汉族人民欢迎的夏国传统商品，特别是青白盐，"又以延、庆、环、渭、原、保安、镇戎、德顺地近乌、白池，奸人私以青白盐入塞，侵利乱法"[1]。因此，宋屡屡颁令禁止青白盐入境，但是青白盐味甘价廉，故边民多冒生命危险入戎境偷贩。[2]"土人及蕃部贩青白盐者日众，往往犯法抵死而莫肯止。"[3]甚至出现过"商贩青盐往来如织"[4]的现象。

甘青吐蕃多居深山和高原地区，他们的土特产有：

**吐蕃榷场贸易及贡马贸易的附属商品**

| 种　类 | 细　类 | 出　处 |
|---|---|---|
| 珠宝 | 珍珠、玉石、生金、犀玉、珊瑚、象牙、马价珠、蜡子 | 《宋会要辑稿》第199册《蕃夷》6及《蕃夷》7、《续资治通鉴长编》卷299元丰二年七月己卯条、《说郛》卷18《负暄杂录》及87《格古要论》 |
| 药物类 | 麝香、水银、朱砂、牛黄、胡连、硇砂、羚羊角、竹牛角 | |
| 香料类 | 安息香、阿魏、木香 | |
| 皮毛类 | 茸褐、驼褐、三雅褐、红绿皮、牦牛尾、绒毛 | |
| 布匹 | 花蕊布、兜罗锦 | |
| 手工艺品 | 银枪、铁甲、铜印、银装交椅、蕃剑 | |
| 动物类 | 犏牛、羱羊 | |

---

① （元）脱脱：《宋史》卷181《食货志》下3。
② （宋）章如愚：《山堂考索续集》卷57《财用》。
③ （元）脱脱：《宋史》卷181《食货志》下3。
④ （清）戴锡章：《西夏纪》卷12嘉祐五年冬十月。

吐蕃的蜡子，有"蜡重一钱，价值千万"之称，分为红蜡、白蜡、紫蜡三种①，大概属金刚钻之类的物品；吐蕃之琥珀、玛瑙也名目繁多，有鬼面青、柏枝、节子、合子、夹胎、紫云、明珀、香珀、蜡珀、血珀之名②，均为中原汉族所缺乏或稀罕之物。

回鹘居地更是物产丰富，各种名贵产品数不胜数，最著名的商品有高昌、龟兹的独峰驼、大尾羊、白氎布、花蕊布、硇砂、鍮石、黄矾、腽肭脐、梧桐律、镔铁剑，以及于阗的玉及各种珍贵玉器。③

**回纥贡马的附带贡品**④

| 商品类别 | 细类 | 次数 | 备注 |
|---|---|---|---|
| 玉及玉制品类 | 玉 | 38 | 玉分为白玉、黑玉、金玉、碎玉、珠玉等，其中进贡最大的一次为500团 |
| | 玉制品 | 18 | 玉制品分为玉鞍、玉辔、玉带、玉勒、玉佛、玉斧、玉印、玉圭、玉枕、玉柙、玉欘刀 |
| 珠宝类 | 琥珀 | 14 | 最大的一次进贡为229斤 |
| | 珊瑚 | 3 | |
| | 象牙 | 2 | |
| | 真珠 | 2 | |
| | 翡翠 | 3 | |
| 动物类 | 驼 | 14 | 驼分为独峰驼、无峰驼和双峰驼三种，独峰驼为特产，其中一次进贡独峰驼5头 |
| | 羊 | 5 | 《宋史·高昌传》载"有羊，尾大而不能走，尾重者三斤，小者一斤，肉如熊，白而甚美" |
| | 象 | 3 | 其中包括舞象一只 |
| | 狮 | 2 | |
| | 犀 | 1 | |

---

① （元）陶宗仪：《说郛》卷87曹昭《格古要论》。
② （元）陶宗仪：《说郛》卷18顾文若《负暄杂录》。
③ （元）脱脱：《宋史》卷490《回鹘传》。
④ 本表进贡均见《宋会要辑稿》第196册《蕃夷》4《回鹘》及《历代朝贡》。

续表

| 商品类别 | 细类 | 次数 | 备注 |
| --- | --- | --- | --- |
| 药物类 | 梧桐律 | 2 | 《宋史·高昌传》称高昌"又生梧桐树,经雨而生胡桐律" |
| | 腽肭脐 | 2 | 洪皓《松漠纪闻》卷1称回鹘"药有腽肭脐" |
| | 金星石 | 2 | |
| | 牛黄 | 1 | |
| | 水银 | 1 | |
| | 黄矾 | 2 | |
| | 龙盐 | 3 | |
| | 香药 | 3 | |
| | 阿魏子 | 1 | |
| | 胡黄连 | 2 | |
| | 硇砂 | 13 | 《宋史·高昌传》载"北廷山中出硇砂" |
| 香料类 | 乳香 | 17 | 洪皓《松漠纪闻》卷1称回鹘"香有乳香";《宋史·于阗传》称"地产乳香,一次进贡最大者为十万斤" |
| | 木香 | 3 | |
| | 鸡舌香 | 1 | |
| | 安息香 | 3 | 洪皓《松漠纪闻》卷上称回鹘香有"安息" |
| 布匹类 | 花蕊布 | 4 | 《宋史·高昌传》称高昌出"绣文花蕊布" |
| | 白氎布 | 4 | 棉布,《宋史·高昌传》称高昌出"白氎布" |
| | 胡锦 | 4 | |
| | 西锦 | 1 | |
| | 宿绫 | 1 | |
| 皮毛类 | 貂鼠皮 | 2 | 《宋史·高昌传》称高昌"出貂鼠" |
| | 白褐 | 1 | |
| | 毛褐 | 2 | 其中一次进贡毛褐1000匹 |
| | 牛尾 | 3 | 其中一次进贡氂牛尾40尾,一次进贡白氂牛尾60尾 |
| | 褐绿黑皮 | 1 | |

续表

| 商品类别 | 细类 | 次数 | 备注 |
|---|---|---|---|
| 武器类 | 刀剑 | 3 | 洪皓《松漠纪闻》卷上称回鹘"善造宾铁刀剑" |
| | 弓箭 | 1 | |
| | 皮团牌 | 2 | |
| | 铁甲 | 3 | 内含镀金铁甲 |
| 其他 | 鍮石 | 5 | |
| | 琉璃器 | 4 | |
| | 棋子 | 1 | |
| | 梵夹 | 2 | |
| | 菩提印叶 | 1 | |
| | 银缨钹 | 1 | |
| | 舍利 | 2 | |
| | 念珠 | 1 | |

其中特别是白氎布和花蕊布（即棉布）在当时来说具有特殊的意义，北宋时期，棉花种植还没有在黄河流域推广，棉布在北宋市场上还是极为稀罕的，高昌棉布流进中原地区，无疑对于推广我国棉花的种植和棉织业的发展具有深远意义。总之，西北三族大量的土特产品被称为"方物"随着马贸易而流入汉族地区，他们不仅深受汉族人民所欢迎，而且对汉族人民经济文化的发展和日常生活的改善及丰富都产生了重大影响。

西北三族在以马匹为主要商品的贸易中，从宋王朝换回了大量的汉民族的经济文化产品，其中主要是银钱、绢帛及茶叶三物。章如愚言："国初博易戎马，或以铜钱，或以布帛，或以银绢。熙宁以来，以我蜀产（茶叶）易彼上乘。"[1]以茶叶一项为例，熙宁以后，每年输入吐蕃地区的茶叶就有500万斤[2]；至政和六年（1116），陕西茶马司之茶增至12 815 600斤[3]。绢帛的输出量也相当惊人，曹玮在秦州时为鼓励吐蕃部落组织马源卖马入宋："每送马六十匹，给彩一端"[4]，每年有2—3万匹马卖给宋朝，光这一项送马费即有

---

[1]（宋）章如愚：《山堂考索续集》卷44《马政》。
[2]（宋）吕陶：《净德集》卷3《秦罢榷名山等五处茶状》。
[3]（元）脱脱：《宋史》卷184《食货志》下6。
[4]（宋）李焘：《续资治通鉴长编》卷88大中祥符九年九月丁未条。

400—500 端。宋朝往往一次在一地应付买马就需投放绢帛几万匹，有时甚至高达 20 万匹。①而金银、铜铁钱的输出量更为惊人，回鹘商人为了牟取高额利润，大批地将宋朝金银运往银价高昂的东伊斯兰进行转卖。大中祥符年间，由于回鹘等族商人以马匹、香料大量换取宋朝金银，致使北宋金银价格急骤上涨。②至于铜钱的外流，则是宋朝的一患。仁宗时范仲淹称："沿边市马，岁几百万缗，罢之则绝戎人，行之则困中国。"③神宗时张方平言："（铜钱）边关重车而出，海舶饱载而回"，以至"中国钱日轻，而西北二边地皆山积"。④

宋王朝通过榷场贸易和贡献回赐，还将大量的手工业产品、农副产品及文化用品输入西北三族中。

**宋朝给西北各族马贸易的常见回赐物品及榷场贸易商品**⑤

| 衣着 | 袍笏、袭衣、旋襕、夹襕、祅子、法锦、锦袍、对衣、春衣、冬衣、紫袍、蕃服、虎皮、豹皮、红鞓衬、壁衣 |
|---|---|
| 冠带 | 金带、金束带、腰带、银带、束帛、玉带、金荔支带、幞头、帽子、红鞓 |
| 金银器 | 金彩、金碧银器、银水罐、银装胡床、金花银匣、银沙锣盆、银鞍勒、宝钿 |
| 器币 | 银币、铜钱、铁钱、瓷器、漆器 |
| 绢綵 | 纱罗绢、缯、绫帛、罗绮、䌷、布 |
| 茶酒 | 细末散茶、大角茶、散茶、名山茶、大竹茶、西乡茶、法酒、酒、上醖 |
| 药物 | 龙脑、白龙脑、犀角、硫磺、白紫英石、姜、桂、香药、小儿药、冷病药、金丹、朱砂、熏衣香 |
| 粮食 | 秔、糯、粟、麦、米、面 |
| 文化产品 | 书籍、纸笔、佛经、日历、九经、孟子正义 |
| 其他 | 牌印、供帐、鞍勒、铠甲 |

---

① （清）徐松辑：《宋会要辑稿》第 182 册《兵》22："庆历五年七月二十九日，支内府绢二十万匹付府州、岢岚军市马。"
② （宋）李焘：《续资治通鉴长编》卷 68 大中祥符元年正月甲戌条："时京城金银价贵……为西戎回鹘所市入蕃。"
③ （宋）李焘：《续资治通鉴长编》卷 112 明道二年七月甲申条。
④ （宋）张方平：《乐全集》卷 26《论率钱募役事》；（宋）李焘：《续资治通鉴长编》卷 269 熙宁九年张方平疏；（宋）章如愚：《山堂考索续集》卷 60《财用》引《文定墓志》。
⑤ 本表资料来源于《宋史》卷 183《食货志》下 5、卷 186《食货志》下 8、卷 485《夏国传》上、卷 486《夏国传》下、卷 490《外国》6、卷 491《党项传》、卷 492《吐蕃传》，《宋会要辑稿》第 195 册《方域》21、第 197 册《蕃夷》4、第 199 册《蕃夷》6 及《历代朝贡》；（宋）李焘：《续资治通鉴长编》卷 381 元祐六年六月甲寅条；（宋）孔平仲：《谈苑》卷 3《苏涣郎中押伴夏人》。

对于西北各族的贡马，宋王朝给予的回赐品最主要为锦袍、冠带、器币、茶䌽，这些物品通过回赐大量流入蕃中，赐药物虽不多见，但景德三年一次赐吐蕃药即达76种。① 文化用品则有书籍②、纸笔③、铙钹、佛经④等，最常见的是以马匹换取佛经，按常例，一部《大藏》相当于70匹马的价值⑤。据孔平仲《谈苑》卷3载，夏人为了丰富自己的文化生活，使者进京，竟花银5000两去购买各种戏剧衣饰及化妆品。⑥ 江少虞则载，夏国谅祚："又请国主，及乞国子监所印诸书、释氏经藏并译经僧、幞头、工人、伶官等，诏给以国子监书及释氏经，并幞头。"⑦西北民族遭灾之时，榷场上主要是以羊马换取汉人的粮食。⑧就连宋朝严禁外出的物品，如铜、铁、锡⑨及各种兵器⑩，因为马贸易的需要，也大量流入西北三族之中⑪。

汉族各种工农业产品大量输入到西北三族中，对于汉族人民来说，由于产品销路大开，大量的需求更加刺激了汉族地区工农业生产，特别是刺激了汉地茶叶与纺织这两项商品经济的发展。而对于西北三族来说，汉地各种物

---

① （清）徐松辑：《宋会要辑稿》第195册《方域》21。
② （元）脱脱：《宋史》卷186《食货志》下8："（景德）三年，诏民以书籍赴沿边榷场博易者，非《九经》书疏悉禁之。"亦即《九经》书疏是不禁的。
③ （清）徐松辑：《宋会要辑稿》第196册《蕃夷》6《吐蕃》："鬼章送马十三疋乞写经纸。"
④ （清）徐松辑：《宋会要辑稿》第194册《蕃夷》4《回鹘》："回鹘可汗遣使贡方物，且言乞买金字《大般若经》一部，诏特赐墨字《大般若经》一部。"
⑤ （宋）欧阳修：《欧阳文忠公内制集》卷8《赐夏国主赎大藏经诏》；（元）脱脱：《宋史》卷486《夏国传》下："（熙宁五年）十二月，（夏）遣使进马赎《大藏经》。"
⑥ （宋）孔平仲：《谈苑》卷3《苏涣郎中押伴夏人》。
⑦ （宋）江少虞：《宋朝事实类苑》卷75《安边御寇·西夏》。
⑧ （宋）文彦博：《文潞公集》卷19《乞禁止汉人与西人私相贸易》："西界不定，斛食倍贵，大段将牛羊、青盐等物衷私博斗入番。"（宋）范仲淹：《范文正公全集》卷9《答赵元昊书》："西陲蕃户久来贸鬻羊马药物岁数百万，至于米盐饮食皆取资于内地。"（宋）李焘：《续资治通鉴长编》卷68大中祥符元年正月壬申条："令榷场勿禁西蕃市粒食者。"（宋）李焘：《续资治通鉴长编》卷191嘉祐五年二月癸酉："西人多驱牛马于沿边博谷。"
⑨ （元）脱脱：《宋史》卷186《食货志》下8："麟州复奏夏人之请，乃令鬻铜、锡以市马。"（清）吴广成：《西夏书事》卷36绍兴二十八年五月："自茶山铁冶入于中国，国中之铁，常以青白盐易陕西大铁钱为用。"
⑩ （宋）李焘：《续资治通鉴长编》卷59景德二年三月壬申："旧制，弓矢、兵器不入外夷。时西凉样丹族上表求市弓矢，上以样丹宣力西陲，委之捍蔽特令渭州给赐。"（宋）李焘：《续资治通鉴长编》卷72大中祥符二年十一月丙子："夏州进奉使白守贵等请市弓矢及弩，上以弩在禁科，不许，余从之。"这就是说弓矢是可以卖给西夏的。
⑪ （宋）李复：《潏水集》卷1《乞置榷场》："其（蕃汉商人）所赍货，散入诸路，多是禁物。"又见（清）徐松辑：《宋会要辑稿》第195册《方域》21及199册《蕃夷》6。

资流入他们的居地，这不单纯是一种物质的输入，不单纯是帮助西北民族解决吃饭、穿衣的问题，还可以帮助他们改善其生活质量甚至改变生活习俗，宋仁宗称夏国在"变革衣冠之度"①。赵德明则言："吾族三十年衣锦绮，此宋恩也，不可忘。"②赵德明的话即道破正在封建化的西北民族统治阶级上层在生活习惯上已经改变了传统的"衣皮毛"之俗。邵博称回鹘"妇人有粉黛文绣之饰，中国为之虚耗，而虏俗亦坏"③。洪皓则称回鹘妇女"着青衣如中国道服，然以薄青纱幂首而不见其面"④。吐蕃唃厮啰则"冠紫罗毡冠，服金锦花袍，黄金带，丝履"⑤，完全的汉家高官装束。更为重要的是，代表当时世界先进水平的新技术传入了西北三族之中。由于新技术的输入，以致在这些民族中，他们自身经济产生质变性的飞跃，10—12世纪时，西北三族由纯游牧生产走向了半农半牧，党项、吐蕃许多部落甚至完全转化为农业民族。⑥在手工业生产上，吐蕃的冷锻铁甲⑦、回鹘的丝织业⑧、回鹘木板印刷和活字印刷⑨，西夏的织造业⑩、西夏的陶瓷业⑪、西夏的军器制造业⑫以及西夏的印刷业⑬的

---

① （清）戴锡章：《西夏纪》卷13嘉祐八年夏四月。
② （元）脱脱：《宋史》卷485《夏国传》上。
③ （宋）邵博：《邵氏闻见后录》卷8。
④ （宋）洪皓：《松漠纪闻》卷1《回鹘》。
⑤ （宋）李焘：《续资治通鉴长编》卷128康定元年八月癸卯条。
⑥ （日）冈崎精郎：《唐古特的游牧与农耕——以西夏崩溃时期的问题为起点》，载《民族译丛》1981年第1期。
⑦ （宋）沈括：《梦溪笔谈》卷19《器用》。
⑧ （宋）洪皓：《松漠纪闻》卷1《回鹘》。
⑨ Carter, *The Invetion of Printing in China and Its Spread Westward*（卡德：《中国印刷术的发明及其西传》），pp.103—106.
⑩ 《西夏陵区108号墓出土的丝织品》，载《文物》1978年第8期。据西夏文文献记载，西夏有"绢织院"这样的专门机构，载黄振华：《西夏文字典〈文海〉、〈文海杂类〉及其研究》，载《中亚学刊》第1辑，中华书局，1983年。
⑪ 新中国成立后考古发现，共出土了3批西夏瓷器，一在宁夏石嘴山，一在宁夏灵武，一在甘肃武威，据陈炳应先生研究，西夏瓷器受宋磁州窑的影响，载陈炳应：《西夏文物研究》第10章，宁夏人民出版社，1985年。
⑫ 据前引黄振华文，西夏有"金工院"、"铁工院"、"工技院"之设，又庄绰：《鸡肋篇》卷上："西夏兴州出良弓"；《太平老人袖中锦》："契丹鞍、夏国剑、高丽秘色，皆为天下第一"；而（清）吴广成：《西夏书事》卷9称："（夏）进奉使至京辄仿中国制造军器。"可见，夏军器制造业的发展是受宋朝的影响。
⑬ 黑城出土的西夏文佛经有墨书，有金书，还有木刻和木活字本，其中大部分是西夏时代印写的，参阅向达：《斯坦因黑水获古纪略》，载《国立北平图书馆馆刊》第4卷第3号，1930年。（俄）捷连提耶夫-卡坦斯基：《西夏书籍业》第5章《西夏版的印本书》，第117—122页。

出现，可以充分说明，由于汉族新技术的输入，西北三族本身的经济文化已出现了前所未有的发展和繁荣，他们已从野蛮落后的半原始状态解放出来而走向了新的文明。

第三，北宋与西北民族的马贸易促进了汉族与西北各族之间友好关系的发展，为宋辽金元时期的民族大融合在西北地区打下了良好的基础。

从双方的统治阶层来看，吐蕃与回鹘由于本身力量所受到的限制，在政治上，他们想借助宋王朝的军事力量来抵制西夏势力的增长；在经济上，他们想利用马贸易来发展和活跃本民族、本部落的经济，所以吐蕃与回鹘民族的统治者都想同宋王朝加强联系，保持友好关系，大至各政权的可汗、赞普，小至各部落的酋长、首领，纷纷以马匹与宋王朝进行贸易，借以保持其与宋王朝的政治、经济联系，由于这两个民族人口分散，部落繁多，所以这种联系表现得极为频繁。宋王朝也由于马贸易及政治的需要，极为优待吐蕃、回鹘民族，经常派出使臣与他们联系，在马贸易中，专门建置佛寺和驿站接待他们的使者和商人。①进奉券马的商人沿途还可以受到酒食的款待，至京师后可以自由进行贸易，买回去的物品免征课税。②在这种基础之上，宋与吐蕃、回鹘民族的友好关系较前代又有了进一步的发展，他们不仅对宋王朝依然保持唐代的舅甥之称③，而且各部落的首领由宋王朝授予官职，并颁发俸禄，有些地方还请求宋王朝直接派出官吏进行管理，还有一些部族干脆就率族献土，完全归附于宋王朝④。他们与宋王朝的友好关系虽然经常遭到西夏的干预和破坏，但是他们不断地与西夏进行斗争，冲破干扰和阻碍，与宋王朝保持密切的联系，就是在中西交通极为不便的时期，他们的使者依然绕道青唐来宋王朝进贡，而且达到"贡奉般次踵至"⑤之盛况。

党项族由于经过唐末、五代时中原地区的动乱，再加上周边两大强族吐

---

① （宋）李焘：《续资治通鉴长编》卷103天圣三年十月庚申条："秦州蕃官军主策拉等请于来远寨置佛寺，以馆往来市马人。从之。"（宋）邵伯温：《邵氏闻见录》卷13《吐蕃在唐最盛》："唃厮啰一族最盛，虽西夏亦畏之，朝廷封西平王，用为蕃翰。陕西州县特置驿，谓之唃家位，岁贡奉不绝。"
② （清）徐松辑：《宋会要辑稿》第182册《兵》22。
③ （元）脱脱：《宋史》卷490《于阗传》；（宋）周煇：《清波杂志》卷6《外国表章》；（清）徐松辑：《宋会要辑稿》第197册《蕃夷》4。
④ （元）脱脱：《宋史》卷491《党项传》，卷492《吐蕃传》。
⑤ （宋）张舜民：《画墁集》卷8附《游公墓志铭》。

蕃和回鹘的衰弱，其势力逐渐强大起来，叛宋以后，又得到了契丹的大力支持，其国力日盛。党项统治者为了摆脱宋王朝的控制而割据一方，在北宋时期对宋王朝发动了不少的战争。虽然两族统治者经常以兵戎相见，但由于党项族本身人力、财力的限制，就决定了双方战争不会是主要的，而只有通过和平的贸易才能有益于双方，特别是对党项族而言，正如苏辙所言：

> 既通和市，复许入贡；使者一至，赐予不赀，贩易而归，获利无算。传闻羌中得此厚利，父子兄弟始有生理。①

所以，赵德明时期，其贡使一年四至，赵元昊时期，甚至达到"朝聘之使，往来如家"②的盛况（指德明至元昊未反之前）。为了在贸易中获取为其所需又为其所乏的物资，在北宋一代，强悍不羁的党项统治者也还是对宋王朝俯首称臣，而双方的友好关系也正由和平的马贸易而加强。

再从双方的人民来看，在宋与西北民族的马贸易中，汉族人民同西北三族人民进行了更为广泛的接触，在宋王朝的许可下，大批的西北民族商人进入汉族地区进行广泛的自由贸易，"出入民间如家"③。他们把汉族需要的物品带来，又换回他们所需要的物品，并且在内地学习汉族人民的先进生产技术。大量的汉族商人也不顾宋王朝的法律禁止，纷纷携带西北民族所需之物深入西北民族境内或在边州同他们进行贸易。在这些地区，汉族人民同西北各族人民广泛接触，"蕃汉之民，相复踵集"④，"奸商往来，物货丛聚"⑤。汉族商人将茶叶、绢帛、银钱，甚至很多禁物都输入西北民族之中，在西北民族遭到灾荒之际，汉族人民还将大量的谷物来支援西北民族，西北民族也往往将一些良马卖给汉族商人，而不愿卖给政府；甚至，由于马贸易关系之深，汉族商人还可以向西北民族"赊买羊马，借贷钱货"⑥，双方人民的这种密切往来虽然屡遭宋王朝的法律禁止，但是，纸上的公文不能割断双方人民

---

① （宋）苏辙：《栾城集》卷39《论西夏事状》。
② （宋）范仲淹：《范文正公全集》卷9《答赵元昊书》。
③ （宋）苏舜钦：《苏学士文集》卷16《赠太子太保韩公行状》。
④ （宋）范仲淹：《范文正公集补编》卷1《请先修诸寨未宜进讨》。
⑤ （清）徐松辑：《宋会要辑稿》第139册《食货》37。
⑥ （清）徐松辑：《宋会要辑稿》第185册《兵》27。

经济联系的渠道,这种友好关系仍是在不断地发展。

还有,由于汉族和西北各族人民在贸易过程中,加强了民族间的联系,深化了民族间的感情,不少内地汉人流入西北各族的部落之中,同他们"合种口苗"①,"为熟户畜牧"②,他们不顾宋政府的禁令,与西北民族通婚,有宋一代,汉人与边境地区蕃族通婚的现象屡禁不止③,而逐渐发展成为一种趋势。与此同时,也有许多西北民族的商人因贸易而移居宋境,多数都在秦陇之间安家④,由于大批蕃汉商人在西北边境地区集结,竟建成了像德顺军、通远军这样合军事、商业为一体的新兴城市⑤。宋后期,宋军攻占吐蕃地建湟州后,由于居停熙河而蕃汉商人及货物太多,就在湟州北面建"蕃市",而不久就变成了一座"蕃市城"。⑥秦、熙、河、湟、鄯等州不仅由军事重镇变成了宋与西北各族的贸易中心,而且,这些城市大都出现了各民族杂居的现象。以鄯州为例,城内除了原有的吐蕃居民与陷蕃的汉人外,还有于阗、龟兹、回鹘、西夏、契丹等国的人居住,其中有许多是"四统贾贩之人"及留居的朝贡使者⑦,据曾布言,当时鄯州的回鹘人就有"万余口",因不愿居鄯州,后迁至湟州⑧。这种汉蕃杂婚、各族混居的现象在当时的西北地区已相当普遍,这种情况的持续,其结果必然是新的民族融合的出现。

原载《中亚学刊》第3辑,1990年

---

① (清)徐松辑:《宋会要辑稿》第185册《兵》27。
② (宋)李焘:《续资治通鉴长编》卷111明道元年七月甲戌条。
③ (元)脱脱:《宋史》卷5《太宗纪》:"至道元年,禁西北缘边诸州民与内属戎人婚娶。"这种官样文章在宋代文献中屡见不鲜。
④ (元)脱脱:《宋史》卷490《回鹘传》:"(回鹘)因入贡,散而之陕西诸路,公为贸易,至留久不归。"(宋)李焘:《续资治通鉴长编》卷111:"河西回鹘多缘互市家秦陇间。"(宋)李复:《潏水集》卷1《乞置榷场》:"回鹘、于阗、卢甘等国尝赍蕃货,以中国交易为利,来称入贡,出熙河路……有留滞本路十余年者。"
⑤ (元)脱脱:《宋史》卷186《食货志》:"古渭边砦,便于应接,商旅并集,居者益多,因建为(通远)军。"(宋)李焘:《续资治通鉴长编》卷139庆历三年正月丙子条引王尧臣疏称:"笼竿城蕃汉交易,市邑富庶,全胜近边州郡。"庆历初,又建笼竿城为德顺军。
⑥ (宋)李复:《潏水集》卷1《乞置榷场》;(宋)李埴:《皇宋十朝纲要》卷16崇年四年三月庚寅条。
⑦ (元)陶宗仪:《说郛》卷35《青唐录》。(宋)杨仲良:《皇宋续资治通鉴长编纪事本末》卷14《收复鄯廓州》:"童贯引大军至鄯州,伪龟兹公主率回纥、于阗般次诸族、大小首领等开门出降。""般次",吐蕃语即贡献。
⑧ (宋)曾布:《曾公遗录》卷9。

# 今本《元史》散逸在外的两个列传

## 一

　　二十余年前，余与同门马明达先生在《史学史研究》上发表此文，并提出问题。今本《元史》并非完帙，尚有两个列传散逸在今本《元史》之外。原望这一问题的提出而引起海内外元史学界的注意，并展开更深入的研究，以期彻底解决这一问题而得出确切的答案。但令人遗憾的是，二十多年过去了，至今无人对这一问题作出任何反应与回复。余以为，这实在应该是"元史学"中一个十分重大的问题，不论在文献学还是史学史上，均具有十分重要的意义。因此，余将此文收入集中，稍加修订，再提出问题，以共商讨。

　　《永乐大典》的亡佚，是我国文化史上的巨大损失，对于研究元史来说，损失则尤称惨重。清代开《四库全书》馆及《全唐文》、《全唐诗》局，曾从《大典》中辑出四部书数百种，其中多数是世所不传的元以前古籍秘典，功绩之著自不待言。但是，清初学人对元史不甚经心，嘉道以降，虽逐渐有所重视，然《大典》深藏翰苑，外间人阅读非易，遂使诸《经世大典》这样有关元代史实典章的一代巨制未被及时辑出，造成元代史料殊多阙略。新中国成立后，经国家积极搜求，浩劫之余星散海内外的《大典》残籍，又稍稍聚集起来。这部分《大典》残籍，以1960年中华书局影印出版的730卷而论，虽然仅占原卷帙的百分之三强，但其中仍保存下来不少珍贵的元史资料，这早已引起元史研究者的注意。最近，余在翻阅《大典》残籍时，竟发现了两个今本《元史》所不载的列传，显然，这是一个有学术价值的重要问题。

　　先将两传依《大典》载录形式移抄如下，以供大家研究。同时，也打算就两传所涉及的问题略陈陋见。

其一,《西卑传》,载影印本《大典》卷 2806,"卑"字韵:

《元史》:西卑,唐兀氏。太祖皇帝时充博儿赤,积官金紫光禄大夫。子阿束,世祖皇帝时充速古儿赤。至元十八年,授安远大将军,唐兀亲军副都指挥使,佩虎符。二十二年,进奉国上将军枢密同签右卫亲军都指挥使,兼领唐兀卫。三十一年卒。子仙仙,初充舍儿伯赤。元贞元年,授昭勇大将军,唐兀亲军都指挥使,仍虎符。大德二年卒。子和实纳幼,以弟三哥儿袭职。后改升甘肃省左丞,以和实纳袭前职,积官昭武大将军。致和元年秋八月,西安王以兵讨倒剌沙,命从丞相燕帖木儿,擒其党兀剌伯都等。丞相赏金带一,命以兵备守御有功。①

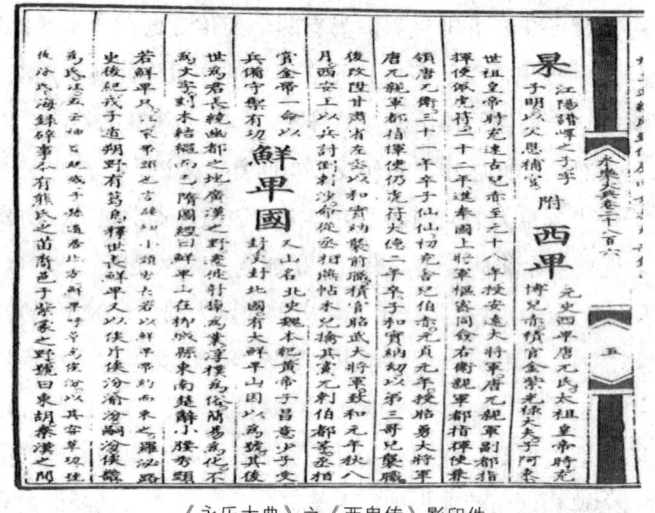

《永乐大典》之《西卑传》影印件

其二,《别出古传》,载影印本《大典》卷 10889,"古"字韵:

《元史列传》:别出古,扎剌儿氏。太祖皇帝时隶钦察卫军籍。岁壬辰,太宗皇帝命充蒙古军千户领军从征金伐宋有功。癸丑卒时,子扎剌儿台留北边,弟字罗台袭职。字罗台卒,扎剌儿台北还,仍命扎剌儿

---

① 《永乐大典》第 2 册卷 2806《西卑传》,第 1419 页,中华书局影印本。

台袭，寻赐金符，为相副万户，兼本千户。至元六年，从围襄樊，殁于军。子帖木儿及哈八儿都俱幼，妻字鲁罕以其所受虎符纳之官。及帖木儿长，仍赐虎符，袭父职。十一年，从丞相伯颜平宋有功。十四年，进阶明威将军。是年夏，征广东，以疾卒于军。无子，哈八儿都袭职，移戍广州。境内盗起，率兵擒贼酋赵侍郎、汪大老，悉正其罪。皇庆元年卒，子那海袭。那海卒，无子，以弟阇里帖木儿袭，授武德将军，河南淮北蒙古军都万户府副万户。寻加宣武将军。致和元年秋八月，奉西安王命，总兵守河中要害地。九月二日至河中，与陕西军迎战，生获九十八人，下有司按治之。天历元年十一月，又败陕西军于南阳，以功赐三珠虎符。①

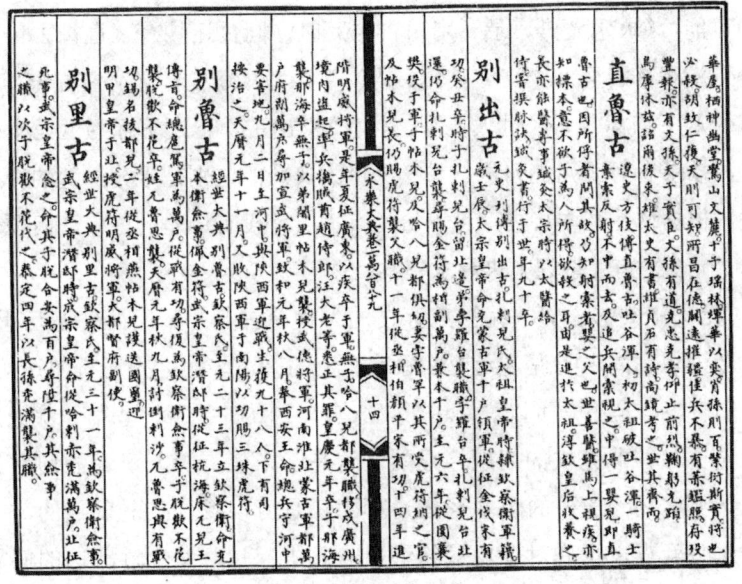

《永乐大典》之《别出古传》影印件

## 二

经仔细翻检查核，《西卑传》与《别出古传》既不见于各种通行的《元

---

① 《永乐大典》第 5 册卷 10889《别出古传》，第 4508 页。

史》刊本，如武英殿本、金陵书局本及百衲本等，亦不见于集各本之长重加校勘的中华书局标点本。那么，首先似应怀疑《大典》是否有误。我们知道，《大典》卷帙浩繁，体例庞杂，难免有所疏漏，加上永乐正本久已不传，今天残存的乃是嘉靖隆庆间重录的副本，重录本自然较正本疏漏更多。因此，怀疑《大典》是否有误乃是情理中之事。然而，余以为在两传问题上基本可以排除《大典》失误的可能性。理由很清楚，首先，《大典》系两传于所录韵部时，标明出自《元史》和《元史列传》，引录《别出古传》较《西卑传》多了"列传"二字，这是《大典》校理之官未能精心划一的地方，并无谬讹之迹可寻。其次，两传叙事简赅，首尾完整，正是列传通例，以其与《元史》同类列传相比较，行文叙事略无不合。或有人曰，此两传是否《永乐大典》抄录时，将《经世大典》的元人列传抄为《元史》。余以为，亦无这种可能，《永乐大典》录《别出古传》时，同页还抄有《直鲁古传》、《别古鲁传》和《别里古传》，《直鲁古传》下标为《辽史》，《别鲁古传》和《别里古传》下均标为《经世大典》，只有"别出古"传之下标为《元史列传》。可见，抄录者对《元史列传》与《经世大典》的区别是十分清楚的，应不是误抄。根据这些基本特征，可以认为《大典》没有误差。这样，问题就得从今本《元史》有无散逸上来寻求答案。

《元史》成书仓促，编纂上存在的舛误疏漏甚多，因此每遭后世诟病。但至今为止，尚未听说《元史》除编纂上的诸多弊病之外还有散逸的问题。余读书有限，是不是可以说，由于《大典》二传的发现，才第一次提出了今本《元史》并非完帙的问题，显然，这是一个值得深入研究的问题。余以为，从今本《元史》的版本形成过程中，是可以找到某些疑点的，提供和讨论这些疑点，也许对今后最终解决《元史》是否发生过散逸的问题不无帮助。

首先，一般认为，如同《元史》的成书一样"《元史》的刻印也同样很快"，洪武三年七月修成，十月便已"镂版讫功"。[①]这个洪武刻本便是《元史》的祖本。上述说法以标点本《元史》的《出版说明》为代表。

洪武刻本即《元史》祖本，这当然没有问题。问题在于这个祖本并不是

---

[①] 中华书局标点本《元史》卷首《出版说明》。

洪武三年七月至十月间以百日之期毕其功的，而是如同《元史》的编纂分两次完成的一样，刊刻也是分两次完成的。李善长署名的《进元史表》载，第一次修成 161 卷，其中包括目录 2 卷，时在洪武二年八月十一日。① 实际上是本纪 37 卷、志 53 卷、表 6 卷、列传 63 卷，共计 159 卷。② 查《明实录》载，李善长进表后，"上览之，诏誊写刊行"③。可见，第一次修成的 161 卷是先行付梓的。第二次续修的主要是顺帝一朝史实，洪武三年二月开局，七月书成，得 53 卷（含本纪 10 卷、志 5 卷、表 2 卷、传 36 卷）。④《明实录》载："翰林学士宋濂率诸儒以进，诏刊行之。"⑤ 实际上宋濂《目录后记》说得很清楚，所谓七月修成，指的是续修部分，并不是全部《元史》。宋濂所谓"镂版讫功"，显然也主要是指修续部分而言。把整个《元史》的刊刻说是在洪武三年七月至十月间完成的，这是忽略了《元史》的主体部分是从洪武二年八月就已经开始雕版了。

这里值得注意的一点是李善长所进《元史》共 161 卷，宋濂等进续修部分是 53 卷，合起来应是 214 卷，其中除去目录 2 卷，实有卷数为 212 卷。但宋濂《目录后记》说："合前后二书，复厘分而附丽之，共成二百一十卷。"⑥ 这正是今本《元史》的卷数，与上面实有卷数相比则少二卷。这就令人怀疑宋濂在"合前后二书"时，是否有过删削，西卑、别出古二传又恰在被删的二卷之中，而《大典》据以收录的底本是第一次修成后先行刊成的本子，或是《元史》的稿本。所以，今本《元史》没有二传，《大典》却保存下来。

其次，据目前所知，《元史》的洪武祖本今国内已无全帙，涵芬楼曾藏有 99 卷残本，与南监本配补而成百衲本，北大图书馆藏有 144 卷残本，标点本曾用来对校百衲本。显然，涵芬楼本与北大本必有共残的部分，否则，可以配成一部完整的洪武祖本，那就无须以南监本相配。因此，可以说洪武祖本的面貌今天已无从全知了，借以了解其面貌的主要是南监本，其次为北监本。所谓南监本，即明嘉靖初年由南京国子监所编刻的监本《廿一史》

---

① （明）宋濂：《元史》附录《进元史表》。
② （明）宋濂：《元史》附录《目录后记》。
③ 《明太祖高皇帝实录》卷 44 洪武二年八月癸酉条。
④ （明）宋濂：《元史》附录《目录后记》。
⑤ 《明太祖高皇帝实录》卷 54 洪武三年七月丁亥条。
⑥ （明）宋濂：《元史》附录《目录后记》。

本，据标点本《元史》的《出版说明》说，"监本廿一史"的《元史》用的是洪武旧板，"损坏的板页加以补刊，一般板心刻有嘉靖八、九、十年补刊字样"①。北监本则是万历二十四年至三十四年之间由北京国子监重新雕板的《廿一史》本，北监本《元史》所依底本不详，但我们知道，北监本与南监本相比却逊一筹，况且北监本"校勘不精，讹舛弥甚"②向为学者所指摘。然而，不管是南监本还是北监本，其中都没有西卑、别出古二传，这借助百衲本和武英殿本就可得知（因百衲本是洪武残本与南监本相配影印，武英殿本是仿北监本重刻）。这就令人怀疑早在南监本开刻时，二传就因洪武旧板的损失而佚去，主持其事者张邦奇、江汝璧等所做的补苴工作又不甚精细，从而造成了《元史》的残损。此后，洪武本传世者日少，两监本士大夫"家有其书"③，李代桃僵，后世人不复知其底蕴矣。

　　以上提出的两种可能性，余还是倾向于后者。前者从卷数的差别上看，宋濂确有删削的可能，但从《元史》的整个状况来看，似乎宋濂的"厘分而附丽之"仅仅是个简单的合并工作，很可能是为了凑成一个整数，将多余的两卷拆开合到其他卷中，并没有进行删削，也没有对全书做进一步的整理和划一。原因在于《元史》主体部分已先行刻成，已不可能再进行全面整理，否则，许多存于书中的明显错误应该有所纠正。因此，余以为，由于南监本所依的洪武旧板已经损坏，并且已经达到破坏了洪武祖本内容完整的程度，虽经不断地递修补刊，而并没有恢复原貌，而损坏的洪武旧版中恰恰就包括上述二传。所以，造成西卑、别出古二传散逸在外，以致在《二十四史》中，出现了一部残损不全的《元史》。总之，余以为，现存于《永乐大典》的《西卑传》和《别出古传》应为洪武祖本的《元史列传》，现存的《元史》并非完帙。

三

　　《元史》之《西卑传》与《别出古传》的发现，有助于元史研究的地方

---

① 中华书局标点本《元史》卷首《出版说明》。
② （清）顾炎武：《日知录》卷18《秘书国史》。
③ （清）顾炎武：《日知录》卷18《秘书国史》。

不一而足。

（一）《元史·太祖纪》载：

> （太祖四年）帝入河西，……克兀剌海城，俘其太傅西壁氏。……遣太傅讹答入中兴，招谕夏主，夏主纳女请和。①

西夏真义国师鲜卑智海像

按，"西壁氏"即"鲜卑氏"，西壁、鲜卑，同音异译，西壁其姓，讹答其名，故《新元史·太祖纪》径改为"鲜卑讹答"。这位西夏太傅被俘纳降后充当了蒙古人的劝降使，显然在蒙古破灭西夏的过程中起了一定的作用。余以为《西卑传》之"西卑"其人，当即西夏太傅西壁氏，也就是《新元史·太祖纪》中的"鲜卑讹答"②。《西卑传》云："西卑，唐兀氏。太祖皇

---

① （明）宋濂：《元史》卷1《太祖纪》。
② （民国）柯劭忞：《新元史》卷3《太祖纪》下。

帝时充博儿赤，积官金紫光禄大夫。"二人不仅民族、活动时间均相合，而且所授官阶也很相符，西壁氏在西夏官至太傅，所以降蒙古后所授官阶也是正一品①的"金紫光禄大夫"。还有，正是由于西卑原为西夏太傅，是最早归顺蒙古的西夏显宦之一，因此，其子孙阿束、仙仙辈世领唐兀卫亲军，这也符合太祖以来使用归顺民族头面人物的一贯政策。假如此说不谬，那我们对《元史》无传的西夏太傅西壁氏一家就有了更多的了解。

（二）《元史·兵志》载：

唐兀卫：至元十八年（1281），阿沙、阿束言："今年春，奉命总领河西军三千人，但其所带虎符金牌者甚众，征伐之重，若无官署，何以防闲之。"枢密院以闻，遂立唐兀卫亲军都指挥司以总之。②

这位"阿沙"，据有人考证，即《大元肃州路也可达鲁花赤世袭之碑》中的"肃州路也可达鲁花赤阿沙"③。而"阿束"显然即西卑之子阿束。《西卑传》云："子阿束，世祖皇帝时，充速古儿赤。至元十八年，授安远大将军、唐兀亲军副都指挥使，佩虎符。"这段材料与上引《元史·兵志》的记载若合符契。至元十八年（1285），忽必烈设置唐兀卫，这是他仿唐宋宫卫制度设立的第一支禁卫军。担任唐兀卫亲军都指挥使即阿沙。这个阿沙是西夏宰相答加沙之孙。而这位阿束则是西夏太傅西卑讹答之子，故担任唐兀卫亲军副都指挥使。值得注意的是，到至元二十二年，也就是唐兀卫创立四年后，因阿沙升迁甘肃等处宣慰使，阿束就当上了唐兀卫亲军都指挥使。之后唐兀卫一直由西卑家族统领，一直到元泰定帝时，前后四代。

（三）燕帖木儿迎立文宗、诛倒剌沙一事，是有元一代频繁的宫廷政变很重要的一次事件。其事颠末，主要见《元史·明宗本纪》和《燕帖木儿传》，有些细节，得西卑、别出古二传后稍见明晰。

根据二传记载，西卑后辈和实纳及别出古后辈阇里帖木儿均参与了这一事件。《元史·燕帖木儿传》载："（燕帖木儿）以八月甲午昧爽，率勇士纳

---

① （明）宋濂：《元史》卷28《百官志》。
② （明）宋濂：《元史》卷99《兵志》。
③ 白滨、史金波：《〈大元肃州路也可达鲁花赤世袭之碑〉考释》，载《民族研究》1979年第1期。

只秃鲁等入兴圣宫，会集百官，执中书平章乌伯都剌、伯颜察儿。"①《西卑传》载："致和元年（1328）秋八月，西安王以兵讨倒剌沙，命（和实纳）从丞相燕帖木儿，擒其党兀剌伯都等。丞相赏金带一，命以兵备守御，有功。""兀剌伯都"当即"乌伯都剌"之讹，而和实纳有可能就是充当勇士的"纳只秃鲁"。和实纳袭父职为唐兀卫亲军都指挥使，燕帖木儿当时"总环卫事，留大都"②，因此，和实纳及所辖唐兀亲军必受其节制而充当这次政变的"勇士"。看来，在丞相燕帖木儿和西安王阿剌成纳失里联合发动的政变中，由西夏遗民所组成的军队起了一定的作用。

还有，关于倒剌沙方面与燕帖木儿、阿剌武纳失里作战的情况，《元史》只记载了燕帖木儿与上都诸王的战争，以及遣军守卫居庸、古北等要隘的部署情况，陕西方面的战争语焉未详。《别出古传》有所涉及："致和元年秋八月，（阁里帖木儿）奉西安王命，总兵守河中要害地。九月三日至河中，与陕西军迎战，生获九十八人，下有司按治之。天历元年十一月，又败陕西军于南阳，以功赐三珠虎符。"这些记载对完整了解文宗即位之变的过程，也有一定的价值。

（四）关于别出古事迹。周密《齐东野语》有一条资料称："明年（淳祐六年，1246），北军大入。……赵公（赵葵）闻之，……且云今年北军之人，系四大头项：一曰察罕，河西人；二曰大纳；三曰黑点；四曰别出古（原注：并辔）。号四万，实三万余。马，人各三匹，约九万匹。"③宋淳祐年间入侵南宋的蒙古四大头项之"别出古"当即《永乐大典·元史列传》中的"别出古"，该传文称："别出古，扎剌儿氏，太祖皇帝时隶钦察卫军籍。岁壬辰（绍定五年，1232）太宗皇帝命充蒙古军千户，领军从征金伐宋有功，癸丑（宝祐元年，1253）卒。"结合周密《齐东野语》及《元史·察罕传》，可知，太宗即位时，别出古还是蒙古军千户，到宪宗时，别出古已成为同"马步军都元帅"西夏人察罕一样重要的伐宋将领。

（五）关于扎剌儿台。《永乐大典·元史列传》称："（别出古）癸丑卒时，子扎剌儿台北边，弟亨罗台袭职。亨罗台卒，扎剌儿台北还，仍命扎剌

---

① （明）宋濂：《元史》卷138《燕帖木儿传》。
② （明）宋濂：《元史》卷138《燕帖木儿传》。
③ （宋）周密：《齐东野语》卷18《赵信国辞相》。

儿台袭，寻赐金符，为相，副万户兼本千户。至元六年，从围襄樊，殁于军。"扎刺儿台，今本《元史》作"札剌儿带"、"剳剌觞"。《元史·宪宗纪》载其事称："三年癸丑（1253）春正月，……罢也古征高丽兵，以扎剌儿带为征东之帅。""四年夏，遣扎剌亦儿部人火儿赤征高丽。""五年（1255），改命剳剌觞与洪福源同征高丽，后此又连三岁，攻拔其光州、安城、忠州、玄风、珍源、甲向、玉果等城。""八年（1258）三月，命洪茶丘率师从剳剌觞同征高丽。"①《元史·耶律留哥传》："辛亥（1251），睿宗以石剌（耶律留哥子）为国宣力者三代，命益金更造所佩虎符赐之，佐诸王也苦及扎剌台控制高丽。"②《元史·洪福源传》："甲寅（1254），与扎剌台合兵攻光州、安城、中州、玄风、珍源、甲向、玉果等城，又拔之。戊午（1258），福源遣其子茶丘从扎剌台军。会高丽族子王綧入质，阴欲并统本国归顺人民，谮福源于帝，遂见杀。"③《元史·鲜卑仲吉传》："子准，充管军千户，从札剌台火儿赤征高丽。"④根据上述资料，可以看出，《永乐大典·元史列传》中的"扎剌儿台"，即今本《元史》中的"札剌儿带"、"剳剌觞"及"扎剌台"。《大典》称别出古癸丑（1253）年卒时，"札剌儿台留北边"。留北边干什么？《大典》无文，从《元史》可知，从辛亥年（1251）开始，当时任火儿赤（宫廷侍卫）的札剌儿台已经到了高丽，宪宗三年时任命为征东元帅，四年夏开始征高丽，五年与高丽人洪福源同征高丽，五年攻拔高丽光州等六城，一直到宪宗八年（1258），札剌儿台一直在高丽征战。这些资料均可补《大典·元史列传》之缺。最重要的是《元史·塔出传》有一段十分重要的记录称：

> 塔出，蒙古札剌儿氏。父札剌台，历事太祖、宪宗。岁甲寅，奉旨伐高丽，命桑吉、忽剌出诸王并听节制。其年，破高丽连城，举国遁入海岛。己未正月，高丽计穷，遂内附，札剌台之功居多。⑤

---

① （明）宋濂：《元史》卷3《宪宗纪》。
② （明）宋濂：《元史》卷149《耶律留哥传》。
③ （明）宋濂：《元史》卷154《洪福源传》。
④ （明）宋濂：《元史》卷165《鲜卑仲吉传》。
⑤ （明）宋濂：《元史》卷133《塔出传》。

此"札剌台"即《永乐大典·元史列传》之"札剌儿台",事太祖,当指札剌儿台充火儿赤之事,是太祖时即充当宫廷侍卫。事宪宗则是指其征高丽之事。"己未正月",直到公元1259年,才将高丽征服,以札剌儿台之功最高。这就是说,札剌儿台应该是1260年后才从高丽返回,"仍命札剌儿台袭,寻赐金符,位相副万户,兼本千户。至元六年(1269),从围襄樊,殁于军"。《元史》中的零散资料与《大典》中的"札剌儿台"的资料十分吻合,撮合二者,可知札剌儿台一人首尾始末。

最值得一提的是,《永乐大典·元史列传》载札剌儿台子二人:帖木儿及哈巴儿都。但《元史·塔出传》却载"塔出,蒙古札剌儿氏,父札剌台"①。为什么《大典》中札剌儿台二子中无"塔出"之名,余以为,正因为《大典》之"别出古传"也是《元史列传》,塔出已在别处单独立传,故在此传中不提。如此说不谬,则蒙古札剌儿氏别出古家族又多一塔出支系矣。

## 四

柯劭忞修《新元史》曾取材于《永乐大典》,他在《新元史》中所补进的《阇里帖木儿传》,显然就是据《大典》的《别出古传》所改写的。然而,柯氏改写颇有失当之处,今稍事勘比,以见梗概。

(一)关于别出古,柯氏只述其为"蒙古军千户",删去"太祖皇帝时,隶钦察卫军籍"一句。按《元史·兵志》载:"至元二十三年,依河西等卫例,立钦察卫。"②依《别出古传》则钦察卫之设早在太祖之时,两说孰是,俟考。柯氏删去后,至少使这个问题少了一种说法。柯氏还删去"岁壬辰,太宗皇帝命充……"数言,使别出古何时任蒙古军千户不明。

(二)关于孛罗台,《别出古传》为:"弟孛罗台袭职,孛罗台卒……",柯氏为:"弟孛罗台袭职,孛罗儿台卒……"③,"儿"字当为衍文。

(三)关于扎剌儿台,《别出古传》云:"扎剌儿台北还,仍命扎剌儿袭,寻赐金符,为相副万户,兼本千户。至元六年,从围襄樊,殁于军。"柯氏

---

① (明)宋濂:《元史》卷133《塔出传》。
② (明)宋濂:《元史》卷99《兵志》。
③ (民国)柯劭忞:《新元史》卷205《阇里帖本儿传》。

删去"扎剌儿台北还"、"至元六年"两句，改"兼本千户"为"兼本所千户"、"襄樊"为"襄阳"、"殁于军"为"卒于军"。细读之，删改后反使文义晦蒙不明。

（四）关于帖木儿，《别出古传》云："及帖木儿长，仍赐虎符，袭父职。十一年，从丞相伯颜平宋有功，十四年，进阶明威将军，是年夏征广东，以疾卒于军，无子。"柯氏删去"十一年"、"丞相"、"阶"、"是年夏"等处，略"以疾卒于军"为"以疾卒"①，使帖木儿之主要活动事实转明为暗。

（五）关于哈八儿都，《别出古传》云："子帖木儿及哈八儿都俱幼……哈八儿都袭职，移戍广州。境内盗起，率兵擒贼酋赵侍郎、汪大老等，悉正其罪，皇庆元年卒。"柯氏改哈八儿都之名为"哈八儿"②，而夺一"都"字。又将广州捕盗一段全删，删去这样一段重要史实，不免失于率尔。

（六）关于那海，《别出古传》云："子那海嗣。那海卒，无子，以弟阁里帖木儿袭。"柯氏删去"那海卒"三字③，使阁里帖木儿袭职之前因不明，且柯氏改"袭"为"嗣"，删、改均失当。

（七）关于阁里帖木儿，《别出古传》云："阁里帖木儿袭，授武德将军，河南淮北蒙古军都万户府副万户，寻加宣武将军。"柯氏改为"授武德将军，河南淮北蒙古军都万户，寻加万户，阶宣武将军"④。柯氏改文，有两处说不通：其一，既为"都万户"，怎么会"寻加万户"呢？其二，都万户是正三品官职，而同时授的官阶"武德将军"却是正五品，就是后来进阶"宣武将军"也只是从四品⑤，职阶悬殊太大，似不可解。《别出古传》的"副万户"应指"都万户府"下的一个副职"万户"，这样与同时所授官阶"武德将军"是相合的。《别出古传》并没载阁里帖木儿的生卒，柯氏在传尾加一"卒"字，是另有所据，还是以意揣之，俟考。

另外，柯氏《新元史》据钱大昕《元史氏族志》补《氏族表》，今据《大典》二传，补唐兀氏西卑、扎剌儿氏别出古二家族世系如下：

---

① （民国）柯劭忞：《新元史》卷205《阁里帖本儿传》。
② （民国）柯劭忞：《新元史》卷205《阁里帖本儿传》。
③ （民国）柯劭忞：《新元史》卷205《阁里帖本儿传》。
④ （民国）柯劭忞：《新元史》卷205《阁里帖本儿传》。
⑤ （明）宋濂：《元史》卷41《百官志》7。

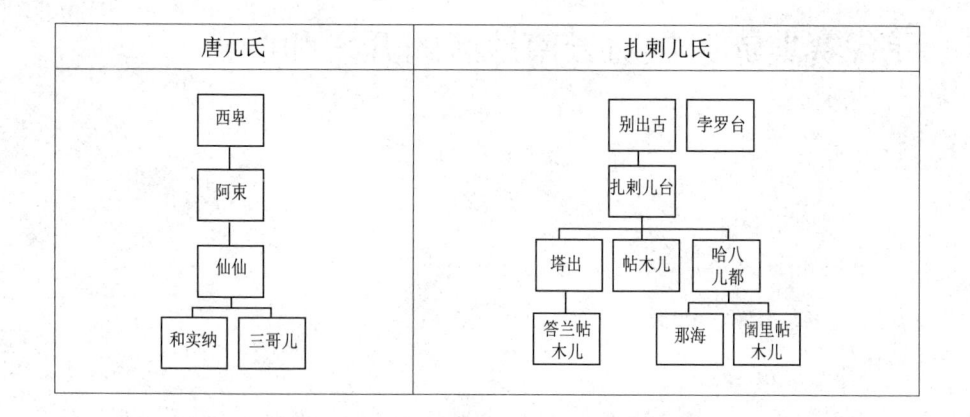

| 唐兀氏 | 扎剌儿氏 |
|---|---|
| 西卑 → 阿束 → 仙仙 → (和实纳、三哥儿) | 别出古、孛罗台；别出古 → 扎剌儿台 → (塔出、帖木儿、哈八儿都)；塔出 → 答兰帖木儿；哈八儿都 → (那海、阔里帖木儿) |

原载《史学史研究》1983年第4期

# 元代赛典赤家族对云南地区的开发和经营

公元 1253 年，蒙古攻灭大理，元王朝开始了对云南地区的统治，直到公元 1382 年明朝三十万大军攻占大理，元王朝完全结束对云南的统治，共经历了一百二十九年。然而，在这一百二十九年中，真正将这一地区纳入中央王朝的有效管理体系之中，大约只有八十余年。其中"回回"人赛典赤家族对云南的治理和经营时间最长，影响最大。在赛氏家族中，担任过云南行省平章政事的有四人，即赛典赤赡思丁、纳速剌丁（赡思丁长子）、马速忽（赡思丁第五子）、忽先（赡思丁孙）；担任过云南行省左右丞的有两人，即忽辛（赡思丁第三子）、沙的（赡思丁孙）；担任过云南建昌路总管的有三人，即苫速丁兀默里（赡思丁第四子）、月鲁帖木儿（赡思丁孙）、舍黑伍苏满（赡思丁孙）；担任过云南中庆路总管一人，即伯杭（忽辛子）。①总计赛氏家族在云南地区担任过总管以上的要职官员者达十人之多，其中以赡思丁、纳速剌丁及忽辛三人的事迹最显，他们在云南任职期间都有较为突出的政绩，对于元代云南地区的政治、经济、文化方面的建设都有较大的贡献。毫无疑问，他们是古代云南开发史上的重要人物。还有极为重要的一点，那就是赛典赤家族的后裔散在云南者甚多。据《咸阳家乘·赡思丁公茔碑总序》，康熙年

---

① 赛典赤又译作赛典只儿、赛典只、赛咥珠、赛天知，是阿拉伯语 Saiyid Ajall 二词的连读。Saiyid 指伊斯兰教什叶派创始人阿里的后人，自称是先知默罕默德的圣裔，Ajall 意为"至尊荣的"，当时习惯上以这个称号代其名。赛典赤赡思丁，《元史》本传称为"回回人，别庵伯尔（圣人之意）之裔"，《赛平章德政碑》称其为"本乌孙国师之后"，拉施特《史集》和《咸阳家乘·赡思丁公茔碑总序》俱称为"不花剌人"或"补花喇国王之后"，当以后者为是。赡思丁意为宗教的太阳，为阿拉伯语。关于赡思丁先世之事，《咸阳王墓碑总序》有一段记载，称其五世祖所非尔宋熙宁中入贡京师，并散居在"秦淮燕泗之间"。关于在云南做官的赛典赤家族可参阅（明）宋濂：《元史》卷 125《赛典赤赡思丁传》、《纳速剌丁传》、《忽辛传》，及大理白族自治州回族学会编：《〈咸阳家乘〉考释》第 1 卷《赡思丁公茔碑总序》，云南民族出版社，2010 年。

《咸阳家乘》第 1 卷《赡思丁公茔碑总序》影印件

间，云南之昆明、大理、建昌、陆凉、呈贡、嵩明、蒙化、永昌、腾越、楚雄等地都居住着赛典赤家族的后代；直到今天，云南回民可认为赛典赤家族者，人数还不少。因此，就赛典赤家族对云南地区的开发和经营展开较为系统的研究，其意义是十分重要的。

## 一、稳定云南的政治局面，健全中央集权下的郡县制

元宪宗蒙哥三年（1253），忽必烈率领十万大军，以兀良哈台为军事统帅，分兵三路进攻云南，当年攻入大理王城，次年分兵取附都善阐（今云南昆明），"凡二年，平大理五城八府四郡，泊乌、白等蛮三十七部"①，云南各

---

① （明）宋濂：《元史》卷 121《兀良哈台传》。

地相继归附，蒙古征服者开始了对云南地区的统治。

蒙古统治者平定云南后，兀良哈台曾奏"请依汉故事，以西南夷悉为郡县"①。从《元史》记载看，似乎蒙古朝廷同意了他的建议，但事实上并没有实行，云南地区的州县都是在至元十一年以后设立的。元宪宗时，蒙古统治者只在大理国原有的基础上建立了百户、千户、万户制度。对新征服的云南地区实行蒙古贵族的军事统治。当时总共设立了十九个万户府，即善阐、嵩明、阳城堡、巨桥、威楚、罗婺、于失、磨弥（末弥）、落蒙、罗伽、仁地、落兰、阘畔、阿僰、宁州、元江、大理上、大理下、建昌②，地方政权的执政者都是万户、千户之类的武职官员，而这些官员都是原来大理段氏政权的旧人，蒙古人只担任万户以上的元帅、都元帅之职，云南实际统治权仍有很大一部分在段氏手中。

在蒙古贵族的军事统治下，云南各族人民遭受了残酷的民族压迫和剥削。在政治上，云南人低于蒙古、色目、汉人，大批云南人民或被掳掠为奴，或被强征为兵。兀良哈台在云南统治四年，就"八籍民户，四籍民田"③，大肆搜刮钱财充当对宋作战的军饷，大量签发人民去充当炮灰打仗。"潭州之役"，兀良哈台签发的"爨僰军"就有一万多人④，人民生活痛苦不堪，以致引爆了以白族僧人舍利畏领导的三万人民大起义。起义者四处攻城夺地，杀蒙古守将，声势极为浩大⑤，后虽被段氏率军剿灭，但云南各部落的反抗仍然没有止息。

不仅人民的反抗强烈，蒙古贵族在云南地区的上层统治者之间矛盾也很尖锐。忽必烈即位后，为了加强对云南的控制，封他的第五子忽哥赤为云南王，统辖大理、善阐、茶罕章、赤秃哥儿、金齿等地，又设立了"大理等处行六部"，管理行政，设立"大理等处宣慰都元帅府"⑥统领云南军事。由于地方军政长官与云南王之间在权力上的冲突，至元八年（1271），大理等处都

---

① （明）宋濂：《元史》卷121《兀良哈台传》。
② （明）宋濂：《元史》卷61《地理志》4。
③ （明）宋濂：《元史》卷12《世祖纪》9。
④ （明）宋濂：《元史》卷121《兀良哈台传》。
⑤ （明）宋濂：《元史》卷166《信苴日传》。
⑥ （明）宋濂：《元史》卷7《世祖纪》4。

元帅宝合丁与行六部尚书兼王傅阔阔带将忽哥赤毒死①，云南政局处于一片混乱之中。

在这种情况下，忽必烈意识到问题的严重性。稳定云南局势，不仅仅是一个对西南边疆的治理问题，更重要的是，云南是蒙古从西南包抄南宋的重要战略基地，这是一个直接关系到全国统一的重大问题。至元十年（1273），忽必烈认识到，过去云南局面长期以来不得稳定，其中一个很重要的原因就是"委任失宜"②，必须选择一位"谨厚者"③去治理云南，而这个人必须具备相当的地位和才干，才可能担负起这副重担。于是，他在他的亲信大臣中挑选了"任丞相之职长达二十五年"④的"回回"人赛典赤赡思丁。赡思丁是一位出色的政治家，也是一位干练的理财家，他在陕西、四川、山西以及中央任职期间，在地方管理及经济建设方面都有不少的政绩⑤，而且品行端正。波斯史家拉施特是这样记载他的："他一次也没有受到过检举，也没有遭到过不幸。"⑥忽必烈委任他为云南行省平章政事，全权主管云南。拉施特是这样说的，"合罕把哈剌章地区赐予了他"⑦。临上任前，忽必烈语重心长地对这位"功闻五朝"⑧的元老重臣说：

云南胜地，极在遐荒。自朕亲临，率兵归附，迄今役属二十余年。抚恤之心虽且于己，而下民之志亦尚未安。今欲得人，以革其弊。⑨

忽必烈将稳定云南政局的希望完全托付给了赡思丁。

赡思丁是一位老练的政治家，他明白自己初到云南，要想顺利地开展工作，必须要与云南王搞好关系。行省平章虽然是代表中央政府主管云南工作，但云南王毕竟是蒙古宗室，且王府亦有监督行省的权利。它在行省中既

---

① （明）宋濂：《元史》卷7《世祖纪》4。
② （明）宋濂：《元史》卷125《赛典赤赡思丁传》。
③ （明）宋濂：《元史》卷125《赛典赤赡思丁传》。
④ （波斯）拉施特著，余大钧译：《史集》第2卷《忽必烈合罕》。
⑤ （明）宋濂：《元史》卷125《赛典赤赡思丁传》。
⑥ （波斯）拉施特著，余大钧译：《史集》第2卷《忽必烈合罕》。
⑦ （波斯）拉施特著，余大钧译：《史集》第2卷《忽必烈合罕》。
⑧ （明）李元阳：《（万历）云南通志》卷15赵子龙《赛平章德政碑》。
⑨ （明）李元阳：《（万历）云南通志》卷15赵子龙《赛平章德政碑》。

有自己的独立性，又对行省的职权有相当大的干预权。赡思丁为了预防代镇云南的宗王脱忽鲁对自己的阻掣，他主动去缓和他与脱忽鲁之间的紧张关系。《元史·赛典赤赡思丁传》载：

> 时宗王脱忽鲁方镇云南，惑于左右之言，以赛典赤至，必夺其权，具甲兵以为备。赛典赤闻之，乃遣其子纳速剌丁先至王所，请曰：天子以云南守者非人，致诸国叛，故命臣来安集之，且戒以至境即加抚循，今未敢专，愿王遣一人来共议。①

当云南王的使者来议事时，赡思丁又给予极高的礼遇，采用恭谨诚恳的态度和合作协商的办法，使颇具戒心的云南王深受感动，十分高兴，主动表示支持赡思丁的工作，"由是政令一听赛典赤所为"②。

第一关过后，赛典赤开始着手组建云南行省和调整各级地方行政机构。云南行省组建以前，各种性质的行政建制是比较混乱的。大理时期，云南行政区划有府、郡、镇及所属睑部、甸寨，主要就是"大理五城、八府、四郡洎乌、白等蛮三十七部"；元宪宗时，蒙古统治者又建立了万户、千户、百户制度，最高长官为都元帅，一切民政事务都由武官管理；忽必烈时，又派亲王镇抚云南，还设立了"大理等处行六部"、"大理等处宣慰都元帅府"，还将云南东部的三十七部从大理各部中划出来，分为南、北、中三路，路设总管，除此之外，各少数民族地区还有自己的土官制度。亲王、军人和行政部门之间，职权不明，矛盾尖锐，造成一片混乱。赡思丁认为，军政不分、军人代政的局面必须改变，要以行政领导军事，他向朝廷建议："今拟宣慰司兼行元帅府事，并听行省节制"③，将宣慰司和元帅府纳入到行省的管辖之中，加强了行省的权力。紧接着就是废除万户、千户、百户制度，改为同内地一样的路、府、州、县制，"为路三十七、府二、属府三、属州五十四、属县四十七，其余甸、寨军民等府，不在其数"④。路设总管、府设知府、州

---

① （明）宋濂：《元史》卷125《赛典赤赡思丁传》。
② （明）宋濂：《元史》卷125《赛典赤赡思丁传》。
③ （明）宋濂：《元史》卷125《赛典赤赡思丁传》。
④ （明）宋濂：《元史》卷61《地理志》4。

设知州、县设县令，各级官员均由行省"选廉能者任之"①，其中虽然有很大一部分仍然是以当地土官任职，但是，至少路这一级的高级官员已大批使用流官，如张立道、爱鲁、伯杭、月鲁帖木儿、支渭兴②等，州县一级也有任命流官的记载。为了摆脱旧势力的影响以及云南王的控制，赛典赤还将行省的政治中心从大理迁到了善阐。从此，云南的行政体制得到了更新。云南设郡县，虽始于汉，但经唐、宋时期的变更，旧日郡县渐行荒废，特别是元建省以前的数百年中，长期自立一方，"唐名节镇，宋假王号，是皆正朔不加，车书不一，牢笼优籍，羁縻不绝而已"③。赡思丁在大理后期的府郡基础之上，创建直隶于中央的云南行省，并"置郡县，署守令，行赋役，施政化，与中州等"④，它与汉之边郡，唐之边州，从本质上有很大的不同，可以说是一个新的开始，从此，元对云南地区的统治进入了一个新的时期。

赡思丁死后，其子纳速剌丁于至元十九年（1282）为云南省右丞，他对云南行省的建设也作了不少的贡献。为了提高云南行省对下属各级政权的威权，进一步将云南的军政之权集中到行省中来，他认为必须罢废宣慰司和都元帅府。至元十九年，纳速剌丁向忽必烈建言：

> 云南有省，有宣慰司，又有都元帅府，近宣慰司已奏罢，而元帅府尚存，臣谓行省既兼领军民，则元帅府亦在所当罢。⑤

至元十八年（1281）奏罢了云南宣慰司，至元二十一年（1284）又奏罢了云南都元帅府，至元二十二年（1284）将哈剌章及金齿两宣抚司合并为一，又奏罢了哈剌章都元帅。⑥纳速剌丁废罢宣慰司及都元帅府具有多层意义：

一是云南宣慰司及元帅府在赡思丁时已置于行省领导之下，既然行省兼

---

① （明）宋濂：《元史》卷8《世祖本纪》5。
② （明）宋濂：《元史》卷167《张立道传》、卷122《爱鲁传》、卷125《忽辛传》；大理白族自治州回族学会编：《〈咸阳家乘〉考释》第1卷《赡思丁公茔碑总序》；（明）陈文等纂修：《〈景泰〉云南图经志书》卷1《支渭兴传》。
③ （民国）龙云等：《新纂云南通志》卷92《郭松年〈创建中庆路大成庙碑记〉》。
④ （明）宋濂：《元史》卷166《信苴日传》。
⑤ （明）宋濂：《元史》卷125《纳速剌丁传》。
⑥ （明）宋濂等：《元史》卷12《世祖本纪》。

管军民，那宣慰司之都元帅府这一层机构就重叠了，废此可简省机构。

二是宣慰司及都元帅府虽只在云南部分地区设置，但这是一种完全军事统治，废此，可进一步消灭军人执政之弊。

三是宣慰司及都元帅府兼管数路军民，权力太大，不利于行省统一政令。

四是罢废哈剌章都元帅府实际上是铲削云南地方势力的威胁，哈剌章地是大理段氏的势力范围，元初段氏受任为大理路总管，后因平舍利畏之功被授为"大理蒙化等处宣抚使"①，信苴日为都元帅②，段氏的势力日益发展，成了云南西部的实际统治者。纳速剌丁自己曾担任过"云南诸路宣慰使都元帅"，非常清楚这一职位的重要性，因此，罢哈剌章都元帅实际上是想控制段氏势力的发展。与此同时，他在行省中整顿各级地方政权机构，合并州县、减裁冗官等等，这一切都是继承乃父的遗志，为健全新建的云南行省，为巩固元王朝在云南地区的统治作出的努力。

## 二、执行宽厚的边疆政策，改善元王朝与云南各族及周边邻国的关系

云南地处西南边陲，不仅境内民族众多，而且与境外安南（越南）、暹国（泰国）、缅国（缅甸）、印度等国毗邻，治理云南的好坏，不仅关系到元王朝与云南境内各民族的关系，而且直接影响到元朝与东南亚及印度半岛上诸国的关系，这对于元王朝来说，是一个不容忽视的问题。

蒙古人初入云南，忽必烈虽然曾下达"止杀之令"，但兀良哈台平定云南各部时，仍然对云南人民进行了大规模的屠杀，攻半空和寨，"杀戮无噍类"③；攻哈剌章水城，"屠之"④；进攻滇池地区，"川谷为一空"⑤；入押赤城，也进行了惨无人道的屠城⑥。云南各族人民对野蛮的征服者恨之已极，纷

---

① （明）宋濂：《元史》卷 166《信苴日传》。
② （明）陈文等纂修：《〈景泰〉云南图经志书》卷 5《李道源〈大崇圣寺碑铭并序〉》："（段氏）父子并以宣慰元帅之节，继承大政。"
③ （元）王恽：《秋涧先生大全集》卷 50《兀良氏先庙碑》。
④ （明）宋濂：《元史》卷 121《兀良哈台传》。
⑤ （元）王恽：《秋涧先生大全集》卷 50《兀良氏先庙碑》。
⑥ （明）宋濂：《元史》卷 121《兀良哈台传》；（波斯）拉施特著，余大钧译：《史集》第 1 卷第 1 分册《兀良合惕部落》。

纷起来反抗，蒙古军队十万进云南，到平定云南时，仅存二万①，这惨重的兵员消耗完全可以看出云南人民对蒙古征服者的反抗是何等剧烈。蒙古平定云南以后，兀良哈台及其后任不是采取宽厚的民族政策去恩抚，而是加重对云南各族人民的政治压迫和经济剥削，因此，"边鄙之民，往往复叛"②。在赡思丁到云南来以前，见于载籍的云南各族的反抗就有：元宪宗七年（1257）阿僰部叛③；中统三年（1262）建蕃、阿都部叛；至元初，仁地部叛；至元元年（1264）舍利畏结威楚、统矢、善阐及三十七部诸爨叛；至元十年（1273）罗羽酋长阿旭叛，等等④。赡思丁到云南后，为了改变"诸夷叛服不常"⑤的紧张关系，首先在政治上对云南各族人民推行"宽仁"的政策进行安抚。他初到云南，当地的土官就潜入京城向朝廷告他的状，忽必烈知道所告全系污蔑，就将告状的土酋械送回云南，命赡思丁处治。赡思丁从大局出发，为了团结当地酋豪，将他们全部释放，还委任他们当官。萝槃甸叛变，赡思丁率军征讨，他没有采取武力镇压的办法，而是以诸葛武侯之风，攻心为上，不愿杀戮。萝槃主固守不降，有部将就擅自带兵攻城，赡思丁大怒说："天子命我安抚云南，未尝命以杀戮也"，并要斩擅自攻城的将卒。萝槃主对赡思丁的宽厚仁义极为感动，"乃举国出降"⑥。他在平服各部叛乱时，总是主张"力攻不如德降"⑦。这种以诚待人的态度和胸怀使酋豪们大受感动。⑧不数年，"西南夷翕然款附"⑨。据《赛平章德政碑》，"广中降者八十余州，籍四十万户。东招靖江，南开广道，不劳一矢而安定"⑩。其次，在经济上减轻云南各族人民的负担。他到云南后，均赋税，省徭役，招集流散，抚恤孤贫，使"饥寒者得以衣食，流散者得以抚绥"⑪。张洪《南夷书》中的一段

---

① （明）宋濂：《元史》卷121《兀良哈台传》；（波斯）拉施特著，余大钧译：《史集》第1卷第1分册《兀良合惕部落》。
② （元）陶宗仪：《说郛》36《李京〈云南志略〉》。
③ （明）宋濂：《元史》卷61《地理志》4。
④ （明）宋濂：《元史》卷8《世祖本纪》5。
⑤ （明）张洪：《南夷书》，北京图书馆藏明抄本。
⑥ （明）宋濂：《元史》卷125《赛典赤赡思丁传》。
⑦ （明）李元阳：《（万历）云南通志》卷15赵子龙《赛平章德政碑》。
⑧ （明）宋濂：《元史》卷125《赛典赤赡思丁传》。
⑨ （明）宋濂：《元史》卷125《赛典赤赡思丁传》。
⑩ （明）李元阳：《（万历）云南通志》卷15赵子龙《赛平章德政碑》。
⑪ （明）李元阳：《（万历）云南通志》卷15赵子龙《赛平章德政碑》。

话值得注意：

> （赛公）告其民曰："吾欲分尔耕，贷尔牛种、耒耜、蓑笠之具，度亩收若干？"夷曰："可得稻二石。"公曰："输官几何？"夷曰："半之。"公曰："太重，后将不堪。其牛种、耒耜之具不复再给，牛死买牛，具弊修具，一家衣食所须，半岂能给？"夷曰："然则三之一。"赛公曰："尔虽克供，惧尔子孙弗继也。后之代我者，必欲盈其数，则上下相恶矣！吾与尔约，尔毋我违，亩输米二斗，其勿逾！"赛公又询其地所宜，宜马则入马，宜牛则入牛，并与米值相当，不产牛马入以银。①

官府拨给土地，借贷牛种、农具，每亩只交租二斗，不能不说是比较轻的剥削量。这完全是为了对云南少数民族的笼络羁縻，使他们得以温饱，安居乐业，不再萌生叛反之心。

纳速剌丁任云南诸路宣慰使都元帅时，也是认真执行他父亲制定的宽厚治边的方策，征金齿、曲蜡、缅国等地时，他没有采用军事镇压的方法，而是招降。他在金齿等地招忙木、巨木秃等夷寨三百，籍户十二万二百，还在金齿等地"定租赋，置邮传，立卫兵"②，深得当地之民心。回师时，夷人以驯象十二头入贡。赡思丁死后，忽必烈下诏要云南省臣"尽守赛典赤成规，不得辄改"③。但是，接任的官员并没有遵守，"继赛公者，不能遵其制度，建昌、越嶲背叛"④。由于"云南省臣于诸夷失抚绥之方"⑤，于是，大家都推荐赡思丁的长子纳速剌丁承继父业，主治云南。纳速剌丁任云南平章时对许多弊政进行了改革，如禁止权贵豪强放高利贷高额取息，禁止收买人口为奴，禁止在平民脸上刺字，罢废不利于云南人民的规措所⑥，免除一般土官送质子入京⑦，等等，可以说，这一系列措施都是针对赡思丁死后云南省臣对少数民

---

① （明）张洪：《南夷书》，北京图书馆藏明抄本。
② （明）宋濂：《元史》卷125《纳速剌丁传》。
③ （明）宋濂：《元史》卷125《赛典赤赡思丁传》。
④ （明）张洪：《南夷书》，北京图书馆藏明抄本。
⑤ （明）宋濂：《元史》卷125《纳速剌丁传》。
⑥ （明）宋濂：《元史》卷12《世祖本纪》9。
⑦ （明）宋濂：《元史》卷125《纳速剌丁传》。

族抚绥无方而制定的，目的就是在某种程度上减轻国家与豪强对云南各族人民的政治压迫和经济剥削，使他们感朝廷之恩而倾心向化。这一措施虽然未必都能得很好的贯彻执行，但对当时云南各族纷纷反叛的紧张形势还是起了一定的缓和作用。故任士林称："凡西北（当为南）一边，近沾远被，无异中土，公之力为多。"①这一评价是比较适宜的。

忽辛任云南行省右丞相时，治边亦有乃父遗风，但他的权力有限，特别是甘剌麻封梁王出镇云南后，行省一切事务都被置于梁王的干预和监督之下。尽管如此，忽辛还是为云南各族人民办了不少好事。他到云南任职后，目睹弊政太多，曾将这些弊政逐条呈报梁王，希望能下令变更，梁王不同意。忽辛不惧权势，亲自进京向朝廷禀告，朝廷下诏，责成梁王同行省一起更张弊政。"由是一切病民之政，悉革而新之。"②举两个例子：原来云南各地每年要给梁王进贡马二千五百匹，行省认为数量太多，人民负担太重，就报请朝廷削减了进贡马匹。③梁王养马极多，并将马匹全部放牧在城郊，放牧人在老百姓家住宿吃饭，干扰人民的正常生活，更严重的是成群马匹践踏农作物，直接影响了正常的农业生产。忽辛选择了适当的地方当梁王的牧场，又给牧人们盖了几十间屋，这样，当地人民才安定下来。④这些弊病的革除对于融洽复杂的民族关系起着十分重要的作用。到成宗大德年间，云南各地的叛乱基本上都已经平息，只有广南酋沙奴仍然作梗于边，忽辛没有进兵围剿，抚之以恩，最后说服他归附了朝廷。

明罗日褧《咸宾录》卷7《南夷志》中有一条材料：

> 八百媳妇，自古不通中国。元世宗及成宗屡遣将征之，竟无功，其酋恃远，叛服不常。至元统初，平章赛典赤遣使招附，置八百等处宣慰使。⑤

此事不见于《元史》，余疑这一"平章赛典赤"当为赡思丁的第五子赛典赤马速忽，《元史》及《咸阳王赛典赤赡思丁公墓碑总序》中都称他曾任

---

① （元）任士林：《松乡先生文集》卷1《平章政事赛典赤荣禄公世美之碑》。
② （明）宋濂：《元史》卷125《忽辛传》。
③ （明）宋濂：《元史》卷18《成宗本纪》1。
④ （明）宋濂：《元史》卷125《忽辛传》。
⑤ （明）罗日褧：《咸宾录》卷7《南夷志》。

云南行省平章政事，但传中无一字涉及马速忽的政绩。忽辛于大德八年离任云南后，赛典赤家族治云南的可能即是马速忽。如不误，则招抚八百媳妇并置宣慰使亦是赛典赤家族治理云南的事。

云南外边，以安南、缅国为要。要想云南彻底安定，安南、缅国关系的好坏是至关重要的问题，赛典赤父子在稳定元朝与安南、缅国二国的关系上作出了重大的贡献。在兀良哈台平定云南时，双方关系已破裂。纳速剌丁当时随兀良哈台入云南，为了扭转元王朝和安南的关系，他几次出使安南，从中斡旋，到忽必烈时，安南正式表示愿意纳质归款。纳速剌丁充当元王朝的使者主要是以恩信服人，深受安南人的信任，至元三年（1266）安南国王主动要求朝廷派纳速剌丁到安南任达鲁花赤。① 在他任安南达鲁花赤期间，元王朝与安南的关系极为和睦融洽。至元五年云南王忽哥赤从安南撤回了纳速剌丁而换上了忽笼海牙，后又换了叶式捏、李元等，这些人恃仗国大势强，肆意侵凌安南，一再勒索贡品，使安南国王极为反感，以致要求罢达鲁花赤。这个问题一直没有处理妥当，以致安南"叛服不常"②。赛典赤入云南后，立即派人出使安南，将利害关系反复讲给安南王听，说服他归附元王朝，并且赛典赤与安南国王相约，愿与他结为兄弟。身为元王朝的元老重臣，这样一片诚心将安南国王深深打动，他亲自到云南来见赛典赤，赛典赤也亲自迎于城郊，安南国王与云南行省平章聚集一堂并结拜为兄弟③，留下了中越关系史上的佳话。自此后，"安南永乞为藩臣"，赡思丁死时，安南王派使者十二人来祭吊，使者哭声震野，在祭文中称赡思丁"生我育我，慈父慈母"④。安南人民将赡思丁比作自己的"父母"，可以反映，当时安南人民对赡思丁感情之深。

由于赛典赤赡思丁在云南任职期间能比较恰当地处理对外关系，"为政以德，泽民以仁"⑤，因此，能致"远人向化，臣其未臣"⑥。赛典赤赡思丁在

---

① （明）宋濂：《元史》卷125《忽辛传》。《大越史记全书》之《本纪》卷5丙寅九年二月条的"耨剌丁"当即纳速剌丁。
② （明）宋濂：《元史》卷125《赛典赤赡思丁传》。
③ （明）宋濂：《元史》卷125《赛典赤赡思丁传》。
④ （明）宋濂：《元史》卷125《赛典赤赡思丁传》。
⑤ （明）李元阳：《（万历）云南通志》卷15赵子龙《赛平章德政碑》。
⑥ （明）李元阳：《（万历）云南通志》卷15赵子龙《赛平章德政碑》。

缅国的威望极高，元成宗时，缅国反叛，当时赡思丁已死，其子忽辛任云南右丞，忽辛派使者去见缅国主，只说自己是"老赛典赤平章子，惟先训是遵"①。意思就是说，我会按照我父亲的教导来处理我们之间的关系。缅国主一听此话，马上表示归顺，并派使者贡方物。这里面不免会有些夸张，但从一个侧面也反映赡思丁在处理与邻国的关系上是比较成功的，影响也极为良好。总之，赡思丁在云南推行友好的睦邻政策大大地改善了元王朝同南边邻国的关系，也安抚团结了云南各族人民，使元朝统治在极为复杂的云南地区站稳了脚跟。

## 三、兴修水利，屯田积谷，促使云南地区农业生产得到较大幅度的发展

自汉武帝开发西南以后，前汉、蜀汉王朝都曾在云南地区进行过屯垦，但规模很小，随兴随废，没有十分明显的效益。真正在云南实行较大规模的屯田却是始于元代，也就是始于赡思丁任云南行省平章政事以后。

赡思丁早在到云南前就在陕西创置过屯田，而且得到了成功的经验，他在来云南之前也订立了屯田计划并绘图上呈忽必烈。至元十一年（1274），赡思丁到云南后，立即开始组织屯田。《云南志略》载：

> 迨至至元甲戌（十一年），以平章赛天赤行省云南，下车之日，立州县，均赋役，兴水利，置屯田。②

他首先命令西夏人爱鲁在中庆地区屯田，《元史·爱鲁传》载：

> 至元十一年，阅中庆版籍，得隐户万余，以四千户即其地立屯。③

据《元史·兵志》记载，云南行省所辖军民屯田共十二处，为威楚提举

---

① （明）宋濂：《元史》卷125《忽辛传》。
② （元）陶宗仪：《说郛》卷36《李京〈云南志略〉》。
③ （明）宋濂：《元史》卷122《爱鲁传》。

司、大理金齿宣慰司、鹤庆路、武定路、威楚路、中庆路、曲靖宣慰司、乌撒宣慰司、临安宣慰司、梁千户、罗罗斯宣慰司、乌蒙总管府等①，其中在赡思丁任职期间创置的屯田一共八处，为中庆路、威楚提举司、永昌府、澂江路、鹤庆路、威庆路、曲靖路、仁德府、临安路。赡思丁时期的云南屯田主要是民屯，而且主要是括漏籍隐户屯田。"漏籍隐户"就是逃避国家的户籍和田土的登记，人民以此来逃脱国家的赋税和徭役。《元史·忽辛传》载：

（云南）豪民规避徭役，往往投充王府宿卫，有司不胜供给，忽辛按朝廷原额所无者悉籍为民。②

兀良哈台镇守云南时，为了补充兵饷和兵员，赋税和徭役都十分繁重，所谓"八籍民户，四籍民田，民以为病"③，就可反映云南各族人民在残酷的压迫和剥削下，除了反抗，逃籍、隐籍也是一条出路。赡思丁到云南后，一边省徭役，薄粮税，一边括隐户屯田，在这种前提下，才可能有大量的隐户出来参加屯田。括隐户屯田至少具有两层以上的意义，一是解决了屯田的劳动力问题，二是为国家增加了户口，扩大了国家的田赋收入。

赡思丁时期的云南屯田已经比较广泛地分布在滇中、滇南及滇西地区，据《元史·兵志》提供的数据统计，这一时期的屯垦田土已达56559双④，合226236亩（1双=4亩），这都是至元十二年（1275）至至元十五年（1278）的成果。在这些屯垦的土地中，除了一部分屯户自备的"己业田"外，大部分是"无主荒田"，括隐户开垦荒田，而且是这样大面积的开荒，这对处于西南边陲的云南地区来说无疑是一次大规模的经济开发。

云南地区的民屯主要创置于赡思丁时，而军屯则主要是创置于纳速剌丁任职之时。至元十七年（1280），纳速剌丁任云南右丞，后又升平章政事。至元二十年（1283），云南行省首次发爨僰军一百八十户在德昌路屯田，这次规模很小，大规模的军屯始于至元二十六年（1289）三月"立云南屯田，

---

① （明）宋濂：《元史》卷100《兵志》。
② （明）宋濂：《元史》卷125《忽辛传》。
③ （明）宋濂：《元史》卷12《世祖本纪》9。
④ （明）宋濂：《元史》卷100《兵志》。

以供军储"①。在云南建立军屯主要是解决"云南戍军粮饷不足"的问题，在至元二十六、二十七年间（时纳速剌丁仍为云南平章政事）云南军屯广泛设立，大理、鹤庆、武定、威楚、中庆、澂江、仁德、乌撒、东川、临安、建昌、德昌等地均建立了民屯，而且都是"爨僰"军人屯田，共3303人，屯种田数为45276亩（其中乌撒、东川、建昌、德昌无亩数）。②很明显，这一时期的军屯从规模上远较民屯高，《元史·世祖本纪》载："（至元三十年）免云南屯田军军逋租万石。"③一次免租就达万石，就可反映，元朝政府每年要从云南屯田军手中获取多少税粮。同时，组织少数民族军队参加屯田，就更扩大了对云南地区的农田开发。

在赡思丁任职期间，云南农业生产有较大的发展，大量农田被开发，水稻及其他农作物的种植地区也在扩大，赡思丁向云南各族人民传播内地的耕作、播种及养蚕方面的先进技术，使云南人民获益匪浅。④特别是在赡思丁的领导下，云南各地的水利事业更明显的发展，大规模的水利工程主要集中在滇池地区。滇池地区的水利灌溉工程在南诏、大理时期也进行过一定的整治，到大理后期，由于统治阶级残暴腐朽，境内各族反抗斗争一直没有止息，"四夷八蛮，叛逆中国（大理自称中国），涂路如胄毛"⑤，自己的统治都岌岌可危，那还能顾及兴修水利？"昆明池口塞，水及城市，大田废弃，正途壅抵。"⑥赡思丁入滇后，立即着手整治滇池，委任"熟于云南"⑦的张立道为大理等处巡行劝农使，带领二千役夫开始整治滇池。滇池周围共五百余里，有盘龙江、宝象河、东西白沙河等十余条较大的河流注入滇池，再加上滇池地区降雨量丰富，降雨最大量达1540.75毫米，因此，滇池每年接受的水约9亿立方米⑧，水利资源丰富，也极容易给人民带来灾害：

---

① （明）宋濂：《元史》卷12《世祖本纪》9、卷61《地理志》、卷100《兵志》及《经世大典·序录》及都有元代屯田的记载，大体一致，也有些地方互有出入。因《兵志》最详，故采《兵志》之数。
② （明）宋濂：《元史》卷100《兵志》。
③ （明）宋濂：《元史》卷17《世祖本纪》14。
④ （明）宋濂：《元史》卷125《赛典赤赡思丁传》。
⑤ （清）范承勋：《（康熙）云南通志》卷19《高量成碑》。
⑥ （清）鄂尔泰等：《（雍正）云南通志》卷29《赵子元赛平章德政碑》。
⑦ （明）宋濂：《元史》卷176《张立道传》。
⑧ 方国瑜：《滇池水域的变迁》，载《滇史论丛》第1辑，上海人民出版社，1982年。

> 滇池之水，唐宋以前，不惟沿池数万亩膏腴之壤，尽没于洪波巨浪之中，即城郭人民，俱有荡析之患。①

《元史·张立道传》载："下潦暴至，必冒城郭。"②长时期的洪流泛滥，使滇池地区的人民深受其害。在赡思丁的领导和筹划之下，花了三年时间，疏浚滇池出口，"泄其水"，降低滇池水地，"得垦地万余顷，皆为良田"。③为了防止水旱灾害，赡思丁将汉族人民兴修水利的先进技术传授给了云南人民，修作陂池，建造堤坝：

> 松华坝，在城东北三十里松华山下，元平章赛典赤赡思丁经画水利，乃于此筑坝，分盘龙江水为金棱河，并建盘龙、金棱、银棱、宝象、海源、马料六河，诸闸溉田万顷，历加修浚。④

这是我国有史以来第一次降低滇池水位的大规模工程，这在云南水利史上具有极为重要的意义。今天，赡思丁主持下的各种水利设施的遗制仍然保存，数百年来，造福于人民，功莫大焉。

总之，赛典赤父子在云南发展屯田、兴修水利、奖励生产，促进了云南地区农业生产的发展。当时元朝在云南每年征收的税粮达 277719 石，居全国第五位，超过四川、陕西、甘肃、辽阳等省⑤，可以反映出当时云南地区的农业生产已达到了内地的水平。赛典赤父子先后统治云南几十年，史称滇池地区"其俗殷富，墟落之间，牛马成群"⑥。乌蒙、乌撒地区"府中储积多如山"⑦。大理一线，白崖"居民凑集，禾麻遍野"，赵州"百姓富庶，少水旱之灾"。⑧

---

① （民国）朱庆椿等：《晋宁州志》卷 5《水利志》。
② （明）宋濂：《元史》卷 176《张立道传》。
③ （明）宋濂：《元史》卷 176《张立道传》。
④ （明）陈文等纂修：《景泰〈云南图经志书〉》卷 1《山川》；（清）鄂尔泰等：《〈雍正〉云南通志》卷 13《水利》。
⑤ （明）宋濂：《元史》卷 93《食货志》。
⑥ （明）李元阳：《〈万历〉云南通志》卷 14 郭松年《大理行记》。
⑦ （元）陈旅：《安雅堂集》卷 3《题蒙泉吏隐图》。
⑧ （明）李元阳：《〈万历〉云南通志》卷 14 郭松年《大理行记》。

## 四、修驿道，兴工商，促进云南
## 与内地及国外的经济交流

云南地处云贵高原的西部，地形复杂，多高山丛林、峡谷险流，交通条件处于十分闭塞的状况。历代统治者为了开发云南，都曾为云南的交通建设做过努力，汉武帝时：

> 使县令南通僰道，费功无成。唐蒙南入斩之，乃凿石开阁亦同南中，迄于建宁二千余里。山道广丈余，深三四丈。①

又苏颂《图经本草》：

> 昔汉武帝使唐蒙晓谕南越，越王食蒙以枸酱。曰：此出番禺城下，武帝感之，遂开牂牁、越巂道。②

至唐代，内地通往云南的道路就更多了，张无尽《沐川寨记》载：

> 南诏尝挟吐蕃以为中国患。盖其路：一出大渡河，一出沐川源，一出马湖江。其狭邪之径：曰荣径、曰八面箐、曰黑水、曰中镇、曰赖因、曰龙水、曰阴川。③

大道有三条，小路有七条，并在云南东部地区修建了一些驿馆。到五代宋时，大理政权与内地的交往毕竟比不上唐代，再加上大理政权在境内实行分封制，各少数民族酋领相继进行割据，一个大理政权又分成了"罗殿"、"自杞"、"特磨"、"白衣"、"金齿"、"金殿"等国，以部落的形式和闭关自守办法而建立起一个个所谓"国家"，对交通事业的影响是可想而知的。元

---

① （北魏）郦道元：《水经注》卷33《江水》。
② （明）李时珍：《本草纲目》卷14苏颂《图经本草》。
③ （宋）王象之：《舆地纪胜》卷146《张无尽〈沐川寨记〉》。

军征大理时,就深感云南的道途艰难。因此,在至元五年和七年先后在中庆、大理、金齿等地开始修建驿站。

赛思丁入滇后,云南的水路驿传仍然是不健全的,就连朝廷文件的传递也极为迟滞。为了改变云南交通落后的状况,赛思丁决心大力整治云南境内的驿站。至元十三年(1276),赛思丁命爱鲁:

> 开二涂,陆由乌蛮,水由马湖,……自时水陆邮传皆达叙州。①

至元十五年(1278),

> 中庆路至乌蒙赛典赤所管之地,立讫九站。乌蒙北五站不得立。乌蒙土官言,使我属赛典赤,则可立站。②

至元十六年,"以高州、筠连州腾冲县新附户于滁州等处治道立驿"③。这条从中庆经乌蒙到叙州的驿道一共花了四年时间才基本完成,共建站赤十四处,这是从云南通往贵州、四川的一条主要干道。至元十六年,赛思丁又命其子纳速剌丁率领大理军队直抵"金齿、蒲骠、曲蜡、缅国界内",并修建中庆至缅国的驿道和站赤。④途中共建二十五站,即:中庆、剌浪、答八、环州、武定、安宁、路品、路丰、舍资、路甸、威定、沙却、普润、小云南、白山石、大理、邓川、观音、剑川、丽江、样备、沙麻加、永昌、金齿、缅国。⑤这条由云南通往缅甸的交通线虽然不一定是赛思丁时期才开辟,但在这一条交通线上建立完整的驿站制度却是这个时候首创的。据《新元史·爱鲁传》,至元十三年至十六年间,爱鲁还开辟(实际上是修复)由中庆到邕州的交通线,这条线上的驿站是中庆、晋宁、河杨、路杨、陆凉、摩者、摩矣龙、必勒龙、维摩、嘉通龙、和采、邕州。⑥《岭外代答》中记载了

---

① (元)姚燧:《牧庵集》卷19《忠节李公神道碑》。
② 《永乐大典》卷19423《经世大典·站赤》2。
③ (明)宋濂:《元史》卷15《世祖本纪》12。
④ (明)宋濂:《元史》卷10《世祖本纪》6。
⑤ 《永乐大典》卷19426《经世大典·驿站》2。
⑥ 《永乐大典》卷19426《经世大典·驿站》2;(民国)柯劭忞:《新元史》卷131《爱鲁传》。

宋代广西和云南的路线，但驿站全建在广西境内[①]，云南境内的驿站没有记载。上述十一站应该都是元代创建的。从《元史·兵志》记载云南驿站来看，一共只有 78 处，但《经世大典》中记载的云南驿站实际分布之数却较《元史》为多，统计如下：

罗罗斯宣慰司：马站 29 处。

武定路：马站 10 处。

中庆路：马站 6 处。

仁德府：马站 1 处。

曲靖路：马站 6 处。

乌撒宣慰司：马站 45 处，水站 4 处。

丽江路：马站 3 处。

大理路：马站 14 处。

澂江路：马站 1 处。

威楚路：马站 5 处。

临安路：马站 6 处。

广西路：马站 5 处。

普安路：马站 3 处。

共 129 站[②]，比《元史·地理志》多 51 站，几乎遍布于云南全省；马站备置马匹共 4940 匹，最多的如武定、乌撒、罗罗斯等地的驿站每站都备马 40 匹以上[③]，再加上牛和船，整个云南地区构成了一个星罗棋布的水陆驿站交通网，规模之宏大，前所未有。为了保护驿站交通，赡思丁还在"山路险处、盗贼出没"的地方"相地置镇"，每一镇设土官一员，百夫长一人[④]，来保护行旅的安全。当时云南还是比较落后的边远地区，但驿站交通的畅达已与内地相差无几。元人孟德常《元日题马龙站壁》："金马雨晴滇海阔，碧鸡云敛瘴烟开"[⑤]之句就正是对这一时期云南交通的颂赞。

---

[①]（宋）周去非：《岭外代答校注》卷 3《通道外夷》。

[②]《永乐大典》卷 19423《经世大典·站赤》8。

[③]《永乐大典》卷 19423《经世大典·站赤》8。

[④]（明）宋濂：《元史》卷 125《赛典赤赡思丁传》。

[⑤]《永乐大典》卷 19426 李京《云南志略》录孟定（德常）《元日题马笼站壁》诗。按：此诗《说郛》本《云南志略》不见，可资考证。

大规模驿站的建立，从《元史·兵志》上的记载好像仅仅是为了"通达边情、布宣号令，即所谓置邮而传命"①这一个目的，实则不然，在云南这一边远地区这么大规模地兴建驿站，元朝统治者是有其经济目的的。云南矿产极为丰富，仅以《元史·食货志》所记载的云南矿产分布情况即可明白统治者在云南大兴驿站的意图：

  产金地：威楚、丽江、大理、金齿、临安、曲靖、元江、罗罗、会川、建昌、柏兴、乌撒、东川、乌蒙。
  产银地：威楚、大理、金齿、临安、元江。
  产铜地：大理、澂江。
  产铁地：中庆、大理、金齿、临安、曲靖、澂江、罗罗、建昌。
  产珠地：罗罗。
  产碧甸地：会川。②

大都城内的统治者要获取这块宝地的宝藏，没有发达的交通怎么能行呢？赡思丁就是为了使元朝统治阶级能获得更大的利益而带有开发云南财货的经济目的大兴驿站的。这从元朝在云南的岁课中更可以看清楚：

金，岁课184锭1两9钱，居全国首位；
银，岁课735锭34两3钱，约等于其他各省银课的总和；
铜，2380斤，独云南一省有课；
铁，124701。③

其结果，一方面丰富的矿物资源刺激人们去改善交通条件，另一方面交通条件的改善为工商业的发展提供了可能和保证。赡思丁与其子纳速剌丁在云南执政期间，制定了一系列切实可行的措施鼓励工商，归纳起来有七点：

  （一）"薄征税"④，以引来更多的商人来云南贸易。
  （二）"兴市井"⑤，为人民创造更多的经商场地。

---

① （明）宋濂：《元史》卷101《兵志》。
② （明）宋濂：《元史》卷94《食货志》。
③ （明）宋濂：《元史》卷94《食货志》。
④ （明）李元阳：《（万历）云南通志》卷15赵子龙《赛平章德政碑》。
⑤ （明）李元阳：《（万历）云南通志》卷15赵子龙《赛平章德政碑》。

（三）"以贝代钱"，制定钱与贝之间的合理比值①，方便云南与内地的贸易往来。

（四）"弛道路之禁"②，让各地的商旅能自由出入云南。

（五）"负贩之徒，毋令从征"③，免除商人的兵役。

（六）"听民伐木贸易"④，扩大贸易范围，将云南丰富的森林资源输往内地。

（七）罢"云南省规措所造金箔贸易"⑤，革除通商贸易中的种种弊病。

在云南行省这些政策和措施的保护、鼓励下，云南地区的工商业得到了进一步的发展，前面征引《元史·食货志》中对云南征收的金、银、铜、铁的岁课数据，就是云南手工业发展的力证。又如，"云南盐井四十余所，惟姚州白井、威楚黑井最佳"⑥。黑井之盐产，号称"以佐国用，以资民生，厥力至溥也"⑦。交通的发达，城市经济日趋繁荣，中庆城到赡思丁时期变为全省的政治中心后，经济上也很快就超过了大理城，成为云南的第一商业都会。马可波罗来云南时曾说：鸭池（即中庆）"城大而名贵，商工颇众"⑧。元人王昇《滇池赋》称："千艘蚁聚于云津，万舶蜂屯于城根。致川陆之百物，富昆明之众民。"⑨元时"云津"为中庆之水运码头，旧时"云津夜市"为昆明八景之一，昆明城工商业的繁荣可见一斑。大理城仍是云南西部的一大商业中心，马可波罗说：

此地亦产金块甚饶，……至于交易时，每金一两值银六两。彼等亦用前述之海贝，然非本地所出，而来自印度。此州产良马，躯大而美，贩售印度。⑩

---

① （明）宋濂：《元史》卷125《赛典赤赡思丁传》。
② （明）宋濂：《元史》卷14《世祖本纪》11。
③ （明）宋濂：《元史》卷14《世祖本纪》11。
④ （明）宋濂：《元史》卷14《世祖本纪》11。
⑤ （明）宋濂：《元史》卷125《纳速剌丁传》。
⑥ （元）刘应李原编，詹有谅改编，郭声波整理：《大元混一方舆胜览·姚州》，四川大学出版社，2003年，第479页。
⑦ （明）陈文等纂修：《（景泰）云南图经志书》卷4《李道源〈万春山真觉寺碑〉》。
⑧ （意）马可波罗著，冯承钧译：《马可波罗行记》第117章《云南省》，上海书店，1999年，第284页。
⑨ （明）陈文等纂修：《（景泰）云南图经志书》卷5《王昇〈滇池赋〉》。
⑩ （意）马可波罗著，冯承钧译：《马可波罗行记》第118章《重言哈剌章省》，第288页。

关于云南用贝之事，前人多有论述①，云南不产贝，而元代数以万计的贝在云南市场上通行，这些贝来自何处呢？谢肇淛《滇略》载：

> 海内贸易皆用银钱，而滇中独用贝，贝又用小者，产于闽、广，近则老挝诸海中，不远千里而捆致之，俗名曰肥。②

可见，海贝并非完全来自印度，我国沿海诸省及东南亚沿海诸国都将贝"捆致来"进行贸易。金齿州，马可波罗说："其货币用金，然亦用海贝，其境周围五日程之地无银矿，故金一两值银五两，商人多携银至此易金而获大利。"③李京《云南志略》亦称：

> 交易五日一集，旦则妇人为市，日中男子为市，以毡、布、茶、盐互相贸易。④

建昌地区，元中叶以前"金珠富产，谷粟丰盈，民足衣食，牛、羊、盐、马、毡、布，通商殖货"⑤。云南是产金之地，而江头城就是黄金转口贸易的重要口岸，这里商贾辐辏，外客来集，辄数万人，为云南和缅甸交往之主要站口，一向是很繁盛的。⑥

## 五、除陋俗，办学校，发展云南地区的文化教育事业

汉文化对云南的影响，早在西汉时期就已露端倪，《后汉书·西南夷列传》中就有云南兴学的记载。⑦唐以后，南诏、大理政权中的儒学渐为兴盛。

---

① 方国瑜：《云南用贝作货币的时代及贝的来源》，载《滇史论丛》第1辑。
② （明）谢肇淛：《滇略》卷4《俗略》。
③ （意）马可波罗著，冯承钧译：《马可波罗行记》第119章《云南省》，第293页。
④ （元）陶宗仪：《说郛》卷36《李京〈云南志略〉》。
⑤ （元）孛兰肹：《元一统志》卷7《云南诸路行中书省》。
⑥ 方国瑜：《云南用贝作货币的时代及贝的来源》，载《滇史论丛》第1辑。
⑦ （南朝）范晔：《后汉书》卷86《西南夷列传》。

但是，云南毕竟是边疆地区，又是各少数民族杂居之地，文化教育事业的发展仍然有着较大的局限性。《元史·程思廉传》称："云南旧有学校，而礼教不兴。"①《元史·张立道传》："云南未知尊孔子，祀王逸少为先师。"②《元史·赛典赤赡思丁传》："云南弟子，不知读书。"③这些话都或多或少地反映了云南地区文化教育事业落后的事实。

赡思丁到云南后，他认识到发展云南地区的文化教育事业应放在全部工作的首位，他曾对其僚佐们说：

> 夷俗资性悍戾，瞀不畏义，求所以渐摩化服其心者，其惟学乎！④

因此，他主张首先在中庆府建立学校。当时，他的属下都劝他"学校之事似宜宽缓"，但是，他认为："国家政事典则，纪纲法度，军旅刑措之事，未尝不自文学始。"⑤于是，赡思丁下车伊始，于至元十一年（1274）就在中庆府创建大成庙，倡导云南各族尊孔重儒，他自己拿出俸金，买地建房，到至元十三年（1276），中庆府大成庙建成，创建了云南地区的第一座孔庙。后来在孔庙中置学舍，创建了云南地区第一所学校，并购田三十二亩为学田，后来规模越来越大，到元中后期，云南诸路的学田达5960亩。⑥府学之教师，多是延请蜀中之贤者，并在中庆和大理两路设儒学提举之职来管理云南之文教事业。⑦中庆府学建成后，云南各地纷纷建学，《元史·选举志》称："（至元十九年四月）命云南诸路皆建学，以祀先圣。"⑧这一时期见于记载的有建水州、石屏州、临安府、河西县、澂江府、曲靖路、仁德府、武定府、楚雄府、大理府、永昌路、丽江路、鹤庆路、姚安路、安宁州等地，都建有

---

① （明）宋濂：《元史》卷163《程思廉传》。
② （明）宋濂：《元史》卷167《张立道传》。
③ （明）宋濂：《元史》卷125《赛典赤赡思丁传》。
④ （民国）龙云等：《新纂云南通志》卷92《郭松年〈创建中庆路大成庙碑记〉》。
⑤ （明）李元阳：《（万历）云南通志》卷15赵子龙《赛平章德政碑》。
⑥ （元）孛兰肹：《元一统志》卷7《云南诸路行中书省》。
⑦ （明）陈文等纂修：《景泰〈云南图经志书〉》卷8《支渭兴〈中庆路增置学田记〉》、《邓麟〈王止庵墓志铭〉》。
⑧ （明）宋濂：《元史》卷81《学校志》。

学校。① 王彦《中庆路重修泮宫记》称：

> 赛典赤分省此方，创学宫，举师儒，北人鳞集，爨僰循礼，渐有承平之风，是以达官君子，绍述成轨，乘驲内地，请给经籍。这穷边蛮僚之乡，咸建庠序矣。②

元代云南文化教育事业的推广发展，其功首推赡思丁，这一点是极为公允的。

赡思丁在云南大力兴办教育事业，从主观上讲，是为了改变夷俗，教化夷民，让他们也学会封建的三纲五常，从而巩固自己的统治。然而，在客观上，赡思丁兴办教育又起了推广汉族先进文化和培养少数民族人才的积极作用，这一点对于云南的开发具有极为深远的意义。

纳速剌丁继为云南平章后，继续倡导发展文教事业，他在至元二十一年到二十九年一直担任云南行省的最高长官，而大理府学、建水州学、临安府学都创建于这一时期。③ 纳速剌丁弟忽辛任云南右丞时，也是十分注重教育。至元二十九年，元政府曾下令"设云南诸路学校"④。但这项命令在下面并没有认真执行，忽辛就亲自深入各个州县，四处建立庙学，并选择文学之士充当教师，一时"文风大兴"⑤。赡思丁修建中庆路庙学时曾购置了一批学田，赡思丁死后，这些田土就被寺院占有，忽辛认真追查，并将学田夺回归还学校。⑥ 在纳速剌丁和忽辛的推动下，云南地区的教育工作至至元中期仍然向前发展。

赛典赤父子为革除云南地区落后的习俗也做出了许多成绩。旧时，"云

---

① 方国瑜：《彝族史稿》第 2 节《封建领主经济的继续发展》之《参考》28，四川民族出版社，1983 年，第 290—291 页；方国瑜：《云南史料目录概说》第 3 册卷 8《元时期文物》，中华书局，1984 年，第 1038 页。
② （明）陈文等纂修：《景泰〈云南图经志书〉》卷 8《王彦〈中庆路重修泮宫记〉》。
③ （明）宋濂：《元史》卷 176《张立道传》；（明）李元阳：《（万历）云南通志》卷 8《赵傅弼〈创建大理路儒学碑记〉》。
④ （明）宋濂：《元史》卷 17《世祖本纪》14。
⑤ （明）宋濂：《元史》卷 125《忽辛传》。
⑥ （明）宋濂：《元史》卷 125《忽辛传》。

南俗无礼义，男女自相配偶，亲死则火之，不为丧祭"①。乌撒地区"婚姻不避亲族"②，马可波罗亲眼看到云南土著居民妻子同别人发生肉体关系并不感到羞耻③。赡思丁除了在云南修建孔子庙、明伦堂，大力宣扬儒家的伦理道德外，还将内地汉族的婚姻丧葬习俗教给云南人民④，到元明之际，婚姻行媒，棺葬祭奠的习俗，也逐渐流行于云南。云南地区虽然信仰佛教，但在许多地区却普遍信仰原始的萨满教，迷信鬼神，如任士林言："云南地邪而民尚鬼。"⑤纳速剌丁任平章时，云南土人不敢建房子，他们迷信鬼神，认为筑土一尺就会死人。纳速剌丁反复给当地人民讲道理，要筑土的人每天汇报，一天天过去了，并没有死人，这样才打破人们思想中对鬼神的迷信⑥，消除了顾虑，致使"风俗稍变"⑦。

还有一点是值得一提的，赛典赤一家是"回回"人，信仰伊斯兰教，他们一家到云南来后，伊斯兰教自然也随着进入了云南。但是，作为一个伊斯兰教徒，他对其他宗教并没有进行排斥和打击，兼容并蓄，让各种宗教自由发展，让各族人民自由选择宗教信仰。云南流行佛教，南诏、大理时，以密宗为盛，而金齿等地则盛行小乘佛教，到元代，云南始盛行禅宗，影响较大。元代"回回"人进入云南后，伊斯兰教开始在云南传播，相传赡思丁在中庆创建清真寺十二所，至今尚存的是南城寺和永宁寺⑧。由于云南在经济上与南海、西域诸国有一定的来往，不少中亚、西亚及欧洲人都来云南进行贸易，因此，基督教也传进了云南，马可波罗到中庆时见到："人有数种，有回教徒、偶像教徒及若干聂斯托里派之基督教徒。"⑨可见，元代的昆明城不仅是一个中外经济交流的中心，而且是东西文化荟萃之地。千百年以来的龙荒化外之地出现了如此繁盛的世界文明的交汇，这几位"德量宽大"⑩的回回

---

① （明）宋濂：《元史》卷125《赛典赤赡思丁传》。
② （明）李贤等：《明一统志》卷72《乌撒军民府》。
③ （意）马可波罗著，冯承钧译：《马可波罗行记》第117章《哈剌章州》，第286页。
④ （明）宋濂：《元史》卷125《赛典赤赡思丁传》。
⑤ （元）任士林：《松乡先生文集》卷1《平章政事赛典赤荣禄公世美之碑》。
⑥ （元）任士林：《松乡先生文集》卷1《平章政事赛典赤荣禄公世美之碑》。
⑦ （明）宋濂：《元史》卷176《张立道传》。
⑧ 白寿彝：《元代回族人物志》卷2《赛典赤赡思丁》，宁夏人民出版社，1985年，第28页。
⑨ （意）马可波罗著，冯承钧译：《马可波罗行记》第117章《哈剌章州》，第284页。
⑩ （明）李元阳：《（万历）云南通志》卷15赵子龙《赛平章德政碑》。

始建于元代，位于昆明松华坝的咸阳王赛典赤·赡思丁墓

始建于元代，位于昆明五里多的赛典赤·赡思丁衣冠墓

人应是有所贡献的。

## 六、结语

总之，赛典赤家族在云南执政了二三十年，先后经历了三代，他们为云南人民作出了巨大的贡献，受到了广大云南人民的爱戴和尊敬。赡思丁死时，"百姓巷哭"、"号哭震野"①。纳速剌丁调离云南时，"家冶金铸公像，事之如神明"②。可见，赛典赤家族在云南人民心目中的崇高地位，甚至在几百年后，"滇人思慕于王（赡思丁）者，无不凭眺唏嘘，徘徊于墓不弗忍去"③。今昆明城拓东路小学内有一座赛典赤·赡思丁的纪念冢，也成为了当代云南人凭吊的主要场所。

原载《甘肃民族研究》1989年第4期

---

① （明）宋濂：《元史》卷125《赛典赤赡思丁传》。
② （元）任士林：《松乡先生文集》卷1《平章政事赛典赤荣禄公世美之碑》。
③ （清）顾师轼：《顾雪堂文集》卷7《咸阳王陵》。

# 王先谦与《蒙古通鉴长编》

王先谦，字益吾，自号葵园先生，湖南长沙人，生于清道光二十二年（1842），卒于民国六年（1917），享年七十六岁。幼年家贫，然力学不倦，最喜古文词，以曾国藩为师。①同治四年（1865）举进士第，授翰林院编修，后补国子祭酒，典试江西、浙江、云南等地，简放江苏学政。王先谦一生无显赫宦绩，但著述甚为宏富，其门人称："生平撰述，四部备综，孟荀一涂，汉宋共辙，所以嘉惠士林者甚伟"②，"撰述辑录校刊之书都四千卷"③。

王先谦虽然于学无所不究，然其功力所在主要为史学，其史学著作存其名者有：《汉书补注》100卷，《后汉书集解》120卷，《新旧唐书合注》225卷，《东华录》625卷，《合校水经注》40卷，《魏书校勘记》1卷，《郡斋读书志附志》32卷，《盐铁论校勘小识》1卷，《世说新语校勘》8卷，《史记旁证》、《新修晋书》、《日本源流考》22卷，《五州地理志略》36卷，《外国通鉴》33卷，《重刊景教碑文考证》1卷，《鲜虞中山国事表疆域图说》2卷，《蒙古通鉴长编》若干卷。④《蒙古通鉴长编》一书迄今鲜为人所知。下面，拟将是书基本情况作一简略评介。

---

① （民国）赵尔巽：《清史稿》卷482《列传》第269《王先谦传》。
② 彭清藜：《王葵园先生家传》，载《葵园述略》，民国三十七年刊本。
③ 颜昌峣：《王葵园先生墓表》，载《葵园述略》。
④ 王先谦史学著作主要见于《葵园述略·先府君葵园公行状》，又见（清）郭嵩焘：《养知书屋文集》卷3。其《魏书校勘记》是集多人之校勘成就，《史记旁证》、《新修晋书》均不见书。

## 一、王先谦修《蒙古通鉴长编》概况

王先谦主要活动在清末同治、光绪年间，正当我国元史蓬勃发展时期。当时，学者芸芸，鸿著丛出，如钱大昕《补元史氏族表》、魏源《元史新编》、何秋涛《圣武亲征录校正》、李文田《元秘史注》、洪钧《元史译文证补》、屠寄《蒙兀儿史记》、柯劭忞《新元史》等。研究金元历史、西北地理，成为一时学术界的风气，甚至当时京城之士大夫以不通此学为耻。王先谦也受到这种影响，投身于西北史地的研究之中。他对春秋、战国时期我国北方民族政权——中山国进行了全面研究，编排史料，作疆域图，于光绪七年完成《鲜虞中山国事表疆域图说》2卷。① 他也对景教进行了研究，在光绪年间完成《重刊景教碑文考证》1卷②，还为杨荣鋕的《景教碑文纪事考正》3卷作序③。特别是他的《汉书补注》一书，对《匈奴传》补注达380条，对《西域传》的补注竟多至1040条④，其中引用了他人的考释，自己也作了大量的校勘考证。他对北方民族及西北史地的研究是卓有功力的。

光绪二十六年（1900），王先谦《汉书补注》刊行后，受到当时学术界的好评。大概是《汉书补注》成功的经验，促使他萌生了完成另一项重大任务的念头，即像总结清人研究《汉书》的成果一样，去总结清人对元史的研究成果，完成一部大部头的蒙古编年史。他计划采用司马光、李焘修长编的办法，为撰《蒙古通鉴》作准备工作。《蒙古通鉴长编》似乎就是为这一个宏大的计划作准备的。从现存《长编》一书看，王先谦并没有完成此书。在《长编》第1册中，有《蒙古史略》一题，叙其蒙古之起源，而终于帖木儿王朝。这一册应是全书之纲要，但是，其他各册叙述详细内容时只到蒙古宪宗就终止。据此可以推断，这是一部未完成的残稿。

但是，有几个问题还不十分清楚。今天所见之书稿，各册封面及各卷标题都题"蒙古通鉴长编"或"王先谦蒙古通鉴长编"，有一处曾将"蒙古通鉴长编"六字用笔圈掉并涂抹而改为"元史拾补"，有一处则"蒙古通鉴长

---

① 《王葵园书四种》之《鲜虞中山国事表疆域图说》。
② 王兴祖：《先府君葵园公行状》，载《葵园述略》。
③ 王先谦：《虚受堂文集》卷6《重刊景教碑文纪事考证序》。
④ 对《匈奴传》补注的统计数参用吴荣政《王先谦与〈汉书补注〉》，载《兰州大学学报》1982年第4期。对《西域传》补注统计数为笔者自己统计。

编"和"元史拾补"字样并存。在王兴祖的《先府君葵园公行状》中称"蒙古通鉴长编若干卷",而吴庆坻《王葵园先生墓志铭》、黄兆枚《王葵园先生墓碑》①、《葵园自定年谱》均作"元史拾补十卷"②,另外,王先谦自己还撰有一篇《元史拾补序》,全文移录如下:

> 元史疏漏讹舛,海内学者所共知而同病也。其足资参证者,惟《元朝秘史》、《圣武亲征录》、《元史译文证补》三书。《亲征录》有光泽何秋涛愿船校本,《秘史》有顺德李文田仲约注本,皆冥心孤索,使旧编神明焕然,大有助于考订。《译文证补》则吴县洪钧文卿于光绪中出使西国,得波斯拉施特所修之蒙古史、西域志费尼及瓦萨甫与阿黎之书,欧罗巴多桑之书,俄罗斯贝勒津之书,冶为一炉,大补缺佚,译文精审,而西北地附录释地及西域古地考,裨用尤宏。余究心元史,辄以此三书鳞次相比,名为《元史拾补》。中如太祖初基,十三翼之战,诸书误叙在前,宜从《秘史》列后,非通校不明。泰亦赤兀困辱太祖,不止一次,知有夺文。塞外三宗足为《元史》本纪补异,术赤后王列传,则太祖亲支蒙古藩都,尤当致详。货勒自弥、报达、木刺夷、康里等传,既征开国武功远极无外,而回部究竟亦藉以考见崖略。文卿早殁,其未定稿诸卷,如察合台后王、旭烈兀、不赛因、帖木儿等传,不可得见,甚为惋惜。余闻陆凤石师傅以其丛残,淳托陈诒重议庚掇集,去岁询之,信然。参议笃学深思,将使此完书光于天壤,吾辈更得读所未见,甚为欣快,当何如邪?乙卯东月,序于凉圹庄寓。③

王先谦在给缪荃孙的一封信中也提到:

> 又涉猎《元史》,通校何秋涛所校《圣武录》,李文田注《元秘史》、洪钧《元史译文证补》三书,于是摘录《元史》,以三书低格附录为注。《元史》及三书,俱为之神明焕然,不忍舍弃。又以其较少于《唐书》,

---

① 《行状》、《墓志铭》、《墓碑》均见于《葵园述略》。
② 《王葵园书四种》之《葵园自定年谱》卷下乙卯年。
③ 序文见于《葵园述略》及《葵园自订年谱》卷下,两处序言,只有数字稍异。

遂欲先从写摆。未岁倘能以呈教，亦快意事也。①

从上述材料看，有两点是清楚的：一是王先谦信中言及的《元史拾补》之格式及《元史拾补序》中言及的"以此三书鳞次相比，名为《元史拾补》"与今之《长编》2、5、6、7册内容格式完全一致；二是此书最后完成于民国乙卯年冬，即公元 1915 年冬。后两年，王先谦便溘然去世。但又有几点不清楚的地方：一是书名究竟是《元史拾补》还是《蒙古通鉴长编》？从《元史拾补序》看，民国四年时，王先谦定其名应是《元史拾补》，而从现存书各册各卷的标题来看，又应是《蒙古通鉴长编》，特别是最后由其子王兴祖撰写的《先府君葵园公行状》中称是《蒙古通鉴长编》，他应该是最后看到此书的定稿本者，从全书的内容来看应是长编的形式，而不是拾补。是否可以理解为，王先谦最初定名为《元史拾补》，后改为《蒙古通鉴长编》。二是各处提到《元史拾补》时为"十卷"，今天所见之《长编》标明卷数的只有"八卷"，而第 1 册之"蒙古史略"部分既不见王先谦提及，又不标卷数，是原稿散佚了一部分，还是原标卷数有误，不得而知。

## 二、《蒙古通鉴长编》稿本、卷册及收藏

目前，所见《蒙古通鉴长编》一书有三种稿本，三种稿本装帧及外表形式基本一致，封面淡黄色（其中一种为蓝色书皮，系收藏入馆后重新装订），通高 27 厘米，宽 17.5 厘米，双线装订。稿纸为毛边纸石板印刷红格。板框宽 14.5 厘米，高 21 厘米，左右为双夹线，内细外粗（文武边），版心有单鱼尾；板框内横 24 格，竖 25 格，版心第 20 格为花口，标有页码，其中间有无格空叶。

此书系王氏请人用楷书代抄誊正稿，书眉题签皆楷书"蒙古通鉴长编"六字，文内间有改正处，乃王氏手笔。《元史》正文均大字，占两行，顶格书写，其余三书——《元朝秘史》（书内简称《秘史》）、《圣武亲征录》（简称《亲征录》）、《元史译文证补》（简称《证补》）正文、注文及王氏按语均低一

---

① 缪荃孙：《艺风堂友朋书札》上册，上海古籍出版社，1981 年，第 47 页。

格书写。三书正文用大字，占两行，注文等占一行。

然而，三种稿本的卷册却又很大的差异，有两种（图书馆编号皆为222/38）册数相同而卷数完全不同，有一种（图书馆编号为010062）卷册均与前两种不同。

据《湖南省图书馆善本目录》介绍，《蒙古通鉴长编》一书8卷13册。

010062号稿本是8卷7册：第1册无卷数；第2册卷1、卷2；第3、4册内容全同第2册；第5册卷3；第6册卷4、卷6，中缺卷5，后附《元史》卷2考证；第7册卷7、卷8，前有《元史卷一考证》，后有《元史卷三考证》。

222/38号蓝皮封面稿本：共4册8卷、补编1卷。第1册：卷1、卷2；第2册：卷3、卷4；第3册：卷5、卷6、卷7、卷8，第4册：补编1卷。

222/38号淡黄封面稿本：共4册8卷。第1册：卷1、卷2；第2册：卷3；第3册：卷4、卷5、卷6，附《世祖》10无卷数，《元史卷二考证》；第4册：卷7、卷8，另附《太祖朝》无卷数，及《元史卷一考证》、《元史卷三考证》无卷数。

三书标点全用"、"号断于字右下。

据《湖南图书馆建馆八十周年暨新馆落成纪念文集·湖南图书馆八十年大事记》载："一九三二年十月初，接收王葵园之夫人捐赠王之遗著、版片十六种。"《蒙古通鉴长编》一书数稿可能都是此时入藏，保存尚好，每卷首页右下均钤有"湖南省中山图书馆珍藏"小篆章。

## 三、《蒙古通鉴长编》（010062号稿本）的内容

《蒙古通鉴长编》010062号稿本是三种稿本内容最多之一种。其第1册，标题为《蒙古史略》，简略叙述了从蒙古起源到明代蒙古的全部历史，全册将这一段蒙古历史分为胚胎、发育、壮盛、衰颓四个时代，厘为四编，约计有41000余字，共21章，缺第10章，复出第12章。第1编胚胎时代分3章，从蒙古之起源讲到成吉思汗兴起。第2编发育时代，共10章，述成吉思汗对四邻的征讨，太宗、定宗、宪宗时代。第3编壮盛时代分4章，述忽必烈时代。第4编衰颓时代分4章，述成宗朝至顺帝朝和四汗国情况，下及明代蒙古与莫卧儿帝国。

第 2 册，标题为《蒙古通鉴长编》，共 2 卷，记太祖朝事。正文全录《元史》之文，下为先谦按语，以其他文献签注元史正文，签注材料所引书目有《通鉴辑览》、《蒙古源流》、《辍耕录》、《元秘史》、《西书》（原文如此，不知指何书）、《元史译文证补》、《双溪醉隐集》、《西域史》（原文如此，不知指何书）、《阙特勤碑》、《草木子》、《周恭王元宫词》、《杨维桢元宫词》、《陈桱通鉴续篇》、《李廷机大方通鉴》、《李注魏书吐谷浑传》、《李注稗史汇编》、《元史语解》、《元文类》、《松漠纪闻》、《契丹事迹》、《蒙鞑备录》、《张德辉纪行》、《李文田元秘史注》、《何秋涛圣武亲征录校正》等 20 余种书，两卷共 78 页，约 50000 余字。

第 3 册、第 4 册文字全同第 2 册。

第 5 册，标题为《蒙古通鉴长编》卷 3，仍记太祖朝事。全册 64 页，约 40000 余字。

第 6 册有如下内容：《蒙古通鉴长编》卷 3，仍记太祖朝事。全卷共 37 页，约 25000 余字。下接《蒙古通鉴长编》卷 6（中缺卷 5），纪太宗朝事，录《元史·太宗纪》之文，全卷共 21 页，12600 余字，无其他材料。下接《元史卷二考证》7 条，其三为：靓梁王从恪，荆王守纯。原文作荆王从恪，考《金史》列传，从恪，卫邵王子，崔立为乱，太后立为梁王；守纯，宣宗子，正大元年进封荆王。史文颠倒，今据改。书中小考证多类此，不另举。

第 7 册仍为《蒙古通鉴长编》（未标卷数），记太祖朝事，录《元史·太祖纪》之文，共 16 页。下接《元史卷一考证》20 条。再下接《蒙古通鉴长编》卷 7，记定宗朝事，全录《元史》卷 2《定宗纪》之文，共 1 页，无其他材料。下接《蒙古通鉴长编》卷 8，记宪宗朝事，全录《元史》卷 3《宪宗纪》之文，共 7 页，无其他材料。下接《元史卷三考证》，有 14 条。

以上就是 010062 号稿本的基本情况，其他两种稿本均无第 1 册《蒙古史略》内容，而与 2、5、6、7 册内容大致相同。

## 四、对《蒙古通鉴长编》一书的几点看法

《蒙古通鉴长编》，从现存情况来看，显然是一部未完成的手稿，此书既没有提供多少新材料，而且在编纂体例上显得不成熟，与大约同时或稍后成

书的《蒙兀儿史记》、《新元史》相比，在很多方面都显得逊色得多。但是，尽管如此，余以为，对于《长编》一书，有几点还是值得肯定的。

第一，这是我国一部较早使用域外材料重修元史的史书。《元史》自成书后，多为学者诟病。明清以来，不断有人对《元史》作正误、续编、补遗等工作，部分学者还决心改造《元史》，奋起重修。但是，囿于时代，他们不可能获得更多的新材料，故所修之史，多未成功。迨洪钧出使西方回国后，以所得之西书材料，成《元史译文证补》一书，为元史研究引进了许多域外材料。王氏就是在洪钧的影响之下，准备使用域外材料重修《元史》。从第1册内容看，他主要参考了多桑《蒙古史》，其他册中，则采洪钧《元史译文证补》中的拉施特、志费尼等人之书，另载第2册注文中引用《西书》、《西域史》数处，均为域外材料，未明何书。个别地方所叙之文，还不知出自哪种史书，但可肯定非中国文献。王氏采多桑书是自己译文还是用他人译文，尚不清楚。王氏修《外国通鉴》、《五州地理志略》时用外国书多种，看来是懂外语的，或请人帮忙翻译。

第二，这是我国第一部汉文蒙古编年史。明清以来，治元史的学者不可谓少，元史的研究成果也不可谓不多，注释、校勘、考证、补遗、订误乃至重修，各种方法、各种体例几乎全备，然而就是没有一部汉文的蒙古编年史。王氏设计此书，从蒙古起源一直到帖木儿王朝，横跨几万里，上下数百年，编年叙述，有纲有目，虽未成完卷，然其宏构已示其中。

第三，王先谦通乾嘉之学，于考据、校勘别具功力。他对《水经注》、《盐铁论》、《郡斋读书志》等书的校勘考证深受学界欢迎。王氏在《长编》中对《元史》中一些记述作了考证，现存的三卷《元史考证》，纠《元史》之误数十条，具有较高的学术价值，足资参考。

第四，《长编》一书，对很多重大问题作了分析。在第1册中，王氏专列一章分析成吉思汗用兵制胜的原因，他归纳有三点：一是军队谨严；二是军略之优娴；三是家政之整理。在谈到蒙古衰颓的原因时，他从两个方面进行分析，一从中国本部，二从西域各部。中国本部又有两种原因：一曰信任匪人（如世祖时用阿合马、卢世荣，顺帝时用巴延、穆齐尔台、托克托、阿鲁图等等），二曰行政纰漏。其他如关于元世祖的评价，王氏也有自己的看法。作为一位封建史学家，他对这些问题的认识与我们今天对这些问题的认识自然有很大的距离，但这些问题的提出，对我们是会有所启迪的。

总之，余以为，如果从资料的角度来看《蒙古通鉴长编》，这是一部并没有多少价值的书；但从史学史的角度来观察，《长编》一书在元史学史上还是应该有其一席地位的。

1985 年 6 月 9 日第二稿

原载《元史论丛》第 4 辑

# 征引文献版本

## 一、古人著作

（汉）司马迁：《史记》130卷，中华书局标点本，1982年。

（汉）班固：《汉书》100卷，中华书局标点本，1965年。

（南朝）范晔：《后汉书》120卷，中华书局标点本，1965年。

（晋）陈寿：《三国志》65卷，中华书局标点本，1982年。

（梁）沈约：《宋书》100卷，中华书局标点本，1974年。

（北齐）魏收：《魏书》130卷，中华书局标点本，1974年。

（唐）令狐德棻：《周书》50卷，中华书局标点本，1971年。

（唐）魏征：《隋书》85卷，中华书局标点本，1973年。

（唐）李延寿：《南史》80卷，中华书局标点本，1975年。

（唐）李延寿：《北史》100卷，中华书局标点本，1974年。

（后晋）刘昫：《旧唐书》200卷，中华书局标点本，1975年。

（宋）欧阳修、宋祁：《新唐书》225卷，中华书局标点本，1975年。

（宋）薛居正：《旧五代史》150卷，中华书局标点本，1974年。

（宋）欧阳修：《新五代史》74卷，中华书局标点本，1976年。

（元）脱脱：《宋史》496卷，中华书局标点本，1985年。

（元）脱脱：《辽史》116卷，中华书局标点本，1974年。

（元）脱脱：《金史》135卷，中华书局标点本，1975年。

（明）宋濂：《元史》210卷，中华书局标点本，1976年。

（民国）柯劭忞：《新元史》257卷，上海古籍出版社影印本，1989年。

（民国）赵尔巽：《清史稿》536卷，中华书局标点本，1977年。

（宋）钱若水：《宋太宗实录》，甘肃人民出版社，2005年。

《明实录》100 册，上海书店影印本，1982 年。

（后魏）崔鸿：《十六国春秋》16 卷，四部备要本。

（宋）司马光：《资治通鉴》294 卷，中华书局标点本，2011 年。

（宋）司马光：《资治通鉴考异》30 卷，四部丛刊本。

（元）胡三省：《通鉴释文辩误》12 卷，资治通鉴大全本。

（清）毕沅：《续资治通鉴》220 卷，中华书局标点本，1979 年。

（宋）李焘：《续资治通鉴长编》520 卷，中华书局，1992 年。

（宋）杨仲良：《续资治通鉴长编纪事本末》200 卷，清光绪十九年广雅书局本。

（唐）杜佑：《通典》200 卷，浙江古籍出版社，2000 年。

（宋）郑樵：《通志》200 卷，万有文库本。

（宋）马端临：《文献通考》348 卷，中华书局标点本，2011 年。

（清）嵇璜：《钦定续文献通考》250 卷，文渊阁四库全书本。

（宋）王溥：《唐会要》100 卷，中华书局标点本，1955 年。

（宋）王溥：《五代会要》30 卷，上海古籍出版社标点本，2006 年。

（清）徐松辑：《宋会要辑稿》200 册，中华书局影印本，1957 年。

（唐）温大雅：《大唐创业起居注》3 卷，丛书集成本。

（唐）吴兢：《贞观政要》10 卷，上海古籍出版社，1978 年。

（宋）宋敏求：《唐大诏令集》130 卷，中华书局，2008 年。

（宋）吴缜：《新唐书纠谬》20 卷，文渊阁四库全书本。

（宋）彭百川：《太平治迹统类》30 卷，适园丛书本。

（宋）陈均：《皇朝编年纲目备要》30 卷，中华书局标点本，2006 年。

（宋）李埴：《皇宋十朝纲要》25 卷，续修四库全书本。

（宋）赵汝愚编：《宋朝诸臣奏议》150 卷，上海古籍出版社点校本，1999 年。

（宋）佚名：《宋大诏令集》196 卷，中华书局标点本，1962 年。

（宋）李攸：《宋朝事实》20 卷，丛书集成本。

（明）杨士奇编：《历代名臣奏议》350 卷，文渊阁四库全书本。

（宋）杜大珪编：《名臣碑传琬琰集》107 卷，台北文海书局影印本。

（宋）章颖：《宋朝南渡十将传》10 卷，四库存目丛书本。

（宋）徐梦莘：《三朝北盟会编》250卷，上海古籍出版社影印本，1987年。

（宋）李心传：《建炎以来朝野杂记》40卷，中华书局标点本，2000年。

（宋）李心传：《建炎以来系年要录》200卷，上海古籍出版社，1992年。

（宋）朱熹：《五朝名臣言行录》75卷，四部丛刊本。

（宋）叶隆礼：《契丹国志》27卷，上海古籍出版社，1985年。

（清）吴广成：《西夏书事》42卷，甘肃文化出版社校证本，1995年。

（宋）司马光：《稽古录》20卷，文渊阁四库全书本。

（宋）司马光：《涑水记闻》16卷，中华书局标点本，1989年。

（宋）曾布：《曾公遗录》卷9，缪荃孙辑《藕香零拾》本。

（宋）田况：《儒林公议》2卷，全宋笔记本，大象出版社，2003年。

（宋）江少虞：《宋朝事实类苑》78卷，上海古籍出版社标点本，1981年。

（宋）沈括：《梦溪笔谈》30卷，文物出版社影印本，1975年。

（宋）沈括撰，胡道静校：《〈梦溪笔谈〉校证》，中华书局，1957年。

（宋）魏泰：《东轩笔录》30卷，中华书局点校本，1983年。

（宋）章如愚：《山堂考索》212卷，文渊阁四库全书本。

（宋）曾公亮：《武经总要》40卷，《中国兵书集成》影印本，辽沈书社、解放军出版社，1988年。

（宋）欧阳修：《归田录》2卷，中华书局标点本，1988年。

（宋）邵伯温：《邵氏闻见录》20卷，中华书局标点本，1983年。

（宋）邵博：《邵氏闻见后录》30卷，中华书局标点本，1983年。

（宋）顾文若：《负暄杂录》不分卷，《说郛》本，中国书店，1986年。

（宋）范镇：《东斋记事》6卷，中华书局标点本，1980年。

（宋）蔡絛：《铁围山丛谈》6卷，中华书局标点本，1983年。

（宋）庄绰：《鸡肋集》70卷，中华书局标点本，1985年。

（宋）晁补之：《鸡肋篇》3卷，文渊阁四库全书本。

（宋）洪迈：《容斋随笔》74卷，中华书局标点本，2011年。

（宋）赵彦卫：《云麓漫抄》15卷，中华书局标点本，1996年。

（宋）陆游：《老学庵笔记》10卷，上海古籍出版社，1979年。

（宋）孙光宪：《北梦琐言》24卷，文渊阁四库全书本。

（宋）钱易：《南部新书》10卷，文渊阁四库全书本。

（宋）洪皓：《松漠纪闻》2 卷，丛书集成本。

（宋）程大昌：《演繁露》22 卷，文渊阁四库全书本。

（宋）孔平仲：《谈苑》4 卷，丛书集成本。

（宋）太平老人：《袖中锦》1 卷，学海类编本。

（宋）赵起：《种太尉传》1 卷，《宋武臣传》穴砚斋史抄本。

（宋）赵起：《种太尉传》1 卷，北京图书馆藏明抄本，《四库存目丛书》史部第 81 册影印本。

（宋）王明清：《挥麈录》10 卷，上海书店，2001 年。

（金）无名氏：《大金吊伐录》4 卷，守山阁丛书本。

（元）李翀：《日闻录》1 卷，文渊阁四库全书本。

（元）苏天爵：《元文类》70 卷，文渊阁四库全书本。

（明）陈邦瞻：《宋史纪事本末》109 卷，中华书局，1977 年。

（宋）王称：《东都事略》130 卷，台北文海书局影印本。

（宋）朱彧：《萍洲可谈》3 卷，文渊阁四库全书本。

（元）佚名：《招捕总录》不分卷，丛书集成初编本。

（宋）王尧臣：《崇文总目》20 卷，丛书集成本。

黄永武主编：《敦煌宝藏》140 册，台北新文丰出版公司，1988 年。

（宋）乐史：《太平寰宇记》200 卷，中华书局标点本，2007 年。

（宋）苏辙：《龙川别志》2 卷，中华书局标点本，1982 年。

（清）张穆：《蒙古游牧记》16 卷，山西人民出版社点校本，1991 年。

（清）戴锡章：《西夏纪》28 卷，宁夏人民出版社点校本，1988 年。

（晋）郭璞著，袁珂校注：《山海经校注》，上海古籍出版社，1980 年。

（晋）常璩：《华阳国志》12 卷，中华书局标点本，1985 年。

（北魏）郦道元：《水经注》40 卷，中华书局标点本，2009 年。

（唐）李吉甫：《元和郡县图志》40 卷，中华书局标点本，1983 年。

（唐）樊绰：《蛮书》10 卷，中国书店影印本，1992 年。

（唐）樊绰著，赵吕甫校释：《云南志校释》，中国社会科学出版社，1985 年。

（宋）罗愿：《新安志》10 卷，嘉庆十七年刻本。

（宋）周应合：《景定建康志》50 卷，南京出版社，2009 年。

（宋）王象之：《舆地纪胜》200 卷，中华书局标点本，2003 年。

（元）孛兰肹著，赵万里辑校：《元一统志》10卷辑本，中华书局标点本，1966年。

（明）李贤：《明一统志》90卷，三秦出版社影印本，1990年。

（明）陈文等纂修：《（景泰）云南图经志》10卷，续修四库全书本。

（明）谢肇淛：《滇略》10卷，文渊阁四库全书本。

（明）李元阳：《（万历）云南通志》17卷，民国二十二年刊本。

（清）鄂尔泰等：《（雍正）云南通志》30卷，文渊阁四库全书本。

（清）刘於义：《（雍正）陕西通志》100卷，文渊阁四库全书本。

（清）傅恒等纂：《钦定皇舆西域图志》48卷，文渊阁四库全书本。

（清）顾祖禹：《读史方舆纪要》130卷，中华书局标点本，2005年。

（清）张金城：《（乾隆）宁夏府志》22卷，宁夏人民出版社点校本，1992年。

（清）觉罗石麟等纂：《（雍正）山西通志》230卷，文渊阁四库全书本。

（清）康敷镕：《青海地志略》3卷，台北成文出版社，1968年。

（清）王秉韬：《（乾隆）保德州志》12卷，道光四年补刻本。

（民国）龙云等：《新纂云南通志》266卷，1949年铅印本。

（民国）朱庆椿等：《晋宁州志》12卷，1926年铅印本。

（东晋）法显撰，章巽校注：《法显传校注》5卷，上海古籍出版社，1985年。

（清）施世杰：《元秘史山川地名考》20卷，丛书集成初编本。

（唐）玄奘、辩机原著，季羡林等校注：《大唐西域记校注》12卷，中华书局标点本，1985年。

（元）刘应李原编，詹有谅改编，郭声波整理：《大元混一方舆胜览》3卷，四川大学出版社，2003年。

（唐）李远：《青唐录》1卷，《说郛》本，中国书店，1986年。

（元）李京：《云南志略》4卷，《说郛》本，中国书店，1986年。

（元）周致中：《异域志》1卷，中华书局标点本，1981年。

（宋）赵一清：《水经注释》40卷，文渊阁四库全书本。

（明）解缙等：《永乐大典》730卷，中华书局影印本，1986年。

（清）范承勋：《（康熙）云南通志》30卷，《北京图书馆古籍珍本丛刊》

本，2000 年。

（民国）吴廷燮：《唐方镇年表》，中华书局，1980 年。

（民国）彭清藜：《王葵园先生家传》，载《葵园述略》民国三十七年刊本。

（宋）赵明诚：《金石录》30 卷，文渊阁四库全书本。

（清）毕沅：《关中金石记》8 卷，丛书集成初编本。

大理白族自治州回族学会编：《〈咸阳王家乘〉考释》，云南民族出版社，2010 年。

（民国）罗振玉编：《敦煌石室遗书》，清宣统元年诵芬室刊本。

（宋）程大昌：《北边备对》6 卷，丛书集成初编本。

（宋）黄朝英：《靖康缃素杂记》10 卷，守山阁丛书本。

（宋）曾巩：《隆平集》20 卷，文渊阁四库全书本。

（宋）赵汝适：《诸蕃志》2 卷，中华书局标点本，1996 年。

（宋）周去非：《岭外代答校注》10 卷，中华书局标点本，1985 年。

（明）罗日褧：《咸宾录》8 卷，中华书局标点本，1983 年。

（清）顾炎武：《天下郡国利病书》120 卷，上海书店，1986 年。

（清）康基田：《晋乘搜略》32 卷，四库未收书辑刊本。

康兰英主编：《榆林碑石》，三秦出版社，2003 年。

（清）钱大昕：《元史氏族表》3 卷，上海古籍出版社，1995 年。

（清）王鸣盛：《十七史商榷》，凤凰出版社，2008 年。

（清）王夫之：《宋论》，中华书局标点本，1964 年。

（清）洪钧：《元史译文证补》，广雅书局，1920 年。

（宋）李昉：《太平广记》500 卷，中华书局影印本，1986 年。

（宋）李昉：《太平御览》1000 卷，中华书局影印本，1995 年。

（宋）李昉：《文苑英华》1000 卷，中华书局影印本，1982 年。

（宋）王钦若等编：《册府元龟》1000 卷，中华书局影印本，1960 年。

（宋）王应麟：《玉海》204 卷，光绪九年浙江书局本。

清高宗敕编：《石渠宝笈》44 卷，紫禁城出版社，2010 年。

（汉）刘安：《淮南子》，涵芬楼影印本。

（汉）刘向：《说苑》，中华书局标点本，1987 年。

（宋）邱濬：《大学衍义补》160 卷，四部丛刊本。

（唐）李冗：《独异志》3卷，中华书局点校本，1983年。

（唐）段成式：《酉阳杂俎》30卷，中华书局标点本，1982年。

（唐）林宝：《元和姓纂》10卷，中华书局标点本，1994年。

（唐）李筌：《神机制敌太白阴经》10卷，河北人民出版社点校本，1991年。

（唐）李筌：《太白阴经》8卷，墨海金壶本。

（唐）李筌：《神机制敌太白阴经》8卷，文渊阁四库全书本。

（唐）李筌：《神机制敌太白阴经》10卷，守山阁丛书本。

（宋）邓名世：《古今姓氏书辩证》40卷，丛书集成初编本。

（宋）周煇：《清波杂志》12卷，中华书局标点本，1994年。

（宋）张世南：《游宦纪闻》10卷，中华书局标点本，1987年。

（宋）吴曾：《能改斋漫录》18卷，上海古籍出版社，1979年。

（夏）骨勒茂才：《番汉合时掌中珠》不分卷，嘉草轩丛书本。

（宋）史绳祖：《学斋占毕》4卷，文渊阁四库全书本。

（宋）马永卿：《嬾真子录》5卷，文渊阁四库全书本。

（宋）佚名：《昭忠录》不分卷，文渊阁四库全书本。

（元）鲜于枢：《困学斋杂录》不分卷，文渊阁四库全书本。

（元）陶宗仪：《南村辍耕录》30卷，中华书局标点本，2004年。

（清）吴升：《大观录》20卷，续修四库全书本。

（清）潘永因：《宋稗类钞》36卷，书目文献出版社，1995年。

（清）顾炎武：《日知录》32卷，上海古籍出版社，2006年。

（明）火源洁：《华夷译语》不分卷，涵芬楼秘笈本第4集。

（明）李时珍：《本草纲目》52卷，人民卫生出版社，2005年。

（清）蔡方炳：《历代马政志》1卷，学海类编本。

（唐）张彦远：《历代名画记》10卷，文渊阁四库全书本。

（唐）朱景玄：《唐朝名画录》1卷，文渊阁四库全书本。

（宋）米芾：《画史》1卷，文渊阁四库全书本。

（宋）董逌：《广川画跋》6卷，丛书集成本。

（宋）佚名：《宣和画谱》20卷，津逮秘书本。

（宋）庞元英：《文昌杂录》7卷，丛书集成本。

（宋）周密：《云烟过眼录》2卷，文渊阁四库全书本。

（元）汤垕：《古今画鉴》1卷，学海类编本。

（明）王圻：《三才图会》108卷，上海古籍出版社影印本，1985年。

（明）都穆：《铁网珊瑚》20卷，四库存目丛书本。

（明）张丑：《清河书画舫》12卷，文渊阁四库全书本。

（明）张丑：《真迹日录》5卷，文渊阁四库全书本。

（明）汪砢玉：《珊瑚网》48卷，文渊阁四库全书本。

（明）郁逢庆：《续书画题跋》24卷，清辛亥顺德邓氏抄本。

（唐）刘悚：《隋唐嘉话》3卷，中华书局标点本，1979年。

（宋）洪遵：《谱双》5卷，光绪丙午九月长沙叶氏刊行本。

（明）曹昭：《格古要论》3卷，《说郛》本，中国书店，1986年。

（明）无名氏：《杨家府演义》（《杨家府世代忠勇通俗演义》）8卷，上海古籍出版社，1980年。

（日）高楠顺次郎编：《大正新修大藏经》100册，河北省佛教协会，2007年。

（唐）杜牧：《樊川文集》20卷，上海古籍出版社，1984年。

（唐）柳宗元：《柳宗元集》本集45卷，外集2卷，外集补遗1卷，中华书局标点本，1979年。

（唐）李德裕：《会昌一品集》34卷，丛书集成本。

（唐）沈亚之：《沈下贤集》12卷，四部丛刊本。

（唐）元稹：《元氏长庆集》6卷，文渊阁四库全书本。

（唐）范摅：《云溪友议》3卷，文渊阁四库全书本。

（宋）蔡襄：《忠惠集》10卷，文渊阁四库全书本。

（宋）范仲淹：《范文正公全集》，四部丛刊本。

（宋）范仲淹：《范仲淹全集》，凤凰出版社，2004年。

（宋）韩琦：《安阳集》50卷，巴蜀书社，2000年。

（宋）韩琦：《韩魏公集》38卷，正谊堂康熙刻本。

（宋）胡宿：《文恭集》50卷，四部丛刊本。

（宋）李复：《潏水集》16卷，四库全书珍本丛刊本。

（宋）刘敞：《公是集》54卷，丛书集成本。

（宋）欧阳修：《欧阳文忠公全集》，四部丛刊本。

（宋）欧阳修：《欧阳修全集》，中国书店排印本，1986年。

（宋）司马光：《温国文正司马公集》，四部丛刊本。
（宋）宋祁：《景文集》62卷，文渊阁四库全书本。
（宋）宋庠：《元宪集》36卷，四库全书珍本丛刊。
（宋）苏轼：《东坡全集》150卷，上海古籍出版社，1993年。
（宋）苏轼：《经进东坡文集事略》，四部丛刊本。
（宋）苏轼：《苏轼文集》6卷，中华书局标点本，1986年。
（宋）苏舜钦：《苏学士文集》，文渊阁四库全书本。
（宋）苏颂：《苏魏公文集》72卷，中华书局点校本，1988年。
（宋）苏辙：《栾城集》12卷，上海古籍出版社标点本，1987年。
（宋）楼钥：《攻媿集》112卷，丛书集成本。
（宋）郑刚中：《北山集》40卷，文渊阁四库全书本。
（宋）郑獬：《郧溪集》28卷，湖北先正遗书本。
（宋）周必大：《周益国文忠公集》205卷，文渊阁四库全书本。
（宋）王安石：《临川集》100卷，文渊阁四库全书本。
（宋）王安中：《初寮集》8卷，文渊阁四库全书本。
（宋）王珪：《华阳集》40卷，丛书集成本。
（宋）文彦博：《文潞公集》40卷，山右丛书本。
（宋）吕祖谦编：《宋文鉴》150卷，万有文库本。
（宋）王质：《雪山集》16卷，丛书集成本。
（宋）员兴宗：《九华集》24卷，文渊阁四库全书本。
（宋）袁燮：《絜斋集》，丛书集成本。
（宋）张方平：《乐全集》40卷，四库全书珍本丛刊。
（宋）张舜民：《画墁集》8卷，知不足斋本。
（宋）张咏：《乖崖集》12卷，续古逸丛书影宋本。
（宋）阮阅：《诗话总龟》50卷，文渊阁四库全书本。
（宋）陆游：《剑南诗稿校注》88卷，上海古籍出版社标点本，1985年。
（宋）罗烨：《醉翁谈录》10卷，海南出版社，1993年。
（宋）吕陶：《净德集》38卷，文渊阁四库全书本。
（宋）洪遵：《翰苑群书》2卷，知不足斋丛书本。
（宋）吕颐浩：《忠穆集》8卷，文渊阁四库全书本。

（宋）文天祥：《文山集》21卷，文渊阁四库全书本。

（元）萧㪺：《勤斋集》8卷，文渊阁四库全书本。

（元）钟嗣成：《录鬼簿》2卷，古典文学出版社，1957年。

（元）陈旅：《安雅堂集》13卷，文渊阁四库全书本。

（元）戴表元：《剡源文集》30卷，丛书集成续编本。

（元）戴良：《九灵山房集》32卷，丛书集成本。

（元）任士林：《松乡先生文集》10卷，明泰昌刻本。

（元）王恽：《秋涧先生大全集》100卷，四部丛刊本。

（元）姚燧：《牧庵集》36卷，文渊阁四库全书本。

（元）朱德润：《存复斋文集》11卷，四部丛刊本。

（元）虞集撰，王颋点校：《虞集全集》，天津古籍出版社，2007年。

（明）徐应秋：《玉芝堂谈荟》36卷，文渊阁四库全书本。

（明）张洪：《南夷书》1卷，北京图书馆藏明抄本。

（清）董诰等修：《全唐文》1000卷，中华书局影印本，1983年。

（清）钱大昕：《嘉定钱大昕全集》，江苏古籍出版社标点本，1997年。

（清）王先谦：《虚受堂文集》16卷，清光绪二十六年刻本。

陈述辑校：《全辽文》，中华书局，1982年。

郑振铎等编：《脉望馆钞校本古今杂剧》，商务印书馆，1958年。

## 二、今人论著

《中国少数民族文学作品选》，上海文艺出版社，1981年。

白钢主编：《中国政治制度通史》，人民出版社，1995年。

白寿彝：《元代回族人物志》，宁夏人民出版社，1985年。

白寿彝：《中国伊斯兰史存稿》，宁夏人民出版社，1983年。

蔡美彪等：《中国通史》，人民出版社，1979年。

岑仲勉：《突厥集史》，中华书局，1958年。

岑仲勉：《中外史地考证》，中华书局，1962年。

曾瑞龙：《北宋种氏将门之形成》，香港中文大学历史系硕士论文，未刊稿，1984年。

常征：《杨家将史事考》，天津人民出版社，1980年。

陈炳应：《西夏文物研究》，宁夏人民出版社，1985年。

陈乐素：《〈宋史·艺文志〉考证》，广东人民出版社，2002年。

陈守忠：《河陇史地考述》，兰州大学出版社，1993年。

陈序经：《骠国考》，载余定邦、牛军凯编：《陈序经文集》，中山大学出版社，2004年。

陈寅恪：《金明馆丛稿二编》，上海古籍出版社，1980年。

陈寅恪：《唐代政治史述论稿》，上海古籍出版社，1997年。

大理白族自治州回族学会编：《〈咸阳家乘〉考释》，云南民族出版社，2010年。

敦煌文物研究所编：《敦煌研究文集》，甘肃人民出版社，1982年。

敦煌研究院编：《敦煌莫高窟供养人题记》，文物出版社，1986年。

方国瑜：《彝族史稿》，四川民族出版社，1983年。

方国瑜：《云南史料目录概况》，中华书局，1984年。

黄文弼：《塔里木盆地考古记》，科学出版社，1958年。

冯承钧：《西域南海史地考证论著汇辑》，中华书局，1957年。

冯家昇：《维吾尔族史料简编》，民族出版社，1958年。

韩世明：《辽金生活掠影》，沈阳出版社，2002年。

韩荫晟：《党项西夏资料汇编》上、中、下卷，宁夏人民出版社，2000年。

郝树侯：《杨业传》，山西人民出版社，1984年。

江天健：《北宋对于西夏边防研究论集》，台北华世出版社，1993年。

李鸿宾：《唐朝朔方军研究——兼论唐廷与西北诸族的关系及其演变》，吉林人民出版社，2000年。

李华瑞：《宋夏关系史》，河北人民出版社，1998年。

李蔚：《简明西夏史》，人民出版社，1997年。

刘统：《唐代羁縻府州研究》，西北大学出版社，1998年。

刘义棠：《维吾尔研究》，台北正中书局，1986年。

荣新江：《归义军史研究——唐宋时期敦煌历史考索》，上海古籍出版社，1996年。

罗奋删定：《杨家将演义》，上海文化出版社，1956年。

罗继祖：《辽史校勘记》，上海人民出版社，1958年。

缪荃孙：《艺风堂友朋书札》，上海古籍出版社，1981年。

史金波、白波、黄振华：《文海研究》，中国社会科学出版社，1983年。

舒新城纂：《辞海》，中华书局，1948年。

《中国历代战争史》，军事译文出版社，1972年。

《中国历史地图集》，中华地图学社出版，1975年。

唐耕耦、陆宏基编：《敦煌社会经济文献真迹释录》，全国图书馆文献缩微复制中心，1990年。

王国维：《观堂集林》4册，中华书局影印本，1958年。

王天顺：《西夏战史》，宁夏人民出版社，1993年。

王尧、陈践译注：《敦煌本吐蕃历史文书》，民族出版社，1980年。

王重民等编：《敦煌变文集》，人民文学出版社，1957年。

卫聚贤：《杨家将及其考证》，贡庆说文社，1944年。

魏良弢：《喀剌汗王朝史稿》，新疆人民出版社，1986年。

吴天墀：《西夏史稿》，四川人民出版社，1980年。

吴玉贵：《突厥汗国与隋唐关系史研究》，中国社会科学出版社，1998年。

新疆社会科学院民族研究所编：《新疆简史》，新疆人民出版社，1978年。

薛宗正：《突厥史》，中国社会科学出版社，1992年。

杨铭：《吐蕃统治敦煌研究》，台北新文丰出版公司，1997年。

杨富学、牛汝极：《沙州回鹘政权及其文献》，甘肃文化出版社，1995年。

杨富学：《回鹘之佛教》，新疆人民出版社，1998年。

余嘉锡：《余嘉锡论学杂著》，中华书局，1963年。

张其凡：《宋代人物论稿》，上海人民出版社，2009年。

中国军事科学院主编：《中国军事通史》，军事科学出版社，1999年。

周伟洲：《唐代党项》，三秦出版社，1988年。

周伟洲：《早期党项史研究》，中国社会科学出版社，2004年。

朱瑞熙等：《辽宋西夏金社会生活史》，中国社会科学出版社，1998年。

艾冲：《唐前期东突厥羁縻都督府的置废与因革》，载《中国历史地理论丛》第18卷第2辑，2003年。

白滨、史金波：《〈大元肃州路也可达鲁花赤世袭之碑〉考释》，载《民族研究》1979 年第 1 期。

白滨：《罗兀筑城考》，载《宁夏社会科学》1986 年第 3 期。

曹松林：《熙宁初年对夏战争述评》，载《中日宋史研讨会中方论文选编》，河北大学出版社，1991 年。

曾瑞龙：《赵起〈种太尉传〉所见六逋宗之役》，载香港中文大学《中国文化研究所学报》2001 年第 9 期。

戴应新：《陕西府谷县出土北宋李夫人墓志》，载《文物》1978 年 12 期。

邓廷良：《石碉文化初探》，载《重庆师范学院学报》1985 年第 2 期。

邓辉、白庆元：《内蒙古乌审旗发现的五代至北宋夏州拓跋部李氏家族墓志铭考释》，载《唐研究》第 8 卷，北京大学出版社，2002 年。

杜建录：《西夏时期的横山地区》，载《固原师专学报》1992 年第 3 期。

杜建录等：《宋代党项拓跋部大首领李光睿墓志铭考释》，载《西夏学》第 1 辑，宁夏人民出版社，2006 年。

段连勤：《河西回鹘政权的建立和瓦解》，载《西北大学学报》1978 年第 4 期。

樊文礼：《唐代灵、庆、银、夏等州界内的侨置府州》，载《民族研究》1990 年第 4 期。

方国瑜：《滇池水域的变迁》，载《滇史论丛》第 1 辑，上海人民出版社，1982 年。

方国瑜：《云南用贝作货币的时代及贝的来源》，载《滇史论丛》第 1 辑。

冯明臣：《曹彬在北宋统一战争中的作用》，载《天中学刊》1992 年第 3 期。

耿世民：《哈拉朝历史简述》，载《新疆社会科学》1982 年第 1 期。

韩儒林：《关于西辽的几个地名》，载《元史及北方民族史集刊》第 4 集，1980 年。

何冠环：《宋初三朝武将的量化分析——北宋统治阶层的社会流动现象新探》，载台北《食货月刊》复刊第 16 卷第 3—4 期合刊，1986 年。

黄盛璋：《敦煌文书（钢和泰藏卷）与西北史地研究综论》，载《新疆社会科学》1984 年第 2 期。

黄盛璋：《和田塞语七件文书考释》，载《新疆社会科学》1983 年第 3 期。

黄振华：《西夏文字典〈文海〉、〈文海杂类〉及其研究》，载《中亚学刊》第 1 辑，中华书局，1983 年。

翦伯赞：《杨家将故事与杨业父子》，载该氏：《中国史论集》第 2 辑，上海国际文化服务社，1951 年。

金维诺：《〈职贡图〉的时代与作者》，载《文物》1960 年第 7 期。

李符桐：《撒里畏吾尔部族考》，载《边政公论》第 3 卷第 8 期，1943 年。

（日）前田正名：《西夏时代河西南北的交通路线》，载《西北史地》1983 年第 1 期。

李晋年：《新疆回教考》，载《地学杂志》1919 年第 2 期。

李蔚：《宋夏横山之争论述》，载《民族研究》1987 年第 6 期。

林幹：《河西回鹘略论》，载《社会科学》1981 年第 3 期。

刘迎胜：《元代曲先塔林考》，载《中亚学刊》第 1 辑，中华书局，1983 年。

柳立言：《宋初一个武将家族的兴起——真定曹氏》，载历史语言研究所编：《中国近世社会文化史论文集》，台北，1992 年。

罗禺：《回回考辩》，载《西北民族学院学报》1979 年第 1 期。

马力：《〈南北宋志传〉与杨家将小说》，载《文史》第 12 辑，中华书局，1981 年。

《宁夏石咀山西夏城址试掘》，载《考古》1981 年第 1 期。

钱伯泉：《龟兹回鹘国与裕固族族源问题研究》，载《甘肃民族研究》1985 年第 2 期。

任乃强等：《吐蕃地名考释（三）》，载《西藏研究》1982 年第 3 期。

宋常廉：《北宋的马政》，载《大陆杂志》第 25 卷第 12 期，1962 年。

苏北海：《唐朝在回纥、东突厥地区设立的府州考》，载《新疆大学学报》1987 年第 1 期。

唐长孺：《关于归义军节度的几种资料跋》，载《中华文史论丛》第 1 辑，1962 年。

王绵厚：《关于锦西台集屯三座古城的历史考察——兼论先秦"屠何"与"汉徒河"》，载《社会科学战线》1990 年第 3 期。

王日蔚：《唐后回鹘考》，载《史学集刊》1936 年第 5 期。

王日蔚：《维吾尔民族名称演变考》，载《禹贡》半月刊第 7 卷第 4 期，

1937年。

王日蔚：《伊斯兰教入新疆考》，载《禹贡》半月刊第4卷第2期，1935年。

王桐龄：《杨隋李唐先世系统考》，载《女师大学术季刊》第2卷第2期，1932年。

王治来：《论伊斯兰教在新疆的发展》，载《新疆历史论文集》，新疆人民出版社，1977年。

王仲荦：《鲜卑姓氏考（下）》，载《文史》第31辑，中华书局，1988年。

王重民：《金山国坠事拾零》，载《国立北平图书馆馆刊》第9卷第6号，1935年。

卫聚贤：《李克用后裔的族谱》，载《西北文化》第3卷第10期，1941年。

魏良弢：《关于喀喇汗王朝的起源及其名称》，载《历史研究》1982年第2期。

魏良弢：《南疆喀喇汗王朝遗迹走访散记》，载《新疆大学学报》1983年第1期。

吴荣政：《王先谦与〈汉书补注〉》，载《兰州大学学报》1982年第4期。

向达：《斯坦因黑水获古纪略》，载《国立北平图书馆馆刊》第4卷第3号，1930年。

杨志玖：《〈梦溪笔谈〉中"回回"一词的再认识》，载刘凤翥等编：《中国民族史研究（4）》，改革出版社，1992年。

张广达、荣新江：《关于唐末宋初闽国国号、年号及其王家世系问题》，载北京大学中国中古史研究中心编：《敦煌吐鲁番文献研究论集》，中华书局，1982年。

张广达：《唐末五代宋初西北地区的般次与使次》，载《文书典籍与西域史地》，广西师范大学出版社，2000年。

张云：《略论外来文化对西夏的影响》，载《宁夏大学学报》1990第3期。

周伟洲、黄颢：《白兰考》，载《青海民族学院学报》1983年第2期。

（安南）吴士琏著，陈荆和编校：《大越史记全书》，东京大学东洋文化研究所，昭和五十九年（1984）。

（波斯）拉施特著，余大钧译：《史集》第1卷第2分册《成吉思汗纪》，商务印书馆，1983 年。

（波斯）拉施特著，余大钧译：《史集》第 2 卷《忽必烈合罕》，商务印书馆，1985 年。

（德）傅海波、（英）崔瑞德编，史卫民等译：《剑桥中国辽西夏金元史》，中国社会科学出版社，1998 年。

（俄）А.П.捷连提耶夫-卡坦斯基著，王克孝、景永时译：《西夏书籍业》，宁夏人民出版社，2000 年。

（俄）А.П.捷连提耶夫-卡坦斯基著，崔红芬、文志勇译：《西夏物质文化》，民族出版社，2006 年。

（俄）巴托尔德著，罗致平译：《中亚突厥史十二讲》，中国社会科学出版社，1984 年。

（俄）巴托尔德著，张锡彤、张广达译：《蒙古入侵时代的突厥斯坦》，上海古籍出版社，2007 年。

（法）J. R. 哈密顿著，耿昇、穆根来译：《五代回鹘史料》，新疆人民出版社，1982 年。

（法）伯希和著，冯承钧译：《交广印度两道考》，商务印书馆，1933 年。

（法）沙畹编著，冯承钧译：《西突厥史料》，商务印书馆，1935 年。

（法）斯坦因著，方浚川译：《弥药与西夏：历史地理与远古传说》，原文载《法国远东学院院刊》第 44 卷，1947—1950。

（日）安部健夫著，宋肃瀛等译：《西回鹘国史的研究》，新疆人民出版社，1985 年。

（日）冈崎精郎：《西夏之李元昊与秃发令》，载《东方学》1959 第 19 期，1959 年。

（日）冈崎精郎：《唐古特的游牧与农耕——以西夏崩溃时期的问题为起点》，载《民族译丛》1981 年第 1 期。

（日）箭内亘著，陈捷、陈清泉译：《兀良哈及鞑靼考》，商务印书馆，1932 年。

（日）前田直典著，辛德勇译：《十世纪时的九族达靼》，载刘俊文主编：《日本学者研究中国史论著选译》第 9 卷《民族交通》，中华书局，1993 年。

（日）前田直典著，陈俊谋译：《河西历史地理学研究》，中国藏学出版社，

1993 版。

（日）畑地正宪：《北宋与辽的贸易及其岁赠》，转引自（日）宫崎市定：《北宋时代银绢价格变迁表》，载《史渊》第 111 辑，昭和四十九年（1974）。

（日）冈崎精郎：《党项古代史研究》，东洋史研究丛刊 22，东洋史研究会，1972 年。

（日）佐藤长著，梁今知译：《西藏历史地理研究》，青海省博物馆印内部使用本。

（意）马可波罗著，冯承钧译：《马可波罗行纪》，上海书店出版社，1999 年。

巴卧·祖拉陈哇著，黄颢译：《贤者喜宴》，西藏人民出版社，1992 年。

班钦·索南查巴著，黄颢译：《新红史》，西藏人民出版社，1984 年。

道润梯步译：《蒙古秘史》，内蒙古人民出版社，1979 年。

额尔登泰等译：《蒙古秘史》，内蒙古人民出版社，1980 年。

麻赫默德·喀什噶里著，何锐等译：《突厥语大词典》，民族出版社，2002 年。

佚名著，王治来译注：《世界境域志》，上海古籍出版社，2010 年。

（日）羽溪了谛著，贺昌群译：《西域之佛教》，商务印书馆，1999 年。

智观巴·贡却乎丹巴绕吉著，吴均等译：《安多政教史》，甘肃民族出版社，1989 年。

M. Aurel Stein, *Ancient Khatan*, Oxford, 1907.

Thomas Francis Carter, *The Invetion of Printing in China and Its Spread Westward*, Ronald Press, U.S. 2nd Revised edition, 1955.

William Samolin, *East Turkistan to the Twelfth Century: A Brief Political Survey*, Mouton, 1964.

# 地名族名索引

## A

阿跋檀 30
阿坝 15、18
阿勃 420、425
阿布思（部）61、62
阿跌（部）54、61、62、112
阿都部 425
阿墩族 144
阿尔坦河 90
阿会部 110
阿克他齐钦（峰）90
阿剌脑儿 91
阿拉沟 106
阿腊干 14
阿辅水 95
阿萨兰回鹘 148、195、199
阿史德窟 96
阿史德特鞬部 47
阿史德温博（部）53、71、78
阿史德州（阿德州）69、76、77

阿史那（州）69、75—78
阿术河 202
阿颓泉 94
阿勿嘀（部）95
阿咥 54
哀牢 31、34、35
艾不盖河 66、67
爱布哈河（爱必合河）66
安北大都护府 50、55、64
安边砦（大落门砦）352
安城 414
安多 370
安固里淖 80、81、113
安固县 117、122
安南（越南）181、424、428
安宁 434、439
安顺 23
安西 43、105、165—172、175、176、185、193、200、207、240、245—247

安西都护府 106、107
安远寨（砦）319、320、352、353
奥失部 110
奥支水 112

B

八剌沙衮（巴拉沙衮）230、231
八面箐 433
八布隆 87
巴丹吉林沙漠 144
巴里坤（湖）103、144
巴彦和硕（冈）90
巴音哈太 65
拔悉弥 19、20
拔延州 77
拔曳古（拔野古）59、60、112、113
拔曳固川 59、60
把利（部、氏）155、162、274、299
白（蛮）419、422
白豹（城）283、323
白草军 92
白草砦 332
白池 330、334
白道川 66
白登（州）77
白狗羌 21
白海 86、90
白兰（白狼）4、14—17、19、81
白漠 66

白沙河 431
白山 18
白山石 434
白石县 86
白题国 30
白亭海（小阔端海子）93、94、97
白亭军 93
白亭守捉 93
白霅 31、34、36、111—114、140、143
白崖 432
白衣 433
百济 30、31、33、34—36
柏海 88、90、91
柏兴 436
板楯 31、34、35
半空和寨 424
宝象河 431
保安军 312、321、364、375、381、383、394、395
保大栅 157
保德州 309、312、377
保州 21
堡静 156
卑禾羌海 87
卑宁族 379
卑失（州）76、77、99
北安（州）72、73、113
北开（州）72、73
北宁（州）72、73
北抚（州）72、73

北天竺 30、81
北庭山 63、65
贝斯结（族）333
鼻家族 377
必勒龙 434
毕利城（筚栗城）347
碧流渡 90
婢药 15
弊剌 2、8、9、19、20
弊厮逎（族）328、333
骠国 22
别失八里 202、209
邠州 160、252、338、349
并州大都督府 97
拨臧（族）350
波斯 13、14、30、200、207、208
泊悦海 86、90
博陵 2、25
渤海 17、31、34—36、255、292、303、369
驳马 19、20、22
布虎吉鲁恩（峰）90
布喀河 88
步越多山 66

## C

蚕崖关 21
藏才族 150、158、358、376、380
漕国 14

朝那山 64、92、198、283
草头达靼 144
草心山 66
茶罕章 420
长安 43、44、55、67、68、81、82、84、85、91、92、105、107、108、125、137、277、330
长海 102、103
长平 126、128
长沙 443
长泽县 73
长（州）50、69、70、72—74、76
常山 335
淳（州）269
绰部 76
绰州 75、76
朝鲜 124、292
朝（州）51
车尔楚 106
车师 31、34、35、98、100
成纪县 83
呈贡 419
承风戍 87
澄江 430、431、435、436、439
赤秃哥儿 420
赤秃哥国 23
敕勒川 94
楚尔羌 192、205、225
楚雄 419、439
处和部 110

处密部 99、100

处木昆部 111

处折水 95

处月（部）99—102

床穰寨（砦）351、352、361

吹麻城 359、360

垂河 256

春桑 18

葱岭 106、165、208、232、233、246

丛州 84

凑般（部落）84

嵯州 84、267

# D

达（州）269

达阁（大野）部落 121

达普斯河 88

鞑靼族 35、163

大虫（部）162、163、298

大渡河 433

大耳国 21、22

大非川（大非河、大非海）86—89、91

大非苦盐池 94

大汉 31、34—36

大金川 18

大里河 326、334

大理 23、365、418—420、422—424、430—441

大洛泊（大落泊、大水泊）79、80、113

大门族 360

大秦国 107

大青山 63

大食 22、138、145、192、200、208、226、240、253、254、257—261、263、354

大水川 88

大水桥 89

大同城 55

大同军（大武军）53、60、141

大宛 106、107

大夏 106、107、201

大野（氏）130

大于于越王子族 144

大鱼泺（达来诺尔）80、81、113

大月河 91

大镇关（大震关）82、83、87

代县 150

代州 58

带星岭 194

蹀林州 61、62

丹巴 18

丹东 18

丹州 276、284

单于都护府 52、77、78

掸国 31、34—36

当迷 17

党项（族）4、13—19、21、31、34—36、42、50—54、80、83—85、87、93、94、97、149—164、174、196、

242、247、258、264—293、295—
306、308—316、319、325、332、
333、341、343、357—360、362、
365、371、372、374—377、380、
383、392、394、401—403

宕（州）83、384

宕昌（国）16、17、30—33

道孚 18

德昌 430、431

德静县 51、73

德胜砦 350、351

德顺军 350、351、356、373、383、387、
404

登封 41

登州 364、369、375

灯楼泰岭 90

邓至国 30

邓州 41

地豆于 114

地犍县 92

地颓泽 94

帝割达城 66

棣州 335

跌结 62

叠（州）83、328、384

叠伏罗 31、34、35

丁令 31、34、35

定边城（砦）352、353

定难（军）277、279—285、287、288、
336

定西砦（寨）351、352、361

定襄 53、59

定襄都督府 69、70、71、74—79

定州 156、339

东川 329、334、431、436

东都 44、45、68、82、93、102、108、
126、128、129、134

东皋兰州 46、48

东胡（族）17、67、83、108—111、
117、120、302—304

东会州 21

东京 44、54、55、68、82、92、102、
106、108、113

东陵（县）85

东山党项（东山部）154、155、273

东突厥 9、46、81

东奚 80

东谢蛮 28、34、35

董毡国 191、192、328、392、393

都尔白晋（冈）90

都斤山 65、67、81、95、249

都流（部落）84

都啰啰（族）144、163

都罗族 163

窦宪铭 57

阇婆 254

独洛河（独逻河、独乐水、独乐河、
毒乐河）49、57、59、60、61、93、
94、96、249

度稽部 110

短人 31、34—36

燉煌（国）138

多地艺失部 76

多览葛（多滥葛）53、57、58、60

多弥 15

咄罗勿（啒罗勿、掘罗勿、俱罗勃、拘罗勃部）95、104

铎厮那部 356

朵甘思 90

## E

额尔齐斯河 100

额济纳旗 196—198

额里湫国 263

厄屯他拉（噶尔马塘）90

鄂尔浑河 56、144

鄂陵湖 90、91

迩率钟（部落）84

## F

番禺 253、254、433

蕃市城 404

樊家族 360

芳池（州）51

费听（部）52

丰州 63—65、71、74、144、150、158、308、312、376、380

凤林关（安乡关）86、87

凤林川 86

凤林县（安乡县）86

奉职部 53、78

奉州 83、84

鄜延路 242、252、326—328、338

鄜州 160、277、339

伏落津 330、334

伏羌寨（砦）351—353、358、360、361

伏俟城 88

扶桑 31、34—36

拂菻国 107、144、191—193、205、217、261

拂云祠 64

浮（州）51、154

匐利羽（部）61

匐器（部落）84

鬃林 329、334

抚宁和市 297、327、333、334

府州 150、308、309、312、315、365、369、371、373、376、380、382、383、399

辅日海 98

附国 4、8、9、11—15、17、18、31、33、34、36

## G

伽色尼 21

伽师 228、230

噶尔马塘 90

甘南 18

甘松山 14

甘州 15、55、148、151—153、165—191、193—202、204、205、208、209、214—216、218、219、223、242—244、263、370、374、376、378、380、391

甘州回鹘 148、151—153、166、172、175—183、185—191、193—202、204、205、218、219、223、374

甘孜 18

甘遵部 359

刚摩利施山 61

敢国 81

皋兰（州）47—50、54

皋兰都督府 47、48、50、54

皋兰山 47、50

高昌 13、31、33—36、96、98—100、106、143、144、171、198、200—202、204、208、209、215、240、371、380、396—398

高昌回鹘 193、199、241

高车 48、91

高丽 2、5—7、9、20、30、35、140、146、364、401、414、415

高平县 92

高阙州 42、48、49

高阳关 390

高州 338、434

隔昆 37、38

葛逻禄（歌逻禄）99、165、166、168、193、220

葛逻州 76

葛萨（部）95

獦獠 22

弓门砦（寨）351—353、361

公主佛堂 88

恭州 15

巩县 117、122

狗国 21

狗头国 21

姑苏（部）99

古北（口）80、413

古单于台 53

古可敦城 142、143

古渭寨 83、347

骨利干（部）59、104、143

骨咩（族）360

唃厮啰部 194、343

瓜州 147、170、246

瓜州回鹘 152、376

观音 434

关海 102、103

光州 414

广西路 435

广州 253、254、260、407、416

归德（州）51、163

归义军 138、139、141、145、147、148、170、172、176、201

归（州）51、154

龟林都督府 59、60

龟林州（府）56、60、61

龟兹（国）13、30、35、106、191—193、195、198—202、204—211、215、220、224、257、261、374、380、389、396、404

龟兹回鹘 191、193、195、204—206、208、209、211、220、257

妫州 80

轨州 83

鬼国 3、8、9、20、22、23

鬼留家族 359

鬼蛮 23

贵摩施山 58

郭厮敦（部）346、360、361

## H

哈城 89

哈喇契丹 112、256

哈剌章水城 424

哈喇阿答尔罕（冈）90

哈密 196、201、202

哈套峡 90

哈屯博克达鄂拉 99

海源（河）432

含（州）50、51

汉定襄郡 74、78

汉哭山 89

瀚海都督府 50、56、104、105

瀚海都护府 50、54、55、60、61、78、105

瀚海军 105

杭爱山 57、58、65、67、104、112、113、144、257

杭州 8

好水川 351

浩亶府 364

合黎山 198

合罗川 143、144、151、188、197、199、202

合罗川回鹘 152

和林格尔 75

和善（县）85

河北 71、73—75、80、109、308、337—339、346、349、359、365、367、371

河东路 381、390

河南 41、43、46、51、52、71—76、86、246、298、311、323、341、407、416

河曲党项 154、155

河套回鹘 153

河西 16、43、52、83、91—93、96、97、105、144、149—151、153—156、158、160、161、164、170、172—177、183、184、190、194、195、201、202、209、243、244、256、257、260、262、298、315、341、342、364、367、370、375、376、

382、383、394、411—413、415
河西党项 149、154—160
河西回鹘 149、151—153、378、404
河西县 439
河西杂虏 160—162、164
河源郡 89
河州 81、83、86、87、328、343、360
贺兰山 15、94、144、151、153、159、161、188、189、196、197、199、393
贺兰山鞁靼 144
贺兰驿 94
贺兰州 52、78
贺鲁（部）76、77、99—101
贺鲁州 76—78
赫连枝川 63
鹤庆路 430、439
鹤悉那 21
黑堡沙 94、159
黑海 106、107
黑漠 66、67
黑沙 63、65—67
黑沙城 65—67、81
黑山 158
黑山峪 64
黑水 107、143、196、199、433
黑水城 297、305
黑雷 42、111—113
横山 52、245、246、298—300、317—319、321、323、326、327、330、334、371、375、394

横野军 60、61
洪德砦 314、315
洪诺河 59
后桥寨 53
呼和浩特 75
呼罗珊 208
呼延都督府 77、79
胡咄葛（部）95
胡密丹 30
壶关 115
斛律（部）42、48
斛唱素（部）95
斛薛（斛萨、斜萨）47—50
瓠芦泊 67
华州 338、339
化州 72、73、76、140、146
怀化县 58
怀宁 326、327、332、334
怀远县 156
怀州 150、151、156
环庆（路）53、242、246、296、311、315、322、338、339、346、349、357、362、371、380
环州 310—316、335、362、376、380、383、434
黄女族 315
黄水（潢水）112—114、153
潢水（部）113
黄头回纥 186、187、190—193、204—206、209、211、257

湟源县 88

湟州 86、190、386、404

回纥（回鹘）35、37—39、42、45、46、48—50、53—59、61、62、65、70、77—80、92、94—96、101、102、104、105、108、110—112、138、143、146—153、157、158、160、161、164—212、214、215、217—221、223—225、231、232、235—237、240—247、249、252、254、256、257、261、262、305、342、354、365、370—372、374—378、380、381、383、388—390、392、393、396—404

回鹘汗国 37、151、152、165、220、225

回回 240—242、244—246、250、252—259、261—263、418、421、441

回回寨 255、258、261

回中 283

会川 436

会宁关 93

会州 21、245

惠云河 88

浑葡焦 49

浑都 45

浑邪部（浑部）45—49

浑窳 45

火敦脑儿 90

火山军 364、375

J

鸡冠山 255

鸡鹿州（鸡禄州）62、63

鸡田州 61、62

积石山 89、90、155、267

稽落州 49

稽田州 61

吉慈尼 21

吉兰泰盐池 94

吉兰陀罗海 64

济阴 126、128

葭芦寨 330、334

嘉良夷 4

嘉通龙 434

夹金山 18

甲向 414

坚昆（国）37—40、103

坚昆都督府 103、104

建昌路 418

建蒂部 425

建宁 433

建平蛋 30

建水州 439、440

践斯处折施山 95、96

剑川 434

剑具（县）85

剑南道 85

剑水（河）95

江都 132、134
江源（县）84
将鸡砦 352、353
交河县 105
交趾 31、33、34、180、181
阶州 364、375、387
节占 205、225
节子（部落）42、52、54
结公（城）356
结骨部落 103、104
羯霜那国 106
金城关 92、93
金城津 92
金齿 420、423、426、430、433、434、436、438、441
金殿 433
金河 47、78
金棱（河）432
金满县 100、101
金满州 100、101
金满州都督府 100
金门城 47、50
金沙岭 170
金山 92、96、170、176、185
金娑山 101
金汤城 323
金微（州、府）50、52、53、56、60、78
晋昌 139、170
晋祠谷 327、334

晋宁 434
晋阳 123、129、335
泾原（路）167、242、246、251、283、328、330、338、346、350、351、356、358、360、363、375、384
泾州 163、328
精精堂 328、334
靖江 425
静边（州、府）16、51、154、267—273
静边砦（南市城）350、351、353、354、356
静方（县）85
静难（军）281、282、291
静戎 351、361
静戎砦 352
静塞（州）51
静州 84、184
回乐县 63、94
九姓乌古斯（九姓乌护）201、208、218
九原郡 44
九族鞑靼 163、196
酒泉郡 202
旧牢 22
拘勃罗 104
居勿 37、38、103
居延（部）113
居延川 113
居延海 15、94、113、142、199

居延塞 50、198
居延州 111—113
居庸关 109
居庸山 109
岠州（居州）84
巨木秃（寨）426
巨桥 420
具齿 21
俱轮泊 79
涓兜牟山 67、96
绝色伽梨 3、8、9、20、21
厥调（部落）84
筠连州 434
浚稽山（浚鸡山）47、49、50、198
浚稽州 49、50

K

喀剌汗王朝 213—216、218、226、235—239、259
喀什噶尔 211、229—231、233、239
卡拉库沙漠 234
龛谷 379
康居 13、106、107
康奴（族）359
康州 338
可敦（城）140、142—144
可汗浮图城 100
可（州）（西义州）83—85、267
可朱浑水 94

岢岚军 365、373、383、399
渴槃陀 30
渴野州 110
克烈部 257
克鲁伦河 112
刻勒峰 66、67
空俞族 360
苦拔海 88
苦海子 88
库车（城）106、205、208、210、211、223、225
库莫奚 110、111
库也干泊 94
匡州 50
夔州 364、365
昆仑山 14、233
昆明 18、419、431、437、441、442
阔（州）84
廓州 83、84、87

L

来远 369
来远砦（小洛门寨、小落门砦）351—353、360、361、402
莱州 339
兰池（州）51
兰州 47、91、92、149、196、245
岚州 97、364、375
懒家族 379

狼山都督府 52、77、78

狼牙修 30—33

赖因 433

乐容（州）51、154

冷陉山 112

离思曲 326、334

犁鞬 107

黎轩 106、107

黎阳 122、126、128

黎州 23、110、364、365

李宾谷 329、334

李陵台 57

李磨论族 358

丽江路 435、439

丽（州）50、51

利恭（县）85

利州 140、255

连邪乌地 57

良恭城 353

凉州 15、47、62、91、93、94、97、118、119、149—151、175、176、188、189、190、206、209、211、242、243、247、297、340、370、379、391、393

凉州都督府 47、59

梁千户（部）430

辽东 63、117—121、141

辽西 117、118、120、121

临安 430、431、435、436、440

临海 98

临河（县）84

临潢府 142、143

临羌县 87

临泉（县）84

临榆 128

鳞州（麟州、西麟州）84、85、150、285、286、296、308、309、312、315、384、400

灵武 44、96、155、160、169、245—247、323、335、375、376、401

灵岩寺（炳灵寺）86

灵州 44、47、48、51、55、57、62、63、69、70、72、73、93、94、97、105、144、156、159、160—162、164、242、247、271、330、376

灵州都督府 47、48

琉球 36

柳谷（城）86、87

六胡州 50、51、54、57

六盘关 93

六盘山 350、351、357

龙水 433

龙门山 63、64

龙门峡 64

龙族（部）172、175、194

笼竿城 350、351、354、404

笼竿川 350、351、356

隆德砦 350、351

陇波（族）358

陇干城 350、351

陇山 82、92、348、349、350、356、357、359、360

陇右道 51、81、82、85

陇州 82、352、353

楼兰国 98、99

卢龙关（卢龙塞）109

卢子关 44

庐城 64

庐陵 5—8

庐山 58

庐山都督府 57—59、61

鲁逊满达勒 28

鲁（州）50、51

陆凉 419、434

陆终寨 18

禄厮结族 328、333

路甸 434

路丰 434

路品 434

路杨 434

轮台县 100、101

罗布泊 98、205、218、234

罗伽 420

罗罗（罗罗斯）163、435、436

罗罗斯宣慰司 430、435

罗氏鬼国 23

罗斯结族 333

罗婆 420

罗羽（部）425

洛璨州 110

洛真山（诺真山）63、66

落稽（县）84

落兰 420

落蒙 420

M

麻家坪 330、334

马波叱腊（部）358

马尔康 18

马湖（江）433、434

马户谷 329、334

马料（河）432

马岭 44、315

马衔山 196

马鬃山（马骔山）144、197、202

玛纳斯郭勒 99

麦垛山 65

满堂川 332、334

曼尼普尔城 14

忙木（寨）426

莽布支庄 87

猫牛城 194

茅女鸣子族 144

茅女王子开道族 144

美岱古城 75

茂明安旗 66

茂州 84、85、364、375

门口流 330、333、334

蒙古 49、50、56、57、63—67、75、

80、88、90、92、94、104、112、113、143、149、209、255—257、259、263、406、407、411—416、418、420—422、424、425、443—450

蒙化 419、424

濛池都护府 99

弥臣国 22

弥娥城 15、94

弥娥川 94

弥娥山 15、93、94

弥娥州 15、94

弥鹅泊 15、94

弥罗（国）4、9、14—16

弥诺国 14

弥诺江 14

弥药（弭药）15—17、302

迷桑 17、18

米脂 323—325、329—331、334、375

密纳克 16

沔州 255

缅甸（缅国）14、424、426、428、429、434、438

妙娥（族）341、359

灭力沙 191、192、205、217

岷（州）83、155、266、328、333、384

明堂川 334

鸣沙（县）46、48、141、144、161

摩矣龙 434

摩者 434

磨弥（末弥）420

末邦山 83

莫贺弗（部）110

莫贺延碛（大患鬼魅碛）98、171

莫离驿 88

貃 111

貃歌息纥（部）95

漠北 9、15、37、50、53、54、56—60、63、64、67、71、76—78、81、91、94、105、152、165、183

靺国 30

靺鞨 35、59、112

默啜部 59、65、67、79、81

牟那山 63、64

木波镇 314、315

木耳夷 22

木阁寨 307、314、315

木户尔 90

木昆部 111

木剌山（木纳山、母纳山）63、65、66、143

穆柯寨 307、308、314

沐川源 433

沐川寨 433

N

那录驿 88

纳职城 98

南軷靶 144
南山部 298
南山党项 154、299
南山野利 52、298、299
南充（州）122
南阳 407、413
尼婆罗国 81
聂耳之国 22
宁保（州）51
宁塞（军）281、282
宁朔郡 50
宁远（县）84
宁州 276、284、315、420
牛葛渡 90
牛头朝那山（牛头山、朝那山）63、64、198
笯赤拔塞干 209
诺真水 66、67
女蛋国 30、33
女国（女王国）17、21、22、31、34—36
女真 16、21、152、255、300、303、364、365、367—369、375

P

潘罗支（部）187—190、243、247、340、378、379、381、391—393
潘原（县）355
盘龙江 431、432

彭（州）21、84
琵琶川 80
媲摩城 260
平凉（县）92、96、348、350、355、375
平夏部 155、270、272—274、277、298
平夏城 313
平夏党项 154、163、274、298
平夏拓跋 52、268、274、298、299
平野 55、56
屏风谷 44
婆罗门 207、232、233
婆悉海（婆悉厥海、播塞厥海、蒲类海）102、103
破丑（部、氏）155、158、162、274、276、286
扑咩族 360
仆固（仆国、仆骨）52—54、59、60、94、104、112
蒲坂关（蒲津关）68
蒲骠 434
蒲菖海（泑泽、辅日海、牢兰海、临海）97、98
蒲类国 103
蒲类后国 103
蒲萄山 330、334
普安路 435
普定 23
普润 434

## Q

七屯城（伊修城）98

齐州 132

祁黎州 110

祁连（州）46、47

祁连山 152、211、212、370

契苾（部）59、83、189

契丹 16、17、35、79、80、92、109—112、138、139、142、143、183、190、248、253、254、256—258、262、303、304、323、325、336、347、349、363、365—369、371、373、375、377、381、390—392、401、403、404、448

契（州）50、51

碛南 15、47、49、50、54、58、61—63、77、94

千碉 5、9、17—19

钳耳觜城 64

黔州 369

切吉旷原 88

秦州 83、93、151—153、188、245、260、261、338、339、343—347、351—354、357—363、365、366、370、373、376、378、382、383、394、398、402

秦州回鹘 152、153

青白池 274

青冈峡 162

青海（清海、卑禾羌海）15、81、83、87—91、144、171、192、193、202、205、206、211、375

青海湖 15、16、88、89、191、192、205、206、209、211

青涧城 326、332

青岭门 285

青唐城 190、211

青铜峡 94

青章峡 86

青州 120、339

清化（县）85

清宁（州）51

清塞（州）51

清水县城 351、353

庆阳 311、375

庆州 16、87、154、155、162、267、273、274、299、327、335、349、384

邛都 18

邛州 18

屈野川 150

曲地 102、103

曲靖（味县）22、430、435、436、439

曲蜡 426、434

曲漫山 96

曲越山 59

## R

冉駹夷 18

饶乐都督府 109、110

饶乐水（老哈河）80

热水泉 90

仁德府 430、435、439

仁地 420、425

任奴川 359

日本 31、34、35、254、443

容州 51、270、272、277、339

柔然 15

月氏 31、34、35、97、107、201

茹茹 96

蠕蠕 66、108

若尔盖 15

若羌城 225

弱水州 110

荣径 433

## S

撒儿塔兀勒 256、257

撒里维吾儿 204、211

撒马尔罕 230、232

塞门 43、44、319、320、330、334

塞（州）50、51

三川口 79

三都谷 347、358、361

三公沙 93、159

三韩 31、33、34、36

三交（县）85

三窟 42、63、67、95、96

三罗骨山 87

三山母谷 79

三阳砦 351、352、361

桑乾（部）52、53

桑乾城 53

桑乾都督府 52、53、77—79

桑乾河 52、53

色楞格河 56、59、94

沙钵罗叶护部落 103

沙河 97、98

沙岭 94、159

沙却 434

沙麻加 434

沙陀 80、101、102、157、161、162、164、262

沙陀州 100

沙遇罗部落 326、332

沙苑 368、393

沙珠玉河 88

沙州 97、98、138—141、143—148、151—153、169—172、174、176、185、188、189、195—197、205、209、229、243、244、260、263、297、305、354、374、376、380

沙州回鹘 138、146、147、152、153、195、205

善阐 419、420、423、425
善丁呼拉尔 67
鄯城 87—89
鄯善 98
鄯州 81、82、86、87、90、191、404
赏样丹族 346、358、361
上党 85、126、128
上京 142、143、230
少室山 41
舍利（部）52、53、76
舍利畏（部）420、424、425
舍利州 52、53、75—78
舍资 434
涉题 17
申州 263
神点沙 159
神木县 60
神树沙 93
沈黎县 18
胜州 47、69、154
盛乐县 74、78
狮子国 30
石堡城 88、89
石城镇 98
石屏州 439
石犨铎 113
石羊河 93
石州 330、333
室韦 31、34、35、79、80、110、157、158、166、170

寿昌县 97、98
寿阳 124、129
疏勒 98、106、107、222、229、233
熟魏族（熟鬼）341、359
水洛（城）356
顺安砦 332
顺宁寨 248
顺州 58、72、73、247、361
朔方 44、50、51、53、65、69—74、79、96、140、143、270、279
朔州 53、58、64、76、78、113
司州 117、122
思壁（部）77
思壁州 77
思结部 57—59、61
思乐州 273
厮铎督（部）188—190
厮鸡波族 358、360
四川 15—18、21、83、255、365、374、375、421、432、434
肆（州）84
松华山 432
松漠都督府 109、110
松潘 18
松山州 113
松亭 113
松州 18、84、85、267
松州都督府 84、267
嵩明 419、420
嵩山 41

苏农（部）76
苏农州 52、69、75—78
苏计 65、67
苏毗 19、81
苏尚娘部 341
肃远寨 310
肃州 98、174、175、194、197、412
粟特 51、54
绥德州 324
绥州 283、284、286、287、289、300、312、319、320、321、325—327、331—333
碎叶（城）67、105—107、193
唆里迷 209
娑陵水 55
索国 95
索葛莫贺部 111

T

他厮麻（族）358
塔尔巴噶台 99
塔拉斯 230
塔里木盆地 213、218、225
太行山 115
太鲁州 110
太原 2、7、52、68、80、81、96、97、130、144、150、154、157
太子大虫族 144、163
潭池 91

潭州 328、420
探那（州）84
唐古特 258、297
唐龙镇 364、375
唐兀惕 256、257、263
洮水 14、15
洮州 83、384
特磨 433
腾冲县 434
腾越 419
腾州 184
天德军 55、64、143、144、157、158、161、292、297—299、302、305、323、325、333、341—343、347、348、357—362、365、370—372、374—379、381、383—386、388、389、391—396、398—402、404、433
天都（山）246、341、371
天山（天山军）57、58、65、103、105、172、246
天雄军 139、339、347
天竺国 233
天柱军 270、272、277
寘颜州 111—113
条支 106、108
铁斤半 330、334
铁勒 31、34—36、45、46、48、53—60、66、94、112
铁勒山 63、65、104

铁勒州（铁骊州）111
铁门关 105、106
铁山 65
庭州 97、100—103、105、107、171
通远军 315、384、404
同罗 59—63、94、112
同罗水 57、60
潼关 108、149
统矢（部）425
突厥 9、15、19、31、33—40、45—54、58、59、61、63—67、69—76、78、80、81、92、95、96、99—104、110—112、161、164、165、193、210、214、215、217—220、222、227、232、237、249、256、258
突厥斯坦 227、256
突录济驿 87
突骑施 107、110、193、205
屠何部（徒河部）120
土城子 75
土河 80
土金（族帐）53
土拉河 48、57、59—61、63、94、142
土族 102、162
吐蕃 7、9、16、17、19、31、33—35、51、81—91、150、151、154、155、159、161—165、168、171、173—176、187、189、190、192—194、196、197、199、201、202、208、

211、218、219、232、238、242—244、247、255、267、274、275
吐谷浑（吐浑、退浑）13—15、17—19、45、80、81、83、87、88、90、91、157、161、162、164、171、175、176、265、266、308、312、448
吐护真河 80
吐利部 52、76
兔毛川 150
托克托 66、149、449
托索湖 89
拓跋部 16、52、163、264—290
拓跋鲜卑 16、293、300

W

瓦川会 196、351
嗢昆水 55、56
嗢末 175
外藏（族）53
万海 42、86、90
万吉（州）51
汪古（族）102
王孝杰木栅 88
威楚 420、425、429—431、435—437
威定 434
威寇 369
威庆路 430
威塞军 64

威远砦（枭萉砦）351、352、360

威州 315

煨漫山 58

维吾尔 177、214、225、240

维州 21

尾濮 31、34、35

委乞（族）360

委兀惕 256、257

尉迟川 88

渭北党项 154

渭州 83、154、260、330、336—338、341、343、346、348—351、354、355、359、360、362、378、379、383、400

渭阳 278

蔚县 60

温池县 104、105、161

文盈关 353、362

文州 328、331、364、365、375、382、394

汶山郡 14、19、21

倭国 30、32

沃沮 31、34、35

卧羊梁刻特族 144

乌池 313、330

乌呲谷 66

乌德犍山（乌特勒山）104

乌海（七乌海、苦海）86—89

乌桓 16、109、302、303

乌拉特旗 64、65

乌拉特中后联合旗 49、65、67

乌兰巴托 143

乌兰得什（峰）90

乌梁素海 64、67、143

乌洛侯（乌罗浑、乌罗护）112—114

乌蛮 419、422、434

乌蒙 430、432、434、436

乌蒙总管府 430

乌撒 431、432、435、436、441

乌撒宣慰司 430、435

乌素固（部落）79

乌孙 106、108、418

乌水 94

乌延 44、330、334

屋地因（目）族 144

无定川 329、331、334

无若没（部）113

吴堡寨 330、334

吴家族 53

吴州 51、154

五城 100

五柳戍 72、73

五原 44、45、48—50、56、71、143

武川 83

武定 278、430、431、434、435、439

武兴（国）30—33

武延川 350、351

武州 92

兀敦甲石哈 202

兀剌海城 411

勿吉 31、34—36

X

西樊 31、34、35
西陉山 150
西拉木伦河 112
西凉府 163、184、187、188、247、354、379、381
西平（郡）87、265、269—272、291、343、402
西羌 12、17、18、21、297、298、302、308、363、394、395
西倾山 15
西受降城 49、54、55
西突厥 9、35、65、67、80、88、95、96、99—101、103、165、193、227
西奚 80
西夏 14—16、18、53、66、83、92、94、111、144、150、156、177、181—184、186、189、190、193—195、197—199、201、208、209、242—247、250—255、258—265、267、268、270、273、275、280、281、283—289、291—305、310—319、332—334、336、340—343、346、348、349、351、354、357、365、367、368、372、373、377、381、383、384、388、390—395、400—404、411—413、429

奚（部、国）17、79—81、109—111、303
奚结部落 62、63
悉诺罗驿 91
悉诺逻 88
悉万斤国 21
熙河兰岷路 226
熙河路 311、384、386、388、404
熙州 328
霫 17、112—114、303
洗纳族 202
细封氏 52
细浮屠寨 330、334
细腰沙 93、159
峡川（县）85
硤原（县）85
黠戛斯 24、25、29、36—40、103、143、151、152、165、166、173
夏州 43、44、51、52、53、55、56、60、71、73、79、94、97、144、154、155、161、242、260、264、265、273—288、301、330、334—336、375—377、391、400
夏州都督府 53
仙娥河（鲜崿河）56、59、60、94
仙萼州 52、78
仙州 41
鲜卑族 292、300、308、309、312
暹国（泰国）424
咸泽 66

相兴（州）51

襄樊 407、414—416

襄平 117—120、141

萧关 92、93

小豆原 327、333、334

小非海 86、89

小金川 18

小阔端海子 93

小婆罗门国 21、23

小铁围山 18

小云南 434

忻州 58

新福州（新复州）217、218、231

新黎 52、78

新罗 21、30、35

新宥州 51

星海 86、90

星宿海（星宿川、火敦脑儿）88、90、91

兴州 248—250、394、401

匈奴 31、34、35、44—46、49、57、58、65、71、80、83、92、95、103、110、112、114、131、444

熊州 137

秀容县 58

旭定（州）51

序（州）84

叙州 434

溆（州）269、271

轩渠 31、34—36

玄风 414

薛延陀 37、38、46、53、56、57、59、60、73、76、112、249

雪海 106、107

寻思干 257

Y

鸭池 437

雅州 364、385

焉耆（鄢耆）106、107、170、172、209

延家（族）341、359

延州 43、44、77、79、111—113、286、312、319—321、323、325、354、381

岩（州）83、84

研（州）84

盐城 330、334

盐夏路 44

盐州 44、45、51、154、282、313、330、371

阎洪达井 58

奄蔡 106、107

燕然都督府 56、57

燕然都护府 47、50、53—56、58—60、62、63、77、113

燕然山 57

燕云十六州 367

羊牧隆城 350、351、353

羊那山 63
阳城堡 420
阳关 97、98、108
仰吉八里 209
样磨 220
姚安路 439
姚州 437
瑶池都督府 99、100
药罗葛（部）95、180、183
药勿葛（部）95
耀州 160
冶坊砦（寨）351、352、361
野狐峡 266
野狸族 380
野利（部）52、155、162、163、274、298—300
野吴谷 358
叶尔羌 227、228
叶尼塞河 22、103
叶市族 360
夜郎 22、31、34、35
嚈哒 31、34—36
伊洛瓦底江 14
伊普才迭三族 341
伊州 103、144、171、172、201、202、261
依里克汗劳克 230
依（州）50、51
矣耶勿（部）95
仪州 351

移逋撩父族 359
义诚（县）85
义合寨 330、334
艺失部 76
艺失州 76
易州 140、335
挹娄 31、34—36
益州 364
悒恒（部）76
懿（州）84、267
阴凉川 80
阴川 433
阴山 45、47、49、50、57、63—65、67、71、144、152、196
阴山靴靶 144
银川 150、329、334、371
银棱（河）432
银州 73、150、154、269、271、272、274—276、283—286、288、320、321、327、330、336
印度 22、424、437、438
英州 338、351
瀛州 335
颍川 128、139
邕州 394、434
雍州 149
永（州）150、151、155、156
永昌 22、419、430、434、439
永定州 156
永济栅（永清栅）55

永康军 364、365、375
永乐川（永乐原）330、331、334
永宁砦（永宁寨、尚书寨）352、353、358、373、384
永平（州）51
永兴军 149、339
幽陵都督府 59、60
幽陵郡 59
幽陵山 59—61
幽州 41、69、70、72、73、80、108、109、152、169
宥州 50、51、275、277、278、284、286、323、330
祐（州）69、70、72、73、74、76
于失（部）420
于阗 30、93、98、106、107、144、159、164、186、191—193、197、200、201、205、206、208、210、211、213—239、259—261、374、376、380、388、389、396、397、404
于阗回鹘 218、374、376、388
鱼池 91
鱼海（渔海）86、91
鱼角蝉部 359
榆林塞 68、69、75
榆林县 69
榆禄浑泊 94
榆州 113
虞□□ 30、33

玉果 414
玉门关 97、98、105、144、196
玉门县 98
郁标 86、87
郁标川 87
郁督军山 52、58、60、61、65、67、77、81、96、112、113
郁射（部）76
郁射州 76、77
尉迟川 88
遇家（族）53
裕固族 204、205、211、212
豫州 71、122
鸳鸯泊（鸳鸯泺、安固里淖）80、81、113
元江 420、436
元俟析部 110
沅溪 31、34、35
原州 92、335、349、373
远（州）83、84
约昌（城）191、192、205、225
越诺 22
云南 22、35、394、418—443
云中 52、53、57、64、66、67、69、70、71、74—79、150、245
云州 47、53、64、68、74、150

Z

拶啰咙城 353

泽田寺 201
泽州 113
笮州 21
扎生吉尔湖 91
扎曲 91
札陵湖 90
札萨克左翼 57
张家口 64
张香川 330、334
张小哥部 360
张掖 113、142、174、176、198、370
章埋族 350、358
彰八里 209
彰豪（彰濠）86、87
彰化军 339
彰武军 139、337、339、355、357、362
昭武军 339
赵信城 58、112
赵州 432
折逋游龙钵（部）379
折姜和市 330、334
者龙族 379
珍源 414
真定 336—339

真腊 254
真檀山 63、65
振武军 57、60—63、78、80、88、89、157、308
振武军单于府 57
振远 369
镇戎军 196、338、339、341、342、347、349、351、355、356、358、359、365、382
镇州 142、143
执失部落 76
执失州 75、76
直（州）84
制胜关 364、375
寘颜山 58
中庆路 418、423、430、434、435、439、440
中受降城 45、50、54、55、64—67、143
中天竺 30
中镇 433
忠州（中州）414、423
忠顺（州）51
烛龙（州）57、104、105